LEI ANTICORRUPÇÃO COMENTADA

FSC
www.fsc.org
MISTO
Papel | Apoiando o manejo florestal responsável
FSC® C111076

A Editora Fórum, consciente das questões sociais e ambientais, utiliza, na impressão deste material, papéis certificados FSC® (*Forest Stewardship Council*).

A certificação FSC é uma garantia de que a matéria-prima utilizada na fabricação do papel deste livro provém de florestas manejadas de maneira ambientalmente correta, socialmente justa e economicamente viável.

MARIA SYLVIA ZANELLA DI PIETRO
THIAGO MARRARA
Coordenadores

LEI ANTICORRUPÇÃO COMENTADA

4ª edição, revista e atualizada

Belo Horizonte
FÓRUM
CONHECIMENTO JURÍDICO
2024

2018 2ª edição
2021 3ª edição
2024 4ª edição

FÓRUM
CONHECIMENTO JURÍDICO

Luís Cláudio Rodrigues Ferreira
Presidente e Editor

Coordenação editorial: Leonardo Eustáquio Siqueira Araújo
Aline Sobreira de Oliveira

Av. Afonso Pena, 2770 – 15º andar – Savassi – CEP 30130-012
Belo Horizonte – Minas Gerais – Tel.: (31) 2121.4900 / 2121.4949
www.editoraforum.com.br – editoraforum@editoraforum.com.br

Técnica. Empenho. Zelo. Esses foram alguns dos cuidados aplicados na edição desta obra. No entanto, podem ocorrer erros de impressão, digitação ou mesmo restar alguma dúvida conceitual. Caso se constate algo assim, solicitamos a gentileza de nos comunicar através do *e-mail* editorial@editoraforum.com.br para que possamos esclarecer, no que couber. A sua contribuição é muito importante para mantermos a excelência editorial. A Editora Fórum agradece a sua contribuição.

Dados Internacionais de Catalogação na Publicação (CIP) de acordo com ISBD

L525 Lei Anticorrupção comentada / Maria Sylvia Zanella Di Pietro, Thiago Marrara (Coord.). – 4. ed. – Belo Horizonte : Fórum, 2024.

430p.; 17cm x 24cm

ISBN: 978-65-5518-676-5

1. Direito administrativo. 2. Lei anticorrupção. 3. Acordo de leniência. 4. Corrupção. I. Di Pietro, Maria Sylvia Zanella. II. Marrara, Thiago. III. Título.

CDD 342
CDU 342

Ficha catalográfica elaborada por Lissandra Ruas Lima – CRB/6 – 28510

Informação bibliográfica deste livro, conforme a NBR 6023:2018 da Associação Brasileira de Normas Técnicas (ABNT):

DI PIETRO, Maria Sylvia Zanella; MARRARA, Thiago (coord.). *Lei anticorrupção comentada*. 4. ed. Belo Horizonte: Fórum, 2024. 430p. ISBN 978-65-5518-676-5.

SUMÁRIO

APRESENTAÇÃO DA 4ª EDIÇÃO

Muito ocorreu desde a publicação da 1ª edição deste livro de comentários, em 2017, até a presente edição, de 2024. O Congresso Nacional editou uma nova Lei de Licitações, com regras, por exemplo, sobre a unificação de processos administrativos sancionadores envolvendo, simultaneamente, infrações licitatórias ou contratuais e atos de corrupção. Modificou substancialmente a Lei de Improbidade, inserindo normas para apartá-la da Lei Anticorrupção e maiores requisitos para a condenação. Fora isso, nesses anos que se passaram, criou uma Lei de Liberdade Econômica, promoveu mudanças na Lei de Defesa da Concorrência e disciplinou, também por lei, os programas de denúncia, premiação e proteção de denunciantes (*"whistleblowing"*).

Em maior ou menor medida, essas modificações legais influenciaram a compreensão da Lei Anticorrupção e sua aplicabilidade. A maior mudança, todavia, ocorreu no plano infralegal. Em 11 de julho de 2022, a Presidência da República editou o Decreto nº 11.129 e revogou o Decreto nº 8.420, de 18 de março de 2015, que, por cerca de 7 anos, exerceu o histórico papel de primeiro regulamento da Lei Anticorrupção. Com isso, aspectos operacionais da política foram alterados e atualizados, a exemplo das regras sobre o programa de leniência.

Em face de tantas transformações legais e regulamentares – embora não necessariamente avanços –, os coordenadores e autores se viram motivados a elaborar esta quarta edição. Boa parte dos capítulos passou por atualização para dialogar, principalmente, com as novas disposições introduzidas pelo Decreto nº 11.129/2022, com a nova Lei de Licitações e com a Lei de Improbidade reformada. Apesar de certas atualizações no conteúdo dos comentários, porém, a estrutura e o propósito originário dessa obra permanecem idênticos.

Basicamente, deseja-se fornecer ao leitor subsídios para que possa interpretar adequadamente a Lei nº 12.846/2013, compreender os problemas de seu texto e aplicá-la de modo harmônico à Constituição e ao ordenamento administrativo, sobretudo aos diplomas que, de maneira direta ou indireta, lidam com a política brasileira de combate à corrupção. Compreender adequadamente o texto legal é a premissa para utilizá-lo de modo seguro e justo, evitando decisões frágeis e questionáveis, bem como arbitrariedades na aplicação de uma política tão relevante para a sociedade brasileira. Diante da aversão que se criou ao tema no Brasil, todo cuidado no manejo da lei em questão tornou-se imprescindível não apenas para evitar injustiças nos casos concretos, mas, sobretudo, para garantir a legitimidade do combate à corrupção.

No que se refere à estrutura, o livro também se mantém intacto. De início, reproduz-se o artigo da Lei nº 12.846/2013 a ser comentado, respeitando-se a redação oficial e a ordem do texto legal. Em seguida, de maneira individualizada, são comentados, um a um, por grandes especialistas do direito administrativo, a saber: Irene Patrícia Nohara, José Roberto Pimenta Oliveira, Fabrício Motta, Maria Sylvia Zanella Di Pietro, Maurício Zockun, Spiridon Nicofotis Anyfantis, Thiago Marrara e Wallace Paiva Martins Júnior. Ao final da obra, para auxiliar o leitor, a Lei Anticorrupção é apresentada na íntegra, seguida da mensagem de veto e de outros atos normativos relevantes.

Nesta 4ª edição, reiteramos ao público nossa gratidão pela ampla acolhida das três edições anteriores, rapidamente esgotadas, bem como pelas críticas e sugestões essenciais ao aprimoramento do livro. Aos autores e à equipe da Editora Fórum, nossos agradecimentos pelo empenho neste projeto e por mais uma revisão atenciosa dos comentários elaborados.

Janeiro de 2024.

Maria Sylvia Zanella Di Pietro
Thiago Marrara

COMENTÁRIOS AO ART. 1º

MAURÍCIO ZOCKUN

Art. 1º Esta Lei dispõe sobre a responsabilização objetiva administrativa e civil de pessoas jurídicas pela prática de atos contra a administração pública, nacional ou estrangeira.
Parágrafo único. Aplica-se o disposto nesta Lei às sociedades empresárias e às sociedades simples, personificadas ou não, independentemente da forma de organização ou modelo societário adotado, bem como a quaisquer fundações, associações de entidades ou pessoas, ou sociedades estrangeiras, que tenham sede, filial ou representação no território brasileiro, constituídas de fato ou de direito, ainda que temporariamente.

1.1 As relevantes inovações trazidas pela denominada Lei Anticorrupção

A Lei federal nº 12.846, de 2013, veiculou o que, *jornalisticamente*, passou a ser referido como a Lei Anticorrupção. Esta *midiática* afirmativa, contudo, encerra um agudo vício de índole jurídica.

Isso porque as disposições nela veiculadas têm o propósito de preservar o patrimônio público nacional e estrangeiro de condutas que lhe esgarcem ilegitimamente por serem, respectivamente, atentatórias aos princípios informadores do regime jurídico administrativo e aos compromissos internacionais assumidos pelo Brasil.

Assim, o objeto juridicamente tutelado por esta lei é consideravelmente mais abrangente do que, singularmente, sancionar aquele que, por ato de *corrupção ativa,*[1] desencaminhe ou procure desencaminhar o agente público do reto exercício da função pública.

Primeiro, porque não só quem comete *corrupção ativa* incide no ilícito tipificado pela Lei federal nº 12.846, de 2013.[2] Tanto mais porque aquele que custeia a sua prática,

1 Art. 322 do Código Penal.

2 Registre-se, muito a propósito, que os confins normativos deste ilícito penal não estão reproduzidos na lei em comento; é infração semelhante, porém com traços próprios.

diretamente ou por meio de interposta pessoa, física ou jurídica, é igualmente autor do comportamento censurado.

Segundo porque, além de repreender o ilícito acima referido, esta lei também qualifica como ilícitas as condutas que, praticadas dolosamente, (i) resultem na ilícita frustração da instauração e/ou processamento de licitação pública e/ou, ainda, do seu propósito competitivo, aí se incluindo a ilegítima cooptação, tentada ou realizada, para que um potencial interessado não aflua ao certame; (ii) venham a fraudar licitação pública ou o contrato administrativo dela decorrente, no que também se contempla a alteração de suas disposições contratuais e/ou sua prorrogação, tal como a cláusula garantidora do denominado equilíbrio econômico-financeiro da avença travada; e (iii) procurem dificultar as investigação dos ilícitos previstos na lei.

Neste particular, a lei pretende acautelar a escorreita tutela do interesse público por meio da função administrativa em face de atos que, de modo fraudulento, resultem na vulneração dos princípios vetores das licitações e contratações públicas.[3]

Terceiro porque a lei não pretende apenas salvaguardar a Administração Pública nacional – assim definida no art. 37, *caput*, da Constituição da República – destas deletérias condutas; protege-se também a Administração estrangeira. Acautela-se, pois, a expedita persecução do interesse público, independentemente da pessoa estatal que desempenhe este *mister*.

Daí ser manifestamente equivocado designar a Lei federal nº 12.846 como Lei Anticorrupção. Esta rotulação apequena o seu real conteúdo, sentido e alcance; é rótulo divorciado da substância da lei, ainda que seja bastante sonoro, especialmente aos ouvidos dos leigos.

Em rigor, a lei em comento exige que as pessoas jurídicas se relacionem com o Poder Público de modo reto e lhano, na amplitude e limitações por ela fixadas. Trata-se, em rigor, de uma *Lei de Probidade Administrativa Empresarial* e não de uma Lei Anticorrupção, ainda que este último rótulo já seja empregado de forma corrente, e de modo equivocado, pois inexiste um conceito jurídico de corrupção como acertadamente observam Emerson Gabardo e Gabriel Morettini e Castella[4] e Soadre Caroline Rolim de Moura.[5]

Até a 3ª edição desta obra, afirmamos que, a despeito de cientes do fundado equívoco desta designação, passaríamos a nos referir à Lei federal nº 12.846, de 2013, como Lei Anticorrupção. E isso para facilitar a compreensão do objeto referido. Assim prosseguiremos, a despeito de a nossa crítica ter ecoado em parcela da doutrina, que abandonou essa jornalística referência à Lei, passando a designá-la corretamente como Lei de Improbidade Administrativa Empresarial.[6]

---

[3] E não apenas do princípio da moralidade, cuja vulneração, para alguns seria ato de corrupção em sentido amplo (LOBO FILHO, Fernando Rissoli. *A Lei anticorrupção e o direito administrativo sancionador*. São Paulo: Editora IASP, 2017. p. 38.

[4] GABARDO, Emerson; CASTELLA, Gabriel Morettini e. A nova lei anticorrupção e a importância do compliance para as empresas que se relacionam com a administração pública. *A&C – Revista de Direito Administrativo & Constitucional*, Belo Horizonte, a. 15, n. 60, p. 129-147, abr./jun. 2015.

[5] ROLIM DE MOURA, Soadre Caroline. *Corrupção e cidade (in)sustentável*: a corrupção como *óbice à* realização do direito fundamental *à* cidade sustentável. Florianópolis: Habitus, 2021. p. 108.

[6] Neste sentido: (i) PRIONTI, Rodrigo; FÁCIO, Rafaella Nátaly. Cinco anos da Lei anticorrupção brasileira e o combate preventivo à corrupção: um paralelo entre a ISO 19600:2014 e o Decreto nº 8.420/2015. *In*: GALLO, William

1.2 Interface entre a denominada Lei Anticorrupção e a Lei de Improbidade Administrativa e a multiplicidade de sanções: *bis in idem*, tutela de bens jurídicos distintos ou desproporcionalidade?

Há entre nós uma tensão entre as distintas óticas a respeito da tutela sancionatória. A maioria dos autores e autoras sustentam que um mesmo fato, lesando distintos bens jurídicos, autoriza a imposição de distintas penalidades ao infrator. E isso porque, segundo essa visão, cada uma das sanções aplicadas tutelaria um bem jurídico específico. Neste contexto, o infrator pode ser legitimamente atingido não apenas por uma sanção; mas por distintas sanções, cada qual provinda de um quadrante distinto do direito. Vejamos o efeito prático dessa visão doutrinária.

Tome-se o seguinte exemplo: duas pessoas, em colaboração com um agente público, frustram o caráter competitivo de uma licitação pública, viabilizando que uma delas vença o certame. Em vista disso, é possível afirmar que essa conduta caracteriza, no mínimo: (i) infração da ordem econômica, (ii) probidade administrativa (objeto da Lei de improbidade administrativa), (iii) probidade administrativa empresarial (objeto da denominada Lei anticorrupção), e (iv) crime (art. 337-F do Código Penal).

Neste contexto, e para os adeptos dessa corrente de pensamento, os infratores podem sofrer as seguintes sanções.

No âmbito do sistema de defesa da concorrência, podem ser aplicadas as penalidades (i) de multa de 0,1% a 20% do valor do faturamento bruto da empresa, grupo ou conglomerado obtido, no último exercício anterior à instauração do processo administrativo, no ramo de atividade empresarial em que ocorreu a infração, a qual nunca será inferior à vantagem auferida, quando for possível sua estimação (art. 37, I, da Lei federal nº 12.529); (ii) de proibição de contratar com instituições financeiras oficiais e participar de licitação tendo por objeto aquisições, alienações, realização de obras e serviços, concessão de serviços públicos, na administração pública federal, estadual, municipal e do Distrito Federal, bem como em entidades da administração indireta, por prazo não inferior a cinco anos (art. 38, II, da Lei federal nº 12.529); (iii) de recomendação aos órgãos públicos competentes, para que (...) não seja concedido ao infrator parcelamento de tributos federais por ele devidos ou para que sejam cancelados, no todo ou em parte, incentivos fiscais ou subsídios públicos (art. 38, IV, 'b', da Lei federal nº 12.529).

No âmbito da Lei de Improbidade Administrativa, e "independentemente do ressarcimento integral do dano patrimonial, se efetivo, e das sanções penais comuns e de responsabilidade, civis e administrativas previstas na legislação específica" (art. 12 da Lei federal nº 8.429), prevê-se o pagamento de multa civil equivalente ao valor

---

Iván *et al.* (Coord.). *Derecho Administrativo para el siglo XXI*: hacia el garantísmo normativo y la transparencia institucional. Belo Horizonte: Fórum, 2018. p. 297; (ii) RIZZON, Patrick. *Aspectos jurídicos da Lei nº 12.846, de 1º de agosto de 2013*: os novos paradigmas dogmáticos e teóricos da responsabilização objetiva administrativa e civil de pessoas jurídicas pela prática de atos contra a administração pública. UFRGS: Porto Alegre, 2017. Especialização em Direito Público; (iii) MACIEL, Alessandro; OLIVEIRA, Celmar Corrêa de. Aplicação de medidas disciplinares a dirigentes de estatais. *Revista de Direito da ADVOCEF*, a. XIV, n. 28, p. 20, mai. 2019; (iv) NETO, Luiz do Nascimento Guedes; BRAGA, Rômulo Rhemo Palitot. O acordo de leniência como mecanismo legal para o efetivo combate à corrupção. *In*: NETO, Luiz do Nascimento Guedes; BRAGA, Rômulo Rhemo Palitot (Coords.) *Direito penal, processo penal e criminologia*. Zaragoza: Prensas de la Universidad de Zaragoza, 2019. p. 113.

do acréscimo patrimonial, proibição de contratar com o poder público – podendo extrapolar o ente público lesado pelo ato de improbidade – e, ainda, a proibição de receber benefícios ou incentivos fiscais ou creditícios, direta ou indiretamente (art. 12 da Lei federal nº 8.429).

Já no âmbito da denominada Lei anticorrupção, prevê-se a aplicação de multa, no valor de 0,1% a 20% do faturamento bruto do último exercício anterior ao da instauração do processo administrativo, excluídos os tributos, a qual nunca será inferior à vantagem auferida, quando for possível sua estimação e publicação extraordinária da decisão condenatória (art. 6º da Lei federal nº 12.846).

Vejam os leitores que o patrimônio do infrator é esgarçado por meio de aplicação de penalidades que tomam por base o seu faturamento ou o prejuízo causado. No fim do dia, o patrimônio do infrator será esgarçado com essas penalidades.

Parece-me equivocada a interpretação afirmativa da legitimidade da aplicação de multiplicidades de sanções ao patrimônio do infrator, ao fundamento de que cada uma delas pretende tutelar distintos bens jurídicos. Isso porque essa visão desconsidera (ou deixa de tomar como referência) a pessoa sancionada, que é tratada mais como um inimigo[7] e, portanto, desprovido de garantias previstas em favor do administrado.[8]

Ora, se o patrimônio do infrator é uno e indivisível, gravá-lo com penalidades cumulativas decorrentes de um mesmo fato significa, para o infrator, sanções sucessivas e cumulativamente aplicadas que arruínam um mesmo bem jurídico: o seu patrimônio.

Assim, para o aplicador da sanção, os bens jurídicos tutelados são distintos, o que viabiliza a imposição dessas penalidades; para aquele que sofre a sanção, contudo, há multiplicidade de sanções de um mesmo bem jurídico, insista-se: o seu patrimônio.

Observando-se esse fenômeno por perspectiva distinta (não a perspectiva do acusador, mas do acusado), é desproporcional e irrazoável que um mesmo fato possa lesar seguida, sucessiva e cumulativamente um mesmo bem jurídico. Tanto mais porque, isoladamente considerada, a penalidade aplicável pode ser proporcional e razoável; no entanto, somadas as penalidades aplicáveis, elas poderão assumir feição confiscatória e desproporcional, o que não se autoriza.

Por esta razão, há que se unificar (e não somar) as lesões passíveis de aplicação, tornando-as, coletivamente, razoáveis e proporcionais.

Alterações promovidas na Lei de Improbidade Administrativa procuraram contornar este estado de coisas ilegítimas. Isso porque passou-se a prever que (i) as sanções previstas na Lei federal nº 8.429 não podem ser cumuladas com as penalidades previstas na denominada Lei anticorrupção (art. 3º, §2º); (ii) as sanções eventualmente aplicadas em outras esferas deverão ser compensadas com as sanções aplicadas na Lei de Improbidade Administrativa (art. 21, §5º); e (iii) se ocorrer lesão ao patrimônio público,

---

[7] Faço alusão ao denominado "Direito penal do inimigo", ideia construída por Pedro Serrano, segundo a qual o autoritarismo – e o autoritarismo jurídico – se vale da velada suspensão de direitos e garantias daquele que é considerado o inimigo do Estado (SERRANO, Pedro. *Autoritarismo e golpes na América Latina*. São Paulo: Alameda, 2016).

[8] Como denuncia Lucas do Monte Silva (SILVA, Lucas do Monte. O direito penal do inimigo e a corrupção no Brasil. *Revista Electrónica Semestral de Políticas Publicas en Materias Penales*, Universidade de Talca, Santiago, v. 11, n. 21, jul./2016. Disponível em: http://dx.doi.org/10.4067/S0718-33992016000100008. Acesso em 10 jan. 2023).

a reparação do dano a que se refere esta Lei deverá deduzir o ressarcimento ocorrido nas instâncias criminal, civil e administrativa que tiver por objeto os mesmos fatos.

É um primeiro passo, mas não o definitivo.

1.3 A responsabilização sancionatória objetiva da pessoa jurídica pela Lei nº 12.846

A grande inovação desta lei resulta, contudo, de um dos seus aspectos mais controvertidos e, por isto mesmo, já contrastada no Supremo Tribunal Federal por meio da Ação Direta de Inconstitucionalidade nº 5.261.

Isso porque a lei responsabiliza objetivamente, no âmbito civil e administrativo, a pessoa jurídica pelo cometimento dos ilícitos narrados no item 1.1, acima.

Alega-se que esta previsão é incompatível com a Constituição da República, porque (i) a pessoa jurídica sempre age por meio de seus agentes, não se podendo penalizar uma empresa em razão de uma conduta praticada por um dos seus prepostos; e, ainda que isto fosse possível, (ii) essa penalização não poderia advir de sua responsabilização objetiva.

1.4 A responsabilização sancionatória da pessoa jurídica

O direito cria as suas próprias realidades. A simples existência das pessoas jurídicas – de direito público e de direito privado – são a prova desta incontestável virtude do sistema de direito positivo, já que essas entidades são meras ficções jurídicas.

Por esta razão, é induvidoso que as pessoas jurídicas atuam no mundo fenomênico por meio de quem as represente. Sob uma ótica material, quem atua em nome da pessoa jurídica é, sempre, uma pessoa física.

Desse modo, quando um ato jurídico é praticado por uma pessoa jurídica a quem a ordem jurídica comina a sua realização? À própria pessoa jurídica ou à pessoa física que atua em seu nome?

Criando suas próprias realidades, o direito ordinariamente comina à própria pessoa jurídica a prática de atos jurídicos, ainda que contrários à ordem jurídica. Apenas excepcionalmente, nas hipóteses e sob as circunstâncias descritas pela própria ordem jurídica, pode-se imputar o ato praticado ao agente que materialmente o realizou em nome da entidade. Não sem razão criou-se incidente de desconsideração da pessoa jurídica, destinado especificamente a esse propósito, nos termos dos arts. 133 e seguintes do Novo Código de Processo Civil.

Vê-se, pois, que a imputação de um ilícito à própria pessoa jurídica que a cometeu ou à pessoa física que, em seu nome, praticou aquele ato faltoso é, pois, um problema jurídico-positivo e não lógico-jurídico.

E quanto à possibilidade de se imputar uma sanção a uma pessoa jurídica, nosso sistema normativo já concebe uma solução no altiplano constitucional. Isso porque o art. 225, §3º, da Constituição da República, prescreve que "As condutas e atividades consideradas lesivas ao meio ambiente *sujeitarão* os *infratores*, *pessoas* físicas ou *jurídicas*, a *sanções penais* e *administrativas*, independentemente da obrigação de reparar os danos causados".

Esse comando constitucional foi disciplinado com o advento da Lei federal nº 9.605, de 1998, cujos arts. 21 a 24 veiculam as sanções especificamente aplicáveis às pessoas jurídicas em seu âmbito.

Em vista desses dois perceptivos, procederiam a objeções anteriormente lançadas contra a lisura da Lei Anticorrupção? Vejamos.

Em memorável artigo, Nelson Hungria observou que "A ilicitude jurídica é uma só, do mesmo modo que um só, na sua essência, é o dever jurídico... Assim, não há falar-se de um ilícito administrativo ontologicamente distinto de um ilícito penal". Daí concluir, com apoio em Beling, que "[...] a única diferença que pode ser reconhecida entre as duas espécies de ilicitude é de *quantidade* ou de *grau*: está na maior ou menor gravidade ou imoralidade de uma em cotejo com outra. O ilícito administrativo é um *minus* em relação ao *ilícito* penal".[9]

Logo, não há distinção morfológica entre a *infração* civil, administrativa, trabalhista, tributária ou penal etc.; todas decorrem do descumprimento da ordem jurídica. Por esta razão, a prática de uma conduta vedada pela ordem jurídica resulta, sempre, no cometimento de um ilícito e a imposição de uma sanção em desfavor do seu autor, ainda que haja possibilidade de serem adotadas outras medidas judiciais que procurem recompor a situação lesada ao *status quo ante*.[10]

Daí porque, pautado nesta ideia, sustentamos que a responsabilização civil do Estado é uma espécie de sanção.[11]

Haveria, todavia, possibilidade de sancionar um terceiro com base na teoria da responsabilidade objetiva, sendo desnecessário, pois, demonstrar o dolo ou a culpa do agente no cometimento do ilícito?

1.5 A responsabilização sancionatória objetiva da pessoa jurídica

Adiantamo-nos esclarecendo que o direito positivo já contempla esta forma de responsabilidade sancionatória da pessoa jurídica.

É o que se sucede, por exemplo, no art. 37, §6º, da Constituição da República, que responsabiliza objetivamente o Estado pela prática de um dano ilícito, não sendo, contudo, o único.

O mesmo se depreende do exame do art. 931 do Código Civil, que reconfirma o acerto dessa afirmativa. Isso porque, segundo este dispositivo, "Ressalvados outros casos previstos em lei especial, os empresários individuais e as empresas respondem independentemente de culpa pelos danos causados pelos produtos postos em circulação". Prevê-se, aqui, uma hipótese de responsabilidade sancionatória objetiva da pessoa jurídica.

Mas haveria um limite para a responsabilização objetiva em vista de ilícitos cometidos pelos prepostos de uma pessoa jurídica? A resposta é afirmativa.

---

[9] HUNGRIA, Nelson. Ilícito administrativo e ilícito penal. *Revista de Direito Administrativo*. Rio de Janeiro, a. 1, n. 1, p. 24-31, jan./mar. 1945.

[10] Cf.: AZEVEDO, Vicente de Paulo Vicente de. *Crime, dano, reparação*. São Paulo: Saraiva, 1934.

[11] ZOCKUN, Maurício. *Responsabilidade patrimonial do Estado*. São Paulo: Malheiros, 2010.

A sanção imposta em vista de uma infração pode resultar no esgarçamento do direito de propriedade ou do direito de liberdade.[12] E, neste campo, há que se ponderar o que merece maior guarida na ordem constitucional: a recomposição patrimonial e a sanção do infrator segundo a responsabilização objetiva ou subjetiva, ou ainda, a recomposição patrimonial objetiva e a penalização do infrator na medida da sua culpabilidade?

Ainda que existam vozes dissonantes – e sempre existirão –, aceita-se que o direito de liberdade só possa ser tolhido na medida da culpabilidade do agente faltoso; ou seja, segundo sua responsabilidade subjetiva no cometimento do ilícito. E isso porque se adotou, para estes casos, uma teoria de causalidade viabilizadora apenas da responsabilização subjetiva.[13]

O mesmo não se pode dizer quanto ao tolhimento do direito de propriedade em vista dos mesmos fatos ilícitos, campo em que se admite a responsabilização objetiva (sem a necessidade, pois, de demonstração de dolo ou culpa do infrator no cometimento do ilícito). Adota-se aqui teoria diversa do nexo de causalidade, acolhedora da responsabilização objetiva, bastando apenas que o agente tenha deflagrado a conduta que redundou no ilícito, pouco importando se teve ou não interesse nesse resultado.

Mas a Lei Anticorrupção prevê, de fato, a responsabilização da pessoa jurídica?

1.6 A *responsabilização objetiva* da pessoa jurídica pela Lei Anticorrupção

O art. 1º da Lei Anticorrupção assinala explicitamente o propósito de atribuir à pessoa jurídica a responsabilização objetiva pelo cometimento dos ilícitos nela assinalados.

Sucede que a prática dos ilícitos descritos no art. 5º desta lei exige, necessariamente, a prática de conduta dolosa. Sua ocorrência no plano fenomênico demanda, portanto, um agir da pessoa jurídica com o deliberado propósito de realizá-los.

Com efeito, o art. 5º, I, prevê como infração à lei "prometer, oferecer ou dar, direta ou indiretamente, vantagem indevida a agente público, ou a terceira pessoa a ele relacionada". Só há possibilidade de praticar esta conduta de modo intencional e, portanto, doloso.

No mesmo sentido, o art. 5º, II, assinala como infração "comprovadamente, financiar, custear, patrocinar ou de qualquer modo subvencionar a prática dos atos ilícitos previstos nesta Lei". Não se pode imaginar que o abastecimento financeiro das condutas ilícitas previstas na lei decorra de negligência, imprudência ou imperícia, senão que de prática dolosa do agente faltoso.

Prossegue a lei assinalando no art. 5º, III, que incide nas sanções nela previstas quem "comprovadamente, utilizar-se de interposta pessoa física ou jurídica para ocultar

---

12 Ainda que a liberdade e a propriedade não sejam direitos, mas sim poderes, como acertadamente observa Santi Romano (ROMANO, Santi. *Fragmentos de un diccionario jurídico*. Buenos Aires: Editorial EJEA, 1964).

13 Daí porque, no seio da Lei Federal nº 9.605, de 1998, a ação penal ajuizada contra a pessoa jurídica exige idêntica medida em detrimento da pessoa física, pois aquela infração não subsiste sem esta. E sendo esta sanção imposta na medida da culpabilidade do agente, a isonomia impõe idêntico tratamento às pessoas jurídicas.

ou dissimular seus reais interesses ou a identidade dos beneficiários dos atos praticados". Uma vez mais, só se poderá praticar este ilícito de modo intencional.

Se os demais ilícitos listados na lei seguem o mesmo *iter*, de que modo subsiste a responsabilização objetiva?

Só há uma possibilidade de preservar o texto da lei com esta disposição. Conceber a existência de duas normas jurídicas que, conjugadas, fazem nascer a referida responsabilização. Uma primeira norma dispositiva do cometimento do ilícito, necessariamente vinculado ao comportamento subjetivo do agente faltoso; e, por agente faltoso, considere-se a pessoa natural que, representando a pessoa jurídica, pratica o ilícito. Uma segunda norma prevendo a responsabilização objetiva da pessoa jurídica tendo por pressuposto o ilícito cometido.

Assim, o nascimento do ilícito é apurado segundo o comportamento do agente. Uma vez ocorrido este ilícito, deflagra-se a responsabilização objetiva da pessoa jurídica.[14] Essa é a mesma *ratio* que inspirou a edição da Súmula 341 do STF, segundo a qual "[é] presumida a culpa do patrão ou comitente pelo ato culposo do empregado ou preposto".

Notem, por isso, que trilhamos caminho diverso do pensamento edificado segundo o qual a hipótese em comento se qualifica como verdadeira responsabilização sancionatória direta e objetiva da pessoa jurídica.[15]

1.7 A *responsabilização objetiva* da pessoa jurídica pela Lei Anticorrupção como hipótese de transmissibilidade de sanção

Em absoluto rigor, sob o rótulo da responsabilização objetiva da pessoa jurídica afirmada pela lei, dá-se fenômeno muito diverso: a transmissibilidade da sanção, que não encontra sua justificativa na batida classificação de sanções reais e pessoais.

E qual o regime jurídico aplicável à transmissibilidade das sanções, ideia que se aplica à denominada responsabilização objetiva da pessoa jurídica no âmbito da denominada Lei anticorrupção? Eis o que nos parece adequado:

> 17 O que cumpre verificar é se existe ou não, por parte de alguém diverso do infrator, e a ser qualificado como "responsável", a possibilidade de lhe controlar a conduta ou, quando impossível tal controle, se este terceiro dispõe de meios para constranger o infrator a suportar a sanção pecuniária.
>
> São, pois, fundamentalmente, duas as hipóteses em que se pode admitir a transmissibilidade das multas e, pois, o surgimento da figura do responsável.
>
> Uma hipótese é aquela em que o sujeito a ser configurado como responsável dispõe de controle sobre o infrator, e precisamente por não havê-lo exercido de modo satisfatório é que foi possível a prática da infração. É o caso da responsabilidade do pai pelas multas de trânsito decorrentes de infrações do filho menor.

[14] Parece-me que esse pensamento também foi trilhado por Leonardo Bellini de Castro (CASTRO, Leonardo Bellini de. *Lei anticorrupção*: Impactos sistêmicos e transversais. São Paulo: JHMinuzo, 2019. p. 72).

[15] SERRANO, Pedro Estavam Pinto. A responsabilização objetiva na Lei Anticorrupção. *Revista do Advogado*, AASP, a. XXXIV, n, 125, dez. 2014, p. 110 a 113; e BOTTINI, Pierpaolo Cruz; TAMASAUSKAS, Igor Sant'Anna. A controversa responsabilidade objetiva na Lei nº 12.486/2013, A responsabilização objetiva na Lei Anticorrupção. *Revista do Advogado*, São Paulo: AASP, a. XXXIV, n. 125, dez. 2014, p. 125 a 130.

> Outra hipótese é aquela em que o sujeito qualificável como responsável dispõe de meios para constranger o infrator a se submeter ao pagamento da multa. É o caso daquele que, pretendendo adquirir um veículo, exige, para conclusão do negócio, que o vendedor salde as multas oriundas das infrações de trânsito ou que, por via de abatimento no preço, lhe propicie a diferença suficiente para que ele próprio efetue tal pagamento.
>
> Vê-se que em ambas as situações a transmissibilidade da sanção não a desnatura, pois a ameaça, a intimidação, prevista na composição íntegra da figura infracional, mantém constantemente sua presença e se, a despeito dela, a infração for praticada, ao ser desencadeada a sanção, ela continua operante para prevenir a reincidência e para cumprir a exemplaridade social, visto que, já agora, ou o responsável sofre a sanção, por não ter sido diligente, ou tem meios para constranger o devedor a suportá-la.
>
> Dessarte, de modo algum se poderá dizer que a sanção terá caído sobre o responsável como uma fatalidade, como evento insuscetível de ser esquivado, pois apenas perante a inevitabilidade dela é que a transmissibilidade a outrem frustraria a finalidade que lhe serve de suporte lógico e jurídico.
>
> Com efeito, nas situações figuradas, ou o responsável haverá tido, por incúria, participação no evento infracional – caso em que é perfeitamente razoável que arque com a sanção – ou, diversamente, como não praticou infração alguma e não teria como impedi-la, não será onerado por sanção alguma, desde que concorra para que o gravame se abata sobre o infrator, cumprindo-se, dessarte, integralmente, a finalidade repressiva e preventiva da sanção, bem como sua exemplaridade social.
>
> É por este modo que se demonstra quais os casos em que a transmissibilidade de multas oriundas de sanção administrativa é admissível, já que neles isto não fere os fundamentos lógicos e jurídicos em que se assenta o Estado quando delineia certos comportamentos como infrações administrativas: almejar desestimular condutas indesejáveis e induzir a condutas pretendidas, valendo-se, para tanto, da ameaça de sanções que, dessarte, cumprirão a função de reprimir e prevenir reincidência. Fora deles, todavia, qualquer pretensão normativa de inculcar a algum sujeito que não o infrator o dever de responder por infração administrativa e suportar a correspondente sanção seria, além de injusta e injurídica, ilógica, dada a absoluta ineficácia da providência para que sejam cumpridas as finalidades que sustentam o instituto da sanção, quer do ponto de vista racional, quer do ponto de vista do Direito. Seria, em suma, um ato irracional, estúpido.[16]

É por esta razão que nos parece que o denominado programa de integridade – mais adiante examinado em comentário específico nesta obra pela Profª Maria Sylvia Zanella Di Pietro (art. 7º, VIII) – não apenas podem reduzir a magnitude da penalidade transmissível à pessoa jurídica,[17] mas, adicionalmente, romper o nexo causal viabilizador dessa transmissão.[18]

Deveras, se a pessoa jurídica adotou os meios à sua disposição e aptos para pretender evitar a prática da ilicitude pelas pessoas capazes de cometer as ilicitudes prescritas no art. 5º da Lei e, ademais, o programa de integridade edificado estava em

---

16 BANDEIRA DE MELLO, Celso Antônio. *Curso de Direito Administrativo*. 36. ed. Belo Horizonte: Editora Fórum, 2023. p.772 (Cap. XV, item 17).

17 CASTRO, Leonardo Bellini de. *Lei anticorrupção: Impactos sistêmicos e transversais*. São Paulo: JHMinuzo, 2019. p. 169.

18 PIRONTI, Rodrigo; ZOCKUN, Maurício. Controle 'compliance' e programas de integridade no setor de infraestrutura. *Revista de Direito Administrativo e Infraestrutura – RDAI*, v. 2, p. 271-292, 2018.

efetivo funcionamento e era idôneo, qualificado e apto a prevenir, mapear e investigar a ilicitude (não sendo, por assim dizer, um programa de integridade "para inglês ver"), rompe-se o nexo causal justificador dessa transmissão. Afinal, o direito não pode exigir o impossível que, uma vez não alcançado, viabiliza a transmissão da sanção.

O programa de integridade é o elemento qualificador da prudência empresarial; elemento de culpabilidade para aferir o preenchimento dos pressupostos para transmissibilidade ou não da sanção prescrita na Lei de probidade administrativa empresarial.

Assim, a transmissibilidade da sanção nesses casos seria uma medida desproporcional e irrazoável, pois não há meios de a pessoa jurídica impedir – em todas as hipóteses – que pessoas pratiquem os ilícitos arrolados no art. 5º da Lei. Assim, sendo demonstrada a existência de um programa de integridade robusto e em efetivo funcionamento, deve-se reconhecer a falta de preenchimento dos pressupostos legais para a transmissibilidade da sanção à pessoa jurídica, pelo rompimento do nexo causal.

Haveria ainda que se analisar a extensão e aplicação das causas excludentes de responsabilidade objetiva na Lei Anticorrupção.

Mas isto é uma empreitada que se enfrentará no campo de análise deste art. 1º da Lei Anticorrupção.

1.8 Competência legislativa para edição da Lei Anticorrupção

Pugna-se a legitimidade formal da edição dessa lei pela União, ao fundamento de que por meio dela se legislou sobre responsabilidade civil e seu processo,[19] o que é autorizado pelo art. 22, I, da Constituição da República. Este pensamento, *concessa venia*, não nos parece acertado.

É inegável que a ementa da Lei Anticorrupção afirma que ela se dispôs a disciplinar a responsabilização administrativa e civil das pessoas jurídicas pelo cometimento de um especial rol de ilícitos. Sucede que a responsabilização em pauta não poderia demarcar os ilícitos ensejadores da sua eclosão, campo no qual inovadoramente também obrou a lei. É o que, *vis-à-vis*, se dá em relação ao meio ambiente, campo no qual não se confunde sua tutela jurídica[20] com a responsabilização daqueles que lhe causem prejuízo, deflagrando a correspondente responsabilização civil.[21]

Convence-nos outro argumento, que se encontra no pórtico do comentário lançado ao primeiro artigo desta lei. Com efeito, a Lei Anticorrupção versa sobre uma especial faceta da probidade administrativa: a *probidade administrativa empresarial*. E de qual instituto constitucional emerge a probidade administrativa? Do princípio da moralidade.

Daí porque, em absoluto rigor, a Lei Anticorrupção veicula uma forma qualificada de moralidade administrativa, a exemplo do que também se dá com a improbidade

---

[19] Nesse sentido pensam Wallace Paiva Martins Junior (MARTINS JÚNIOR, Wallace Paiva. A Lei nº 12.846/2013 e o panorama das "leis anticorrupção" no ordenamento jurídico brasileiro. *In*: SÃO PAULO (Estado). Ministério Público. Centro de Apoio Operacional Cível e de Tutela Coletiva. Patrimônio Público. *Apontamentos à Lei Anticorrupção Empresarial*: Lei nº 12.846/13. São Paulo: Ministério Público, 2015. p. 51) e Maria Sylvia Zanella Di Pietro (DI PIETRO, Maria Sylvia Zanella. *Direito administrativo*. São Paulo: Atlas, 2015. p. 999).

[20] Art. 24, VI, da Constituição da República.

[21] Art. 24, VIII, da Constituição da República.

administrativa.[22] Há, pois, um condomínio legislativo dos entes políticos para dispor sobre a moralidade e suas formas qualificadas. E, por esta razão, radica no art. 24, §1º, da Constituição da República, a competência da União de editar normas gerais sobre a *probidade administrativa empresarial*, sem embargo de isto não afastar a prerrogativa legislativa dos estados e municípios para editar normas especiais sobre este bem jurídico.

Informação bibliográfica deste texto, conforme a NBR 6023:2018 da Associação Brasileira de Normas Técnicas (ABNT):

ZOCKUN, Maurício. Comentários ao art. 1º. *In*: DI PIETRO, Maria Sylvia Zanella; MARRARA, Thiago (coord.). *Lei Anticorrupção comentada*. 4. ed. Belo Horizonte: Fórum, 2024. p. 15-25. ISBN 978-65-5518-676-5.

22 Francisco Octavio de Almeida Prado afirmava que moralidade administrativa contém a probidade administrativa (PRADO, Francisco Octavio de Almeida. *Improbidade administrativa*. São Paulo: Malheiros, 2001. p. 16), trilha também seguida por José Afonso da Silva, para quem a probidade administrativa é uma forma qualificada de moralidade administrativa (SILVA, José Afonso da. *Curso de direito constitucional*. 19. ed. São Paulo: Malheiros, 2001. p. 653).

COMENTÁRIOS AO ART. 2º

JOSÉ ROBERTO PIMENTA OLIVEIRA

Art. 2º As pessoas jurídicas serão responsabilizadas objetivamente, nos âmbitos administrativo e civil, pelos atos lesivos previstos nesta Lei praticados em seu interesse ou benefício, exclusivo ou não.

2.1 Finalidade estruturante do dispositivo na Lei nº 12.846/2013

A Lei nº 12.846 – denominada legalmente como Lei Anticorrupção (Cf.: art. 17, §4º da Lei nº 13.303/2016) e, com rigor técnico, Lei de Improbidade de Pessoas Jurídicas – aplica-se às pessoas jurídicas brasileiras e estrangeiras que pratiquem as condutas lesivas contra a Administração Pública nacional, no território nacional e no exterior (art. 1º, parágrafo único). Também foi firmada a responsabilidade de pessoas jurídicas brasileiras que pratiquem condutas lesivas à Administração Pública estrangeira, no território nacional e no exterior (art. 28). E, por fim, aplica-se o regime legal às pessoas jurídicas estrangeiras que pratiquem condutas lesivas à Administração Pública estrangeira, no território nacional (art. 1º, parágrafo único). A única situação em que não está prevista é a prática de ato lesivo, por pessoa jurídica estrangeira, à Administração Pública estrangeira, cometido no exterior. Com essas regras, a lei estabelece critério de extraterritorialidade próprio, diverso de outras legislações anticorrupções estrangeiras (destacadamente, a FCPA e UKBA).

Este campo de aplicação revela o vínculo umbilical da Lei Anticorrupção com as Convenções Internacionais contra a Corrupção (OCDE, OEA e ONU), de que o Brasil é Estado signatário e as quais já estão devidamente internalizadas no ordenamento brasileiro. No direito internacional, discute-se a necessidade de uma estratégia internacional de integração normativa das ordens jurídicas nacionais com vistas à prevenção e repressão eficaz da corrupção.[1] A responsabilidade das pessoas morais é estudada quando se analisam os obstáculos à efetividade das convenções anticorrupção

---

[1] DORMOY, Daniel. *La corruption et le droit international*. Bruxelles: Bruylant, 2010. p. 190.

internacionais.[2] A Lei nº 12.846 exsurge, fundamentalmente, deste movimento internacional de enfrentamento do fenômeno da corrupção, mas não se pode desprezar os fatores econômicos, sociais, políticos e culturais, próprios da formação social brasileira, impulsionadores da promulgação da Lei, na busca de fortalecer o princípio republicano da probidade na política doméstica anticorrupção.

A Lei nº 12.846 integra o Sistema Brasileiro Anticorrupção. Sob as lentes da Ciência Jurídica, é possível depreender a existência de Sistema Internacional Anticorrupção, do qual fazem parte as Convenções Internacionais Anticorrupção (no caso brasileiro, destaque para as Convenções da OCDE, OEA e ONU), e do Sistema Brasileiro Anticorrupção, que é composto por normas constitucionais, supralegais, legais e infralegais, atinentes à prevenção, detecção, dissuasão e repressão de práticas de corrupção, tomando-se este conceito dentro do espectro semântico amplo adotado em Mérida.

A estrutura desse sistema normativo brasileiro compreende a organização jurídico-institucional de diversos segmentos normativos, dentre os quais, o Sistema Político-constitucional Anticorrupção, relacionado com a prevenção e repressão de "crime de responsabilidade", relacionado com a matéria; o Sistema Político-legislativo Anticorrupção, concentrado na infração parlamentar, relacionada com a matéria; o Sistema Penal Anticorrupção, composto por normas de Direito Penal e Processual Penal (CP, CPP, legislações penais e processuais penais extravagantes, incluindo crimes de lavagem de dinheiro e organizações criminosas), relacionadas com a matéria; o Sistema Civil Anticorrupção, marcado por normas de direito público atinentes à indenização de danos materiais e imateriais derivados de práticas corruptivas; o Sistema Eleitoral Anticorrupção, marcado por normas materiais e processuais de Direito Eleitoral, relacionadas com a matéria (Código Eleitoral, legislação eleitoral extravagante, incluindo Lei de Eleições e Lei de Inelegibilidades); e o Sistema de Direito Administrativo Sancionador (DAS) Anticorrupção.

Por sua vez, o Sistema de DAS Anticorrupção compreende, no mínimo, as seguintes três parcelas estruturais:

(i) Sistemas de responsabilização administrativa, movimentados por diversos órgãos e entidades da Administração Pública, no campo do (i.1) DAS disciplinar (v.g., Lei nº 8.112/1990), relacionado com a matéria; (i.2) DAS licitatório e contratual (destacadamente, Leis nº 8.666/1993, nº 10.520/2002, nº 12.462/2011 e Lei nº 13.303/2016, inclusive a nova LGLC, Lei nº 14.133/2021), relacionado com a matéria; (i.3) DAS econômico, operado pelo CADE (Lei nº 12.529/2011), relacionado com a matéria; (i.4) DAS de lavagem de dinheiro, operado pelo COAF (Lei nº 9.613/1998), relacionado com a matéria; (i.5) DAS do sistema financeiro, operado pelo BACEN (Lei nº 13.506/2017), relacionado com a matéria; (i.6) DAS do mercado de valores mobiliários, operado pela CVM (Lei nº 13.506/2017), relacionado com a matéria; (i.7) DAS de profissões regulamentadas, operadas por inúmeros Conselhos de Fiscalização Profissional, relacionado com a matéria; (i.8) DAS tributário,

---

2 BAH, Saliou. *L'effectivité des conventions anti-corruption internationales:* vers une Cour pénale international en criminalité économique pour punir le voll d'État. Zurique: Schulthess éditions Romandes, 2013. p. 147-217.

operado pelas autoridades tributárias competentes (destacadamente, com base no CTN e legislação tributária), relacionado com a matéria;

(ii) Sistema de responsabilização pela prática de atos de improbidade, moldado pela Lei nº 8.429/1992 (Lei Geral de Improbidade Administrativa, alterada pela Lei nº 14.230/2021) e Lei nº 12.846; e

(iii) Sistema de responsabilização perante os Tribunais de Contas (TCU, TCEs, TCDF, TCMs, TCM de SP e TCM do RJ), relacionado com a matéria.

Resta patente a complexidade estrutural do DAS Anticorrupção no Brasil. Esta característica, em rigor, é uma decorrência da gravidade jurídico-institucional de práticas corruptivas para a organização dos Poderes e instituições estatais, bem como para o desenvolvimento econômico, social, político e cultural da sociedade. No caso brasileiro, reflete uma história de patrimonialismo resiliente, mesmo após a reinauguração do Estado Social e Democrático de Direito (art. 1º da CF), com a derrocada do regime ditatorial (1964-1985). Os princípios republicano e democrático irradiam as bases para estes diversos sistemas de DAS, como modelos institucionais necessários para a tutela de interesses públicos (e da atuação do Estado em prol da cidadania) contra a corrupção em suas variações tipológicas.

Os sistemas de responsabilização inseridos no DAS devem encontrar fundamentação constitucional, seja porque a própria Constituição já traceja regras sobre os seus elementos estruturais (bem jurídico, ilícito, sanção e processo), seja porque o Texto Constitucional estabelece a fonte de legitimação de sua criação legislativa e colaboração regulamentar na sua modelagem.

Um dos maiores desafios atuais está na estruturação integrada dos sistemas de responsabilização do DAS e do Direito Penal, duas competências sancionadoras estatais essenciais à tutela dos mais relevantes bens jurídicos (plasmados na Constituição e nas Leis). Isto envolve uma compreensão adequada da forma de convivência de sistemas dentro do próprio DAS, e igualmente fora dele, quando avaliada a relação com sistemas criminais (geral e especiais).

Após a delimitação dos possíveis sujeitos de direitos (pessoas jurídicas) passíveis de responsabilização, a Lei nº 12.846 consigna imediatamente outro dispositivo essencial à estrutura da responsabilidade nela plasmada. Trata-se do art. 2º, que estabelece a *responsabilidade objetiva*, como elemento do regime do sistema de responsabilização instituído, no designado "âmbito administrativo" e no "âmbito civil", pela prática de "atos contra a administração pública, nacional ou estrangeira", na expressão do art. 1º, *caput*, posteriormente referidos como atos lesivos "que atentem contra o patrimônio público nacional ou estrangeiro, contra princípios da administração pública ou contra os compromissos internacionais assumidos pelo Brasil", definidos no art. 5º. O *caput* do artigo 5º demonstra que a tipificação de atos lesivos não se esgota nos incisos da LAC, e deve ser complementada pela tipificação referida nos compromissos internacionais vigentes – destacados por Fabrício Motta em seus comentários ao artigo 5º –, bem como na tipologia em vigor de atos de improbidade administrativa.[3]

---

[3] Sobre a aplicação do artigo 5º, inc. V da Lei nº 12.846, colhe-se julgado do STJ, pelo qual "a previsão do art. 5º, V, da Lei nº 12.486/2013, que caracteriza como ato atentatório contra o patrimônio público nacional a conduta

A lei consagra o termo *responsabilização*. Para que esta ocorra, é preciso que se coloque em movimento o que se pode denominar *sistema de responsabilização*. Este conceito dogmático é extremamente útil para compreensão sistemática da lei no ordenamento brasileiro, que já contém diversos dispositivos normativos ou estruturas normativas sancionatórias para os fatos tipificados na Lei nº 12.846 como *lesivos* nos incs. I a IV do art. 5º, praticados por pessoas jurídicas. Se o intérprete atrelar-se à literalidade da lei, esta pretende instituir um novo sistema de responsabilização, dissociados dos sistemas existentes.

Haverá um *sistema de responsabilização*, toda vez que o ordenamento jurídico organizar e ordenar sistematicamente o exercício de competências sancionatórias ou punitivas a partir de quatro elementos essenciais: *os bens jurídicos tutelados, os ilícitos fixados, as sanções estatais oponíveis e o processo estatal regular a ser observado*. Bens jurídicos iluminam a compreensão da moldura fática recortada para estipulação dos ilícitos e, ao mesmo tempo, justificam a correlação lógica entre hipótese infracional e consequência sancionatória, legitimando o estabelecimento das sanções legais. Por fim, a relação deôntica de *dever-ser* entre ilícitos e sanções, por outro lado, não escapa das exigências do princípio constitucional do devido processo estatal para que os atos restritivos possam ser validamente produzidos, supondo a inserção do sistema na moldura do Estado Democrático de Direito.

É certo que os fatos lesivos tipificados na Lei nº 12.846 já eram colhidos pelo ordenamento pátrio, no tocante às pessoas jurídicas, no plano da responsabilização civil, responsabilização administrativa, responsabilização por irregularidade de contas, e responsabilização pela prática de atos de improbidade administrativa, dentre outros, e já desencadeavam sanções ou punições contra a pessoa jurídica responsável por atos corruptivos, no âmbito desses respectivos sistemas, conforme a configuração fática e jurídica das condutas ilícitas, nos termos da legislação correlata.

A corrupção acarreta significativos custos e distorções na atividade pública ou governamental. No direito brasileiro, com relação aos fatos lesivos previstos na Lei nº 12.846, a pessoa jurídica poderá sofrer diversas sanções, conforme o sistema de responsabilização que venha a qualificar condutas ilícitas reveladoras dos fatos apurados e enquadrados nas hipóteses legais.

Ensejará a *responsabilidade civil (stricto sensu)* da pessoa jurídica infratora a conduta de dar vantagem indevida a agente público no exercício da função pública, por danos materiais (*v.g.* quando a fonte dos recursos deriva do erário público em contratos), com respaldo nos arts. 186 e 927 do Código Civil, inclusive indenização de danos morais ao Poder Público. Esta responsabilidade civil da pessoa jurídica está ainda consagrada no art. 11 da Lei nº 4.717/1965 (LAP) e art. 3º da Lei nº 8.429/1992 (LIA). Foi reafirmada na Lei nº 12.846, em diversos outros dispositivos além do art. 2º, ora comentado (arts. 6º, §3º; 13; 16, §3º e 21, parágrafo único). A LAC contém normas que disciplinam as consequências patrimoniais decorrentes dos atos ilícitos. A inovação está na explícita estruturação do dever indenizatório fundado na "responsabilidade objetiva".

---

consistente em "dificultar atividade de investigação ou fiscalização de órgãos, entidades ou agentes públicos", abrange a constituição das chamadas "empresas de fachada", com o fim de frustrar a fiscalização tributária" (STJ, Recurso Especial nº 1.803.585-RN, Rel. Min. Herman Benjamin, 2ª Turma, julgamento 22.09.2020, *DJE* 01.07.2021).

Práticas corruptivas invariavelmente justificam a *responsabilidade administrativa (stricto sensu)* da pessoa jurídica infratora, perante diversos entes públicos, conforme legislação específica em vigor: (i) sistema de responsabilização administrativa por infração à legislação de licitações, disciplinado pela Lei nº 8.666/1993, nº 10.520/2002, nº 12.462/2011,nº 13.303/2016 e Lei nº 14.133/2021; (ii) sistema de responsabilização administrativa por infração à ordem econômica, disciplinado pela Lei nº 12.529/2011; (iii) sistema de responsabilização administrativa tributária, no tocante a condutas atinentes aos atos lesivos da Lei nº 12.846, passíveis de constituir ilícito tributário, disciplinado pelas normas de direito tributário em vigor, destacadamente os arts. 136 e 137 do CTN; (iv) sistema de responsabilização administrativa, no tocante a condutas passíveis de constituir infrações administrativas da legislação do mercado de valores mobiliários, justificadoras de sanções administrativas editadas pela Comissão de Valores Mobiliários, nos termos da legislação em vigor (Lei nº 6.385/1976 e Lei nº 13.506/2017); (v) sistema de responsabilização administrativa por lavagem de dinheiro, no tocante a condutas passíveis de constituir ilícito administrativo sancionável pelo COAF – Conselho de Controle de Atividades Financeiras (com autonomia técnica e operacional, vincula-se administrativamente ao Banco Central do Brasil, nos termos da Lei nº 13.974/2020), nos termos das normas da Lei nº 9.613/1998 ("lavagem de dinheiro"); (vi) sistema de responsabilização administrativa por infrações financeiras, no tocante a condutas passíveis de constituir infração punida pelo Banco Central do Brasil, com fulcro na Lei nº 4.595/1964 e Lei nº 13.506/2017; e (vii) sistema de responsabilização administrativa pelo exercício irregular de profissão, conforme a atividade profissional regulamentada envolvida nos fatos, nos termos de lei federal.

Também está ressalvada a qualificação de condutas corruptivas de pessoas jurídicas no sistema de responsabilização por irregularidade de contas, cuja identificação remonta aos artigos 70, parágrafo único, e 71 da Constituição, do qual resulta a condenação de pessoas jurídicas por condutas que resultem em prejuízo ao erário público. A atribuição constitucional dos Tribunais de Contas, na hipótese de desvios de recursos públicos derivada de atos lesivos, está no art. 71, inc. II da Constituição, ao passo que a competência sancionatória está no art. 71, inc. VIII, e regulamentação constante nas leis orgânicas, regimentos internos e normas infrarregimentais das Cortes de Contas.

As pessoas jurídicas respondem no regime sancionatório da Lei de Improbidade Administrativa (Lei nº 8.429/1992), com fulcro no art. 3º daquele diploma legal.[4] Em rigor, todos os ilícitos descritos na Lei nº 12.846 constituem atos de improbidade administrativa, havendo a comprovada participação de agentes públicos nos atos ilícitos (art. 2º). É certo, no entanto, que a LIA não tutelava (e continua a não proteger, mesmo após a Lei nº 14.230/2021) a Administração Pública estrangeira, e tutela a Administração Pública nacional, mediante responsabilização subjetiva – conforme entendimento então majoritário na doutrina e jurisprudência, considerando o rol de sujeitos passivos elencados no seu art. 1º e forma de tipificação dos arts. 9º, 10, e 11. Da mesma forma, é certo que, relativamente aos atos lesivos do artigo 5º, incisos IV e V, poderão concretizar-se sem intervenção de agentes públicos.

---

[4] Cf.: OLIVEIRA, José Roberto Pimenta. *Improbidade administrativa e sua autonomia constitucional*. Belo Horizonte: Fórum, 2009.

Não faltam estruturas institucionais repressivas do grave atentado ao Estado Democrático de Direito verificado nas práticas corruptivas elencadas no artigo 5º. De todo modo, não havia uma legislação focada na atuação ilícita de pessoas jurídicas no âmbito não penal, e, neste aspecto essencial, a reforma da legislação deve ser bem acolhida, para reduzir os incentivos econômicos inerentes à ocorrência do fenômeno nas corporações.[5]

Neste panorama, o que muda essencialmente com o regime instituído na Lei nº 12.846? A nova legislação pretende declaradamente implementar uma *nova forma de responsabilização*, no "âmbito civil e administrativo", alegadamente diversa de todas as existentes, com uma estrutura própria ou singular, o que se depreende dos seus artigos 29 e 30.

Adiante-se que, na visão do autor, houve alteração substantiva na forma de imputação *no sistema de responsabilização civil (stricto sensu), no sistema de responsabilização administrativa (stricto sensu) e no sistema de responsabilização pela prática de atos de improbidade administrativa*. Foram nestes domínios normativos que a lei alterou o direito posto. Todavia, não se compartilha do entendimento de que o objetivo do legislador foi atingido: não houve a criação de novo sistema de responsabilização.[6]

Este objetivo está explicitado pela estrutura desafiadora da lei, pois acopla a *hipóteses únicas de ilícitos* um exercício de *competência sancionatória estatal sucessiva*, iniciando pela responsabilidade administrativa, definida no art. 6º, e culminando na responsabilidade judicial disciplinada no art. 19, para tutela do *bem jurídico singularmente configurado* – Administração Pública nacional e estrangeira. Há possibilidade legal de, não operada a responsabilidade administrativa no âmbito próprio, seja ela efetivada no plano judicial, exsurgindo verdadeira "interseção" de âmbitos sancionatórios, na expressão de Ronaldo Pinheiro de Queiroz.[7] As novas formas de responsabilização são ostensivamente denunciadas e autonomizadas com o disposto no art. 30, que releva o propósito de constituir-se domínio punitivo autônomo, que concorre com os sistemas de responsabilização indicados na norma.

Como mola propulsora e estruturante desta *nova forma de responsabilização*, institui-se a denominada *responsabilização objetiva* para amparar a legitimidade da aplicação da responsabilidade "administrativa" e "judicial" estabelecidas na Lei nº 12.846, incluindo a responsabilidade civil pelo dano derivado dos atos lesivos.[8] O

---

[5] ROSE-ACKERMAN. Susan. *Corruption and government. Causes, consequences and reform*. Cambridge: Cambridge University Press, 1999. p. 1-6.

[6] É certo que a 2ª Turma do STF já mencionou a autonomia concebida no plano legislativo em relevante julgamento: STF, MS nº 35.435-DF, 2ª Turma, Rel. Min. Gilmar Mendes, v.u., julgamento 30.03.2021, publicação *DJE* 02.07.2021.

[7] QUEIROZ, Ronaldo Pinheiro de. Responsabilização judicial da pessoa jurídica na lei anticorrupção. In: SOUZA, Jorge Munhos; QUEIROZ, Ronaldo Pinheiro de. *Lei anticorrupção*. Salvador: JusPodivm, 2015. p. 290.

[8] Intentada pelo PSL, aguarda julgamento no STF a Ação Declaratória de Inconstitucionalidade nº 5.261-DF, que questiona a constitucionalidade da responsabilização objetiva, instituída na LIPJ. Examinando-se a petição inicial, o principal fundamento invocado repousa na alegada contrariedade do regime com o artigo 5º, incisos XLV e LIV, da CF. Consta dos autos a prestação de informações pela Câmara dos Deputados e pela Advocacia Geral da União (AGU), bem como juntado do Parecer da Procuradoria Geral da República pela improcedência do pedido. Recentemente, em maio/2023, foi requerido o julgamento em sessão virtual e houve o ingresso da União Brasil, sucessora do PSL, em junho/2023. Em nosso entender, resta patente que a ADI deve ser julgada improcedente pelo Supremo Tribunal Federal. Improcede o argumento de que a responsabilidade objetiva implica ofensa ao denominado princípio da intranscendência ou da pessoalidade da sanção, pelo singelo motivo de que ela não preconiza o sancionamento de determinada PJ por conduta alheia, senão exclusivamente por conduta de PF

art. 2º, por conseguinte, é norma fundamental para a compreensão da aplicação da lei e sua devida integração ao ordenamento jurídico brasileiro, em face da existência de múltiplas estruturas sancionatórias, todas direcionadas para desestimular, prevenir e censurar os graves desvios éticos-jurídicos tratados na Lei Anticorrupção.

2.2 Responsabilidade subjetiva e objetiva de pessoas jurídicas no ordenamento jurídico

No campo da teoria geral do direito, a divisão categorial entre responsabilidade subjetiva e objetiva é clássica.[9]

Haverá *responsabilidade subjetiva* quando o ordenamento jurídico estabelecer como condição para desencadear os efeitos legais da conduta ilícita a prova de elemento subjetivo inerente à conduta humana. Em outros termos, quando o sistema normativo posto exigir a demonstração e comprovação de dolo, culpa ou mera voluntariedade na configuração da conduta humana ilícita.

No caso de pessoa jurídica, a imputação se perfaz pela projeção na sua esfera jurídica das condutas ilícitas de determinadas pessoas físicas, que atuam com dolo, culpa, ou mera voluntariedade. É neste sentido que, no universo jurídico, pode-se afirmar que a pessoa jurídica poderá ser responsabilizada, subjetivamente.

Haverá *responsabilidade objetiva* da pessoa jurídica quando o fenômeno da imputação não mais depender da prévia demonstração e comprovação do elemento subjetivo acima referido, inerente às condutas humanas que estão na base da atribuição da responsabilidade e da produção das consequências jurídicas. Nestas situações, o ordenamento jurídico legitimará consequências jurídicas, independentemente de dolo, culpa, ou mera voluntariedade singularmente aferíveis. O que se exigirá, na aplicação do direito nos casos concretos, será a demonstração e comprovação da hipótese legal – a conduta ilícita descrita na norma, em termos formais e materiais, como ofensiva e legitimadora das consequências jurídicas para a pessoa jurídica infratora – com demonstração da aplicabilidade do critério legal de imputação.

Perderão relevância para a responsabilidade objetiva da pessoa jurídica os elementos circunstanciais de índole subjetiva que presidiram a conduta de pessoas físicas envolvidas nos fatos, incluindo a "conduta da pessoa jurídica" que se pretenda configurada de forma independente de atuações individualizadas De outro lado, ganhará

que lhe é imputável, conforme o critério de atribuição dela previsto. Não será qualquer ato de terceiro (pessoa física) que, por lei, deverá gerar a responsabilidade sancionadora da PJ, nos termos da Lei nº 12.846/2013. A responsabilidade objetiva não ataca o devido processo legal, porque todos os seus corolários devem ser observados ao longo do processo administrativo e/ou judicial, de que trata a LIPJ, com observância de direitos e garantias fundamentais aplicáveis. Não há ofensa ao princípio da presunção de inocência, porque a lei não retira da parte acusadora o ônus de comprovar a materialidade e autoria/participação da PJ no contexto fático-infracional. A Lei nº 12.846/2013 é uma lei de direito administrativo, com temática especial de improbidade administrativa, com fundamento constitucional no artigo 37, parágrafo 4º da CF. Pertence ao Direito Administrativo Sancionador. A gravidade de sanções nela previstas (artigo 6º e 19) não autoriza incluí-la no campo do Direito Penal, que refuta qualquer forma de responsabilidade objetiva, inclusive quando trata da denominada "responsabilidade penal de pessoas jurídicas".

[9] FERRAZ JÚNIOR, Tércio Sampaio. *Introdução ao estudo do direito*: técnica, decisão, dominação. 2. ed. São Paulo: Atlas, 1994. p. 160.

evidência e relevância, neste contexto, o critério normativo de imputação objetiva da conduta ilícita à esfera da pessoa jurídica.

Poder-se-á afirmar, com Kelsen, que qualquer responsabilidade de pessoa jurídica é objetiva, porque criada e explicada por norma de atribuição (enquanto fator objetivador), e não pela realidade fenomênica, no sentido de que conduta humana ilícita exsurge de ação ou omissão de seres humanos. Mas com este significado o conceito jurídico-positivo não apresentaria qualquer funcionalidade.

A utilidade em consagrar a "responsabilização objetiva" *v.* "responsabilização subjetiva" de pessoas jurídicas está na identificação em norma jurídica de situações ilícitas que, no campo jurídico, desencadearão efeitos, havendo ou não incursão na prévia demonstração da prova de elementos subjetivadores no processo competente de apuração e de responsabilização, seja o mesmo administrativo, seja judicial.

> É sempre a ação ou omissão de um determinado indivíduo que é interpretada como ação ou omissão da corporação, que é referida à pessoa jurídica, que lhe é atribuída.[10] O problema é o de saber sob que condições pode a conduta de um indivíduo ser interpretada como sendo de uma corporação enquanto pessoa jurídica, pode ser referida ou atribuída à pessoa jurídica, sob que pressupostos ou condições um indivíduo realiza ou omite uma determinada ação na sua qualidade de órgão de uma corporação.[11]

Trata-se de tema afeto à organicidade e "capacidade delitual" de corporações, estabelecida pela ordem jurídica posta. O próprio Kelsen já demonstrava a dificuldade na explicação dogmática de situações em que o ilícito é praticado por sujeitos, atuando fora das atribuições estatutárias corporativas, agindo "no sentido dos propósitos da organização", "implicitamente entendidos como tais".[12]

A verificação do critério de imputação de condutas ilícitas à pessoa jurídica é elemento central da análise da dogmática jurídica, quando se faz referência ao direito penal e direito administrativo sancionador, e, quanto às consequências patrimoniais civis, esta análise também é aspecto fundamental de disciplina normativa.

No direito penal, prevalece a tese da responsabilização subjetiva de pessoas físicas, conforme o art. 18 do Código Penal, com fundamento em diversos direitos e garantias fundamentais previstos na Constituição. Sabe-se que há extensa controvérsia sobre a admissibilidade da responsabilidade penal de pessoas jurídicas, a partir da interpretação do art. 173, §5º (atos praticados contra a ordem econômica e financeira e contra a economia popular) e art. 225, §3º da Constituição Federal (condutas e atividades consideradas lesivas ao meio ambiente).

Na regulamentação do primeiro dispositivo, não há previsão legal da responsabilidade penal da pessoa jurídica, conforme o Código Penal e relevantes legislações extravagantes, como as leis nº 8.137/1990, nº 7.492/1986, nº 9.613/1998 e nº 12.529/2011. Quanto à disciplina penal do segundo artigo constitucional, está legalmente consagrada a responsabilidade penal da pessoa jurídica, conforme arts. 3º e 21 da Lei nº 9.605/1998.

---

[10] KENSEN, Hans. *Teoria pura do direito*. São Paulo: Martins Fontes, 1995. p. 195.

[11] KENSEN, Hans. *Teoria pura do direito*. São Paulo: Martins Fontes, 1995. p. 196.

[12] KENSEN, Hans. *Teoria pura do direito*. São Paulo: Martins Fontes, 1995. p. 205.

Mesmo nesta matéria, persiste forte controvérsia doutrinária e jurisprudencial sobre o fundamento subjetivo ou objetivo da responsabilidade penal inserida na lei federal.

As pessoas jurídicas serão responsabilizadas penalmente nos casos em que a infração for cometida por decisão de seu representante legal ou contratual, ou de seu órgão colegiado, no interesse ou benefício da sua entidade, estabelece o art. 3º da Lei nº 9.605. E arremata, em parágrafo único, dispondo que a responsabilidade (incluída a penal) das pessoas jurídicas não exclui a das pessoas físicas, autoras, coautoras ou partícipes do mesmo fato.

Ao nosso parecer, a dicção legal aponta a responsabilização subjetiva da pessoa jurídica, porque está atrelada à responsabilização de pessoas físicas (que somente se alcançará com base em critério subjetivo). Mesmo subjetivada, a responsabilidade foi estruturada em fator abrangente de imputação, tendo em vista o bem jurídico penalmente tutelado. Como vigora o princípio da legalidade (art. 5º, inc. XXXIX, CF), a disposição merece ser aplicada nestes estritos limites.

Na jurisprudência da 5ª Turma do STJ, tem prevalecido o entendimento da "dupla imputação", de "ser possível a responsabilidade penal da pessoa jurídica em crimes ambientais desde que haja a imputação simultânea do ente moral e da pessoa natural que atua em seu nome ou em seu benefício" (EDCL no REsp nº 865.864-PR. *DJe*, 1º fev. 2012; no mesmo sentido, REsp nº 989.089-SC. *DJe*, 28 set. 2009; REsp nº 889.528-SC. *DJ*, 18 jun. 2007). Na jurisprudência do STF, colhe-se entendimento de que

> o art. 225, §3º, da Constituição Federal não condiciona a responsabilização penal da pessoa jurídica por crimes ambientais à simultânea persecução penal da pessoa física em tese responsável no âmbito da empresa. A norma constitucional não impõe a necessária dupla imputação. (STF, RE nº 548.181-PR.Rel. Min. Rosa Weber, 1ª Turma, j. 06.08.2013, *DJe*, 29 out. 2014).[13]

A interpretação sistemática indica a segunda solução como a que confere maior efetividade à norma constitucional, inexistindo razão lógica ou jurídica para o condicionamento pretendido na lei (dupla imputação).

A responsabilidade penal de pessoas jurídicas é objeto de intensa controvérsia doutrinária, sobretudo sobre a forma de sua imputação, na medida em que o direito penal está moldado pelo princípio da culpabilidade, e não tolera a responsabilidade objetiva em seu terreno sancionador.

A Lei nº 12.846 expressamente nega aplicação à exigência de dupla imputação, no campo do domínio punitivo onde está inserida, como se verá no artigo 3º.

No direito administrativo sancionador, também predomina a tese da responsabilidade subjetiva de pessoas jurídicas.[14] As controvérsias sobre a admissibilidade

---

[13] Com o entendimento consolidado na matéria pelo Supremo Tribunal Federal, constata-se que houve adequação da jurisprudência no Superior Tribunal de Justiça. "A jurisprudência desta Corte, após o julgamento do RE 548.181 pela Suprema Corte, de relatoria da Ministra Rosa Weber, *DJe* 30.10.2014, consolidou o entendimento segundo o qual é possível a responsabilização penal da pessoa jurídica por crimes ambientais, independentemente da responsabilização concomitante da pessoa física que a represente" (STJ, AgRg no REsp nº 1988504-RN, Rel. Ministro Ribeiro Dantas, 5ª Turma, v.u., julgamento 14.06.2022, publicação 20.06.2022).

[14] OLIVEIRA, Régis Fernandes de. *Infrações e sanções administrativas*. 3. ed. São Paulo: RT, 2021; OSORIO, Fábio Medina. *Direito administrativo sancionador*. 5. ed. São Paulo: RT, 2015. p. 397-406; NOBRE JÚNIOR, Edílson Pereira. Sanções

da responsabilização objetiva na produção de sanções administrativas contra estes sujeitos de direito também estão presentes, [15] sendo certo que a maioria da doutrina se posiciona pela regra geral da responsabilização subjetiva,[16] havendo forte vertente doutrinária que admite o princípio da exigência de voluntariedade para incursão na infração no tema das sanções administrativas.[17] Caberá sempre a indagação se o direito administrativo deve utilizar os conceitos desenvolvidos em outros campos científicos (direito civil e direito penal), ou deve encontrar critérios próprios para articulação da responsabilização subjetiva e objetiva no seu próprio domínio normativo.[18]

A responsabilização administrativa subjetiva de pessoas jurídicas no denominado direito administrativo sancionador é vista como projeção ou corolário do devido processo legal no âmbito dos processos administrativos, nos termos do art. 5º, inc. LIV e LV da Constituição. A subjetivação torna-se projeção da exigência constitucional de culpabilidade administrativa da pessoa jurídica.[19]

Em nosso parecer, a adoção da responsabilidade objetiva no campo de estudo do Direito Administrativo Sancionador – que, para nós, inclui as sanções administrativas *stricto sensu* e sanções estatais não penais – encontra guarida no nosso ordenamento, em situações excepcionalíssimas, observada a justificação constitucional desse modo de estruturação da relação jurídico-sancionatória na matéria disciplinada em lei.

---

administrativas e princípios de direito penal. *Revista de Direito Administrativo*, Rio de Janeiro, v. 219, p. 127-151, jan./mar 2000; FERREIRA, Daniel. *Sanções administrativas*. São Paulo: Malheiros, 2001. p. 63-68; VITTA, Heraldo Garcia. *A sanção no direito administrativo*. São Paulo: Malheiros, 2003. p. 48-51; PETIAN, Angélica. Princípios da culpabilidade e da voluntariedade. *In*: *Enciclopédia Jurídica da PUC-SP. Direito Administrativo e Constitucional*. Sao Paulo: PUCSP, 2017. t. II.

[15] Gustavo Costa Ferreira afirma que: "[...] é, pois, inconstitucional a responsabilização sancionadora objetiva de pessoas jurídicas, porém incompatível com a garantia da culpabilidade e da tipicidade. A exigência de responsabilização subjetiva é necessária para dotar de coerência o sistema constitucional de responsabilização civil e/ou sancionadora), que não poderia admitir, coerentemente, um regime de responsabilização sancionadora cujos pressupostos fossem mais fluidos do que aqueles existentes no regime de responsabilização civil. Por fim, dolo e culpa institucional devem ser inferidos a partir do comportamento observado e de pistas contextuais, seguindo-se a abordagem inferencial". (FERREIRA, Gustavo Costa. *Responsabilidade sancionadora da pessoa jurídica. Critérios para aferição de sua ação e culpabilidade no direito administrativo sancionador*. Belo Horizonte: Dialética, 2019. p. 227).

[16] MELLO, Rafael Munhoz de. *Princípios constitucionais de direito administrativo sancionador. As sanções administrativas à luz da Constituição Federal de 1988*. São Paulo: Malheiros, 2007; DEL TESE, Ángeles de Palma. *El principio de culpabilidad em el derecho administrativo sancionador*. Madri: Tecnos, 1996.

[17] BANDEIRA DE MELLO, Celso Antônio. *Curso de direito administrativo*. 36. ed. Com participação de Carolina Zancaner Zockun, Maurício Zockun e Weida Zancaner. Belo Horizonte: Fórum, 2023. p. 761-774.

[18] OLIVEIRA, José Roberto Pimenta; GROTTI, Dinorá Adelaide Musetti. Direito administrativo sancionador brasileiro. Breve evolução, identidade, abrangência e funcionalidades. *In*: *Interesse Público – IP*, Belo Horizonte, a. 22, n. 120, p. 83-126, mar./abr. 2020.

[19] A nível geral, a doutrina brasileira se debruça sobre o fundamento da responsabilização (de pessoas físicas e jurídicas) no DAS: se este regime está fundado constitucionalmente em responsabilidade subjetiva (e quais os formatos admissíveis); se a ordenação constitucional consagra (ou não) o princípio da culpabilidade no DAS; se a Carta Magna admite a responsabilidade objetiva no terreno do DAS; caso positivo, se e como a responsabilidade objetiva deve ser amparada direta ou indiretamente no Texto Maior, ou se esta decisão permanece na margem de conformação legislativa, cujo produto se cristaliza em ato com força de lei.

2.3 Responsabilidade objetiva, no plano da responsabilização civil, na Lei nº 12.846

No direito civil, prevalece a técnica de responsabilização subjetiva da pessoa jurídica. O art. 927 do Código Civil registra que, por ato ilícito (arts. 186 e 187), quem causar dano a outrem fica obrigado a repará-lo, seja pessoa física ou jurídica. Haverá obrigação de reparar o dano, independentemente de culpa, nos casos especificados em lei, ou quando a atividade normalmente desenvolvida pelo autor do dano implicar, por sua natureza, risco para os direitos de outrem, completa o parágrafo único do art. 927.

Na sequência, o Código já introduz hipótese de responsabilidade objetiva, pela reparação civil devida pelo empregador ou comitente, por atos ilícitos de seus empregados, serviçais e prepostos, no exercício do trabalho que lhes competir, ou em razão dele (art. 932, inc. III). Ainda que não haja culpa da pessoa jurídica, responderá o empregador ou comitente pelos atos praticados pelos terceiros referidos (art. 933).

Estes dispositivos no âmbito civil detalham como o ordenamento jurídico, no terreno dos atos ilícitos, explicita o caráter de excepcionalidade das situações de responsabilização objetiva, exigindo tratamento legal expresso do critério objetivo de imputação.

A Lei nº 12.846 inovou na responsabilização civil *stricto sensu* de pessoas jurídicas pelos ilícitos de seu domínio punitivo causadores de dano material ou moral à Administração Pública nacional ou estrangeira. Houve expressa objetivação legal do dever indenizatório, em consonância com o art. 927, parágrafo único do Código Civil, através de competência legislativa exclusiva da União.

O art. 2º atribui expressamente estrutura objetiva à responsabilidade contemplada na lei, no âmbito civil e administrativo. No primeiro "âmbito", está inegavelmente o sistema de responsabilização civil *stricto sensu* de PJs. Pode-se questionar a constitucionalidade dessa inovação legislativa. A nosso parecer, não há ofensa à dispositivo ou princípio constitucional. A responsabilidade civil objetiva de PJs por danos causados à administração nacional ou estrangeira, tendo por origem atos atentórios da probidade administrativa, deve ser estruturada em nova técnica jurídica, na exata medida de reforço da atuação estatal (no plano interno e internacional) no atual momento histórico contra a corrupção. Acompanha-se, assim, o rigor constitucional atribuído ao ressarcimento de dano ao Erário (nos termos do artigo 37, §5º, da CF), no plano interno, e o rigor internacional dispensado ao enfrentamento da corrupção, no plano internacional.

Uma análise rápida do dispositivo poderá levar o intérprete a pensar que houve a positivação de nova hipótese, com base na *teoria do risco.* A Lei nº 12.846 teria atribuído a responsabilidade patrimonial, em razão de a PJ apresentar o risco da corrupção, no curso de suas relações com o Poder Público. Nestas relações jurídicas, sempre estará, em um dos polos, exercentes de função pública que, contrariando princípio constitucional expresso, podem violar a moralidade administrativa. Nestas relações jurídicas, em razão de benefícios econômicos relacionados com a atividade da PJ em face do Poder Público, a empresa sempre poderá voltar-se para o campo da ilicitude, e pretender obter vantagens e benefícios, mediante práticas corruptas. Assim, o risco da ocorrência da corrupção seria inerente ao universo das relações da PJ com o Poder Público em que comparece a PJ, de modo que o ordenamento pode atribuir responsabilidade patrimonial pelos ilícitos com fundamento neste risco.

Também fundamentaria a criação legislativa de nova responsabilidade civil para as pessoas jurídicas, independentemente de aceitação ou não da ideia do reconhecimento do risco da corrupção, a necessária alteração de comportamentos de PJ, relativamente ao fenômeno da corrupção, que está a exigir mudanças estruturais de comportamentos de PJs na busca de satisfação de seus próprios interesses, além das necessárias alterações culturais da atuação de agentes públicos, na adequada separação entre os interesses públicos e interesses privados, no exercício das competências públicas. Esta verdadeira revolução de paradigmas de cultura, no âmbito da sociedade civil organizada, na iniciativa privada e na Administração Pública, já é propugnada pela Convenção Internacional da ONU contra a Corrupção, que, neste contexto, exige respostas adequadas de cada Estado, na sua própria ordenação estatal, para reformulações institucionais, no campo penal e não penal. Isto justificaria a alteração efetuada pela Lei nº 12.846 no sistema de responsabilização civil de PJ na ordem jurídica brasileira.

Em termos de responsabilização civil, a Lei nº 12.846 busca fundamento concomitante no segundo fator citado. A ideia de "risco de corrupção" não justificaria a alteração da matriz da responsabilização civil, porque esse risco sempre foi crítico ao longo da história brasileira. O segundo argumento oferece motivação adequada, necessária e proporcional para legitimar a alteração normativa. Não haverá como implantar uma alteração de cultura, no setor privado, na promoção da probidade administrativa, se não alterado o fundamento da responsabilidade subjetiva, nas relações entre pessoas jurídicas e Poder Público.

Na medida em que "a corrupção deixou de ser um problema local para converter-se em um fenômeno transnacional que afeta todas as sociedades e economias, faz-se necessária a cooperação internacional para preveni-la e lutar contra ela", e que "Cada Estado Parte, em conformidade com os princípios fundamentais de sua legislação interna, adotará medidas para prevenir a corrupção e melhorar as normas contábeis e de auditoria no setor privado, assim como, quando proceder, prever sanções civis (...) eficazes, proporcionadas e dissuasivas em caso de não cumprimento dessas medidas", a Convenção da ONU contra a Corrupção oferece, no preâmbulo e artigo 12, respectivamente – invariável justificação axiológica para alteração radical na disciplina civil da responsabilidade extracontratual de PJ decorrentes da prática de atos lesivos e passíveis de recondução ao significado contemporâneo de corrupção.

Essa fundamentação normativa relevante desemboca no tratamento conferido pela lei ao denominado Programa de Integridade, cuja implementação adequada está reportada como fator de dosimetria favorável à PJ, relativamente à responsabilização "administrativa" e "judicial" contemplada na lei. O benefício de Programa de Integridade criado, estruturado, implantado e em funcionamento regular, todavia, não se estende à exclusão de deveres indenizatórios, em havendo detecção de ato ilícito. Com esta fisionomia, a lei avança na responsabilização civil objetiva ao mesmo tempo em que favorece pessoas jurídicas que institucionalizam e internalizam atuação concertada na detecção, prevenção e punição de atos de corrupção.

Seria possível conferir efeito excludente da responsabilização civil *stricto sensu*, em situação concreta na qual houvesse a comprovação do perfeito funcionamento de programa de integridade (circunstância objetiva), o qual, todavia, não se mostrou apto a impedir atos lesivos específicos. Esta possibilidade lógica, todavia, não se tornou possibilidade jurídica, porque não integrou a normatividade jurídica, à luz do art. 2º, o dispositivo que estrutura a nova forma objetiva de responsabilização de pessoas jurídicas em face de ilícitos danosos causados à Administração Pública.

Com a compostura dada aos programas de integridade, poder-se-ia apressadamente concluir que teria sido, ao fim e ao cabo, positivada hipótese de responsabilidade civil pelo *risco integral de corrupção*, vinculada à PJ. Todavia, esta conclusão não é aceitável, em face da existência de critério legal de imputação, ainda que com inegável latitude. A ideia de risco está presente, mas não justifica, em sua plenitude, o patamar de objetivação imposto na lei.

A responsabilização civil depende da prática de *condutas lesivas em benefício ou no interesse da PJ*, em relações jurídicas com o Poder Público nas quais a PJ comparece em um dos polos. Não provada prática lesiva, ou não provada a aplicabilidade do critério legal de imputação, não haverá responsabilização. O critério é delimitador da responsabilidade objetiva e, ao mesmo tempo, serve de limitação para imputações injustificadas em desfavor de determinada PJ, quando atos lesivos são praticados por terceiros. Também registre-se que o programa de integridade não objetiva a eliminação absoluta da ocorrência de atos lesivos, e jamais extinguirá a possibilidade de cometimento de atos de corrupção. O funcionamento do Programa de Integridade visa alterar e aperfeiçoar a cultura de integridade no seio da PJ.

Assim, exemplificativamente, havendo constatação de fraude de licitação pública (art. 5º, inc. IV, alínea "d"), importará a demonstração e comprovação das circunstâncias caracterizadoras deste ilícito, com a expressão de todas as pessoas físicas e jurídicas envolvidas na fraude. A técnica objetivizadora exige a ocorrência ou existência da ação ou omissão ilícita ensejadora da fraude por pessoas físicas. A imputação de sanções às pessoas jurídicas envolvidas independerá de dolo ou culpa individuais. Mas será necessária e suficiente para imputar responsabilidade às pessoas jurídicas a concretização do critério objetivado na lei, no caso, atuação de pessoa física no interesse ou benefício, exclusivo ou não, da pessoa jurídica. Participante do certame, estará presente o critério legal. Praticado ato lesivo no certame ou na contratação dela decorrente, para lograr a realização de interesse ou auferimento de benefício, a pessoa jurídica será passível de responsabilização.

São dois aspectos que abstratamente merecem atenção diferenciada: detalhamento das condutas das pessoas físicas envolvidas no cometimento do ato lesivo descrito na lei e a imputação à pessoa jurídica. Para o art. 2º, ora comentado, a discussão mais relevante é acerca do segundo aspecto. Em outros termos, o que a lei exige para legitimar a imputação de atuações ilícitas de pessoas naturais para justificar a qualificação da pessoa jurídica como infratora.

O art. 2º autoriza a responsabilização civil *stricto sensu* por condutas, sem delimitação no texto legal da qualificação ou categorias de pessoas naturais envolvidas nos atos de corrupção. Esta qualificação depreende-se da prática de conduta ilícita no interesse direto ou em benefício direto para a PJ responsabilizada.

O Decreto nº 11.129/2022 faz expressa referência, nos parâmetros a serem avaliados nos Programas de Integridade (art. 57), às condutas da "alta direção da pessoa jurídica" (inc. I), "empregados e administradores" (inc. II), "fornecedores, prestadores de serviços, agentes intermediários e associados" (inc. III), "funcionários, empregados e colaboradores" (§1º, inc. I), "consultores ou representantes comerciais" (§1º, inc. IV). A Portaria CGU nº 909/2015, dispondo sobre a avaliação de programas de integridade das pessoas jurídicas, ainda menciona "procuradores" e "despachantes", ao detalhar os "agentes intermediários" (art. 3º, inc. IV, alínea "c").

Observa-se, por conseguinte, que a interpretação regulamentar sobre a condição da pessoa natural na prática do ato de corrupção imputável à PJ não ultrapassa os limites da lei. É de se esperar que, praticando atos lesivos (art. 5º) e sendo a corrupção ilícito oculto, tal como a relação entre sujeito corruptor e sujeito corrompido, o setor privado possa lançar mão de diversos estratagemas para ocultar, embaraçar, contornar, dissimular situações sob a regência da imputação legal.

O art. 2º refere-se a condutas de pessoas naturais, praticadas no interesse ou benefício da pessoa jurídica. A expressão é genérica, admitindo enquadramento de diversas situações em que as pessoas físicas envolvidas com atos lesivos almejam resultado juridicamente relevante para a pessoa jurídica com a prática de atos lesivos à Administração Pública nacional ou estrangeira.

Importa que o critério de imputação se dissociou da qualificação ou *status* jurídico da pessoa física *vis-à-vis* a pessoa jurídica acusada. Isto significa que não é necessário demonstrar vínculo formal da pessoa física, com caráter permanente ou temporário, ou mesmo pontual, com a pessoa jurídica para revelar a ligação da atividade ilícita da primeira em favor da segunda. Sequer é necessário provar que a pessoa física recebe ou não remuneração da PJ. Em sentido contrário, para Fernanda Marinela *et al.*, "torna-se imprescindível demonstrar a relação jurídica entre o agente e a pessoa jurídica, que o legitime a agir em nome desta".[20]

Todavia, o art. 2º não deixa dúvidas sobre a inaplicabilidade deste requisito para efeito de responsabilização civil objetiva. Exigir demonstração da existência de "relação jurídica" explícita e formalizada entre pessoas naturais infratoras e PJ infratora não tem amparo na lei, porque implicaria indiretamente direcionar a aplicação da norma para a subjetivação da responsabilidade, desconsiderando por completo a alteração mais significativa do direito da responsabilidade extracontratual pretendido pela Lei nº 12.846.

Também não foi considerada pelo legislador a natureza da atividade desempenhada pela pessoa física, relativamente à estrutura organizacional ou institucional da pessoa jurídica. Em rigor, estes são os motivos pelos quais o art. 3º existe no corpo da lei, disciplinando o tema da responsabilidade de pessoas naturais (dirigentes, administradores ou qualquer pessoa natural, autora, coautora ou partícipe do ato ilícito).

Também se revela fundamental que, sendo a conduta praticada por terceiros que não sejam os representantes legais ou administradores da pessoa jurídica infratora, o critério legal de imputação não exija a comprovação do prévio conhecimento – muito menos a prévia autorização da conduta ilícita, nem tampouco demonstração de conivência por ação ou omissão – por parte da administração ou direção da PJ infratora para deflagração das consequências legais. Também é inexigível que a conduta seja

---

20 MARINELA, Fernanda; PAIVA, Fernando; RAMALHO, Tatiany. *Lei anticorrupção*. São Paulo: Saraiva, 2015. p. 67.

praticada por sócios, acionistas, empregados e prepostos, formalmente identificados. Como também valerá se a pessoa natural não estiver nesta condição, bastando que a pessoa física atue no interesse ou benefício da PJ.

Verificada a materialidade e autoria do ato lesivo tipificado em lei, o artigo 2º autoriza a imputação à PJ na presença de dois critérios: atuação no interesse ou benefício da PJ. Da perspectiva da pessoa jurídica responsabilizada, esses critérios objetivos de imputação implicam atuação ilícita da pessoa física, de um lado, no quadro de certa relação jurídica com o Poder Público, cuja existência, regular execução ou extinção mostra-se favorável à pessoa jurídica, no exercício da sua atividade, e, nesta exata medida, a atuação da pessoa física revela-se instrumental para assegurar este *interesse*; de outro lado, a atuação ilícita da pessoa física, dentro do contexto de determinada relação com o Poder Público, com a finalidade de assegurar *benefício* dela resultante para a pessoa jurídica.

Não procede a crítica sobre a indeterminação do critério, porque a análise da(s) relação(ões) jurídica(s) existente(s) entre a PJ e Poder Público permite a avaliação objetiva da presença da hipótese (interesse ou benefício). Da mesma forma, a análise objetiva da situação da pessoa física no quadro fático da ocorrência do ato lesivo permite também embasar o vínculo de legitimidade da qualificação da conduta à PJ interessada ou beneficiada.

Em outros termos, a pessoa jurídica será responsabilizada porque as circunstâncias objetivas da atuação de pessoas naturais demonstram ato lesivo, cuja prática está voltada para atender a determinados interesses dela; ou a pessoa jurídica será responsabilizada, porque as circunstâncias objetivas da atuação de pessoas naturais revelam obtenção ou manutenção de determinado benefício, através da prática de ato lesivo descrito na lei.

Exemplifica-se com atuação de pessoas físicas em licitação, efetuando ajuste ou combinação de preços para frustrar o caráter competitivo do certame, em favor de determinada PJ. A pessoa jurídica será certamente responsabilizada quando órgãos estratégicos, de primeiro escalão, ou de comando (dirigentes ou administradores) estiverem envolvidos. Também será inequivocamente quando órgãos de escalões intermediários ou de níveis operacionais estiverem envolvidos na fraude. Como também ainda será responsabilizada, quando, mesmo sem qualificação orgânica ou estatutária ou contratual nenhuma, ou sem vínculo jurídico ostensivo qualquer, pessoas físicas agirem no processo licitatório mediante fraude para atender ao interesse da pessoa jurídica (por exemplo, intermediários, lobistas, fornecedores da PJ que auxiliaram na formulação da proposta, pessoas pagas para montagem do esquema fraudulento ou de corrupção etc.). Nesta hipótese, haverá responsabilidade, mesmo que não haja prévio conhecimento ou atuação de qualquer pessoa natural formalmente vinculada à pessoa jurídica. A promoção do interesse da PJ pela PF na relação jurídica Poder Público e PJ será desencadeadora da imputação legítima.

A atuação de pessoa natural com a função de atender a interesse da PJ ou resguardar benefício para a PJ, em contexto no qual estes interesses ou benefícios estejam em apreciação, junto à Administração Pública nacional ou estrangeira, implicará a responsabilidade objetiva da PJ. A ocorrência de práticas corruptivas executadas em proveito ou no interesse das pessoas jurídicas está, nesta exata medida, legalmente atribuída a estes sujeitos de direito, que necessitam manter contínua estrutura própria para que não se concretizem tais práticas nas relações com o Poder Público.

É possível refletir sobre a atuação da pessoa física e a dicotomia "atuação no interesse da PJ" *v.* "atuação em benefício da PJ", sob o prisma da atividade jurídico-administrativa alvo da corrupção. Assim, pessoas físicas podem atuar no interesse da PJ contratada para obter prorrogação contratual ilícita (art. 5º, inc. IV, alínea "f"), e podem atuar em benefício da PJ contratada para assegurar pagamentos ilegais em contratos administrativos cuja equação econômico-financeira foi fraudada (art. 5º, inc. IV, alínea "g") – esses são exemplos que demonstram o caráter instrumental e finalístico das condições legais de imputação de responsabilidade inseridas no art. 2º.

As expressões interesse e benefício foram utilizadas para designar, relativamente à atividade estatal afetada pela ilicitude, o momento a priori ou a posteriori da intervenção ilícita da PJ. Com efeito, práticas de corrupção pública ora ocorrem antes ou no curso de processos decisórios, ora ocorrem após sua fase deliberativa ou mesmo executiva. Em ambos os casos, com a prática da corrupção, a atividade estatal será afetada, visto que passará a ser norteada ao atendimento de fins privados da entidade corruptora.

Nesta última perspectiva, é importante registrar que as expressões legais *interesse* e *benefício* não dizem, em absoluto, respeito a qualquer ânimo subjetivo de quem está envolvido no contexto delitivo, mas reflete essencialmente o vínculo lógico-jurídico (conforme a ordem jurídica posta, logo, objetivo) da atividade estatal alvo da ilicitude e a esfera jurídica da pessoa jurídica corruptora.

As expressões legais *interesse* e *benefício* também são elementos-chave para a compreensão da imputação, que, em não sendo configurada, ensejará prática de ilícitos a serem atribuídos a terceiros (pessoas físicas ou jurídicas). A norma pressupõe que, no contexto delitivo, a atuação da pessoa jurídica se materialize por condutas de pessoas físicas que demonstrem vínculo jurídico com a primeira, explícito ou implícito, direto ou indireto, formal ou informal, típico ou atípico, permanente ou episódico, remunerado ou não remunerado. Esta vinculação com a órbita jurídica da pessoa jurídica exige dimensionamento objetivado, sob pena de ser arbitrário. Inexistente esta vinculação, não haverá base jurídica para imputação, que deverá ser averiguada em face de outros sujeitos de direito.

É obvio que a lei não admite que a própria pessoa jurídica possa definir o espectro dessas possíveis vinculações. Ele não é demarcado pelo campo pessoal de submissão de pessoas físicas ou jurídicas (relacionadas com a PJ), pelos seus controles internos ou pelo seu programa de integridade. A abertura dessa possibilidade implicaria ruptura da objetividade do sistema, pois, caso admitida a hipótese, a responsabilidade dependeria da vontade institucional de quem é passível de responsabilização, e não do regime legal estabelecido pelo Estado.

É importante destacar que a pessoa física pode atuar no interesse ou benefício, *exclusivo ou não*, da pessoa jurídica. Em termos outros, a pessoa natural poderá praticar o ato lesivo para atender a diversos interesses ou em favor de diversos beneficiários: em prol da pessoa jurídica (o que legitima a responsabilidade corporativa) e em prol de outros sujeitos, de pessoa natural ou de terceiros (o que legitima a responsabilidade das pessoas naturais envolvidas e mesmo de outras pessoas jurídicas). Assim, *v.g.*, a fraude na licitação pode ser montada para lograr o contrato administrativo em favor da pessoa jurídica, mas a pessoa natural pode igualmente obter vantagem indevida (para si ou para outrem) como retribuição à sua participação no ato lesivo, nada impede de que possa atuar na prática de corrupção em favor de duas ou mais pessoas jurídicas.

Em termos de práticas de corrupção lesivas à Administração nacional ou estrangeira, a complexidade da articulação e de *modus operandi* de pessoas jurídicas e pessoas naturais envolvidas são dados da realidade, brasileira e internacional, seja do ponto de vista organizacional de uma única pessoa jurídica envolvida nos fatos, seja do ponto de vista da promoção de múltiplos interesses e produção de vários benefícios para diversas pessoas jurídicas envolvidas, seja do ponto de vista da obtenção de vantagens pessoais (para si ou para terceiros).

Esta multiplicidade infinita de situações fáticas foi adequadamente tratada pelo critério objetivo geral de imputação adotado no art. 2º da Lei nº 12.846, que consegue êxito no enquadramento de ilicitudes simples e ilicitudes extremamente complexas; de esquemas de corrupção-lesão para relações jurídico-administrativas bipolares e relações jurídico-administrativas multipolares; de práticas lesivas em atividades em que a Administração Pública está conduzindo processos administrativos ampliativos de direitos ou restritivos de direitos; de formas de corrupção em quaisquer relações inerentes ao exercício das diversas funções estatais.

A complexidade de articulação e de *modus operandi* em corrupção justifica o critério objetivo geral de imputação, que não exige promoção de dupla punição (PJ infratora e pessoas naturais envolvidas), como requisito de responsabilização civil.[21] Em rigor, na Lei nº 12.846, somente há fundamento para processos administrativos e judiciais em face de pessoas jurídicas, o que, do ponto de vista lógico, elimina qualquer consideração sobre dupla punição concomitante para autorizar a aplicação das consequências patrimoniais indenizatórias.

A lei utiliza o mesmo critério de imputação acima estudado para atribuição de responsabilidade extracontratual patrimonial derivada do ato ilícito e para atribuição da denominada "responsabilidade administrativa" e "responsabilidade judicial", pelas quais são aplicadas à PJ responsável as sanções previstas na lei (artigo 6º e artigo 19º).

2.4 Responsabilidade objetiva e Programas de Integridade

O critério legal de imputação estabelecido no art. 2º modela a nova forma objetiva de responsabilização pretendida pela lei. A partir dele, colhem-se elementos justificadores para explicação da relevância dos "mecanismos e procedimentos internos de integridade" no contexto sistemático da Lei nº 12.846.

Com a responsabilização objetiva pela prática de atos de corrupção lesivos da Administração Pública nacional e estrangeira, a legislação afetou diretamente a forma de organização interna das pessoas jurídicas abrangidas pelo art. 1º. Mesmo sem dedicar capítulo próprio ao tema, a Lei nº 12.846 trouxe como fator de dosimetria das sanções nela estabelecidas, nos termos do art. 7º, inc. VIII, a previsão de existência de mecanismos e procedimentos internos de integridade, auditoria e incentivo à denúncia

[21] HEINEN, Juliano. *Comentários à lei anticorrupção* – Lei nº 12.846/2013. Belo Horizonte: Fórum, 2015. p. 92.

de irregularidades e a aplicação efetiva de códigos de ética e de conduta no âmbito da pessoa jurídica. O Decreto nº 11.129/2022 enumera, no art. 57, os parâmetros de avaliação de Programas de Integridade, para os efeitos da lei, utilizando-se, em verdade, dos elementos fundamentais que os compõem.

Os critérios legais de imputação justificam a condição normativa outorgada aos programas de integridade, expressão que ora se utiliza para sintetizar um específico sistema normativo instituído no âmbito da pessoa jurídica, identificado pela finalidade de dotar a pessoa jurídica de condições para prevenir, detectar, apurar, monitorar, eliminar e punir a possibilidade ou efetiva ocorrência de prática dos atos lesivos tipificados na lei no âmbito da PJ.

Os Programas de Integridade são constituídos por normas jurídicas, concatenadas entre si, sistematicamente elaboradas para promoção da probidade administrativa na atividade da PJ. A existência e pleno funcionamento do programa exige elaboração de normas jurídicas gerais e abstratas (*v.g.* Código de Condutas), e normas jurídicas individuais e concretas (*v.g.* ato de demissão de empregado corruptor). A delimitação do Programa de Integridade resulta pela especificação da finalidade prevista em lei (no caso da Lei nº 12.846, coibir práticas de corrupção). Esta finalidade irradia o elemento teleológico que norteará o mapeamento de relações da PJ em que a ocorrência de ato lesivo exsurge de forma previsível. A finalidade revelará o plexo de relações internas e externas da PJ, que necessitam de intervenção, a título de prevenção, para fins de construção do programa de integridade. Relações internas abrangem relações da PJ com seus órgãos e pessoal e relações externas albergam variedade de relações jurídicas com terceiros e com o Poder Público.

O Programa de Integridade busca detecção, prevenção, monitoramento, punição e controle da ocorrência de atos lesivos. A formulação do Programa encontra-se amparada no exercício do direito fundamental à livre iniciativa e livre concorrência, moldando-se pela garantia de auto-organização da PJ como sujeito de direito. A finalidade legal, todavia, implicará condicionantes quanto ao seu conteúdo e quanto à sua estruturação orgânica e procedimental/processual. Com a previsão legal de responsabilidade derivada de ato de corrupção praticado no interesse ou benefício da PJ, a existência e plena efetividade do Programa de Integridade – que exige autonomia na sua condição, implementação, execução, monitoramento e revisão – será fator significativo a ser apreciado no processo de responsabilização.

Os encargos de implementação de programas de integridade devem mostrar-se adequados, exigíveis e proporcionais para prevenir e reprimir condutas lesivas da pessoa jurídica em face da Administração Pública nacional e estrangeira.

Representam uma situação jurídica passiva específica: constituem ônus para a pessoa jurídica, já que, se não implementados, a pessoa jurídica não poderá se beneficiar da possível redução de sanções e continuará objetivamente responsável por práticas corruptivas realizadas no seu interesse ou benefício.

Na Lei nº 12.846, não houve criação de dever jurídico de criação de Programas de Integridade pelas PJ abrangidas pelo escopo sancionatório da norma. Nela não há tipificação de ato lesivo retratando a não implementação de programa de integridade anticorrupção. Nesse aspecto, a legislação brasileira é menos severa que a lei britânica, que chega ao ponto de criminalizar a conduta da PJ em falhar na detecção de corrupção.

Controversa a questão se é dado ao Poder Público, através de lei, pretender alterar ou interferir na liberdade de organização da pessoa jurídica, no tema relacionado ao enfrentamento de práticas corruptas no âmbito doméstico de cada entidade. Sob o aspecto normativo, positivando o encargo como ônus, pretende-se estimular as entidades privadas no engajamento da prevenção e repressão da corrupção, premiando as entidades que efetivamente adotarem os programas de integridade tratados na lei. Trata-se de condicionamento constitucional do exercício de atividades desempenhadas por PJs.

Responsabilidade objetiva – no domínio civilista da responsabilidade extracontratual e no domínio punitivo a que pertence a LAC – para pessoa jurídica responsável por atos de corrupção e programas de integridade são sustentáculos da nova legislação. A ocorrência de ato lesivo implicará as sanções em lei. O funcionamento regular do programa de integridade poderá eliminar ou diminuir a possibilidade de práticas corruptas na entidade e reduzir o conteúdo sancionatório devido pelo ato ilícito.

O tratamento na lei brasileira acolheu uma diretriz de positivação de objetivação, pela qual não permite que programas de integridade – mesmo em raras configurações aperfeiçoadas ou perfeitas – possam servir de obstáculos à responsabilização extracontratual patrimonial e ao exercício da competência sancionatória instituída em lei. A justificativa é que, mesmo nestas raríssimas situações, estão preenchidos os critérios de imputação da responsabilidade. E a lei determina que as pessoas jurídicas serão objetivamente responsabilizadas.

Isso significa que a responsabilidade objetiva da pessoa jurídica não foi estabelecida a título de sancionar uma suposta deficiência na organização dos entes privados. Esta deficiência não é pressuposto de responsabilização. A demonstração da busca de perfeição na organização de programas de integridade é valiosa, sob o prisma da lei, para redução exclusivamente da carga sancionatória, não gerando redução de consequências indenizatórias derivadas de atos ilícitos. Quanto mais adequada a estrutura corporativa, melhor será a avaliação do fator de dosimetria e maior benefício gozará a empresa sancionada. Para a deficiência organizacional, restará o encargo da PJ de reduzi-la ou eliminá-la.

No domínio punitivo, a responsabilização de pessoas jurídicas por atos lesivos integra-se ao exercício de uma potestade, uma competência estatal, de exercício obrigatório, irrenunciável, imodificável, nos termos do art. 2º. A obrigatoriedade de sancionamento somente encontra atenuação ou modulação em razão da celebração de acordo de leniência, previsto no art. 16, e nos exatos limites de sua válida celebração. A avaliação administrativa positiva ou favorável de programas de integridade não tem a mesma eficácia jurídico-formal. Independentemente do conteúdo dos programas à luz de parâmetros normativos, incluindo sua forma concreta de implementação, a responsabilidade da PJ continuará íntegra, e tal análise afetará exclusivamente o grau maior ou menor de gravidade da resposta sancionatória do Poder Público, nos exatos termos do artigo 7º.

2.5 Requisitos da responsabilidade objetiva na Lei nº 12.846

Para que se configure a responsabilidade objetiva prevista na Lei nº 12.846, que fundamenta a aplicação da responsabilização "administrativa" e "judicial", devem ser preenchidas as seguintes condições legais gerais:

a) pessoa jurídica passível de responsabilização, à luz do art. 1º;
b) configuração de condutas comissivas e/ou omissivas ilícitas que se enquadrem na tipologia do art. 5º;
c) conduta ilícita praticada no campo territorial ou extraterritorial do domínio punitivo;
d) identificação das pessoas físicas, autores, coautores e partícipes – e respectiva conduta ilícita – na configuração do ato lesivo;
e) configuração do critério legal de imputação do ilícito à pessoa jurídica, conforme o critério estabelecido no art. 2º.

Esses requisitos são as condições legais gerais de responsabilização com caráter sancionatório (artigo 6º e artigo 19). Não há discricionariedade administrativa quanto à eleição da estrutura objetiva ou subjetiva de responsabilidade. Independentemente da situação probatória do elemento subjetivo da conduta de pessoas físicas envolvidas, preenchidos os pressupostos, impõe-se o sancionamento. O único obstáculo ao integral exercício da competência sancionatória é a celebração de acordo de leniência (artigo 16), que modula os efeitos sancionatórios, sem representar qualquer renúncia estatal ao exercício da potestade.

Caso o ato lesivo apurado no Processo Administrativo de Responsabilização (PAR) enseje *dano material e/ou moral* à Administração Pública nacional ou estrangeira, deverão ser observadas as seguintes condições legais específicas:

a) configuração da existência do dano material e/ou moral causado à Administração Pública lesada; a comprovação do *quantum debeatur* não é pressuposto de responsabilização, tendo em vista o disposto nos arts. 13 e 21, parágrafo único, da lei;
b) nexo de causalidade entre condutas comissivas e/ou omissivas ilícitas imputadas à pessoa jurídica e o dano causado.

É importante perceber que a responsabilização objetiva da lei está dirigida para o "âmbito civil" e o "âmbito administrativo" (art. 2º). Essas expressões contidas no artigo segundo podem levar a distintas interpretações.

Primeira, a designação da órbita civil, em regra, deveria referir-se à responsabilização civil, de caráter patrimonial. Todavia, a formulação da lei permite vislumbrar que "âmbito civil" pode ter referência à *jurisdição civil competente* para imposição da "responsabilidade judicial" prevista no art. 19. Nesta interpretação ampla do "âmbito civil", o "âmbito administrativo" estará delimitado pela responsabilização administrativa, prevista no art. 6º.

Segunda, outra interpretação também seria admissível. "Âmbito civil" no art. 2º diz respeito exclusivamente ao sistema de responsabilização civil *stricto sensu*. E "âmbito administrativo" teria relação com a responsabilização administrativa (art. 6º) e judicial (art. 19). Cabível esta interpretação, porque não houve adjetivação das sanções do art. 19, sendo certo que as sanções da "responsabilização administrativa" são passíveis de aplicação judicial, em havendo omissão da autoridade administrativa competente, no caso de iniciativa do Ministério Público (art. 19, §4º).

Entende-se que, na sistemática da lei, a primeira interpretação é a mais adequada. A responsabilidade "no âmbito civil" tratada na lei compreende duas categorias distintas: de um lado, refere-se a consequências patrimoniais civis – responsabilidade patrimonial por ato ilícito; de outro lado, tal como a lei está redigida, refere-se à "responsabilização judicial" (art. 18), sendo a adjetivação de civil norteada pelo órgão sancionador, no caso, o juízo no exercício de competência jurisdicional civil, que processará e julgará a respectiva ação civil pública, de caráter irremissivelmente sancionatório, a ser proposta em face da PJ (art. 19).

A interpretação ora suscitada não serve para justificar a pretendida natureza civil das sanções inscritas no art. 19. Esse artigo não é norma de direito civil, não versa sobre matéria de responsabilidade extracontratual patrimonial. O que é norma de direito civil é, parcialmente, o art. 2º, mantendo-se esse âmbito material. A consequência patrimonial civil de atos corruptivos (ressarcimento de dano material e/ou moral causado pela PJ) é objeto de norma de direito civil, tendo a União produzido as normas jurídicas nesta matéria, com fulcro na sua competência legislativa privativa em matéria de direito civil, nos termos do art. 21, inc. I da Constituição.

O critério de responsabilização objetiva estabelecido no art. 2º opera efeitos no sistema de responsabilização civil (como norma de direito civil), no plano da "responsabilização administrativa" e no plano da "responsabilidade judicial".

Entretanto, as sanções instituídas nestas duas órbitas integram – mesmo sem nenhuma referência legislativa expressa – o domínio punitivo da improbidade administrativa, previsto no artigo 37, §4º, da Constituição. A lei não adjetivou as sanções nos arts. 6º e 19. A razão está no fato de que as sanções pertencem ao mesmo domínio punitivo.

Esse dispositivo é o fundamento constitucional da disciplina dos atos de improbidade administrativa, regulamentado a nível geral pela Lei nº 8.429/1992. A mesma competência legislativa exclusiva da União, outorgada pelo dispositivo, foi novamente exercida na aprovação da Lei nº 12.846, que igualmente tutela a probidade administrativa, restringindo-se, todavia, a regrar o regime de sancionatório aplicável às pessoas jurídicas, com base na responsabilidade objetiva, e inovando na proteção do bem jurídico, com a inclusão não apenas da administração nacional, mas também da administração estrangeira (artigo 5º, §1º).

A Lei nº 12.846 está no mesmo domínio punitivo da Lei nº 8.429 (Lei de Improbidade Administrativa), que difere da primeira, por responsabilizar agentes públicos (pessoas físicas) e terceiros (pessoas físicas e jurídicas), com base na responsabilização subjetiva, formulada para tutela da probidade, com modelo tipológico centralizado na figura do agente público corrupto. Isto significa que o art. 2º da Lei nº 12.846 – e o critério de imputação objetiva nele plasmado – estende os seus efeitos ao domínio integral da improbidade administrativa, no tocante às pessoas jurídicas, impondo-se a nova forma de responsabilização adotada na Lei Anticorrupção.Todas as Convenções Internacionais contra a Corrupção (OCDE, OEA e ONU) estabelecem que os Estados-Partes devem instituir sanções penais e não penais no enfrentamento dos ilícitos por elas abrangidos, devendo-se plena obediência aos princípios regentes de cada ordenamento jurídico. No caso brasileiro, sanções não penais protetivas da probidade administrativa estão constitucionalmente canalizadas em domínio punitivo autônomo, inconfundível com as clássicas esferas civil, administrativa e penal.

Digna do nome lei anticorrupção, a Lei de Improbidade Administrativa (LIA) é a lei regente desse domínio sancionatório. Aplicável a todos os agentes públicos e terceiros envolvidos em improbidade administrativa, a LIA fundamenta a responsabilidade processada e julgada pelo juízo cível competente. Analisando-se bem jurídico protegido, ilícitos tipificados, sanções fixadas e processos regrados, observa-se que a Lei nº 12.846 procura se afastar do domínio da improbidade (art. 30, inciso I), mas a Constituição não autoriza esse afastamento, exigindo que o novo regramento seja interpretado conforme o regime inaugurado no tipo constitucional preconizado no artigo 37, §4º.

Houve inovação legislativa nas *quatro vertentes* que configuram o sistema sancionatório.

Na vertente *bem jurídico*, que deságua na proteção da Administração Pública estrangeira, além do art. 37, §4º, a Lei nº 12.846 – que traz os conceitos legais de administração pública estrangeira e agente público estrangeiro, no art. 5º, §§1º, 2º e 3º – exige remissão ao cumprimento dos arts. 49, inc. I, e 84, inc. VIII, todos do Texto Constitucional, na exata medida em que a República Federativa do Brasil é signatária de Convenções Internacionais contra a Corrupção, já devidamente internalizadas no ordenamento jurídico brasileiro (OCDE, OEA e ONU).

A tutela da probidade administrativa na organização do Estado brasileiro, objeto do art. 37, §4º, passa a agasalhar a tutela da probidade na organização de outros Estados ou de organizações públicas internacionais, por força dos compromissos assumidos no plano do direito internacional público, em atendimento ao princípio constitucional de cooperação entre os povos para o progresso da humanidade (art. 4º, inc. IX, da CF).

Na vertente do *ilícito*, houve especificação de novas hipóteses de atos ímprobos a exigir condenação da PJ responsável. O artigo 5º traz expressamente uma abertura para a tipologia de atos ilícitos previstos nas Convenções Internacionais e na legislação geral e especial de improbidade administrativa. Inova-se com a admissão de ilícitos em que não figurem agentes públicos no delineamento fático da improbidade. E introduz a lei a responsabilidade objetiva.

Na vertente das *sanções*, positivam-se inovações legislativas sobre modalidades e conteúdo de sanções decorrentes de atos ímprobos, disciplina dotada de relevância, porque a legislação geral e especial de improbidade foi construída ao redor da figura do agente público corrupto, e esta nova disciplina da improbidade concentra-se no prisma na PJ corruptora. Maurício Zockun a refere como lei sobre probidade administrativa empresarial, em seu comentário ao artigo 1º, nesta obra.

Na vertente do *processo*, houve uma inteligente criação de fase extrajudicial antecedente de apuração dos atos ilícitos com possibilidade de estipulação inicial de dois provimentos sancionatórios (multa civil e publicação extraordinária), mantido o controle pleno do Poder Judiciário no exame da fase pré-processual, com outorga de competência integral para estabelecimento definitivo das sanções devidas em razão da prática de atos ímprobos imputáveis à PJ, com reconhecimento da mesma legitimação processual ativa já configurada na LIA. Nesta vertente, exsurge o acordo de leniência no domínio da improbidade, com relevantes efeitos processuais, na fase extrajudicial e judicial, sobremodo na fixação das sanções.

A objetivação da responsabilidade da pessoa jurídica está inserida no campo não penal do enfrentamento às práticas de corrupção. A pretensão legislação de instituir "sistema civil e administrativo" não encontra guarida no nosso ordenamento constitucional, pela singularidade advinda da existência da esfera não penal da improbidade administrativa. A "responsabilidade administrativa" e "responsabilidade judicial" só se legitimam se reconduzidas ao domínio próprio da improbidade.

A Lei nº 14.230/2021, alterando a Lei nº 8.429/1992, demonstra o acerto desta alocação do sistema de responsabilidade da Lei nº 12.846 na improbidade.

As alterações da LGIA, por força da Lei nº 14.230, confirmam que LGIA e LIPJ são normas de Direito Administrativo Sancionador Anticorrupção integradas ao mesmo sistema de responsabilização, com a consagração da vedação ao *non bis in idem* processual (art. 3º, §2º) e *non bis in idem* material (art. 12, §7º), que preside o relacionamento entre os diplomas legais.

O tratamento conferido à consensualidade também conduz à mesma conclusão dogmática. A Lei nº 14.230 não altera nem restringe o regime do Acordo de Leniência previsto na LIPJ. Ao contrário, acolhendo-o no bojo da sua disciplina, a Lei nº 14.230 fortalece a leniência como via consensual singularizada.

Em rigor, com a Lei nº 14.230/2021, houve explícita indicação da apuração e sancionamento preferencial da prática de improbidade imputada a pessoas jurídicas com base na Lei nº 12.846, sob a égide da responsabilidade objetiva, incentivando-se a celebração de acordos de leniência, em caso de obtenção de benefícios no sistema de responsabilização.

Não há como aceitar a corrente doutrinária que preconiza na Lei nº 12.846 a instrumentalização de responsabilidade penal, disfarçada em lei anunciadamente civil e administrativa, como leciona Guilherme de Souza Nucci.[22] Distinguindo-se os sistemas de responsabilização existentes no ordenamento brasileiro, a alocação adequada da Lei nº 12.846 está no domínio constitucional da improbidade administrativa.

Observe-se que, em momento algum, a interpretação da Lei nº 12.846 pode redundar na exigência de demonstração ou comprovação de elemento subjetivo de pessoas físicas como pressuposto legal de responsabilização. É a essência da técnica de responsabilização objetiva.

No tocante ao ressarcimento do dano material e/ou moral causado ao erário, conforme se verá, trata-se de consequência sancionatória que mereceu destaque em dispositivo específico da lei (art. 13), no qual se permite expressamente que seja objeto de processo administrativo específico de ressarcimento de dano (PERD), diverso do processo administrativo de responsabilização (PAR), referido no art. 8º. Não custa sublinhar que o ressarcimento sempre será integral, pois a Constituição Federal não resguardaria norma legal que autorizasse redução no *quantum* devido, a este título, decorrente de prática ilegal e lesiva à Administração Pública nacional e estrangeira.

[22] NUCCI, Guilherme de Souza. *Corrupção e anticorrupção*. Rio de Janeiro: Forense, 2015. p. 94.

A Lei nº 12.846 permite a comprovação dos pressupostos específicos do dever de indenizar no processo administrativo de responsabilização e no processo judicial de responsabilização, aludindo que a sentença condenatória tornará certa a obrigação de reparar, integralmente, o dano causado pelo ilícito, cujo *quantum* será apurado em posterior liquidação.

2.6 Exclusão da responsabilidade objetiva prevista na Lei nº 12.846/2013

Quando não é aplicável, de forma legítima, a responsabilização objetiva prevista no art. 2º? Estão absolutamente excluídas do campo sancionatório das punições fixadas na Lei nº 12.846 as denominadas pessoas naturais.

A primeira observação é que, em regra geral, não se aplica a responsabilização "administrativa" e "judicial" da Lei nº 12.846 a pessoas físicas, embora tenhamos o enigmático art. 3º, §2º, pelo qual se prescreve que os dirigentes ou administradores somente serão responsabilizados por atos ilícitos na medida de sua culpabilidade. Enigmático, porque o escopo normativo geral é tratar de pessoas jurídicas e exsurge dispositivo consagrado à responsabilidade individual.

Este dispositivo exige interpretação sistemática na improbidade, de modo que condutas de pessoas físicas, relacionadas com atos lesivos tipificados na Lei nº 12.846, devem ser sancionadas com base na Lei nº 8.429, conforme o artigo 3º desta Lei, sem prejuízo de ensejarem a responsabilização pessoal em outros sistemas sancionadores.

Uma modulação desse escopo aparece contida no art. 14, *in fine*, que disciplina a desconsideração da personalidade jurídica, autorizando a extensão de "todos os efeitos das sanções aplicadas à pessoa jurídica aos seus administradores e sócios com poderes de administração, observados o contraditório e a ampla defesa". Percebe-se que a norma não autoriza produção de ato sancionatório diretamente contra as pessoas físicas nela contempladas, pois se reporta à *extensão* de efeitos sancionatórios. Esta extensão pressupõe uma possibilidade lógica, que, ao nosso parecer, não está presente em todas as sanções previstas. São passíveis de alcançar pessoas naturais o conteúdo sancionatório da multa (art. 6º, inc. I), do perdimento de bens, direitos ou valores que representam vantagem ou proveito direta ou indiretamente obtidos da infração (art. 19, inc. I) e a proibição de receber incentivos, subsídios, subvenções, doações ou empréstimos de órgãos ou entidades públicas e de instituições financeiras públicas ou controladas pelo Poder Público (art. 19, inc. IV).

Mesmo nestes casos, não se pode concluir que houve exceção ao regime sancionador exclusivamente voltado a pessoas jurídicas, que é o fim colimado na Lei nº 12.846, no que alterou o domínio da improbidade. Pela razão de que a responsabilização originária é da pessoa jurídica, no processo administrativo de responsabilização (PAR), a extensão sancionatória é forma de responsabilidade secundária, logicamente dependente da primeira. E deverá ser operacionalizada em processo administrativo de desconsideração da personalidade jurídica (PADPJ), tendo como interessados, além da própria pessoa jurídica alvo da medida, os indivíduos afetados, com fundamento no art. 14. Reputa-se que o PADPJ da Lei nº 12.846 deverá ser instaurado e decidido concomitantemente ao PAR (art. 8º), do qual é processualmente dependente e conexo.

No PADPJ, cumpre que seja observada a responsabilização subjetiva, ou seja, apreciação do elemento subjetivo que impulsiona os atos ilícitos de utilização de personalidade jurídica com abuso de direito para facilitar, encobrir ou dissimular a prática de atos lesivos previstos no art. 5º, ou para provocar confusão patrimonial. Não há previsão do elemento subjetivo da culpa, por conseguinte, o ilícito imputável o será a título exclusivo de forma dolosa de conduta.

É importante não perder de vista que a desconsideração da personalidade não retira da PJ a responsabilidade, que deverá ser declarada e resultar na aplicação das sanções legais previstas, no PAR. Por conseguinte, não se opera exclusão de responsabilidade, com fulcro no art. 14, mas extensão da mesma.

A culpabilidade como requisito de sancionamento de dirigentes e administradores é diretriz fundamental para a estruturação adequada dos Programas de Integridade, previstos no artigo 7º como fator de atenuação das sanções. O artigo 3º, §2º, fortalece a necessidade de criação e funcionamento de referidos programas, com independência orgânica interna na PJ, com a capacidade de apuração de atos ilícitos e sua imputação subjetiva regular, no caso de conduta de dirigentes e administradores.

Com o artigo 3º, tal como positivado, relativamente à prática de atos ímprobos com envolvimento de PJs, o domínio da improbidade cristaliza-se na responsabilidade objetiva da PJ e responsabilidade subjetiva de PF, vinculadas aos fatos. Neste contexto, o §2º surge como ratificação do critério subjetivo no sistema punitivo, que somente foi afastado para PJs.

É possível a alegação de "cláusulas" de exclusão de responsabilização pela pessoa jurídica acusada, como as tradicionalmente invocadas em sede de responsabilidade civil *stricto sensu*? Tomada a expressão no sentido civilista, não se mostra adequado este tratamento normativo no bojo da Lei nº 12.846.

Sublinhou-se que são as seguintes as condições gerais de responsabilização na Lei nº 12.846: (a) qualidade de sujeito de direito passível de responsabilização, à luz do art. 1º; (b) configuração de condutas comissivas e/ou omissivas lesivas que se enquadrem na tipologia do art. 5º; (c) identificação das pessoas físicas e respectivas condutas, autores e partícipes na ocorrência do ato lesivo; (d) configuração do critério legal de imputação à pessoa jurídica, conforme o critério estabelecido no art. 2º, ou seja, atuação da PN no interesse ou benefício da PJ.

A alegação de não realização no caso concreto dos requisitos acima assinalados implicará o afastamento da responsabilidade objetiva da pessoa jurídica acusada, para efeito da Lei nº 12.846. É corolário lógico que a enumeração das condições de responsabilização implica a descrição das situações de ausência de responsabilização.

O conceito civilista de culpa exclusiva da vítima é inapropriado na matéria. A "vítima" no caso seria a própria Administração Pública nacional ou estrangeira. Supor "culpa da vítima" seria imputar toda a prática corruptiva a "agente público nacional" ou a "agente público estrangeiro" (cujo conceito está no art. 5º, §3º). Pela tipicidade do art. 5º, observa-se que, mesmo no crime de concussão (art. 316 do Código Penal), a responsabilidade da PJ permanece íntegra, porque dar vantagem indevida é conduta nuclear no tipo do art. 5º, inc. I, e, havendo exigências indevidas de agentes públicos nacionais ou estrangeiros (e não mera solicitação), a PJ tem o dever de detecção e remediação através do funcionamento regular do Programa de Integridade.

Em face de exigência de vantagem indevida (suborno), a pessoa jurídica deve denunciar a improbidade administrativa em curso às autoridades competentes. Efetuando a transferência de vantagens indevidas, incorrerá no tipo legal, ensejando sua responsabilidade, que não elimina a de agentes públicos envolvidos no contexto delitivo.

O conceito civilista de culpa concorrente da vítima também não se mostra aplicável para afastar a responsabilidade, nem mesmo para atenuar as sanções legais cabíveis. Alegar "culpa concorrente" seria supor atuação conjunta de agentes públicos nacionais ou agentes públicos estrangeiros com a PJ. Tal como na primeira situação, a descrição típica da prática corruptiva incidirá com sua plena extensão, nas diversas tipologias de atos lesivos. Além do pressuposto funcionamento regular de Programas de Integridade, a participação de agentes públicos não foi sequer considerada como fator de dosimetria das sanções (art. 7º), o que demonstra que esta circunstância fática não gerará repercussão no âmbito da Lei nº 12.846, confirmando a inadequação do conceito civilista na aplicação da lei.

A participação de agentes públicos nacionais em práticas corruptivas continua a tipificar-se, fundamentalmente, pela responsabilidade por ato de improbidade administrativa disciplinada na Lei nº 8.429, sendo que, no âmbito penal, incidirão os tipos penais cabíveis, destacadamente o regime do Título IX, Capítulo I, do Código Penal. Relativamente à tutela da Administração Pública estrangeira, com a Lei nº 10.467/2002, o Código Penal passou a ter capítulo próprio para os crimes praticados por particular contra a Administração Pública estrangeira. Por completa falta de fundamento constitucional, não há criminalização da conduta de agentes públicos estrangeiros contra Administração Pública estrangeira; tais agentes sofrerão as sanções jurídicas, conforme seus respectivos ordenamentos nacionais.

O conceito civilista de ato de terceiro e, logo, a alegação de inexistência de autoria da prática do ato lesivo imputado pela PJ, e atribuição à outra PJ, não se trata de "exclusão" de responsabilidade, porque, confirmada a autoria de atos lesivos e vinculados a outros sujeitos de direito, simplesmente não se preenchem as condições estabelecidas na lei para sua regular aplicação em desfavor da PJ, devendo a competência sancionatória ser diretamente exercida em face da PJ responsável.

O ônus da prova de que certa prática ímproba é imputável à pessoa jurídica é do órgão, entidade ou Instituição acusadora, por força do princípio constitucional da presunção de inocência. Demonstrada as condições de imputabilidade no caso concreto, a alegação de que terceiro é o responsável gerará o ônus probatório da PJ acusada.

Os conceitos civilistas de caso fortuito e força maior também não apresentarão qualquer utilidade, na tentativa de "excluir" a responsabilidade legal, pelo singelo motivo de que nenhum ato lesivo previsto no art. 5º se legitima por circunstâncias fáticas reconduzíveis aos significados dos referidos conceitos. Pessoas jurídicas não podem lastrear práticas corruptivas, alegando origem em fato configurador de caso fortuito e força maior.

A refutação de responsabilidade em razão da não configuração do critério legal de imputação a pessoa jurídica (art. 2º) – atuação de pessoas naturais sem o qualificador objetivo do interesse ou benefício da PJ – mostra-se a circunstância mais relevante no debate.

Pode ocorrer situações de fraude a revelar insubsistência de imputação objetiva em desfavor de certa PJ. O motivo está em que não se pode ignorar situação excepcionalíssima em que a pessoa jurídica é vítima da prática corruptiva, paralelamente à Administração Pública. São casos em que o nome da pessoa jurídica é utilizado irregularmente na prática lesiva, visando a sua responsabilização (já que receberá a carga sancionatória da lei), mas a pessoa jurídica acusada consegue demonstrar, no caso, o manifesto descabimento de operar-se a imputação objetiva preconizada na lei, demonstrando a configuração de fraude, fato que ensejará a devida responsabilidade prevista em lei.

Não é rara a situação de práticas corruptivas (*v.g.* fraudes em licitação) em que agentes públicos e particulares já identificados e envolvidos nos atos ilícitos, nas respectivas defesas, procuram imputar a conduta lesiva para outras pessoas físicas e/ou jurídicas. Isto demonstra a necessidade de plena averiguação da moldura fática e motivação clara, suficiente e congruente na aplicação do critério objetivo de imputação, com a indicação precisa dos fundamentos de fato e de direito que amparam o reconhecimento da responsabilidade, à luz do art. 2º, sob pena de cometimento de flagrante ilegalidade que não condiz com a regularidade do exercício de competências estatais punitivas no âmbito do Estado Democrático de Direito.

Em relação às consequências normativas patrimoniais (ressarcimento do dano material e/ou moral), a responsabilização igualmente não ocorrerá na ausência dos pressupostos legais que conformam cada obrigação jurídica.

Destarte, não se sustentará a obrigação de reparação, se (i) não configurada a existência do dano material e/ou moral causado à Administração Pública; e (ii) se não comprovado o nexo de causalidade entre condutas comissivas e/ou omissivas ilícitas imputadas à pessoa jurídica e ao dano alegadamente causado.

2.7 Objetivação, responsabilização administrativa *stricto sensu* e responsabilidade por ato de improbidade administrativa estabelecida na Lei nº 12.846.

Entende-se, como visto acima, que órbita civil na Lei nº 12.846 refere-se à responsabilização civil, de caráter patrimonial. Mas "âmbito civil" também tem referência à jurisdição civil competente para imposição das sanções previstas no art. 19. Nesta interpretação ampla do "âmbito civil", o "âmbito administrativo" estará delimitado pela "responsabilização administrativa", prevista no art. 6º.

Adotada esta interpretação, indaga-se sobre a controversa admissibilidade da transposição de critério objetivo de imputação, fixado para o sistema de responsabilização civil *stricto sensu*, para o sistema de "responsabilidade administrativa". Mesmo para quem, como o comentarista, considere que a lei, sob o ponto de vista técnico-jurídico, inovou no domínio da responsabilização de atos de improbidade administrativa, também permanece a controvérsia da constitucionalidade da introdução deste tipo de imputação na vertente sancionatória assinalada.

A técnica de objetivação da responsabilidade está expressamente consagrada no "âmbito administrativo" da Lei nº 12.846. Embasará a responsabilização apurada pela autoridade administrativa competente – de que poderão resultar a aplicação, isolada ou cumulativa, de multa, e a publicação extraordinária da decisão condenatória, nos termos do art. 6º, incisos I e II, respectivamente.

É controvertida a admissibilidade de responsabilidade objetiva de pessoas jurídicas no direito brasileiro, no exercício de competências administrativas sancionatórias. Posicionamentos doutrinários existem contra e a favor desta estruturação da competência administrativa sancionatória. Contra a admissibilidade, levantam-se, fundamentalmente, o princípio constitucional do devido processo legal, e corolários de ampla defesa e contraditório (art. 5º, incs. LIV e LV), bem como o princípio constitucional da individualização das sanções (art. 5º, inc. XLVI). A consideração do elemento subjetivo, na forma de averiguação da culpabilidade administrativa do sujeito infrator (pessoas físicas e jurídicas), avultaria como projeção de máxima efetivação destas garantias fundamentais em nosso Estado Democrático de Direito.

Outra norma constitucional afirmativa da propalada inadmissibilidade estaria no art. 37, §6º, *in fine*, quando expressamente admite a responsabilidade civil de agentes públicos, no exercício do direito de regresso, por dolo e culpa, em caso de responsabilidade patrimonial de pessoas jurídicas de direito público e de direito privado, prestadoras de serviços públicos.

A favor da admissibilidade da responsabilização objetiva no campo do direito administrativo sancionador, também se busca fundamento na própria Constituição, sendo vista como resultado da evolução jurídica que espelha a complexidade atual da forma como a Administração Pública exerce as suas funções.

O dispositivo constitucional que melhor demonstraria seu acolhimento nos quadros normativos do nosso Estado Democrático de Direito seria, ao menos, o art. 225, §3º, que se refere a sanções penais e administrativas, no caso de condutas e atividades consideradas lesivas ao meio ambiente, e indica como infratores pessoas físicas ou jurídicas, contemplando igualmente a obrigação de reparar os danos causados, sem qualquer indicação sobre apuração de dolo e culpa dos sujeitos infratores e/ou responsáveis. O dispositivo é genérico e admite objetivação da responsabilização civil e administrativa. Neste sentido, as sanções administrativas ambientais poderiam fundar-se em vetor objetivo, frente aos infratores (pessoas jurídicas), disciplina esta que teria sido consagrada nos arts. 3º e 70 da Lei nº 9.605/1998, regulamentadora da norma constitucional.

A admissibilidade, em matéria sancionatória administrativa e ambiental, seria assim corolário da máxima efetivação do dever do Poder Público de tutela do meio ambiente ecologicamente equilibrado, proteção e conservação esta que juridicamente se impõe a toda a coletividade (art. 225, *caput*, da Constituição).

Importante destacar que, além da matéria ambiental, a responsabilidade administrativa disciplinada pela Lei nº 12.529/2011 (Sistema Brasileiro de Defesa da Concorrência), igualmente está alicerçada na técnica da objetivação, conforme seu art. 36. É certo que a sistemática da responsabilização administrativa na Lei nº 12.846 foi estruturalmente inspirada no regime da Lei nº 12.529, que inclusive institui como reação à prática da infração da ordem econômica as sanções administrativas de multa (art. 37, inc. I) e publicação da decisão condenatória (art. 38, inc. I). Todavia, mesmo verdadeiramente alinhavada a partir desta lei, entende-se que os critérios de imputação objetiva da pessoa jurídica acusada nos dois regimes possuem fisionomia própria. Basta pontuar que os atos lesivos na Lei nº 12.846 estendem-se para além das circunstâncias ilícitas previstas na infração à ordem econômica prevista no art. 37, §3º, inc. I, alínea "d", da Lei nº 12.529 (cartel em licitação pública).

A objetivação da responsabilização administrativa é constitucionalmente tolerada: de um lado, está fundamentalmente dependente da observância do princípio da legalidade. Há obrigatoriedade de expressa dicção legal na sua adoção. Sua criação não pode depender do intérprete da norma. De outro lado, estará rigorosamente submetida ao princípio da proporcionalidade,[23] na medida em que o critério técnico de responsabilização só se tornará legítimo se atendida a exigência de composição de estrutura sancionatória adequada, exigível e proporcional à finalidade pública perseguida com a sua adoção legislativa – no caso, prevenção e repressão a ilícitos no domínio das funções públicas, qualificados pela relevância axiológica do bem jurídico (probidade administrativa), dentro do quadro objetivamente extraído da Constituição Federal (artigo 37, *caput* e §4º). Trata-se de avaliar a regularidade da ponderação incorporada na lei administrativa sancionatória, exigindo avaliação meticulosa de princípios e regras constitucionais que sinalizam de forma favorável e desfavorável a adoção da estrutura objetiva, como forma de garantia de realização do interesse público e de afetação de direitos fundamentais.

A proporcionalidade indica que a objetivação da responsabilidade administrativa *stricto sensu* dependerá da relevância constitucional do bem jurídico protegido, através das sanções alinhavadas pelo legislador. Sempre terá caráter de medida excepcionalíssima, vez que o legislador somente poderá adotá-la em contextos normativos singulares.

É incontestável que, em certos casos, haverá inderrogável necessidade de subjetivação na configuração do ilícito administrativo (*v.g.* ilícitos disciplinares). No entanto, não se pode ignorar a evolução doutrinária, jurisprudencial e legislativa na matéria, sendo admissível nos tempos atuais que haja espaço de justificação constitucional para a responsabilização administrativa objetiva de pessoas jurídicas, constituindo a Lei nº 12.846 modelo exemplar de situação que a acolhe com plena legitimação constitucional.

A prática de corrupção de PJs "solapa a legitimidade das instituições públicas e atenta contra a sociedade, a ordem moral e a justiça, bem como contra o desenvolvimento integral dos povos". "A democracia representativa, condição indispensável para a estabilidade, a paz e o desenvolvimento da região, exige, por sua própria natureza, o combate a toda forma de corrupção no exercício das funções públicas e aos atos de corrupção especificamente vinculados a seu exercício". "O combate à corrupção reforça as instituições democráticas e evita distorções na economia, vícios na gestão pública e deterioração da moral social". "A corrupção é um dos instrumentos de que se serve o crime organizado para concretizar os seus fins", havendo crescentes "vínculos cada vez mais estreitos entre a corrupção e as receitas do tráfico ilícito de entorpecentes, que ameaçam e corroem as atividades comerciais e financeiras legítimas e a sociedade, em

[23] Sobre o tema, conferir: OLIVEIRA, José Roberto Pimenta. *Os princípios da razoabilidade e da proporcionalidade no direito administrativo brasileiro*. São Paulo: Malheiros, 2006.

todos os níveis". É imperativo gerar entre a população "uma consciência em relação à existência e à gravidade desse problema e da necessidade de reforçar a participação da sociedade civil na prevenção e na luta contra a corrupção".

Acima estão todas justificativas apontadas na Convenção da OEA contra a Corrupção, e todas estas circunstâncias fáticas estão presentes na realidade brasileira, tornando-se inequivocamente substrato para valorações dentro da nossa ordenação constitucional. Constituem elementos axiológicos que são de necessária avaliação, na ponderação legislativa na matéria e, razoavelmente, conferem válida sustentação à admissibilidade de "responsabilização administrativa" objetiva.

As mesmas razões que conduzem a admissibilidade da teoria objetiva no plano do sistema de responsabilização administrativa (como já ocorria na responsabilidade administrativa aferida pelo CADE em razão de cartel em licitação pública na Lei nº 12.529), também devem ser válidas para acolhê-la na estrutura do sistema de responsabilização por atos de improbidade administrativa, domínio em que se insere a Lei nº 12.846.

Em face das atuais circunstâncias, a tutela da probidade administrativa no ordenamento brasileiro fornece sustentação axiológica suficiente para fundamentar a objetivação da responsabilidade. Não coloca em xeque qualquer princípio jurídico do ordenamento brasileiro. Através da objetivação, viabilizam-se sanções aplicadas pela Administração Pública e Poder Judiciário contra pessoas jurídicas, que podem ser consideradas eficazes e dissuasivas, atendendo ao disposto no art. 26 da Convenção da ONU contra a Corrupção, internalizada no sistema jurídico pátrio, pelo Decreto nº 5.687/2006, seguindo-se na mesma direção apontada pelas Convenções da OEA (art. II, Propósito 1º, do Decreto nº 4.410/2002) e OCDE (art. 2º do Decreto nº 3.678/2000).

Torna-se importante registrar que o fundamento constitucional da Lei nº 12.846 – qual seja, o art. 37, §4º da Constituição Federal – não faz nenhuma restrição à modalidade de responsabilização que deve estruturar a punição de atos de improbidade, admitindo implicitamente liberdade de conformação legislativa na matéria. Com efeito, o direito positivo pode, relativamente a pessoas jurídicas, adotar técnica subjetiva ou objetiva de responsabilização. Nisto, altera-se posição doutrinária do autor, externada em trabalho científico já citado. O art. 37, §4º não proíbe a dicotomia de forma subjetiva e objetiva de responsabilização, quando a referência é a pessoa jurídica. Há norma implícita que a técnica objetiva seja compatível com a sanção estatal imposta à fisionomia do regime jurídico da pessoa jurídica como sujeito de direito, e esta condição está satisfeita nas novas sanções instituídas na Lei nº 12.846. A maior problemática neste contexto é assegurar à pessoa jurídica responsável a proibição constitucional do *bis in idem*, considerando que a Lei nº 12.846 e a Lei nº 8.429 pertencem ao mesmo sistema de responsabilização ou, em expressão singela, alocam-se no mesmo domínio punitivo, o que foi contemplado na Lei nº 14.230/2021.

Em verdade, a existência do tipo constitucional presente no artigo 37, §4º, inscrito desde o texto originário da Lei Fundamental, mostra o valor exacerbado que o ordenamento brasileiro reconhece à tutela da probidade administrativa. Nele se cristaliza um sistema autônomo de responsabilização para tutelar a probidade, fundado em processo civil coletivo sancionatório, a cargo da jurisdição civil, cuja regulamentação está na competência legislativa exclusiva da União. A Lei nº 12.846 desdobra este sistema. Certo que a técnica legislativa em consolidar as normas em texto legal separado merece críticas. De todo modo, produzida a norma e inserida no ordenamento brasileiro, cabe à Ciência do Direito avaliar e explicar o produto normativo, à luz do ordenamento constitucional.

Dentro da sistemática legal, a responsabilidade objetiva mantém:

(i) estreita relação com a adoção de "acordos de leniência" (artigos 16 e 17), com a finalidade legal primária e explícita de alavancagem informacional e probatória sobre práticas de atos lesivos (atos de improbidade), a legitimar determinados benefícios (a redução ou não aplicação de determinadas sanções legais); óbvio que a introdução de mecanismo de colaboração substantiva também convive com a responsabilidade subjetiva, mas a objetivação eleva a potencialidade do acordo de leniência no atendimento aos seus fins legais;

(ii) latente ligação com a valorização de "mecanismos e procedimentos internos de integridade, auditoria e incentivo à denúncia de irregularidades e a aplicação efetiva de códigos de ética e de conduta no âmbito da pessoa jurídica" (art. 7º, inc. VIII), considerados expressamente para fins de dosimetria sancionatória, e não exclusão de responsabilidade; somente poderia ser excludente se extirpada a objetivização expressamente imposta na lei; não há inadequação entre a responsabilidade subjetiva e programas de compliance, porém a objetivação reforça, em grau ótimo, o dever de implementação e funcionamento efetivo desses programas, que não podem constituir meros expedientes pró-forma no ambiente corporativo/institucional;

(iii) liame direto com o regime de transmissibilidade de sanções em hipóteses de reorganizações societárias (art. 4º, caput e §1º), bem como com o regime de solidariedade (art. 4º, §2º);

(iv) vigorosa conexão com a sanção de dissolução compulsória da pessoa jurídica, nos termos do art. 19, inc. IV, e §1º, que condiciona tal sanção a duas circunstâncias objetivas: I – ter sido a personalidade jurídica utilizada de forma habitual para facilitar ou promover a prática de atos ilícitos; ou II – ter sido constituída para ocultar ou dissimular interesses ilícitos ou a identidade dos beneficiários dos atos praticados;

(v) laço incontornável com a consagração da desconsideração da personalidade jurídica, prevista no art. 14, quando utilizada com abuso do direito para facilitar, encobrir ou dissimular a prática dos atos ilícitos da LIPJ ou para provocar confusão patrimonial;

(vi) nexo lógico-jurídico com a autonomia do sistema previsto na Lei nº 12.846, dentro do DAS, relativamente à responsabilidade por ato de improbidade administrativa (art. 30, inc. I), e à responsabilidade administrativa em matéria de licitações e contratos (art. 30, inc. II), e responsabilidade administrativa por infração à ordem econômica (art. 29); com efeito, inovando na previsão explícita de objetivação, imputando-se condutas lesivas praticadas "no interesse ou benefício" de PJ, a norma avançou na tutela da improbidade, exigindo nova leitura do tema nos outros sistemas de DAS.

A responsabilidade sancionadora objetiva da LIPJ é compatível com a Constituição Brasileira, dado o contexto fático anteriormente constatado, porque se mostra técnica adequada, necessária e proporcional à tutela do interesse público anticorrupção, utilizando-se a clássica composição dogmática do princípio constitucional da proporcionalidade, amplamente difundida na doutrina e na jurisprudência brasileira.

É uma medida adequada porque promove o atingimento das finalidades públicas, atinentes à prevenção, dissuasão e repressão de práticas de corrupção, passíveis de serem imputadas a pessoas jurídicas. Corrupção pública entre agentes públicos (em sentido amplo, os sujeitos corrompidos) e particulares (em sentido amplo, os sujeitos corruptores). Neste universo que promove, custeia, sustenta, se beneficia de práticas nefastas de corrupção, as pessoas jurídicas – com ou sem finalidades lucrativas – constituem induvidosamente sujeitos atrelados à cadeia de ilicitudes ofensivas à probidade. A responsabilidade objetiva de PJ é uma medida estatal que, severamente, exige dela o controle interno da sua atividade corporativa/institucional, com a implementação de formas de detecção, monitoramento, prevenção e repressão de práticas corruptivas, no seu âmbito. Logo, indiscutível a adequação do meio adotado pela LIPJ para o atingimento do fim.

É uma medida necessária, no plano do Direito Administrativo Sancionador. Primeiro, porque este não está limitado às possíveis restrições de normas civilistas aplicáveis, em tema de responsabilidade patrimonial extracontratual, a começar pelo infrutífero debate, para fins sancionatórios, se a LIPJ adotou o critério do "risco integral" ou outra forma de risco ("risco-criado' ou "risco-proveito"). Segundo, porque os critérios então vigentes de imputação de ilícitos em diversos outros sistemas de DAS a PJs (com raríssimas exceções) envolvendo práticas de corrupção (enquadráveis no art. 5º da LIPJ), pautam-se na responsabilidade subjetiva, o que mostra deficiência incontestável no enfrentamento do fenômeno da corrupção na realidade estatal e institucional brasileira, pelas iguais limitações que a subjetivização engendra para lograr resultados eficientes, eficazes e efetivos na tutela dos bens jurídicos afetados. Terceiro, porque a construção de parâmetros próprios de "culpabilidade administrativa" para pessoas jurídicas no DAS (inspirados ou não na teoria da responsabilidade penal de pessoas jurídicas) não tem alterado este panorama, pelas complexas e relevantes restrições probatórias na sua aferição.

Nos diversos modelos de DAS vigentes na matéria, a responsabilidade subjetiva de PJs resume-se em controvérsias que não superam a investigação de condutas individualizadas de pessoas naturais com vínculos formais com a PJ envolvida, resultando em fortes incentivos de sua prática corporativa/institucional (não raro clandestina, oculta e sem vestígios), transformando-se em arsenal juridicamente organizado para fornecer as condições propiciatórias de práticas corruptivas.

Logo, a consagração da responsabilidade objetiva aumenta o grau necessário de proteção dos bens jurídicos-públicos lesionados ou ameaçados com a corrupção, não elimina a autonomia das PJ no desenvolvimento de sua atividade própria em cumprimento de sua função social na ordem econômica e social constitucional, e não interfere na responsabilidade individualizada de PF envolvida e responsável, no contexto fático-delitual.

É uma medida proporcional, que não se revela intolerável na ponderação dos elementos jurídicos-materiais envolvidos no juízo legislativo. Não há como invocar ofensa a direitos fundamentais da PJ, porque o ordenamento jurídico não autoriza, desde a sua base constitucional, que pessoas jurídicas privadas (com ou sem finalidade lucrativa) exerçam suas atividades próprias mediante práticas de corrupção. Quaisquer pessoas jurídicas, criadas por particulares, estão atreladas ao exercício de função social. A propriedade privada atenderá à sua função social (art. 5º, inc. XXIII). A ordem econômica constitucional, além de atender aos ditames da justiça social, está fundada neste mesmo princípio (art. 170, inc. III). A liberdade de associação é garantida para fins lícitos (art. 5º, inc. XVIII), com possibilidade constitucional de dissolução compulsória de associações por decisão judicial (art. 5º, inc. XIX).

Também não há ofensa ao princípio do devido processo legal, subjetivo ou adjetivo. Primeiro, porque sob o devido processo substantivo, a lei não retira da PJ (e de seus representantes legais) todas as possibilidades de demonstração de sancionamento inválido da PJ, por ausência de autoria ou participação, incluindo indevida concretização do critério de imputação nos casos concretos. Segundo, porque no prisma do devido processo adjetivo, a LIPJ é explícita em tracejar o devido processo administrativo e devido processo judicial, ambos sancionadores, restando nele assegurados todos os corolários do devido processo legal. Podem ser citados, tendo se manifestado favoráveis ao sistema de responsabilização objetiva da Lei nº 12.846: Fausto Martin de Santis;[24] Gabriel de Carvalho Sampaio e Anna Claudia Pardini Vazzoler;[25] Humberto Barrionuevo Fabretti;[26] Jorge Hage Sobrinho;[27] Luis Eduardo Patrones Regules;[28] Rafael Carvalho

---

24 DE SANCTIS, Fausto Martin. Lei anticorrupção e lavagem de dinheiro. *Revista dos Tribunais*, São Paulo, v. 947, p. 213-235, set. 2014. Destaco: "Basta, portanto, a comprovação do ato de corrupção e o nexo de causalidade entre ele e a conduta de qualquer representante das pessoas jurídicas envolvidas. Daí a imprescindibilidade da existência dos sistemas de controle sobre as condutas de seus funcionários para evitar a prática de atos que violem a moral administrativa".

25 SAMPAIO, Gabriel de Carvalho; VAZZOLER, Anna Claudia Pardini. Lei anticorrupção e a abrangência do inciso V do artigo 5º. *Revista dos Tribunais*, v. 947, p. 57-71, set. 2014. Destaco: "A responsabilidade objetiva das empresas fará com que elas também possam ser responsabilizadas pelos danos decorrentes dos atos praticados, ônus que era suportado de forma pulverizada e exclusiva pela sociedade. Acreditamos que a pessoa jurídica possa estar melhor posicionada do que o Estado ou as vítimas dos atos para evitar que o ilícito seja cometido".

26 FABRETTI, Humberto Barrionuevo. Panorama crítico da lei anticorrupção (Lei nº 12.846/2013). *Revista dos Tribunais*, São Paulo, v. 947, p. 25-35, set. 2014. Destaco: "Inegável reconhecer, portanto, que através da responsabilidade objetiva a aplicação das sanções torna-se muito mais fácil e rápida, já que a prova dos elementos dolo e culpa, por serem subjetivos, é bem mais complexa, o que acabava levando à ausência total de responsabilidade".

27 SOBRINHO, Jorge Hage. Lei nº 12.846/2013: Lei da empresa limpa. *Revista dos Tribunais*, São Paulo, v. 947, p. 37-55, set. 2014. Destaco: "Em tal regime, como se sabe, a responsabilização das pessoas jurídicas independe da demonstração de autoria individualizada e de estados subjetivos de pessoas físicas que as dirijam, integrem ou representem. Cada regime que regula a responsabilidade empresarial (ambiental, consumidor, responsabilidade civil etc.) possui suas regras de imputação específicas. A nova Lei não fez mais do que adotar essa mesma doutrina em um novo regime punitivo".

28 REGULES, Luís Eduardo Patrone. A lei anticorrupção e o terceiro setor. *Revista dos Tribunais*, São Paulo, v. 947, p. 237-254, set. 2014. Destaco: "A eventual punição das entidades do terceiro setor ("responsabilidade objetiva" – que independe de culpa), inclusive pela adoção de sanções extremamente elevadas – e a desconsideração de personalidade jurídica – exige o rigoroso respeito ao devido processo legal e às garantias fundamentais, como pressupostos imprescindíveis para a produção de decisão administrativa ou judicial legítima e justa".

Rezende Oliveira e Daniel Amorim Assumpção Neves;[29] Rogério Gesta Leal;[30] Clayton Reis e Gustavo Carvalho;[31] Luiz Alberto Blanchet e Tâmera Padoin Marques Marin;[32] Luciano Moreira de Oliveira;[33] Amanda Prado de Matos;[34] **Fábio André Guaragni;**[35] José Anacleto Abduch Santos, Mateus Bertoncini e Ubirajara Custódio Filho;[36] Mellino Diniz do Nascimento[37] Juliano Heinen;[38] Egon Bockmann Moreira e Andreia Cristina

---

29 OLIVEIRA, Rafael Carvalho Rezende; NEVES, Daniel Amorim Assumpção. O sistema brasileiro de combate à corrupção e a Lei nº 12.846/2013 (Lei Anticorrupção). *Revista Brasileira de Direito Público – RBDP*, Belo Horizonte, a. 12, n. 44, p. 9-21, jan./mar. 2014. Destaco: "[...] a responsabilidade civil objetiva das pessoas jurídicas por atos praticados por seus prepostos não representa verdadeira novidade, pois já encontrava previsão nos arts. 932, III, e 933 do CC. A novidade é a estipulação de sanções mais severas, com destaque para a possibilidade de dissolução compulsória da pessoa jurídica.[...]".

30 LEAL, Rogério Gesta. A nova lei anticorrupção empresarial no Brasil: novo marco regulatório às responsabilidades das pessoas jurídicas por atos atentatórios aos bens públicos. *Interesse Público – IP*, Belo Horizonte, a. 16, n. 88, p. 25-54, nov./dez. 2014. Destaco: "[...] Com estas precauções não há que se falar em exageros da Lei no tratamento da pessoa jurídica e de sua responsabilidade, ao contrário, criaram-se condições factíveis de apuração de comportamentos ilícitos e adequados tratamentos para cada conduta lesiva aos interesses que a norma pretende proteger. [...]"; LEAL, Rogério Gesta. *Aspectos polêmicos da Lei anticorrupção no Brasil*. Belo Horizonte: Fórum, 2022. p. 69-94.

31 REIS, Clayton; KICHILESKI, Gustavo Carvalho. Responsabilidade civil objetiva da empresa por atos de corrupção a luz da Lei nº 12.846/2013. *Revista Jurídica*, Curitiba, v. 01, n. 46, p. 119-145, 2016.

32 BLANCHET, Luiz Alberto; MARIN, Tâmera Padoin Marques. A corrupção como violação de direitos humanos e a necessária efetividade da Lei nº 12.846/13. *A&C – Revista de Direito Administrativo & Constitucional*, Belo Horizonte, a. 18, n. 71, p. 267-294, jan./mar. 2018. Destaco: "[...] A Lei nº 12.846/13 visa proteger a noção de república e o patrimônio público, definindo atos lesivos à Administração Pública, nacional e estrangeira, as sanções correspondentes à responsabilidade civil e administrativa, além de tratar das técnicas processuais e instrumentos punitivos dos atos de corrupção. [...]".

33 OLIVEIRA, Luciano Moreira de. A autonomia da ação de responsabilidade de pessoas jurídicas no Brasil com fundamento na Lei nº 12.846/2013. *Revista de Direito Administrativo*, Rio de Janeiro, v. 276, p. 147-163, set./dez. 2017. Destaco: "O advento da Lei nº 12.846/2013 contribuiu para o aprimoramento do sistema normativo, uma vez que prevê a responsabilização objetiva, administrativa e civil, das pessoas jurídicas que pratiquem atos em detrimento da administração pública".

34 MATOS, Amanda Prado de. Sociedade corruptora. *Revista de Direito Privado*, v. 100, p. 95-112, jul./ago. 2019. Destaco: "Isso quer dizer que, a simples comprovação da existência de vínculo – seja ele de fato ou de direito – entre a pessoa jurídica e o preposto que praticou o ato em seu interesse ou em benefício dela, é o bastante para atribuir responsabilidade civil e administrativa, de forma objetiva, à pessoa jurídica. [...] A responsabilização e a consequente punição da pessoa jurídica é de suma importância, porque ela é a maior beneficiada com os atos corruptores. Além disso, os investidores se sentem mais seguros com a possibilidade de ver a punição da pessoa jurídica, o erário tem maiores condições de ser ressarcido, e o combate à corrupção ocorre de forma mais efetiva [...]".

35 GUARAGNI, Fábio André. Capítulo I. Disposições gerais. *In*: *Lei Anticorrupção. Comentários à Lei nº 12.846/2013*. São Paulo: Almedina, 2014. p. 47-103.

36 SANTOS, José Anacleto Abduch; BERTONCINI, Mateus; CUSTÓDIO FILHO, Ubirajara. *Comentários à Lei nº 12.846/2013. Lei anticorrupção*. São Paulo: RT, 2014. p. 88. Destaco: [...] "Aquelas que não forem formalmente parte integrante de órgão da pessoa jurídica não poderão ter suas condutas ilícitas imputadas à pessoa jurídica, para os fins da responsabilização administrativa e/ou judicial da Lei nº 12.846/2013".

37 JACOBY FERNANDES, Jorge Ulisses (Coord.). *Lei anticorrupção empresarial – aspectos críticos à lei nº 12.846/2013*. 1. ed. Belo Horizonte: Fórum, 2014. p. 104-106.

38 HEINEN, Juliano. *Comentários à lei anticorrupção. Lei nº 12.846/2013*. Belo Horizonte: Fórum, 2014. p. 86. Destaco: "Assim, percebemos que a Lei Anticorrupção substitui a ideia de culpabilidade pela ideia de atribuição, ou seja, a responsabilidade pela prática dos tipos aqui nela previstos atribuída à empresa, desde que ela detenha algum tipo de ligação ou benefício pra com a conduta proibida. Simplesmente o legislador optou por constituir uma carga de responsabilidade pensando em uma repreensão atribuída. Em outras palavras, não se trata de uma violação ao princípio da culpa, que permanece relevante quanto ao autor do ilícito administrativo (pessoa natural). O que ocorre, em verdade, é uma modificação no fator atributivo de responsabilidade, deslocando a regra da culpa para a atribuição de responsabilização objetiva".

Bagatin;[39] Emerson Gabardo e Gabriel Morettini e Castella;[40] Murilo Melo Vale;[41] Sidney Bittencourt;[42] André Pimentel Filho;[43] Diogo de Figueiredo Moreira Neto e Rafael Véras de Freitas;[44] Antônio Aroldo Ferraz Dal Pozzo, Augusto Neves Dal Pozzo, Beatriz Neves Dal Pozzo e Renan Marcondes Fecchinatto;[45] Benjamin Zymler e Laureano Canabarro Dios;[46] Rogério Sanches Cunha e Reneé Souza;[47] Sebastião José Lessa;[48] Clovis Alberto Bertolini de Pinho.[49]

Uma outra corrente doutrinária repudia a responsabilidade objetiva da LIPJ.

Ora se sustenta que a responsabilização exige, no mínimo, comprovação de voluntariedade – como demonstra o pensamento de *Márcio Fernando Elias Rosa, Wallace*

---

[39] MOREIRA, Egon Bockmann; BAGATIN, Andreia Cristina. Lei Anticorrupção e quatro de seus principais temas: responsabilidade objetiva, desconsideração societária, acordos de leniência e regulamentos administrativos. *Revista de Direito Público da Economia – RDPE*, Belo Horizonte, a. 12, n. 47, p. 55-84, jul./set. 2014. Destaco: "É muito importante que se tenha em mente que a racionalidade estrutural da Lei Anticorrupção reside em premissa puramente econômica: os custos imediatamente imputáveis a pessoas jurídicas (e a seus acionistas), como consequência objetiva para o descumprimento de certas normas legais. [...] o escopo da Lei Anticorrupção é o de instalar incentivos econômicos para que sejam institucionalizadas práticas as quais façam com que as condutas descritas no seu art. 5º jamais sejam concretizadas".

[40] GABARDO, Emerson; CASTELLA, Gabriel Morettini e. A nova lei anticorrupção e a importância do compliance para as empresas que se relacionam com a administração pública. *A&C – Revista de Direito Administrativo & Constitucional*, Belo Horizonte, a. 15, n. 60, p. 129-147, abr./jun. 2015. Destaco: "Em nível global, as empresas estão tendo que promover uma junção entre moralidade, publicidade, legalidade, eficiência, impessoalidade, proporcionalidade e responsabilidade objetiva, Princípios estes tradicionalmente tratados no espectro do Direito público".

[41] VALE, Murilo Melo. A lei anticorrupção empresarial: um contraponto à agenda de combate à corrupção. *Revista Brasileira de Estudos da Função Pública – RBEFP*, Belo Horizonte, a. 4, n. 11, p. 191-214, mai./ago. 2015. Destaco: "Tratam-se (sic) de medidas que, evidentemente, buscam induzir o controle interno entre as pessoas jurídicas que pretendem realizar determinadas operações societárias, como mecanismo mais rígido e eficaz de prevenir a ocorrência de tais atos ilícitos, reduzindo a corrupção amplamente financiada por pessoas jurídicas que se relacionam com ela".

[42] BITTENCOURT, Sidney. *Comentários à lei anticorrupção*. São Paulo: RT, 2015. Destaco: "A intenção finalística do dispositivo [art. 2º] é clara: fazer com que as pessoas jurídicas estabeleçam sistemas de controle sobre as condutas de seus agentes, de modo a evitarem práticas de corrupção, já que não poderão se isentar de responsabilização alegando desconhecimento.

[43] PIMENTEL FILHO, André. Comentários ao art. 1º ao 4º da Lei anticorrupção. *In*: QUEIROZ, Ronaldo Pinheiro de; SOUZA, Jorge Munhos. *Lei anticorrupção*. Salvador: JusPodivm, 2015. p. 63-86.

[44] MOREIRA NETO, Diogo de Figueiredo; FREITAS, Rafael Véras de. A juridicidade da Lei Anticorrupção: reflexões e interpretações prospectivas. *In*: *Fórum administrativo – FA*, Belo Horizonte, a. 14, n. 156, p. 9-20, fev. 2014. Destaco: "[...] se a pessoa jurídica acusada de atos de corrupção fizer prova de que não houve violação à ordem jurídica, ou de que tal evento não decorreu da conduta de seus representantes – rompendo o nexo de causalidade – não há que falar na aplicação das sanções previstas nos artigos 6º e 19 da referida lei. Mais que isso: caso se faça prova de que o ato de corrupção foi praticado em benefício de seu funcionário, ou fora ou exercício de suas funções laborais, não há que se cogitar de responsabilização".

[45] DAL POZZO, Antônio Araldo Ferraz *et al*. *Lei anticorrupção. Apontamentos sobre a Lei nº 12.846/2013*. São Paulo: Contracorrente, 2015.

[46] ZYMLER, Benjamin; DIOS, Laureano Canabarro. *Lei anticorrupção. Uma visão do controle externo*. Belo Horizonte: Fórum, 2016.

[47] CUNHA, Rogério Sanches/ SOUZA, Reneé. *Lei anticorrupção empresarial*. Salvador: JusPodivm, 2017. Destaco: "O dispositivo [art. 2º] deixou claro que a responsabilidade da empresa decorre da prática de ato lesivo praticado em seu proveito, o que demonstra que a responsabilidade objetiva da Lei Anticorrupção se inspira no princípio do risco-proveito ou mesmo do risco da empresa, haja ou não abuso de função".

[48] LESSA, Sebastião José. *Lei anticorrupção*. Belo Horizonte: Fórum, 2018. p. 33.

[49] PINHO, Clovis Alberto Bertolini de. *Corrupção e administração pública no Brasil*. São Paulo; Almedina, 2020. 198-204.

Paiva Martins Júnior[50] *e Ana Cláudia de Paula Albuquerque.*[51] Ora se exige a comprovação de dolo, como se observa em *Kleber Bispo dos Santos,*[52] *Luciano Ferraz*[53] *e Marcelo Harger,*[54] ora se pronuncia em favor de prévia apuração da responsabilidade individual (sob o crivo da teoria subjetivista) para que se possa irromper a responsabilidade da PJ, como lecionam *Maurício Zockun e Carolina Zancaner Zockun*[55] *e Marcio Pestana.*[56]

Também é extensa a busca por uma culpabilidade da pessoa jurídica diferenciada, em razão da disciplina legal acerca da implementação e funcionamento de programas de integridade, ao nível do controle interno das pessoas jurídicas, como se depreende em *Igor Sant'anna Tamasauskas e Pierpaolo Cruz Bottini;*[57] *Matheus Vinícius Aguiar Rodrigues,*[58]

---

50 ROSA, Márcio Fernando Elias; MARTINS JÚNIOR, Wallace Paiva. Estudo comparativo entre as leis nº 8.429/1992 e 12.846/2013. *Revista dos Tribunais*, v. 947, p. 295-310, set. 2014. Destaco: "Por isso, a dispensa do elemento subjetivo para a imposição de sanções (penas) civis ou administrativas não parece ser adequada. No campo das sanções administrativas, por exemplo, a voluntariedade é, no mínimo, exigível, ainda que se trate de pessoa jurídica, à exceção de infração ambiental por força do art. 225, §3º, da CF/1988".

51 ALBUQUERQUE, Ana Claudia de Paula. A responsabilidade objetiva administrativa da empresa na lei nº 12.846/2013. *Revista Brasileira de Estudos da Função Pública – RBEFP*, Belo Horizonte, a. 3, n. 9, p. 235-247, set./dez. 2014. Destaco: "Se o agir vigilante e cuidadoso da empresa não é causa excludente da ilicitude do ato, então está a se exigir um comportamento impossível. Condena-se a empresa por mera existência. Nega-se a ela a presunção de inocência, a ampla defesa, o devido processo legal, garantias constitucionais que são estendidas às pessoas físicas e jurídicas".

52 SANTOS, Kleber Bispo dos. Das sanções da lei anticorrupção à luz da ponderação de interesses. *Revista Brasileira de Direito Municipal – RBDM*, Belo Horizonte, a. 16, n. 57, p. 131-162, jul./set. 2015. Destacamos: "Entendemos que deve ser apurado e comprovado o dolo ou a culpa grave para aplicação das penalidades apontadas na novel legislação ora em exame".

53 FERRAZ, Luciano. Reflexões sobre a lei nº 12.846/2013 e seus impactos nas relações público-privadas: lei de improbidade empresarial e não lei anticorrupção. *Revista Brasileira de Direito Público – RBDP*, Belo Horizonte, a. 12, n. 47, p. 33-43, out./dez. 2014. Destaco: "[...] As condutas descritas no art. 5º da nova lei, todas elas, têm como sujeito ativo as empresas, independente[mente] de qualquer envolvimento com agentes públicos, e não se vislumbra hipótese do respectivo cometimento sem a presença do elemento doloso do sujeito. [...]".

54 HARGER, Marcelo. *Comentários à Lei Anticorupção*. Rio de Janeiro: Lumen Juris, 2019. p.45-62.

55 ZOCKUN, Maurício; ZOCKUN, Carolina Zancaner. A responsabilidade objetiva na lei anticorrupção. *Revista Brasileira de Estudos da Função Pública – RBEFP*, Belo Horizonte, a. 7, n. 20, p. 99-105, mai./ago. 2018. Destaco: "Só há uma possibilidade de preservar o texto da lei com esta disposição. Conceber a existência de duas normas jurídicas que, conjugadas, fazem nascer a referida responsabilização. Uma primeira norma dispositiva do cometimento do ilícito, necessariamente vinculado ao comportamento subjetivo do agente faltoso; e por agente faltoso, considere-se a pessoa física que, representando a pessoa jurídica, pratica o ilícito. Uma segunda norma prevendo a responsabilização objetiva da pessoa jurídica tendo, por pressuposto, o ilícito cometido".

56 PESTANA, Marcio. *Lei anticorrupção. Exame sistematizado da Lei nº 12.846/2013*. São Paulo: Manole, 2016. Destaco: "Afigura-se, à evidência, de clareza meridiana que a responsabilização objetiva da pessoa jurídica será uma responsabilidade consequente à identificação da conduta que, subjetivamente movida por dolo ou culpa grave, venha a ser reconhecida e declarada para os seus agentes e representantes. Uma vez provada a prática, o que deverá resultar, insistimos novamente, do querer doloso ou culposo, aí sim, somente neste instante, será disparada a responsabilização objetiva, apenando a pessoa jurídica correspondente".

57 TAMASAUSKAS, Igor Sant'anna; BOTTINI, Pierpaolo Cruz. A interpretação constitucional possível da responsabilidade objetiva na lei anticorrupção. *Revista dos Tribunais*, v. 947, p. 133-155, set. 2014. Destacando: "O que se poderia chamar de culpabilidade da pessoa jurídica, portanto, a ensejar a movimentação da máquina punitiva, ao nosso sentir, seria ou a má organização de seus mecanismos de integridade, ou o seu envolvimento direto e deliberado na formação do ato ilícito".

58 RODRIGUES, Matheus Vinícius Aguiar Rodrigues. No combate à corrupção empresarial, como incentivar normativamente a implementação efetiva do compliance? *Revista de Direito Administrativo e Infraestrutura*, v. 13, p. 221-249, abr./jun. 2020. Destaco: "[...] defendeu-se a necessidade de se interpretar constitucionalmente a responsabilidade objetiva instituída na Lei nº 12.846/2013, à luz de cinco razões: i) a necessidade de se limitar a movimentação da máquina punitiva estatal, diante da junção perigosa instituída na LAC que dá azo a punições desarrazoáveis; ii) a fundação da responsabilidade jurídica das empresas em bases constitucionalmente adequadas, principalmente diante da necessidade de se garantir princípios penais basilares ao Direito Administrativo Sancionador; iii) o abandono do papel coadjuvante pelos programas de integridade, como atenuantes à multa sancionadora, para um papel central na análise probatória da culpabilidade coorporativa; iv) a análise de uma

Tâmera Padoim Marques Marin;[59] *Edílson Pereira Nobre Júnior*[60] *e Yahn Rainer Gnecco Marinho da Costa*.[61]

A divergência grassa não somente no campo do Direito Administrativo, mas também no Direito Penal. De uma banda, há corrente que vislumbra na Lei nº 12.846, um sistema de caráter penal: *Modesto Carvalhosa*[62] *e Guilherme de Souza Nucci*.[63] Em outra banda, há autores que a situam em zona de transição entre o DAS e o Direito Penal, como *Vicente Greco Filho, João Daniel Rassi* [64] **e Flávio Rezende Dematté.**[65]

Vale ressaltar que a responsabilidade individual (agentes públicos e demais pessoas físicas) continua, para os ilícitos da Lei nº 12.846, sob a teoria subjetiva. Em verdade, deve isto ocorrer, porque não há autorização para que Administração Pública e Poder Judiciário se movimentem apenas para punir PJs. Mantém-se com igual relevância constitucional a necessidade de repressão das condutas individuais ilícitas (razão para existência do art. 3º da Lei nº 12.846), e isto ocorrerá através da Lei nº 8.429.

Este acima é o maior significado extraível do art. 30, inc. I, da Lei Anticorrupção. Exigir responsabilização individual de PFs, e, com interpretação sistemática, justificar sanções em face de PJs, previstas na Lei nº 8.429 e na Lei nº 12.846, que não consubstanciem violação ao princípio constitucional do *non bis in idem*, aplicável a qualquer domínio punitivo estatal.

Por fim, do art. 37, §4º, da Constituição resulta que as normas processuais administrativas existentes no art. 8º aplicam-se a todos os entes federativos, sendo descabida a alegação de que houve ofensa à autonomia administrativa para dispor sobre direito administrativo de cada qual. Com exceção dos arts. 8º, §2º, 9º, 16, §10 – que ostensivamente foram concebidos para o âmbito federal na exata medida que tratam do

---

culpabilidade coorporativa para a aproximação da *vicarius liability* com a responsabilidade jurídica das organizações por fato próprio, apontada como constitucionalmente adequada [...]".

[59] MARIN, Tâmera Padoim Marques. *A lei anticorrupção e o acordo de leniência*. Belo Horizonte: Fórum, 2019. p. 86-92. Destaco: "Na perspectiva do Direito Administrativo Sancionador, a culpabilidade é uma previsão de caráter constitucional, que não está limitada às pessoas físicas. Contudo, o alcance da pessoa jurídica se dá com contornos diversos, ligados à razoabilidade da atuação do ente moral face ao ordenamento jurídico".

[60] NOBRE JÚNIOR, Edilson Pereira. A Lei nº 12.843/2013 e a responsabilização administrativa (responsabilidade objetiva ou culpabilidade adequada). *Interesse Público – IP*, Belo Horizonte, a. 21, n. 113, p. 37-57, jan./fev. 2019.

[61] COSTA, Yahn Rainer Gnecco Marinho da. *Delineamentos sobre a responsabilidade objetiva das pessoas jurídicas por atos de corrupção no Brasil*. Dissertação de Mestrado. Faculdade de Direito da Universidade de São Paulo (USP), 2019.

[62] CARVALHOSA, Modesto. *Considerações sobre a lei anticorrupção das pessoas jurídicas*. São Paulo: RT, 2015. p. 37. Destaco: "Esse regime constitui a transposição para o direito penal-administrativo da teoria da imputação objetiva, que representa o instrumento moderno de julgamento e condenação por parte do juiz criminal, não mais fundado na causalidade tipo-dolo, mas na causalidade conduta-benefício procurado ou obtido pela pessoa jurídica corrupta".

[63] NUCCI, Guilherme de Souza. *Corrupção e anticorrupção*. Rio de janeiro: Forense, 2015. Destaco: "É hora, sem dúvida, da Lei Anticorrupção, mas ela é substancialmente penal e precisa respeitar os princípios penais e processuais penais, vale dizer, o devido processo legal. [...] "Não importa se a presente Lei se autoproclama civil ou administrativa, pois sua natureza jurídica é penal, no cenário do art. 5º, suas punições têm a mesma gravidade da pena e, finalmente, a conduta objetivada é visivelmente crime: corrupção".

[64] GRECO FILHO, Vicente; RASSI, João Daniel. *O combate à corrupção e comentários à lei de responsabilidade de pessoas jurídicas*. São Paulo: Saraiva, 2015. p. 114. Destaco: "[...] as regras trazidas pela Lei Anticorrupção inauguram uma nova fase no debate nacional sobre as possibilidade de integração de normas de direito penal e administrativo sancionador".

[65] DEMATTÉ, Flávio Rezende. *Responsabilidade de pessoas jurídicas por corrupção. A Lei nº 12.846/2013 segundo o Direito de Intervenção*. Belo Horizonte: Fórum, 2015. Destaco: "[...] é possível entender o direito anticorrupção brasileiro como uma concretização real – ainda que não total – do modelo ideal de direito de intervenção".

tema da organização e funcionamento da União Federal –, os demais dispositivos do Capítulo IV são normas nacionais, e devem ser observadas por todos os entes públicos e governamentais que possuem competência para instauração do PAR.

Com esta observação, entende-se constitucional a estrutura da denominada "responsabilização administrativa" objetiva desenhada na Lei nº 12.846. A caracterização atual da corrupção como fenômeno local, nacional, regional e internacional fornece razões substanciais para o aperfeiçoamento institucional da estrutura jurídico-institucional de punição de atos corruptivos no direito brasileiro, autorizando a válida aplicação do critério de responsabilização civil *stricto sensu* para o domínio punitivo.

Informação bibliográfica deste texto, conforme a NBR 6023:2018 da Associação Brasileira de Normas Técnicas (ABNT):

OLIVEIRA, José Roberto Pimenta. Comentários ao art. 2º. *In*: DI PIETRO, Maria Sylvia Zanella; MARRARA, Thiago (coord.). *Lei Anticorrupção comentada*. 4. ed. Belo Horizonte: Fórum, 2024. p. 27-64. ISBN 978-65-5518-676-5.

COMENTÁRIOS AO ART. 3º

JOSÉ ROBERTO PIMENTA OLIVEIRA

Art. 3º A responsabilização da pessoa jurídica não exclui a responsabilidade individual de seus dirigentes ou administradores ou de qualquer pessoa natural, autora, coautora ou partícipe do ato ilícito.
§1º A pessoa jurídica será responsabilizada independentemente da responsabilização individual das pessoas naturais referidas no caput.
§2º Os dirigentes ou administradores somente serão responsabilizados por atos ilícitos na medida da sua culpabilidade.

3.1 Responsabilidade individual na Lei nº 12.846: relevância na sistematização legal

A Lei Anticorrupção tem a plena carga sancionatória voltada para as pessoas jurídicas, brasileiras ou estrangeiras, colhidas no âmbito pessoal da lei disciplinada no art. 1º. Já de início, trata cuidadosamente de esmiuçar todas as categorias de pessoas jurídicas que estão submetidas ao império da lei. Não deixa lacunas e oferece a completude no segmento de pessoas jurídicas sancionáveis. Na sequência, emoldura, já no art. 2º, a responsabilidade objetiva, como técnica de estruturação que singulariza o sistema sancionatório de improbidade desenhado no diploma legislativo.

O art. 3º mostra-se extremamente adequado e necessário dentro deste contexto lógico-sistemático da lei. Determinados os contornos pessoais da responsabilização – limitada exclusivamente ao universo das pessoas jurídicas – a lei volta-se para a disciplina da responsabilidade individual atribuída em razão das condutas lesivas tipificadas nos termos do art. 5º. Se inexistente tal artigo, poder-se-ia apressadamente concluir que houvera a criação de situação jurídica favorável às pessoas naturais. Porém, atenta às suas repercussões na matéria disciplinada, a lei dissipa e elimina qualquer equívoco neste ponto.

O art. 3º foi concebido para garantir segurança jurídica na forma como o ordenamento jurídico deverá tratar a responsabilidade das pessoas naturais, uma vez construído sistema de responsabilização de improbidade para PJs pela Lei nº 12.846. A temática do artigo revela o intento de assegurar a plena efetividade de todos os sistemas sancionatórios consagrados no direito posto, que estão a incidir sobre os fatos ilícitos e que projetam consequências patrimoniais e/ou punitivas, a nível individualizado, concomitantemente ao processamento e julgamento da responsabilidade apurada e atinente à PJ.

A responsabilidade da pessoa jurídica não exclui a responsabilidade individual, mas também não se lhe afigura como pressuposto processual. Não poderá ser arguida como impeditivo de sanções contra pessoas naturais em face do Poder Público, no âmbito judicial (criminal, civil e improbidade administrativa), no âmbito de Tribunal de Contas (irregularidade de contas) ou administrativo (em suas diversas segmentações punitivas). Por se tratar de esferas jurídicas subjetivas diversas, a concomitância de efeitos jurídicos restritivos não representará, uma vez concretizada, qualquer reiteração sancionatória inconstitucional, afastando-se a invocação da inobservância da proibição do *bis in idem*. A prática de ilícitos abrangidos pela LAC enseja a responsabilidade das PJ e das PFs envolvidas nos fatos.

Merece destaque: a norma contempla a plena efetividade de todos os sistemas de responsabilização existentes e aplicáveis, porque tratando da qualificação jurídica individualizada dos fatos a lei não faz qualquer adjetivação, na expressão genérica "responsabilidade individual", diferentemente do que se percebe na redação do artigo anterior. Em outros termos, havendo ou não processo ou condenação da pessoa jurídica acusada no âmbito de improbidade da Lei nº 12.846, estão preservados todos os mecanismos jurídicos de punição das pessoas naturais envolvidas na configuração fática dos atos lesivos, conforme as respectivas ordenações e correlatos fundamentos legais e constitucionais.

Assim, figure-se a ocorrência da responsabilidade da PJ que financia a prática de atos corruptivos (art. 5º, inc. II), não referida a licitações e contratos da Administração Pública nacional ou estrangeira (art. 5º, inc. IV). A apuração ou investigação administrativa do fato ilícito deverá revelar a participação de pessoas naturais, sejam as que tenham relação com o aparelho governamental, sejam as que mantenham vínculos explícitos ou encobertos com a PJ acusada, seja as não incluídas em nenhuma destas duas categorias, mas cujas condutas comparecem na cadeia de atos que justificam o enquadramento típico. Todas estas pessoas naturais permanecem submetidas aos sistemas sancionatórios estatais existentes. A abertura ou resultado do PAR em face da pessoa jurídica não é condição limitativa, suspensiva ou impeditiva das providências sancionatórias devidas, nos diversos sistemas.

O art. 3º, *caput*, é a norma que desqualifica o prévio sancionamento da pessoa jurídica, na via administrativa, "jurisdição" de contas e/ou judicial, como condição jurídica para deflagração de competências sancionatórias em face das pessoas naturais. Os termos da lei levam à conclusão de que não se deve exaurir a responsabilidade da PJ para que irrompa o exercício de dever-poder punitivo contra as pessoas naturais. O artigo igualmente não autoriza sequer a suspensão de procedimentos e processos instaurados contra pessoas naturais sob a alegação de que não houve decisão administrativa, de que não se reveste tal decisão de definitividade ou de que não houve propositura de ação civil pública cabível contra a PJ envolvida.

O art. 3º, §1º, faz a determinação inversa: para deflagração da responsabilidade individual não é condição de procedibilidade no âmbito administrativo ou judicial o prévio processo administrativo de responsabilização (PAR) de que trata a lei. Instauração, instrução, deliberação e finalização do PAR contra a PJ não têm efeitos jurídicos para a deflagração das competências sancionatórias individuais. Em idêntico sentido, não há sequer base legal no art. 3º para que se proceda à suspensão da responsabilização de pessoas naturais sob o argumento de que há necessidade de se aguardar o julgamento da pessoa jurídica na esfera administrativa (*v.g.* processo administrativo disciplinar).

O resultado é que o art. 3º não cria nenhuma ordem de preferência ou precedência de responsabilização, nem tampouco qualquer ordem de dependência ou prejudicialidade entre os sistemas de responsabilização. É *norma de estrutura* que confere autonomia jurídica ao processamento e julgamento do PAR, ao mesmo tempo em que assegura a autonomia jurídica dos processos administrativos, de contas ou judiciais, nos quais se busca a responsabilização de pessoas naturais, envolvidas na prática do ato lesivo típico.

Quais são os possíveis sistemas de responsabilização individual que irremissivelmente podem e devem ser acionados em face das pessoas naturais no ordenamento brasileiro, quando em cena os atos lesivos contemplados na Lei nº 12.846?

São os seguintes, levando-se em conta a responsabilização individual de pessoas naturais que não se apresentam como agentes públicos:

1) Sistema de responsabilidade civil, com fulcro no art. 22, inc. I da Constituição, cujas normas principais são definidas no Código Civil (Lei nº 10.406/2002), pelo qual aquele que, por ação ou omissão voluntária, negligência ou imprudência, violar direito e causar dano a outrem, ainda que exclusivamente moral, comete ato ilícito (art. 12). A responsabilidade civil também está agasalhada no art. 10 da Lei nº 8.429/1992 (agentes públicos e terceiros) e na Lei nº 4.717/1965. Constitucionalmente, deve-se ressaltar o art. 5º, LXXIII (que assegura a garantia fundamental da ação popular), pois a procedência da ação popular pode redundar na responsabilidade civil individual de agentes públicos e terceiros, por dano material ou moral, havendo a prática de atos lesivos ao patrimônio público ou à moralidade administrativa. Da mesma forma, vale pontuar o art. 37, §6º, já que a responsabilidade extracontratual e patrimonial do Poder Público poderá legitimar o direito de regresso, viabilizando mecanismo de responsabilização civil de agentes públicos, conforme o caso.

É importante perceber que as normas da Lei nº 12.846 – arts. 4º, §§1º e 2º; 6º, §3º; 13; 16, §3º; 19, §4º; 21, parágrafo único e 22, §5º, pertinentes ao ressarcimento de danos causados em razão das práticas corruptivas – são todas direcionadas à pessoa jurídica acusada. Logo, são inaplicáveis à responsabilidade individual.

A responsabilização civil individual adota, necessariamente, o fundamento subjetivo, no critério de imputação das consequências normativas.

2) Sistema de responsabilidade penal, com fulcro no art. 22, inc. I da Constituição, cujas normas gerais são definidas no Código Penal (Decreto-Lei nº 2.848/1940), merecendo destaque a disciplina penal extravagante constante das seguintes legislações: Decreto-Lei nº 201/1967 (crimes de prefeitos), Lei nº 8.666/1993,

com alterações da Lei nº 14.133/2021 (crimes licitatórios), Lei nº 8.137/1990 e Lei nº 12.529/2011 (crimes contra a ordem tributária e econômica), Lei nº 9.613/1998 (crimes de "lavagem" ou ocultação de bens, direitos e valores) e Lei nº 12.850/2013 (Lei das Organizações Criminosas).

Reitera-se que a Lei nº 12.846 não tem natureza criminal. Não é norma de direito penal. Mesmo que positivada a penalidade de dissolução compulsória da PJ acusada (cf. art. 19, inc. III), tal dispositivo não justifica atribuição de natureza criminal ao sistema de responsabilização prefigurado na lei. Isto vale tanto para pessoas jurídicas, quanto para pessoas físicas. A responsabilidade penal não foi objeto da lei. Do mesmo modo, não é possível afirmar que o diploma, sob forma escusa, estabeleceu, em rigor, uma responsabilidade penal objetiva na matéria. Não é dado ao intérprete da lei desconfigurar o próprio objeto da interpretação.

A responsabilização penal individual adota o fundamento subjetivo, no critério de imputação das consequências normativas.

3) Sistema de responsabilidade pela prática de atos de improbidade administrativa, com fulcro no art. 37, §4º da Constituição Federal, cuja regulamentação exclusiva é do Congresso Nacional, que disciplinou as respectivas normas gerais na Lei nº 8.429/1992 (Lei de Improbidade Administrativa). A responsabilização individual se perfaz com a propositura de ação civil pública de improbidade administrativa, alcançando quaisquer pessoas naturais responsáveis pelos ilícitos tipificados na LIA, nos termos da clássica dicotomia agentes públicos (art. 2º) e terceiros (art. 3º), mantida pela Lei nº 14.230/2021.

Registre-se que inexiste conduta tipificada na Lei nº 12.846 que não revele fato ilícito passível de tipificação na Lei nº 8.429. Invariavelmente, as condutas típicas resvalam na tipologia do art. 9º, 10 ou 11 da Lei de Improbidade Administrativa, que autoriza sanções contra pessoa jurídica que "induza ou concorra para a prática do ato de improbidade ou dele se beneficie sob qualquer forma direta ou indireta" (art. 3º). Reitera-se que as duas legislações pertencem ao mesmo domínio punitivo. As pessoas físicas cuja atuação legitima a punição de PJ também são abrangidas e respondem na forma da Lei nº 8.429 (terceiros pessoas físicas).

A LIA já consignava o critério de imputação do benefício, direto ou indireto, para abranger as pessoas jurídicas envolvidas na improbidade, na redação originária. Mas a referência aos elementos subjetivos levou à consagração de que a lei operava com a responsabilidade subjetiva. O que era passível de dúvida agora é explicitamente indicado pelo legislador: a pessoa jurídica responde, de forma objetiva, na condição de beneficiária da improbidade.

A responsabilização individual por atos de improbidade administrativa adota o fundamento subjetivo, no critério de imputação das consequências normativas.

4) Sistema de responsabilidade por irregularidade de contas, cuja identificação remonta aos arts. 70, parágrafo único, e 71, inc. II, da Constituição, do qual resulta a condenação de pessoas físicas quando, em razão das práticas

corruptivas imputáveis à PJ, derem causa à perda, ao extravio ou à outra irregularidade que resulte prejuízo ao erário público.

As atribuições constitucionais dos Tribunais de Contas abrangem o exercício de competência de "aplicar aos responsáveis, em caso de ilegalidade de despesa ou irregularidade de contas, as sanções previstas em lei, que estabelecerá, entre outras cominações, multa proporcional ao dano causado ao erário" (art. 71, inc. VIII). Neste sistema de responsabilização, igualmente são puníveis pessoas físicas (agentes públicos e terceiros) e pessoas jurídicas, nos termos de leis orgânicas, regimentos internos e atos normativos infralegais.

A Lei nº 12.813 não trouxe nenhuma disposição acerca do exercício da atribuição de Tribunais de Contas existentes (TCU, TCEs, TCMs, TCDF, TCM-SP e TCM-RJ) relativamente aos fatos tipificados, quando implicam dano ao erário público nacional. É certo que, como visto, em diversas disposições da Lei Anticorrupção está preservado o dever dos responsáveis (pessoas jurídicas) de ressarcimento integral do dano causado ao Poder Público em razão da prática de ato lesivo. Não há outra ilação senão que resta incólume o sistema de responsabilidade individual de pessoas físicas responsáveis perante os tribunais de contas competentes, conforme normas constitucionais e legais aplicáveis. A atuação institucional das Cortes de Contas, nesta vertente, não depende – nem sequer sofre interferências – do processo administrativo de responsabilização da pessoa jurídica.

Vale registrar que as decisões do Tribunal de que resulte imputação de débito ou multa terão eficácia de título executivo (art. 71, §3º, da Constituição). Com esta compostura normativa, ensejam a proposição de ação de execução (conforme art. 784, inc. XII do CPC). Não é possível extrair da Lei nº 12.846 qualquer impedimento para a execução judicial de acórdãos das Cortes de Contas em face de pessoas físicas, que merecem condenação, em razão de conduta qualificada na Lei nº 12.846.

A situação leva à clara percepção da autonomia do sistema sancionatório de controle externo *vis a vis* a estrutura punitiva da lei comentada. Havendo corrupção com lesão ao patrimônio público, quer a pessoa jurídica quer as pessoas físicas sofrerão as consequências punitivas nos tribunais de contas competentes, que não devem suspender ou deixar de tomar as providências cabíveis em razão da averiguação dos fatos, em PAR ou ação civil pública, ressalvada a celebração do acordo de leniência.

Para as circunstâncias em que há prejuízos causados ao erário público, na esfera federal, a Lei nº 8.443/1992 (LOTCU) reporta-se à hipótese de julgamento de contas irregulares e torna expressa a responsabilidade de pessoas físicas, com imputação de débito, podendo ainda ser condenada ao recolhimento de multa, nos termos dos arts. 15, 16, inc. III, 19 e 23, inc. III, alínea "a". Uma das hipóteses de contas irregulares é desfalque ou desvio de dinheiros, bens ou valores públicos (art. 16, inc. III, alínea "d"). Este tratamento normativo se reproduz substancialmente na disciplina legislativa de outras Cortes de Contas na Federação.

O processo de tomada de contas – referido no âmbito federal no artigo 8º da Lei nº 8.443/1992 – deverá ter processamento e julgamento regular, mantido o dever da autoridade administrativa competente de instaurá-lo, ciente de "desfalque ou desvio de dinheiros, bens ou valores públicos, ou, ainda, da prática de qualquer ato ilegal, ilegítimo ou antieconômico de que resulte dano ao Erário", merecendo registro que, por dicção constitucional expressa (artigo 74, inciso IV), os sistemas de controle interno têm por missão institucional apoiar o controle externo.

A responsabilização individual por contas irregulares deve adotar o fundamento subjetivo no critério de imputação das consequências normativas.

5) Sistemas de responsabilização administrativa, que encontram estruturação própria e que podem ser movimentados em razão de fatos ilícitos descritos na Lei nº 12.846/2013, merecendo destaque:
   5.1) Sistema de responsabilização administrativa por infração à legislação de licitações, disciplinado pelas leis nº 8.666/1993, nº 10.520/2002, nº 12.462/201, nº 13.303/2016, e Lei nº 14.133/2021.
   5.2) Sistema de responsabilização administrativa por infração à ordem econômica, disciplinado pela Lei nº 12.529/2011.
   5.3) Sistema de responsabilização administrativa tributária, no tocante a condutas de pessoas físicas atinentes aos atos lesivos da Lei nº 12.846, passíveis de constituir ilícito tributário, disciplinado pelas normas de direito tributário em vigor, destacadamente os arts. 136 e 137 do CTN.
   5.4) Sistema de responsabilização administrativa, no tocante a condutas de pessoas físicas atinentes aos atos lesivos, passíveis de constituir infrações administrativas da legislação do mercado de valores mobiliários, justificadoras de sanções administrativas editadas pela Comissão de Valores Mobiliários, nos termos da legislação em vigor (Lei nº 6.385/1976 e Lei nº 13.506/2017).
   5.5) Sistema de responsabilização administrativa por lavagem de dinheiro, no tocante a condutas de pessoas físicas atinentes aos atos lesivos, passíveis de constituir ilícito administrativo sancionável pelo COAF – Conselho de Controle de Atividades Financeiras, nos termos das normas da Lei nº 9.613/1998 ("lavagem de dinheiro").
   5.6) Sistema de responsabilização administrativa por infrações financeiras, no tocante a condutas de pessoas físicas atinentes aos atos lesivos, passíveis de constituir infração punida pelo Banco Central do Brasil, com fulcro na Lei nº 4.595/1964 e Lei nº 13.507/2017.

A responsabilização individual no âmbito administrativo adota o fundamento subjetivo, no critério de imputação das consequências normativas, ressalvada expressa disposição legal em contrário. Anote-se que a aprovação da Lei nº 12.846 não implicou a objetivação geral e irrestrita da responsabilidade administrativa individual deflagrada sobre as condutas ilícitas que se reputam atos lesivos.

Importante registrar que, em qualquer âmbito sancionatório, haverá dever-poder de apuração e sancionamento das condutas individuais, conforme as respectivas circunstâncias objetivas e subjetivas, mediante o devido processo legal administrativo ou judicial, observando tratamento legal a eventual disciplina de "acordo de leniência" previsto em lei.

3.2 A definição do fundamento subjetivo da responsabilidade de dirigentes ou administradores da pessoa jurídica

A lei conferiu destaque à situação jurídica de "dirigentes" ou "administradores" (*caput* e §2º). Preconizou expressamente a responsabilidade subjetiva das pessoas naturais nesta condição jurídica. Em rigor, todas as pessoas naturais alegadamente vinculadas (ou não) à pessoa jurídica responderão mediante verificação do elemento objetivo e subjetivo da conduta ilícita perquirida. A utilização genérica das expressões na lei tem o condão de enquadrar quaisquer pessoas naturais em situação de controle da gestão ou administração da pessoa jurídica, ou que pratiquem atos de comando da atividade da PJ, ou que sejam responsáveis pela condução estratégica da entidade, ou que exerçam no plano da realidade o controle efetivo da atividade da PJ – tenha ou não personificação jurídica formal –, independentemente de tais pessoas naturais terem sido regularmente investidas na administração da pessoa jurídica, conforme a tipologia societária e estatutária adotada.

Propositadamente, a referência conceitual se dissocia das definições legais regentes da administração de pessoas jurídicas e constantes no Código Civil e leis especiais. Em outros termos, não se pode misturar a eventual condição societária formal da pessoa natural em relação ao modelo de sociedade que a PJ adotou, e a situação de responsável da pessoa natural, em razão do disposto na Lei nº 12.846. Se determinada PN não é, de direito, administradora, mas pratica conduta de fato com esta coloração, então esta pessoa natural responderá na forma da Lei Anticorrupção.

Vale referir o tratamento legislativo das sociedades no Código Civil. Tem-se o conceito geral de sociedade (art. 981), que se especializa em sociedades empresárias e simples (art. 982). O Código Civil apresenta tipologia das sociedades empresariais, disciplina as sociedades simples, autorizando que estas possam adotar os modelos normativos das primeiras (art. 983).

A sociedade pode ser personificada (art. 985) ou não personificada (art. 986), que abarca a sociedade em comum (art. 986) e a sociedade em conta de participação (art. 991). Na sociedade em comum, quaisquer dos *sócios* podem assumir a *gestão* (art. 989). Na sociedade em conta de participação, a atividade é exercida pelo sócio ostensivo, afastando-se o envolvimento do sócio participante da gestão (art. 991).

O Código Civil disciplina o modelo categorial de sociedade simples quando principia o regime jurídico das sociedades personificadas (art. 997). Há disciplina própria para os direitos e obrigações dos *sócios* (art. 1.001) e *administração* da sociedade (art. 1.010). O *administrador* da sociedade deverá ter, no exercício de suas funções, o cuidado e a diligência que todo homem ativo e probo costuma empregar na administração de seus próprios negócios (art. 1.011). Os administradores devem ser indicados no contrato social (art. 1.015).

Há previsão da sociedade em nome coletivo (art. 1.039), havendo expressa disposição sobre a *administração* atribuída a *sócios*, conforme contrato social (art. 1.042). A sociedade em comandita simples está conformada com a presença de sócios de duas categorias: os *comanditados* e *comanditários* (art. 1.045), discriminados em contrato, sendo que a lei veda que o sócio comanditário pratique qualquer ato de gestão (art. 1.047).

A sociedade limitada também merece disciplina categórica pelo Código Civil (art. 1.052). Exsurgem os *sócios cotistas* na formação do quadro societário (art. 1.055). Quanto à administração, dispõe-se que a sociedade limitada é administrada por uma ou mais pessoas designadas no contrato social ou em ato separado (art. 1.060), sendo que, uma vez atribuída no contrato a todos os sócios, a administração não se estende de pleno direito aos que posteriormente adquiram essa qualidade. O Código Civil alude ao Conselho Fiscal de sociedades limitadas, formados por sócios ou não (art. 1.066). A designação de *administradores* depende de deliberação dos *sócios* (art. 1.071, inc. II).

A sociedade anônima ou companhia singulariza-se pela divisão do capital em ações (art. 1.088) e rege-se por lei especial, aplicando-se-lhe, nos casos omissos, as disposições do Código Civil (art. 1.089). Permanece em vigor, com as alterações posteriores, a Lei nº 6.404/1976, que regula as sociedades por ações no direito brasileiro. Nos termos do art. 138, a sociedade anônima é dirigida por *Conselho de Administração* (art. 140) e/ou *Diretoria* (art. 143). A regra impõe que o administrador deve exercer as atribuições que a lei e o estatuto lhe conferem para lograr os fins e no interesse da companhia, satisfeitas as exigências do bem público e da função social da empresa (art. 154).

A sociedade em comandita por ações tem igualmente o capital dividido em ações, regendo-se pelas normas relativas à sociedade anônima, com observância das modificações do Código Civil (art. 1.090). O estatuto civil prescreve que somente o acionista tem qualidade para administrar a sociedade e, como diretor, responde subsidiária e ilimitadamente pelas obrigações da sociedade (art. 1.091).

A última tipologia societária tratada no Código Civil é a sociedade cooperativa, tratada nos arts. 1.093 e 1.094, que ressalvam a legislação especial; neste caso, trata-se da Lei nº 5.764/1971, que institui o regime jurídico das cooperativas. A sociedade cooperativa é administrada por Diretoria ou Conselho de Administração, conforme disposto no estatuto da cooperativa (art. 21, inc. V), formado exclusivamente por associados eleitos pela Assembleia Geral (art. 47), sujeitos à fiscalização de Conselho Fiscal (art. 56).

Nesta constelação de formas tipológicas de sociedade, depreende-se que a Lei nº 12.846 trouxe importante dispositivo para assegurar segurança jurídica aos administradores, conforme o tipo societário em cena.

De um lado, torna incontestável a submissão da conduta ilícita individualizada de administradores às consequências legais em vigor, nos diversos sistemas de responsabilização que se movimentam com a prática dos atos lesivos. Houve o reforço do repúdio normativo às graves violações ético-jurídicas que se manifestam nos fatos configuradores de atos lesivos (art. 5º).

De outro lado, não será possível imputar a conduta individual de outrem aos administradores, que só respondem na medida da sua culpabilidade. Será possível imputar à pessoa jurídica conduta de quem não ostenta estatutariamente a condição de administrador – uma vez preenchido o critério objetivo de imputação legal –, mas transferir responsabilidades individuais não encontra sustentáculo legal, porque no domínio punitivo de pessoas naturais deve vigorar a individualização das condutas ilícitas e a consequente intransmissibilidade das punições.

3.3 A responsabilidade individual de quaisquer outras pessoas atreladas à prática do ato lesivo

O art. 3º confirma que é possível a responsabilização de outras pessoas naturais que não ostentam a condição jurídico-formal ou jurídico-material de dirigente ou administrador da PJ, nos termos tratados no item 3.2, vez que explicitamente a norma ressalva responsabilidade individual de "qualquer pessoa natural", na condição de "autora, coautora ou partícipe do ato ilícito", o que incluiu inequivocamente os sócios e acionistas.[1]

O Código civil estabelece a responsabilidade civil, por atos ilícitos, de empregador ou comitente, "por seus empregados, serviçais e prepostos, no exercício do trabalho que lhes competir, ou em razão dele" (art. 932, inc. III). Haverá dever de indenização, reunidas as seguintes condições: (i) configuração de prejuízo causado a terceiro por ato ou fato do preposto ou empregado; (ii) cometimento do fato lesivo no exercício de função ou atividade que incumbe ao preposto ou empregado; (iii) culpa do preposto ou empregado; e (iv) demonstração da relação de emprego ou de subordinação entre preposto/empregado e preponente/empregador. Em vista da disciplina civil atual, não há mais que se perquirir sobre *culpa in elegendo, culpa in vigilando, culpa in instruendo* do empregador ou comitente, superando-se o preceituado na Súmula nº 341 do STF.[2] A responsabilidade objetiva está explicitada no art. 933.

A responsabilidade civil objeto do art. 932, inc. III, do Código Civil está plenamente justificada como mecanismo de viabilizar a sujeição ao dever indenizatório perante terceiro prejudicado de quem recebe os benefícios econômicos da atividade ou trabalho do empregado/preposto. A relação de emprego ou preposição necessita estar devidamente demonstrada e comprovada, sendo que o critério identificador é a existência de dependência ou subordinação na execução do trabalho (no interesse ou em benefício do empregador), sob direção de quem o aproveita. Não descaracterizará a aludida relação a inexistência de remuneração nem tampouco o caráter episódico ou temporário da atividade ou trabalho realizado, ou em razão do qual se praticou o ilícito.

No caso da Lei Anticorrupção, o terceiro lesado é a Administração Pública nacional ou estrangeira. Não resta a menor dúvida de que práticas corruptivas – nos termos do art. 5º – praticadas por empregados ou prepostos da PJ implicarão a responsabilidade individual deles, além da responsabilidade da própria PJ, que é caracterizada como objetiva por força do art. 2º da Lei nº 12.846. No campo individual, prevalecerá a responsabilidade subjetiva. Vale referir que os atos lesivos também podem lesar pessoas físicas e jurídicas (*v.g.* fraude em licitação praticada por agente público e PJ adjudicatária).

Haverá a mesma dificuldade para individualização do vínculo de preposição, quando examinadas condutas individuais de pessoas naturais, sem vínculo formal ostensivo com a PJ. Todavia, a análise circunstanciada do (i) contexto da prática dos atos lesivos, (ii) da relação da PJ com os fatos e processo decisório público ou governamental, (iii) da relação das pessoas naturais em face da estrutura e atividade da PJ. Isso permitirá concluir (ou não) pela caracterização da relação jurídica entre PN e PJ.

---

1 BITTENCOURT, Sidney. *Comentários à Lei nº 12.846/2013*. São Paulo: RT, 2015. p. 49.

2 Súmula STF 341. É presumida a culpa do patrão ou comitente pelo ato culposo do empregado ou preposto.

Em termos literais, haverá, inequivocamente, responsabilidade individual de "empregados, serviçais e prepostos" da PJ, envolvidos nas práticas corruptivas. Havendo envolvimento destes na cadeia de atos lesivos, irromperá a responsabilidade individual. Tais pessoas não podem alegar que não exercem a função de dirigente ou administrador da PJ beneficiária para eximir-se da responsabilização.

A responsabilidade individual plasmada no art. 3º da Lei Anticorrupção não está condicionada à prova da *culpa in elegendo, culpa in vigilando, ou culpa in instruendo* da pessoa jurídica. A primeira ocorrerá quando exigida a prova da má escolha do agente para o exercício da atividade. A segunda surgirá da ausência de fiscalização sobre o agente no exercício da atividade. A última avultará da ausência de instruções ou orientações devidas para exercício da atividade. Nenhuma delas pode ser arguida pela PF, na exata medida em que nenhuma delas é condição para responsabilização da PJ. Assim, a pessoa jurídica não pode se desatar da imputação, alegando que não incidiu nessas modalidades de culpa.

Poderá ocorrer a aplicação direta ou analógica do art. 22 do Código Penal, pelo qual, no que pertine à coação irresistível (emprego de força física ou grave ameaça), se o fato é cometido sob coação irresistível, só é punível o autor da coação. Não há menor dúvida de que atos realizados sob o influxo de coação irresistível, em rigor, não devem merecer censurabilidade, pois são concretizados como instrumentos da vontade de outrem, sobre quem deve efetivamente recair a atribuição do ilícito e devida responsabilização.

3.4 Autoria, coautoria e participação

A responsabilidade individual dependerá da atribuição à pessoa natural da autoria, coautoria ou participação na produção do ato lesivo. Sob o ponto de vista da responsabilidade individual, é perfeitamente possível entrever a prática de atos lesivos monossubjetivos ou de concurso eventual (*v.g.* art. 5º, inc. I), bem como de atos lesivos plurissubjetivos ou de concurso necessário (*v.g.* art. 5º, inc. IV, alínea "a"). Coautoria e participação dizem respeito à forma como pessoas naturais concorrem para a prática de atos lesivos, em regime de concurso eventual (na maioria dos casos) ou necessário (em situação excepcional, *v.g.* cartel em licitação).

Autoria é a identidade subjetiva de quem pratica a conduta tipificada na lei, a conduta que está no núcleo do tipo legal. Coautoria é a modalidade de concurso de pessoas naturais em que todas realizam a conduta ilícita principal fixada pelo legislador. Participação é a modalidade de atuação de pessoas naturais em que haverá qualificação distinta de atos ilícitos secundários, à luz da conduta principal legalmente descrita.

Assim, havendo o oferecimento de vantagem indevida a agente público por pessoas naturais, ambas serão coautoras; todavia, havendo distinção de atuação ilícita de certa pessoa natural na prática lesiva (*v.g.* saque em instituição financeira para entrega posterior de valores, a título de oferta de vantagem indevida para agente público), haverá concurso de pessoas, mediante autoria e participação. A denominada "autoria intelectual" do esquema de corrupção é forma, por conseguinte, de participação.

São extremamente diversificadas as formas concretas de participação individual nas condutas lesivas previstas em todos os incisos do art. 5º da Lei nº 12.846.

De todo modo, em situação de concurso de pessoas, para efeito de responsabilização individual, invariavelmente haverá necessidade de comprovação de (i) relevância causal da conduta do partícipe e (ii) liame subjetivo entre as pessoas acusadas.

Sob o prisma do nexo de causalidade, será relevante toda conduta individualizada de partícipe que contribui para o aperfeiçoamento da ação lesiva tipificada na lei. Se uma conduta em nada interfere nas circunstâncias qualificadoras do ato lesivo, inexistente será a relevância causal e afastada estará a responsabilização individual.

O liame subjetivo, a seu turno, é caracterizado pela unidade de desígnio, ou seja, pelo caráter unitário da vontade manifestada pelas pessoas naturais coautoras ou partícipes, relativamente à concretização do fato ilícito elencado na lei. O liame subjetivo revelar-se-á pela demonstração de atuação conjunta, articulada, em cooperação, visando à prática do ato lesivo à Administração Pública nacional ou estrangeira. A caracterização do liame subjetivo torna-se imprescindível para que se possa afirmar a existência de prática de ilícito em concurso de pessoas, porque reproduzirá o concurso de vontades preordenadas à prática do ilícito. Inexistente o liame subjetivo, também restará prejudicada a responsabilidade individual daquele indivíduo cujo móvel está dirigido para fim diverso do autor ou coautores do ilícito.

A variabilidade de formas de participação de pessoas naturais nos atos lesivos da Lei nº 12.846 não revogou as formas de participação das pessoas jurídicas em atos de improbidade administrativa, consoante o art. 3º da Lei nº 8.429. A LIA está fundamentada no critério subjetivo de responsabilização, sendo que as sanções serão aplicáveis à pessoa jurídica que induza ou concorra para a prática do ato de improbidade.

A convenção da OEA contra a Corrupção (Decreto nº 4.410), tratando da descrição dos atos de corrupção, tipifica as seguintes condutas (art. VI, item I, alínea "e"): a participação, como autor, coautor, instigador, cúmplice, acobertador ou mediante qualquer outro modo na perpetração, na tentativa de perpetração ou na associação ou confabulação para perpetrar qualquer dos atos a que se refere o art. VI. Por sua vez, a Convenção da ONU contra a Corrupção (Decreto nº 5.687), reporta-se a qualquer forma de participação, seja ela como cúmplice, colaborador ou instigador, em um delito qualificado de acordo com a Convenção (art. 27).

Deve-se interpretar o art. 3º da Lei nº 12.846, no tocante à "participação" na prática dos ilícitos com esta compreensão ampla que está positivada no tratamento da matéria pelas citadas normas de direito internacional, que já foram internalizadas, e reconhecidamente alocam-se em hierarquia normativa infraconstitucional, mas supralegal. O *caput* do artigo 5º autoriza esta delimitação de significado, porque estão alicerçados nos "compromissos internacionais assumidos pelo Brasil".

O art. 3º não trata de autoria, coautoria e participação, atribuídas a pessoas jurídicas. O motivo está no âmbito material (responsabilidade individual) e pessoal da norma (exclusivamente pessoas físicas). É certo que os ilícitos no art. 5º foram catalogados para tipificar a conduta imputada a pessoas jurídicas. Todavia, como serão no mundo fenomênico praticadas por pessoas físicas, o art. 3º estabeleceu que, nas circunstâncias de cada fato ilícito subsumido nos incisos e alíneas do art. 5º, o sistema jurídico deve impor responsabilização individual, admitindo para tanto quaisquer modalidades de ação ilícita, seja ela singular, seja ela em concurso de pessoas, e admitindo expressamente que não se poderá excluir as formas genéricas de coautoria e participação na análise da responsabilidade individual consagrada no dispositivo.

Coautoria e participação de pessoas jurídicas resolvem-se no plano de aplicação do art. 2º da Lei nº 12.846.

3.5 Culpabilidade e sua relevância exclusiva para a responsabilidade individual

As pessoas físicas somente serão responsabilizadas na medida da sua culpabilidade, conforme o elemento subjetivo fixado em cada esfera de responsabilização individual. É importante registrar que o dispositivo tem a clara finalidade de proibir que pessoas individuais respondam objetivamente pelos atos lesivos, tal como foi imposto às pessoas jurídicas (art. 2º).

É nítida a advertência legal de que a responsabilidade objetiva foi criada e se mantém no campo subjetivo das pessoas jurídicas. Há, pois, expressa vedação legal para transplantar a responsabilidade objetiva para o campo individual em razão da disciplina punitiva da Lei nº 12.846. Em rigor, esta é a consequência normativa autônoma do dispositivo que consagra a culpabilidade individual. Para esta, preserva-se o regramento originário do domínio da improbidade administrativa, tal como está na Lei nº 8.429.

Não é possível firmar no art. 3º que toda e qualquer responsabilidade individual decorrente dos fatos apurados em face da pessoa jurídica ensejarão responsabilidade subjetiva, porque o elemento subjetivo presente na conduta ilícita individual deverá ser analisado, conformado ou delimitado de acordo com as normas jurídicas regentes do sistema de responsabilização que seja movimentado pelo Estado frente ao cometimento da violação ao direito.

Note-se que há diversas situações passíveis de enquadramento normativo, a título de exame de culpabilidade, em tema de domínios normativos punitivos de condutas individuais.

No direito administrativo sancionador, exemplificativamente, há controvérsias sobre a exigência necessária de configuração de condutas dolosas e culposas nas infrações administrativas, havendo quem defenda a qualificação subjetiva destes ilícitos com base apenas na existência de voluntariedade. Ao nosso parecer, a voluntariedade não pode constituir elemento subjetivo suficiente para legitimar sanções estatais contra o infrator, tendo em vista os fundamentos constitucionais das competências sancionatórias ou punitivas adotados no Estado Democrático de Direito, no ordenamento brasileiro.

A mesma controvérsia não avulta no direito penal, que exige dolo ou culpa, sendo a última expressamente acolhida em lei. O mesmo pode ser dito na responsabilidade civil extracontratual, que também enseja deveres indenizatórios a condutas dolosas e culposas. Este tratamento de índole subjetiva reina igualmente no campo da responsabilidade por ato de improbidade e por cometimento de irregularidade de contas.

Haverá mera conduta voluntária se demonstrado que o infrator está ciente do caráter ilícito e pode eleger conduta outra que afastaria a sanção legal, revelando-se presente, assim, o mero *animus* no proceder ilícito. Haverá conduta dolosa quando o infrator atuar de forma voluntária e deliberada (consciente) para realizar a conduta ilícita, na forma de dolo direto ou eventual. Haverá conduta culposa (em sentido estrito), quando o infrator atua igualmente de forma voluntária, mas sem almejar a concretização do ato ilícito, mediante atuação negligente, imprudente ou imperita. A culpa em sentido amplo abrange o dolo e a culpa *stricto sensu*. Esta culpa em sentido estrito pode variar como culpa consciente ou inconsciente.

No dolo, há vontade especialmente dirigida (desvalor da ação) para o cometimento de uma violação do direito (desvalor do resultado). Na culpa, há ato voluntário, no entanto, sem qualquer deliberação de violar o direito, mas que acaba por ensejar este resultado imprevisto (desvalor do resultado), pelo descumprimento do dever de diligência exigível da pessoa natural nas circunstâncias concretas. O resultado é involuntário, mas previsível (possibilidade de previsão).

Descartada a admissibilidade da voluntariedade, dolo e culpa são variantes de possível e válida categorização do elemento subjetivo da pessoa natural, passíveis de serem positivadas nos sistemas de responsabilização, existentes no ordenamento jurídico brasileiro (penal, civil, administrativo, irregularidades de contas e improbidade administrativa). Não há responsabilidade individual sem a análise circunstanciada do plano volitivo da ação, ressalvada expressa disposição legal em contrário. A inexistência de tratamento legislativo em cada sistema de responsabilidade deve levar o intérprete à conclusão de que o ilícito individual somente será punível a título de dolo, por conta do caráter punitivo da competência estatal exercida. Condutas culposas somente são puníveis se houver expressa admissibilidade legal.

Dolo e culpa conformam graus de culpabilidade, que modulam a censurabilidade da conduta individual ilícita, servindo de critério de aferição ou de valoração da sua gravidade para fins de dosimetria da punição. Com esta compostura, a culpabilidade se torna um princípio jurídico, que deve ser respeitado pela lei e pela autoridade administrativa, tribunal de contas, ou judicial competente, projetando-se como corolário do princípio constitucional da pessoalidade das sanções (art. 5º, inc. XLV), da individualização das sanções (art. 5º, inc. XLVI) e do devido processo legal em sua feição substantiva (art. 5º, inc. LIV), servindo de limite ao poder punitivo do Estado, nos diversos sistemas sancionatórios.

O afastamento da culpabilidade em regimes punitivos dirigidos para censura de ilícitos pessoais assume caráter excepcionalíssimo no Estado de Direito Democrático, que tem o dever de proteção e de respeito de direitos e garantias fundamentais, e somente pode ser inserido no plano da responsabilidade administrativa em âmbitos jurídico-materiais da função administrativa, havendo fundamento adequado, necessário e proporcional com firme justificação na ordenação constitucional.

Por fim, vale sublinhar que a culpabilidade de pessoas naturais envolvidas nos atos lesivos não é considerada para efeito de dosimetria das sanções imponíveis à pessoa jurídica responsável, conforme se depreende do art. 7º da Lei nº 12.846/2013. Decorrência lógica da estrutura objetiva perfilhada na improbidade de PJ. Ratifica-se, desse modo, a separação radical da responsabilização entre pessoas físicas e jurídicas. Corretamente, incluiu-se como elemento de ponderação a cooperação da pessoa jurídica para a apuração das infrações (inc. VII). A lei estimula a pessoa jurídica à plena cooperação, para identificar a autoria, coautoria e participação de pessoas físicas (tenham ou não quaisquer vínculos com a pessoa jurídica acusada), cujas condutas perfazem os atos lesivos.

Por fim, esta cooperação está umbilicalmente vinculada à previsão legal de criação e implementação de Programas de Integridade Anticorrupção nas PJ, com regulamentação federal no Decreto nº 11.129/2022 (artigos. 56 e 57). Adequadamente estruturados, há suposição de que o seu regular funcionamento será assegurado pela alta direção da empresa, bem como pelos seus colaboradores e terceiros. Isso corrobora a responsabilidade individual subjetiva, que avulta como ordem de aperfeiçoamento e monitoramento constantes das atividades da empresa, para que tenha efetivas condições de detecção, prevenção, remediação e punição de atos ilícitos verificados no seu âmbito.

Informação bibliográfica deste texto, conforme a NBR 6023:2018 da Associação Brasileira de Normas Técnicas (ABNT):

OLIVEIRA, José Roberto Pimenta. Comentários ao art. 3º. *In*: DI PIETRO, Maria Sylvia Zanella; MARRARA, Thiago (coord.). Lei Anticorrupção comentada. 4. ed. Belo Horizonte: Fórum, 2024. p. 65-78. ISBN 978-65-5518-676-5.

COMENTÁRIOS AO ART. 4º

JOSÉ ROBERTO PIMENTA OLIVEIRA

Art. 4º Subsiste a responsabilidade da pessoa jurídica na hipótese de alteração contratual, transformação, incorporação, fusão ou cisão societária.
§1º Nas hipóteses de fusão e incorporação, a responsabilidade da sucessora será restrita à obrigação de pagamento de multa e reparação integral do dano causado, até o limite do patrimônio transferido, não lhe sendo aplicáveis as demais sanções previstas nesta Lei decorrentes de atos e fatos ocorridos antes da data da fusão ou incorporação, exceto no caso de simulação ou evidente intuito de fraude, devidamente comprovados.
§2º As sociedades controladoras, controladas, coligadas ou, no âmbito do respectivo contrato, as consorciadas serão solidariamente responsáveis pela prática dos atos previstos nesta Lei, restringindo-se tal responsabilidade à obrigação de pagamento de multa e reparação integral do dano causado.

4.1 A transmissibilidade da responsabilidade legal

Após tratar do fundamento da responsabilidade objetiva da pessoa jurídica, no "âmbito administrativo e civil" (art. 2º), e, na sequência, delimitar a extensão da responsabilidade individual envolvida nas circunstâncias fáticas da prática do ato lesivo (art. 3º), a Lei Anticorrupção enfrenta o tema da subsistência da responsabilidade e das sanções imponíveis em face de atos jurídicos que venham a afetar a existência da pessoa jurídica, tal como apreendida no momento da prática da infração, incluindo modificações estatutárias em suas normas constitutivas, e modificações societárias das quais podem resultar ou não a extinção da pessoa jurídica como sujeito de direitos, típica de operações de reorganizações societárias. Neste último aspecto, o debate ingressa no controvertido tema da transmissibilidade das sanções no campo do direito punitivo da improbidade. Nos termos do novo regramento, haverá a pessoa jurídica infratora e a pessoa jurídica responsável, contra quem legalmente se autoriza a aplicação de sanção.

As sanções legalmente previstas nos arts. 6º e 19 possuem uma finalidade preventiva (geral e especial, conforme o caso) e repressiva dos fatos ilícitos. São estes fins de interesse público que presidem as competências sancionatórias instituídas na lei, de modo que, atingindo pessoas jurídicas infratoras – excetuando o caso da dissolução compulsória da pessoa jurídica (art. 19, inc. III) – as sanções criam situações jurídicas passivas restritivas que devem ser cumpridas, mas não impedem, por si só, que a pessoa jurídica continue a ter a plena liberdade, quanto ao seu desenvolvimento, organização, funcionamento ou à sua destinação, de movimentar-se no mundo jurídico, na medida em que lhe é assegurado pelo Código Civil e por leis especiais com fundamento na Constituição.

As sanções pretendem impedir a repetição de condutas ilícitas ou prevenir a sua ocorrência. A importância do Programa de Integridade exsurge da necessidade de práticas para prevenção, detecção e remediação dos atos ilícitos. Ao editar as sanções, mediante o devido processo legal, a Administração Pública (art. 8º) e o Poder Judiciário (art. 18) não estão autorizados a criar interferências indevidas e aleatórias na administração das pessoas jurídicas. Isto também fornece o substrato que justifica a disciplina do art. 4º, dedicado a tratar da subsistência da responsabilidade.

Verificada, exemplificativamente, a prática de oferta de vantagem indevida (art. 5º, inc. I), e imputada a responsabilidade à pessoa jurídica devida, em razão da qual deverá sofrer "responsabilização administrativa" (multa e publicação extraordinária de decisão condenatória) e "responsabilização judicial" (perdimento de bens, suspensão parcial de atividades, dissolução compulsória e interdição de direitos), indaga-se como a Administração Pública e o Poder Judiciário competentes deverão aplicar o regime sancionatório da Lei nº 12.846, em havendo fatos jurídico-societários posteriores que impactam na personalidade jurídica da sociedade infratora.

Frente a situações desta índole, a regra prescreve a manutenção da responsabilidade da pessoa jurídica em função dos atos lesivos praticados (art. 4º, *caput*), isto é, a preservação ou incolumidade da situação de submissão da pessoa jurídica às sanções imponíveis supracitadas, visando à garantia da plena efetividade das medidas sancionatórias previstas nos arts. 6º e 19. Vale destacar que, da leitura do §1º, na responsabilidade mantida frente aos atos jurídicos elencados no *caput*, o art. 4º inclui a responsabilidade patrimonial pela reparação integral do dano causado à Administração Pública nacional e estrangeira.

O aludido §1º admite que, em caso de fusão e incorporação, deve ser transmissível à sociedade sucessora tão somente a obrigação de pagamento de multa e reparação integral do dano causado, até o limite do patrimônio transferido (art. 4º, §1º), não lhe sendo aplicáveis as demais sanções previstas na Lei nº 12.846 decorrentes de atos ilícitos ocorridos antes da data da fusão ou incorporação. Esta limitação da sociedade sucessora não prevalecerá na hipótese de simulação ou evidente intuito de fraude. E a limitação, *contrario sensu*, não alcançará alterações contratuais, transformações societárias e cisões societárias.

Para a compreensão do art. 4º, torna-se assim relevante: (i) delimitar o marco temporal dos atos e fatos lesivos, à luz do art. 5º (e sua integração ao domínio punitivo da improbidade), ou das sanções produzidas, à luz dos arts. 6º e 19, relativamente ao momento da ocorrência dos atos jurídico-societários referidos no dispositivo; (ii) compreender cada operação jurídico-societária referida no elenco legal e suas consequências jurídicas no plano do direito civil e no plano do domínio da improbidade da Lei nº 12.846; (iii) delimitar temporalmente o momento de plena validade e eficácia das citadas operações no ordenamento jurídico; (iv) analisar a eventual ocorrência de simulação ou fraude, visando frustrar a efetividade ou cumprimento da responsabilidade da Lei nº 12.846; (v) analisar e confirmar a possibilidade lógica e jurídica da transmissibilidade da responsabilidade ou sanção legal aplicável em cada caso; e (v) observar a incolumidade do dever de ressarcimento integral dos danos causados à Administração Pública nacional ou estrangeira, em função da indisponibilidade do patrimônio público lesado.

É certo que, no plano da responsabilidade penal de pessoas físicas, vigora o princípio da pessoalidade das penas, nos exatos termos do art. 5º, inc. XLV, da Constituição. Neste dispositivo constitucional, na esfera criminal, admite-se a transmissibilidade da obrigação de reparação do dano e do perdimento de bens relacionados com o crime, sanções estas extensíveis aos sucessores, contra os quais podem ser executadas, no âmbito civil, desde que observado o limite do valor do patrimônio transferido. A pessoalidade das penas criminais incorpora-se assim como corolário do devido processo legal (art. 5º, LIV) e da individualização da pena (art. 5º, inc. XLVI). A pessoalidade implicará a intransmissibilidade da responsabilidade penal. A morte extingue a punibilidade criminal do agente (art. 107, inc. I, do CP). Merece ênfase a inclusão do perdimento de bens no regramento acima.

No plano da responsabilidade civil por atos ilícitos, o Código Civil expressamente prevê que o direito de exigir reparação e a obrigação de prestá-la transmitem-se com a herança, para as pessoas naturais (art. 943). Da mesma forma, o Código Civil disciplina os efeitos civis da transformação, incorporação, fusão e cisão de sociedades (arts. 1.113 a 1.122).

Na responsabilidade decorrente da prática de infrações administrativas, há intensa controvérsia sobre o princípio da pessoalidade e seu corolário de intransmissibilidade das sanções, seja quanto a pessoas físicas, seja quanto a pessoas jurídicas.

Como leciona Daniel Ferreira, as sanções administrativas podem ser classificadas, sob o aspecto da reprovação legislativa, em sanções objetivas (aquelas que impõem, objetivamente, sempre e a todos, uma consequência jurídica desfavorável fixa, em razão da violação da norma de conduta), e sanções subjetivas (aquelas que admitem processo de gradação e exigem processo de valoração da pessoa do infrator, das condições atinentes à infração e dos efeitos advindos dela, e não apenas a conduta proibida). Com base nesta classificação, o autor se manifesta no sentido de que as sanções subjetivas são imponíveis exclusivamente ao infrator.[1]

Outra classificação relevante, para Daniel Ferreira, é, sob o critério da restrição imposta, em sanções administrativas reais (aquelas que possuem caráter pecuniário ou que gravam bens, ostentando natureza real) e sanções administrativas pessoais (aquelas que atingem a pessoa do sujeito passivo da sanção-infrator ou responsável). Na hipótese do não cumprimento pelo sujeito passivo até seu desaparecimento (por morte ou extinção da pessoa jurídica), serão transmissíveis as sanções reais, ao passo que se revelarão intransmissíveis as sanções pessoais.[2] O autor conclui, aludindo ao

---

1 FERREIRA, Daniel. *Sanções administrativas*. São Paulo: Malheiros, 2001. p. 48.

2 FERREIRA, Daniel. *Sanções administrativas*. São Paulo: Malheiros, 2001. p. 46.

art. 5º, XLV da Constituição, que será constitucionalmente válido transmitir, na forma da lei, as sanções reais, e vedado diretamente impor a terceiros sanções subjetivas.[3]

A Lei nº 12.846 adotou, como regra, o regime da transmissibilidade da totalidade das sanções imponíveis a pessoa jurídica infratora, nas hipóteses de alteração contratual, transformação, incorporação, fusão ou cisão societária. Trouxe regra restritiva, expressamente relacionada com duas operações (fusão e incorporação). E, nesta restrição, manteve a pessoa jurídica responsável, limitando-se exclusivamente ao dever de ressarcimento integral do dano e de pagamento da multa "até o limite do patrimônio transferido".

Em rigor, possuem ostensivamente caráter real as sanções de multa e de perdimento de bens: a primeira, todavia, recebeu tratamento em apartado. Possuem caráter pessoal as demais sanções (publicação extraordinária da decisão condenatória, suspensão ou interdição parcial de atividades, dissolução compulsória e proibição de receber incentivos, subsídios, subvenções, doações ou empréstimos). Por este motivo, foram excluídas do §1º do art. 4º.

O Decreto nº 11.129/2022 elenca, entre os parâmetros de avaliação do Programa de Integridade das pessoas jurídicas, a "verificação, durante os processos de fusões, aquisições e reestruturações societárias, do cometimento de irregularidades ou ilícitos ou da existência de vulnerabilidades nas pessoas jurídicas envolvidas" (art. 57, inc. XIV).

Tal como o artigo 3º (responsabilidade individual em razão de atos ímprobos), o artigo 4º também se eleva a componente obrigatório da estruturação de Programa de Integridade Anticorrupção. Os atos jurídicos societários que implicam sucessão na condição jurídico-formal da PJ devem ser precedidos, pela empresa sucessora, da devida diligência apta a detectar a ocorrência de ilícitos anteriores ou em plena execução, com nível razoável de aprofundamento e extensão, a fim de resguardar ou proteger a última das consequências legais restritivas.

O artigo 12 da Convenção Internacional da ONU contra a Corrupção aponta os fatores fundamentais que devem ser escrutinados através da diligência devida. São aspectos da atuação da PJ que, verificada sua aplicação ou funcionamento no âmbito da PJ sucedida, reduz a possibilidade da deflagração dos efeitos do artigo 4º.

São eles, destacadamente: a cooperação entre os órgãos da PJ encarregados de fazer cumprir a lei e as entidades privadas pertinentes; formulação de normas e procedimentos com o objetivo de salvaguardar a integridade das entidades privadas pertinentes (incluído códigos de conduta), transparência entre entidades privadas, incluídas medidas relativas à identificação das pessoas jurídicas e físicas envolvidas no estabelecimento e na gestão de empresas; existência na PJ, tendo em conta sua estrutura e tamanho, de suficientes controles contábeis internos para ajudar a prevenir e detectar os atos de corrupção e para que as contas e os estados financeiros requeridos da PJ estejam sujeitos a procedimentos apropriados de auditoria e certificação; e manutenção de livros e registros, divulgação de estados financeiros e normas de contabilidade e auditoria, para proibir os seguintes atos a) o estabelecimento de contas não registradas em livros; b) a realização de operações não registradas em livros ou mal especificadas; c) o registro de gastos inexistentes; d) o juízo de gastos nos livros de contabilidade

[3] FERREIRA, Daniel. *Sanções administrativas*. São Paulo: Malheiros, 2001. p. 75.

com indicação incorreta de seu objetivo; e) a utilização de documentos falsos; e f) a destruição deliberada de documentos de contabilidade antes do prazo previsto em lei.

Esse rol demonstra a imprescindibilidade de que o Programa de Integridade da PJ sucedida esteja em regular e efetivo cumprimento, de modo que se torna fator essencial para a continuidade e sucesso das operações societárias albergadas no artigo 4º.

Também interessa recorrer ao artigo 4º da Convenção da OCDE contra corrupção de funcionários públicos estrangeiros em transações comerciais internacionais, segundo o qual "a investigação e a abertura de processo por corrupção (...) não serão influenciadas por considerações de interesse econômico nacional, pelo efeito potencial sobre as relações com outros Estados ou pela identidade de pessoas físicas ou jurídicas envolvidas". Nenhuma dessas alegações poderá ser suscitada para obstar a mantença de efeitos punitivos em vista dos atos jurídicos referidos no artigo 4º da Lei nº 12.846. O tratamento legal aqui dispensado está em consonância com o dispositivo legitimador da "imposição de sanções civis ou administrativas adicionais à pessoa sobre a qual recaiam sanções por corrupção".

4.2 Alteração contratual e inexistência de repercussão no âmbito pessoal da responsabilização

As sociedades personificadas são constituídas mediante contrato escrito, observando, além das cláusulas estipuladas pelas partes, o rol do art. 997 do Código Civil. Deste rol, interessa separar matérias que possam ser objeto de alteração contratual posterior. A possibilidade jurídica de alterações contratuais, se utilizada pelas partes, não repercutirá na responsabilidade da pessoa jurídica infratora no âmbito da repressão aos atos lesivos tipificados na Lei Anticorrupção.

Não haverá interferência mesmo que a alteração afete pontos relevantes da constituição da sociedade personificada infratora, como alteração do objeto social, do capital da sociedade, da administração da sociedade, da participação de sócios nos lucros e nas perdas, das normas regentes sobre eventual responsabilidade subsidiária dos sócios pelas obrigações sociais. As modificações do contrato social, sob o aspecto da legitimidade da decisão tomada pelos sócios, estão regidas no art. 999 do Código Civil. Tanto a constituição da sociedade personificada, empresária ou simples, quanto a alteração do contrato constitutivo, devem ser registradas no órgão competente.

A pessoa jurídica infratora não poderá esquivar-se das consequências sancionatórias, alegando a ocorrência de alterações ou modificações societárias. A criação, mediante alterações do contrato social, de "mecanismos e procedimentos internos de integridade", também não excluirá a responsabilidade da infratora pelos atos corruptivos praticados, no período anterior ou posterior à implementação do *compliance.* A implantação de órgãos próprios no âmbito da sociedade para condução de Programas de Integridade constitui relevante alteração societária para o efeito da lei comentada, em rigor, é uma modificação incentivada pela lei, mas não a isenta de responsabilização.

4.3 Alteração da tipologia societária da pessoa jurídica: transformação societária

No direito civil brasileiro, o ato de transformação independe da dissolução ou liquidação da sociedade, e obedecerá aos preceitos disciplinadores da constituição e inscrição aplicáveis ao tipo de sociedade pretendida com a conversão. Há regra expressa pela qual a transformação de uma sociedade não modificará nem prejudicará, em qualquer caso, os direitos dos credores, no âmbito civil.

A transformação da pessoa jurídica, por conseguinte, revela-se como ato jurídico-societário, pelo qual se altera a tipologia de sociedade, conforme os tipos admitidos no ordenamento jurídico. O Código Civil não traz referência à extinção da pessoa jurídica, tal como existente no momento anterior, nem ao surgimento de nova pessoa jurídica, no momento posterior ao ato. Acontece que a personalidade jurídica ganha nova fisionomia categorial ou tipológica, e desta operação não poderão ser criados prejuízos para terceiros, sendo que o Código Civil é expresso na referência a credores (art. 1.115).

Assim, do ponto de vista da responsabilidade civil extracontratual, conforme normas já então em vigor, quando a prática de ato corruptivo acarreta a produção de dano à Administração Pública nacional ou estrangeira, a aplicação do próprio Código Civil já implica a manutenção do dever indenizatório em face do ente público ou governamental lesado.

O comando do art. 4º da Lei nº 12.846/2013 é relevante, por conseguinte, quando se considera a imposição de "responsabilidade administrativa" (art. 6º) e "responsabilidade judicial" (art. 19). Se, após a prática do ato lesivo, houver transformação societária, isto não impedirá a instauração do devido processo administrativo ou judicial, conforme o caso, para a responsabilização da pessoa jurídica infratora. Da mesma forma, se após instauração do processo administrativo ou protocolização da ação civil pública, houver transformação societária, o fato também não refletirá no exercício da competência sancionatória.

Se a transformação for posterior à finalização do processo administrativo (art. 8º), também não obstará a propositura da ação contra a pessoa jurídica que exsurge do ato de transformação, que continuará a ter legitimidade passiva no plano processual, respondendo judicialmente pelos atos lesivos praticados anteriormente à transformação. Se a transformação ocorrer no curso do processo judicial, igualmente não haverá óbice ao regular prosseguimento do processo, devendo a pessoa jurídica comunicar regularmente o fato jurídico-societário ao juízo competente (art. 19), para as averbações pertinentes.

É certo que, nos casos concretos, poderá vislumbrar-se a ocorrência de infração simples ou infrações permanentes ou continuadas, mencionadas no art. 25 da lei. Nesta última hipótese, a transformação societária também não trará qualquer repercussão na responsabilização, sendo que o prazo prescricional seguirá o termo inicial indicado na lei, ou seja, a data da cessação da infração, podendo responder a sociedade resultante do ato de transformação por condutas anteriores e posteriores a este fato. O que poderá ocorrer é a alteração do plano da autoria, coautoria e participação de PFs, envolvidas com a ilicitude.

A transformação não afeta a personalidade jurídica da PJ infratora. Não cria hipótese de outra pessoa jurídica responsável. Por este motivo, não foi tratada no §1º do art. 4º. De um lado, a possibilidade de transformação foi resguardada no plano da LAC, assegurando plena eficácia à liberdade de iniciativa e correlato poder de auto-organização da PJ. De outro lado, explicitou limitação estatal a qualquer tipo de subterfúgio em transformações societárias que sejam articuladas para frustrar ou fraudar a aplicação do regime de improbidade da PJ.

4.4 Extinção da pessoa jurídica: incorporação

A incorporação é o ato jurídico-societário pelo qual duas ou mais sociedades são absorvidas por outra, que lhes sucede em todos os direitos e obrigações, devendo todas aprová-la, na forma estabelecida para os respectivos tipos societários (art. 1.116 do Código Civil).[4] Quando a pessoa jurídica absorvente é a responsável pelos atos lesivos, não se discutirão os efeitos da incorporação no plano da Lei nº 12.846. Haverá interesse quando a sociedade incorporadora (não infratora) foi qualificada como pessoa jurídica responsável pela prática ilícita cometida, pois neste caso o regime da Lei Anticorrupção merece atenção.

Do ponto de vista da sociedade incorporada, as bases da operação e o projeto de reforma do ato constitutivo deverão ser objeto de deliberação pelos sócios, que autorizarão os administradores a proceder à incorporação (art. 1.117, §1º do Código Civil). Do ponto de vista da sociedade incorporadora, esta poderá nomear peritos para a avaliação do patrimônio líquido da sociedade incorporada (art. 1.117, §2º). A avaliação de Programa de Integridade da sociedade incorporada é fundamental. A aprovação dos atos de incorporação implicará a extinção da sociedade incorporada, com a respectiva averbação dos atos no registro próprio (art. 1.118).

Percebe-se que, no regime civil, todos os direitos e obrigações da incorporada são transmissíveis para a incorporadora. Por esta razão, há lógica na previsão de apuração do patrimônio líquido da primeira pela segunda, de modo a evitar a ausência de conhecimento ou registro de direitos e obrigações anteriores e subjetivados na pessoa jurídica incorporada.

A Lei nº 12.846 consigna tratamento diferenciado: prescreve que a responsabilidade da incorporadora será "restrita" ao pagamento da multa e reparação integral do dano causado, até o limite do patrimônio transferido. Por conseguinte, tornou a PJ incorporadora responsável pela sanção de multa imponível ou imposta à PJ incorporada infratora. Não responderá, todavia, a sociedade incorporadora pela integralidade do valor da multa e do valor da reparação do dano causado pela prática ilícita da sociedade incorporada, porque a transferência de responsabilidade civil *stricto sensu* e "responsabilidade administrativa" da multa civil opera-se "até o limite do patrimônio transferido".

Observe-se que a incorporação resulta na extinção formal da sociedade incorporada. Praticado o ato lesivo, à luz do art. 5º, em momento anterior à incorporação,

[4] A Lei das Sociedades Anônimas – Lei nº 6.404/1976 – disciplina a incorporação no art. 227.

e iniciada a responsabilização após a absorção societária, a Lei nº 12.846 limita a responsabilidade singelamente a duas consequências: (i) possibilidade de imposição de multa (que poderá ser imposta no processo administrativo ou judicial, conforme o caso); e (ii) possibilidade de reconhecimento administrativo ou judicial do dever de reparação civil dos danos causados.

A publicação extraordinária da decisão condenatória foi considerada intransmissível. Qual a razão? Depreende-se que, extinta a pessoa jurídica responsável, torna-se tal sanção inadequada para cumprir o seu escopo preventivo especial, já que a divulgação da prática do ilícito e sua imputação à pessoa jurídica extinta não atenderia aos efeitos dissuasórios, tendo em vista o seu conteúdo.

Admitir que a sociedade incorporadora deveria sofrer a publicação extraordinária significaria, efetivamente, tornar pública uma condenação com forte repercussão na atividade empresarial e na atividade social da PJ, por força de ilícito que efetivamente não foi praticado por ela, mas por atuação lesiva de outra sociedade. Reconheça-se que não há razões de interesse público a justificar a transmissibilidade da sanção, que, se fosse contemplada em lei, só atentaria contra o exercício regular da atividade econômica privada da sociedade incorporadora.

Também não foi considerado transmissível, em desfavor da sociedade incorporadora, o perdimento de bens, direitos ou valores que representem vantagem ou proveito direto ou indireto obtido da infração praticada pela sociedade incorporada. Esta última situação merece crítica quanto à solução legal. O perdimento de bens é corolário da existência de enriquecimento ilícito da sociedade incorporada, obtido em razão da prática de ato lesivo. É sanção com caráter real. Com esta compostura, deveria compor o rol de sanções transmissíveis, já que, regra geral, a incorporadora sucede a incorporada em todos os direitos e obrigações. Sem previsão legal, valores correspondentes ao perdimento não são exigíveis da incorporadora.

Exemplifique-se o desacerto da solução legal. Suponha-se oferecimento de vantagem indevida para obtenção de celebração de contrato administrativo, por dispensa ilegal de licitação, em cuja execução observam-se os preços de mercado. Certamente, todo o valor que a empresa incorporada recebeu a título de margem de lucro na execução do contrato deve ser qualificado como valor que representa vantagem ou proveito direto obtido da infração. Será devida a punição prevista no art. 19, inc. I, e também seria devida a transmissibilidade na forma do *caput* do art. 4º, que não se operará em razão da limitação do §1º, pelo qual o perdimento de bens tornou-se intransmissível. Com esta solução, estes valores somente poderão ser exigidos contra as pessoas físicas responsáveis, recordando-se que a pessoa jurídica responsável foi extinta – o que incontestavelmente não está justificado do ponto de vista constitucional, havendo deficiência de proteção ao bem jurídico da probidade administrativa tutelado na hipótese.

O caminho será adotar a interpretação sistemática, no sentido de que o §1º do art. 4º agasalhou não apenas a multa e o ressarcimento, mas igualmente o perdimento de bens, direitos ou valores, na medida em que, sendo consequências jurídicas patrimoniais do ilícito da PJ infratora incorporada, expressam repercussões econômicas, devendo a incorporadora responder pelas obrigações pecuniárias delas decorrentes. Há necessidade de uma interpretação conforme a Constituição, porque a solução legal é desproporcional, já que assegura benefício econômico para a incorporadora em hipótese na qual este benefício foi obtido pela incorporada, em momento anterior à operação, à custa da probidade administrativa, tutelada expressamente no art. 37, *caput* e §4º da Constituição Federal.

Certamente, esta interpretação extensiva pode ser vista como ofensiva dos parâmetros hermenêuticos sobre normas sancionatórias. Ela ampliaria o sentido da norma para além do contido na sua letra, com fundamento da *ratio legis*. Ela alteraria o significado da norma, deixando de ser fiel ao seu comando. Todavia, é fundamental resgatar que o perdimento de bens obtidos por improbidade é uma sanção constitucional implícita no artigo 37, §4º, que estabelece a "indisponibilidade de bens" como medida cautelar do domínio da improbidade, tornando clara que a sanção principal (perdimento de bens) está incluída no tipo constitucional.

Obviamente que, no caso de simulação ou fraude na operação de incorporação (art. 4º, §1º, *in fine*), em que sociedade incorporadora e sociedade incorporada atuam em conluio para frustrar a plena efetividade da Lei nº 12.846, a solução acima apontada, com a inclusão da sanção de perdimento no rol das transmissíveis, torna-se irremissivelmente a única a ser seguida e aplicada. Inclusive, solução com amparo na própria lei.

A suspensão ou interdição parcial da atividade da pessoa jurídica responsável também não foi contemplada no elenco de sanções transmissíveis, conforme o art. 4º, §1º, quando trata especificamente da incorporação. Reconheça-se a adequação da solução legal. Com efeito, a incorporação implica a extinção da pessoa jurídica anterior, de modo que não seria possível determinar a suspensão ou interdição parcial da atividade da incorporadora, sob pena de violação ao livre exercício da atividade econômica, assegurado na Constituição Federal. A absorção da sociedade incorporada (e de sua atividade) nas atividades sociais da incorporadora não pode ocorrer em prejuízo da autonomia e liberdade empresarial da última.

No âmbito dessa última sanção judicial, se houver simulação ou fraude na incorporação? Entende-se que permanecerá íntegra a responsabilização, com transmissibilidade da sanção, devendo a sanção ser aplicada à sociedade incorporadora.

A dissolução compulsória da pessoa jurídica não está referida no art. 4º, §1º, o qual, em regra, não autoriza sua transmissão para sociedade incorporadora. É importante destacar que esta sanção tem pressuposto de fato específico, dependendo da comprovação: (i) de ter sido a personalidade jurídica utilizada de forma habitual para facilitar ou promover a prática de atos ilícitos; ou (ii) de ter sido (a personalidade jurídica) constituída para ocultar ou dissimular interesses ilícitos ou a identidade dos beneficiários dos atos praticados (art. 19, §1º). Estas circunstâncias indicam que, em verdade, a pessoa jurídica existe no mundo jurídico para ser instrumento de realização de atos corruptivos.

Será extremamente raro imaginar operação de incorporação de pessoa jurídica nestas situações infracionais que, na órbita civil, repute-se válida. Qualifica-se como inválida incorporação de sociedades personificadas que somente existem para legitimar, amparar e ocultar práticas de improbidade junto à Administração Pública nacional ou estrangeira. Verificada eventual incorporação, não raro estará contaminada de simulação ou fraude, como expediente para tolher a plena efetividade da sanção estabelecida no art. 19, inc. III. Não é justificável que a lei possa admitir a incorporação da pessoa jurídica responsável como forma de afastar a incidência do conteúdo sancionatório nela exarado. Este entendimento se torna de aplicação inafastável, quando se registra que a sanção é de dissolução: a sociedade infratora não pode escapar da extinção sancionatória, através de expediente que acarrete sua extinção, por incorporação voluntária simulada ou fraudulenta. Veja-se que, nestas situações de simulação ou fraude, já extinta a personalidade jurídica da PJ infratora, a penalidade de dissolução compulsória será imposta em face da própria PJ incorporadora.

Reconheça-se, nessa última sanção, que os fatos podem superar qualquer previsibilidade científica de descrição. Comprovada a situação excepcionalíssima de que a PJ infratora tornou-se PJ regular, com atividade social e produtiva regular, ostentando Programa de Integridade avaliado como efetivo, a solução jurídica apontará na impossibilidade de sancionar a dissolução compulsória, em razão do fenômeno da caducidade fática.

Por fim, quanto à interdição de direitos instituída no art. 19, inc. IV, a incorporação válida desautoriza a transmissibilidade da sanção, nos termos do art. 4º, §1º. De fato, reputa-se desproporcional que a sociedade incorporadora seja proibida de receber incentivos, subsídios, subvenções, doações ou empréstimos de entidades públicas e de instituições financeiras públicas ou controladas pelo Poder Público, nos exatos dizeres do art. 19, inc. IV. Seria uma extensão que, do ponto de vista lógico-jurídico, não se sustenta, já que representaria oneração desarrazoada sobre a atividade social derivada da absorção societária ocorrida.

Se a incorporação for operação simulada ou fraudulenta, não desaparecerá a competência sancionatória do Poder Judiciário. Uma vez comprovados estes vícios do negócio jurídico, deverá o juiz competente dar pleno cumprimento à lei, aplicando a penalidade à sociedade incorporadora.

O Código Civil prescreve que, até noventa dias depois de publicados os atos relativos à incorporação, o credor anterior, por ela prejudicado, poderá promover judicialmente a anulação da operação (art. 1.122). Esta limitação temporal não é oponível à Administração Pública nacional ou estrangeira lesada pela prática dos ilícitos previstos na Lei Anticorrupção, no exercício da competência sancionatória, a qual tão somente se submete ao prazo prescricional do art. 25, devendo a ação civil pública ser movida contra a sociedade incorporadora, observando-se o regime de transmissibilidade de sanções do art. 4º.

Registre-se que, relativamente à reparação do dano causado, entende-se que a ação civil pública de ressarcimento é imprescritível, por força do art. 37, §5º da Constituição, na medida em que o dano está juridicamente qualificado pela ocorrência de prática de improbidade administrativa. Seja a responsabilização do domínio punitivo de improbidade (arts. 6º e 19), seja a específica consequência reparatória de direito civil, todas as consequências não dependem de que tenha sido a incorporação objeto de prévia ação específica movida no prazo do art. 1.122 do Código Civil, visando à anulação da operação societária.

Após a incorporação, é possível que a pessoa jurídica incorporada se mantenha irregularmente em operação, sem a personificação, e pratique novos atos lesivos à Administração Pública nacional ou estrangeira. Por esta razão, o art. 4º, §1º reporta que a responsabilidade está condicionada a "atos e fatos ocorridos antes da data da incorporação". Se a PJ incorporadora for acionada por atos e fatos posteriores, imputáveis à PJ formalmente extinta, mas mantida em operação, não haverá responsabilidade decorrente da operação societária. Neste caso, a PJ *despersonificada* responderá com base no art. 2º da Lei nº 12.846. Esta hipótese mostra a relevância da disciplina do âmbito pessoal da lei, realizada de forma mais ampla possível, autorizativa de inclusão de PJs despersonalizadas e as que se despersonalizam.

4.5 Extinção da pessoa jurídica: fusão

A fusão é a operação jurídico-societária pela qual duas sociedades se reúnem para constituir uma nova sociedade, sucedendo-lhes nos direitos e obrigações. Cada sociedade delibera conforme o respectivo tipo sobre a união, sendo que, celebrada a fusão, compete aos administradores da nova sociedade promover a inscrição do ato no registro competente, nos termos dos arts. 1.119 a 1.121 do Código Civil.[5]

A fusão dá origem à sociedade nova (cf. art. 1.119), no que se diferencia substancialmente da incorporação, que pressupõe a existência prévia da sociedade incorporadora que absorve a sociedade incorporada. Ambas são, em sentido amplo, formas de reorganização ou reestruturação societária. Ambas produzem a extinção da pessoa jurídica: a que é incorporada ou as que se agrupam.

Relativamente à fusão, para evitar repetições nestes comentários ao art. 4º da Lei nº 12.846, entende-se que não há diferença de regime jurídico, de modo que as observações lançadas sobre a incorporação valem, com a mesma força normativa, para a fusão.

4.6 Possível extinção da pessoa jurídica: cisão

Outra modalidade de operação societária é a cisão da sociedade, referida no Código Civil em capítulo no livro dedicado ao direto da empresa, mas não definida nele. A Lei nº 6.404/1976 (Lei das S/A) consigna definição no art. 229, da qual se depreende que a cisão é a divisão do patrimônio da pessoa jurídica, em caráter total (com a correlata extinção da PJ), ou parcial (com manutenção da PJ, que teve dividido o capital), e sua transferência para uma ou mais sociedades, constituídas para este fim (criação de nova pessoa jurídica a partir de várias) ou já existentes.

Com esta fisionomia, a cisão inequivocamente é uma operação societária mais complexa que as duas já tratadas, incorporação e fusão. De um lado, sociedade personificada cindida pode continuar a existir no mundo jurídico, considerando que tenha versado parcela de seu capital para uma ou várias sociedades, da mesma forma que a cisão poderá ensejar a extinção da PJ cindida, quando seu capital for integralmente dividido para várias. De outro lado, a cisão pode implicar a criação de nova PJ, ou versão do capital para uma ou várias pessoas jurídicas existentes.

A Lei das S/A estabelece que a sociedade beneficiária da cisão sucede a sociedade cindida "nos direitos e obrigações relacionados no ato da cisão" (art. 229, §1º). Esta norma estabelece uma taxatividade na transmissibilidade de direitos e obrigações. Inexistente a discriminação no ato de cisão, havendo várias sociedades absorventes do capital, a

---

[5] A Lei das Sociedades Anônimas – Lei nº 6.404/1976 – disciplina a fusão no art. 228.

lei assegura apenas proporcionalidade – referencialmente aos patrimônios líquidos transferidos – na transferência de direitos e obrigações não relacionados no ato. Tanto na cisão com extinção da companhia cindida (cisão total), quanto na cisão com versão parcial do patrimônio (cisão parcial), competirá aos administradores das sociedades cindidas e beneficiárias promover o arquivamento e a publicidade dos atos da operação.

A taxatividade ou determinabilidade prévia dos direitos e obrigações na operação de cisão justifica a introdução do comando jurídico do art. 4º da Lei nº 12.846, relativamente à cisão. Inexistente este, poder-se-ia imaginar que a transmissibilidade de sanções legais e do dever de reparação integral do dano, com fulcro na Lei nº 12.846, teria de ser resguardada no ato de cisão sob pena de não poderem tais consequências normativas ser executadas em face da(s) sociedade(s) beneficiária(s) da cisão, e em face da PJ objeto de cisão, mas permanecente na ordem jurídica. Evidentemente, é difícil imaginar que na reorganização societária haverá tratamento explícito de obrigações decorrentes de práticas corruptivas na Lei nº 12.846 e então as únicas prejudicadas seriam a Administração Pública nacional ou estrangeira, lesadas com as condutas ilícitas.

Havendo cisão com versão parcial do patrimônio, a pessoa jurídica responsável continuará a existir. Logo, o ato jurídico-societário não gerará efeitos jurídicos atenuadores ou impeditivos da responsabilidade plasmada na Lei Anticorrupção, relativamente à PJ cindida. A responsabilidade subsiste na dicção expressa do art. 4º, *caput*. Não houve transmissão de "responsabilidade administrativa" ou "judicial" nesta hipótese no bojo da Lei nº 12.846. A PJ infratora continua a existir; logo, aplicam-se-lhe as cominações legais. A PJ infratora não pode alegar a cisão para suprimir ou atenuar a responsabilização.

Havendo cisão com extinção da pessoa jurídica, a Lei nº 12.846 não traz resposta sobre a transmissibilidade das sanções, relativamente à situação das pessoas jurídicas que venham a absorver o capital da sociedade extinta. Veja-se que o §1º traz alusão exclusivamente à incorporação ou fusão, fenômenos jurídico-societários em que também se produz a extinção da pessoa jurídica infratora.

Na cisão com extinção de pessoa jurídica, com versão do capital para duas ou mais sociedades, relativamente à responsabilidade civil *stricto sensu* por ato ilícito (prática de improbidade), deve-se aplicar o princípio da proporcionalidade, tal como agasalhado na Lei nº 6.404. Os deveres de indenizar o dano, de pagamento da multa civil (e, no nosso sentir, de perdimento de bens) se transmitirão na proporção da absorção dos patrimônios líquidos transferidos. Por conseguinte, as sociedades absorventes devem ser qualificadas como PJ responsáveis, mesmo que não infratoras.

E quanto às demais sanções previstas nos arts. 6º e 19 da Lei nº 12.846? Deve-se aplicar o entendimento acima exposto acerca da incorporação e fusão, em favor da transmissibilidade ou intransmissibilidade das sanções, conforme as circunstâncias estudadas, em razão da disciplina do art. 4º, §1º da lei.

4.7 Consequências da simulação ou fraude comprovada nas operações societárias

O art. 4º, §1º, limita a transmissibilidade de sanções legais nos casos de fusão e incorporação – como acima visto, deve-se acrescentar a hipótese de cisão com extinção da pessoa jurídica. Todavia, a limitação desaparecerá no caso de prática de operações societárias simuladas ou com evidente intuito de fraude (*in fine*).

O Código Civil prescreve que é nulo o negócio jurídico quando tiver por objetivo fraudar lei imperativa (art. 166, inc. VI). Qualquer incorporação, fusão ou cisão que seja promovida pela pessoa jurídica responsável para fraudar a plena efetividade das consequências sancionatórias e reparatórias dos atos de improbidade deve ser decretada nula, ou seja, não deve ser reconhecida a extinção da pessoa jurídica pretendida com as operações. A subsistência da responsabilidade se operará com a manutenção da situação jurídica anterior, deflagrando-se os efeitos devidos. Registre-se que o negócio jurídico nulo não é suscetível de confirmação, nem convalesce pelo decurso do tempo (art. 169, CC). É o caso de operações jurídico-societárias que não encontram qualquer lastro na realidade, praticadas com evidente intuito de fraudar.

Quanto ao negócio jurídico simulado, o Código também qualifica como nulo, "mas subsistirá o que se dissimulou, se válido for na substância e na forma" (art. 167, *caput*). Entre as situações de simulação, afetam os negócios jurídicos: (i) as que aparentarem conferir ou transmitir direitos a pessoas diversas daquelas às quais realmente se conferem, ou transmitem; (ii) as que contiverem declaração, confissão, condição ou cláusula não verdadeira; (iii) nas quais os instrumentos particulares forem antedatados, ou pós-datados (art. 167, §1º, CC). Constatada a simulação, há ressalva legal de direitos de terceiros de boa-fé em face dos contraentes do negócio jurídico simulado (art. 167, §2º, CC).

A pessoa jurídica infratora e a pessoa jurídica responsável, à luz do art. 4º, §1º da Lei nº 12.846, podem utilizar-se da simulação para evitar a imputação legal. Operações jurídico-societárias realizadas com declarações ou informações falsas, visando elevar o benefício econômico resultante da restrição agasalhada no dispositivo, podem ocorrer com a finalidade de prejudicar a Administração Pública nacional ou estrangeira lesada. Pode simplesmente haver incorporação, fusão ou cisão "de fachada", visando dificultar ou obstaculizar a plena eficácia da responsabilidade da PJ no domínio da improbidade.

A simulação ou fraude deverá ser comprovada no processo administrativo de responsabilização por todos os meios lícitos de prova admitidos no ordenamento jurídico. Tanto a pessoa jurídica infratora como a pessoa jurídica responsável deverão ser notificadas e integradas ao processo administrativo, que deverá observar o devido processo legal, com contraditório e ampla defesa. A Administração Pública não poderá desconstituir por ato administrativo a operação jurídico-societária, negócio jurídico por excelência, governado pelas normas civis em vigor. A ilicitude na operação jurídico-societária deverá ser reconhecida pela decisão administrativa final do PAR, e terá efeitos jurídico-administrativos.

A mesma ilicitude (simulação ou fraude) deverá ser novamente analisada e pronunciada pelo Poder Judiciário no julgamento da ação civil pública intentada com base no art. 19 da Lei nº 12.846. A desconstituição do ato, para todos os efeitos, somente poderá ser decretada no âmbito da responsabilização judicial, em havendo pedido que nesta situação deverá ser amparado na Lei nº 7.347/1985 (Lei da Ação Civil Pública), pois a LAC não traz embasamento legal para este tipo de provimento judicial.

4.8 Responsabilidade solidária entre sociedades controladoras/ controladas e coligadas

É fundamental, desde logo, destacar que o art. 4º, §2º não trata de situação de coautoria ou participação de pessoas jurídicas no curso da prática corruptiva, averiguada no âmbito do processo administrativo de responsabilização (PAR) ou processo judicial, como bem anota Márcio Pestana.[6] Quando se faz referência legal às figuras das sociedades controladoras e sociedades controladas, e vínculos entre sociedades coligadas, não é para disciplinar as formas de participação das sociedades personificadas na prática do ilícito. Para este tema, a lei reserva o próprio art. 2º, acima comentado, que legitima a imputação da infração a toda e qualquer sociedade que tenha participado da conformação dos atos lesivos elencados no domínio da improbidade.

O tema do §2º do art. 4º ostenta outra dimensão normativa, pois procura resolver o relevante aspecto da solidariedade civil passiva nas relações entre sociedades controladoras/controladas, coligadas e consorciadas.

No Código Civil, sociedade coligada é gênero, de que são espécies as sociedades controladas, filiadas ou de simples participação (art. 1.097). Na sequência, a norma civil reputa controlada: (i) a sociedade de cujo capital outra sociedade possua a maioria dos votos nas deliberações dos quotistas ou da assembleia geral e o poder de eleger a maioria dos administradores; (ii) a sociedade cujo controle, referido no inciso antecedente, esteja em poder de outra, mediante ações ou quotas possuídas por sociedades ou sociedades por esta já controladas (art. 1.098). Diz-se coligada ou filiada a sociedade de cujo capital outra sociedade participa com dez por cento ou mais, sem controlá-la (art. 1.099). Será de simples participação a sociedade de cujo capital outra sociedade possua menos de dez por cento do capital com direito de voto (art. 1.100).

Na Lei nº 6.404/1976, coligadas e controladas foram objeto de igual delimitação conceitual, por razões idênticas de segurança jurídica. São coligadas as sociedades nas quais a investidora tenha influência significativa (art. 243, §1º). Haverá influência significativa quando a investidora detém ou exerce o poder de participar nas decisões das políticas financeira ou operacional da investida, sem controlá-la (art. 243, §4º). É presumida tal influência quando a investidora for titular de 20% (vinte por cento) ou mais do capital votante da investida, sem controlá-la (art. 243, §5º). Por outro lado, considera-se sociedade controlada aquela em que a controladora, diretamente ou através de outras controladas, é titular de direitos de sócio que lhe assegurem, de modo permanente, preponderância nas deliberações sociais e o poder de eleger a maioria dos administradores (art. 243, §2º). Percebe-se que a norma civil geral apresenta parâmetro mais rigorosa (dez por cento) para caracterização do vínculo de coligação, do que a norma especial contida na Lei das S/A (vinte por cento).

Entre sociedades controladas/controladoras e coligadas, conforme as regras gerais e especiais acima destacadas, a Lei nº 12.846 institui responsabilidade solidária pela prática de atos lesivos, enquadrados no art. 5º. No iter de responsabilização, haverá a PJ infratora e a PJ solidariamente responsável (PJ controladora, PJ controlada, PJ

---

[6] PESTANA, Marcio. *Lei anticorrupção* – exame sistematizado da Lei n. 12.846/2013. São Paulo: Manole, 2016. p. 27-28.

coligada, PJ consorciada). O objetivo da admissão legal da responsabilidade solidária está na extensão de consequências patrimoniais das práticas de improbidade ao "grupo econômico, de fato e de direito" beneficiado – na dicção do art. 16, §5º.

Não se vislumbra inconstitucionalidade nesta extensão sancionatória, considerando o fundamento objetivo da responsabilidade da PJ infratora (art. 2º) e a disposição normativa da lei sobre a implementação de Programas de Integridade (art. 7º, inc. VIII) no regime de responsabilização de improbidade administrativa nela instituído (art. 1º). De outro lado, a solidariedade passiva não ultrapassa o campo subjetivo das pessoas jurídicas apontadas, não resvalando qualquer efeito patrimonial no campo de pessoas naturais, dirigentes, sócios ou acionistas, das PJs solidariamente responsáveis.

A Lei Anticorrupção instituiu uma forma de solidariedade passiva, ou seja, quando na mesma obrigação concorre mais de um devedor, cada um obrigado à dívida toda, recorrendo-se ao conceito do art. 264 do Código Civil. Respeitou-se o princípio da legalidade (art. 265, CC). Houve, pois, criação de solidariedade pura e simples, para codevedores determinados na lei (art. 266, CC). Governa-se a responsabilidade civil solidária pelos preceitos do Código Civil, excetuado a possibilidade legal de renúncia da solidariedade pelo credor (art. 282), no marco da Lei nº 12.846, em razão da indisponibilidade dos interesses públicos em cena.

Na solidariedade passiva, Administração Pública nacional ou estrangeira tem direito a exigir e receber de uma ou outra pessoa jurídica (infratora ou solidariamente responsável), parcial ou totalmente, a dívida comum. Se uma delas (PJ infratora ou solidariamente responsável) efetuar o pagamento, e este tiver caráter parcial, a outra pessoa jurídica continua obrigada pelo resto, seguindo-se a regra do art. 275 do Código Civil.

A Administração Pública nacional ou estrangeira poderá eleger qual pessoa jurídica acionará para o pagamento da multa civil e da reparação integral do dano (e, ao nosso sentir, do perdimento de bens), na esfera administrativa ou na esfera do Poder Judiciário – verificada a frustração da pretensão na órbita administrativa –, e isto não importará renúncia da solidariedade, relativamente a outra pessoa jurídica não ativada.

Se uma pessoa jurídica solidariamente responsável efetuar o pagamento parcial, este fato não aproveita a outra pessoa jurídica responsável, senão até a concorrência da quantia paga, cumprindo-se o disposto no art. 277 do Código Civil.

Válido registrar que a Administração Pública e uma das pessoas jurídicas envolvidas (PJ infratora e PJ solidariamente responsável) não podem adotar cláusula, condição ou obrigação condicional na forma de cumprimento da obrigação solidária, vez que inexistente essa habilitação legal no âmbito da Lei nº 12.846, sendo inaplicável o art. 278 do Código Civil.

Com o olhar nas disposições civilistas sobre solidariedade passiva, tem-se a possível aplicação do art. 280: todos os devedores respondem pelos juros da mora, ainda que a ação judicial tenha sido proposta somente contra um; mas o culpado responde aos outros pela obrigação acrescida. No regime da Lei nº 12.846, sociedade infratora será alvo da "responsabilização administrativa", na via do PAR, e "judicial", na via do processo judicial instaurado pela propositura da ação civil pública. A multa está na primeira vertente de responsabilização. Para acionar PJ solidariamente responsável, esta deverá ter assegurado o contraditório e a ampla defesa, já que a obrigação decorre da prática de ato ilícito.

A obrigação de reparação de danos causados pela sociedade infratora será objeto de processo administrativo específico (PERD), que poderá resultar na propositura de ação de execução fundada na LEF/CPC, ou apenas no CPC, conforme o caso. Para acionar PJ solidariamente responsável ao cumprimento da obrigação, esta deverá ter igualmente assegurado o contraditório e a ampla defesa, já que a obrigação decorre da prática de ato ilícito.

A PJ solidariamente responsável poderá ser processada em processo exclusivo, e não poderá opor ao Poder Público o fato da responsabilidade originária alocar-se na órbita da sociedade infratora. Deverá efetuar o pagamento da reparação do dano causado e da multa (e, ao nosso sentir, do perdimento de bens), com o acréscimo legal de juros de mora, e, posteriormente, em via própria, ressarcir-se destas verbas em face da sociedade infratora.

As pessoas jurídicas solidariamente responsáveis, nos limites do art. 4º, §2º da Lei nº 12.846, podem arguir em face da Administração Pública nacional ou estrangeira as denominadas exceções comuns, valendo o princípio inscrito no art. 281, do Código Civil, ou seja, matéria de defesa passível de ser arguida pela pessoa jurídica infratora e pelas PJs solidariamente responsáveis. Podem ser arroladas como comuns teses defensivas como consumação do prazo prescricional (nesta hipótese, para multa civil e perdimento de bens), ausência de tipicidade da conduta descrita na ação à luz dos tipos legais, nulidade no processo administrativo de responsabilização etc.

A situação de coligação ou controle entre sociedades é passível de reconhecimento, por terceiros, havendo expressas disposições no ordenamento jurídico a respeito.

O Código Civil disciplina também a forma pela qual é possível a terceiros obter a informação ou o reconhecimento dos vínculos entre sociedades. Caberá ao balanço patrimonial exprimir, com fidelidade e clareza, a situação real da empresa, bem como informações em caso de sociedades coligadas (art. 1.188). No regime da Lei nº 6.404, cabe ao relatório anual da administração relacionar os investimentos da companhia em sociedades coligadas e controladas e mencionar as modificações ocorridas durante o exercício (art. 243).

Para efeitos da Lei nº 12.846, vale a relação societária, formalmente disposta nos dispositivos acima, que figuram situações de controle ou de coligação "de direito". Todavia, a aplicação da Lei Anticorrupção também deve abranger com a solidariedade do art. 4º, §2º quaisquer situações "de fato" entre sociedades, mesmo que não haja quaisquer atos formais a expressar controle ou ligação. À luz da sistemática do próprio art. 4º, este combate com rigor qualquer forma de comportamento da PJ infratora e PJ responsável, que tenha repercussão negativa na plenitude da efetividade das medidas sancionatórias e reparatórias disciplinadas na lei. Basta cifrar a referência às hipóteses de simulação e fraude no art. 4º, §1º.

Logo, a solidariedade entre sociedades, para os efeitos da Lei nº 12.846, deve ser reconhecida sob a ótica do princípio da verdade material da situação societária efetiva que se comprova entre pessoas jurídicas, no âmbito do PAR e/ou do PERD, ou em processos judiciais nos quais o Poder Público e o Ministério Público pretendam fazer valer a solidariedade passiva estipulada no art. 4º, §2º, em seus exatos termos. Não é possível ignorar os efeitos de relações societárias existentes "de fato" entre PJ infratora e outras pessoas jurídicas, indicativas e comprobatórias da solidariedade preconizada na lei, sob o argumento de descumprimento formal do direito positivo na sua conformação.

4.9 Responsabilidade solidária entre sociedades consorciadas

A Lei nº 12.846 preceitua a existência de responsabilidade solidária das pessoas jurídicas consorciadas, no âmbito do respectivo consórcio. O Código Civil não trata de consórcios celebrados entre sociedades. Esta figura contratual está prevista na Lei nº 6.404.

> Art. 278. As companhias e quaisquer outras sociedades, sob o mesmo controle ou não, podem constituir consórcio para executar determinado empreendimento, observado o disposto neste Capítulo. [...]
>
> Art. 279. O consórcio será constituído mediante contrato aprovado pelo órgão da sociedade competente para autorizar a alienação de bens do ativo não circulante, do qual constarão:
>
> I - a designação do consórcio se houver;
>
> II - o empreendimento que constitua o objeto do consórcio;
>
> III - a duração, endereço e foro;
>
> IV - a definição das obrigações e da responsabilidade de cada sociedade consorciada, e das prestações específicas;
>
> V - normas sobre recebimento de receitas e partilha de resultados;
>
> VI - normas sobre administração do consórcio, contabilização, representação das sociedades consorciadas e taxa de administração, se houver;
>
> VII - forma de deliberação sobre assuntos de interesse comum, com o número de votos que cabe a cada consorciado;
>
> VIII - contribuição de cada consorciado para as despesas comuns, se houver.
>
> Parágrafo único. O contrato de consórcio e suas alterações serão arquivados no registro do comércio do lugar da sua sede, devendo a certidão do arquivamento ser publicada.

A norma geral sobre consórcios deixa assente que não se presume solidariedade entre as empresas consorciadas, bem como que consórcio não tem personalidade jurídica e as consorciadas somente se obrigam nas condições previstas no respectivo contrato, respondendo cada uma por suas obrigações (art. 278, §1º da Lei nº 6.404).

Todavia, em matéria de normas gerais de licitações e contratos da Administração Pública, a Lei nº 8.666 igualmente disciplina a admissibilidade de participação de empresas em consórcio no art. 33, consignando regime jurídico de responsabilidade diverso do firmado na Lei nº 6.404. Está consagrada a responsabilidade solidária dos integrantes pelos atos praticados em consórcio, tanto na fase de licitação quanto na de execução do contrato (art. 33, inc. V). A Lei nº 13.303/2016 (Estatuto das Empresas Estatais) não disciplina o tema. A Lei nº 14.133/2021 traz similar disciplina geral no seu artigo 15, inc. V.

O art. 33, inc. V da Lei nº 8.666 não foi reproduzido na Lei Geral de Concessões e Permissões (art. 19 da Lei nº 8.987/1995), que regula as concessões comuns. Também merece pontuação que a Lei nº 11.079/2004 (Parcerias Público-Privadas) não determina a aplicação do art. 19 nas denominadas concessões administrativas (art. 3º), sendo que as concessões patrocinadas são regidas subsidiariamente pela Lei nº 8.987, inexistindo normas sobre consórcios na Lei das PPPs.

Deste emaranhado conjunto de disposições administrativas, depreende-se que valerá, quando admitido o consórcio, a responsabilidade solidária entre empresas consorciadas prevista em norma geral nacional da Lei nº 8.666 e Lei nº 14.133. Os respectivos regimes indicam que a solidariedade neles plasmada tem efeitos contratuais, isto é, diz respeito às obrigações administrativas assumidas no curso da licitação e do contrato. Os efeitos abrangem igualmente a responsabilidade por atos ilícitos na execução dos contratos, de modo que houve indisfarçadamente regramento de solidariedade passiva no ressarcimento de danos causados à pessoa jurídica pública ou governamental. No entanto, observando as normas gerais sancionatórias da Lei nº 8.666 (arts. 86 a 99) e Lei nº 14.133 (arts. 155 a 163), bem como demais legislações em vigor, também é válido afirmar que a solidariedade não foi estendida para o campo das sanções administrativas *stricto sensu*, de modo que estas devem ser imputadas à(s) pessoa(s) jurídica(s) infratora(s), uma ou mais das que integram o consórcio.

A Lei nº 12.846 traz tipologia de atos lesivos da probidade específicos em matéria de licitações e contratos, em seu art. 5º, inc. IV, alíneas "a" e "g". Logo, totalmente pertinente a disciplina na lei sobre a circunstância em que tais ilícitos forem concretizados em contexto de formação de consórcios. Determinou-se a solidariedade das empresas consorciadas, quanto à obrigação de reparação de danos causados e ao pagamento da multa. Em outras palavras, PJ infratora e demais pessoas jurídicas integrantes do consórcio, presente em licitações e contratos administrativos, foram postos sob o regime da solidariedade passiva.

Confrontando-se a legislação em matéria de licitações e contratos e a Lei nº 12.846, observam-se as seguintes modificações relevantes: (i) a responsabilidade patrimonial das consorciadas por danos causados como decorrência de atos lesivos tornou-se objetiva; (ii) esta responsabilização e o correlato dever de indenização pelas consorciadas foram reafirmados com esta nova técnica legal de imputação; (iii) houve acréscimo no campo abrangido pela responsabilidade das consorciadas com a estipulação solidária de pagamento da multa decorrente de atos ilícitos – e, ao nosso sentir, pelo fundamento constitucional do perdimento de bens.

4.10 Responsabilidade solidária e integral pelos valores devidos, a título de reparação, multa e perdimento, nas hipóteses do art. 4º, §2º

Relevante destacar que a solidariedade passiva contida no art. 4º, §2º, não incluiu o perdimento de bens, direitos ou valores, previsto no art. 19, inc. I, na responsabilização judicial. Há necessidade de que a norma seja interpretada para ensejar esta cobertura, inexistindo razões lógicas ou jurídicas para afastar do regime de solidariedade o perdimento de bens.

Valores que representem vantagem ou proveito direta ou indiretamente obtidos com a infração, em matéria de licitação e contratos, devem ser imputados à PJ infratora, como também às pessoas jurídicas que mantenham com ela relação de controle ou ligação societária, bem como com as pessoas jurídicas consorciadas. Nas três situações, a atividade infracional acaba por beneficiar economicamente a PJ infratora e as PJ responsáveis. Prática de corrupção por PJ controlada beneficia objetivamente a PJ controladora e vice-versa; o mesmo se pode dizer de atuação de PJs coligadas; com mais facilidade, idêntica conclusão pode ser atingida, relativamente às PJs consorciadas.

Viola o princípio da igualdade a regra que injustificadamente não acolhe esta repercussão normativa, na medida em que, se inexistente a solidariedade, estaria o ente lesado pela prática corruptiva, em havendo relação de controle ou ligação, e consórcio, limitado a executar o perdimento de bens, em face exclusivamente da PJ infratora. A moralidade administrativa inscrita no art. 37, *caput*, da Constituição Federal autoriza a interpretação de que todas as consequências patrimoniais dos atos lesivos estão incluídas no regime da solidariedade passiva. A solidariedade deve abranger todas as consequências sancionatórias com efeitos pecuniários e reparatórios, advindas da prática de atos de improbidade.

Também é fundamental não perder de vista que a sanção de perdimento de bens tem fundamento constitucional implícito no artigo 37, §4º, da Constituição, de tal modo que não há sustentação alguma que ofereça tratamento legislativo mais rigoroso para sanções criadas no plano legislativo (caso da multa), em comparação com sanções alocadas no plano constitucional (caso do perdimento de bens).

Há uma importante diferença entre o regime do §1º e o regime do §2º. Havendo incorporação, fusão ou cisão com extinção da pessoa jurídica, a norma torna expresso que a responsabilidade da sucessora valerá "até o limite do patrimônio transferido". Esta mesma parametrização não foi acolhida na construção do regime de solidariedade agasalhado entre sociedades controladoras/controladas, coligadas e consorciadas.

Como efeito segue-se que, para efeito da solidariedade, a Administração Pública nacional ou estrangeira deverá tomar como referencial o valor pecuniário integral do ressarcimento, da multa e do perdimento de bens, com os acréscimos legais (atualização monetária e juros de mora). Será este valor que poderá se exigir dos entes solidariamente responsáveis, sendo que estes não podem pretender qualquer benefício na redução de valores, com fulcro no art. 4º.

Essa diferenciação de tratamento foi criticada por Ubirajara Custódio Filho, que preconiza o dever de reparação integral dos danos *(restitutio in integrum)* para as pessoas jurídicas responsáveis, nos termos do art. 4º, §1º, independentemente de comprovação de simulação ou fraude.[7] De fato, para o autor, não há justificativa constitucional para o tratamento diverso. A diferença entre pessoas jurídicas responsáveis agasalhadas no §1º e no §2º não fornece elemento de discriminação suficiente para o benefício criado nas hipóteses de incorporação, fusão e cisão total, em processos de reorganização societária.

A nosso parecer, há fatores que autorizam o tratamento diferenciado em cada parágrafo do artigo 4º. A principal circunstância está em que, no parágrafo segundo, administração pública nacional ou estrangeira encontra-se em face do mesmo "grupo econômico de fato e de direito", situação não configurada no dispositivo antecedente,

---

[7] SANTOS, José Anacleto Abduch; BERTONCINI, Mateus; CUSTODIO FILHO, Ubirajara. *Comentários à Lei nº 12.846/2013* – Lei Anticorrupção. São Paulo: RT, 2014. p. 95.

e que reforça a ausência de limitação sobre os valores devidos, objeto de possível exigibilidade em face das PJs responsáveis.

Informação bibliográfica deste texto, conforme a NBR 6023:2018 da Associação Brasileira de Normas Técnicas (ABNT):

OLIVEIRA, José Roberto Pimenta. Comentários ao art. 4º. *In*: DI PIETRO, Maria Sylvia Zanella; MARRARA, Thiago (coord.). *Lei Anticorrupção comentada*. 4. ed. Belo Horizonte: Fórum, 2024. p. 79-98. ISBN 978-65-5518-676-5.

COMENTÁRIOS AO ART. 5º

FABRÍCIO MOTTA
SPIRIDON NICOFOTIS ANYFANTIS

Art. 5º Constituem atos lesivos à administração pública, nacional ou estrangeira, para os fins desta Lei, todos aqueles praticados pelas pessoas jurídicas mencionadas no parágrafo único do art. 1º, que atentem contra o patrimônio público nacional ou estrangeiro, contra princípios da administração pública ou contra os compromissos internacionais assumidos pelo Brasil, assim definidos:
I - prometer, oferecer ou dar, direta ou indiretamente, vantagem indevida a agente público, ou a terceira pessoa a ele relacionada;
II - comprovadamente, financiar, custear, patrocinar ou de qualquer modo subvencionar a prática dos atos ilícitos previstos nesta Lei;
III - comprovadamente, utilizar-se de interposta pessoa física ou jurídica para ocultar ou dissimular seus reais interesses ou a identidade dos beneficiários dos atos praticados;
IV - no tocante a licitações e contratos:
a) frustrar ou fraudar, mediante ajuste, combinação ou qualquer outro expediente, o caráter competitivo de procedimento licitatório público;
b) impedir, perturbar ou fraudar a realização de qualquer ato de procedimento licitatório público;
c) afastar ou procurar afastar licitante, por meio de fraude ou oferecimento de vantagem de qualquer tipo;
d) fraudar licitação pública ou contrato dela decorrente;
e) criar, de modo fraudulento ou irregular, pessoa jurídica para participar de licitação pública ou celebrar contrato administrativo;
f) obter vantagem ou benefício indevido, de modo fraudulento, de modificações ou prorrogações de contratos celebrados com a administração pública, sem autorização em lei, no ato convocatório da licitação pública ou nos respectivos instrumentos contratuais; ou
g) manipular ou fraudar o equilíbrio econômico-financeiro dos contratos celebrados com a administração pública;
V - dificultar atividade de investigação ou fiscalização de órgãos, entidades ou agentes públicos, ou intervir em sua atuação, inclusive no âmbito das agências reguladoras e dos órgãos de fiscalização do sistema financeiro nacional.

§1º Considera-se administração pública estrangeira os órgãos e entidades estatais ou representações diplomáticas de país estrangeiro, de qualquer nível ou esfera de governo, bem como as pessoas jurídicas controladas, direta ou indiretamente, pelo poder público de país estrangeiro.
§2º Para os efeitos desta Lei, equiparam-se à administração pública estrangeira as organizações públicas internacionais.
§3º Considera-se agente público estrangeiro, para os fins desta Lei, quem, ainda que transitoriamente ou sem remuneração, exerça cargo, emprego ou função pública em órgãos, entidades estatais ou em representações diplomáticas de país estrangeiro, assim como em pessoas jurídicas controladas, direta ou indiretamente, pelo poder público de país estrangeiro ou em organizações públicas internacionais.

5.1 Administração Pública e atividade sancionadora

Nos Estados Democráticos Contemporâneos, é comum a convivência entre as sanções aplicadas pelas respectivas administrações públicas e as penas aplicadas pelos juízes em decorrência do cometimento de ilícitos. Santamaría Pastor anota que o reconhecimento da atividade sancionadora da Administração tem sua origem ligada a três fatores fundamentais: a) o regime de confusão de poderes característico do Estado absoluto, no qual determinadas autoridades administrativas ostentavam simultaneamente poderes judiciais de ordem penal; b) o fortalecimento que a Administração experimenta durante o século XIX, que influenciou muitos Estados a dotá-la de poderes repressivos como instrumentos de governo; e c) a ampliação das funções da Administração nos últimos anos que superou por completo a capacidade de atuação do aparato judicial, originalmente concebido para reprimir um número limitado de condutas.[1]

De fato, sabe-se que o direito administrativo, nascido com o Estado de Direito, utilizou-se das fórmulas vigentes durante o Estado de Polícia para pouco a pouco consolidar seus institutos. Separação de poderes e princípio da legalidade, temas essenciais à disciplina, somente de forma paulatina foram se robustecendo de forma a permitir o surgimento de uma Administração forte e centralizada. O advento do Estado Social, por seu turno, marcou a ampliação das atividades administrativas – à segurança, tributação, polícia e distribuição de justiça somaram-se outras tantas atribuições ligadas à crescente intervenção direta no domínio social.

O crescimento contínuo das atividades estatais ocorre também em razão da alteração e aumento dos bens jurídicos cuja tutela cabe ao Estado. Uma simples reflexão a respeito da evolução da *atividade de polícia* demonstra o incremento dos interesses que têm sido corporificados pelo ordenamento como objeto de proteção estatal: de questões antigas como higiene pública e controle das profissões a outras mais recentes como confiança pública, estética pública, patrimônio histórico, livre concorrência, consumidor, proteção à infância etc. Em todas essas áreas, a atuação do Estado passou a abranger não somente a edição de medidas preventivas como também a aplicação de sanções.

1 SANTAMARIA PASTOR, Juan Alfonso. *Principios de derecho administrativo*. 3. ed. Madrid: Centro de Estudios Ramon Areces, 2002. v. II, p. 372.

As diferentes modalidades normativas de proteção a bens jurídicos – especialmente por intermédio de normas penais ou administrativas – inspiraram a doutrina a investigar os pontos de contato e de distanciamento entre o *direito penal* e o *direito administrativo*, chegando a se falar na existência de um direito penal administrativo.

James Goldschmidt, penalista de destaque – sobretudo por reconhecer o processo como situação jurídica –, distinguia *deveres oriundos da ordem jurídica*, que supunham a liberdade da pessoa, de *deveres impostos pela Administração*, que supunham a pertinência a uma sociedade e o dever de assegurar sua boa ordem. Segundo o autor, os deveres que correspondessem ao particular enquanto indivíduo seriam tutelados pelo *direito penal comum* com a finalidade de proteger as manifestações de vontade humanas, enquanto os deveres impostos ao homem na qualidade de membro de uma comunidade seriam tutelados pelo *direito penal administrativo* com o fim de promover o bem público e estatal. A tese de Goldschmidt é duramente criticada por Nélson Hungria por pressupor o cidadão como colaborador da Administração Pública para a proteção do interesse público. Entretanto, Hungria destaca na tradicional doutrina de Goldschmidt o reconhecimento da *identidade essencial entre o delito administrativo e o delito penal*, existindo entre eles apenas uma diferença de grau.[2]

A tese da unidade do *jus puniendi* do Estado, ainda hoje aceita, prega a impossibilidade de distinguir ontologicamente entre delitos e penas, de um lado, e infrações e sanções administrativas, de outro lado. Desta maneira, o ilícito seria uma incongruência qualificada como tal pela ordem jurídica e objeto de tutela pela mesma ordem, sob diferentes aspectos: administrativos, penais, cíveis.[3]

Ao reconhecer a prevalência dessa tese na doutrina e jurisprudência espanholas, Alejandro Nieto identifica seus prós e contras: inicialmente, resolve os questionamentos ideológicos inevitáveis ao reconhecimento da potestade sancionadora da Administração e ainda proporciona ao direito administrativo um aparato conceitual e prático que lhe era desconhecido (aproveitando dos instrumentos do direito penal em razão da precedência e maior elaboração teórica). Por outro lado, a fragilidade da tese estaria evidente diante da existência de poderes sancionadores em estruturas supranacionais e da inconveniência de se basear precipuamente no direito penal, aplicado por juízes, e não no direito público.[4] Fábio Medina Osório, em linha semelhante, aduz que existem regimes jurídicos distintos para realidades distintas, concluindo que

> O Estado legislador pode optar por uma ou outra política pública repressiva, com maior ou menor utilização do Direito Penal ou do Direito Administrativo sancionador. É a vontade legislativa, de fato, a maior e mais autorizada fonte dos distintos regimes jurídicos

---

2 HUNGRIA, Nelson. Ilícito administrativo e ilícito penal. *Revista de Direito Administrativo*, Rio de Janeiro, ano 1, n. 1, p. 24-31, jan./mar. 1945. Para o autor, "a ilicitude é uma só, do mesmo modo que um só, na sua essência, é o dever jurídico".

3 Na doutrina nacional, Heraldo Garcia Vitta reconhece a identidade ontológica dos ilícitos penais, administrativos e cíveis por tratar-se o ilícito de conceito lógico-jurídico, de validez universal (VITTA, Heraldo Garcia. *A sanção no direito administrativo*. São Paulo: Malheiros, 2003).

4 NIETO, Alejandro. *Derecho administrativo sancionador*. 5. ed. Madrid: Tecnos, 2015.

impostos ao poder punitivo estatal desde uma vertente de legitimação democrática vigente no Estado Democrático de Direito.[5]

No campo dos fatos, é difícil imaginar a restrição das múltiplas atividades sancionadoras dos Estados atuais à atuação jurisdicional penal. Em julgado do Tribunal Constitucional da Espanha é feita referência à questão:

> No cabe duda que en un sistema en que rigiera de manera estricta y sin fisuras la división de los poderes del Estado, la potestad sancionadora debería constituir un monopolio judicial y no podría estar en manos de la Administración, pero un sistema semejante no ha funcionado nunca históricamente y es lícito dudar que fuera incluso viable, por razones que no es ahora momento de exponer con detalle, entre las que se pueden citar la conveniencia de no recargar en exceso las actividades de la Administración de Justicia, como consecuencia de ilícitos de gravedad menor, la conveniencia de dotar de una mayor eficacia al aparato represivo en este tipo de ilícitos y la conveniencia de una mayor inmediación de la autoridad sancionadora respecto de los hechos sancionados.[6]

Poder-se-ia imaginar que o alargamento dos bens e interesses a serem tutelados pelo ordenamento acarretaria o *incremento da atuação jurisdicional penal*. Na verdade, o movimento ocorre em sentido diverso, pois a tendência crescente que se verifica é exatamente a chamada "despenalização", reservando-se o tratamento criminal somente para as condutas de maior gravidade, que necessitem de uma "força simbólica" maior de repressão, com o consequente reforço do regime de garantias aplicável. Além disso, há uma progressiva aproximação do direito penal ao que antes era tido

> como o escopo e o *modus operandi* do direito administrativo: intervir antes do dano, proibir condutas que não geram resultados, a fim de gerir riscos em determinado setor de regulação. (*e.g.* crimes de perigo abstrato ou incriminações que visam evitar condutas que apenas cumulativamente poderiam tornar-se arriscadas).[7]

A competência administrativa sancionadora tem, normalmente, caráter auxiliar. A Administração só costuma poder aplicar sanções em matérias nas quais possua competências explícitas como polícia, regulação, fomento ou gestão de serviços públicos. Em outros termos, como diz Alejandro Huergo Lora, *a atividade sancionadora da Administração nunca vai sozinha* – costuma estar acompanhada por outras competências.[8] Um ponto a ser necessariamente pesado na formulação de políticas de regulação de atividades

---

[5] OSORIO, Fábio Medina. *Direito administrativo sancionador*. 2. ed. rev., atual. e ampl. São Paulo: Revista dos Tribunais, 2005. p. 148.

[6] STC nº 77/1983, *apud* NIETO, Alejandro. *Derecho administrativo sancionador*. 5. ed. Madrid: Tecnos, 2015. p. 49.

[7] SECRETARIA DE ASSUNTOS LEGISLATIVOS DO MINISTÉRIO DA JUSTIÇA. Responsabilidade penal da pessoa jurídica. *Série Pensando o Direito*, Brasília, n. 18, 2009.

[8] Segundo o mesmo autor, cada vez mais se usa o direito penal como garantia do direito administrativo em certos casos – delitos fiscais, ambientais, assim como a intervenção administrativa não se limita aos fins egoístas da Administração. Isso relativiza a distinção pautada unicamente na relevância dos bens jurídicos, segundo a qual o direito penal tutelaria bens jurídicos relevantes para os cidadãos, enquanto o direito administrativo cuidaria dos bens relevantes para a Administração (HUERGO LORA, Alejandro. *Las sanciones administrativas*. Madrid: Iustel, 2007. p. 139).

sancionadoras é exatamente a existência de corporações especializadas na Administração Pública, com conhecimento técnico em áreas específicas. Outro importante ponto de reflexão prévia é a possibilidade de responsabilizar pessoas jurídicas, pois na esfera do direito administrativo há menos resistência à possibilidade do que a controvertida responsabilização no âmbito do direito penal.

Não é possível afirmar, *a priori*, que existe um regime jurídico uníssono incidente sobre as atividades estatais que envolvem a aplicação de penalidades – *a transposição das regras de direito penal para o direito administrativo não ocorre de forma automática*. Ao contrário, é preciso verificar em cada ordenamento como é estabelecida a competência sancionadora da Administração, quais suas características e limites. Não há um fundamento geral da atividade sancionadora em um genérico *jus puniendi* reconhecido ao Estado, pois *somente o ordenamento jurídico – no caso, a Constituição – pode atribuir tal atividade ao Estado*.

No tocante ao ordenamento brasileiro, duas questões merecem realce. Em primeiro lugar, o constitucionalismo moderno ocidental é pautado pela *centralidade da Constituição* e de sua *irresistível força normativa*, notadamente no que se refere aos direitos fundamentais. Na concepção atual, os direitos fundamentais deixam de ser meros limites negativos ao exercício do poder político para direcionarem e condicionarem as ações positivas do Estado, passando a incidir, inclusive, nas relações entre particulares. Passam a ser vistos, então, em uma dupla dimensão: no plano jurídico-objetivo, constituindo normas de competência negativa para os poderes públicos, proibindo fundamentalmente as ingerências destes na esfera jurídica individual; e no plano jurídico-subjetivo, consistindo no poder de exercer positivamente direitos (liberdade positiva) e de exigir omissões dos poderes públicos, de forma a evitar agressões lesivas a direitos por parte deles (liberdade negativa).[9] Deve-se relembrar que as normas definidoras dos direitos e garantias fundamentais têm aplicação imediata, por força do art. 5º, §1º da Constituição da República. Essa regra ampara a vinculação de todos os poderes públicos à otimização dos direitos fundamentais, acarretando-lhes forte compromisso com sua eficácia. Este entendimento é reforçado com a observância dos fundamentos e objetivos da República, constantes dos artigos que inauguram a Constituição. A conclusão não pode ser outra: pode-se afirmar que, no limite de suas atribuições constitucionais, Executivo, Legislativo e Judiciário estão jungidos à observância, proteção e implementação dos direitos fundamentais.[10]

Em segundo lugar, o aumento das atividades administrativas próprio do Estado Social, emergente após a crise do liberalismo, refletiu no conteúdo das Constituições – a Administração Pública passou a merecer destacada atenção do constituinte, sendo ao mesmo tempo objeto e destinatária de regras e princípios que passaram a ostentar *status* constitucional. A submissão da Administração à Constituição, no caso brasileiro, foi feita com intensidade antes inimaginável, ao ponto de transformar a Constituição na maior fonte do direito administrativo pátrio. Tal submissão aproximou o direito administrativo do direito constitucional, trazendo como consequência a necessária

[9] CANOTILHO, J. J. Gomes. *Direito constitucional e teoria da Constituição*. 7. ed. Coimbra: Almedina, 2003.

[10] A vinculação também dos particulares aos direitos fundamentais tem sido bastante encarecida pela doutrina e jurisprudência. A questão, contudo, transcende os limites de nossa investigação.

vinculação da Administração Pública à força normativa da Constituição. A vinculação, é certo, ocorre inspirada pela dogmática constitucional atual e pelas características do Estado contemporâneo – ao contestar a conhecida frase de Fritz Werner segundo a qual o direito administrativo é o direito constitucional concretizado, Canotilho esclarece:

> [...] não se trata de concretizar tão só ou principalmente o direito constitucional por meio do direito administrativo, mas de inventar regras (*rulemaking*) e de solucionar litígios (*adjudication*) dentro de contextos jurídicos políticos colocados nas mesmas redes e apertados pelas mesmas malhas.[11]

Em decorrência da chamada *constitucionalização do direito administrativo,* existe limite à discricionariedade da Administração, em razão da normatividade dos princípios constitucionais, possibilitando, inclusive, o controle judicial do mérito do ato administrativo. O mesmo fenômeno permite reconhecer a existência de fundamento de validade para a prática de atos de aplicação direta da Constituição, independentemente da intermediação do legislador ordinário, quando não expressamente exigido.

5.2 Direitos fundamentais e atividade sancionadora da Administração

O catálogo constitucional de direitos e garantias fundamentais possui regras e princípios aplicáveis de forma cogente a toda atuação constritiva do Estado, incluindo a atividade sancionadora da Administração. Nesse particular, avulta principalmente a *dimensão subjetiva dos direitos fundamentais*, investindo o cidadão em posição jurídica subjetiva que pode ser reclamada em juízo.

Alejandro Nieto recorre a Quintero para tratar da repercussão das garantias penais no regime de sanções administrativas:

> cuando se declara que las mesmas garantias observables em la aplicación de las penas se han de respetar cuando se trata de imponer uma sanción administrativa, no se hace em realidad referencia a todos y cada uno de los princípios o reglas reunidos em la Parte General del Derecho Penal, sino a aquellos a los que el Derecho Penal debe someterse para satisfacer los postulados del Estado de Derecho, que son princípios derivados de los declarados em la Constitución como fundamentales.[12]

Na esteira da lição de Romeu Bacellar Filho,[13] o reconhecimento de que o processo representa instrumento constitucional de atuação de todos os poderes estatais faz resultar a formação de um *núcleo constitucional comum de processualidade*, robustecendo a concepção do processo como garantia constitucional. Como a competência administrativa sancionadora é exercitada por meio de processo, nele devem estar presentes as garantias atinentes ao devido processo legal (art. 5º, LIV), ao contraditório, à ampla defesa (art. 5º, LV) e à licitude das provas (art. 5º, LVI). A aplicação da pena de prisão foi reservada

---

[11] CANOTILHO, J. J. Gomes. *Direito constitucional e teoria da Constituição*. 7. ed. Coimbra: Almedina, 2003. p. 707.

[12] NIETO, Alejandro. *Derecho administrativo sancionador*. 5. ed. Madrid: Tecnos, 2015. p. 133.

[13] BACELLAR FILHO, Romeu Felipe. *Processo administrativo disciplinar*. São Paulo: Max Limonad, 2003.

exclusivamente às autoridades judiciárias (art. 5º, LXI) e "nenhuma pena passará da pessoa do condenado, podendo a obrigação de reparar o dano e a decretação do perdimento de bens ser, nos termos da lei, estendidas aos sucessores e contra eles executadas, até o limite do valor do patrimônio transferido" (art. 5º, XLV). Deve ser ressaltado que o direito constitucional à presunção de inocência (art. 5º, LVII) também se aplica no processo administrativo,[14] assim como a impossibilidade de retroatividade da lei punitiva (art. 5º, XL), manifestação do princípio da segurança jurídica. Finalmente, a garantia geral da legalidade – ninguém será obrigado a fazer ou deixar de fazer alguma coisa a não ser em virtude de lei – é reforçada em razão do princípio da legalidade (art. 37, *caput*) que condiciona todas as atuações da Administração Pública.

5.3 Princípio da legalidade e atividade sancionadora da Administração: acepções e transformações do princípio da legalidade

Nossa Constituição não prevê de forma específica a competência da Administração para a aplicação de sanções, tampouco um fundamento próprio para a capitulação de infrações administrativas. Em se tratando de competência administrativa, prevalece a necessidade de regulação pela lei, em obediência ao princípio da legalidade.

A sede principal do *princípio da legalidade* encontra-se no art. 5º, inc. II da Constituição – regra presente em nossas Cartas desde 1891 – que assim estatui: "ninguém será obrigado a fazer ou deixar de fazer alguma coisa senão em virtude de lei". Precisando o alcance do dispositivo, que chamou de "legalitariedade", em análise da Constituição de 1967, Pontes de Miranda esclarece:

> Fazer é praticar qualquer ato, o *dare* e o *facere*; qualquer exteriorização ou atuação da vontade humana, positiva. Não só os atos positivos têm importância jurídica; todos os atos do homem são protegidos pelo art. 153, §2º. [...] A discricionariedade dos atos administrativos não pode ir a ponto de obrigar A ao ato a ou b, ou à omissão a ou b. [...] Só a lei pode criar obrigação de fazer, ou de não fazer, isto é, de prestar, de não prestar, de dar, de não dar, de fazer (compor, criar, fabricar, cantar, mastigar, escrever, preparar a comida, comer, tocar, romper, sorrir), ou de não fazer.[15]

Fala-se ainda em princípio da *legalidade*, com significados específicos, em alguns setores do conhecimento jurídico, com destaque para seu reconhecimento nas esferas penal, tributária e administrativa. Para a Administração Pública, em especial, a legalidade foi insculpida como princípio no *caput* do art. 37 da Constituição.

A compreensão do significado tradicional do princípio da legalidade não esgota a questão da submissão da Administração às leis. Deve-se buscar um significado para o princípio que, ao mesmo tempo: a) considere a normatividade dos demais princípios

---

[14] BACELLAR FILHO, Romeu Felipe. O direito fundamental à presunção de inocência no processo administrativo disciplinar. *A&C – Revista de Direito Administrativo & Constitucional*, Belo Horizonte, ano 9, n. 37, jul./set. 2009.

[15] MIRANDA, Francisco Cavalcanti Pontes de. *Comentários à Constituição de 1967*. 2. ed. São Paulo: Revista dos Tribunais, 1971. p. 3. t. V.

constitucionais, notadamente os aplicáveis à Administração; b) importe em uma vinculação mais estrita que a imposta aos particulares, por força do art. 5º, inc. II da Constituição; c) leve em consideração a força normativa da Constituição, notadamente dos direitos fundamentais, e a estrutura escalonada do ordenamento jurídico; d) não importe em vinculação estrita ao ponto de ser, na prática, irrealizável.

Há tempos a doutrina tem encarecido a necessidade de interpretação da *legalidade de forma ampliada*, significando que a Administração Pública não está submetida somente à lei formal, mas a todo o direito, incluindo as demais normas do ordenamento, notadamente a Constituição. O ponto nodal desta concepção apoia-se na normatividade dos princípios constitucionais, vistos como coadjuvantes – ou aspectos – da legalidade. A mudança proposta também contempla a desnecessidade de regra legal específica (leia-se: lei formal) para habilitar toda e qualquer ação administrativa. Desta forma, pode-se afirmar que a atuação da Administração não pode ser inteiramente livre, mas *vinculada pela totalidade do ordenamento jurídico*.

Nesse sentido, o *princípio da legalidade* não se confunde com a *reserva legal*, por ser esta uma das dimensões daquele. A reserva legal para todas as intervenções ablativas na liberdade e na propriedade tem três raízes: a doutrina jusnaturalista dos direitos do homem, a ideia da separação de poderes e o princípio da soberania popular. Não se pode olvidar que, no período do Estado Liberal, a lei trazia em si o significado de garantia de liberdade contra o Estado, no sentido de proteger os direitos individuais dos cidadãos contra ações daquele. Bem por isso, tradicionalmente se associa a reserva legal também ao campo da exação tributária e ao estabelecimento de penalidades, sobretudo privativas de liberdade. Sinteticamente, o princípio da *reserva legal* determina ser *a lei a única via normativa competente para regular dado assunto*. A reserva legal pode ser considerada o *substrato formal do princípio da legalidade*. A propósito, se adotada a tese forte da separação entre regras e princípios, reconhecendo a existência entre eles de uma distinção qualitativa e excludente no âmbito normativo (como ocorre nas teorias de Dworkin e Alexy), o chamado *princípio da reserva legal* teria na verdade a estrutura de uma *regra*, não de um princípio.

O *substrato material do princípio da legalidade* é composto pela conexão com outros princípios de estatura igualmente constitucional. No que se refere à competência administrativa sancionadora, a conexão do princípio da legalidade com o princípio da segurança jurídica resulta na exigência de tipicidade. A *tipicidade* exige predeterminação das condutas infratoras e das sanções correspondentes por meio de preceitos jurídicos que permitam perceber com suficiente grau de certeza as condutas que devem ser evitadas para não incorrer nas sanções. Em outras palavras, cabe à lei determinar com clareza o *espaço do ilícito* para que o cidadão possa conhecê-los e programar, de forma antecipada, suas ações. É razoável admitir o emprego de fórmulas amplas, "sempre que sua concreção seja razoavelmente factível em virtude de critérios lógicos, técnicos ou de experiência que permitam prever, com suficiente segurança, a conduta visada".[16]

---

[16] MEDAUAR, Odete. *Direito administrativo moderno*. 10. ed. rev. e atual. São Paulo: Revista dos Tribunais, 2006. p. 357. No mesmo sentido é a lição de Celso Antônio Bandeira de Mello (BANDEIRA DE MELLO, Celso Antônio. *Curso de direito administrativo*. 21. ed. rev. e atual. São Paulo: Malheiros, 2006. p. 818): "Todas essas medidas são expedidas com base em disposições legais que mais não podem ou devem fazer senão aludir a conceitos precisáveis na via administrativa. Tais medidas concernem tão-somente à identificação ou caracterização técnica, dos elementos

Os elementos essenciais da infração e da sanção devem estar, ao menos abstratamente, previstos em lei, sob pena de caracterizar delegação em branco em matéria reservada, situação repudiada pelo nosso sistema jurídico.

Nessas situações em que há menor densidade da norma, para que o cidadão tenha conhecimento prévio de qual conduta é proibida e, em caso de praticá-la, de qual será a sanção correspondente, deve a Administração concretizar as figuras abertas trazidas pela lei, mediante a edição de atos normativos. Segundo Daniel Ferreira:

> Quando a lei, por sua generalidade e abstração, não determina com precisão qual a conduta ou, melhor, a categoria de condutas que desde logo assinala como proibidas, deve o Executivo restringir as possibilidades, nos limites nela previstos, garantindo uma maior segurança jurídica (sobre o que é proibido, obrigatório ou facultado) e, sempre que possível, um tratamento isonômico a todos os administrados. [...] Ao regulamento compete, portanto, inovar a ordem jurídica, porém jamais em caráter inicial; se o fizer estará eivado de mácula insanável, pela negação de seu caráter a ela subordinado.[17]

O espaço que deverá ser preenchido pelo ato normativo *dependerá da densidade da lei instituidora da infração*, mais precisamente da forma como descreve as condutas e determina as penalidades, estando sempre a Administração sujeita aos ditames de tal lei. Admite-se a utilização de normas sancionadoras em branco, com remissão expressa a outros textos normativos que completarão o inteiro teor da tipificação.

Não há como se exigir que todas as condutas albergadas pelo enunciado da infração sejam previamente desenvolvidas por um ato normativo, pois também para conferir certa flexibilidade à Administração, em cada caso concreto, é que existem as descrições vagas.[18] Em atendimento ao princípio da segurança jurídica, contudo, deve-se procurar a maior clareza e suficiência possível na caracterização das infrações.[19] Também é conveniente estabelecer critérios para correlacionar sanções e infrações, classificando-as de acordo com suas semelhanças, quando possível, a fim de evitar desproporcionalidade de tratamento.

Ao dissertar sobre a impossibilidade de certeza absoluta, Alejandro Nieto encarece a importância de se exigir a maior precisão possível – a descrição deve ser suficiente para a compreensão do intérprete:

---

ou situações de fato que correspondem, já agora de modo preciso, aos conceitos inespecíficos e indeterminados de que a lei se serviu, exatamente para que fossem precisados depois de estudo, análise e ponderação técnica efetuada ao nível da Administração, com o concurso, sempre que necessário, dos dados de fato e dos subsídios fornecidos pela ciência e pela tecnologia disponíveis".

17 FERREIRA, Daniel. *Sanções administrativas*. São Paulo: Malheiros, 2001. p. 99.

18 Basta constatar a existência de uma infração administrativa descrita em lei como "proceder de forma desidiosa" (Lei nº 8.112/90, art. 117, XV) para constatar quão variadas e imprevisíveis são as condutas enquadráveis na previsão abstrata.

19 É interessante a colocação de Marcelo Madureira Prates (*Sanção administrativa geral*: anatomia e autonomia. Coimbra: Almedina, 2005. p. 116): "[...] é importante que haja alguma discricionariedade a favor da Administração no momento de aplicação da sanção, em termos qualitativos e quantitativos, que lhe será infligida. De outra banda, revela-se imprescindível que a previsão normativa proporcione previsibilidade suficiente sobre as sanções aplicáveis, em nome do princípio da segurança jurídica. Entre um e outro valor pode ou, até mesmo, deve existir um certo nível, mínimo, é verdade, de indeterminação, exatamente para que o administrado não tenha a possibilidade de avaliar com total segurança se mais vale cumprir a norma ou suportar a sanção prevista de forma rígida".

> La Lex certa es un sueño, un horizonte inalcanzable por mucho cuidado que ponga el Legislador. Cuando los jueces hablan de "suficiencia", de "la maior precisión posible" y de otras expresiones semejantes no solo están reconociendo la inexistencia de la certidumbre, sino que están colaborando ellos mismos al deterioro de la seguridad jurídica, que en último extremo se queda en un mito.[20]

Registre-se, finalmente, que as alterações recentes na Lei de Introdução às Normas do Direito Brasileiro (Decreto-Lei nº 4.657/42, atualmente conhecido pela sigla "LINDB") trazidas pela Lei nº 13.655/18[21] reforçaram a importância do exercício da competência normativa para incremento da segurança jurídica. Com efeito, prevê o art. 30 da LINDB: "As autoridades públicas devem atuar para aumentar a segurança jurídica na aplicação das normas, inclusive por meio de regulamentos, súmulas administrativas e respostas a consultas". Convém anotar ainda que a LINDB também trouxe preceitos voltados à individualização das infrações e dosimetria das sanções a serem aplicadas. Esses preceitos específicos são gerais e sem destinatários específicos determinados, com vocação de guiar o processo interpretativo das normas de direito público. Por essa razão, possuem efeitos mesmo para as infrações e sanções aplicáveis às pessoas jurídicas. Nesse sentido, os §§2º e 3º do art. 22[22] possuem relação não somente com o direito fundamental individual relativo à pessoalidade das penas como também com os princípios da segurança jurídica e proporcionalidade. A esse respeito, o Enunciado nº 14 aprovado pelo Instituto Brasileiro de Direito Administrativo (Tiradentes/2019) estabelece: "a dosimetria necessária à aplicação das sanções será melhor observada quando as circunstâncias agravantes ou atenuantes aplicáveis ao caso forem positivadas preferencialmente em lei, regulamentos, súmulas ou consultas administrativas".[23]

5.4 A responsabilização das pessoas jurídicas

As dificuldades relativas à responsabilização das pessoas jurídicas se ligam diretamente às diversas concepções a respeito de sua natureza. Na clássica lição de Ferrara, no direito romano, que parte do conceito de *universitas* como corpo ideal e abstrato, distinto e contraposto aos particulares que o compõem, a impossibilidade de se cogitar de dolo ou culpa por parte dos entes coletivos era intuitiva e evidente (*quid enim municipes dolo facere possunt*). Mas quando os glosadores e comentadores começaram a identificar a organização com seus integrantes e considerar a corporação como o conjunto de associados, o princípio se fez ininteligível. O delito corporativo foi reconhecido sem discussão e se difundiu na legislação e na prática durante a Idade Média, mesmo com a

[20] NIETO, Alejandro. *Derecho administrativo sancionador*. 5. ed. Madrid: Tecnos, 2015. p. 268.

[21] Confira-se, a propósito das alterações: MOTTA, Fabricio; NOHARA, Irene Patrícia. *LINDB no direito público*. 1. ed. São Paulo: Revista dos Tribunais, 2019.

[22] "Art. 22. [...] §2º Na aplicação de sanções, serão consideradas a natureza e a gravidade da infração cometida, os danos que dela provierem para a administração pública, as circunstâncias agravantes ou atenuantes e os antecedentes do agente. §3º As sanções aplicadas ao agente serão levadas em conta na dosimetria das demais sanções de mesma natureza e relativas ao mesmo fato".

[23] IBDA. Enunciados do IBDA sobre a interpretação da LINDB. *Fórum Administrativo – FA*, Belo Horizonte, ano 19, n. 221, p. 167-168, jul. 2019.

oposição dos canonistas, fundados na teoria idealista.[24] Ainda de acordo com Ferrara, a teoria da responsabilização penal das pessoas jurídicas se manteve até a metade do século XVIII, e sofreu forte oposição de Savigny, que sustentava que um sujeito artificial e sem vontade não poderia cometer atos ilícitos e estar sujeito a responsabilidades e penas. De acordo com essa concepção, se se realizam atos ilícitos, esses são atos pessoais dos administradores, que não se refletem sobre a pessoa coletiva. Essa teoria teve o efeito de conceder privilégios de irresponsabilidade, entendimento contrário às exigências das relações comerciais da época. As pessoas jurídicas, para segurança do comércio, deveriam ser responsáveis pelos danos que causassem, assim como pelas vantagens que sua condição lhes possibilitasse.[25] Posteriormente, a teoria realista – que teve em Gierke um de seus principais expoentes – partiria da assimilação dos sujeitos coletivos aos seres humanos para afirmar a capacidade de delinquir das pessoas jurídicas. Essa teoria exerceu uma importante função político-social ao alertar a opinião pública para a importância da responsabilização dos entes jurídicos.[26]

A resistência à *responsabilização penal* da pessoa jurídica está ligada à primazia da doutrina finalista do direito penal, que teve em Welzel um de seus mais destacados nomes, ao considerar que a *ação* é condicionada pela vontade do ser humano e direcionada a determinado fim. A relevância da conduta (ação ou omissão) direcionada pela livre vontade dificulta a aceitação de que entes que não tenham determinação moral, como as pessoas jurídicas, possam delinquir.

A responsabilidade administrativa das pessoas jurídicas não enfrenta a mesma resistência que a responsabilidade penal, porque não tem na culpabilidade o seu elemento central. De acordo com Nieto, da evidente incapacidade de as pessoas jurídicas serem culpáveis em sentido estrito não deve deduzir-se sua impunidade, mas sim algo muito diferente: que não deve ser-lhes exigida a culpabilidade. O autor dissocia responsabilidade e culpabilidade para que seja possível chegar à responsabilidade não por meio da culpabilidade, mas sim por meio da *capacidade de suportar a sanção.*[27] Além disso, a possibilidade de responsabilização administrativa das pessoas jurídicas objetiva prevenir comportamentos voltados a auferir proveito indevido para a pessoa jurídica, ainda que por meio da atuação de seus sócios. A pessoa coletiva tem maior possibilidade de evitar que os bens jurídicos protegidos sejam colocados sob risco. A responsabilização objetiva, por essas razões, é plenamente compatível com o sancionamento das pessoas jurídicas.

Como anota Madureira Prates, se a pessoa coletiva é capaz de possuir e exercer direitos no plano administrativo, também é capaz de responder pelos descumprimentos que lhes sejam imputáveis nesse domínio. "A vontade da pessoa coletiva tem, destarte, de

---

[24] FERRARA, Francisco. *Teoría de las personas jurídicas*. Tradução de Eduardo Ovejero y Maury. Madrid: Reus, 1929. p. 817.

[25] FERRARA, Francisco. *Teoría de las personas jurídicas*. Tradução de Eduardo Ovejero y Maury. Madrid: Reus, 1929. p. 819.

[26] FERRARA, Francisco. *Teoría de las personas jurídicas*. Tradução de Eduardo Ovejero y Maury. Madrid: Reus, 1929. p. 821.

[27] NIETO, Alejandro. *Derecho administrativo sancionador*. 5. ed. Madrid: Tecnos, 2015. p. 402.

ser reconhecida e apreciada com base nas ações e nas omissões que dela são externadas, em confronto com as normas administrativas a ela aplicáveis".[28]

Para esse feito, cabe ao ordenamento jurídico estabelecer os deveres a serem observados pelas pessoas jurídicas, sob pena de aplicação das respectivas penalidades. A responsabilização advém da inobservância de comportamento ditado como obrigatório pela norma.

5.5 Infrações de mera conduta

Um dos critérios utilizados para a escolha do bloco normativo que protegerá determinado bem jurídico baseia-se na *teoria do risco*. Por esse critério, são considerados crimes as condutas que causam lesões efetivas aos bens jurídicos, enquanto se consideram como infrações as condutas que simplesmente os colocam em risco, com o intuito de prevenir danos e proteger antecipadamente os bens jurídicos.[29]

O critério é relevante por afastar a primazia da culpabilidade para caracterização da infração, pois importa ao ordenamento o mero descumprimento de uma norma para prevenção de perigos abstratos, independentemente do proveito ou do resultado alcançado. Trata-se das chamadas *infrações de mera conduta*, nas quais a mera prática da conduta descrita pela norma é suficiente para a aplicação da sanção. Uma análise atenta aos tipos constantes dos incisos do art. 5º revela que a infração se consuma com o simples descumprimento da norma, independentemente da produção concreta de qualquer lesão ou dano.

Na lição de Alejandro Huergo Lora:

> quando o legislador diz que a mera inobservância, quer dizer, o simples descumprimento dessas normas que estabelecem proibições e obrigações com uma finalidade basicamente preventiva, é título suficiente para atribuir responsabilidade, sem negar o princípio da culpabilidade. O legislador está dizendo que os destinatários da norma têm o dever de conhecê-la, cumpri-la e, se não o fizerem, estarão agindo, pelo menos, com negligência. O legislador está fixando o nível de diligência exigível, está afirmando que quem descumpre a norma atua culposamente, em lugar de remeter a fixação desse nível de diligência aos juízes.[30]

5.6 Sujeitos ativos

Sujeitos ativos são as pessoas cujo comportamento, tipificado pela norma, é pressuposto da aplicação da sanção. O *caput* do art. 5º identifica os sujeitos ativos fazendo remissão ao parágrafo único do art. 1º:

> Aplica-se o disposto nesta Lei às sociedades empresárias e às sociedades simples, personificadas ou não, independentemente da forma de organização ou modelo societário

---

[28] PRATES, Marcelo Madureira. *Sanção administrativa geral*: anatomia e autonomia. Coimbra: Almedina, 2005. p. 99.

[29] HUERGO LORA, Alejandro. *Las sanciones administrativas*. Madrid: Iustel, 2007. p. 153.

[30] HUERGO LORA, Alejandro. *Las sanciones administrativas*. Madrid: Iustel, 2007. p. 389.

adotado, bem como a quaisquer fundações, associações de entidades ou pessoas, ou sociedades estrangeiras, que tenham sede, filial ou representação no território brasileiro, constituídas de fato ou de direito, ainda que temporariamente.

Ao remeter o leitor aos comentários feitos ao referido dispositivo, é importante colacionar o entendimento de Modesto Carvalhosa:

> quando a lei fala de sociedades empresariais, não está identificando aquelas com fins lucrativos que organizam os fatores de produção, no conceito clássico de empresa. Está a lei se referindo à forma de organização e de governança da pessoa jurídica, independentemente de ter ela fins lucrativos ou associativos, beneméritos, assistenciais, etc.[31]

5.7 Sujeito passivo

O sujeito passivo das infrações tipificadas é a Administração Pública, nacional ou estrangeira. Sabe-se que a Administração Pública brasileira é composta pelos órgãos integrados na estrutura do Poder Executivo (Administração direta), bem como pelos entes dotados de personalidade jurídica própria que compõem a chamada Administração indireta (autarquias, fundações, consórcios, empresas públicas e sociedades de economia mista).

5.8 Bens jurídicos protegidos – comentários aos incs. I a V

A identificação dos bens jurídicos protegidos pela norma é essencial para sua correta compreensão e interpretação, pois o conteúdo material do tipo administrativo se baseia na lesão ou colocação em perigo de bens relevantes para o interesse público e para a Administração Pública. A correta identificação está necessariamente ligada à observância do sistema constitucional, notadamente dos direitos fundamentais, dos objetivos e princípios fundadores da República.

Inicialmente, as infrações tutelam o *patrimônio público*, nacional ou estrangeiro. Tomando de empréstimo a concepção ampla adotada pela Lei da Ação Popular (Lei nº 4.717/1965), podem ser considerados como patrimônio público "os bens e direitos de valor econômico, artístico, estético, histórico ou turístico" (art. 1º, §1º).

A exemplo da Lei de Improbidade Administrativa, a presente lei também tutela os *princípios da Administração Pública*. É importante ressaltar que a tutela jurídica dos princípios (ou de seus efeitos) é feita independentemente da concepção doutrinária adotada. Desta forma, a regra aplica-se para as *concepções materiais*, que consideram princípios como "as proposições básicas, fundamentais, típicas, que condicionam todas as estruturações subsequentes. Princípios, neste sentido, são os alicerces, os fundamentos da ciência".[32] Segundo essa acepção, na qualidade de alicerces, os princípios são propositalmente dotados de alto grau de generalidade e abstração para evitar hipóteses

---

31 CARVALHOSA, Modesto. *Considerações sobre a Lei Anticorrupção das Pessoas Jurídicas*: Lei 12.846/2013. São Paulo: Revista dos Tribunais, 2015. p. 62.

32 CRETELLA JÚNIOR, José. *Tratado de direito administrativo*. Rio de Janeiro: Forense, 1972. p. 18. v. X.

prontas de aplicação predeterminadas. Entretanto, a norma também se aplica para as *concepções estruturalistas*, fundadas na tese forte da separação entre regras e princípios, reconhecendo a existência entre eles de uma distinção qualitativa e excludente no âmbito normativo: toda norma é uma regra ou um princípio. Na doutrina nacional, essa linha teórica ganhou divulgação, sobretudo, com a teoria de Ronald Dworkin, que destaca a *dimensão de peso* nos princípios, e com Robert Alexy, para quem esta dimensão de peso torna os princípios verdadeiros *mandados de otimização*. Para que a conduta sob exame atente contra os princípios da Administração Pública, devem ser considerados os *princípios jurídicos*, positivados ou implícitos no ordenamento.

A referência aos *compromissos internacionais* envolve os diversos instrumentos jurídicos regulados pelo direito internacional – como tratados, convenções, protocolos e acordos – por meio dos quais Estados assumem obrigações entre si ou perante organismos internacionais ou supranacionais. Como regra, os atos internacionais assinados pelo Estado brasileiro devem ser submetidos ao Congresso Nacional para posterior ratificação e promulgação.

Interpretando sistematicamente os diversos dispositivos constantes da lei, é possível reconhecer que as infrações descritas nos incisos do art. 5º da Lei nº 12.846/2013 objetivam:

a) proteger o patrimônio público nacional e estrangeiro contra ilícitos de corrupção;
b) preservar isonomia, moralidade e transparência nas contratações públicas;
c) resguardar as atividades de investigação e fiscalização dos órgãos e entidades públicas no tocante à prevenção e combate à corrupção;
d) incentivar as pessoas jurídicas a adotarem comportamentos preventivos e previsíveis, notadamente por meio de sistemas de integridade, para evitar a prática de atos de corrupção.

> Art. 5º [...]
> I - prometer, oferecer ou dar, direta ou indiretamente, vantagem indevida a agente público, ou a terceira pessoa a ele relacionada;

O inc. I do art. 5º tem por elementos objetivos as seguintes condutas: *prometer*, *oferecer* ou *dar* vantagem indevida a agente público ou a terceira pessoa a ele relacionada.

Prometer consiste na conduta através da qual o indivíduo obriga-se ou, no mínimo, assegura previamente a concessão da vantagem ao agente público. *Oferecer* significa proporcionar, colocar à disposição do agente a vantagem indevida. Finalmente, a expressão *dar* implica a ideia de, efetivamente, entregar a vantagem indevida ao servidor público.

Carvalhosa explica que a ação poderá se dar de forma direta, com a prática das condutas de *prometer*, *oferecer* ou *dar* a vantagem indevida ao agente público, ou indiretamente, por meio da interposição de terceiros, pessoas físicas ou jurídicas, que tenham relação com o agente corruptor. Cita, como exemplo, o caso de concessão de benesses a instituições sociais ligadas a parlamentares.[33]

Este dispositivo encontra correspondência, na seara criminal, no denominado delito de corrupção ativa previsto no art. 333 do Código Penal, que trata como conduta penalmente relevante a de "*oferecer* ou *prometer* vantagem indevida a funcionário público, para determiná-lo a praticar, omitir ou retardar ato de ofício". Se o agente público, em razão da vantagem ou promessa, efetivamente retarda ou omite a prática de ato de ofício, ou o pratica infringindo dever funcional, incide causa de aumento da pena de um terço.[34]

No âmbito criminal, da mesma forma como na esfera administrativa,[35] vislumbra-se a proteção da Administração Pública como objetivo mediato da lei, sendo que o escopo imediato é o de impedir a atuação ilícita de particulares nas atividades públicas, assim como evitar a prática de negociações espúrias e fraudulentas, envolvendo o interesse público. Dito isto, observa-se que o objeto material do delito previsto neste inciso consiste exatamente na *vantagem indevida prometida, oferecida* ou *dada* a servidor público para a prática fraudulenta de ato de ofício.

Ainda que esta vantagem – de caráter indevido – seja *dada* em montante diverso daquele originalmente prometido ou oferecido, subsiste o ilícito, pois a alteração nos valores ou características da vantagem indevida não suprime seu caráter ilícito. Acrescente-se à afirmação o fato de que a natureza desta vantagem pode ser material, moral, política ou sexual, ou, ainda, de qualquer outra natureza que, ainda assim, continuará subsistindo o ato ilícito.[36]

Novamente invocando correspondência com as normas do direito penal, há de ressaltar que este também se identifica com o delito tipificado no art. 337-B do Código Penal, o qual se refere à *corrupção ativa em transação comercial internacional*. Eis o tipo penal: "prometer, oferecer ou dar, direta ou indiretamente, vantagem indevida a funcionário público estrangeiro, ou a terceira pessoa, para determiná-lo a praticar, omitir ou retardar ato de ofício relacionado à transação comercial internacional". Se, em decorrência da prática dos verbos nucleares do tipo, o funcionário público estrangeiro efetivamente retarda ou omite a prática de ato de ofício, a pena é aumentada de um terço, conforme determina o parágrafo único do dispositivo. O tipo penal tem por objeto preservar a boa-fé, regularidade, transparência e lealdade no curso das transações comerciais mantidas com Estado estrangeiro.

Entre os atos lesivos à Administração enumerados no inc. I do art. 5º da Lei Anticorrupção, aquele consistente em *dar* é o único a exigir um resultado, qual seja, a

---

[33] CARVALHOSA, Modesto. *Considerações sobre a Lei Anticorrupção das Pessoas Jurídicas*: Lei 12.846/2013. São Paulo: Revista dos Tribunais, 2015. p. 201.

[34] Código Penal: "Art. 333. Oferecer ou prometer vantagem indevida a funcionário público, para determiná-lo a praticar, omitir ou retardar ato de ofício: Pena – reclusão, de 1 (um) ano a 8 (oito) anos, e multa. Pena – reclusão, de 2 (dois) a 12 (doze) anos, e multa. Parágrafo único. A pena é aumentada de um terço, se, em razão da vantagem ou promessa, o funcionário retarda ou omite ato de ofício, ou o pratica infringindo dever funcional. Parágrafo único. A pena é aumentada de um terço, se, em razão da vantagem ou promessa, o funcionário retarda ou omite ato de ofício, ou o pratica infringindo dever funcional".

[35] A Lei nº 12.846/13, mesmo com aspectos sancionadores muito semelhantes ao diploma normativo penal, apresenta-se como norma de natureza tipicamente administrativa.

[36] MASSON, Cleber. *Direito penal esquematizado*. 5. ed. São Paulo: Método, 2015. p. 822.

entrega da vantagem ao servidor público, de forma direta ou indireta. Segundo Dal Pozzo, consiste em ação que exige resultado para que o delito se aperfeiçoe.[37]

Sobre as condutas de *oferecer* ou *prometer* vantagem indevida a agente público estrangeiro, percebe-se que a infração administrativa em discussão é de natureza formal, considerando-se consumado o delito no momento em que houver o oferecimento ou a promessa desta vantagem ao agente público estrangeiro – ou terceira pessoa a este vinculada – não havendo, ao que demonstra o tipo, necessidade de o agente público cooptado efetivamente praticar, omitir ou retardar qualquer ato próprio de seu ofício.[38] Ainda que o servidor público estrangeiro recuse a promessa ou oferecimento de indevida vantagem, restará configurada a infração administrativa praticada pelo agente de pessoa jurídica.

Há que se mencionar, ainda, o art. 333 do Código Penal brasileiro, cujos verbos nucleares *oferecer* e *prometer* devem ser dirigidos, desta feita, a servidor pertencente à Administração Pública nacional, assim como se referir à vantagem indevida, seja de qual natureza for. A conduta de *oferecer* ou *prometer* tal espécie de vantagem – ou mesmo *dar* a vantagem – a funcionário público deve possuir escopo finalístico no sentido de determiná-lo a praticar, omitir ou retardar ato próprio de ofício.[39]

Mesmo que não esteja expresso no texto da norma o escopo finalístico da conduta, que pode ser de caráter omissivo ou comissivo,[40] essa ausência não modifica a infração do art. 5º, inc. I da Lei Anticorrupção, posto que inexiste possibilidade de a conduta subsistir sem o fim visado pelo agente corruptor, ou, na lúcida explanação de Mateus Bertoncini, a pessoa jurídica não corromperia se não fosse para obtenção de vantagem ilícita.[41]

Em relação ao agente público que, de qualquer forma, aceita a vantagem indevida *ofertada*, *prometida* ou *dada*, responde pelo delito de corrupção passiva, tipificado no art. 317 do Código Penal.[42] Na hipótese, a consumação do delito se dará, efetivamente, no

---

[37] DAL POZZO, Antonio Araldo Ferraz *et al*. *Lei Anticorrupção*: apontamentos sobre a Lei nº 12.846/2013. 2. ed. São Paulo: Contracorrente, 2015. p. 54.

[38] GRECO, Rogério. *Curso de direito penal*. 6. ed. Rio de Janeiro: Impetus, 2009. p. 559.

[39] GRECO, Rogério. *Curso de direito penal*. 6. ed. Rio de Janeiro: Impetus, 2009. p. 333.

[40] Elucidativo, neste sentido, a decisão exarada pelo Superior Tribunal de Justiça no HC nº 13.894/RJ, conforme se observa: "1. O delito de corrupção passiva, consoante inteligência ministrada pelo Supremo Tribunal Federal, no julgamento da Ação Penal nº 307-DF – para sua configuração reclama que o funcionário público tenha solicitado ou recebido vantagem indevida ou aceito sua promessa em razão de ato específico de sua função ou cargo, ou seja, ato de ofício (omissivo ou comissivo). 2. Nestas condições, o agente da autoridade policial beneficiário de indevidas vantagens e que se omite na prática de atos de ofício relativos à repressão de jogos proibidos, incide na censura do art. 317 do Código Penal. [...] 5. Habeas corpus não conhecido em parte e, nesta extensão, denegado" (STJ, 6ª Turma. HC nº 13.894/RJ. Rel. Min. Fernando Gonçalves. *DJ*, 22 abr. 2002, p. 260. *RSTJ*, v. 163, p. 524).

[41] SANTOS, José Anacleto Abduch; BERTONCINI, Mateus; CUSTÓDIO FILHO, Ubirajara. *Comentários à Lei 12.846/2013:* Lei Anticorrupção. 2. ed. São Paulo: Revista dos Tribunais, 2015. p. 165.

[42] "Art. 317. Solicitar ou receber, para si ou para outrem, direta ou indiretamente, ainda que fora da função ou antes de assumi-la, mas em razão dela, vantagem indevida, ou aceitar promessa de tal vantagem: Pena – reclusão, de 2 (dois) a 12 (doze) anos, e multa. §1º A pena é aumentada de um terço, se, em consequência da vantagem ou promessa, o funcionário retarda ou deixa de praticar qualquer ato de ofício ou o pratica infringindo dever funcional. §2º Se o funcionário pratica, deixa de praticar ou retarda ato de ofício, com infração de dever funcional, cedendo a pedido ou influência de outrem: Pena – detenção, de três meses a um ano, ou multa. §1º A pena é aumentada de um terço, se, em consequência da vantagem ou promessa, o funcionário retarda ou deixa de praticar qualquer ato de ofício ou o pratica infringindo dever funcional. §2º Se o funcionário pratica, deixa de praticar ou retarda ato de ofício, com infração de dever funcional, cedendo a pedido ou influência de outrem: Pena – detenção, de três meses a um ano, ou multa".

momento em que o servidor público, ainda que não tenha feito qualquer solicitação, receber a vantagem indevida ou tão somente aceitar a promessa de recebimento futuro da vantagem.[43]

Em conclusão, para que ocorra a infração administrativa tipificada no art. 5º, inc. I da Lei nº 12.846/13, há a necessidade da participação ou presença de funcionário público, pertencente à Administração Pública nacional ou estrangeira, ou terceira pessoa a ele relacionada, sendo que qualquer destes seja o destinatário da *promessa*, do *oferecimento* ou da *entrega* da vantagem indevida, em razão da prática de ato de ofício decorrente de sua função ou cargo.

> Art. 5º [...]
> II - comprovadamente, financiar, custear, patrocinar ou de qualquer modo subvencionar a prática dos atos ilícitos previstos nesta Lei;

Chama a atenção, por sua redundância, a inclusão do advérbio *comprovadamente* no dispositivo do art. 5º, inc. II. Parece óbvia a impossibilidade de aplicação, à pessoa jurídica infratora, de qualquer sanção sem que exista a inequívoca comprovação do ilícito. Lembra Juliano Heinen que, *mesmo sob o regime da responsabilidade objetiva, não há que se excluir a necessidade de prova de seus elementos dogmáticos.*[44] No contexto de Estado de Direito não se pune quem quer que seja sem que esteja cabalmente demonstrada a prática do ato ilícito, com suas circunstâncias e elementares, pelo agente infrator.[45]

Este dispositivo trata das condutas de *financiar, custear, patrocinar ou, de qualquer modo, subvencionar a prática dos atos ilícitos previstos na Lei nº 12.846/13.* Os verbos nucleares informam a existência de infrações de simples atividade ou mera conduta,[46] posto ser desnecessária, para sua consumação, a ocorrência do resultado. Seu objeto jurídico relaciona-se à proteção da moralidade e probidade da Administração Pública.

Ao contrário do delito administrativo previsto no inc. I, acima, a infração ora em comento não possui correspondência na legislação criminal vigente no país. Sua fonte pode ser encontrada na Convenção Interamericana contra a Corrupção, de 29.3.1996,[47] que, em seu art. VI, item I, letra "e", considera atos de corrupção "a participação, como autor, coautor, instigador, cúmplice, acobertador ou mediante qualquer outro modo na perpetração ou na associação ou confabulação para perpetrar qualquer dos atos a que se refere este artigo".

Todavia, mesmo que as condutas objeto deste inciso não encontrem correspondência ou tipificação similar em outro diploma legal do direito nacional, não se nega

---

43 GRECO, Rogério. *Curso de direito penal*. 6. ed. Rio de Janeiro: Impetus, 2009. p. 416.

44 HEINEN, Juliano. *Comentários à Lei Anticorrupção*. Belo Horizonte: Fórum, 2015. p. 130.

45 Fábio André Guaragni e outros explicam que "O advérbio 'comprovadamente' sugere a noção de que somente a prova direta da conduta pode ser responsabilizada, o que tornaria vedada a prova meramente indireta, circunstancial ou indiciária. Porém, a expressão 'comprovadamente' deve ser interpretada conforme a Constituição Federal. A exclusão da prova indiciária representaria afronta ao princípio da independência do Judiciário (art. 2º/CF) e da persuasão racional motivada (art. 93, inc. IX, CF), adotada tanto no ordenamento processual penal (art. 155/CP), quando no civil (art. 131/CPC)" (GUARAGNI, Fábio André; CAMBI, Eduardo (Coords.); BERTONCINI, Mateus (Org.). *Lei Anticorrupção*. Comentários à Lei 12.846/13. São Paulo: Almedina Brasil, 2014. posição 2173-81).

46 DAL POZZO, Antonio Araldo Ferraz *et al. Lei Anticorrupção*: apontamentos sobre a Lei nº 12.846/2013. 2. ed. São Paulo: Contracorrente, 2015. p. 54.

47 Esta Convenção foi promulgada no Brasil por meio do Decreto nº 4.410, de 7.10.2002.

a existência de semelhança ou aproximação com outros dispositivos sancionatórios que tratam da tutela da moralidade ou, ainda, do patrimônio público, podendo ser mencionados os seguintes dispositivos: a) art. 91 da Lei nº 8.666/93;[48] b) art. 321 do Código Penal;[49] e, ainda, c) art. 3º, inc. III, da Lei nº 8.137/90,[50] o qual trata dos crimes contra a ordem tributária e econômica.

São quatro os atos lesivos previstos no dispositivo, todos conceitualmente muito semelhantes entre si, a conferir: *financiar*, termo que remonta ao fornecimento, pela pessoa jurídica, de ativos, isto é, dinheiro ou outros bens materiais, que se mostrem necessários para a prática integral ou parcial da infração; *custear*, que significa efetuar o pagamento de valores necessários e suficientes para a prática do ilícito; *patrocinar*, consistindo, no contexto da Lei nº 12.846/13, na provisão de recursos financeiros ou mesmo humanos, pela pessoa jurídica, para a prática de atividade ilícita por parte do agente público; e, finalmente, *subvencionar*, verbo transitivo direto que significa prestar ajuda ou conceder subsídio para a prática de infrações previstas nesta lei.

Tem por escopo o art. 5º, inc. II, prevenir a ocorrência de ingerência indevida de interesses privados ilícitos no âmbito da Administração Pública, nacional ou estrangeira, com prejuízos aos princípios constitucionais previstos no art. 5º da Constituição da República, notadamente os da legalidade, moralidade e impessoalidade, além, por óbvio, a preservação do patrimônio público.

> Art. 5º [...]
>
> III - comprovadamente, utilizar-se de interposta pessoa física ou jurídica para ocultar ou dissimular seus reais interesses ou a identidade dos beneficiários dos atos praticados;

Repete-se, nos comentários a este dispositivo, os argumentos utilizados no item anterior quanto ao advérbio *comprovadamente*. Para Carvalhosa, a menção a esta expressão, pelo legislador, é inútil, na medida em que não poderia, por óbvio, haver possibilidade de condenação sem comprovação do delito.[51]

Há, também aqui, delito qualificado como de mera conduta, assim como nas hipóteses anteriores, sendo que, de igual forma, o objeto jurídico do fato consiste na proteção à moralidade e probidade da Administração Pública.

O tipo em questão revela dois verbos nucleares, que são *ocultar* e *dissimular*, mediante interposta pessoa. A primeira elementar – *ocultar* – tem por significado esconder, encobrir, não revelar a quem de direito. A segunda, *dissimular*, significa distorcer a realidade, usar de astúcia contra terceiro, falsear a realidade à vítima.

---

[48] "Art. 91. Patrocinar, direta ou indiretamente, interesse privado perante a Administração, dando causa à instauração de licitação ou à celebração de contrato, cuja invalidação vier a ser decretada pelo Poder Judiciário: Pena – detenção, de 6 (seis) meses a 2 (dois) anos, e multa".

[49] "Art. 321. Patrocinar, direta ou indiretamente, interesse privado perante a administração pública, valendo-se da qualidade de funcionário: Pena – detenção, de um a três meses, ou multa. Parágrafo único. Se o interesse é ilegítimo: Pena – detenção, de três meses a um ano, além da multa".

[50] "Art. 3º Constitui crime funcional contra a ordem tributária, além dos previstos no Decreto-Lei nº 2.848, de 7 de dezembro de 1940 - Código Penal (Título XI, Capítulo I): [...] III - patrocinar, direta ou indiretamente, interesse privado perante a administração fazendária, valendo-se da qualidade de funcionário público. Pena – reclusão, de 1 (um) a 4 (quatro) anos, e multa".

[51] CARVALHOSA, Modesto. *Considerações sobre a Lei Anticorrupção das Pessoas Jurídicas*: Lei 12.846/2013. São Paulo: Revista dos Tribunais, 2015. p. 210.

O dispositivo deste art. 5º, inc. III, trata da figura conhecida no Brasil como *laranja*, nefasta personalidade, física ou jurídica, através ou por meio da qual a real pessoa jurídica, dissimuladamente, atua para produzir danos ao patrimônio público. Não há que se confundir a *interposta pessoa*, mencionada neste inciso, com o instituto denominado, no direito penal, como *autoria mediata*. As figuras coincidem apenas no sentido de que, em ambos os casos, o detentor dos reais interesses delituosos se vale de terceira pessoa para a prática de infração. Na *autoria mediata*, no entanto, utiliza-se alguém sobre cuja conduta incide excludente de culpabilidade (exemplo: autor direto do fato que atua de forma inconsciente ou pessoa que age sob hipnose). O executor do ato ilícito é instrumentalizado pelo real executor do delito, não respondendo, em regra, pela infração cometida.

Se a interposta pessoa for de natureza jurídica ou moral, responderá pelo ilícito, juntamente com a pessoa jurídica detentora dos interesses espúrios perante a Administração Pública, nacional ou estrangeira. Nesta hipótese, havendo processo administrativo de responsabilização, ou possível ação judicial, previstos na Lei nº 12.846/13, ambas devem figurar no polo passivo. Mateus Bertoncini explica que mesmo se a dissimulação ou ocultação houver sido praticada por pessoa física, a Lei Anticorrupção alcançará a pessoa jurídica responsável pelo estratagema, desde que esta o tenha realizado "para não se identificar ou para não identificar outra(s) pessoas(s) jurídica(s) igualmente beneficiária(s) dos atos de corrupção".[52] Por outro lado, no caso de serem os beneficiários pessoas físicas, como os dirigentes ou administradores da pessoa jurídica ou os agentes públicos envolvidos, estes poderão, presentes as condições jurídicas para tanto, ser responsabilizados por improbidade administrativa, ou, ainda, na esfera penal ou civil.

O art. 19, §1º, inc. II da Lei nº 12.846/13,[53] no capítulo que trata da responsabilização judicial da pessoa jurídica, determina que se aplique a dissolução compulsória desta sempre que comprovado ter sido ela constituída para ocultar ou dissimular interesses ilícitos ou a identidade dos beneficiários dos atos praticados. Isto significa que, tendo sido a entidade criada para a prática de fins ilícitos ou, particularmente, para o cometimento de fraudes e atos de corrupção contra a Administração Pública, desviando-se do cumprimento de sua função social, deverá ser proposta, pelo Ministério Público, estando presentes os requisitos legais, ação judicial visando à extinção da pessoa jurídica fraudadora.

É possível, portanto, compreender como caracterizado o ilícito administrativo tipificado neste inc. III da Lei Anticorrupção sempre que determinada pessoa jurídica, com interesses ilícitos,[54] comprovadamente se utilizar de interposta pessoa – física ou

---

52 SANTOS, José Anacleto Abduch; BERTONCINI, Mateus; CUSTÓDIO FILHO, Ubirajara. *Comentários à Lei 12.846/2013:* Lei Anticorrupção. 2. ed. São Paulo: Revista dos Tribunais, 2015. p. 170.

53 Lei nº 12.846/13: "Art. 19. Em razão da prática de atos previstos no art. 5º desta Lei, a União, os Estados, o Distrito Federal e os Municípios, por meio das respectivas Advocacias Públicas ou órgãos de representação judicial, ou equivalentes, e o Ministério Público, poderão ajuizar ação com vistas à aplicação das seguintes sanções às pessoas jurídicas infratoras: [...] §1º A dissolução compulsória da pessoa jurídica será determinada quando comprovado: [...] II - ter sido constituída para ocultar ou dissimular interesses ilícitos ou a identidade dos beneficiários dos atos praticados".

54 Mateus Bertoncini explica que a utilização destes "laranjas" deve ter "o propósito de ocultar ou dissimular os interesses ou benefícios advindos da prática dos atos lesivos previstos nos incs. I, II, IV e V do art. 5º da Lei 12.846/2013" e que haja, ainda, o nexo de causalidade entre a utilização de interposta pessoa física ou jurídica para ocultar ou dissimular seus reais interesses ou a identidade dos beneficiários dos atos lesivos" dos dispositivos

jurídica – com o propósito de ocultar ou dissimular estes interesses escusos, praticando atos lesivos previstos no art. 5º da norma em comento.

> Art. 5º [...]
> IV - no tocante a licitações e contratos:

Existem diversas normas que cuidam de procedimentos licitatórios, sob diversos aspectos e com distintas finalidades. Entre as leis gerais, que se aplicam à União, estados, Distrito Federal e municípios, a norma mais ampla está materializada na Lei nº 8.666/93, que estabelece normas gerais sobre licitações e contratos administrativos pertinentes a obras, serviços, inclusive de publicidade, compras, alienações e locações. A Lei nº 10.520, de 17.7.2002, por seu turno, disciplina a modalidade denominada pregão, regulamentada na esfera federal pelos decretos nº 3.555/00 (pregão presencial) e nº 5.450/05 (pregão eletrônico). A Lei nº 12.232, de 29.4.2010, trouxe normas gerais para licitação e contratação pela Administração Pública de serviços de publicidade prestados por intermédio de agências de propaganda. A Lei nº 12.462, de 4.8.2011, instituiu o Regime Diferenciado de Contratações Públicas (RDC), cuja aplicação vem sendo sucessivamente ampliada. Finalmente, a Lei nº 12.598, de 22.3.2013, estabelece normas específicas para as compras, as contratações e o desenvolvimento de produtos e de sistemas de defesa.

A referência indistinta da norma a "contratos", sem qualquer qualificativo adicional, impõe a aplicabilidade a todas as modalidades contratuais às quais pode se sujeitar o Estado-Administração, independentemente de seu regime jurídico. Nesse sentido, não são excluídos nem mesmo os contratos de regime predominantemente de direito privado celebrados pelos sujeitos submetidos a esta lei.

> Art. 5º [...]
> IV - [...]
> a) frustrar ou fraudar, mediante ajuste, combinação ou qualquer outro expediente, o caráter competitivo de procedimento licitatório público;

A competição é a medula do procedimento licitatório, pois é exatamente a disputa entre os licitantes que oferece à Administração a oportunidade de selecionar a melhor proposta para um futuro contrato. Desta forma, a ausência de real competitividade transforma a licitação em uma encenação despida de sentido e afrontosa ao interesse público.

A infração tipificada nesta alínea pressupõe, como se dessume da redação do dispositivo, um *procedimento licitatório público* devidamente iniciado. De acordo com o art. 38 da Lei nº 8.666/93, "o procedimento da licitação será iniciado com a abertura de processo administrativo, devidamente autuado, protocolado e numerado, contendo a autorização respectiva, a indicação sucinta de seu objeto e do recurso próprio para a

---

acima enumerados (SANTOS, José Anacleto Abduch; BERTONCINI, Mateus; CUSTÓDIO FILHO, Ubirajara. *Comentários à Lei 12.846/2013*: Lei Anticorrupção. 2. ed. São Paulo: Revista dos Tribunais, 2015. p. 175).

despesa". Na ausência de norma específica em sentido contrário, o entendimento deve ser aplicado para as licitações regidas pelas demais leis.

Ainda que diversas atividades iniciais se desenvolvam na chamada "fase interna" da licitação, que ocorre no ambiente restrito da Administração – sem conhecimento necessário ou participação dos particulares – pode-se reconhecer que o procedimento é iniciado com a abertura do processo administrativo com a respectiva autorização. Nessa fase inicial, são planejados e elaborados os atos essenciais exigidos pela legislação para a deflagração da competição pública. Entre os atos que compõem a *fase interna*, na sistemática delineada pela Lei nº 8.666/93, destacam-se os seguintes: elaboração da especificação do objeto; estimativa do valor da contratação, mediante pesquisa de mercado; indicação dos recursos orçamentários; verificação do cumprimento dos requisitos orçamentários e financeiros, em obediência à Lei de Responsabilidade Fiscal; elaboração de projetos e elaboração e aprovação do edital.

Percebe-se que a influência do particular nesta etapa inicial, que concentra os atos preparatórios, é – ou deve ser – praticamente nula. Entretanto, não se pode afastar de antemão a possibilidade de que as pessoas jurídicas – sujeitos ativos da infração administrativa – pratiquem ainda durante essa fase as condutas tipificadas.

Frustração e *fraude*[55] se diferenciam quanto ao grau de culpabilidade, presente com maior intensidade nesta última, em que se pressupõe a ocorrência de transgressão à ordem jurídica, mediante artifício ou ardil, com a certa finalidade de ludibriar alguém ou causar-lhe prejuízo. Trata a fraude da utilização da astúcia para desvirtuar, impedir ou encobrir, maliciosamente, a real competitividade nas licitações. *Frustrar*, por seu turno, abarca condutas que buscam impedir, prejudicar ou atrapalhar a prática de determinado ato ou o alcance de algum objetivo.

As condutas realizadas pelos particulares que atingem a competitividade nas licitações costumam envolver articulações entre diversas empresas para frustrar o objetivo de alcançar a melhor proposta pelo melhor preço possível, de acordo com o mercado. Em detalhado estudo, a Organização para Cooperação e Desenvolvimento Econômico – OCDE[56] identificou estratégias de conluio comumente utilizadas por licitantes em licitações públicas:

- *Propostas fictícias ou de cobertura* – as propostas fictícias se verificam quando empresas combinam submeter propostas que envolvem, pelo menos, um dos seguintes comportamentos: (i) um dos concorrentes aceita apresentar uma proposta mais elevada do que a proposta do candidato escolhido, (ii) um concorrente apresenta uma proposta que já sabe de antemão ser demasiado elevada para ser aceita, ou (iii) um concorrente apresenta uma proposta que contém condições específicas que sabe de antemão serem inaceitáveis para

[55] "Fraude é o expediente, artifício, manobra, intentado com o objetivo de lesar terceiro. É tipificável tanto nos atos unilaterais, hipótese em que macula o negócio jurídico ainda que dele não participe outra pessoa, quanto nos atos bilaterais, em que ocorre conjugada atuação das partes. A fraude materializa violação de obrigação preexistente, ou seu inadimplemento ou, ainda, frustração da lei" (FRANÇA, Rubens Limongi (Coord.). *Enciclopédia Saraiva do Direito*. São Paulo: Saraiva, 1977).

[56] Organização para Cooperação e Desenvolvimento Econômico – OCDE. *Diretrizes para combater o conluio entre concorrentes em contratações públicas*, 2009.

o comprador. As propostas fictícias são concebidas para dar a aparência de uma concorrência genuína entre os licitantes.

- *Supressão de propostas* – Acordos entre os concorrentes nos quais uma ou mais empresas estipulam abster-se de concorrer ou retiram uma proposta previamente apresentada para que a proposta do concorrente escolhido seja a aceita pela Administração.
- *Propostas rotativas ou rodízio* – As empresas combinam apresentar alternadamente a proposta vencedora (valor mais baixo em sucessivas licitações).
- *Divisão do mercado* – As empresas concorrentes definem os contornos do mercado e acordam em não concorrer para determinados clientes ou em áreas geográficas específicas.

O bem jurídico tutelado pela infração é a livre concorrência entre as empresas, pressuposto para a seleção objetiva da proposta mais vantajosa para a Administração.

> Art. 5º [...]
> IV - [...]
> b) impedir, perturbar ou fraudar a realização de qualquer ato de procedimento licitatório público;

Enquanto a infração tipificada no inciso anterior objetiva punir as condutas que afrontam a livre competição entre as empresas, a infração constante desta alínea tutela a realização escorreita e tranquila do procedimento licitatório. A licitação – em suas diversas modalidades – desenvolve-se de acordo com procedimentos disciplinados pelo ordenamento para garantir que a competição alcance suas finalidades. Os diversos procedimentos são compostos por atos individuais, interligados na sequência legalmente estabelecida. Desta forma, são tutelados pela norma não somente os atos praticados nas sessões públicas de disputa como também os demais que compõem o procedimento licitatório.

A fórmula utilizada é excessivamente aberta, de difícil preenchimento concreto com as condutas verificáveis durante o certame. Há que se destacar que os verbos utilizados no núcleo das condutas (impedir, perturbar e fraudar) demonstram a importância da presença do elemento subjetivo, no caso, o dolo, ainda que a lei classifique a responsabilidade como objetiva. No tocante à distinção entre as condutas, *impedir* envolve obstar a consumação de um ato ou de seus efeitos; *perturbar* significa dificultar ou atrapalhar, ainda que o ato seja praticado, e *fraudar* envolve o uso de meio ardiloso e ilegal para o alcance de certo objetivo.

> Art. 5º [...]
> IV - [...]
> c) afastar ou procurar afastar licitante, por meio de fraude ou oferecimento de vantagem de qualquer tipo;

A infração constante desta alínea encontra larga semelhança com aquela tipificada na alínea "a", razão pela qual são reiteradas as considerações feitas na análise daquele dispositivo. A conduta descrita nesta regra, entretanto, descreve mais propriamente a atuação isolada do sujeito ativo – pessoa jurídica – do que a atuação concertada de vários sujeitos em conluio. De qualquer maneira, mais uma vez o bem jurídico tutelado é a ampla competitividade nas licitações.

> Art. 5º [...]
> IV - [...]
> d) fraudar licitação pública ou contrato dela decorrente;

A infração constante desta alínea é descrita de forma muito aberta, possibilitando o enquadramento de diversas condutas. Como foi dito, a *fraude* é ato doloso que envolve a busca de vantagem por meio de engodo, enganação. Em razão da amplitude utilizada na descrição, a infração abrange todas as condutas ligadas ao *processo licitatório* e ao *contrato*, em todas as suas diversas etapas (formalização, execução, controle).

Alguns exemplos de condutas que envolvem fraudes podem ser encontrados no crime descrito no art. 96 da Lei nº 8.666/93:

> Art. 96. Fraudar, em prejuízo da Fazenda Pública, licitação instaurada para aquisição ou venda de bens ou mercadorias, ou contrato dela decorrente:
> I - elevando arbitrariamente os preços;
> II - vendendo, como verdadeira ou perfeita, mercadoria falsificada ou deteriorada;
> III - entregando uma mercadoria por outra;
> IV - alterando substância, qualidade ou quantidade da mercadoria fornecida;
> V - tornando, por qualquer modo, injustamente, mais onerosa a proposta ou a execução do contrato:
> Pena - detenção, de 3 (três) a 6 (seis) anos, e multa.

Claro que a infração que ora se comenta não está adstrita às condutas tipificadas como crimes. Em razão da descrição aberta, deve-se considerar esta infração como uma "regra de reserva", utilizada quando dada conduta voluntária reprovável não for passível de enquadramento nas demais infrações. Certo é, contudo, que o sistema constitucional não se compadece com a utilização de interpretações arbitrárias, caprichosas e persecutórias desviadas da necessária realização de finalidades de interesse público. Embora de extrema dificuldade prática, seria desejável a individualização das condutas indesejadas no instrumento convocatório.

> Art. 5º [...]
> IV - [...]
> e) criar, de modo fraudulento ou irregular, pessoa jurídica para participar de licitação pública ou celebrar contrato administrativo;

A essência do procedimento licitatório reside na disputa entre os particulares para apresentação da melhor proposta para o futuro contrato administrativo. Por essa razão, as leis coíbem a criação de pessoas jurídicas com o mero intuito de forjar competição, dando aparência de realidade a uma disputa que, de fato, não existe.

O tipo administrativo foi descrito de forma aberta, dando ensejo a diversas interpretações que devem ser especialmente motivadas em cada caso concreto. Interpretação meramente literal implicaria reconhecer que estariam alcançadas pela norma apenas as condutas relativas ao procedimento jurídico de criação das pessoas jurídicas, nos termos dispostos pelo Código Civil. Desta forma, estariam abrangidas condutas fraudulentas relativas à elaboração do estatuto social ou à inscrição do ato constitutivo no respectivo registro, por exemplo. Entretanto, esses exemplos contêm situações que são tuteladas também pelo direito privado, sendo o interesse público ofendido apenas de forma reflexa.

O bem jurídico tutelado pela norma é a *real competitividade nas licitações*, imposição dos princípios que regem a Administração Pública. Por essa razão, as condutas que devem ser enquadradas no tipo administrativo devem possuir estreita relação com a licitação ou com o contrato administrativo, independentemente de problemas formais na constituição da pessoa jurídica. Em outras palavras, o que se busca é obstar que seja constituída pessoa jurídica voltada ao propósito de buscar vantagens para outra pessoa jurídica, simulando competição (trata-se das conhecidas "empresas fantasmas" ou "empresas de fachada"). Isso ocorre, por exemplo, quando uma empresa ardilosamente apresenta propostas com preços deliberadamente mais baixos para ser vencedora em uma licitação, posteriormente desistindo do contrato (ou não possuindo os documentos de habilitação, se se tratar de modalidade com habilitação posterior às propostas) para favorecer a segunda colocada que, de forma combinada, apresentou preços superiores. Percebe-se que a conduta se amoldaria também ao tipo constante da alínea "a" desse mesmo artigo – somente a detida análise do caso concreto pode amparar o correto enquadramento nos tipos legais.

O relatório a seguir de acórdão prolatado pelo Tribunal de Contas da União traz exemplo de fraude que, lamentavelmente, tem se tornado comum:

> 8. O *modus operandi* da prática criminosa investigada envolvia a contratação direcionada de empresas fantasmas e o posterior desvio de recursos federais. No caso da operação "Carta Marcada", verificou-se que o Prefeito realizava uma licitação fictícia e em seguida executava as obras por administração direta, com recursos humanos e materiais da prefeitura, ou contratava, informalmente, por preço bem inferior, terceiros para executar os serviços. [...] 10. Dos cinco ajustes sub examine, quatro deles contam com parecer do órgão concedente atestando a aprovação das contas. Entretanto, como é cediço, a conclusão do objeto, desassociada de elementos que atestem a sua realização com os recursos federais repassados, não é hábil, por si só, para acarretar a aprovação das contas do convênio. 11. Os elementos colhidos na fase instrutiva do presente processo indicam que o objeto não foi executado pelas empresas contratadas. Comprovou-se que o quadro de pessoal das firmas contratadas e os correspondentes recolhimentos trabalhistas e previdenciários são absolutamente incompatíveis com o volume de obras custeadas com recursos públicos que supostamente essas empresas realizaram no mesmo período. Três dessas empresas [...] também estão inabilitadas junto à Receita Federal do Brasil, por inexistirem de fato. Além disso, repiso que todas as empresas arroladas nessa representação integram o rol de empresas de fachada descobertas pela Polícia Federal mediante as operações "Transparência" ou "Carta Marcada", o que levanta grave suspeição quanto à sua idoneidade para o regular manejo dos recursos federais recebidos. 12. Essas constatações tornam inidôneas as notas fiscais emitidas por essas empresas e afastam o nexo causal

entre os pagamentos efetuados com os recursos federais em tela e a execução dos objetos pactuados nos convênios, em razão de as diversas obras não terem sido executadas pelas beneficiárias do pagamento, que são empresas de fachada. 13. Essas empresas tentam aparentar legalidade em sua operação, mas, na verdade, são empresas fictícias, forjadas para fraudar licitações e desviar recursos públicos. A Secex/PB noticia que a operação "Carta Marcada", por exemplo, desbaratou quadrilha criminosa especializada em fraudar licitações em 63 prefeituras do Estado da Paraíba, dentre elas a de Cruz do Espírito Santo. Esta Corte, em diversos julgados, tem tratado situações semelhantes em outros municípios paraibanos, dentre as quais cito apenas aquelas examinadas nos Acórdãos 1.430/2015, 758/2015, 2.458/2014, 802/2014 e 3.420/2013 (Plenário) e 4.703/2014, 8.265/2013 e 5.723/2013 (Primeira Câmara). 14. Tal realidade, quando associada às máculas identificadas no processo licitatório, denota a plausibilidade da tese apresentada de que as empresas foram criadas com a intenção de fraudar o erário. (TCU – 1ª Câmara. Acórdão nº 44812015. Rel. Min. Bruno Dantas. Ata nº 27/2015).

Finalmente, ao tratar das estratégias de conluio comumente utilizadas por licitantes, a Organização para Cooperação e Desenvolvimento Econômico (OCDE)[57] identificou alguns indícios verificados na apresentação de documentos que também podem sinalizar a eventual existência de pessoa jurídica criada para fraudar o certame:

- erros semelhantes – nos documentos ou cartas de proposta apresentados por empresas diferentes, tais como erros de ortografia;
- as propostas de empresas diferentes apresentam caligrafia ou tipo de letra semelhantes, ou utilizam formulários ou papel timbrado similares;
- os documentos da proposta de um concorrente fazem referência expressa às propostas de outros concorrentes ou utilizam o cabeçalho ou número de fax de outro concorrente;
- as propostas de empresas diferentes contêm erros de cálculo semelhantes;
- as propostas de empresas diferentes contêm um número significativo de estimativas semelhantes de custo de certos produtos;
- os envelopes de empresas diferentes têm carimbos postais ou marcas de registro postal semelhantes;
- os documentos de proposta de diferentes empresas sugerem inúmeros ajustes de última hora, tais como a utilização do corretor ou outras alterações físicas;
- os documentos de proposta apresentados por empresas diferentes contêm menos detalhes do que seria necessário ou esperado, ou dão outras indicações de que não são genuínas;
- os concorrentes apresentam propostas semelhantes ou os preços apresentados pelos concorrentes aumentam de forma regular.

Art. 5º [...]
IV - [...]

[57] Organização para Cooperação e Desenvolvimento Econômico – OCDE. *Diretrizes para combater o conluio entre concorrentes em contratações públicas*, 2009.

f) obter vantagem ou benefício indevido, de modo fraudulento, de modificações ou prorrogações de contratos celebrados com a administração pública, sem autorização em lei, no ato convocatório da licitação pública ou nos respectivos instrumentos contratuais; ou

g) manipular ou fraudar o equilíbrio econômico-financeiro dos contratos celebrados com a administração pública;

Os contratos celebrados pelo Estado-Administração estão submetidos a regime jurídico diferenciado, não lhes sendo reconhecido o mesmo grau de liberdade dos particulares para a estipulação de suas obrigações. Por imposição do princípio da legalidade, esses contratos possuem estrita vinculação ao ordenamento jurídico que lhes condiciona a forma, objeto, conteúdo e finalidades, entre outros aspectos. Essa é a razão de alguns autores considerarem que o contrato administrativo tem natureza de contrato de adesão:

> Todas as cláusulas dos contratos administrativos são fixadas unilateralmente pela Administração. Costuma-se dizer que, pelo instrumento convocatório da licitação, o poder público faz uma oferta a todos os interessados, fixando as condições em que pretende contratar; a apresentação de propostas pelos licitantes equivale à aceitação da oferta feita pela Administração. Essa ideia se confirma com a norma do artigo 40, §2º, da Lei nº 8.666, segundo a qual, dentre os anexos do edital da licitação, deve constar necessariamente "a minuta do contrato a ser firmado entre a Administração e o licitante vencedor"; com isto, fica a minuta do contrato sujeita ao princípio da vinculação ao edital. Mesmo quando o contrato não é precedido de licitação, é a Administração que estabelece, previamente, as cláusulas contratuais, vinculada que está às leis, regulamentos e ao princípio da indisponibilidade do interesse público.[58]

Por essa razão, as prorrogações e modificações dos contratos devem ser expressamente permitidas pelo ordenamento jurídico, não bastando o mero consenso entre as partes. A *prorrogação* refere-se à ampliação de prazos de vigência ou de execução do contrato, nos termos previstos pela lei. As *modificações*, por seu turno, consistem nas alterações de cláusulas contratuais, que podem ser efetivadas mediante consenso entre as partes ou unilateralmente, pela Administração, sempre de acordo com a expressa previsão legal. Desta maneira, a caracterização da infração prevista na alínea "f" demanda o descumprimento dos requisitos legais para a realização de prorrogações ou alterações, com a obtenção de benefício indevido para a pessoa jurídica, mediante fraude.

Uma das mais importantes hipóteses legais de alteração contratual refere-se à necessidade de *manutenção do equilíbrio econômico-financeiro do contrato*. O equilíbrio ou equação econômico-financeira do contrato é representado pela relação existente entre os encargos atribuídos ao particular e a remuneração ajustada com a Administração, firmada no momento em que a proposta do particular é aceita. A proteção dessa equação é direito do contratado, que somente se obriga pelo que efetivamente constou de sua proposta, nos termos do art. 37, inc. XXI da Constituição. Na lição de Marçal Justen Filho:

---

[58] DI PIETRO, Maria Sylvia Zanella. *Direito administrativo*. 30. ed. São Paulo: Forense, 2016.

> O equilíbrio econômico-financeiro abrange todos os encargos impostos à parte, ainda quando não se configurem como "deveres jurídicos" propriamente ditos. São relevantes os prazos de início, execução, recebimento provisório e definitivo previstos no ato convocatório; processos tecnológicos a serem aplicados; matérias-primas a serem utilizadas; as distâncias para entrega dos bens, o prazo para pagamento, etc. O mesmo se passa quanto à remuneração. Todas as circunstâncias atinentes à remuneração são relevantes, tais como prazos e formas de pagamento. Não se considera apenas o valor que o contratante receberá, mas, também, as épocas previstas para sua liquidação.[59]

A Lei nº 8.666/1993 estatui que o valor ajustado inicialmente para o contrato pode ser alterado em razão de reajuste (arts. 40, inc. XI, e 55, inc. III) e reequilíbrio econômico-financeiro (art. 65, inc. II, alínea "d"). A infração descrita na alínea "g" tutela, sobretudo, as situações envolvendo a recomposição do equilíbrio, pois a figura jurídica do reajuste objetiva recompor as perdas incidentes sobre o poder aquisitivo da moeda por meio da utilização de índices prefixados no contrato administrativo. Desta forma, o reajuste é caracterizado por uma *recomposição automática do equilíbrio*, sem a necessidade de qualquer ato por parte do contratado.

Ao contrário do reajuste, as demais situações que desequilibram a equação econômico-financeira do contrato dependem de expressa demonstração de que as atividades ligadas à execução do contrato foram atingidas por variações de preços não refletidas por índices previamente estabelecidos. A demonstração do desequilíbrio, nesses casos, incumbe ao contratado – reside nessa etapa a possibilidade de *fraudar* ou *manipular* as informações relativas. Serve como exemplo o procedimento de *repactuação*, instituto aplicável aos contratos de prestação de serviços continuados e disciplinado, na esfera federal, pelo Decreto nº 2.271/97 e Instrução Normativa nº 02/08 SLTI-MPOG. Para a concessão da repactuação, o contratado deve demonstrar analiticamente o aumento de seus custos, submetendo sua planilha à Administração. A manipulação ou fraude dessas informações para sugerir um desequilíbrio que de fato não ocorreu caracterizaria perfeitamente a conduta tipificada pela norma.

> Art. 5º [...]
> V - dificultar atividade de investigação ou fiscalização de órgãos, entidades ou agentes públicos, ou intervir em sua atuação, inclusive no âmbito das agências reguladoras e dos órgãos de fiscalização do sistema financeiro nacional.

Este inc. V institui o dever ético da pessoa jurídica em colaborar com os órgãos estatais persecutórios e fiscalizatórios sempre que lhes for solicitado qualquer documento ou informação. Deste modo, sempre que houver fiscalização ou atos investigatórios, *in loco* ou não, em nenhuma hipótese poderá a pessoa jurídica alvo dificultar a prática do ato com interposição de subterfúgios ou criação de obstáculos que possam dificultar os atos praticados por órgãos estatais.

Pestana esclarece que a imposição de práticas que dificultem as atividades de fiscalização ou investigação pode ocorrer sempre que houver a criação de embaraços ou

---

[59] JUSTEN FILHO, Marçal. *Comentários à Lei de Licitações e Contratos Administrativos*. 16. ed., rev., atual. e ampl. São Paulo: Revista dos Tribunais, 2014. p. 1012.

empecilhos artificialmente criados, de sorte a dificultar a investigação ou a fiscalização por parte do Poder Público no desempenho de suas funções próprias.[60] Como exemplo de dificuldades artificialmente criadas, Pestana cita a morosidade na prestação de informações requisitadas e a apresentação fragmentada de sua transmissão, de modo a dificultar o acesso a dados e informes necessários ao curso natural das investigações.[61]

De igual modo, a norma considera ilícita a conduta de *intervir* na atuação de órgãos fiscalizatórios ou investigatórios, inclusive agências reguladoras e entes responsáveis pela fiscalização do sistema financeiro nacional. Por outro lado, o tipo normativo peca por não explicitar em qual situação seria considerada ilícita a intervenção, deixando ampla margem de interpretação da norma.

O objeto jurídico do ilícito é a Administração Pública, atingida em sua moralidade administrativa e probidade. O sujeito ativo é a pessoa jurídica que age no sentido de dificultar a atuação, fiscalização ou investigação de órgão público. Finalmente, sujeito passivo é o Estado. Cuida-se, ademais, de infração administrativa de mera conduta, que se consuma com a simples ação da pessoa jurídica, por meio de seus agentes.

A infração ora em discussão encontra correspondência no art. 25 da Convenção da ONU contra a Corrupção, promulgada no Brasil através do Decreto nº 5.687, de 31.1.2006, que, em seu art. 25, expressa:

> *Artigo 25. Obstrução da justiça.* Cada Estado Parte adotará as medidas legislativas e de outras índoles que sejam necessárias para qualificar como delito, quando cometidos intencionalmente:
>
> a) O uso da força física, ameaças ou intimidação, ou a promessa, o oferecimento ou a concessão de um benefício indevido para induzir uma pessoa a prestar falso testemunho ou a atrapalhar a prestação de testemunho ou a apartação de provas em processos relacionados com a prática dos delitos qualificados de acordo com essa Convenção;
>
> b) O uso da força física, ameaças ou intimidação para atrapalhar o cumprimento das funções oficiais de um funcionário da justiça ou dos serviços encarregados de fazer cumprir-se a lei em relação com a prática dos delitos qualificados de acordo com a presente Convenção. Nada do previsto no presente Artigo menosprezará a legislação interna dos Estados Partes que disponham de legislação que proteja a outras categorias de funcionários públicos.

É de se observar, ainda, que a conduta em análise possui semelhança com o crime tipificado no art. 2º, §1º, da Lei nº 12.850/13, que trata da investigação criminal, obtenção de provas e infrações penais em hipóteses de organizações criminosas.[62]

O ato de dificultar atividades de fiscalização ou investigação não se confunde com o direito que possui a pessoa jurídica de não produzir provas contra si, consolidado no direito brasileiro por meio do princípio do *nemo tenetur se detegere*, firmado na Constituição

---

60 PESTANA, Márcio. *Lei Anticorrupção*: exame sistematizado da Lei 12.846/13. São Paulo: Manole, 2016. p. 54.

61 PESTANA, Márcio. *Lei Anticorrupção*: exame sistematizado da Lei 12.846/13. São Paulo: Manole, 2016. p. 55.

62 Lei nº 12.850: "Art. 2º Promover, constituir, financiar ou integrar, pessoalmente ou por interposta pessoa, organização criminosa: Pena – reclusão, de 3 (três) a 8 (oito) anos, e multa, sem prejuízo das penas correspondentes às demais infrações penais praticadas. §1º Nas mesmas penas incorre quem impede ou, de qualquer forma, embaraça a investigação de infração penal que envolva organização criminosa".

da República, em seu art. 5º, inc. LXIII;[63] além de previsão no Pacto Internacional dos Direitos Civis e Políticos, em seu art. 14.3 "g",[64] promulgado no Brasil pelo Decreto nº 592, de 6.7.1992; e, finalmente, na Convenção Americana sobre Direitos Humanos ou Pacto de São José da Costa Rica, promulgado pelo Decreto nº 678, de 6.11.1992, em seu art. 8º, item 2º, letra "g".[65]

Em que pese o dispositivo do inc. V do art. 5º, parece ser razoável considerar como opção da pessoa jurídica, objeto da persecução, não colaborar com atos investigatórios ou fiscalizatórios que a atinjam, sem que esta conduta possa ser considerada delituosa. Afinal, o sistema jurídico nacional não prevê algo como *dever irrestrito de colaboração*, como conceito a se extrair do princípio do *nemo tenetur se detegere*. É possível compreendê-lo como algo mais amplo, que é o direito que tem a pessoa – física ou jurídica – de não se autoincriminar. Em outras palavras, é o direito de se recusar a colaborar na produção de provas que possam importar em autoincriminação. Não se admite, contudo, às pessoas jurídicas investigadas ou fiscalizadas, praticar atos caracterizados como de obstrução, tais como impedir o acesso de agentes públicos a locais de coleta de provas ou promover, deliberadamente, sua destruição, sob o argumento da não autoincriminação. Também não pode promover, direta ou indiretamente, ameaças ou qualquer outra modalidade de intimidação a testemunhas.[66]

Outra forma de incidência do delito administrativo previsto no inc. V, do art. 5º da Lei Anticorrupção, refere-se à prática de corrupção ativa em que servidor público pratique, omita ou retarde ato de ofício sempre que este se relacionar a atividades de investigação ou fiscalização da pessoa jurídica. Ao representante da pessoa jurídica de direito privado será imputado o crime de corrupção ativa, tipificado no art. 333 do Código Penal.[67] Algumas particularidades devem, no entanto, ser ressaltadas: se o resultado visado pela prática do crime de corrupção ativa for alcançado e, em razão disto, o servidor público efetivamente retardar ou deixar de praticar ato de ofício, em benefício de pessoa jurídica, esta deverá responder pela infração do art. 5º, inc. V. O seu representante, ou a pessoa física responsável pelo delito, por outro lado, poderá responder pelo crime do art. 333 do Código Penal. Se, no entanto, o resultado não for

---

63 Constituição da República, art. 5º, inc. LXIII: "o preso será informado de seus direitos, entre os quais o de permanecer calado, sendo-lhe assegurada a assistência da família e de advogado".

64 Pacto Internacional sobre Direitos Civis e Políticos: "Artigo 14. [...] 3. Toda pessoa acusada de um delito terá direito, em plena igualmente, a, pelo menos, as seguintes garantias: [...] g) De não ser obrigada a depor contra si mesma, nem a confessar-se culpada".

65 Convenção Americana sobre Direitos Humanos ou Pacto de São José da Costa Rica (1969): "Artigo 8º - Garantias judiciais. [...] 2. Toda pessoa acusada de um delito tem direito a que se presuma sua inocência, enquanto não for legalmente comprovada sua culpa. Durante o processo, toda pessoa tem direito, em plena igualdade, às seguintes garantias mínimas: [...] g) direito de não ser obrigada a depor contra si mesma, nem a confessar-se culpada; e [...]".

66 Mateus Bertoncini explica que a "obstrução ao funcionamento dos órgãos de investigação e fiscalização de atos de corrupção pode materializar-se de forma direta ou indireta. Na sua forma direta, a pessoa jurídica poderá empregar força física, ameaça ou intimidação dirigidas contra as autoridades encarregadas das funções de fiscalização e investigação, de modo a dificultar ou a impedir o desempenho dessas atividades" (SANTOS, José Anacleto Abduch; BERTONCINI, Mateus; CUSTÓDIO FILHO, Ubirajara. *Comentários à Lei 12.846/2013:* Lei Anticorrupção. 2. ed. São Paulo: Revista dos Tribunais, 2015. p. 196).

67 Código Penal: "Art. 333. Oferecer ou prometer vantagem indevida a funcionário público, para determiná-lo a praticar, omitir ou retardar ato de ofício: Pena – reclusão, de 2 (dois) a 12 (doze) anos, e multa. Parágrafo único. A pena é aumentada de um terço, se, em razão da vantagem ou promessa, o funcionário retarda ou omite ato de ofício, ou o pratica infringindo dever funcional".

atingido, ainda que prometida, oferecida ou dada a vantagem ilícita, o delito cometido será aquele tipificado no inc. I do art. 5º da Lei Anticorrupção.[68]

Juliano Heinen, diferentemente, explica que a *mens legis* da norma se refere a "dificultar atividades" em casos "em que é imposto um dever jurídico a um órgão ou ente, com base em ato normativo legal ou infralegal".[69] Este posicionamento é justificado com base no art. 5º, inc. II da Constituição da República, segundo o qual "ninguém será obrigado a fazer ou deixar de fazer alguma coisa senão em virtude de lei".

De qualquer modo, em relação a pessoas jurídicas que não possuam qualquer relação com a infração fiscalizada ou investigada, considera-se haver o dever implícito de colaboração com atos oficiais praticados por autoridades. Justifica-se tal posicionamento uma vez que estas pessoas jurídicas não serão alvo das provas por elas próprias fornecidas. Deste modo, caso se recusem a fornecer provas e informações requisitadas por agente público, em tese, a pessoa jurídica – não investigada ou fiscalizada – poderia, sim, ser objeto de processo sancionatório previsto no art. 5º, inc. V, da Lei nº 12.846/13.

5.9 Administração Pública estrangeira

A menção à Administração Pública estrangeira pode ser encontrada em diversos dispositivos da Lei nº 12.846/13, entre eles os §§1º, 2 º e 3º, do art. 5º, ora em comento.[70] Carvalhosa explica que a função da extraterritorialidade da lei tem por objeto "flexibilizar o conceito de território para expandir a Jurisdição do Estado, de forma a estender o seu *jus puniendi* a locais e meios de transportes que se encontram fora de seu solo ou mar territorial".[71]

---

[68] Esta é, precisamente, a lição de Mateus Bertoncini, para quem: "A corrupção ativa, ou seja, o oferecimento ou a promessa de vantagem indevida a funcionário para determiná-lo a praticar, omitir ou retardar ato de ofício relacionado às atividades de fiscalização ou investigação, é outro meio apto a dificultar essas atividades. O dirigente, administrador, empregado ou representante da pessoa jurídica, obtendo ou não o resultado ilícito almejado – o retardamento ou a omissão dos atos de fiscalização ou investigação – terá cometido, em tese, o crime do art. 333 do CP. No caso da pessoa jurídica, observa-se que se o resultado não foi atingido, embora ela tenha oferecido ou prometido a vantagem indevida, o ilícito cometido será o do inc. I e não o do inc. V do art. 5º da Lei 12.846/13. Diferentemente, se em razão da vantagem ou da promessa de vantagem o funcionário retarda ou omite ato de ofício relacionado à fiscalização ou investigação de atos de corrupção, dificultando a atividade do órgão competente, responderá a pessoa jurídica pelo ato do inc. V, enquanto o seu representante responderá pelo parágrafo único do art. 333 do CP" (SANTOS, José Anacleto Abduch; BERTONCINI, Mateus; CUSTÓDIO FILHO, Ubirajara. *Comentários à Lei 12.846/2013:* Lei Anticorrupção. 2. ed. São Paulo: Revista dos Tribunais, 2015. p. 196-197).

[69] HEINEN, Juliano. *Comentários à Lei Anticorrupção*. Belo Horizonte: Fórum, 2015. p. 144.

[70] A aplicação ultraterritorial da Lei nº 12.846/13 é prevista nos seguintes dispositivos, além dos §§1º, 2º e 3º, do art. 5º – art. 1º, parágrafo único: "Aplica-se o disposto nesta Lei às sociedades empresárias e às sociedades simples, personificadas ou não, independentemente da forma de organização ou modelo societário adotado, bem como a quaisquer fundações, associações de entidades ou pessoas, ou sociedades estrangeiras, que tenham sede, filial ou representação no território brasileiro, constituídas de fato ou de direito, ainda que temporariamente"; art. 16, §10: "A Controladoria-Geral da União - CGU é o órgão competente para celebrar os acordos de leniência no âmbito do Poder Executivo federal, bem como no caso de atos lesivos praticados contra a administração pública estrangeira"; art. 26, §2º: "A pessoa jurídica estrangeira será representada pelo gerente, representante ou administrador de sua filial, agência ou sucursal aberta ou instalada no Brasil"; e, finalmente, art. 28: "Esta Lei aplica-se aos atos lesivos praticados por pessoa jurídica brasileira contra a administração pública estrangeira, ainda que cometidos no exterior".

[71] CARVALHOSA, Modesto. *Considerações sobre a Lei Anticorrupção das Pessoas Jurídicas*: Lei 12.846/2013. São Paulo: Revista dos Tribunais, 2015. p. 114.

Esta flexibilização conceitual do elemento *território* autoriza a aplicação da Lei nº 12.846/13 sempre que houver a prática de infrações previstas em seu art. 5º, cometidas em território nacional ou no exterior (art. 28), contra a Administração Pública estrangeira ou representações diplomáticas de nações estrangeiras. Abrange, ainda, todas as pessoas jurídicas controladas, direta ou indiretamente, pelo Poder Público de nação estrangeira.

O §1º do art. 5º trata, basicamente, da definição da expressão *Administração Pública estrangeira*, considerando esta como o conjunto de órgãos e entidades estatais ou representações diplomáticas, de qualquer nível ou esfera de governo, bem como pessoas jurídicas controladas, direta ou indiretamente, pelo Poder Público de país estrangeiro. O §2º, por seu turno, estende o conceito de Administração Pública estrangeira às organizações sociais, considerando-as como equiparadas à Administração Pública estrangeira.

Acolhendo a sistematização sugerida por Juliano Heinen,[72] é possível vislumbrar as disposições dos §§1º, 2º e 3º, do art. 5º, da Lei nº 12.846/13, do seguinte modo, no que diz respeito à Administração Pública como sujeito passivo dos tipos delituosos previstos na norma:

a) Administração Pública nacional:
a.1) direta;
a.2) indireta.
b) Administração Pública estrangeira:
b.1) direta:
b.1.1) órgãos e entidades estatais ou representações diplomáticas de país estrangeiro, de qualquer nível ou esfera de governo (art. 5º, §1º);
b.1.2) as pessoas jurídicas controladas, direta ou indiretamente, pelo Poder Público de país estrangeiro (art. 5º, §1º).
b.2) por equiparação:
b.2.1) Organizações Públicas internacionais (art. 5º, §2º).

Este esquema explica de modo didático qual o rol de pessoas jurídicas que podem ser sujeitos passivos dos atos corruptivos previstos no art. 5º da Lei Anticorrupção, sendo que, no que respeita à Administração Pública estrangeira, sua previsão encontra-se na Convenção sobre o Combate à Corrupção de Funcionários Públicos Estrangeiros em Transações Comerciais Internacionais, promulgada em território nacional por meio do Decreto nº 3.678, de 30.11.2000, ou, simplesmente, Convenção da OCDE Contra o Suborno Transnacional. Esta Convenção tem por objetivo primordial a adequação das normas legislativas dos Estados signatários às medidas necessárias à prevenção e combate à corrupção de funcionários públicos estrangeiros, perpetrados por pessoas físicas ou jurídicas, quando houver práticas comerciais que envolvam dois ou mais países.

O conceito adotado pela Lei nº 12.846/13 para Administração Púbica estrangeira é basicamente o mesmo do tradicionalmente reconhecido no âmbito nacional, uma vez que abrange todos os entes, de direito público ou privado, pertencentes ao Estado. No sistema federativo brasileiro seria a Administração direta, composta pelo conjunto de órgãos que

[72] HEINEN, Juliano. *Comentários à Lei Anticorrupção*. Belo Horizonte: Fórum, 2015. p. 65.

integram as pessoas federativas, aos quais foi atribuída a competência para o exercício, de forma centralizada, das atividades administrativas do Estado, conforme leciona José dos Santos Carvalho Filho;[73] e Administração indireta é conceituada como o conjunto de pessoas administrativas que, vinculadas à respectiva Administração direta, têm o objetivo de desempenhar as atividades administrativas que foram descentralizadas.[74]

Quanto às organizações públicas internacionais, estas, como afirmado, são equiparadas à Administração Pública estrangeira para efeito de aplicação das sanções previstas no art. 6º da norma anticorrupção. Vale lembrar que as organizações internacionais foram criadas a partir de meados do século XX, podendo ser conceituadas como sujeitos de direito público internacional, de caráter secundário ou subsidiário, uma vez que, para seu surgimento, houve a necessidade de manifestação legal de vontade dos países envolvidos. Estas entidades são criadas para o exercício de atividades de caráter transnacional de alta relevância para os países-membros, podendo, também, celebrar acordos e tratados internacionais, por terem personalidade internacional própria.

As atividades impositivas, por seu turno, autorizam a organização pública internacional a impor sanções aos Estados-membros, desde que violadas as normas criadas pela própria entidade. Este poder se justifica a partir da autonomia e independência com a qual a organização pública internacional é autorizada a exercer as funções e atividades que justificaram sua criação. Como exemplos de organização internacional podem ser citados o Mercosul, a União Europeia, a Organização das Nações Unidas (ONU), a Organização dos Estados Americanos (OEA), a Organização Internacional do Trabalho (OIT), a Organização do Tratado do Atlântico Norte (OTAN), entre outras tantas.

5.10 Agente público estrangeiro

O conceito de agente público estrangeiro, semelhante àquele adotado no art. 2º da Lei nº 8.429/92, que dispõe de sanções aplicáveis a agentes públicos em casos de prática de improbidade administrativa, foi emprestado da Convenção da OCDE sobre o Combate da Corrupção de Funcionários Públicos Estrangeiros em Transações Comerciais Internacionais, em seu art. 1º, item 2, letra "a", segundo o qual:

> Artigo 1. O Delito de Corrupção de Funcionários Públicos Estrangeiros
> [...]
> 4. Para o propósito da presente Convenção:
> a) "funcionário público estrangeiro" significa qualquer pessoa responsável por cargo legislativo, administrativo ou jurídico de um país estrangeiro, seja ela nomeada ou eleita; qualquer pessoa que exerça função pública para um país estrangeiro, inclusive para representação ou empresa pública; e qualquer funcionário ou representante de organização pública internacional;

O conceito adotado pela norma é autoexplicativo e abrange qualquer agente vinculado a cargo, emprego ou função pública, em qualquer nível ou subdivisão de Governo estrangeiro, do federal ao municipal, representação diplomática de país

[73] CARVALHO FILHO, José dos Santos. *Manual de direito administrativo*. 30. ed. São Paulo: Atlas, 2016. p. 482-483.
[74] CARVALHO FILHO, José dos Santos. *Manual de direito administrativo*. 30. ed. São Paulo: Atlas, 2016. p. 487.

estrangeiro ou organização pública internacional, não importando se o vínculo é transitório ou permanente, remunerado ou não.

Informação bibliográfica deste texto, conforme a NBR 6023:2018 da Associação Brasileira de Normas Técnicas (ABNT):

MOTTA, Fabrício; ANYFANTIS, Spiridon Nicofotis. Comentários ao art. 5º. *In*: DI PIETRO, Maria Sylvia Zanella; MARRARA, Thiago (coord.). *Lei Anticorrupção comentada*. 4. ed. Belo Horizonte: Fórum, 2024. p. 99-131. ISBN 978-65-5518-676-5.

COMENTÁRIOS AO ART. 6º

MARIA SYLVIA ZANELLA DI PIETRO

Art. 6º Na esfera administrativa, serão aplicadas às pessoas jurídicas consideradas responsáveis pelos atos lesivos previstos nesta Lei as seguintes sanções:
I – multa, no valor de 0,1% (um décimo por cento) a 20% (vinte por cento) do faturamento bruto do último exercício anterior ao da instauração do processo administrativo, excluídos os tributos, a qual nunca será inferior à vantagem auferida, quando for possível sua estimação; e
II – publicação extraordinária da decisão condenatória.
§1º As sanções serão aplicadas fundamentadamente, isolada ou cumulativamente, de acordo com as peculiaridades do caso concreto e com a gravidade e natureza das infrações.
§2º A aplicação das sanções previstas neste artigo será precedida da manifestação jurídica elaborada pela Advocacia Pública ou pelo órgão de assistência jurídica, ou equivalente, do ente público.
§3º A aplicação das sanções previstas neste artigo não exclui, em qualquer hipótese, a obrigação da reparação integral do dano causado.
§4º Na hipótese do inciso I do caput, caso não seja possível utilizar o critério do valor do faturamento bruto da pessoa jurídica, a multa será de R$6.000,00 (seis mil reais) a R$60.000.000,00 (sessenta milhões de reais).
§5º A publicação extraordinária da decisão condenatória ocorrerá na forma de extrato de sentença, a expensas da pessoa jurídica, em meios de comunicação de grande circulação na área da prática da infração e de atuação da pessoa jurídica ou, na sua falta, em publicação de circulação nacional, bem como por meio de afixação de edital, pelo prazo mínimo de 30 (trinta) dias, no próprio estabelecimento ou no local de exercício da atividade, de modo visível ao público, e no sítio eletrônico na rede mundial de computadores.
§6º (VETADO).

6.1 Breves considerações sobre a Lei Anticorrupção

No direito positivo brasileiro, já existem inúmeras normas legais definindo crimes, atos de improbidade administrativa e infrações administrativas praticados contra a Administração Pública: o Código Penal, no capítulo dos crimes contra a Administração Pública e no capítulo dos crimes em licitações e contratos (introduzido pela Lei nº 14.133, de 1º.4.2021); a Lei de Improbidade Administrativa (Lei nº 8.429, de 2.6.1992, alterada pela Lei nº 14.230, de 22.10.2021)), que, fundamentada no art. 37, §4º, da Constituição Federal, alcança especificamente as pessoas físicas (agentes públicos e terceiros que pratiquem atos de improbidade), ainda que em determinadas situações as penas possam também ser aplicadas a pessoas jurídicas; a Lei da Ficha Limpa (Lei Complementar nº 135, de 4.6.2010), voltada para as pessoas físicas, para torná-las inelegíveis; a Lei de Licitações (Lei nº 14.133, de 1º.4.2021), que define infrações administrativas, bem como as respectivas sanções aplicáveis a pessoas físicas e jurídicas, em matéria de licitações e contratações efetuadas pela Administração Pública.

No entanto, o legislador houve por bem disciplinar especificamente os ilícitos praticados por *pessoas jurídicas* contra a Administração Pública, nacional ou estrangeira, por meio da chamada *Lei Anticorrupção* ou *Lei da Empresa Limpa* (Lei nº 12.846, de 1º.8.2013), regulamentada pelo Decreto nº 11.129, de 11.7.2022.

A lei pune também pessoas físicas, uma vez que o art. 3º determina que "a responsabilização da pessoa jurídica não exclui a responsabilidade individual de seus dirigentes ou administradores ou de qualquer pessoa natural, autora, coautora ou partícipe do ato ilícito". Ao contrário da pessoa jurídica, que responde objetivamente, independentemente de culpa (art. 2º), as pessoas físicas mencionadas no art. 3º respondem subjetivamente, ou seja, "na medida de sua culpabilidade", conforme previsto no §2º do mesmo dispositivo. Além disso, o art. 14 da lei, inserido no capítulo pertinente ao "processo administrativo de responsabilização" – PAR, prevê a desconsideração da personalidade jurídica

> sempre que utilizada com abuso do direito para facilitar, encobrir ou dissimular a prática dos atos ilícitos previstos nesta Lei ou para provocar confusão patrimonial, sendo estendidos todos os efeitos das sanções aplicadas à pessoa jurídica aos seus administradores e sócios com poderes de administração, observados o contraditório e a ampla defesa.

A *Lei Anticorrupção*, que entrou em vigor em 2.2.2014 (com base na norma do art. 31)[1] veio ampliar a responsabilização, nas esferas administrativa e civil, das pessoas jurídicas que praticarem atos lesivos contra a Administração Pública, nacional ou estrangeira, na medida em que alcança as *pessoas jurídicas*, inclusive as que resultarem de alteração contratual, transformação, incorporação, fusão ou cisão societária (art. 4º); e alcança também os respectivos dirigentes, com previsão expressa de *desconsideração da personalidade jurídica* (arts. 3º e 14).

A lei traz algumas importantes inovações em termos de responsabilização, na medida em que prevê (i) a desconsideração da personalidade jurídica, com a possibilidade de alcançar, com a punição, os dirigentes da entidade (arts. 3º e 14); (ii) a responsabilidade objetiva das pessoas jurídicas, independentemente de culpa (art. 2º), e a responsabilidade subjetiva dos dirigentes ou administradores, na medida da sua culpabilidade (art. 3º, §2º); (iii) a responsabilização nas esferas administrativa e judicial (art. 2º), independentemente da aplicação das sanções previstas na Lei de Improbidade Administrativa e nas leis sobre licitações e contratos (art. 30); (iv) o acordo de leniência a

[1] "Art. 31. Esta lei entra em vigor 180 (cento e oitenta) dias após a data de sua publicação".

ser firmado, na esfera administrativa, com as pessoas jurídicas responsáveis pela prática de atos lesivos à Administração Pública, desde que colaborem efetivamente com as investigações e o processo administrativo (arts. 16 e 17); (v) o programa de integridade (*compliance*), que corresponde a "mecanismos e procedimentos internos de integridade, auditoria e incentivo à denúncia de irregularidades e a aplicação efetiva de códigos de ética e de conduta no âmbito da pessoa jurídica" (art. 7º, VIII).

6.2 Responsabilização administrativa e judicial

A Lei Anticorrupção define, de forma exaustiva, no art. 5º, os atos lesivos à Administração Pública, nacional ou estrangeira, para os fins da lei, assim considerados "todos aqueles praticados pelas pessoas jurídicas mencionadas no parágrafo único do art. 1º, que atentem contra o patrimônio público nacional ou estrangeiro, contra princípios da administração pública ou contra os compromissos internacionais assumidos pelo Brasil".[2] A seguir dá o rol, em cinco incisos, dos atos que se consideram lesivos à Administração Pública.

As mesmas infrações definidas no art. 5º ensejam *responsabilização administrativa* (apurada pela própria Administração Pública) e *responsabilização judicial*, em ações que podem ser propostas pelas Advocacias Públicas ou órgãos de representação judicial, ou equivalentes, da União, estados, Distrito Federal e municípios, bem como pelo Ministério Público (art. 19). O art. 18 é expresso ao determinar que "na esfera administrativa, a responsabilidade da pessoa jurídica não afasta a possibilidade de sua responsabilização na esfera judicial".

A apuração da responsabilidade administrativa deve ser feita em processo administrativo instaurado pela autoridade máxima de cada órgão dos três poderes do Estado, com possibilidade de delegação. A competência para o julgamento é da mesma autoridade, conforme art. 8º. Pelo art. 4º do regulamento, aprovado pelo Decreto nº 11.129/2022, "a competência para a instauração e para o julgamento do PAR é da autoridade máxima da entidade em face da qual foi praticado o ato lesivo, ou, em caso de órgão da administração direta, do seu Ministro de Estado". Essa competência pode ser exercida de ofício ou mediante prorrogação e poderá ser delegada, sendo vedada a subdelegação (parágrafo único do art. 4º do mesmo regulamento).

No entanto, o §2º do art. 8º da Lei nº 12.846 determina que

> no âmbito do Poder Executivo federal, a Controladoria Geral da União – CGU terá competência concorrente para instaurar processos administrativos de responsabilização de pessoas jurídicas ou para avocar os processos instaurados com fundamento nesta Lei, para exame de sua regularidade ou para corrigir-lhes o andamento.

---

[2] Pelo parágrafo único do art. 1º, "aplica-se o disposto nesta Lei às sociedades empresárias e às sociedades simples, personificadas ou não, independentemente da forma de organização ou modelo societário adotado, bem como a quaisquer fundações, associações de entidades ou pessoas, ou sociedades estrangeiras, que tenham sede, filial ou representação no território brasileiro, constituídas de fato ou de direito, ainda que temporariamente".

Também é da competência da CGU a apuração, o processo e o julgamento dos atos ilícitos previstos na lei, praticados contra a Administração Pública estrangeira, "observado o disposto no art. 4 da Convenção sobre o Combate à Corrupção de Funcionários Públicos Estrangeiros em Transações Comerciais internacionais, promulgada pelo Decreto nº 3.678, de 30.11.2000".

Evidentemente, em matéria de processo administrativo, inclusive a definição da competência para instauração e julgamento, estados e municípios têm competência própria para legislar a respeito, não lhes sendo aplicável, quanto a esses aspectos, o disposto na legislação federal.

Embora as sanções previstas no art. 6º sejam aplicáveis na esfera administrativa, se houver omissão das autoridades competentes para promover a responsabilização, elas poderão ser aplicadas nas ações judiciais ajuizadas pelo Ministério Público, nos termos do art. 20. A medida é relevante porque desestimula a omissão das autoridades responsáveis por sua apuração administrativa, além de caracterizar ato de improbidade administrativa, infração disciplinar ou mesmo ilícito penal. É o que está previsto no art. 27: "A autoridade competente que, tendo conhecimento das infrações previstas nesta Lei, não adotar providências para a apuração dos fatos será responsabilizada penal, civil e administrativamente nos termos da legislação específica aplicável".

6.3 Competência para definição das sanções administrativas

A Lei Anticorrupção definiu, de forma exaustiva, os atos considerados ilícitos tanto na esfera administrativa como na esfera cível. As sanções também podem ser puramente administrativas (quanto ao processo de apuração e à competência para aplicá-las) como de natureza civil, hipótese em que a apuração e o julgamento, em consonância com o art. 21, são feitos pela via judicial, com observância do rito previsto para a ação civil pública pela Lei nº 7.347, de 24.7.1985. E não há dúvida de que, quanto às sanções aplicáveis judicialmente, a competência legislativa é da União, por força do art. 22, inc. I, da Constituição.

Em decorrência disso, as infrações que constituem ilícito civil (e também administrativo) só podem ser definidas na legislação federal. Fere o princípio da razoabilidade a interpretação de que os atos definidos na lei federal como lesivos à Administração Pública são considerados lícitos em outras esferas de governo. Seria inconcebível que estados e municípios pudessem considerar como lícitos os atos definidos como infração na Lei Anticorrupção. Até o princípio da isonomia restaria infringido se, dependendo da esfera de governo em que a infração fosse praticada, o agente pudesse ou não ser punido.

Note-se que a Lei de Licitações (nº 14.133/2021) prevê, nos arts. 156 e 162, as sanções administrativas cabíveis em caso de inadimplemento total ou parcial das cláusulas contratuais. Trata-se de *lei de âmbito nacional*, tendo em vista o que foi determinado em seu art. 1º:

> Esta Lei estabelece normas gerais de licitações e contratação para as Administrações Públicas diretas, autárquicas e fundacionais da União, dos Estados, do Distrito Federal e dos Municípios, e abrange:

> I – os órgãos dos Poderes Legislativo e Judiciário da União, dos Estados e do Distrito Federal e os órgãos do Poder Legislativo dos Municípios, quando no desempenho de função administrativa;
> II – os fundos especiais e as demais entidades controladas direta ou indiretamente pela Administração Pública.

Vale dizer que, mesmo em se tratando de sanções administrativas, que podem ser aplicadas nas três esferas de governo, entendeu-se que a competência legislativa seria da União.

Apenas a matéria pertinente ao processo de apuração de responsabilidade administrativa, como dito no item anterior, constitui matéria de competência de cada esfera de governo.

6.4 Das sanções administrativas na Lei Anticorrupção

O art. 6º da Lei Anticorrupção define as *sanções administrativas*, abrangendo:

> I – multa, no valor de 0,1% (um décimo por cento) a 20% (vinte por cento) do faturamento bruto do último exercício anterior ao da instauração do processo administrativo, excluídos os tributos, a qual nunca será inferior à vantagem auferida, quando for possível sua estimação;
> II – publicação extraordinária da decisão condenatória.

É importante lembrar, contudo, que, além dessas penalidades, a pessoa jurídica poderia, concomitantemente, sofrer as punições previstas na Lei de Improbidade Administrativa e na Lei de Licitações. É o que determinava o art. 30, *in verbis*:

> Art. 30. Ressalvada a hipótese de acordo de leniência que expressamente as inclua, a aplicação das sanções previstas nesta Lei não afeta os processos de responsabilização e aplicação de penalidades decorrentes de:
> I – ato de improbidade administrativa nos termos da Lei nº 8.429, de 1992;[3]
> II – atos ilícitos alcançados pela Lei nº 8.666, de 1993, ou por outras normas de licitações e contratos da administração pública, inclusive no que se refere ao Regime Diferenciado de Contratações Públicas – RDC, instituído pela Lei nº 12.462, de 2011.[4]

Ocorre que o inciso I desse dispositivo ficou parcialmente revogado, com relação às pessoas jurídicas, pelo §2º do artigo 3º da Lei nº 8.429/92, na redação dada pela Lei nº 14.230/21, que assim estabelece:

---

[3] A referência à Lei nº 8.429, de 1992, tem que levar em conta as alterações introduzidas pela Lei nº 14.133, de 2021.

[4] A referência, nesse dispositivo à Lei nº 8.666, de 1993, e à Lei nº 12.462 deve ser entendida como referência à Lei nº 14.133, de 2021, à vista do disposto em seu artigo 189: "Aplica-se esta Lei às hipóteses previstas na legislação que façam referência expressa à Lei nº 8.666, de 21 de junho de 1993, à Lei nº 10.520, de 17 de julho de 2002, e aos arts. 1º a 47-A da Lei nº 12.462, de 4 de agosto de 2011".

> §2º As sanções desta Lei não se aplicarão à pessoa jurídica, caso o ato de improbidade administrativa seja também sancionado como ato lesivo à administração pública de que trata a Lei nº 12.846, de 1º de agosto de 2013.

À vista desse preceito, tem-se que entender que a pessoa jurídica pode sofrer, concomitantemente, as penalidades previstas na Lei Anticorrupção, na Lei de Licitações e na Lei de Improbidade Administrativa, se o ato ilícito não corresponder a um ato lesivo sancionado pela Lei Anticorrupção. Se for pessoa física, é possível também a aplicação concomitante das sanções previstas na Lei de Improbidade Administrativa.

No caso de ato de improbidade administrativa, as sanções são aplicadas judicialmente. Mas, nas hipóteses de atos ilícitos previstos na Lei nº 14.133, são previstas *sanções administrativas*, aplicáveis pela própria Administração Pública.

Com relação às infrações às leis de licitações e contratos administrativos, o artigo 159 da Lei nº 14.133/21 assim determina:

> Os atos previstos como infrações administrativas nesta Lei ou em outras leis de licitações e contratos da Administração Pública que também sejam tipificados como atos lesivos na Lei nº 12.846, de 1º de agosto de 2013, serão apurados e julgados conjuntamente, nos mesmos autos, observados o rito procedimental e a autoridade competente definidos na referida Lei.

Por sua vez, o Regulamento da Lei nº 12.846/13, aprovado pelo Decreto nº 11.129, de 11-7-22, repete a mesma norma no art. 16, *caput*, e, no §2º, determina que o chefe da unidade responsável, no órgão ou na entidade, pela gestão de licitações e contratos, comunique à autoridade a que se refere o art. 4º (a competente para a instauração e para o julgamento do processo administrativo de responsabilidade administrativa) eventuais fatos que configurem atos lesivos previstos no art. 5º da Lei nº 12.846/13.

Nos termos do §1º do art. 16 do regulamento:

> Concluída a apuração de que trata o *caput* e havendo autoridades distintas competentes para julgamento, o processo será encaminhado primeiramente àquela de nível mais elevado, para que julgue no âmbito de sua competência, tendo precedência o julgamento pelo Ministro de Estado competente.

Por sua vez, o artigo 19 do regulamento, depois de indicar as sanções administrativas já mencionadas no artigo 6º da Lei nº 12.846, assim estabelece no parágrafo único:

> Caso os atos lesivos apurados envolvam infrações administrativas à Lei nº 14.133, de 2021, ou a outras normas de licitações e contratos da administração pública e tenha ocorrido a apuração conjunta prevista no artigo 16, a pessoa jurídica também estará sujeita a sanções administrativas que tenham como efeito a restrição ao direito de participar em licitações ou de celebrar contratos com a administração pública, a serem aplicadas no PAR.

Pelas normas regulamentares citadas, verifica-se que, além das sanções administrativas previstas na Lei Anticorrupção (multa e publicação extraordinária da decisão condenatória), a pessoa jurídica que praticar atos contra a Administração Pública ainda pode ser punida com as sanções administrativas previstas na Lei de Licitações e que tenham como efeito restrição ao direito de participar em licitações ou de celebrar contratos com a Administração Pública (suspensão temporária de participação em licitação e impedimento de contratar com a Administração, e declaração de inidoneidade para licitar ou contratar com a Administração Pública). Tais sanções serão aplicadas no próprio processo de responsabilização administrativa (PAR) disciplinado pelo referido regulamento.

A norma justifica-se porque a Lei Anticorrupção, ao definir os atos lesivos à Administração Pública, no art. 5º, inclui, no inc. IV, sete hipóteses de atos ilícitos que correspondem a infrações que também dão ensejo à punição no âmbito dos procedimentos de licitação e contratação. Não teria sentido que a mesma infração fosse apurada concomitantemente em dois processos administrativos diversos. Daí o art. 159 da Lei nº 14.133/21, repetido no art. 16 do regulamento, determinar a apuração conjunta.

6.5 Do dever de reparar o dano

Além das sanções previstas no art. 6º da Lei nº 12.846 e da possibilidade de sua aplicação cumulativa com as sanções indicadas na lei de licitações, ainda fica o infrator sujeito à reparação integral do dano causado, conforme previsto no §3º do art. 6º. Justifica-se a norma como decorrência do princípio geral de direito segundo o qual quem quer que cause dano a outrem fica obrigado a repará-lo. Tal princípio foi consagrado no art. 927 do Código Civil, em cujos termos "aquele que, por ato ilícito (arts. 186 e 187) causar dano a outrem, fica obrigado a repará-lo".

O montante do dano pode ser apurado na própria esfera administrativa, no respectivo processo administrativo de responsabilização. Não reparado o dano, o montante respectivo poderá ser cobrado judicialmente.

6.6 Da motivação da sanção

Os §§1º e 2º do art. 6º da Lei nº 12.846 cuidam especificamente da exigência de motivação na aplicação das sanções administrativas previstas no *caput*.

O primeiro, na parte inicial, exige que as sanções sejam aplicadas fundamentadamente. O dispositivo dirige-se à autoridade competente para a aplicação da sanção.

O segundo impõe a prévia manifestação jurídica elaborada pela Advocacia Pública ou pelo órgão de assistência jurídica, ou equivalente, do ente público.[5]

Vale dizer que se exige dupla motivação: (i) a da autoridade competente para aplicar a sanção, a qual poderá basear-se no relatório apresentado pela comissão incumbida da apuração dos fatos, referida no art. 10 da lei, ou, se discordar desse relatório, poderá basear-se em sua própria motivação; e (ii) a do órgão jurídico mencionado no §2º do art. 6º.

---

5 A referência à advocacia pública ou órgão de assistência jurídica, ou equivalente, do ente público, repetida, de forma análoga, em outros dispositivos, como os arts. 10, §1º, 19, *caput* e §4º, explica-se pela diferença de organização da atividade jurídica existente entre os vários entes federativos, especialmente no âmbito dos municípios (que, muitas vezes, não têm uma carreira de advocacia pública organizada) e nas entidades da Administração Pública indireta.

O usual, no âmbito da Administração Pública, nos processos disciplinares, é que, após o relatório apresentado pela Comissão Processante, a autoridade competente para aplicar a penalidade peça a manifestação do órgão jurídico competente. Em regra, é nessa manifestação que se baseia a decisão administrativa.

Os dispositivos estão em consonância com o princípio da motivação, expressamente previsto na Constituição para as decisões administrativas e judiciais do Poder Judiciário (art. 93, incs. IX e X), para o Ministério Público (art. 129, §4º) e implicitamente para a Administração Pública, como decorrência do princípio da publicidade (art. 37) e da exigência de controle, tanto interno, como externo (pelo Judiciário e pelo Legislativo, com o auxílio do Tribunal de Contas), além do controle realizado pelos próprios interessados.

Ainda que a lei não exigisse a motivação, ela seria obrigatória pela aplicação subsidiária da Lei nº 9.784, de 29.1.1999, a todos os processos administrativos regidos por legislação própria. É o que determina o seu art. 69.[6]

Embora estabelecendo normas sobre o processo administrativo no âmbito da Administração Pública Federal, a Lei nº 9.784/99 contém normas gerais aplicáveis a todos os entes da Federação, especialmente no que diz respeito à aplicação dos princípios referidos no art. 2º, os quais, tendo fundamento constitucional, impõem-se a todos os processos, de todas as esferas de governo.[7]

No art. 2º, *caput*, a Lei nº 9.784/99 dá o elenco dos princípios de observância obrigatória nos processos administrativos, incluindo o da motivação. No parágrafo único do mesmo dispositivo são mencionados os critérios a serem observados, entre eles, no inc. VII, a "indicação dos pressupostos de fato e de direito que determinarem a decisão".

Além disso, o art. 50 exige que os atos administrativos sejam motivados, com indicação dos fatos e dos fundamentos jurídicos em determinadas hipóteses. No inc. II, impõe a exigência quando os atos administrativos "imponham ou agravem deveres, encargos ou sanções".

A motivação tornou-se mais exigente com a alteração introduzida na Lei de Introdução às Normas do Direito Brasileiro – LINDB (Decreto-lei nº 4.657, de 4.9.1942) pela Lei nº 13.655, de 25.4.2018. O artigo 20, parágrafo único, exige que a motivação demonstre "a necessidade e a adequação da medida imposta ou da invalidação de ato, contrato, ajuste, processo ou norma administrativa, inclusive em face das possíveis alternativas". Com relação à aplicação de sanções, é relevante, em termos de motivação, a norma do artigo 22 da LINDB, assim redigido:

> Artigo 22. Na interpretação de normas sobre gestão pública, serão considerados os obstáculos e as dificuldades reais do gestor e as exigências das políticas públicas a seu cargo, sem prejuízo dos direitos dos administrados.
>
> §1º Em decisão sobre regularidade de conduta ou validade de ato, contrato, ajuste, processo ou norma administrativa, serão consideradas as circunstâncias práticas que houverem imposto, limitado ou condicionado a ação do agente.

---

[6] "Art. 69. Os processos administrativos específicos continuarão a reger-se por lei própria, aplicando-se-lhes apenas subsidiariamente os preceitos desta Lei".

[7] Conforme DI PIETRO, Maria Sylvia Zanella. A lei de processo administrativo: sua ideia matriz e âmbito de aplicação. *In*: NOHARA, Irene Patrícia; MORAES FILHO, Marco Antonio Praxedes de. *Processo administrativo*. Temas polêmicos da Lei nº 9.784/99. São Paulo: Atlas, 2011. p. 190-192.

§2º Na aplicação das sanções, serão consideradas a natureza e a gravidade da infração cometida, os danos que dela provierem para a administração pública, as circunstâncias agravantes ou atenuantes e os antecedentes do agente.

§3º As sanções aplicadas ao agente serão levadas em conta na dosimetria das demais sanções de mesma natureza e relativas ao mesmo fato.

Conforme realçamos em outra oportunidade,

> o dispositivo, de certa forma, está a exigir razoabilidade na interpretação das normas, de tal modo que as imposições ao agente público levem em consideração as dificuldades e os obstáculos que enfrenta na execução das políticas públicas. Por exemplo, devem ser levadas em conta as limitações financeiras e orçamentárias, inclusive a exigência das normas da lei de responsabilidade fiscal.[8]

Também realçamos, um pouco além, que "o dispositivo exige que a sanção seja devidamente motivada, com a indicação dos fatores que foram levados em consideração para a escolha da penalidade cabível". E o §3º é especialmente relevante diante da sobreposição de instâncias sancionadoras, agasalhadas pelo direito positivo. O mesmo fato pode ensejar punição na esfera administrativa, na esfera cível (pela Lei de Improbidade Administrativa ou pela Lei Anticorrupção), na esfera de atuação do Tribunal de Contas, na esfera do CADE, entre outras. Muitas vezes, a mesma sanção é prevista em várias leis, pela prática do mesmo ilícito. Nesse caso, o §3º do artigo 22 exige que as sanções aplicadas ao agente sejam "levadas em conta na dosimetria das demais sanções da mesma natureza e relativas ao mesmo fato". O objetivo é impor um limite à cumulatividade de sanções.

Desse modo, estados e municípios, ao regularem o processo administrativo para apuração de atos ilícitos previstos na Lei Anticorrupção, deverão incluir a exigência de motivação. Mas, em caso de omissão, aplicam-se as normas da Lei Federal de Processo Administrativo e da LINDB, no que diz respeito aos princípios constitucionais, como é o da motivação.

O §1º do art. 6º da Lei nº 12.846 expressamente admite a aplicação isolada ou cumulativa das duas sanções previstas no *caput* (multa e publicação extraordinária da decisão condenatória), "de acordo com as peculiaridades do caso concreto e com a gravidade e natureza das infrações". Note-se que essa previsão foi inserida no mesmo dispositivo que exige que as sanções sejam aplicadas *fundamentadamente*, o que significa que, na motivação do ato punitivo, deverão ser mencionadas as peculiaridades do caso concreto e avaliadas a gravidade e natureza das infrações. Não há, portanto, absoluta discricionariedade na aplicação das sanções: trata-se de discricionariedade limitada pelos fatos e pelas consequências maiores ou menores da infração para a Administração Pública. Esse aspecto voltará a ser analisado em comentário ao art. 7º.

A cumulatividade de sanções prevista no art. 6º, §1º, não é a única prevista na lei, já que o art. 30 contém norma que também permite a aplicação cumulativa das sanções

[8] DI PIETRO, Maria Sylvia Zanella Di Pietro. *Direito administrativo*. 36. ed. Rio de Janeiro: Forense, 2023. p. 77.

aplicáveis em caso de atos ilícitos previstos nas leis de licitações.[9] Tem-se que levar em conta, no entanto, a norma contida no §3º do artigo 22 da LINDB, supratranscrita, sobre dosimetria das sanções anteriormente aplicadas em outra esfera de apuração de responsabilidade. E também têm que ser consideradas as normas contidas nos artigos 12, §7º, e 17-C, V, da Lei nº 8.429, de 2 de junho de 1992 (alterada pela Lei nº 14.230, de 25 de outubro e 2021). A primeira estabelece que "as sanções aplicadas a pessoas jurídicas com base nesta Lei e na Lei nº 12.846, de 1º de agosto de 2013, deverão observar o princípio constitucional do *non bis in idem*). E a segunda inclui entre os requisitos a serem observados na sentença condenatória na ação de improbidade "a dosimetria das sanções relativas ao mesmo fato já aplicadas ao agente".

6.7 Da pena de multa

A primeira sanção administrativa prevista no art. 6º da Lei nº 12.846 é de natureza pecuniária – a multa – e tem as seguintes características, que se extraem do *caput* e dos respectivos parágrafos:

- a base de cálculo dos índices aplicáveis (de 0,1% a 20%) é o faturamento bruto do último exercício, o que significa que se consideram todos os valores recebidos pela pessoa jurídica no exercício anterior, no desempenho das suas atividades, excluídos os tributos, a qual nunca será inferior à vantagem auferida, quando for possível a sua estimação; os arts. 22 e 23 do regulamento indicam os valores que devem ser incluídos ou excluídos do faturamento bruto da pessoa jurídica; pelo art. 24 do regulamento, a existência e quantificação dos fatores previstos nos arts. 22 e 23 deverá ser apurada no PAR (Processo de Apuração de Responsabilidade) e evidenciada no relatório final da comissão, o qual também conterá a estimativa, sempre que possível, dos valores da vantagem auferida e da pretendida; vale dizer que se exige adequada motivação na definição do valor do faturamento que serve de base para cálculo da multa;
- não sendo possível utilizar o critério do faturamento bruto da pessoa jurídica, a multa será de R$6.000,00 a 60.000.000,00;
- pelo art. 6º, I, da lei, os valores excluídos do faturamento bruto são os correspondentes ao pagamento de tributos; como a lei não especifica a que tributos se refere, entende-se que o dispositivo abrange todos aqueles a que se sujeita a pessoa jurídica nas três esferas de governo; no entanto, o regulamento da lei, no art. 23, estabelece alguns valores que serão subtraídos do faturamento bruto da pessoa jurídica do último exercício anterior ao da instauração do PAR, a saber: I – até meio por cento no caso de não consumação da infração; II – até 1% no caso de: a) comprovação da devolução espontânea pela pessoa jurídica da vantagem auferida e do ressarcimento dos danos resultantes do ato lesivo; b) inexistência ou falta de comprovação de vantagem auferida e de danos resultantes do ato lesivo; III – até 1,5% conforme o grau de colaboração da pessoa jurídica com a investigação ou a apuração do ato

[9] A respeito da cumulatividade sanções, prevista no art. 30, v. comentários ao art. 19, item 19.2, desta obra.

lesivo, independentemente do acordo de leniência; IV – até 2% no caso de admissão voluntária pela pessoa jurídica da responsabilidade objetiva pelo ato lesivo; e V – até 5% no caso de comprovação de a pessoa jurídica possuir e aplicar um programa de integridade, conforme os parâmetros estabelecidos no Capítulo V (que trata do programa de integridade);

- o valor da multa não pode ser inferior à vantagem auferida pela pessoa jurídica infratora, em decorrência da prática de um dos ilícitos previstos no art. 5º da lei, desde que seja possível a estimação da vantagem auferida; vale dizer que, embora a lei estipule valores mínimos (0,1% do faturamento ou R$6.000,00, no caso de não ser possível utilizar o critério do faturamento), ainda é previsto um limite mínimo, que é o valor correspondente à vantagem auferida, desde que possível a sua estimação;
- caso a pessoa jurídica comprovadamente não tenha tido faturamento no último exercício anterior ao da instauração do PAR, deve-se considerar como base de cálculo da multa o valor do último faturamento bruto apurado pela pessoa jurídica, excluídos os tributos incidentes sobre vendas, que terá seu valor atualizado até o último dia do exercício anterior ao da instauração do PAR (art. 21 do regulamento); em consonância com o parágrafo único do art. 21, na hipótese prevista no *caput*, o valor da multa será estipulado observando-se o intervalo de R$6.000.000,00 a R$60.000.000,00 e o limite mínimo da vantagem auferida, quando for possível sua estimação.
- o valor da multa pode ser reduzido em até 2/3 (dois terços) no caso de ser firmado o acordo de leniência, conforme previsto no art. 16, §2º, da lei.

O Decreto nº 11.129, de 2022, nos arts. 22 e 23, estabelece a forma de cálculo da multa.

O art. 22 indica os índices aplicáveis sobre o faturamento bruto da pessoa jurídica no último exercício anterior ao da instauração do PAR, variáveis em função das circunstâncias mencionadas em seis incisos do dispositivo: (i) até 3%, havendo concurso dos atos lesivos; (ii) até 3% para tolerância ou ciência de pessoas do corpo diretivo ou gerencial da pessoa jurídica; (iii) até 4% no caso de interrupção no fornecimento de serviço público ou na execução de obra contratada ou na entrega de bens ou serviços essenciais à prestação de serviços públicos ou no caso de descumprimento de requisitos regulatórios; (iv) 1% para a situação econômica do infrator que apresente índices de solvência geral e de liquidez geral superiores a um e lucro líquido no último exercício anterior ao da instauração do PAR; (v) 3% no caso de reincidência, assim definida a ocorrência de nova infração, idêntica ou não à anterior, tipificada como ato lesivo pelo art. 5º da Lei nº 12.846/13, em menos de cinco anos, contados da publicação do julgamento da infração anterior; e (vi) no caso de contratos, convênios, acordos, ajustes e outros instrumentos congêneres mantidos ou pretendidos com o órgão ou com as entidades lesadas, nos anos da prática do ato lesivo, serão considerados os seguintes percentuais, que variam em função do valor do contrato: a) 1%, no caso de o somatório dos instrumentos totalizar valor superior a R$1.500.000,00; b) 2%, no caso de o somatório dos instrumentos totalizar valor superior a R$1.500.000,00; c) 3%, no caso de o somatório dos instrumentos totalizar valor superior a R$10.000.000,00; d) 4%, no caso de o somatório dos instrumentos totalizar valor superior a R$50.000.000,00; e) 5%, no caso de o somatório dos instrumentos totalizar valor superior a R$250.000.000,00.

Em consonância com o parágrafo único do artigo 22 do regulamento, "no caso de acordo de leniência, o prazo constante do inciso V do *caput* será contado a partir da data de celebração até cinco anos após a declaração de seu cumprimento".

O artigo 25 do regulamento estabelece os limites mínimo e máximo do valor da multa, a saber: I – mínimo, o maior valor entre o da vantagem auferida, quando for possível sua estimativa; a) um décimo por cento da base de cálculo; ou b) R$6.000,00, na hipótese prevista no artigo 21 (que trata da inexistência de faturamento no último exercício anterior ao da instauração do PAR); e II – máximo, o menor valor entre: a) três vezes o valor da vantagem pretendida ou auferida, o que for maior entre os dois valores; b) vinte por cento do faturamento bruto do último exercício anterior ao da instauração do PAR, excluídos os tributos incidentes sobre vendas; e c) R$60.000.000,00, na hipótese prevista no artigo 21, desde que não seja possível estimar o valor da vantagem auferida.

Na hipótese de ausência de todos os fatores previstos nos arts. 22 e 23 do regulamento ou quando o resultado das operações de soma e subtração for igual ou menor a zero, o art. 25, §2º, determina que o valor da multa corresponderá ao limite mínimo estabelecido no *caput*.

6.8 Da publicação extraordinária da decisão condenatória

Quanto à publicação extraordinária da decisão condenatória, o §5º do art. 6º da Lei nº 12.846 determina:

> ocorrerá na forma de extrato de sentença, a expensas da pessoa jurídica, em meios de comunicação de grande circulação na área da prática da infração e de atuação da pessoa jurídica ou, na sua falta, em publicação de circulação nacional, bem como por meio de afixação de edital, pelo prazo mínimo de 30 (trinta) dias, no próprio estabelecimento ou no local de exercício da atividade, de modo visível ao público, e no sítio eletrônico na rede mundial de computadores.

A publicação extraordinária da decisão condenatória é feita às expensas da pessoa jurídica sancionada, conforme art. 6º, §5º da Lei, repetido no art. 28, parágrafo único do regulamento.

Esse tipo de sanção pode parecer meio irrelevante, pelo fato de que todos os atos da Administração Pública têm que ser publicados para que produzam efeitos jurídicos, ressalvadas as hipóteses de sigilo previstas em lei e aquelas em que a lei exige comunicação direta ao interessado ou a afixação em local adequado para dar publicidade ao ato.

No entanto, a sanção – *publicação extraordinária da decisão condenatória* – produz inegável efeito moral, além de ficar constando do Cadastro Nacional de Empresas Punidas – CNEP, criado pelo art. 22 da lei. A referência a essa penalidade somente é excluída depois de vencido o prazo mencionado no ato sancionatório ou do cumprimento integral do acordo de leniência e da reparação do dano, mediante solicitação do órgão ou entidade sancionadora (§5º do art. 22). Essa sanção pode deixar de ser aplicada se firmado acordo de leniência, conforme previsto no art. 16, §2º.

Informação bibliográfica deste texto, conforme a NBR 6023:2018 da Associação Brasileira de Normas Técnicas (ABNT):

DI PIETRO, Maria Sylvia Zanella. Comentários ao art. 6º. *In*: DI PIETRO, Maria Sylvia Zanella; MARRARA, Thiago (coord.). *Lei Anticorrupção comentada*. 4. ed. Belo Horizonte: Fórum, 2024. p. 133-145. ISBN 978-65-5518-676-5.

COMENTÁRIOS AO ART. 7º

MARIA SYLVIA ZANELLA DI PIETRO

Art. 7º Serão levados em consideração na aplicação das sanções:
I – a gravidade da infração;
II – a vantagem auferida ou pretendida pelo infrator;
III – a consumação ou não da infração;
IV – o grau de lesão ou perigo de lesão;
V – o efeito negativo produzido pela infração;
VI – a situação econômica do infrator;
VII – a cooperação da pessoa jurídica para a apuração das infrações;
VIII – a existência de mecanismos e procedimentos internos de integridade, auditoria e incentivo à denúncia de irregularidades e a aplicação efetiva de códigos de ética e de conduta no âmbito da pessoa jurídica;
IX – o valor dos contratos mantidos pela pessoa jurídica com o órgão ou entidade pública lesados; e
X – (VETADO).
Parágrafo único. Os parâmetros de avaliação de mecanismos e procedimentos previstos no inciso VIII do caput serão estabelecidos em regulamento do Poder Executivo federal.

7.1 Dosimetria das sanções

O art. 7º da Lei nº 12.846/13 dá o rol das circunstâncias que devem ser levadas em consideração na aplicação das sanções, como a gravidade da infração, a vantagem auferida, a consumação ou não da infração, o grau de lesão ou perigo de lesão, o efeito negativo produzido pela infração, a situação econômica do infrator, a cooperação da pessoa jurídica para a apuração das infrações, a existência de mecanismos e procedimentos de integridade (*compliance*), o valor dos contratos mantidos pela pessoa jurídica com o órgão ou entidade lesados.

O dispositivo deixa larga margem de apreciação para a Administração Pública efetuar a dosimetria da pena, uma vez que indica fatores de natureza diversa, alguns relacionados com o ilícito em si (como a gravidade da infração, a consumação ou não da infração, o grau de lesão, o efeito negativo da infração), outros pertinentes ao infrator (como a sua situação econômica) e outros ainda que, de certo modo, podem ser considerados como atenuantes ou agravantes (como a cooperação para apuração das infrações e a existência de mecanismos de *compliance*).

O inc. I fala em *gravidade da infração*, sem indicar qualquer critério para a definição do grau de gravidade. Na realidade, as infrações estão previstas no art. 5º da lei, todas elas de considerável gravidade, podendo caracterizar atos ilícitos previstos na Lei nº 14.133, de 1º.4.2021 (Lei de Licitações e Contratos Administrativos) e atos de improbidade administrativa definidos na Lei nº 8.429/92, alterada pela Lei nº 14.230, de 25.10.2021. Por isso mesmo, a apuração da gravidade terá que ser combinada com os outros critérios estabelecidos no art. 7º, especialmente os previstos nos incs. II a V, ou seja, a vantagem auferida ou pretendida pelo infrator, a consumação ou não da infração, o grau de lesão ou perigo de lesão, o efeito negativo produzido pela infração.

Os fatores indicados nos incs. VI a VIII não interferem propriamente na gravidade maior ou menor da infração, mas devem ser levados em consideração para a dosimetria da pena.

A *situação econômica do infrator* (inc. VI) é irrelevante como critério definidor da gravidade da infração, mas deverá influir no valor da multa, constituindo critério que se baseia no princípio da proporcionalidade, em suas três regras (adequação, necessidade e proporcionalidade em sentido estrito).

O inc. VII inclui a "cooperação da pessoa jurídica para a apuração das infrações" entre os fatores a serem levados em consideração na aplicação das sanções. Essa cooperação não equivale ao acordo de leniência, como se deduz do art. 23, inc. III, do regulamento (Decreto nº 11.129, de 11.7.2022), que inclui entre os valores a serem excluídos do cálculo dos percentuais de faturamento "até um e meio por cento para o grau de colaboração da pessoa jurídica com a investigação ou a apuração do ato lesivo, independentemente do acordo de leniência". Essa colaboração é prevista no regulamento apenas como um critério para definição dos valores que devem ser subtraídos dos percentuais do faturamento. Difere do acordo de leniência, em que o resultado pode ser a redução do valor da multa em até dois terços ou a isenção da pessoa jurídica em relação às sanções previstas no inc. II do art. 6º (publicação extraordinária da sentença) e no inc. IV do art. 19 (proibição de receber incentivos, subsídios, subvenções, doações ou empréstimos de órgãos ou entidades públicas e de instituições financeiras públicas ou controladas pelo Poder Público, pelo prazo mínimo de um e máximo de cinco anos).

O inc. VIII do art. 7º inclui entre os fatores a serem considerados na aplicação das sanções, a "existência de mecanismos e procedimentos internos de integridade, auditoria e incentivo à denúncia de irregularidades e a aplicação efetiva de códigos de ética e de conduta no âmbito da pessoa jurídica" (inc. VIII). Essa hipótese equivale ao chamado *compliance* ou programa de integridade, definido pelo art. 56 do Decreto nº 11.129/2022, como o

> conjunto de mecanismos e procedimentos internos de integridade, auditoria e incentivo à denúncia de irregularidades e na aplicação efetiva de códigos de ética e de conduta, políticas e diretrizes com objetivo de:

I – prevenir, detectar e sanar desvios, fraudes, irregularidades e atos ilícitos praticados contra a administração pública, nacional ou estrangeira; e
II – fomentar e manter uma cultura de integridade no ambiente organizacional.

O art. 57 do regulamento estabelece, em quinze incisos, os parâmetros para avaliação do programa de integridade, como, a título de exemplo, código de ética, treinamentos periódicos sobre o programa de integridade, registros contábeis que reflitam de forma completa e precisa as transações da pessoa jurídica, os controles internos etc. Pelo art. 8º, §2º, do regulamento, se a pessoa jurídica que está sendo processada administrativamente apresentar documentos que sejam pertinentes à existência e funcionamento de programa de integridade, a comissão processante deverá examiná-lo segundo os parâmetros indicados no art. 57, para a dosimetria das sanções a serem aplicadas.

Embora o art. 7º da Lei nº 12.846 deixe larga margem de apreciação para a Administração Pública na dosimetria da pena, isto não significa discricionariedade administrativa,[1] uma vez que esta somente existe quando a Administração Pública tem a possibilidade, outorgada por lei, de decidir entre duas ou mais alternativas válidas perante o direito, segundo critérios de oportunidade ou conveniência (o chamado mérito do ato administrativo). No caso de aplicação de sanções, ainda que haja vários fatores a serem levados em consideração na definição da sanção aplicável, não é possível cogitar-se de decidir segundo critérios de oportunidade e conveniência, inaceitáveis na fixação do *quantum* da sanção. A dosimetria deve ser fundamentada nos parâmetros definidos no Decreto nº 11.129/2022 (art. 57) e levar em conta a proporcionalidade entre o ato ilícito e a pena aplicada, além de sua aplicação estar sujeita à prévia manifestação da Advocacia Pública ou do órgão de assistência jurídica ou equivalente do ente público.

Acresce que a decisão quanto à dosimetria da pena tem que ser devidamente motivada, com indicação dos fatos, da norma jurídica aplicável e das consequências práticas da sanção aplicável, conforme exposto no comentário ao artigo 6º da Lei nº 12.846/2013.

Ainda sobre dosimetria das sanções, deve ser levada em consideração a norma do art. 22, §§2º e 3º, da Lei de Introdução às Normas do Direito Brasileiro – LINDB (Decreto-Lei nº 4.657, de 25.4.1942), introduzido pela Lei nº 13.655, de 25.4.2018. O §2º determina que "na aplicação de sanções, serão consideradas a natureza e a gravidade da infração cometida, os danos que dela provierem para a administração pública, as circunstâncias agravantes ou atenuantes e os antecedentes do agente".

Dessas circunstâncias apenas a que diz respeito à *gravidade da infração* coincide com a prevista no art. 7º, I, da Lei nº 12.846/13. No entanto, as demais, mencionadas no citado dispositivo da LINDB, devem ser levadas em consideração na dosimetria das sanções, já que não conflitam com as normas da Lei Anticorrupção. Os *danos que dela provierem para a Administração* já estão contidos, de certa forma, no art. 7º, incs. IV e V, que

---

[1] Definimos *discricionariedade administrativa* como "a faculdade que a lei confere à Administração para apreciar o caso concreto, segundo critérios de oportunidade e conveniência, e escolher uma dentre duas ou mais soluções, todas válidas perante o direito" (DI PIETRO, Maria Sylvia Zanella. *Discricionariedade administrativa na Constituição de 1988*. 3. ed. São Paulo: Atlas, 2012. p. 62).

preveem o *grau de lesão ou perigo de lesão* e o *efeito negativo produzido pela infração*. Mas as *circunstâncias agravantes ou atenuantes* e os *antecedentes do agente*, embora não previstos na Lei Anticorrupção, devem também ser considerados na dosimetria das sanções previstas nessa lei, porque contêm critérios de razoabilidade e proporcionalidade, como princípios informativos do poder sancionatório exercido pela Administração Pública, na medida em que permitem a aplicação de sanções compatíveis com os fatos apurados e com a situação do agente, ou seja, permitem a aplicação de sanção que seja, ao mesmo tempo, necessária, adequada e proporcional ao ato ilícito e às circunstâncias que o provocaram. Além disso, deve-se entender que os critérios previstos no art. 7º da Lei Anticorrupção, embora devam necessariamente ser considerados na fixação das sanções, não excluem a possibilidade de utilização de outros critérios relevantes para esse fim.

Também deve ter aplicação na dosimetria das sanções previstas na Lei Anticorrupção o §3º do art. 22 da LINDB, pelo qual "as sanções aplicadas ao agente serão levadas em conta na dosimetria das demais sanções de mesma natureza e relativas ao mesmo fato". Mais uma vez, estão implícitos nessa norma os princípios da razoabilidade e da proporcionalidade, que impedem o *bis in idem* e a cumulatividade de sanções pela prática do mesmo ilícito, conforme previsto no art. 19 da Lei Anticorrupção.[2]

Informação bibliográfica deste texto, conforme a NBR 6023:2018 da Associação Brasileira de Normas Técnicas (ABNT):

DI PIETRO, Maria Sylvia Zanella. Comentários ao art. 7º. *In*: DI PIETRO, Maria Sylvia Zanella; MARRARA, Thiago (coord.). *Lei Anticorrupção comentada*. 4. ed. Belo Horizonte: Fórum, 2024. p. 147-150. ISBN 978-65-5518-676-5.

[2] V. comentários ao art. 19, no item 19.2 desta obra.

COMENTÁRIOS AO ART. 8º

IRENE PATRÍCIA NOHARA

Art. 8º A instauração e o julgamento de processo administrativo para apuração da responsabilidade de pessoa jurídica cabem à autoridade máxima de cada órgão ou entidade dos Poderes Executivo, Legislativo e Judiciário, que agirá de ofício ou mediante provocação, observados o contraditório e a ampla defesa.
§1º A competência para a instauração e o julgamento do processo administrativo de apuração de responsabilidade da pessoa jurídica poderá ser delegada, vedada a subdelegação.
§2º No âmbito do Poder Executivo federal, a Controladoria-Geral da União – CGU terá competência concorrente para instaurar processos administrativos de responsabilização de pessoas jurídicas ou para avocar os processos instaurados com fundamento nesta Lei, para exame de sua regularidade ou para corrigir-lhes o andamento.

8.1 Processo administrativo de responsabilização – PAR

A Lei Anticorrupção previu um processo para apuração da responsabilidade administrativa da pessoa jurídica pela prática de atos contra a Administração Pública, sem prejuízo do processo judicial e também de outras instâncias de apuração e punição existentes no sistema.

Conforme o art. 18 da lei, no âmbito administrativo, a responsabilidade da pessoa jurídica não afasta a possibilidade de sua responsabilização na esfera judicial, exceto quando expressamente previsto na celebração de acordo de leniência.

O processo administrativo previsto é também conhecido como *processo administrativo de responsabilização* (PAR), conforme denominação atribuída no capítulo IV da Lei nº 12.946/2013, e replicada pelo art. 2º do Decreto nº 11.129/2022, que regulamenta a lei.

Processo administrativo pode ser definido, sinteticamente, como atividade estatal realizada por meio do encadeamento de atos que se direcionam a garantir a proteção dos direitos dos administrados, o que se dá pelo respeito às garantias constitucionais relacionadas com o devido processo legal, o contraditório e a ampla defesa, e o melhor cumprimento dos fins da administração.[1]

A lei geral que disciplina o processo administrativo em âmbito federal é a Lei nº 9.784/99, que determina, em seu art. 69, que: "os processos administrativos específicos continuarão a reger-se por lei própria, aplicando-se-lhes apenas subsidiariamente os preceitos dessa lei".

Trata-se, inclusive, da enunciação da regra hermenêutica de que *lex specialis derogat generali* (a lei especial prevalece à geral). Logo, se existe previsão de um procedimento próprio de responsabilização de pessoa jurídica pela prática dos ilícitos da Lei Anticorrupção, aplica-se a lei especial, que é a Lei nº 12.846, em vez da Lei Geral de Processo Administrativo.

Ressalte-se, contudo, que a aplicação subsidiária implica que, na ausência de disciplina processual específica, ou seja, na lacuna do processo da Lei Anticorrupção, é possível que haja aplicação da Lei de Processo Administrativo.

Em âmbito federal, qualquer dispositivo que esteja previsto na Lei nº 9.784/99 e que não tenha tratamento específico na lei é potencialmente alegável com base no art. 69 da Lei Federal de Processo Administrativo.

Ainda, o Código de Processo Civil (CPC), Lei nº 13.105/2015, determina sua aplicação supletiva e subsidiária aos processos administrativos também, haja vista o conteúdo de seu art. 15: "na ausência de normas que regulem processos eleitorais, trabalhistas ou administrativos, as disposições deste Código lhes são aplicadas supletiva e subsidiariamente".

A aplicação subsidiária do CPC aos processos administrativos deve ser, portanto, harmonizada com a lei de processo administrativo. Trata-se, pois, de estender ainda maior proteção, sobretudo do prisma da defesa das pessoas jurídicas incursas em ilícitos da Lei Anticorrupção, que terão amparo jurídico tanto na Lei de Processo Administrativo, como no Código de Processo Civil.

8.2 Aprimoramentos na disciplina da investigação preliminar pelo Decreto nº 11.129/2022

Em 11 de julho de 2022, houve a criação do Decreto nº 11.129, que, dentre outras alterações, aprimorou significativamente a disciplina da investigação preliminar, em comparação com o Decreto anterior por ele revogado (Decreto nº 8.420/2015).

Foi determinado, no art. 3º, que o titular da corregedoria da entidade ou da unidade competente, ao tomar ciência de possível ocorrência de ato lesivo à administração pública federal, em sede de juízo de admissibilidade e mediante despacho fundamentado, decidirá pela abertura da investigação preliminar, pela recomendação de instauração do PAR ou pela recomendação de arquivamento da matéria.

---

[1] Há uma controvérsia sobre os termos processo e procedimento, que não será alvo de indagações mais pormenorizadas, pois não é a proposta da análise da Lei Anticorrupção, mas para os que desejam se aprofundar no debate acadêmico, conferir: NOHARA, Irene Patrícia; MARRARA, Thiago. *Processo administrativo*: Lei nº 9784/99 comentada. 2. ed. São Paulo: Thomson Reuters Brasil, 2018. p. 74.

Em havendo a investigação preliminar, que ainda não contempla contraditório e ampla defesa, ou seja, não tem caráter punitivo, mas apenas se destina à apuração de indícios de autoria e materialidade de atos lesivos à administração pública, ela será conduzida em caráter sigiloso.

Quanto à sua condução, pode haver duas possibilidades: (1) que a corregedoria a conduza diretamente, na forma estabelecida em regulamento; ou (2) que haja a instauração de comissão composta por dois ou mais membros, designados entre servidores efetivos ou empregados públicos.

Serão praticados os atos necessários para elucidação dos fatos sob apuração, compreendidas todas as diligências admitidas em lei, a exemplo da proposição à autoridade instauradora da suspensão cautelar dos efeitos do ato ou do processo objeto da investigação; solicitação de informações bancárias sobre movimentação de recursos públicos, ainda que sigilosas, nesta hipótese, em sede de compartilhamento de sigilo com órgãos de controle; requisição, por meio da autoridade competente, do compartilhamento de informações tributárias da pessoa jurídica investigada; solicitação ao órgão de representação judicial das medidas judiciais necessárias para investigação, inclusive busca e apreensão (no Brasil ou no exterior); ou solicitação de documentos ou informações.

Admite-se, também, que haja solicitação de especialistas com conhecimentos técnicos e operacionais, de órgãos e entidades públicos ou de outras organizações, para auxiliar na análise da matéria sob exame.

Ademais, estabelece o §5º do art. 3º do Decreto nº 11.129/2022 que o prazo para a conclusão da investigação preliminar não excederá 180 dias, admitida prorrogação, sendo que, ao final da investigação, serão enviadas à autoridade competente as peças de informação obtidas, acompanhadas de relatório conclusivo acerca da existência de indícios de autoria e materialidade de atos lesivos à administração pública federal, para decisão sobre a instauração do PAR.

8.3 Competência para instauração e julgamento do PAR

De acordo com o art. 8º da Lei Anticorrupção, a instauração e o julgamento do PAR (processo administrativo de responsabilização) da pessoa jurídica competem à autoridade máxima de cada órgão ou entidade dos poderes Executivo, Legislativo e Judiciário.

Ora, a Lei Anticorrupção não seguiu, neste aspecto, a orientação genérica da Lei de Processo Administrativo, segundo a qual, de acordo com o art. 17 da Lei nº 9.784/99: "inexistindo competência legal específica, o processo administrativo deverá ser iniciado perante a autoridade de menor grau hierárquico para decidir".

Como a Lei Anticorrupção tem uma regra de competência específica, para sua aplicação vale a regra segundo a qual a instauração e o julgamento do PAR serão realizados pela autoridade máxima do órgão ou entidade. Tal determinação deve ser interpretada em conjunto com o art. 4º do Decreto nº 11.129/2022, o qual regulamenta a Lei Anticorrupção, que, além de mencionar a autoridade máxima da entidade contra qual foi praticado o ato lesivo, também estipula que, no caso de órgão da Administração direta, seria o respectivo Ministro de Estado.

A regra de começar pelo topo, apesar de direcionar desde o início o processo à autoridade máxima, tem algumas desvantagens, sobretudo do ponto de vista recursal. Quando a lei geral aplica a determinação contrária, isto é, no sentido de se começar pela autoridade com menor grau hierárquico (no mais baixo da hierarquia), ela deixa, por sua vez, um caminho para subida do recurso para outras autoridades, sem esgotamento recursal.

Existe, ainda, uma crítica que é mais contundente, tendo sido feita por Márcio Pestana:

> Há um equívoco em atribuir à maior autoridade da entidade ou do órgão a designação dos servidores que, de fato, darão curso ao processo administrativo. Caso o núcleo mais próximo da mais importante autoridade seja o alvo da apuração e potencial responsabilização pela prática de corrupção, como a que poderá dizer respeito àqueles agentes próximos ao Presidente da República, Ministros de Estado, Governadores ou Secretários de Estados federados ou, ainda aos Prefeitos Municipais, é previsível que a autoridade em questão tenderá a nomear servidores dóceis e alinhados com o seu pensar e proceder, muitas vezes até levando em conta a vinculação partidária, pois o que costumeiramente ocorre é que a autoridade máxima, que não aquela investida em cargos em decorrência de votação popular, seja nomeada segundo alianças políticas e partidárias.[2]

É necessário refletir sobre essa análise, pois o fato de se começar pelo topo, nas proximidades dos agentes políticos, pode ser um fator que, do ponto de vista pragmático, pode impedir, em alguns casos, de se alcançar os objetivos da Lei Anticorrupção, principalmente se o topo estiver alinhado com negócios superfaturados, encaminhamentos fraudulentos em licitações ou com repasses de valores a agentes políticos para promoverem uma "agilização" ou "desburocratização" indevida, ou, ainda, com o desvio de verbas em projetos com a Administração Pública.

Em geral, os que são nomeados livremente para os mais altos cargos da Administração Pública, que são os Ministros e Secretários de Estado, dada a proximidade com os agentes políticos, têm maior vinculação com diversos tipos de interesses, inclusive partidários, diferentemente, por exemplo, dos servidores concursados, que, via de regra, possuem maior grau de isenção.

A autoridade competente do topo irá designar a comissão, que será composta por dois ou mais servidores estáveis,[3] mas esse fato por si só não será capaz de impedir os manejos "estratégicos" do ponto de vista político, porque como não há um regramento mais rigoroso quanto à especialização das atividades, ainda assim o agente político competente poderá escolher aqueles que são mais alinhados com seu modo de agir, influenciando, então, pela escolha, o resultado das apurações.

---

[2] PESTANA, Márcio. *Lei Anticorrupção*. Barueri: Manole, 2016. p. 102.

[3] A CGU e AGU (Advocacia-Geral da União) procuram preencher ao máximo as comissões com servidores de carreira e estáveis para conduzirem tecnicamente as negociações.

Muito provavelmente por conta dessa fragilidade, a própria lei prevê a possibilidade de a Controladoria Geral da União (CGU) agir de forma a complementar a atuação ou mesmo a ausência de atuação dos órgãos do Poder Executivo Federal.

Note-se que, não obstante ter existido a CGU como um dos órgãos dos mais elogiáveis em âmbito federal, pois ela já foi apontada, em estudo divulgado em Washington, como sendo uma ilha de excelência[4] no universo dos órgãos federais, em maio de 2016 o presidente interino, Michel Temer, extinguiu a CGU, cujas atribuições passaram a integrar o Ministério da Fiscalização, Transparência e Controle. Depois, ainda, por conta da repercussão, o órgão passou a se chamar Ministério da Transparência, Fiscalização e Controladoria-Geral da União, reincorporando na terminologia o termo que havia inicialmente sido retirado.

Depois, houve a edição da Medida Provisória nº 870, que foi convertida na Lei nº 13.844/2019, voltando-se a denominar o órgão de Controladoria-Geral da União (CGU), mantendo-se o *status* de Ministério. Atualmente, a CGU é disciplinada pela Lei nº 14.600/2023, que no art. 49, §1º, III, prevê a competência do órgão para instaurar processos administrativos de responsabilização de pessoas jurídicas com fundamento na Lei nº 12.846/2013, acompanhar e, quando necessário, avocar os referidos processos em curso em órgãos e em entidades federais para exame de sua regularidade ou condução de seus atos, além de poder promover a declaração de sua nulidade ou propor a adoção de providências ou a correção de falhas, bem como celebrar, quando cabível, acordo de leniência ou termo de compromisso com pessoas jurídicas.

Há, no Brasil, uma multiplicidade de órgãos dotados de atribuição para o combate à corrupção, dentro do que se chama de sistema U (CGU, AGU – Advocacia-Geral da União, e TCU – Tribunal de Contas da União), além do próprio Ministério Público, ao qual interessa também os resultados do PAR, pois possui legitimidade para propor as ações judiciais no tocante à prática do crime de corrupção em sentido mais restrito, bem como ações de improbidade administrativa.

Ressalte-se, ainda, que as fragilidades do sistema de controle da Lei Anticorrupção irão atingir de forma ainda mais efetiva o combate da corrupção diante das realidades municipais, em que mal se tem recursos, em diversos dos mais de cinco mil, quinhentos e setenta municípios, para a manutenção de variadas secretarias temáticas, quanto mais para sustentar um órgão especializado no controle da esfera local.

Outro aspecto que é enfatizado por João Daniel Rassi e Vicente Greco Filho[5] é que, apesar de a lei pretender ser aplicada por todos os entes, ela não pode ser empregada por entidades da Administração Indireta que possuem natureza jurídica de direito privado, como as empresas públicas e sociedades de economia mista, porquanto somente pessoas jurídicas de direito público teriam competência para aplicar sanções aos particulares, pessoa física ou jurídica. Daria, no máximo, para alegar uma possibilidade discutível

---

4 BERSCH, Katherine; PRAÇA, Sérgio; TAYLOR, Mattheu. *State Capacity and Bureaucratic Autonomy within National States*: mapping the archipelago of excellence in Brazil. Disponível em: http://cepesp.files.wordpress.com/2013/06/bersch-praca-taylor-state-capacity-and-autonomy-may-1_lasa.pdf. Acesso em 20 jul. 2013.

5 GRECO FILHO, Vicente; RASSI, João Daniel. *O combate à corrupção e comentários à Lei de Responsabilidade das Pessoas Jurídicas*. São Paulo: Saraiva, 2015. p. 172.

se houvesse o reconhecimento de uma relação que Celso Antônio Bandeira de Mello chama de *especial sujeição* entre o ente e a empresa sancionada.[6]

Ademais, o artigo determina que a autoridade deve agir de ofício ou mediante provocação. Essas hipóteses fazem parte do funcionamento do processo administrativo no geral.

O processo administrativo inicia-se de ofício quando a Administração *sponte propria*, isto é, por impulso interno, sem provocação, instaura procedimento com vistas à realização dos interesses públicos,[7] havendo, por outro lado, a possibilidade de agir mediante provocação, isto é, por impulso de terceiro.

Admite-se que a autoridade competente para instaurar o PAR chegue ao conhecimento da ocorrência de um ato lesivo à Administração por meio da denúncia anônima. Esta é tida como instrumento adequado de combate à corrupção, conforme previsão do art. 13 (item 2) do Decreto nº 5.687/2006, que incorporou a *Convenção das Nações Unidas contra Corrupção*, de 31.12.2003, *in verbis*:

> Cada Estado Parte adotará medidas apropriadas para garantir que o público tenha conhecimento dos órgãos pertinentes de luta contra a corrupção mencionados na presente Convenção, e facilitará o acesso a tais órgãos, quando proceder, para a denúncia, inclusive anônima, de quaisquer incidentes que possam ser considerados constitutivos de um delito qualificado de acordo com a presente Convenção.

O Superior Tribunal de Justiça possui decisões no sentido da admissibilidade da denúncia anônima, sendo um exemplo dessa interpretação o REsp nº 153.177-0 (*DJe*, 25 maio 2009): "tendo em vista o poder dever de autotutela imposto à Administração, não há ilegalidade na instauração de processo administrativo com fundamento em denúncia anônima". Esta orientação foi consolidada na tese do STJ sobre processo administrativo disciplinar com o seguinte conteúdo: "É possível a instauração de processo administrativo com base em denúncia anônima".[8]

O parágrafo único do art. 4º do Decreto nº 11.129/2022 autoriza a autoridade competente para instaurar e julgar o PAR a delegar o exercício dessa atribuição, sendo vedada, no entanto, expressamente a subdelegação.

Delegação é um instrumento jurídico de transferência do exercício de certas atribuições que, em geral,[9] decorrem do poder hierárquico. São manifestações de

---

6 BANDEIRA DE MELLO, Celso Antônio. *Curso de direito administrativo*. São Paulo: Malheiros, 2014. p. 841. Acrescente-se que se o fato envolver fraude à licitação e contrato com a empresa estatal por exemplo, hipótese em que a contratada se submete a uma sujeição especial, pode-se até admitir maior sancionamento, mas não em casos mais genéricos de atos lesivos à Administração, daí poderia ser invocada a impossibilidade de o poder sancionatório (geralmente associado ao poder de polícia) sobre empresa particular se originar de ente de natureza privada, conforme reconhecido inclusive nos Tribunais Superiores. Sobre indelegabilidade de atividade típica de Estado para ente particular, *vide*: ADI nº 1.717/2002, e na ADI nº 2.310-1 houve a concessão de liminar para suspender a eficácia da aplicação do regime da CLT aos recursos humanos das agências reguladoras, dado que o regime do emprego público foi considerado incompatível com as atividades fiscalizatórias do ente).

7 NOHARA, Irene Patrícia; MARRARA, Thiago. *Processo administrativo*: Lei nº 9.784/99 comentada. 2. ed. São Paulo: Thomson Reuters Brasil, 2018. p. 151.

8 DI PIETRO, Maria Sylvia Zanella; NOHARA, Irene Patrícia (Coord.). *Teses jurídicas dos tribunais superiores*: direito administrativo I. São Paulo: Revista dos Tribunais, 2017. p. 75.

9 O art. 12 da Lei Federal de Processo Administrativo, no entanto, admite delegação a órgãos não subordinados, em razão de circunstâncias de índole técnica, social, econômica, jurídica ou territorial.

hierarquia, porque comportam vínculo de mando com possibilidade de sanção, caso o agente deixe de cumprir determinação de delegante a que esteja subordinado.

Segundo Regis Fernandes de Oliveira, a delegação justifica-se, entre outras, nas seguintes hipóteses: excesso de atividade burocrática sobre agente ou órgão encarregado do desempenho de determinada atividade; impossibilidade ou dificuldade material do pleno exercício da competência; melhor satisfação dos fins encampados no ordenamento; necessidade de acelerar a tomada de decisões em assuntos de interesse da coletividade e quando houver necessidade de maior objetividade nas decisões, repassando àquela autoridade que estiver mais próxima dos fatos, pessoas ou problemas o atendimento.[10]

8.4 Contraditório e ampla defesa

A lei determina que o processo administrativo de responsabilização (PAR) observará o contraditório e a ampla defesa. Estes são princípios que se relacionam com o devido processo legal.

O devido processo legal está previsto no art. 5º, LIV, da Constituição, da seguinte forma: "ninguém será privado da liberdade ou de seus bens sem o devido processo legal".

Já a ampla defesa e o contraditório são encontrados no art. 5º, LV, da Constituição, nos seguintes termos: "aos litigantes, em processo judicial ou administrativo, e aos acusados em geral são assegurados o contraditório e a ampla defesa, com os meios e recursos a ele inerentes".

Advirta-se que, apesar de a Constituição utilizar o termo litigante, podem ser considerados litigantes em processo administrativo todos os que estejam com a liberdade e os bens ameaçados (de privação ou restrição) em âmbito administrativo.

Como a pessoa jurídica acusada de praticar ato contra a Administração pode vir a sofrer sanções de multa e de publicação extraordinária da decisão administrativa sancionadora, sendo que, se a lesão envolver infração administrativa à Lei de Licitações, em apuração conjunta com a Lei Anticorrupção, então, é possível, ainda, que haja também a restrição à participação em licitações e celebração de contratos administrativos, e a pessoa jurídica acaba tendo a liberdade e os bens ameaçados de restrição, é imprescindível, portanto, a observância das garantias constitucionais no PAR.

Conforme será visto, as garantias são apenas restringidas para o caso de ocorrer uma investigação preliminar, em que não há ainda acusação, muito menos a possibilidade de aplicação de sanção, daí porque esse procedimento preliminar pode ser sigiloso. Mas, uma vez instaurado um processo administrativo de responsabilização (PAR), será obrigatória, conforme mencionado, a observância do contraditório e da ampla defesa.

Contraditório implica bilateralidade do processo, que se resume na expressão *audiatur et altera pars* (ouça-se também a outra parte). Engloba a oportunidade dada ao interessado de conhecimento daquilo que lhe é imputado, acrescido do direito de reação ou resposta. Geralmente o contraditório é dividido em: (1) conhecimento; e (2) reação.

Segundo João Daniel Rassi e Vicente Greco Filho, o contraditório é um instrumento de efetivação da ampla defesa e, em termos práticos:

---

[10] OLIVEIRA, Regis Fernandes de. *Delegação e avocação administrativas*. São Paulo: Revista dos Tribunais, 2005. p. 106.

> poder contrariar a acusação; poder requerer a produção de provas que devem, se pertinentes, obrigatoriamente ser produzidas; acompanhar a produção das provas, fazendo, no caso de testemunhas, as perguntas pertinentes que entender cabíveis; falar sempre depois da acusação; manifestar-se sempre em todos os atos e termos processuais aos quais deve estar presente; e recorrer da decisão final quando inconformado.[11]

Outrossim, o contraditório não pode ser interpretado apenas formalmente, mas deve ser assegurado substancialmente. Para observá-lo não basta apenas oferecer a oportunidade de a empresa formular alegações e apresentar documentos, mas, segundo o art. 3º, III, da Lei nº 9.784/99, que tem aplicação subsidiária ao PAR federal, estes (alegações e documentos) "serão objeto de consideração pelo órgão competente".

Desdobra Gilmar Mendes, amparado na doutrina alemã,[12] o contraditório nos seguintes direitos: (i) *direito à informação*, que obriga o órgão julgador a informar os atos praticados no processo e sobre os elementos dele constantes; (ii) *direito de manifestação*, que assegura ao defendente a possibilidade de manifestar-se oralmente ou por escrito sobre os elementos fáticos e jurídicos constantes do processo; e, especialmente, (iii) *ver os seus argumentos considerados*, que exige do julgador capacidade, apreensão e isenção de ânimo para contemplar as razões apresentadas.

O direito de ver os argumentos contemplados pelo órgão julgador decorre do dever de fundamentar as decisões, o que no direito administrativo se enquadra no princípio da motivação.

Não é adequada a postura de órgãos estatais que de antemão conduzem seus processos administrativos rumo a resultados predeterminados, em que, pela prepotência do autoritarismo, o acusado se sente como mero figurante de uma farsa na qual, por mais que produza documentos relevantes, estes jamais serão levados em consideração na decisão final.

Por conseguinte, além de ser formalmente ouvido, o acusado deve integrar um *fair play* (jogo limpo), no qual, se produzir os meios probatórios adequados, estes terão a chance de interferir ou influenciar a decisão final.[13]

O contraditório é um dos meios de garantia da ampla defesa, mas enquanto esta representa mais um fim de observância obrigatória para que haja um devido processo, o contraditório é um dos instrumentos indispensáveis à garantia da ampla defesa.

Ampla defesa é, por conseguinte, noção mais abrangente do que contraditório, pois envolve o interesse na efetiva e plena possibilidade de se sustentar razões, produzir provas e influir na formação do convencimento daquele que decide, abarcando aspectos de: regularidade do processo, presença de defesa técnica, quando indispensável, imparcialidade de quem decide, regras de impedimento e suspeição e justiça nas decisões estatais.[14]

---

[11] GRECO FILHO, Vicente; RASSI, João Daniel. *O combate à corrupção e comentários à Lei de Responsabilidade das Pessoas Jurídicas*. São Paulo: Saraiva, 2015. p. 176.

[12] Schlink e Maunz-During, conforme exposição encontrada no MS nº 24.268/MG.

[13] NOHARA, Irene Patrícia; MARRARA, Thiago. *Processo administrativo*: Lei nº 9.784/99 comentada. 2. ed. São Paulo: Thomson Reuters Brasil, 2018. p. 117.

[14] NOHARA, Irene Patrícia; MARRARA, Thiago. *Processo administrativo*: Lei nº 9.784/99 comentada. 2. ed. São Paulo: Thomson Reuters Brasil, 2018. p. 118.

8.5 Competência concorrente da Controladoria-Geral da União – CGU

Estabelece, ainda, o §2º do art. 8º da Lei Anticorrupção que, no âmbito do Poder Executivo Federal, a Controladoria-Geral da União – CGU terá competência concorrente para instaurar processos administrativos de responsabilização de pessoas jurídicas ou para avocar os processos instaurados com fundamento na lei.

O termo competência concorrente é estudado no direito constitucional. Segundo Fernanda Dias Menezes de Almeida,[15] a competência concorrente compreende uma área de competência exercitável conjuntamente, em parceria, segundo regras preestabelecidas.

Entende-se mais adequado interpretar essa competência concorrente da CGU como suplementar e não cumulativa, ou seja, se não houver sido instaurado o processo administrativo, daí a CGU pode supletivamente instaurá-lo, na ausência da ação da autoridade competente, sendo admitido, ainda que haja sua avocação, mas deve-se afastar a possibilidade de uma instauração cumulativa, para que se evite a multiplicação de processos em função dos mesmos fatos, até porque todos os processos seriam administrativos.

Avocação advém do latim *avocare*, que significa chamar, atrair, atribuir-se ou arrogar-se. Avocar significa chamar para si atribuições originariamente atribuídas ao órgão ou agente subordinado, contanto que não haja competência exclusiva atribuída por lei a este último.

O art. 8º, §2º, da Lei Anticorrupção estabelece finalidades específicas que justificam a avocação, que são: o exame da regularidade do PAR ou para corrigir o seu andamento.

Ressalte-se que a lei foi, na interpretação de Márcio Pestana,[16] lacônica sobre o procedimento do PAR, tendo apenas fixado as competências dos agentes necessárias à instauração, a decisão conclusiva e os prazos e as consequências de efetivação da condenação. Por conseguinte, o procedimento deve ser efetivado com o auxílio da utilização do decreto que regulamenta a Lei Anticorrupção, que atualmente é o Decreto nº 11.129/2022, o qual, conforme visto, revogou anterior ato normativo (Decreto nº 8.420/15).

8.6 Similaridades entre o PAR e o PAD e a investigação preliminar em face da sindicância

Assim como no processo administrativo disciplinar (PAD), o processo administrativo de responsabilização (PAR) de pessoa jurídica segue um sistema misto no qual a autoridade competente para instaurar designa comissão que será responsável por conduzir o procedimento na instrução, defesa e relatório, sendo o julgamento realizado pelo agente competente.

O sistema misto é aquele que procura separar a fase de instrução da fase de decisão, pois enquanto a instrução é feita pela comissão processante, a decisão é tomada pela autoridade competente. De acordo com Romeu Bacellar Filho, não se admite um

---

15 ALMEIDA, Fernanda Dias Menezes de. *Competências na Constituição de 1988*. 2. ed. São Paulo: Atlas, 2000. p. 129.

16 PESTANA, Márcio. *Lei Anticorrupção*. Barueri: Manole, 2016. p. 100.

processo administrativo (disciplinar) com estrutura inquisitória, "convergindo em um só órgão ou agente as qualidades de acusador, instrutor e julgador".[17]

A finalidade, então, do processo administrativo de responsabilização (PAR) é a apuração da prática dos ilícitos previstos na Lei Anticorrupção, em que será verificada a responsabilidade da pessoa jurídica pela prática de atos contra a Administração Pública, nacional ou estrangeira.

Não se pode dizer que a finalidade, no atual estágio de desenvolvimento do Estado Democrático de Direito, seja a punição, pois pode ocorrer de a comissão processante e a autoridade competente para punir entenderem que a empresa "acusada" não praticou ato contra a Administração Pública ou que não há provas suficientes para a caracterização do ilícito.

Logo, a aplicação das sanções da Lei Anticorrupção é um dos possíveis resultados, mas não a única possibilidade. A comissão processante deve conduzir a instrução do processo com o máximo de imparcialidade, garantindo o contraditório e a ampla defesa, sendo seu intuito principal a apuração da verdade.

Assim como no processo administrativo disciplinar (PAD), em que há a possibilidade de ocorrer antes uma sindicância; também o processo administrativo de responsabilização (PAR), há a possibilidade de uma investigação preliminar, que pode ser comparada a uma sindicância inquisitória.

A investigação preliminar terá, de acordo com o que dispõe o art. 3º, §1º do Decreto nº 11.129/2022, caráter sigiloso e não punitivo e será destinada à apuração de indícios de autoria e materialidade de atos lesivos à Administração Pública Federal, conforme visto.

Essa investigação preliminar é um procedimento de averiguação de prováveis atos lesivos à Administração Pública, sendo preliminar, portanto, à instauração do PAR.

Ressalte-se que, apesar de preliminar, primeiro, pode ser que de uma investigação preliminar a comissão conclua pelo arquivamento, quando não houver suficientes indícios de autoria e materialidade de atos lesivos e, ainda, há a possibilidade de a autoridade competente instaurar diretamente o PAR, sem que tenha ocorrido uma investigação preliminar.

Tal é a conclusão que se extrai da redação do art. 3º do Decreto nº 11.129/2022, que determina que o titular da corregedoria da entidade ou da unidade competente para a instauração do PAR, ao tomar ciência da possível ocorrência de ato lesivo à Administração Pública Federal, em sede de juízo de admissibilidade e mediante despacho fundamentado, decidirá: (I) pela abertura de investigação preliminar; (II) pela recomendação de instauração de PAR; ou (iii) pela recomendação de arquivamento da matéria.

Não é possível que da realização de investigação preliminar haja punição da pessoa jurídica, pois, para que isto ocorra, será necessária a instauração de um PAR, sendo que o caráter sigiloso não se compraz com a possibilidade de aplicação de sanção, dado que para tanto haveria necessidade de contraditório e de ampla defesa.

Logo, a pessoa jurídica não é ainda acusada na investigação preliminar, que apenas irá verificar os indícios de autoria do ato lesivo, além de sua materialidade.

---

[17] BACELLAR FILHO, Romeu Felipe. *Processo administrativo disciplinar*. 4. ed. São Paulo: Saraiva, 2013. p. 74.

Estabelece o art. 3º, §2º do Decreto nº 11.129/2022, que a investigação preliminar será conduzida diretamente pela corregedoria da entidade ou unidade competente, na forma estabelecida em regulamento, ou por comissão composta por dois ou mais membros, designados entre servidores efetivos ou empregados públicos. Note-se que esta última hipótese é controvertida para estatais, conforme será exposto. Também se verificou que o prazo de conclusão da investigação preliminar é de no máximo 180 dias, podendo ser prorrogado, mediante solicitação justificada do presidente da comissão à autoridade instauradora, conforme regra contida no art. 3º, §4º, do Decreto nº 11.129/2022.

Trata-se de um prazo maior do que aquele previsto no âmbito federal para a sindicância do PAD, que tem duração de 30 dias, prorrogáveis por igual período (cf.: art. 145, parágrafo único, da Lei nº 8.112/90).

Ao final da investigação preliminar, de acordo com a disciplina analisada, serão enviadas à autoridade competente as peças de informação obtidas, acompanhadas de relatório conclusivo acerca da existência de indícios de autoria e materialidade de atos lesivos à Administração Pública Federal, para decisão sobre a instauração do PAR, cujo procedimento será explicitado de forma mais pormenorizada no art. 10 da Lei Anticorrupção.

Informação bibliográfica deste texto, conforme a NBR 6023:2018 da Associação Brasileira de Normas Técnicas (ABNT):

NOHARA, Irene Patrícia. Comentários ao art. 8º. *In*: DI PIETRO, Maria Sylvia Zanella; MARRARA, Thiago (coord.). *Lei Anticorrupção comentada*. 4. ed. Belo Horizonte: Fórum, 2024. p. 151-161. ISBN 978-65-5518-676-5.

COMENTÁRIOS AO ART. 9º

IRENE PATRÍCIA NOHARA

Art. 9º Competem à Controladoria-Geral da União – CGU a apuração, o processo e o julgamento dos atos ilícitos previstos nesta Lei, praticados contra a administração pública estrangeira, observado o disposto no Artigo 4 da Convenção sobre o Combate da Corrupção de Funcionários Públicos Estrangeiros em Transações Comerciais Internacionais, promulgada pelo Decreto nº 3.678, de 30 de novembro de 2000.

9.1 Atos praticados contra a Administração Pública estrangeira

A Lei Anticorrupção surgiu a partir da pressão internacional, com destaque para a atuação da OCDE (Organização para a Cooperação e Desenvolvimento Econômico), no sentido de combater atos de corrupção, os quais prejudicam o desenvolvimento econômico dos países.

O art. 9º da lei objetiva cumprir a *Convenção sobre o Combate da Corrupção de Funcionários Públicos Estrangeiros em Transações Comerciais Internacionais*, que foi firmada, no âmbito da OCDE, em 17.12.1997, tendo sido ratificada por 33 países e incorporada internamente no Brasil por meio do Decreto nº 3.678/2000.

De acordo com a exposição de motivos do Decreto nº 3.678/2000, a corrupção é um fenômeno difundido nas transações comerciais internacionais, incluindo o comércio e o investimento. Tal fato desperta preocupações morais e políticas, pois abala a boa governança e o desenvolvimento econômico, dado que distorce as condições internacionais de competitividade.

Parte-se também do pressuposto de que os governos têm um papel fundamental na prevenção de pedido de "propinas"[1] por parte de indivíduos e empresas nas transações comerciais internacionais.

[1] Note-se que, enquanto em países de língua espanhola é muito comum a utilização do termo "propina" indicando o sentido de gorjeta, sendo esse o seu sentido original (do verbo latino *propinare*, no sentido de dar de beber, derivado do grego *propinein*, que indicava pagar uma bebida a quem tinha um bom rendimento no trabalho), no Brasil, por sua vez, a expressão designa pagamento de valor para a prática de ato ilícito por parte de agente público, algo normalmente associado com a corrupção (CUNHA, Antônio Geraldo. *Dicionário Etimológico Nova Fronteira da Língua Portuguesa*. 2. ed. Rio de Janeiro: Nova Fronteira, 1997. p. 640).

Segundo a sistemática da lei, é a Controladoria-Geral da União (CGU) o órgão responsável pelo procedimento dos ilícitos praticados contra a Administração Pública estrangeira envolvendo apuração, processamento e julgamento de ilícitos previstos na Lei Anticorrupção. Tal orientação legal é refletida no art. 18 do Decreto nº 1.129/2022, segundo o qual compete à Controladoria-Geral da União instaurar, apurar e julgar PAR pela prática de atos lesivos à administração pública estrangeira.

Logo, se os ilícitos forem praticados por empresa nacional ou com estabelecimento em território nacional contra administrações públicas estrangeiras, será atribuição da CGU processar, apurar e julgar tais infrações.

Os ilícitos da Lei Anticorrupção estão previstos no seu art. 5º, que se relacionam, basicamente a: prometer, oferecer ou dar vantagem indevida a agente público ou a pessoa a ele relacionada; estimular a prática de atos ilícitos previstos na Lei Anticorrupção; utilizar-se de interposta pessoa física ou jurídica para ocultar ou dissimular seus reais interesses ou a identidade dos beneficiários dos atos praticados; fraudar licitações e contratos, conforme tipificado; e criar dificuldades às atividades de fiscalização de órgãos, entidades ou agentes públicos.

A *Convenção sobre o Combate da Corrupção de Funcionários Públicos Estrangeiros em Transações Comerciais Internacionais* provém da OCDE, conforme mencionado, mas foi articulada também por influência das Nações Unidas, do Banco Mundial, do Fundo Monetário Internacional, da Organização Mundial de Comércio, da Organização dos Estados Americanos, do Conselho da Europa e da União Europeia.

Foi adotada a meta da equivalência de medidas entre países signatários, o que auxilia no combate à corrupção pela padronização. Uma das medidas para facilitar a fiscalização por meio da lei é a recomendação de estabelecimento de tratamento legislativo nacional sobre livros e registros contábeis, contas e declarações financeiras de empresas, com penalidades civis, administrativas e criminais efetivas, proporcionais e dissuasivas pelas omissões e falsificações em livros e registros contábeis, contas e declarações financeiras, conforme dispõe o art. 8º da convenção.

A convenção orienta os Estados signatários para que haja a punição do oferecimento, da promessa ou da adoção de vantagem pecuniária ou de outra natureza indevida a funcionário público estrangeiro, direta ou indiretamente, por meio de ação ou omissão, para realizar ou dificultar transações ou obter vantagens ilícitas na condução de negócios internacionais.

Segundo analisam João Daniel Rassi e Vicente Greco Filho, apesar da remissão feita convenção que reprime corrupção em transações comerciais internacionais, a lei é mais ampla, pois "abrange atos de corrupção relativos a situações que não sejam diretamente transações comerciais, como, por exemplo, a obtenção de passaportes ou vistos, questões relativas a contratos e quaisquer outras".[2]

A ação ou omissão do funcionário, segundo orientação da convenção, inclui qualquer uso do cargo do funcionário público, seja esse cargo, ou não, da competência legal do funcionário. Significa dizer que o servidor responde mesmo que utilizar o

---

[2] GRECO FILHO, Vicente; RASSI, João Daniel. *O combate à corrupção e comentários à Lei de Responsabilidade das Pessoas Jurídicas*. São Paulo: Saraiva, 2015. p. 174.

cargo de forma indevida, para além do que a competência permitiria (o que, enfatize-se, comumente ocorre nos casos de corrupção).

Para a convenção, funcionário público estrangeiro é qualquer pessoa responsável por cargo legislativo, administrativo ou judicial de um país estrangeiro, seja ela nomeada ou eleita; qualquer pessoa que exerça função pública para um país estrangeiro, inclusive para representação ou empresa pública; ou, ainda, qualquer funcionário que represente organização pública internacional.

Considera-se Administração Pública estrangeira os órgãos e entidades estatais ou representações diplomáticas de país estrangeiro, de qualquer nível ou esfera de governo (a convenção fala em todos os níveis e subdivisões de governo, do federal ao municipal), bem como as pessoas jurídicas controladas, direta ou indiretamente, pelo Poder Público de país estrangeiro.

Estão englobados, portanto, no conceito entes estatais de qualquer nível de governo, abarcando todas as entidades dos países que adotam forma de Estado federativa, bem como as empresas que fazem parte da Administração Indireta, ou seja, as estatais ou demais pessoas jurídicas sujeitas ao controle direto ou indireto do Estado.

Equiparam-se, ainda, à Administração Pública estrangeira *organizações públicas internacionais*, a exemplo da ONU, da OEA, da OMC, da OMS, da OIT e da própria OCDE. Organizações internacionais são, segundo definição de Seitenfus, associações voluntárias de Estados constituídas por meio de um tratado com a finalidade de buscar interesses comuns através de uma permanente cooperação entre membros.[3]

As organizações internacionais frequentemente financiam projetos e estimulam negócios. Por isso, devem ser protegidas de influências escusas obtidas de condutas ilegais.

A convenção contempla a responsabilidade de pessoa jurídica pela corrupção de funcionário público estrangeiro, orientando países que não sancionem penalmente pessoas jurídicas, que adotem, então, sanções não penais dissuasivas.[4] A ideia é que, se possível, as pessoas jurídicas envolvidas na corrupção de funcionário público estrangeiro sejam responsabilizadas penal, civil e administrativamente.

Em suma, independentemente da nacionalidade, qualquer indivíduo ou entidade que cometer ato de suborno de funcionário público estrangeiro no território de um Estado signatário da Convenção da OCDE estará sujeito às suas proibições, sendo a Controladoria-Geral da União responsável pela apuração no Brasil, por meio de processo administrativo e julgamento do ilícito praticado.

A OCDE também fez as seguintes recomendações adicionais: criação de mecanismos para eliminar a dedução fiscal dos subornos; garantia de transparência em práticas contábeis e de auditorias; criação de medidas preventivas e repressivas contra a corrupção em sistemas de contratações públicas. As penalidades devem ser

---

3 SEINTENFUS, Ricardo Antonio Silva. *Manual das organizações internacionais*. 5. ed. Porto Alegre: Livraria do Advogado, 2012. p. 4.

4 Conforme vocabulário empregado no *site* do Ministério da Transparência, Fiscalização e Controladoria-Geral da União (CONVENÇÃO da OCDE. *Ministério da Transparência, Fiscalização e Controladoria-Geral da União*, 14 maio 2014. Disponível em: http://www.cgu.gov.br/sobre/perguntas-frequentes/articulacao-internacional/convencao-da-ocde. Acesso em 2 ago. 2016).

aplicadas à celebração de contratos e autorizações e aos tratamentos fiscais, aduaneiros, judiciais ou legislativos, conforme dito.

9.2 Questões envolvendo jurisdição

O dispositivo determina que se observe o art. 4º, que estabelece critérios para que haja respeito à jurisdição. Ora, segundo tal dispositivo, cada parte deve tomar todas as medidas necessárias ao estabelecimento de sua jurisdição em relação à corrupção de um funcionário público estrangeiro, quando o delito é cometido integral ou parcialmente em seu território.

Também se afirma que a parte que tiver jurisdição para processar seus nacionais por delitos cometidos no exterior deverá tomar todas as medidas necessárias ao estabelecimento de sua jurisdição para fazê-lo em relação à corrupção de um funcionário público estrangeiro, segundo os mesmos princípios.

Assim, a Controladoria-Geral da União, ao saber que um indivíduo ou uma empresa nacional corrompe um funcionário público estrangeiro, seja a conduta cometida em seu território ou se tiver a jurisdição para processar seus nacionais em ilícitos ocorridos no exterior, deve instaurar um processo para apuração da ocorrência do ilícito, pois com a Lei Anticorrupção a sujeição especial que pairava sobre o órgão, que é federal, para o controle dos servidores da Administração Federal estende-se também para as atribuições acrescentadas, atingindo, portanto, a ação de indivíduos e grupos empresariais que corrompam funcionários públicos estrangeiros.

Todavia, se ocorrer de mais de uma parte ter jurisdição sobre um alegado delito descrito na Convenção, as partes envolvidas deverão, por solicitação de uma delas, deliberar sobre a determinação da jurisdição mais apropriada para instauração do processo.

Na realidade, essa hipótese tenta evitar o *bis in idem*, pois a situação de corrupção de funcionário estrangeiro envolve mais de uma nação, mas a lei não apresenta critérios claros para a resolução da questão, pois deixa ao alvedrio das partes negociar qual seria a jurisdição mais apropriada.

Note-se que a expressão *jurisdição mais apropriada* é um conceito indeterminado, pois não se estabeleceu de quais pontos de vista seriam consideradas mais apropriadas uma ou outra jurisdição. Entende-se, pois, que essa abertura deita indagações, como: seria maior apropriação em termos de chances de condenação ou, por outro lado, de maiores garantias de defesa e do respeito ao devido processo legal?

Sugere-se, inclusive, que seja considerada mais apropriada a jurisdição que sofreu mais efeitos da ação ilícita, o que também não deixa de ser uma consideração preenchida de aspectos subjetivos.

De qualquer forma, o art. 9º da Convenção determina que as partes devem prestar pronta e efetiva assistência jurídica a outra parte para o fim de condução das investigações e processos criminais e não criminais (contra pessoas jurídicas) instaurados em função dos delitos apenados na Convenção.

Por conseguinte, não podem as partes recusar-se a prestar assistência jurídica mútua em matérias criminais do âmbito da convenção, sobretudo sob a alegação de sigilo bancário.

Por fim, estabelece o artigo, no item 4, que cada parte deve verificar se a atual fundamentação de sua jurisdição é efetiva em termos de combate à corrupção de funcionários públicos estrangeiros, caso contrário, deve tomar medidas corretivas a respeito.

Informação bibliográfica deste texto, conforme a NBR 6023:2018 da Associação Brasileira de Normas Técnicas (ABNT):

NOHARA, Irene Patrícia. Comentários ao art. 9º. *In*: DI PIETRO, Maria Sylvia Zanella; MARRARA, Thiago (coord.). *Lei Anticorrupção comentada*. 4. ed. Belo Horizonte: Fórum, 2024. p. 163-167. ISBN 978-65-5518-676-5.

COMENTÁRIOS AO ART. 10

IRENE PATRÍCIA NOHARA

Art. 10. O processo administrativo para apuração da responsabilidade de pessoa jurídica será conduzido por comissão designada pela autoridade instauradora e composta por 2 (dois) ou mais servidores estáveis.
§1º O ente público, por meio do seu órgão de representação judicial, ou equivalente, a pedido da comissão a que se refere o caput, poderá requerer as medidas judiciais necessárias para a investigação e o processamento das infrações, inclusive de busca e apreensão.
§2º A comissão poderá, cautelarmente, propor à autoridade instauradora que suspenda os efeitos do ato ou processo objeto da investigação.
§3º A comissão deverá concluir o processo no prazo de 180 (cento e oitenta) dias contados da data da publicação do ato que a instituir e, ao final, apresentar relatórios sobre os fatos apurados e eventual responsabilidade da pessoa jurídica, sugerindo de forma motivada as sanções a serem aplicadas.
§4º O prazo previsto no §3º poderá ser prorrogado, mediante ato fundamentado da autoridade instauradora.

10.1 Comissão do PAR

A comissão do PAR é designada pela autoridade instauradora, dentro do sistema misto, sendo composta por dois ou mais servidores estáveis. Apesar de o art. 5º do Decreto nº 11.129/2022 estabelecer que, se não houver servidores estatutários nos quadros da Administração Pública Federal, a comissão da Administração Pública Federal será composta por dois ou mais empregados públicos, com preferencialmente no mínimo três anos de tempo de serviço na entidade, não se recomenda que haja realização de PAR em ente da Administração Pública Indireta que tenha natureza jurídica de direito privado, pois se tal processo administrativo resultar na punição da empresa, caso ela não tenha uma relação de sujeição especial com o ente, o processo poderá ter sua validade questionada no Poder Judiciário, dado que se considera que ente de direito privado não tem competência para punir os particulares no geral.

Márcio Pestana[1] critica o fato de a lei ter previsto a composição da comissão por dois ou mais servidores estáveis do ente sem que houvesse qualquer indicação do princípio da especialização, pois teme que haja uma profusão de comissões em todos os âmbitos federativos composta por servidores despreparados para a importante missão de apurar os atos de corrupção com envolvimento de empresas.

Por isso, sugere Pestana que ao designar tais servidores a autoridade competente procure identificar, entre os quadros, os servidores que reúnam a melhor capacitação para integrar a comissão, dada formação, expertise e experiência na participação ou condução de processos administrativos fiscalizadores ou sancionadores.[2]

Conforme visto, trata-se da sistemática adotada nos processos disciplinares em geral, em que a autoridade que teria competência para punir não pode ser a mesma que instrui o processo.

O Brasil adotou uma sistemática de apuração nos processos administrativos disciplinares denominada de sistema misto, em que, na exposição de Maria Sylvia Zanella Di Pietro,[3] o processo é realizado por comissões disciplinares, órgãos estranhos à relação entre funcionário e superior hierárquico, sendo a decisão final proferida pela autoridade competente.

Trata-se de um sistema que procura separar as fases de instrução e de decisão, pois enquanto a comissão processante faz a instrução, a decisão é tomada pela autoridade competente, conforme dito.

As atividades de instrução são realizadas pela comissão e objetivam averiguar e comprovar os dados necessários à tomada de decisão por parte da autoridade competente. São realizadas de ofício ou por impulsão da comissão responsável pelo PAR, sem prejuízo do direito das empresas e dos indivíduos de proporem autuações probatórias.

Segundo a regulamentação do art. 6º, *caput*, do Decreto nº 11.129/2022, a comissão avaliará os fatos e as circunstâncias conhecidas e indiciará e intimará a pessoa jurídica processada para, no prazo de 30 dias, apresentar defesa escrita e especificar eventuais provas que pretende produzir.

Recebida a defesa escrita, a comissão avaliará a pertinência de produzir as provas eventualmente requeridas pela pessoa jurídica processada, podendo indeferir de forma motivada os pedidos de produção de provas que sejam ilícitas, impertinentes, desnecessárias, protelatórias ou intempestivas, conforme teor do caput do art. 8º do Decreto nº 11.129/2022.

O §2º do art. 38 da Lei de Processo Administrativo estabelece, a propósito, que somente poderão ser recusadas, mediante decisão fundamentada, as provas propostas pelos interessados quando sejam ilícitas, impertinentes, desnecessárias ou protelatórias.

A diferença dos dois diplomas legais quanto à recusa das provas é no tocante à prova *intempestiva* do decreto, em comparação com a *desnecessária* da Lei Federal de Processo Administrativo. Ora, o art. 5º, LVI, da Constituição determina que são inadmissíveis, no processo, as provas obtidas por meios ilícitos. A proibição estende-se também para as chamadas provas ilícitas por derivação.

1 PESTANA, Márcio. *Lei Anticorrupção*. Barueri: Manole, 2016. p. 101.
2 PESTANA, Márcio. *Lei Anticorrupção*. Barueri: Manole, 2016. p. 114.
3 DI PIETRO, Maria Sylvia Zanella. *Direito administrativo*. São Paulo: Atlas, 2010. p. 638.

Segundo explicação de Thiago Marrara, impertinente é a prova que "não tem qualquer relação com a matéria do processo administrativo. Em vista da ausência de correlação lógica entre a prova impertinente e a matéria processual, a produção ou a juntada aos autos desse tipo de prova não gera utilidade nenhuma".[4]

As provas impertinentes geralmente são desnecessárias, mas o contrário não é verdadeiro, pois existem provas desnecessárias, mas que são pertinentes, como é, no exemplo fornecido por Marrara, a prova repetida.

Outro exemplo de prova desnecessária é que se destina a esclarecer dados, fatos ou informações que outras provas já comprovaram. Adverte, pois, que as provas desnecessárias, pertinentes ou não, devem ser recusadas no processo administrativo, uma vez que elas não contribuem para a instrução.[5]

Já as provas protelatórias relacionam-se com o direito à razoável duração do processo (art. 5º, LXVIII, da Constituição). Note-se que ficamos entre os que, assim como Thiago Marrara e José dos Santos Carvalho Filho,[6] defendem que a prova protelatória só pode ser recusada quando desnecessária, impertinente ou ilícita, mas se ela for lícita, necessária e pertinente, não se pode recusar sua produção, uma vez que ela será relevante para o esclarecimento da verdade real.

Em suma, *ilícitas* são as provas proibidas por serem consideradas ilegais ou inconstitucionais, como a interceptação telefônica sem autorização judicial[7] ou a tortura para obtenção de informações; *impertinentes* são as que não guardam relação com o objeto do processo; *desnecessárias* são as que não geram utilidade ao processo e *protelatórias* as que buscam tão somente retardar a decisão.

Se a prova protelatória, que tem previsão legal, já gera polêmica, a menção à prova intempestiva no decreto (ato infralegal) é ainda mais problemática. Isto pois, entendemos que a prova intempestiva lícita, necessária e pertinente não pode ser recusada pela comissão, dado que deve haver um equilíbrio entre as garantias de razoável duração do processo e a ampla defesa.

Ainda, mesmo diante do prazo de término do processo, há a necessidade de verificar se a prova não se origina de fatos novos ou de circunstâncias suscetíveis de justificar a inadequação da sanção aplicada, hipótese em que, se a comissão não oportunizar a defesa e do processo resultar sanção, caberá o recurso de revisão, conforme prevê o art. 65 da Lei de Processo Administrativo (Lei nº 9.784/99).

Então, para que haja economia processual sugere-se que a comissão seja criteriosa com provas que originam fatos novos, procurando analisá-las, mesmo que para tanto haja necessidade de prorrogação dos prazos, o que é admitido pela sistemática legal (pois basta que o presidente da comissão solicite tal ampliação à autoridade instauradora

---

4 NOHARA, Irene Patrícia; MARRARA, Thiago. *Processo administrativo*: Lei nº 9.784/99 comentada. 2. ed. São Paulo: Thomson Reuters Brasil, 2018. p. 342.

5 NOHARA, Irene Patrícia; MARRARA, Thiago. *Processo administrativo*: Lei nº 9.784/99 comentada. 2. ed. São Paulo: Thomson Reuters Brasil, 2018. p. 343.

6 CARVALHO FILHO, José dos Santos. *Processo administrativo federal*. 3. ed. Rio de Janeiro: Lumen Juris, 2007. p. 206.

7 Ressalte-se que, a partir da Lei Anticrime (Lei nº 13.964/2019) houve a criação (inicialmente suspensa pelo STF), da figura do juiz de garantias, voltado para investigações, antes da denúncia, sobretudo quanto à decisão sobre requerimento de interceptação telefônica, para fins de prova.

do PAR). Se assim não fizer, há a possibilidade de recurso de revisão e de invalidação da decisão do PAR.

Caso sejam produzidas provas após a nota de indiciação, a comissão poderá: (I) intimar a pessoa jurídica a se manifestar, no prazo de dez dias, sobre as novas provas juntadas aos autos, caso tais provas não justifiquem a alteração da nota de indiciação; ou (II) lavrar nova indiciação ou indiciação complementar, caso as novas provas juntadas aos autos justifiquem alterações na nova nota de indiciação inicial.

Conforme a sistemática de dosimetria das sanções do art. 7º da Lei Anticorrupção, é possível haver a redução da punição a ser aplicada diante da presença de mecanismos e procedimentos internos de integridade, auditoria e incentivo à denúncia de irregularidades e da aplicação efetiva de códigos de ética e de conduta no âmbito da pessoa jurídica.

Assim, será útil à pessoa jurídica que apresente em sua defesa informações e documentos referentes à existência e ao funcionamento de programa de integridade, hipótese em que, segundo o §2º do art. 8º do Decreto nº 11.129/2022, a comissão processante deverá examiná-lo segundo os parâmetros indicados para a dosimetria das sanções a serem aplicadas (indicados no capítulo V do decreto).

Note-se, também, que a Comissão deve exercer suas atividades com imparcialidade, assegurando o sigilo, sempre que necessário à elucidação do fato ou quando exigido pelo interesse da administração pública, garantindo à pessoa jurídica processada o direito à ampla defesa e ao contraditório.

As regras de impedimento e suspeição previstas na Lei de Processo Administrativo podem ser utilizadas para a estruturação do PAR, tendo em vista a aplicação subsidiária da lei geral.

Logo, para assegurar a imparcialidade da comissão, é impedido de atuar também no PAR, de acordo com art. 18 da Lei nº 9.784/99, servidor ou autoridade que: (i) tenha interesse direto ou indireto na matéria; (ii) tenha participado ou venha a participar como perito, testemunha ou representante, ou se tais situações ocorrem quanto ao cônjuge, companheiro ou parente ou afins até o terceiro grau; e (iii) esteja litigando judicial ou administrativamente com o interessado ou respectivo cônjuge ou companheiro.

Também é uma forma de resguardar o servidor ou autoridade, pois como é falta grave, para efeitos disciplinares, a omissão na comunicação de impedimento, a autoridade que incorrer em impedimento não atuará no processo caso comunique o fato à autoridade competente.

A suspeição, por sua vez, tem fatores de índole mais subjetiva, pois pode ser arguida diante de amizade íntima ou inimizade notória com alguns dos interessados ou com os respectivos cônjuges, companheiros, parentes e afins até o terceiro grau.

Também a discrição é uma habilidade relevante nas atividades da comissão do PAR. Ora, dado que a comissão ainda está buscando saber do ocorrido e diante da presunção da inocência, agir de forma discreta na atividade probatória que envolve suspeita de corrupção é importantíssimo para a preservação da imagem dos envolvidos, pois se houver exposição da situação para terceiros eles podem ter a imagem maculada *ad eternum* por uma suspeita que provavelmente não se apagará da memória das pessoas, mesmo diante da comprovação da insubsistência da acusação. No caso das empresas, a imagem afeta diretamente o apreço geral que se tem à marca, então, é fundamental que haja discrição na atividade probatória por parte da comissão.

10.2 Regras para as intimações

A intimação é uma medida tomada, segundo o tratamento legal do processo administrativo, para ciência de decisão ou efetivação de diligências, ou seja, ela serve tanto para ciência de algo ocorrido no processo, para oportunizar o contraditório, como para provocar seu destinatário para que faça ou deixe de fazer algo.

Segundo o art. 26 da Lei nº 9.784/99, de aplicação subsidiária ao PAR, a intimação deve conter: identificação do intimado e nome do órgão ou entidade administrativa; finalidade da intimação; data, hora e local em que deve comparecer; se o intimado deve comparecer pessoalmente, ou fazer-se representar; informação da continuidade do processo independentemente de seu comparecimento; e indicação dos fatos e fundamentos legais pertinentes.

As intimações, segundo art. 7º do Decreto nº 11.129/2022, serão feitas por meio físico ou eletrônico que assegure a certeza de ciência da pessoa jurídica processada, cujo prazo começa a correr a partir da data da cientificação oficial, excluindo-se da contagem o dia do começo e incluindo-se o dia do vencimento.

Caso não tenham êxito as formas mencionadas, haverá nova intimação feita por edital publicado na imprensa oficial e no sítio eletrônico do órgão ou da entidade pública responsável pela condução do PAR, contando-se o prazo para apresentação da defesa a partir da última data de publicação do edital.

De acordo com o art. 26, §5º, da Lei nº 9.784/99, as intimações serão nulas quando feitas sem observância das prescrições legais, mas o comparecimento do administrado supre sua falta ou irregularidade. A nulidade pode ser reconhecida se afetar interesses da empresa, que tem direito à ampla defesa e ao contraditório.

10.3 Direito ao conhecimento como corolário do contraditório

A pessoa jurídica poderá acompanhar o PAR por meio de seus representantes legais ou procuradores, sendo-lhes assegurado amplo acesso aos autos, conforme determina o caput do art. 9º do Decreto nº 11.129/2022. Não será permitida a retirada dos autos da repartição pública, mas será autorizada a obtenção de cópias, preferencialmente em formato digital, por meio de requerimento.

O direito à vista dos autos e à obtenção de cópias de documentos neles existentes faz parte do direito de os administrados terem acesso a informações de interesse particular ou coletivo, previsto genericamente no art. 5º, XXXIII, da Constituição nos seguintes termos:

> todos têm direito a receber dos órgãos públicos informações de seu interesse particular, ou de interesse coletivo ou geral, que serão prestadas no prazo da lei, sob pena de responsabilidade, ressalvadas aquelas cujo sigilo seja imprescindível à segurança da sociedade e do Estado.

No caso do processo administrativo, tal direito tem como correlato o dever de a Administração Pública prestar as informações que lhe forem solicitadas e colaborar para o esclarecimento dos fatos, previsto no art. 4º, IV, da Lei de Processo Administrativo (Lei nº 9.784/99).

A determinação é corolário do direito previsto no art. 3º, II, da Lei de Processo Administrativo, que garante ao administrado ter ciência da tramitação dos processos administrativos em que tenha a condição de interessado, ter vista dos autos, obter cópias de documentos neles contidos e conhecer as decisões proferidas.

O direito à ciência significa que a Administração não poderá ocultar dos interessados os autos do processo, sendo-lhes assegurada a obtenção de cópias e documentos neles contidos e o conhecimento de toda e qualquer decisão proferida no âmbito do processo.[8]

A publicidade, mesmo que restrita (aos interessados), é princípio que deve ser observado no processo administrativo. Admite-se que haja sigilo tão somente, conforme exposto, nas investigações preliminares, em que não há materialidade ou indícios de autoria. Mas, uma vez instaurado o PAR, a comissão deve garantir o contraditório e a ampla defesa à pessoa jurídica.

10.4 Medidas judiciais

O §1º do art. 10 da Lei Anticorrupção determina que o ente público, por meio de seu órgão de representação judicial, ou equivalente, a pedido da comissão do PAR, poderá requerer as medidas judiciais necessárias à investigação e ao processamento das infrações.

Entre as medidas a serem requeridas ao Judiciário a lei menciona a busca e apreensão. Como tutela cautelar, o pedido para concessão da medida será acompanhado pela exposição sumária do direito que se objetiva assegurar e o perigo de dano ou o risco ao resultado útil do processo.

A atividade investigatória não é exclusiva da autoridade judiciária, conforme estabelece o parágrafo único do art. 4º do Código de Processo Penal, que determina que a competência de apuração de infrações e da autoria não exclui a das autoridades administrativas, a quem por lei seja cometida a mesma função. Contudo, os membros da comissão devem ficar atentos para requerer em juízo provas que dependam de autorização judicial para serem consideradas lícitas, pois se a Comissão autorizar a realização desse tipo de prova, sem requisição ao Judiciário, por meio do seu órgão de representação judicial, a prova será reputada ilícita, hipótese em que deve ser excluída e desentranhada dos autos do processo administrativo.

A licitude das provas deriva do rol de garantias fundamentais, devendo ser respeitados, por exemplo, o direito à inviolabilidade domiciliar e o sigilo de correspondência, das comunicações telegráficas, de dados e comunicações telefônicas, bem como o profissional.

---

[8] Cf.: NOHARA, Irene Patrícia; MARRARA, Thiago. *Processo administrativo*: Lei nº 9.784/99 comentada. São Paulo: Thomson Reuters Brasil, 2018. p. 129.

O art. 5º, XII, da Constituição dispõe ser inviolável o sigilo da correspondência e das comunicações telegráficas, de dados e das comunicações telefônicas, salvo no último caso, por ordem judicial, nas hipóteses e na forma que a lei estabelecer para fins de investigação criminal[9] ou instrução processual penal. O art. 5º, LVI, da Constituição reputa, por sua vez, inadmissíveis, no processo, as provas obtidas por meios ilícitos.

Assim, a interceptação telefônica, que é a captação de comunicação telefônica alheia por terceiro, sem que os interlocutores saibam, depende de expressa e prévia autorização judicial, sendo regulamentada pela Lei nº 9.296/96, mas só pode ser requerida para fins de investigação criminal ou de instrução processual penal, o que não abarcaria isoladamente o PAR, já a gravação telefônica pode ser considerada lícita e não está na abrangência da lei das interceptações.

A gravação de conversa telefônica por um interlocutor é considerada prova lícita. Nesta perspectiva, considerou o STF que a gravação pode ser clandestina, porque sem a ciência de um dos interlocutores, mas não é considera ilícita, nem ilícito seu uso, em particular como meio de prova. Inclusive houve repercussão geral da matéria no RE nº 538.397/RJ, em que a gravação telefônica é tida como lícita, desde que não haja causa legal específica de sigilo nem reserva de conversação.

No HC nº 91.613, o Ministro Gilmar Mendes afirmou a licitude de uma gravação feita por empresário e utilizada pelo Ministério Público para ação penal em face de um vereador que teria se utilizado de sua função no Poder Legislativo municipal para facilitar a construção do Cemitério Parque Portal da Paz. Segundo consta da gravação, o vereador teria solicitado o pagamento de doze mil reais para divisão com outros vereadores da Câmara Municipal de Ribeirão das Neves, em Minas Gerais, em crime de tráfico de influência.

Assim, o STF denegou a ordem de trancamento da ação penal, por não reputar a gravação feita ilegal, dado que um dos interlocutores, o empresário, foi responsável pela sua realização.

Também em investigações sobre corrupção (em sentido estrito e, portanto, criminal) há regras determinadas pelo Supremo Tribunal Federal para compartilhamento de dados sem prévia autorização judicial. Trata-se do tema 990/STF, que teve por *leading case* o RE nº 1055941, em que se admite a "possibilidade de compartilhamento com o Ministério Público, para fins penais, dos dados bancários e fiscais do contribuinte, obtidos pela Receita Federal no legítimo exercício de seu dever de fiscalizar, sem autorização prévia do Poder Judiciário".

Como a Receita tem a obrigação de enviar as informações suspeitas ao Ministério Público, considerou o STF constitucional o compartilhamento de relatórios de inteligência financeira e do procedimento fiscalizatório da Receita Federal em lançamento de tributo com órgãos de persecução penal para fins criminais, mesmo que sem prévia autorização judicial, desde que se resguarde o sigilo das informações em procedimentos formalmente instaurados e sujeitos posteriormente ao controle jurisdicional.

---

9 Note-se que, com a Lei Anticrime, houve até a divisão de juiz de garantias em relação ao juiz que atuará nos processos após a denúncia.

10.5 Suspensão cautelar dos efeitos do ato ou processo

A comissão, de acordo com o §2º, do art. 10 da Lei Anticorrupção pode, cautelarmente, propor à autoridade instauradora que suspenda os efeitos do ato ou processo objeto da investigação. Significa que se houver uma suspeita fundamentada, com *fumus boni iuris* e *periculum in mora*, há a possibilidade de se suspender efeitos de ato ou processo objeto da investigação.

Essa determinação associa-se com a autorização contida no art. 45 da Lei Federal de Processo Administrativo (Lei nº 9.784/99) que dispõe que, em caso de risco iminente, a Administração poderá motivadamente adotar providências acauteladoras sem prévia manifestação do interessado. Há, portanto, um poder geral de cautela que fundamenta o trabalho da Comissão do PAR. A medida de suspensão cautelar dos efeitos do ato ou processo, segundo expõe Thiago Marrara,[10] deve ser utilizada seja para preservar o interesse público, seja para impedir graves violações aos direitos fundamentais.

Vamos supor que no curso da apuração de uma fraude à contratação de obra pública a comissão perceba que houve um acordo no sentido da ocultação por parte do agente de fiscalização e da empresa contratada do fato de que o material utilizado para realização da obra foi de menor qualidade do que o previsto no contrato e se verifica, ainda, que tal circunstância coloca em risco a higidez da obra que está sendo realizada, que já apresenta rachaduras e ameaça ruir. Há, então, a necessidade da tomada de inúmeras medidas cautelares para proteção dos cidadãos e daqueles que transitam na localidade para além do sancionamento do responsável por tal fraude.

Juliano Heinen[11] exemplifica a seguinte possibilidade de suspensão de ato cautelarmente: suspensão de pagamentos de contrato administrativo que possui o equilíbrio econômico-financeiro alterado fraudulentamente em prejuízo dos cofres públicos.

Por outro lado, a suspensão do processo objeto da investigação pode ser feita cautelarmente diante da formação do convencimento por parte da Comissão, no curso da apuração, da inexistência de cometimento de infração por parte da empresa ou da ausência de sua autoria, podendo a Comissão propor a medida à autoridade.

Ressalte-se que a Comissão responderá pelos danos causados pela ação ou omissão no curso dos trabalhos realizados, sendo a responsabilidade solidária entre os integrantes, exceto se consignar na ata posição divergente fundamentada do membro que discordar de decisão tomada coletivamente que provoque danos.[12]

Por conseguinte, deve-se agir com cautela, avaliando os riscos de lesão caso a autoridade controladora opte pela suspensão do ato ou processo. Essa noção de consequencialidade foi reforçada pelas novas previsões presentes da Lei de Introdução às Normas no Direito Brasileiro (LINDB), após alteração feita pela Lei nº 13.655/2018. Determina o art. 20 da LINDB, que orienta a interpretação do direito público, que "nas esferas administrativa, controladora e judicial, não se decidirá com base em valores

---

[10] NOHARA, Irene Patrícia; MARRARA, Thiago. *Processo administrativo*: Lei nº 9.784/99 comentada. São Paulo: Thomson Reuters Brasil, 2018. p. 297.

[11] HEINEN, Juliano. *Comentários à Lei Anticorrupção*. Belo Horizonte: Fórum, 2015. p. 206.

[12] No mesmo sentido: PESTANA, Márcio. *Lei Anticorrupção*. Barueri: Manole, 2016. p. 117.

jurídicos abstratos sem que sejam consideradas as consequências práticas da decisão", sendo estabelecido no parágrafo único do mesmo artigo que "a motivação demonstrará a necessidade e a adequação da medida imposta ou da invalidação de ato, contrato, ajuste, processo ou norma administrativa, inclusive em face das possíveis alternativas".

Como coadjuvante da aplicação do §2º, do art. 10 da Lei Anticorrupção, que faculta à proposta da autoridade instauradora que suspenda os efeitos do ato ou processo objeto da investigação, há o art. 21 da LINDB, segundo o qual "a decisão que, nas esferas administrativa, controladora ou judicial, decretar a invalidação de ato, contrato, ajuste, processo ou norma administrativa deverá indicar de modo expresso suas consequências jurídicas e administrativas".

No dispositivo da Lei Anticorrupção em comento não se menciona invalidação, mas suspensão, no entanto, a suspensão também pode produzir efeitos significativos, o que impõe cotejar as consequências, inclusive evitando-se, conforme dispõe o parágrafo único do art. 21 da LINDB, que se imponha aos sujeitos atingidos ônus ou perdas que, em função das peculiaridades do caso, sejam anormais ou excessivos.

10.6 Prazo de conclusão

O prazo para conclusão do PAR não excederá 180 dias, contados da data de publicação do ato de sua instauração, admitida prorrogação por meio de solicitação do presidente da comissão à autoridade instauradora, que decidirá de forma fundamentada.

O prazo é impróprio, pois admite prorrogação. Não é prazo cuja inobservância provoca maior sancionamento, mas, em vista do prestígio à razoável duração do processo, enquanto direito fundamental assegurado no inc. LXXVIII do art. 5º da Constituição, conforme inserção feita pela EC nº 45/2004, é necessário que a prorrogação do prazo seja decidida de forma motivada e conste do processo.

Note-se que como a lei não delimita o prazo da nova prorrogação, entende-se que ele deverá ser decidido pela autoridade instauradora conforme a necessidade objetiva para que haja o regular término do processo administrativo. Também não foi especificado que a prorrogação será feita apenas em uma única oportunidade, apenas se admitiu a prorrogação do ato genericamente falando.

Assim, não há óbices explícitos para uma segunda prorrogação, mas esta deve ser medida excepcional, conferida, sobretudo, se não for a comissão a culpada pela duração maior do processo, mas a própria empresa acusada, em intensivo questionamento, que contribui para a demora.

10.7 Relatório da comissão

A comissão do PAR deve apresentar os relatórios sobre os fatos apurados e a eventual responsabilidade da pessoa jurídica, sugerindo de forma motivada as sanções a serem aplicadas. Dentro do sistema misto adotado, quem pune é a autoridade competente, com base nos fatos apurados pela comissão, que tem o dever de indicar as sanções aplicadas.

Apesar de a lei não ter previsto de forma mais pormenorizada as regras do procedimento, o decreto pretendeu suprir tal lacuna. Segundo a regulamentação, concluídos os trabalhos de apuração e análise, a comissão elaborará relatório a respeito dos fatos apurados e da eventual responsabilidade administrativa da pessoa jurídica, no qual sugerirá, de forma motivada, conforme art. 11 do Decreto nº 11.129/2022: (I) as sanções a serem aplicadas, com respectiva indicação da dosimetria, ou o arquivamento do processo; (II) o encaminhamento do relatório final à autoridade competente para instrução de processo administrativo específico para reparação de danos, quando houver indícios de que o ato lesivo tenha resultado dano ao erário; (III) o encaminhamento do relatório à Advocacia-Geral da União, para ajuizamento da ação de que trata o art. 19 da Lei, com sugestão, de acordo com o caso concreto, de aplicação de sanções previstas naquele artigo, como retribuição complementar às do PAR ou para prevenção de novos ilícitos; (IV) encaminhamento do processo ao Ministério Público, nos termos do art. 15 da Lei Anticorrupção Empresarial; e (V) as condições necessárias para a concessão de reabilitação, quando cabível.

Além da obrigação de reparar integralmente o dano causado, as sanções administrativas são a multa, variando a dosimetria entre um décimo por cento até 20% do faturamento bruto do exercício anterior ao da instauração do processo administrativo, sendo superior ou igual à vantagem auferida (quando for possível sua estimação), e a publicação extraordinária da decisão condenatória, sendo que a nova regulamentação dada pelo Decreto nº 11.129/2022 ainda determina que a Comissão, ao encaminhar o relatório do PAR para a AGU, faça sugestão de quais sanções seriam aplicáveis num eventual ajuizamento de ação judicial, com base nas hipóteses das sanções do art. 19 da Lei (que são as sanções somente aplicáveis mediante ação judicial, diferentemente das sanções administrativas do art. 6º da Lei).

De acordo com art. 7º da Lei Anticorrupção, devem ser levados em consideração na aplicação das sanções: (i) a gravidade da infração; (ii) a vantagem auferida ou pretendida pelo infrator; (ii) a consumação ou não da infração; (iv) o grau de lesão ou perigo do infrator; (v) o efeito negativo produzido pela infração; (vi) a situação econômica do infrator; (vii) a cooperação da pessoa jurídica para apuração das infrações; (viii) a existência de mecanismos e procedimentos internos de integridade, auditoria e incentivo à denúncia de irregularidades e aplicação efetiva de códigos de ética e conduta no âmbito da pessoa jurídica; e (ix) o valor dos contratos mantidos pela pessoa jurídica como órgão ou entidade pública lesados.

Torna-se necessária a observância desses critérios estabelecidos no art. 7º da lei para que haja o respeito ao princípio da individualização da pena, que é um corolário da proporcionalidade das medidas sancionatórias. Conforme dispõe o art. 22, §2º da LINDB, acrescentado pela Lei nº 13.655/2018, "na aplicação das sanções, serão consideradas a natureza e a gravidada da infração cometida, os danos que dela provierem para a administração pública, as circunstâncias agravantes ou atenuantes e os antecedentes do agente".

Se após a instrução e a defesa a comissão concluir pela absolvição da empresa, dado que se comprove que não foi ela a autora do ato lesivo à Administração Pública, nacional ou estrangeira, ou mesmo que não houve o alegado fato, a comissão deve sugerir, então, o arquivamento do PAR.

Informação bibliográfica deste texto, conforme a NBR 6023:2018 da Associação Brasileira de Normas Técnicas (ABNT):

NOHARA, Irene Patrícia. Comentários ao art. 10. *In*: DI PIETRO, Maria Sylvia Zanella; MARRARA, Thiago (coord.). *Lei Anticorrupção comentada*. 4. ed. Belo Horizonte: Fórum, 2024. p. 169-179. ISBN 978-65-5518-676-5.

COMENTÁRIOS AO ART. 11

IRENE PATRÍCIA NOHARA

Art. 11. No processo administrativo para apuração de responsabilidade, será concedido à pessoa jurídica prazo de 30 (trinta) dias para defesa, contados a partir da intimação.

11.1 Prazo para defesa

O art. 11 da lei estabelece a concessão de um prazo de 30 dias para que a pessoa jurídica apresente a sua defesa, contados a partir da data da intimação.

O art. 5º do Decreto nº 11.129/2022 reitera que, já no ato da instauração do PAR, a autoridade designará comissão, composta por dois ou mais servidores estáveis, sendo ainda estabelecido no art. 6º do mesmo decreto que, instaurado o PAR, a comissão avaliará os fatos e as circunstâncias conhecidas e indiciará e intimará a pessoa jurídica processada para, no prazo de trinta dias, apresentar defesa escrita e especificar eventuais provas que pretenda produzir.

Ademais, estabelece o §4º do art. 6º do Decreto nº 11.129/2022 que, caso a pessoa jurídica processada não apresente sua defesa escrita no prazo estabelecido, contra ela correrão os demais prazos, independentemente de notificação ou intimação, podendo intervir em qualquer fase do processo, sem direito à repetição de qualquer ato processual já praticado.

Não é imprescindível a presença de advogado como requisito de validade do PAR, sendo inclusive essa orientação da Súmula Vinculante nº 5, que determina que a falta de defesa técnica por advogado no processo administrativo disciplinar não ofende a Constituição, mas é recomendável que haja a contratação de advogado na defesa da empresa, pois as sanções decorrentes do processo podem ser elevadas e o advogado tem maior conhecimento técnico das estratégias de defesa, tendo em vista os aspectos materiais e procedimentais envolvidos, que quase sempre dependem de conhecimentos jurídicos para a correta compreensão.

Informação bibliográfica deste texto, conforme a NBR 6023:2018 da Associação Brasileira de Normas Técnicas (ABNT):

NOHARA, Irene Patrícia. Comentários ao art. 11. *In*: DI PIETRO, Maria Sylvia Zanella; MARRARA, Thiago (coord.). *Lei Anticorrupção comentada*. 4. ed. Belo Horizonte: Fórum, 2024. p. 181-182. ISBN 978-65-5518-676-5.

COMENTÁRIOS AO ART. 12

IRENE PATRÍCIA NOHARA

Art. 12. O processo administrativo, com o relatório da comissão, será remetido à autoridade instauradora, na forma do art. 10, para julgamento.

12.1 Julgamento da autoridade competente

Concluído o relatório final, a comissão lavrará ata de encerramento dos seus trabalhos, que formalizará sua desconstituição e encaminhará o PAR à autoridade instauradora, que tem competência para julgar, sendo que esta última determinará a intimação da pessoa jurídica processada do relatório final para, querendo, manifestar-se no prazo máximo de dez dias. Transcorrido o prazo, a autoridade instauradora determinará à corregedoria da entidade ou à unidade competente que analise a regularidade e o mérito do PAR.

De acordo com o art. 13 do Decreto nº 11.129/2022, o PAR será encaminhado à autoridade competente para o julgamento, o qual será precedido de manifestação jurídica elaborada pelo órgão de assistência jurídica competente.

Assim, antes da decisão da autoridade competente, é obrigatório o encaminhamento do relatório do PAR ao órgão de assistência jurídica competente, que, em âmbito da Administração direta federal, é a Advocacia-Geral da União (AGU), que irá elaborar manifestação jurídica sobre o procedimento, em parecer que também auxiliará a autoridade competente a decidir. Ademais, também a corregedoria irá analisar a regularidade e o mérito do PAR, conforme disciplina acrescida pelo Decreto nº 11.129/2022.

É possível que a autoridade julgadora tome decisão contrária à sugestão dada pelo relatório da comissão, desde que seja fundamentada com base nas provas produzidas no PAR. Trata-se da mesma sistemática adotada nos processos administrativos disciplinares, mas note-se que nestes últimos não é usual à autoridade julgadora discordar do relatório, uma vez que foi a comissão que tomou contato mais próximo com a formação da "culpabilidade" da empresa.[1]

O art. 14 do Decreto nº 11.129/2022 determina que a decisão administrativa proferida pela autoridade julgadora ao final do PAR será publicada no *Diário Oficial da União* e no sítio eletrônico do órgão ou da entidade pública responsável pelo julgamento do PAR.

O decreto supriu a lacuna da lei quanto à possibilidade de interposição de recurso ao estabelecer, no art. 15, que da decisão administrativa sancionadora cabe pedido de reconsideração com efeito suspensivo, no prazo de dez dias, contado da data de publicação da decisão.

Diferentemente da previsão da reconsideração na Lei Geral de Processo Administrativo, a regulamentação da Lei Anticorrupção previu que o recurso de reconsideração: (i) terá o prazo de dez dias, sendo que na Lei Geral de Processo há o prazo de cinco dias para a realização do juízo de reconsideração;[2] e (ii) terá efeito suspensivo, o que não é previsto especificamente para a reconsideração na Lei Geral de Processo Administrativo.

A empresa que recorrer da decisão com um pedido de reconsideração tem direito a uma decisão fundamentada seja de deferimento ou de indeferimento do recurso. A autoridade julgadora terá o prazo de 30 dias para decidir sobre a matéria alegada no pedido de reconsideração e publicar nova decisão. Mantida a decisão administrativa sancionadora, será concedido à pessoa jurídica novo prazo de 30 dias para cumprimento das sanções que lhe foram impostas, contado da data de publicação da mesma decisão.

Se a pessoa jurídica não recorrer da decisão de imposição de sanções do PAR, deve cumprir as medidas impostas no prazo de 30 dias, contado do fim do prazo para interposição do pedido de reconsideração.

Pode acontecer de o ato lesivo à Administração Pública, conforme tipificação da Lei Anticorrupção, também corresponder à infração administrativa prevista na Lei de Licitações e Contratos, que possuem sanções como: advertência, multa, impedimento de licitar e contratar e declaração de inidoneidade para licitar e contratar, hipótese em que serão apurados e julgados conjuntamente, nos mesmos autos, com o rito procedimental do PAR.

Contudo, se houver autoridades distintas competentes para o julgamento dessas infrações, o processo será encaminhado, conforme dispõe o §1º do art. 16 do Decreto nº 11.129/2022, primeiramente à autoridade de nível mais elevado, para que julgue no âmbito de sua competência, tendo precedência o julgamento pelo Ministro de Estado competente.

O Decreto determina que haja, portanto, a comunicação do chefe da unidade responsável no órgão ou na entidade pela gestão de licitações e contratos sobre eventuais

---

1 Aqui não há alusão à culpabilidade no sentido de configuração de responsabilidade não objetiva, pois a responsabilidade da empresa é objetiva, mas sim do juízo de reprovabilidade, sendo que a dosimetria da sanção dependerá também do grau de resposta dado pela empresa, sua colaboração com as investigações e a qualidade de seu programa de *compliance*, que são levados em consideração pela comissão do PAR para indicar o grau de reprovação que reputa correto.

2 Mas enquanto na Lei Federal de Processo Administrativo são cinco dias e depois o encaminhamento para a autoridade superior, no caso da Lei Anticorrupção, são dez dias para a autoridade competente para decidir, sendo que esta última já é a autoridade máxima do órgão ou entidade, conforme exposto.

fatos que configurem também atos lesivos à Administração, enquadrados no art. 5º da Lei Anticorrupção, para que se possa instaurar o PAR.

Informação bibliográfica deste texto, conforme a NBR 6023:2018 da Associação Brasileira de Normas Técnicas (ABNT):

NOHARA, Irene Patrícia. Comentários ao art. 12. *In*: DI PIETRO, Maria Sylvia Zanella; MARRARA, Thiago (coord.). *Lei Anticorrupção comentada*. 4. ed. Belo Horizonte: Fórum, 2024. p. 183-185. ISBN 978-65-5518-676-5.

COMENTÁRIOS AO ART. 13

JOSÉ ROBERTO PIMENTA OLIVEIRA

Art. 13. A instauração de processo administrativo específico de reparação integral do dano não prejudica a aplicação imediata das sanções estabelecidas nesta Lei.
Parágrafo único. Concluído o processo e não havendo pagamento, o crédito apurado será inscrito em dívida ativa da fazenda pública.

13.1 A integralidade do dano material e moral decorrente da prática de atos de improbidade pela PJ

A prática de atos corruptivos elencados na lei comentada pode ensejar a produção de dano ao patrimônio público nacional ou estrangeiro. Basta exemplificar com contratações administrativas, com pagamentos realizados, e sem prestações contratuais executadas ou adimplidas com base em preços excessivos (sobrepreço ou superfaturamento). Faz parte da contextualização fática de práticas de improbidade em matéria de licitações e contratos (art. 5º, inc. IV), que normalmente haja produção de danos a serem ressarcidos.

Como diversos outros dispositivos na lei, o art. 13 faz referência à "reparação integral do dano" (pela pessoa jurídica infratora ou responsável). A expressão é genérica e permite a compreensão de que a reparação integral deve abranger o dano material, mas também o dano moral causado em razão da prática do ato lesivo.

É inequívoco que somente há dever de indenização se comprovada a ocorrência de dano. A identificação do dano e sua quantificação são pressupostos para a reparação integral. A lei não adjetivou a natureza jurídica do dano (material ou moral) ou de sua reparação (ressarcimento ou compensação). Não há interpretação gramatical possível em sentido contrário, pois sequer o texto consigna a expressão "prejuízos causados ao erário" na regulamentação. A interpretação deve prestigiar a maior recomposição do bem jurídico da probidade lesado pela infração e, no contexto de práticas ímprobas, invariavelmente poderá ocorrer dano material ou dano moral ao ente público ou ao ente governamental, nacional ou estrangeiro.

Nesta linha de raciocínio, a Lei nº 12.846 internalizou a mesma regra presente no Código Civil, pela qual aquele que, por ação ou omissão voluntária, negligência ou imprudência, violar direito e causar dano a outrem, ainda que exclusivamente moral, comete ato ilícito, e exsurge o correlato dever de indenizar.

A tese da indenizabilidade de danos morais causados à pessoa jurídica de direito público ou de direito privado integrante da Administração indireta, em todas as esferas federativas, está regularmente assegurada na tutela da ação civil pública, existente na Lei nº 7.347/1985, que rege, sem prejuízo da ação popular, as ações de responsabilidade por danos morais e patrimoniais causados ao patrimônio público e social (art. 1º, inc. VIII).

O cabimento da indenização de danos morais sofridos por pessoas jurídicas já obteve consagração jurisprudencial – a pessoa jurídica pode sofrer dano moral,[1] que bem o distingue da categoria de dano moral sofrido por indivíduos. Na jurisprudência do STJ, colhe-se que "O dano moral coletivo prescinde da comprovação de dor, de sofrimento e de abalo psicológico, pois tal comprovação, embora possível na esfera individual, torna-se inaplicável quando se cuida de interesses difusos e coletivos";[2] e é "Inegável a incidência da tese concernente à possibilidade de condenação por dano moral coletivo, mormente tratando-se, como se trata, de ação civil pública".[3]

A tese da indenizabilidade de danos morais causados ao Poder Público decorrentes de práticas de improbidade encontra amparo constitucional em, pelo menos, duas disposições essenciais ao Estado Democrático de Direito: no art. 5º, inc. LXXIII (garantia fundamental da ação popular contra atos lesivos à moralidade administrativa) e art. 37, §4º (sanções pela prática de atos de improbidade administrativa). Não há razão jurídica para que a Administração Pública nacional ou estrangeira, vítima das práticas de improbidade abrangidas pela Lei nº 12.846, deixe de ter consagrado o direito de ser indenizada pelos danos materiais e morais.

A reparação integral supõe esta dupla averiguação pelo ente público ou governamental lesado, referido no art. 8º. Trata-se de exercício de competência pública, gizada com o dever constitucional de conservar o patrimônio público (art. 23, inc. I, da CF), bem como densificada pela observância do princípio da moralidade administrativa (art. 37, *caput*, da CF). Esta competência insere-se no rol de atribuições à Administração Pública direta e indireta do Poder Executivo, bem como às autoridades competentes no âmbito do Poder Legislativo, Poder Judiciário, Ministério Público e Tribunal de Contas.

Em termos de danos materiais ou morais causados à Administração Pública estrangeira, no território nacional, a Lei nº 12.846 outorgou expressa competência ao atual Ministério da Transparência e Controladoria-Geral da União (CGU), para promover "o processo e julgamento dos ilícitos previstos nesta lei". A abrangência geral do art. 9º autoriza concluir pela outorga de atribuição ao órgão com *status* ministerial, para instauração de todos os processos administrativos relacionados na lei, referidos ao ato lesivo praticado contra a Administração estrangeira.

Do ponto de vista quantitativo, não atenua ou paralisa o exercício da referida competência a dimensão do valor aferido do dano (material e moral), de grande, média

---

1 Súmula nº 227, julg. 8.9.1990.

2 REsp nº 1509.923-SP, julg. 6.10.2015.

3 REsp nº 1.101.949-DF, julg. 10.5.2016.

ou pequena monta. A apuração da integralidade do dano é medida de adoção obrigatória, irrenunciável, a gerar uma pretensão imprescritível.

13.2 Identidade categorial do "processo administrativo específico" da Lei nº 12.846/2013

O art. 13 está inserido no Capítulo IV da Lei nº 12.846, que versa sobre o processo administrativo de responsabilização (PAR) da pessoa jurídica, para o qual são reservados os arts. 8º ao 12. Esta localização no plano da lei indica que o art. 13 se destina a processar exclusivamente os efeitos reparatórios da conduta de improbidade, sendo certo que os efeitos punitivos serão exclusivamente tratados no bojo do denominado PAR. O art. 13 volta-se para o processo administrativo específico de reparação de danos (doravante, PERD).

Trata-se de processos administrativos conexos, cuja instauração está no campo de atribuições da "autoridade máxima de cada órgão ou entidade dos Poderes Executivo, Legislativo e Judiciário" (art. 8º), rol este que deve incluir a autoridade máxima do Ministério Público ou Tribunal de Contas, quando a prática do ato de improbidade tiver relação com o exercício de suas atividades estatais.

O "processo administrativo específico para reparação integral do dano" (PERD) do art. 13, por conseguinte, é o processo necessariamente instaurado, quando houver indícios de deveres indenizatórios a serem apurados. Sua regulamentação lacônica está no art. 66 do Decreto nº 11.129/2022, que faz alusão a "processos administrativos específicos". E será "específico", porque só vocacionado para a qualificação dos fatos sob a ótica da produção ou não de danos materiais ou morais.

Modesto Carvalhosa faz severa crítica ao art. 13, rotulando-o de absurdo ou insustentável, em face da "evidente incompetência administrativa de autotutelar-se no campo ressarcitório dos danos civis causados pela pessoa jurídica corruptiva".[4] Entende-se, respeitosamente, que a Constituição exige e autoriza o processo administrativo específico, para apuração administrativa de danos, com fulcro nos princípios da Administração Pública: o princípio da legalidade, que embasa a autotutela versada sobre ilicitudes na atividade administrativa; o princípio da moralidade administrativa, que, sinalizando a indisponibilidade do patrimônio público, impõe a análise de fatos atentatórios a ele; o princípio da impessoalidade, que legitima uma atividade objetiva e imparcial na apuração de danos, quando a lesada é a Administração Pública; o princípio da eficiência, que requer iniciativa administrativa na apuração de ilícitos, de modo a assegurar o levantamento eficiente de todos os elementos comprobatórios para a eficaz reparação; e o princípio da publicidade, que, atendendo ao dever de transparência, impõe às autoridades administrativas competentes o dever de informação à coletividade das providências administrativas adotadas em face das PJs infratoras e PJs responsáveis pelas condutas de improbidade.

---

4 CARVALHOSA, Modesto. *Considerações sobre a Lei Anticorrupção das Pessoas Jurídicas*. São Paulo: RT, 2015. p. 363-364.

Tanto o PAR quanto o PERD devem ter instauração concomitante, podendo o PERD ser sucessivo ao PAR, quando o conhecimento dos fatos alusivos ao dano se torna superveniente à instalação do segundo. Certo é que o escopo de cada qual deverá ensejar tramitação distinta, com prazos diferenciados de instrução e julgamento pela autoridade competente. Por esta razão, o art. 13 diz expressamente que o PERD não prejudica a aplicação imediata das sanções previstas nesta lei.

Em outros termos, o PERD não impede a finalização do PAR. Mesmo que negligentemente não instaurado o PERD, o PAR tem destinação própria e terá seguimento processual exigido na lei, visando à aplicação da "responsabilidade administrativa". Observe-se que nenhuma das sanções do art. 6º – processadas e julgadas no PAR – ou do art. 19 – processadas e julgadas em processo judicial sancionatório instaurado por meio de ação civil pública – depende lógica e juridicamente da finalização do PERD, com a identificação e quantificação definitiva, na esfera administrativa, da obrigação de indenizar e dos devidos sujeitos passivos (pessoa jurídica infratora e/ou pessoa jurídica responsável).

A legislação foi cuidadosa. No contexto da reação à infração, a sanção de multa tem como patamar mínimo a "vantagem auferida, quando for possível sua estimação" (art. 8º, inc. I, *in fine*). De seu turno, o perdimento também faz expressa remissão a "bens, direitos, ou valores que representem vantagem ou proveito direta ou indiretamente obtidos da infração" (art. 19, inc. I). Comprova-se, assim, que não há nenhuma relação entre o conteúdo das sanções referidas e o resultado jurídico a que se preordena o PERD. Logo, a pessoa jurídica responsável não pode opor à Administração Pública ou ao juízo competentes, como elemento de defesa, que a PJ ainda está respondendo ao PERD, que ainda não se finalizou sua tramitação administrativa com a determinação definitiva de indenização, base para inscrição na dívida ativa competente.

Outro significado importante da "especificidade" do PERD é apartá-lo dos processos de tomadas de contas especiais (TCEs), regulados na legislação que trata do exercício do controle externo (art. 71, CF) e interno (art. 74, CF), a partir do dever constitucional de prestação de contas inscrito no art. 70, parágrafo único.

O PERD não equivale a um processo de tomadas de contas especial (TCE), porque este último procedimento envolve a responsabilidade de pessoas físicas e jurídicas, tendo por pressuposto jurídico diversas hipóteses infracionais, e a responsabilidade na TCE analisada e julgada possui inexorável fundamento subjetivo.

O PERD é processo administrativo de apuração de responsabilidade objetiva de pessoas jurídicas, a que se imputa a prática dos atos de improbidade albergados no domínio da Lei nº 12.846. A TCE (tomadas de contas especial ou outro similar) tem fundamento na legislação orgânica de Tribunais de Contas constituindo processo administrativo de apuração de responsabilidade subjetiva de quaisquer pessoas responsáveis pela "ocorrência de desfalque ou desvio de dinheiros, bens ou valores públicos, ou, ainda, da prática de qualquer ato ilegal, ilegítimo ou antieconômico de que resulte dano ao Erário", na dicção do artigo 8º da Lei nº 8.443/1992 (Lei Orgânica do TCU).

A TCE também encontra previsão em legislações de controle interno, sendo procedimento administrativo de instauração obrigatória. Assim, no âmbito federal, conforme o artigo 18, inciso VIII, da Lei nº 10.180/2001, compete às unidades responsáveis pelas atividades do Sistema de Contabilidade Federal "realizar tomadas de contas dos ordenadores de despesa e demais responsáveis por bens e valores públicos e de todo aquele que der causa a perda, extravio ou outra irregularidade que resulte dano ao erário".

Vale registrar que, no âmbito do controle externo na União Federal, vigora na atualidade a Instrução Normativa TCU nº 71, de 28.11.2012 (com alterações posteriores), que dispõe sobre a instauração, a organização e o encaminhamento ao Tribunal de Contas da União dos processos de tomada de contas especial. Seu fundamento legal está no art. 3º da Lei Orgânica do TCU (Lei nº 8.443/1992), pelo qual ao Tribunal de Contas da União, no âmbito de sua competência e jurisdição, assiste o poder regulamentar, podendo, em consequência, expedir atos e instruções normativas sobre matéria de suas atribuições e sobre a organização dos processos que lhe devam ser submetidos, obrigando seu cumprimento, sob pena de responsabilidade. O fundamento constitucional está no já declinado art. 71, notadamente, inc. II, da CF.

O regime jurídico desenhado na instrução normativa (que, certamente, é reproduzido em normas regulamentares de outros tribunais de contas no território brasileiro) demonstra que a TCE: (i) deverá ser instaurada em diversas hipóteses, que não têm necessariamente relação com a prática de atos lesivos da Lei nº 12.846 (*v.g.* omissão no dever de prestar contas), conforme art. 3º ; (ii) objetiva a responsabilidade de pessoas físicas e jurídicas, conforme art. 5º; (iii) convive com hipóteses de dispensa de instauração do processo, conforme art. 6º; (iv) está ordenada, quanto à organização documental, na centralidade de atos unilaterais praticados pela Administração Pública (relatório do tomador de contas, certificado de auditoria, parecer conclusivo do dirigente do órgão de controle interno e pronunciamento do ministro de Estado supervisor da área, ou da autoridade de nível hierárquico equivalente), conforme art. 10, o que revela substancial desconsideração à ampla defesa ou contraditório no curso da instauração, instrução e deliberação da TCE; (v) não é um processo administrativo que se finaliza na órbita administrativa do tomador de contas, pois deve ser encaminhada ao Tribunal de Contas competente, no prazo de 180 dias, contado do término do exercício financeiro em que foi instaurada, conforme art. 11.

A TCE terá processamento e julgamento no âmbito do Tribunal de Contas competente, conforme sua lei orgânica, regimento interno e normas regulamentares. Ao final, com a imputação de débito, o acórdão definitivo do Tribunal de Contas exarado em TCE produzirá título executivo extrajudicial, conforme art. 71, §3º da Constituição Federal.

A Instrução Normativa nº 71/2012 do TCU, nos seus *consideranda*, explicita que os processos de ressarcimento de dano ao Erário devem pautar-se pelos princípios da racionalidade administrativa, do devido processo legal, da economia processual, da celeridade, da ampla defesa e do contraditório. Mas a estruturação procedimental de uma TCE, na fase anterior ao recebimento, processamento e julgamento no Tribunal de Contas competente, está substancialmente iluminada pela racionalidade, economia processual e celeridade, como vetores derivados da tutela do patrimônio público envolvido.

O PERD não terá absolutamente o mesmo processamento da TCE. Inicia e deve finalizar no âmbito da entidade pública ou governamental lesada, no caso de ofensa à Administração Pública nacional. O que conduz à mais significativa diferença entre os processos administrativos está na cláusula constitucional do devido processo legal (ninguém será privado da liberdade ou de seus bens sem o devido processo legal – art. 5º, inc. LIV) e da ampla defesa ou contraditório (aos litigantes, em processo judicial ou administrativo, e aos acusados em geral são assegurados o contraditório e a ampla defesa, com os meios e recursos a ela inerentes – art. 5º, inc. LV).

O Tribunal de Contas da União, no Acórdão-Plenário nº 225/2015, de 11.02.2015, se debruçou sobre a interpretação do artigo 13 da Lei nº 12.846, no momento em que formulou e aprovou Instrução Normativa própria para o controle da celebração de acordos de leniência. Conforme o acórdão:

> em matéria de competência do TCU, o processo administrativo específico da reparação integral do dano a que se refere a lei anticorrupção é o processo de Tomada de Contas Especial; a instauração de processo de TCE atrai a jurisdição do TCU; essa atração da jurisdição do TCU pela ocorrência de dano ao erário não prejudica a aplicação imediata das demais sanções estabelecidas na lei anticorrupção; a celebração de acordo de leniência não é capaz de vincular a atuação do TCU no exercício de sua competência constitucional de controle externo; e seria fator de estímulo à celebração do acordo de leniência a submissão prévia do acordo ao TCU para o exercício do controle administrativo.

É induvidoso que o artigo 13 é um processo administrativo específico e vocacionado à identificação e apuração de dano, resultante da configuração fática do ato ímprobo objeto de apreciação e julgamento no PAR. Neste sentido, a instauração do processo é obrigatória, e torna-se inafastável o dever de prévia ciência da instauração pela autoridade administrativa, perante a Corte de Contas competente. Está na atribuição constitucional das Cortes de Contas a aplicação de "sanções previstas em lei, que estabelecerá, entre outras cominações, multa proporcional ao dano causado ao erário".

Todavia, o processo administrativo do artigo 13 da Lei nº 12.846 não é uma Tomada de Contas Especial, não se lhe aplicando o regime jurídico estabelecido para esta categoria. Não foi idealizado dentro da arquitetura do exercício do controle interno e do controle externo, à luz do dever constitucional de prestação de contas. Não é possível que a natureza administrativa do processo seja alterada por interpretação do Tribunal de Contas. Por outro lado, também não é possível que o órgão ou ente administrativo tente afastar-se do dever de instauração de tomada de contas especial, afetando o regular exercício das atribuições constitucionais das Cortes de Contas, em situações lesivas que enveredam pela ocorrência de dano ao Erário.

Não haverá obstáculo para que a Corte de Contas instaure ou determine a instauração de tomadas de contas especial, se for o caso, devendo a autoridade administrativa ou órgão de controle interno cumprir a determinação.

Tramitação conjunta de processo administrativo específico e tomadas de contas especial não ofende o ordenamento jurídico. Este apenas exigirá que a instrução processual ocorra de forma unitária, a fim de resguardar a celeridade processual e os demais corolários do devido processo legal. As demais fases processuais e o valor jurídico-formal do ato final produzido seguem o regramento de cada categoria processual.

13.3 A processualização do dever administrativo de apuração e quantificação do dano causado

Devido processo legal, contraditório e ampla defesa devem marcar toda a relação processual no PERD, desde o seu nascimento até a sua extinção, com a finalização do processo administrativo. É certo que a Lei nº 12.846 se dedica a estruturar o PAR, e nada aponta quando ao PERD. A disciplina legal específica e manifestamente deficiente abre as portas para aplicação subsidiária de leis gerais de processo administrativo em vigor, em cada âmbito federativo da República, iluminada sob as injunções das garantias constitucionais fundamentais, merecendo destaque o devido processo legal, a ampla defesa e o contraditório.

A Lei nº 9.784/1999 tem sido aplicada pelo Colendo Superior Tribunal de Justiça, como lei nacional, em órbitas federativas que não aprovaram as respectivas leis gerais, sob o correto entendimento de que a lei geral consubstancia ou densifica princípios constitucionais processuais, que devem ser observados no exercício da função administrativa, em todo o território nacional.[5] A aplicação ocorre diretamente (inexistindo regramento legal) ou subsidiariamente (existindo regramento insuficiente).

Em face da insuficiência manifesta da regulamentação do PERD na Lei nº 12.846, aplicável será o regramento da Lei nº 9.784, no processo administrativo restritivo de direitos instituído no art. 13. Em rigor, a LGPA também incidirá no PAR, tendo em vista o quase lacônico regramento deste processo no bojo da Lei Anticorrupção (arts. 8º a 15).

Assim, o PERD está sujeito aos princípios da legalidade, finalidade, motivação, razoabilidade, proporcionalidade, moralidade, ampla defesa, contraditório, segurança jurídica, interesse público e eficiência (art. 2º, *caput*).

O PERD constitui inequívoco processo administrativo restritivo de direitos, que culmina com a decisão administrativa final sobre a reparação integral do dano e sujeitos passivos da obrigação. Com esta arquitetura típica, ganham destaque os critérios legais de atendimento a fins de interesse geral, objetividade no atendimento de interesse público, atuação conforme padrões éticos de probidade, decoro e boa-fé, divulgação oficial dos atos processuais, adequação entre meios e fins (que ganha redobrado destaque na apreciação do dano moral coletivo), respeito às formalidades essenciais, garantia de direitos à comunicação, à apresentação de alegações finais, à regular produção de provas e à interposição de recursos, e, por fim, impulsão oficial do processo administrativo, sem prejuízo da atuação dos interessados.

Deverão ser respeitados os direitos das pessoas jurídicas envolvidas na apuração da infração (PJ infratoras) – e das PJs legalmente responsáveis (art. 4º) – que suscitou a produção do dano material e/ou moral, conforme art. 2º da Lei nº 9.784. Direito de ser tratado com respeito, de ciência da tramitação administrativa, de acesso aos autos, de formulação de alegações e apresentação de documentos e direito de constituir assistentes técnicos, tudo deve ser assegurado no PERD. Não há obrigatoriedade de que advogado seja constituído pela PJ infratora ou responsável, porque não há previsão específica na lei.

---

[5] Súmula STJ 633. A Lei nº 9.784/1999, especialmente no que diz respeito ao prazo decadencial para a revisão de atos administrativos no âmbito da Administração Pública federal, pode ser aplicada, de forma subsidiária, aos estados e municípios, se inexistente norma local e específica que regule a matéria.

Deverá a pessoa jurídica cumprir os deveres processuais, arrolados exemplificativamente no art. 4º da Lei nº 9.784, que devem ser separados em duas categorias: (i) expor os fatos conforme a verdade, prestar as informações que lhe forem solicitadas e colaborar para o esclarecimento dos fatos; (ii) proceder com lealdade, urbanidade e boa-fé, e não agir de modo temerário.

A divisão é relevante, por conta do eventual reflexo na garantia constitucional fundamental da não incriminação (art. 5º, inc. LXIII da CF), na medida em que o PERD é um processo conexo ao PAR, e, tendo este natureza punitiva e aquele natureza restritiva, faz incidir a garantia fundamental no PERD. Se a Lei nº 12.846, por um lado, beneficia a empresa responsável pela "cooperação da pessoa jurídica para a apuração das infrações" no processo de dosimetria de sanções no PAR e no processo judicial, a mesma lei não pode, de outro lado, permitir afronta à garantia constitucional da não incriminação para pessoas jurídicas que deliberem expressamente pela negativa da via cooperativa. Isto poderá ocorrer no PERD como efeito direto na imposição de dever jurídico de colaboração no esclarecimento dos fatos e de exposição dos fatos conforme a verdade, previsto na LGPA.

O PERD deverá ser iniciado por impulso oficial (art. 5º da Lei nº 9.784). Serão legitimados a intervir no processo quem estiver na órbita da responsabilidade disciplinada na lei – PJ infratora e PJs responsáveis –, conforme os arts. 2º e 4º, pois nestes casos estão presentes pessoas jurídicas que têm interesses que podem ser afetados pela decisão (art. 9º, inc. II). Não estão legitimados a participar do PERD pessoas físicas envolvidas na prática do ato lesivo causador do dano.

A competência para instauração, processamento e julgamento do PERD está já expressa na Lei nº 12.846, e foi atribuída à autoridade máxima de órgão ou entidade dos poderes Executivo, Legislativo e Judiciário; por extensão, órgãos máximos da estrutura dos Ministérios Públicos e Tribunais de Contas. O art. 8º da Lei nº 12.846 autorizou a delegação e vedou a subdelegação, nos termos do art. 12 da Lei nº 9.784. Interessante perceber que, na União, a CGU recebeu competência explícita para instaurar o PAR e o PERD no caso de lesão à Administração estrangeira, conforme art. 9º.

Após a instauração do PERD, deverá a autoridade competente dar conhecimento do processo administrativo ao Ministério Público, aplicando-se por analogia o art. 15 da Lei nº 8.429/1992, para as providências que o *Parquet* entender cabíveis. Em outros termos, a autoridade competente deve dar ciência ao *Parquet* da existência do PERD em tramitação. Não é aplicável o regramento do artigo 15 da Lei nº 12.846. Antônio Araldo Ferraz Dal Pozzo *et al.* lecionam que é necessária a finalização do PAR para esta comunicação.[6] Todavia, à luz do art. 129, inc. III da Constituição Federal, o Ministério Público tem a atribuição institucional de promover, além da ação penal pública (inc. I), o inquérito civil e a ação civil pública, para a proteção do patrimônio público e social, do meio ambiente e de outros interesses difusos e coletivos. A lei não pode retirar da apreciação do *parquet* a existência de processo administrativo que versa sobre ocorrência de prática de improbidade, cujo membro terá independência funcional para tomar as providências cabíveis (art. 127, §1, CF).

---

6 DAL POZZO, Antônio Araldo Ferraz *et al. Lei Anticorrupção*: apontamentos sobre a Lei nº 12.846/2013. São Paulo: Contracorrente, 2015. p. 165.

Aplicam-se ao PERD as situações de impedimento e suspeição, conforme as hipóteses dos arts. 18 a 20 da Lei nº 9.784. Também serão aplicáveis a este processo administrativo o regime da forma, tempo e lugar dos atos do processo (arts. 22 a 25), bem como o regime da comunicação dos atos, regulado nos arts. 26 a 28 da Lei Geral de Processo Administrativo.

O regime de instrução dos processos administrativos, disciplinado nos arts. 29 a 47 da Lei nº 9.784, merece máxima atenção em sua aplicação no processo administrativo específico do art. 13 da Lei nº 12.846. Há de ser assegurado o pleno contraditório na órbita administrativa (arts. 29 e 38). Inadmissível a utilização de provas ilícitas, de qualquer categoria (art. 30). Não há circunstância fática que justifique consultas públicas (art. 31), muito menos audiências públicas (art. 32). Aplica-se a divisão do ônus de prova, estabelecida no art. 36. Ordenação de diligências ou pedido de prestação de informações ou apresentação de provas deverão observar prazos razoáveis (arts. 39 a 41), admissíveis os prazos previstos na Lei nº 9.784, conforme o caso.

Dentro da especificidade de cada caso, havendo necessidade de laudos técnicos de órgãos ou entes da Administração Pública, eles devem ser juntados aos autos (art. 44). Aplica-se, por analogia, o art. 3º, §3º, inc. II, do Decreto nº 11.129/2022, que prevê a solicitação de atuação de especialistas (no PAR) com notório conhecimento, de órgãos e entidades públicos ou de outras organizações, para auxiliar na análise da matéria sob exame.

No final da instrução, é obrigatória a abertura de prazo para a pessoa jurídica se manifestar (art. 44), devendo esta fase encerrar-se com a elaboração de relatório, com a proposta de decisão devidamente fundamentada (art. 47).

A autoridade competente tem o dever legal de deliberação (art. 48). Na ausência de disposição especial na Lei nº 12.846, valerá o prazo de 30 (trinta) dias para deliberação do PERD, admitida prorrogação por igual período expressamente motivada, nos termos do art. 49 e art. 50, inc. I, ambos da Lei nº 9.784. A motivação deverá ser explícita, clara, suficiente e congruente.

Tanto no PAR quanto no PERD, as decisões não podem ser influenciadas: (i) por considerações de interesse econômico nacional; (ii) pelo efeito potencial nas relações do Brasil com outros estados estrangeiros; ou (iii) pela identidade de pessoas físicas ou jurídicas envolvidas. Os motivos legais foram recolhidos na Convenção da OCDE em matéria de punição de corrupção. Com efeito, a deliberação somente deve buscar identificar e quantificar o dano material e/ou moral causado à Administração Pública nacional ou estrangeira.

Por fim, silente a Lei nº 12.846, deverá o Administrador Público assegurar a revisibilidade da decisão administrativa tomada no PERD. Entende-se que as pessoas públicas e governamentais devem, pelo menos, assegurar uma instância administrativa, para formalizar a sujeição da decisão à garantia constitucional do duplo grau ou ao princípio constitucional da revisibilidade, como decorrência lógica do devido processo legal formal. Se não houver a positivação expressa, deve-se invocar o princípio constitucional do devido processo legal.

O recurso não terá efeito suspensivo, por ausência de disposição legal (art. 61). Mas é a Lei nº 12.846 que condiciona à "conclusão" do processo – seguida da conduta de não pagamento da dívida pela PJ responsável – o dever de inscrição do crédito em dívida ativa. Com esta disciplina legal, haverá necessidade de aguardar a definitividade da decisão administrativa, sob pena de ilegalidade do ato de inscrição na dívida ativa.

Por fim, admite-se que, no julgamento do recurso administrativo, a autoridade máxima competente possa elevar o valor da indenização a título de dano material ou moral. Esta possibilidade está amparada no princípio da legalidade, conforme art. 64 da Lei nº 9.784/1999, mesmo que o recurso seja contemplado como forma de exercício da ampla defesa no processo administrativo. Todavia, em procedendo ao agravamento da situação da PJ recorrente *vis-à-vis* a decisão condenatória, a PJ terá direito público subjetivo de manifestar-se antes da decisão recursal, conforme art. 64, parágrafo único da lei processual. Assim, não incidirá o princípio da inadmissibilidade da *reformatio in pejus*, pois o objeto do PERD está delimitado na responsabilidade patrimonial da PJ (PJ infratora ou responsável), relativamente aos danos materiais ou morais advindos de práticas de improbidade. Interessa ao ordenamento jurídico que a decisão definitiva seja a que contemple a aplicação correta do dever indenizatório ou da responsabilidade legal, em face da PJ.

Nos termos do art. 2º, parágrafo único, inc. V da Lei nº 9.784, o PERD é processo administrativo público, sendo que excepcionalmente poderá ser decretado sigilo nos autos administrativos em situações similares à do PAR. O Decreto nº 11.129/2022 considera legítimo o sigilo, sempre que necessário à elucidação do fato e à preservação da imagem dos envolvidos, ou quando exigido pelo interesse da Administração Pública (art. 5º, §3º). Nessas circunstâncias também haverá restrição do acesso pleno aos autos administrativos e sua retirada da repartição. Qualquer sigilo decretado não é oponível ao órgão de controle externo e ao Ministério Público.

13.4 Independência relativa entre processo administrativo específico de reparação de danos (PERD) e processo administrativo de responsabilização (PAR)

A tramitação do PERD não prejudica a aplicação das sanções do PAR. Pessoa jurídica sancionada no PAR o será inevitavelmente no âmbito do PERD, uma vez comprovada a ocorrência de dano material ou moral com os respectivos pressupostos de responsabilização, envolvidos nos fatos tipificados no PAR.

No sentido inverso, decisão absolutória no PERD também repercute no PAR, pois não será possível adotar dois entendimentos conflitantes em relação à autoria de fatos constitutivos da infração e delimitadores da responsabilidade objetiva: ou a pessoa jurídica é ou não autora; ou a pessoa jurídica é ou não responsável. *Tertium non datur*.

Comprovada a não autoria dos atos lesivos pela PJ, desaparecem os pressupostos para o exercício legítimo da competência sancionatória; logo, deixam de existir as condições para afirmação da responsabilização patrimonial, nos termos do art. 13. O resultado do PERD está ineludivelmente atrelado ao resultado sancionatório do PAR, seja quando este é afirmativo, seja quando este é negativo, da autoria do ilícito. Seria contraditório aceitar PAR pela irresponsabilidade (não autoria) e PERD julgado pela responsabilidade (autoria). Haveria violação ao princípio da legalidade (art. 13 da Lei nº 12.846) e da segurança jurídica, como corolário do Estado de Direito (art. 1º da CF e art. 2º da Lei nº 9.784).

Só vale destacar a possibilidade lógica de práticas de improbidade que podem não ensejar a ocorrência de dano material ou moral à Administração Pública nacional ou estrangeira. Nesta situação, poderia haver PAR afirmativo de responsabilidade e correlato PERD julgado favorável à inexistência do dano.

A independência entre PAR e PERD é absoluta, em termos de tramitação processual, mas é relativa, em termos de provimento administrativo a ser adotado. Na primeira constatação, está o propósito legislativo de tornar mais célere possível a responsabilização da PJ na responsabilização dos arts. 6º e 19. Na segunda constatação, está o sistema sancionatório obrigado a considerar autoria e materialidade do ilícito com uniformidade de critérios de enquadramento e imputação.

A independência relativa também está comprovada com o regime legal estabelecido para a celebração de acordo de leniência, conforme art. 16. A reparação integral dos danos materiais e morais causados não está entre os requisitos legais a serem preenchidos para a celebração do referido acordo (art. 16, §1º). Há norma expressa que resguarda a integralidade do dever de reparação, quando celebrado o acordo (art. 16, §3º). O acordo não exime o dever de reparação integral. Os benefícios a serem obtidos pela celebração e cumprimento do acordo de leniência são exclusivamente os referidos no art. 16, §2º (isenção das sanções previstas no inc. II do art. 6º e no inc. IV do art. 19 e redução em até 2/3 do valor da multa aplicável).

Este tratamento dado à reparação do dano no bojo do acordo de leniência mostra a dificuldade de tratar, no bojo do processo administrativo de celebração do acordo de leniência (PCAL), da temática afeta aos danos causados pelos atos de improbidade. Em rigor, acordo de leniência poderá se imiscuir na seara reparatória. Jamais poderá conter cláusula que assegure quitação, total ou parcial, de valores, a título de ressarcimento de dano material ou moral. A sede própria de apuração do dano é o PERD, e não o processo administrativo de celebração de acordo de leniência.

O motivo principal para esta dissociação entre leniência e reparação de danos está na imprestabilidade do processo administrativo do acordo (art. 16) para levar a efeito uma completa e esgotada apreciação das circunstâncias de fato, no sentido de embasar uma apreciação administrativa qualitativamente adequada na imputação das consequências reparatórias do ilícito. Esta é a função exclusiva do PERD, de que trata o art. 13.

É certo que, na celebração e execução da leniência, poderão ser produzidos ou obtidos informações e documentos que comprovem autoria e materialidade da infração sob apreciação ou sob investigação (art. 16, incs. I e II). Disso, obviamente, poderá resultar situação mais vantajosa para apreciação do dano causado. Todavia, para fins de reparação integral do dano, trata-se de efeito atípico ou secundário, vez que a leniência, substancialmente, deve ser catalogada como instrumento de investigação e obtenção de provas e indícios das infrações, e não como meio de pressão ou de obtenção de recuperação de valores, perante a PJ infratora.

Quaisquer pagamentos efetuados, a título de reparação, em decorrência da celebração e execução de acordos de leniência, reputam-se válidos, pois a Administração

Pública, o Ministério Público e o Poder Judiciário não poderão ignorar tais pagamentos voluntários, abatendo-os regularmente do valor da dívida.

A dissociação entre reparação de danos e leniência também torna descabida a intervenção do Tribunal de Contas no processo administrativo de celebração do acordo, se respeitada a finalidade legal. É certo que o Tribunal de Contas tem a atribuição constitucional de julgar as contas dos responsáveis por danos causados ao patrimônio público. Para tanto, o controle interno e o controle externo dispõem de procedimento administrativo próprio, qual seja, a tomada de contas especial. Já foi visto que o PERD não se confunde com a TCE. No mesmo sentido, o processo administrativo de celebração de acordo de leniência (PCAL), não concebido legalmente para veicular matéria afeta à reparação de danos, não enseja a intervenção legítima da Corte de Contas competente.

Entretanto, se o acordo de leniência adentrar a matéria de apreciação da existência e extensão de danos causados, não é possível negar legitimidade à Corte de Contas para acompanhamento e verificação da regularidade do processo administrativo de leniência.

A lei não pode excluir da apreciação do Tribunal de Contas situação concreta em que processo administrativo está sendo ilegalmente utilizado para apuração de danos causados ao Erário. A leniência envolve competência discricionária, supondo sopesamento ou ponderação de vantagens e desvantagens no caso concreto para ambas as partes (Administração Pública e pessoa jurídica infratora). O fator do ressarcimento de dano não tem relevância legal para efeito do acordo previsto no art. 16. Se a leniência deveria estar exclusivamente voltada para colaboração na determinação da autoria e materialidade da infração, mas termina por não se limitar a este escopo, avançando na identificação e quantificação de dano, abre-se campo legítimo de controle externo da atividade administrativa, sem que isso ofereça afronta à separação de poderes e ao campo legítimo de gestão próprio do administrador.

13.5 Processo administrativo específico e responsabilidade civil objetiva

O processo administrativo específico, de que trata o art. 13, é o processo no curso do qual será aplicada, com notoriedade, a responsabilidade civil objetiva da pessoa jurídica, consagrada no art. 2º.

Conforme o fundamento objetivo, a pessoa jurídica será responsabilizada, uma vez preenchidos os seguintes pressupostos: (i) prática de conduta ilícita enquadrada nos tipos abrangidos pelo art. 5º; (ii) dano material ou moral e (iii) nexo de causalidade entre conduta da PJ e produção do dano.

Observa-se que o ponto fulcral está no primeiro pressuposto normativo, que refuta a obrigatoriedade de comprovação de qualquer elemento subjetivo (dolo ou culpa) subjacente às condutas de pessoas físicas envolvidas nos fatos ilícitos.

O pressuposto exige que seja aplicado o art. 2º da Lei nº 12.846, isto é, comprovação de condutas ilícitas que devam ser imputadas à PJ, nos termos da lei, praticadas por dirigentes, administradores, empregados, prepostos ou quaisquer outras pessoas naturais que, mesmo sem ostentar vínculo formal direto com a PJ, são utilizadas na prática dos atos ilícitos, em seu interesse ou benefício, exclusivo ou não. Ao tratar do programa de integridade, o Decreto nº 11.129/2022 faz referência a fornecedores, prestadores de serviços, agentes intermediários, consultores e representantes comerciais (art. 57, inc. XIII, alínea "a" e §1º, inc. IV).

Afirme-se que não é necessário comprovar qualquer forma de *culpa in elegendo, culpa in vigilando* ou *culpa in instruindo* da pessoa jurídica, para legitimar a responsabilização, por atos praticados por pessoas naturais no interesse ou benefício da PJ. Também não será necessário demonstrar que a prática do ato lesivo ocorreu por defeito de organização da PJ, que possibilitou a ocorrência da ilicitude no seu plano doméstico.

De um lado, caberá à Administração Pública comprovar tão somente os três requisitos indispensáveis à configuração da responsabilidade objetiva. De outro lado, caberá à pessoa jurídica da ausência dos pressupostos: (i) inexistência de conduta ilícita imputada; (ii) não autoria da conduta ilícita imputada; (iii) ilegalidade na imputação da conduta ilícita à PJ; (iv) inexistência do dano material ou moral; (v) inexistência do nexo de causalidade que justifique a responsabilização; e (vi) não conformação do critério de transmissibilidade do dever indenizatório prevista no artigo 4º.

Com efeito, poderá haver condutas ilícitas, mas imputáveis a outras pessoas jurídicas. Pode haver atos ilícitos, sem repercussão patrimonial gravosa. Não é possível negar à PJ a prova da inaplicabilidade do critério de imputação previsto em lei. São concebíveis atos lesivos sem a concomitante produção de dano material ou moral à Administração Pública nacional ou estrangeira, conforme o caso. Por fim, o caso concreto poderá suscitar a ausência de nexo de causalidade adequado a justificar a consideração da conduta imputável à PJ na sequência de fatos que se subsumem aos tipos legais.

No contexto da responsabilidade objetiva da Lei nº 12.846, descabe apontar a força maior ou o caso fortuito como "excludentes", porque a imprevisibilidade própria destas situações inevitáveis não apresenta nenhuma correlação lógica com a imputação de práticas de improbidade – e das quais resultarão danos materiais ou morais a entes públicos ou governamentais.

13.6 Finalização do processo administrativo específico com o pagamento da dívida

Todo processo administrativo é constituído por uma sequência de atos logicamente ordenados, visando à produção de resultado final. O processo se desenvolve sucessivamente conforme as fases processuais previstas em lei, finalizando com produção de decisão administrativa, com a garantia dos direitos dos administrados, e como instrumento de realização do interesse público, mediante o cumprimento dos princípios constitucionais.

O PERD visa à produção de ato administrativo, individual e concreto, de caráter declaratório, da responsabilidade de pessoa jurídica, em razão da produção de dano material ou moral à Administração Pública nacional ou estrangeira. Para finalizá-lo, o processo regularmente passa por sua fase inicial ou constitutiva, bem como pela fase de instrução probatória. Ao fim e ao cabo da instrução, o processo administrativo ingressa na fase de deliberação.

Entende-se aplicável ao PERD, de que trata o art. 13, o disposto no art. 6º, §2º, que estabelece no PAR a obrigatoriedade de manifestação jurídica elaborada pela Advocacia Pública ("ou pelo órgão de assistência jurídica competente, ou equivalente"), no âmbito institucional do ente público/governamental, para a concretização da "responsabilidade administrativa".

Na fase de deliberação do PERD, deverá o órgão de assessoria jurídica obrigatoriamente manifestar-se nos autos do processo administrativo, mediante elaboração do competente parecer jurídico obrigatório e não vinculante. O art. 6º, §2º não confere força vinculante ao ato e, por conseguinte, não teria sentido reconhecer este efeito jurídico-formal ao parecer obrigatório, que será lavrado no bojo dos autos do PERD. A respeito, em termos de prazo, aplica-se o disposto no art. 42 da Lei nº 9.784.

O parecer consubstancia forma de controle prévio de legalidade da atuação administrativa e o órgão de assessoria jurídica possui independência funcional para elaborar o ato, responsabilizando-se pelas suas conclusões. Caso haja divergência de solução no PERD, a autoridade administrativa deliberativa terá de motivar a decisão que adotará, de modo a explicitar os fundamentos de fato e de direito que justificam o ato administrativo final, nos termos do art. 50, inc. VI da Lei nº 9.784/1999.

Seguindo-se à fase de deliberação, poder-se-á instaurar uma fase recursal, sendo que, esgotadas as possibilidades recursais e exaurida a esfera administrativa, o ato administrativo se tornará definitivo e, na sequência, passível de execução. Como se trata de declaração ou reconhecimento de dívida, por danos derivados de atos de improbidade, havendo execução forçada, o ordenamento jurídico brasileiro impõe a propositura da ação judicial.

Todavia, anteriormente à propositura da medida judicial, a execução poderá ser voluntária, com a realização do pagamento devido pela pessoa jurídica. A pessoa jurídica deverá ser intimada a fazê-lo, no prazo de 30 (trinta) dias, aplicando-se ao PERD por analogia o prazo de pagamento da multa civil no PAR, regulamentado pelo art. 25 do Decreto nº 8.420/2015, afastando-se o prazo do art. 24 da Lei nº 9.784. Esgotado o prazo, sem manifestação do devedor, restará à Administração Pública nacional tomar as medidas administrativas de inscrição da dívida ativa, conforme o caso, seguida da propositura da ação judicial cabível.

Como não é possível descartar a celebração de acordo com a PJ devedora (PJ infratora ou PJ responsável) para pagamento parcelado da dívida, as medidas atinentes à cobrança judicial devem observar as circunstâncias de cada caso, incluindo pagamentos parciais efetuados em prévio acordo administrativo.

13.7 O não pagamento da dívida e a possível inscrição do crédito na dívida ativa da Fazenda Pública

Concluído o PERD e não havendo o pagamento, o crédito apurado será inscrito em dívida ativa da Fazenda Pública, como preceitua o parágrafo único do art. 13. Desde logo, importa sublinhar que a inscrição em dívida ativa somente é possível quando juridicamente admitida esta medida.

Como a Lei nº 12.846 trata de atos lesivos à Administração Pública nacional, compreendendo a Administração direta e indireta do Poder Executivo, Poder Legislativo e Poder Judiciário – inclusive Ministérios Públicos e Tribunais de Contas – há possibilidade de pessoas jurídicas de direito público ou de direito privado serem os sujeitos passivos dos atos ilícitos. Inclusive, o PERD deverá ser instaurado no âmbito de cada instituição e nele será finalizado, devendo a instituição promotora, ao final, tomar as medidas extrajudiciais e judiciais cabíveis à execução da decisão administrativa.

O regramento básico da cobrança judicial da dívida ativa da Fazenda Pública encontra-se na Lei nº 6.830/1980 (Lei de Execuções Fiscais – LEF), que se aplica à cobrança da dívida ativa da União, dos estados, do Distrito Federal, dos municípios e respectivas autarquias, com aplicação subsidiária do Código de Processo Civil. Portanto, inscrição na dívida ativa somente ocorrerá quando lesadas as pessoas jurídicas de direito público, que estão agasalhadas no conceito de Fazenda Pública.

No caso da dívida apurada no PERD da Lei Anticorrupção, tem-se dívida ativa não tributária, conforme a classificação do art. 2º da LEF e art. 39 da Lei nº 4.320/1964, abrangida pelo art. 13 da Lei Complementar nº 101/2000 (LRF). Representa um valor, cuja cobrança seja atribuída por lei às entidades de que trata o art. 1º da LEF, e, com tal compostura, será considerado dívida ativa da Fazenda Pública, que abrangerá atualização monetária, juros e multa de mora. A dívida ativa tributária – que não tem relação com a Lei nº 12.846 – está ainda disciplinada pelos arts. 201 a 204 do Código Tributário Nacional.

Nos termos do art. 2º da LEF, a inscrição implica ato de controle administrativo de legalidade, pelo órgão competente na estrutura dos entes federativos. Na União, a competência está atribuída à Procuradoria da Fazenda Nacional (art. 2º, §§3º e 4º). Considerando que, no caso da Lei nº 12.846, já se realizou o controle de legalidade no próprio PERD, resulta inaplicável exercício repetido desta competência administrativa no plano das atribuições dos órgãos encarregados da inscrição. Não se considera tolerável que este órgão específico deixe de realizar a inscrição cabível, apontando vícios de ilegalidade no PERD, seja quando foram tais vícios afastados expressamente na deliberação final, seja quando sequer foram identificados no curso do processo administrativo. Efetuado o controle interno de legalidade no PERD, não há justificativa para refazê-lo em momento posterior, na própria órbita administrativa. No máximo, se houver esclarecimentos necessários para elaboração do termo de inscrição, o órgão competente deverá solicitá-los à autoridade administrativa responsável pelo PERD.

Com olhos na Lei nº 12.846, e considerando os requisitos previstos no art. 2º, §5º da LEF, o termo de inscrição de dívida ativa deverá conter: (i) o nome do devedor, dos corresponsáveis e, sempre que conhecido, o domicílio ou residência de um e de outros; (ii) o valor originário da dívida, bem como o termo inicial e a forma de calcular os juros de mora e demais encargos previstos em lei; (iii) a origem, a natureza e o fundamento legal da dívida; (iv) a indicação de estar a dívida sujeita à atualização monetária, bem como o respectivo fundamento legal e o termo inicial para o cálculo; (v) a data e o número da inscrição, no registro de dívida ativa; e (vi) o número do processo administrativo em que foi apurado o valor da dívida. A certidão de dívida ativa conterá os mesmos elementos do termo de inscrição e será autenticada pela autoridade administrativa competente.

Na expressa dicção do art. 3º da LEF, a dívida ativa regularmente inscrita goza da presunção de certeza e liquidez. Esta presunção é relativa e pode ser ilidida por prova inequívoca, a cargo do executado. Nos termos do art. 784, inc. IX, do Código de Processo Civil, constitui título executivo extrajudicial a certidão de dívida ativa da Fazenda Pública da União, dos estados, do Distrito Federal e dos municípios, correspondente aos créditos inscritos na forma da lei. A execução para cobrança de crédito fundar-se-á sempre em título de obrigação certa, líquida e exigível, conforme art. 783 do CPC.

No caso de a entidade lesada pelos atos de improbidade não possuir dívida ativa, o valor da reparação será cobrado na esfera judicial, independentemente de prévia inscrição, aplicando-se, por analogia, o previsto no art. 25, §3º do Decreto nº 8.420/2015, relativamente ao PAR nestas circunstâncias. Isto vale para pessoas jurídicas de direito privado integrantes da Administração indireta, no plano nacional, e para as execuções relacionadas com o PERD, envolvendo a tutela da Administração Pública estrangeira.

Antes de ingressar com a ação de execução fiscal (art. 4º da LEF), é necessário observar a incidência do regime da Lei nº 13.140/2015.

O comando inscrito no art. 13 da Lei nº 12.846/2013 indica que se deve aplicar ao litígio decorrente da cobrança da dívida o regime da Lei nº 13.140/2015, que dispõe sobre a autocomposição de conflitos no âmbito da Administração Pública. A União, os estados, o Distrito Federal e os municípios poderão criar câmaras de prevenção e resolução administrativa de conflitos, no âmbito dos respectivos órgãos da Advocacia Pública, onde houver, com competência para avaliar a admissibilidade dos pedidos de resolução de conflitos, por meio de composição, "no caso de controvérsia entre particular e pessoa jurídica de direito público" (art. 32, inc. II).

A norma especial da Lei nº 12.846 impõe a reparação integral dos danos causados à Administração Pública nacional. Sendo assim, não há margem de composição, passível de ensejar redução do valor da dívida com seus acréscimos legais, que deverá ser inscrita na dívida ativa ou ser cobrada na via judicial competente. Entretanto, é possível haver composição sobre a forma de reparação integral do dano causado, mesmo após a lavratura do termo de inscrição na dívida ativa. Será sobre tal aspecto da deliberação no PERD que poderá instaurar-se mediação administrativa, com fulcro na Lei nº 13.140. Havendo acordo, deve haver o seu regular cumprimento pela pessoa jurídica devedora. Inexistindo acordo, segue-se o processo judicial cabível.

Informação bibliográfica deste texto, conforme a NBR 6023:2018 da Associação Brasileira de Normas Técnicas (ABNT):

OLIVEIRA, José Roberto Pimenta. Comentários ao art. 13. *In*: DI PIETRO, Maria Sylvia Zanella; MARRARA, Thiago (coord.). *Lei Anticorrupção comentada*. 4. ed. Belo Horizonte: Fórum, 2024. p. 187-202. ISBN 978-65-5518-676-5.

COMENTÁRIOS AO ART. 14

MAURÍCIO ZOCKUN

Art. 14. A personalidade jurídica poderá ser desconsiderada sempre que utilizada com abuso do direito para facilitar, encobrir ou dissimular a prática dos atos ilícitos previstos nesta Lei ou para provocar confusão patrimonial, sendo estendidos todos os efeitos das sanções aplicadas à pessoa jurídica aos seus administradores e sócios com poderes de administração, observados o contraditório e a ampla defesa.

14.1 Desconsideração da personalidade jurídica

Nosso sistema normativo proíbe a constituição de pessoas jurídicas com propósito ilícito. Assim, nos casos em que for demonstrado que a pessoa jurídica pratica atos jurídicos pretendendo atingir os objetivos ilícitos descritos na Lei Anticorrupção, disto decorrerá a possibilidade de imputar o seu cometimento aos seus administradores ou sócios com poderes de administração.

Eis a razão pela qual o art. 14 da lei concebe a desconsideração da personalidade jurídica apenas nos casos em que houver abuso de direito. Ou seja, nos casos em que a sociedade for utilizada como instrumento para atingir as finalidades – que não as sociais – desejadas pelos seus administradores. Mas não é só.

Se os atos praticados por estas pessoas jurídicas revelassem prontamente esse explícito propósito ilícito, bastaria anulá-los para que a conduta empresarial fosse reconduzida aos trilhos da legalidade. Mas justamente porque *dolosamente* se dá a estes atos roupagem lícita – encobrindo seu verdadeiro e censurável escopo –, sua prática revela o condenável ânimo dos dirigentes da pessoa jurídica de encobrirem e dissimularem o cometimento de ilícitos sancionado pela lei.

A despeito de a prática do abuso de direito ser condenável só por si e punível nos termos do estatuto social e da própria legislação empresarial, a desconsideração da personalidade jurídica no caso em apreço impõe a minuciosa investigação dos reais propósitos ilícitos perseguidos pelos administradores. Isso porque apenas alguns objetivos ilegítimos autorizam a desconsideração da personalidade jurídica com base na Lei Anticorrupção.

Em vista disto, quais os objetivos ilícitos que autorizam a desconsideração da personalidade jurídica da pessoa jurídica segundo a Lei Anticorrupção?

Primeiro, as condutas praticadas para consecução das finalidades proibidas pelo art. 5º da Lei Anticorrupção. *Segundo*, se estas deletérias condutas provocarem confusão patrimonial, caso em que se afastará a formal e material segregação entre o patrimônio social e dos seus administradores. Isso porque, em casos como estes, o beneficiário do ato lesivo à probidade administrativa empresarial é administrador da empresa, por força da aludida confusão patrimonial.

Caracterizado o abuso de poder em vista do cometimento dos ilícitos acima descritos, as sanções previstas na Lei Anticorrupção serão aplicadas em desfavor dos administradores da pessoa jurídica, sócios ou não.

14.2 Desconsideração da personalidade jurídica pela via administrativa

Muito embora a denominada Lei Anticorrupção não tenha sido textual a esse propósito, parece-nos que a desconsideração da personalidade jurídica pode ser efetivada no bojo do processo administrativo instaurado pela autoridade competente, de modo a garantir-se o resultado útil do processo.

Em absoluto rigor, não há qualquer novidade em relação à possibilidade de desconsiderar a personalidade jurídica na esfera administrativa para, assim, imputar-se a responsabilidade de certos atos empresariais diretamente aos seus dirigentes.

O Código Tributário Nacional, de 25.10.1966, já prevê em seu art. 135 que

> são pessoalmente responsáveis pelos créditos correspondentes a obrigações tributárias resultantes de atos praticados com excesso de poderes ou infração de lei, contrato social ou estatutos: (...) II – os mandatários, prepostos e empregados; III – os diretores, gerentes ou representantes de pessoas jurídicas de direito privado.

Assim, para se imputar o crédito tributário, nascido por uma atividade empresarial, ao dirigente da empresa, deve-se, implicitamente, realizar a desconsideração da personalidade jurídica, o que se dá no bojo do procedimento administrativo de lançamento, ao cabo do qual se declara o nascimento da obrigação tributária.

Logo, não se exige prévia decisão judicial para caracterização do abuso de direito viabilizador da desconsideração da personalidade jurídica para os fins da lei.[1]

Informação bibliográfica deste texto, conforme a NBR 6023:2018 da Associação Brasileira de Normas Técnicas (ABNT):

ZOCKUN, Maurício. Comentários ao art. 14. *In*: DI PIETRO, Maria Sylvia Zanella; MARRARA, Thiago (coord.). *Lei Anticorrupção comentada*. 4. ed. Belo Horizonte: Fórum, 2024. p. 203-204. ISBN 978-65-5518-676-5.

[1] O que já foi reconhecido pelo STF na denominada "teoria dos poderes implícitos" (STF, MS nº 32.494, Rel. Min. Celso de Mello, 11.11.2013; STF, MS nº 36.650, Min. Ricardo Lewandowski, 29.04.2021, STF, MS nº 38.877, Min. Alexandre de Moraes, 16.12.2022).

COMENTÁRIOS AO ART. 15

WALLACE PAIVA MARTINS JÚNIOR

Art. 15. A comissão designada para apuração da responsabilidade de pessoa jurídica, após a conclusão do procedimento administrativo, dará conhecimento ao Ministério Público de sua existência, para apuração de eventuais delitos.

15.1 Dever de comunicação ao Ministério Público

O art. 15 da Lei nº 12.846/13 contém disposição que concretiza dever jurídico do órgão colegiado referido no art. 10 de comunicação ao Ministério Público da existência de procedimento administrativo para apuração da responsabilidade da pessoa jurídica pela prática de atos lesivos contra a Administração Pública.

O escopo dessa comunicação é a deflagração da investigação de eventuais delitos pelo *Parquet*. Em verdade, *lex minus dixit quam voluit*: a finalidade da comunicação não se esgota na investigação de crimes, pois não se deve olvidar que o Ministério Público também se encontra legitimado – de modo concorrente e disjuntivo – para ignição de processo civil em juízo visando à responsabilização da pessoa jurídica e consequente imposição das sanções do art. 19 do diploma legal em foco.

O art. 15 da Lei Anticorrupção Empresarial indica o momento da comunicação. Ela deve ocorrer após a conclusão do procedimento administrativo e ser instrumentalizada com a remessa do relatório da comissão e das peças que a instruem (ou seja, o próprio processo administrativo).

Com o advento da Medida Provisória nº 703, de 18.12.2015, o momento da comunicação foi antecipado para a instauração do processo administrativo, em razão da alteração promovida no enfocado art. 15 por seu art. 1º.[1]

Porém, a medida provisória perdeu sua eficácia conforme o Ato Declaratório do Presidente da Mesa do Congresso Nacional nº 27, de 30.5.2016.[2] Como se sabe, se a

---

1 "A comissão designada para apuração da responsabilidade de pessoa jurídica, após a instauração do processo administrativo, dará conhecimento ao Ministério Público de sua existência, para apuração de eventuais delitos".

2 "O PRESIDENTE DA MESA DO CONGRESSO NACIONAL, nos termos do parágrafo único do art. 14 da Resolução nº 1, de 2002-CN, faz saber que a Medida Provisória nº 703, de 18 de dezembro de 2015, publicada no

medida provisória não for deliberada no prazo constitucional perde sua eficácia desde sua edição, devendo o Congresso Nacional disciplinar, por decreto legislativo, as relações jurídicas delas decorrentes (art. 62, §3º, Constituição de 1988), valendo frisar que se não editado o decreto legislativo a que se refere o §3º até sessenta dias após a rejeição ou perda de eficácia de medida provisória, as relações jurídicas constituídas e decorrentes de atos praticados durante sua vigência conservar-se-ão por ela regidas (art. 62, §11).

A Lei nº 12.846/13 empregou indistintamente os vocábulos "processo administrativo" e "procedimento administrativo" para apuração da responsabilidade da pessoa jurídica. O primeiro foi amplamente adotado nos arts. 8º, 10 a 13, enquanto o último consta do art. 15 do mesmo Capítulo IV, cuja rubrica é "Do Processo Administrativo de Responsabilização". Trata-se de imprecisão técnica, pois, na maioria de seus preceitos, ela se refere para tanto a processo administrativo (*v.g.*, arts. 6º, I, 16, §1º, III, §§4º e 6º, 22, §3º, 26), e não faz sentido atualmente no direito brasileiro a distinção entre processo e procedimento administrativo.

Ao ensejo da Lei do Processo Administrativo Federal (Lei nº 9.784/99), processo é meio enquanto procedimento é modo singular de desenvolvimento do processo, constituindo aquele o instrumento legítimo para produção de atos e decisões pela Administração Pública, de caráter contencioso ou não, como disserta Celso Antônio Bandeira de Mello ao preferir o vocábulo "processo", optando pelo termo "procedimento" para a modalidade ritual de cada processo.[3]

Como destacado outrora,[4] vigora no direito nacional a processualidade como exigência tanto para a solução de uma controvérsia no âmbito administrativo quanto para a emissão de uma decisão da Administração Pública, não havendo espaço para a distinção entre processo e procedimento administrativo radicada na litigiosidade ou não entre a Administração Pública e o administrado (ou o servidor público) – e que reservava ao termo "processo administrativo" a atuação administrativa que encerrava um conflito.[5] Em verdade, a Administração Pública tem o dever de desenvolver o processo administrativo para qualquer atividade decisória (arts. 5º, LIV e LV, e 37, Constituição Federal), pois só através dele garante seu bom funcionamento e os direitos dos administrados. A distinção não resiste à compreensão da potencialidade de existência de situações de conflitualidade na atividade decisória da Administração Pública à vista da multiplicidade de interesses incidentes, e desalinha da posição processual da Administração Pública: ela não é parte contrária aos interesses de particulares, pois predicam sua conduta, entre outros, princípios como os de impessoalidade e de imparcialidade.

A própria interpretação sistêmica da Lei Anticorrupção Empresarial corrobora esta conclusão na medida em que instaurado o processo pela autoridade máxima de cada órgão ou entidade da Administração Pública (art. 8º, *caput*),[6] ele será conduzido

Diário Oficial da União no dia 21, do mesmo mês e ano, que 'Altera a Lei nº 12.846, de 1º de agosto de 2013, para dispor sobre acordos de leniência', teve seu prazo de vigência encerrado no dia 29 de maio do corrente ano".

[3] BANDEIRA DE MELLO, Celso Antônio. *Curso de direito administrativo*. São Paulo: Malheiros, 2000. p. 418.

[4] MARTINS JÚNIOR, Wallace Paiva; DI PIETRO, Maria Sylvia Zanella (Coord.). *Tratado de direito administrativo*: teoria geral e princípios do direito administrativo. São Paulo: Revista dos Tribunais, 2014. p. 608-613. v. I.

[5] MEIRELLES, Hely Lopes. *Direito administrativo brasileiro*. 35. ed. São Paulo: Malheiros, 2009. p. 691.

[6] Ou, na esfera federal, concorrentemente pela Corregedoria Geral da União.

pela comissão por ela designada que oferecerá, ao seu cabo, relatório (art. 10) para o julgamento por aquela autoridade (art. 12).

Mas, a par dessa diferenciação instrumental entre processo e procedimento administrativo, não se deve olvidar que esta última expressão também é empregada amiúde no direito brasileiro para designar investigações preliminares, de caráter facultativo, unilateral e inquisitivo, como inquéritos e sindicâncias, instaurados pela autoridade competente para coleta de indícios de autoria e de materialidade visando à consequente deflagração de processo administrativo.

O art. 15 da Lei nº 12.846/13 se originou de emenda apresentada pelo Deputado Osmar Serraglio ao substitutivo oferecido pelo relator, Deputado Carlos Zarattini, pois não constava do projeto de lei de autoria do Poder Executivo. A emenda tinha a seguinte redação:

> Art. 18. A comissão designada para apuração da responsabilidade de pessoa jurídica dará conhecimento ao Ministério Público e ao Tribunal ou Conselho de Contas da abertura de procedimento administrativo, que trata esta lei, para medidas da alçada desses órgãos.

Sua justificativa se estribava nas premissas de cooperação para a celeridade do funcionamento dos órgãos de controle e combate à corrupção:

> A emenda visa à comunicação direta entre a comissão processante do procedimento administrativo com os órgãos de defesa da ordem jurídica e controle externo, para que as medidas de competência exclusiva desses sejam tomadas com a celeridade que a população almeja.

As competências exclusivas que a Carta da República outorgou ao Ministério Público e ao Congresso Nacional, com o auxílio do Tribunal de Contas da União, são basilares no combate à corrupção.

As relevantes inovações desta lei para o controle de ilícitos praticados por pessoas jurídicas contra a Administração Pública devem se escorar na cooperação dos órgãos de defesa da ordem jurídica e controle externo com fito de acelerar outras medidas que são necessárias ao combate da corrupção.

O relator emitiu parecer parcialmente favorável à emenda, pois subtraiu a comunicação ao Tribunal de Contas e manteve a do *Parquet*, porém julgando descabida no estágio inicial da investigação, ao expressar que:

> A Emenda nº 5, de autoria do nobre Deputado Osmar Serraglio, tenciona acrescer artigo ao Capítulo IV – Do Processo Administrativo de Responsabilização, para dispor que a comissão designada para apuração da responsabilidade de pessoa jurídica dará conhecimento ao Ministério Público e ao Tribunal ou Conselho de Contas da abertura de procedimento administrativo para que estes tomem as medidas cabíveis de sua alçada. Consideramos, inicialmente, que o projeto de lei trata da responsabilização administrativa e civil da pessoa jurídica infratora e, acatada a presente emenda, permitiríamos desdobramentos que poderiam levar à persecução criminal, por corrupção passiva, do agente público receptor do suborno, antes mesmo da apuração da responsabilidade da pessoa jurídica – e, como a proposição prevê colaboração e acordo de leniência, seria descabido o envolvimento

paralelo do Ministério Público no estágio inicial das apurações. Não obstante, é de se ressaltar que a cientificação do Ministério Público, se feita após a conclusão do procedimento administrativo, para apuração de eventuais delitos, é cabível e perfeitamente aceitável. Todavia, não vemos necessidade de se dar conhecimento ao Tribunal ou Conselho de Contas, tendo em vista que estes procedem à fiscalização e auditoria dos contratos pactuados pela Administração de forma automática, que ocorre anualmente. Isto posto, somos pelo acolhimento da emenda com alteração da redação proposta, o que acarretará a inclusão de novo art. 18 e renumeração dos artigos seguintes.

O novo substitutivo, então, cunhou a redação final que se consubstanciou no art. 15 vigente:

> A comissão designada para apuração da responsabilidade de pessoa jurídica, após a conclusão do procedimento administrativo, dará conhecimento ao Ministério Público de sua existência, para apuração de eventuais delitos.

15.2 Momento da comunicação

Como já salientado, a finalidade perseguida pela comunicação ao Ministério Público é oportunizar ao órgão a investigação de ilícitos. No trâmite do projeto de lei, descartou-se a proposição da imediaticidade da comunicação (instauração do processo).

Ora, o motivo constante do parecer acima transcrito não prevalece porque a possibilidade de colaboração e leniência não afasta a necessidade de atuação do *Parquet* – que não se vincula nem se subordina àquelas – em face de ilícitos criminais ou civis e, ademais, compromete a eficiência da repressão integral aos atos ilícitos praticados em desfavor do patrimônio público e da Administração Pública.

E soa indiferente para a finalidade salientada no parecer o diferimento da comunicação, pois a perspectiva da repressão criminal futura teria o efeito de prejudicar a colaboração ou a leniência.

Segundo a redação original do art. 15 da Lei nº 12.846/13, a comissão tem o dever de cumprir a obrigação legal após a conclusão do procedimento administrativo. De acordo com a redação primitiva, a conclusão do processo administrativo ocorre não com a emissão de decisão pela autoridade competente, mas com a prolação de seu relatório, como se extrai do §3º do art. 10 da Lei Anticorrupção Empresarial. Esse preceito estabelece que:

> A comissão deverá concluir o processo no prazo de 180 (cento e oitenta) dias contados da data da publicação do ato que a instituir e, ao final, apresentar relatórios sobre os fatos apurados e eventual responsabilidade da pessoa jurídica, sugerindo de forma motivada as sanções a serem aplicadas.

Embora permitida a prorrogação do prazo (art. 10, §4º), a conclusão do processo administrativo se alcança com a emissão do relatório, peça processual em que a comissão examinará os fatos apurados e a responsabilidade e inculcará motivadamente as sanções cabíveis. Por isso, diverge-se da orientação doutrinária enunciando que "a comunicação será feita após a decisão proferida pela autoridade que instaurou o processo administrativo, caso se reconheça a prática do ato lesivo à Administração Pública e seja aplicada a sanção adequada".[7]

Conquanto a fase decisória seja integrante do processo administrativo, a interpretação sistemática da lei comentada obvia, como exposto, que o momento escorreito da comunicação é no encerramento da instrução com a oferta do relatório da comissão designada. Além disso, a lei não subordina a comunicação à imposição de sanções na instância administrativa.

O Decreto nº 11.129, de 11 de julho de 2022, estabelece que concluídos os trabalhos de apuração e análise, a comissão elaborará relatório a respeito dos fatos apurados e da eventual responsabilidade administrativa da pessoa jurídica, no qual sugerirá, de forma motivada, dentre outros, o encaminhamento do processo ao Ministério Público, nos termos do disposto no art. 15 da Lei nº 12.846, de 2013 (art. 11, IV). Entretanto, esse regulamento é *contra legem* na parcela de sua redação que alude à sugestão, pois a Lei nº 12.846/13 inscreveu dever ao órgão instrutor e que não depende de deliberação da autoridade superior. Ora, a lei sequer permitiu ao ato normativo secundário inovar a respeito, como se infere da interpretação conjunta dos arts. 10, §3º, e 15.

De qualquer modo, a solução contida na Lei nº 12.846/13 em sua redação originária quanto ao momento de adimplemento do dever de comunicação não parece ser a mais adequada. O correto seria a autoridade instauradora ou o órgão colegiado comunicar a instauração do processo administrativo. No seu limiar, portanto.

O dever de comunicação ao Ministério Público não é algo inédito no direito pátrio. O art. 40 do Código de Processo Penal[8] o determina, assim como o art. 7º da Lei da Ação Civil Pública (Lei nº 7.347/85).[9] A Constituição de 1988 estabelece que as comissões parlamentares de inquérito remetam suas conclusões ao Ministério Público, para promoção da responsabilidade civil ou criminal dos infratores (art. 58, §3º). Essa obrigação foi regulada pela Lei nº 10.001, de 4.9.2001, cujo art. 1º determina aos presidentes da Câmara dos Deputados, do Senado Federal ou do Congresso Nacional o encaminhamento do relatório da Comissão Parlamentar de Inquérito respectiva, e da resolução que o aprovar, aos chefes do Ministério Público da União ou dos estados, ou ainda às autoridades administrativas ou judiciais com poder de decisão, conforme o caso, para a prática de atos de sua competência.

Por sua vez, e em temática afinada à corrupção empresarial, há o art. 15 da Lei da Improbidade Administrativa (Lei nº 8.429/92), com a seguinte redação:

> Art. 15. A comissão processante dará conhecimento ao Ministério Público e ao Tribunal ou Conselho de Contas da existência de procedimento administrativo para apurar a prática de ato de improbidade.

---

7 DAL POZZO, Antônio Araldo Ferraz *et al. Lei Anticorrupção*: apontamentos sobre a Lei nº 12.846/2013. São Paulo: Contracorrente, 2015. p. 131.

8 "Quando, em autos ou papéis de que conhecerem, os juízes ou tribunais verificarem a existência de crime de ação pública, remeterão ao Ministério Público as cópias e os documentos necessários ao oferecimento da denúncia".

9 "Se, no exercício de suas funções, os juízes e tribunais tiverem conhecimento de fatos que possam ensejar a propositura da ação civil, remeterão peças ao Ministério Público para as providências cabíveis".

Parágrafo único. O Ministério Público ou Tribunal ou Conselho de Contas poderá, a requerimento, designar representante para acompanhar o procedimento administrativo.

Esse dispositivo tem melhor balizamento que o similar contido na Lei Anticorrupção Empresarial, porque sua interpretação revela que a comunicação deve ser coeva à instauração, sem prejuízo de se espraiar seu objeto também ao Tribunal de Contas e de permitir o acompanhamento da investigação intestina pelos órgãos de controle externo.

Não se compreende a razão fundante da exclusão do Tribunal de Contas da comunicação prevista no diploma legal, porque a sua temática é perfilhada à sua estrutura delineada na Constituição como órgão de controle externo da Administração Pública, sendo conveniente obtemperar que o dever de comunicação ao Tribunal de Contas tem matriz na Constituição, com a inscrição de responsabilidade solidária no caso de omissão (art. 74, IV, §1º).

É certo que o §14 do art. 16 da Lei nº 12.846/13, incluído pela Medida Provisória nº 703, 18.12.2015, previa que

> o acordo de leniência depois de assinado será encaminhado ao respectivo Tribunal de Contas, que poderá, nos termos do inc. II do art. 71 da Constituição Federal, instaurar procedimento administrativo contra a pessoa jurídica celebrante, para apurar prejuízo ao erário, quando entender que o valor constante do acordo não atende o disposto no §3º.

No entanto, e não bastasse a perda de eficácia dessa medida provisória, persistia a falha, porque o Tribunal de Contas deveria ser comunicado imediatamente da instauração do processo administrativo e não de um de seus modos de conclusão (o acordo de leniência).

Os proveitos da comunicação imediata são acacianos. Além de proporcionar a fiscalização externa da atuação do organismo de controle interno, favorece atuações conjuntas ou concomitantes e paralelas, mas independentes e que têm a potencialidade de colaborar no aprofundamento do esclarecimento dos fatos inclusive mediante o compartilhamento dos elementos probatórios obtidos numa e noutra vias.

A prática, portanto, deve ser a da comunicação imediata da instauração ao Ministério Público e ao Tribunal de Contas, à vista da interação entre as leis nº 8.429/92 e nº 12.846/13 que pertencem ao microssistema de proteção do patrimônio público e se interagem naquilo que não for incompatível.

Não subverte esta exegese a ideia de desnecessidade da comunicação se julgada improcedente a perspectiva de responsabilidade da pessoa jurídica pela Administração Pública. Com efeito, se acaso prevalente uma concepção de tal jaez, esvaída restaria completamente a independência funcional do Ministério Público sob o frágil argumento de vinculação às conclusões dos órgãos da Administração Pública.

Ademais, como a lei pretendeu apenas que se comunicasse à instituição da existência do processo administrativo, o momento propício é sua instauração, e não a conclusão. De fato, compreendida a independência funcional do *Parquet* – que lhe isenta do recebimento de injunções externas ou internas[10] – o relatório da comissão é uma peça importante para formação de sua convicção, porém, não o é determinante nem vinculante. Destarte, comunicada a instauração à época da conclusão, deve ser remetida ao Ministério Público cópia do relatório e do próprio processo administrativo.

15.3 Ausência de comunicação ou comunicação a destempo

Se, como visto, o art. 15 da Lei Anticorrupção Empresarial cria dever jurídico à comissão designada para apuração da responsabilidade da pessoa jurídica por atos lesivos à Administração Pública, a ausência de comunicação é fato ilícito a balizar a apuração da responsabilidade (civil, penal ou administrativa) de seus membros, merecendo ser dispensado à comunicação serôdia idêntico corolário.

No âmbito administrativo-disciplinar, a desídia dos membros da comissão caracteriza violação a dever funcional negativo (arts. 117, XV, e 124, da Lei nº 8.112/90), inculpável somente em relação àquele que a denunciou (arts. 116, VI, e 126-A, da Lei nº 8.112/90).

Trata-se, sem dúvida, de procedimento desidioso, não sendo ocioso timbrar que a responsabilidade (civil e administrativa) pode resultar de ato omissivo ou comissivo praticado no desempenho do cargo ou função. Constitui dever funcional a denúncia ou representação de irregularidades quando delas houver ciência.

Além disso, a omissão ou o retardamento têm a potencialidade de alcançar outras consequências.

Conquanto após a reforma da Lei nº 8.429/92 pela Lei nº 14.230/21 o inc. II do art. 11 tenha sido revogado – e, portanto, não mais se caracterize improbidade administrativa com base nesse preceito –, há a perspectiva da ocorrência do crime de prevaricação delineado no art. 319 do Código Penal, reprimido com pena de detenção de 3 (três) meses a 1 (um) ano e multa, e que pune o agente que "retardar ou deixar de praticar, indevidamente, ato de ofício, ou praticá-lo contra disposição expressa de lei, para satisfazer interesse ou sentimento pessoal".

Entretanto, da omissão ou do retardamento não se extraem efeitos jurídicos que impeçam a atuação posterior do Ministério Público, salvo a prescrição penal por exemplo.

Elas tampouco eliminam a possibilidade de a instituição requisitar informações sobre a existência e a conclusão do processo administrativo (bem como sua reprodução) de apuração da responsabilidade da pessoa jurídica, premissa que se extrai das prerrogativas que lhe são conferidas pelo ordenamento jurídico vigente bem como da ampla publicidade inspirada pelo princípio da transparência.

Convém ponderar que a comunicação não está vinculada à imposição das sanções administrativas típicas previstas na Lei Anticorrupção Empresarial. Aplicadas ou não essas sanções, o Ministério Público deve ser comunicado, soando inadequada a opinião sublinhando que "a comunicação será feita após a decisão proferida pela autoridade

---

[10] MARTINS JÚNIOR, Wallace Paiva. *Ministério Público*: a Constituição e as leis orgânicas. São Paulo: Atlas, 2015. p. 31-71.

que instaurou o processo administrativo, caso se reconheça administrativa a prática do ato lesivo à Administração Pública e seja aplicada a sanção adequada".[11]

De fato, somente pela comunicação o órgão poderá aquilatar inclusive se é o caso de requerer judicialmente as sanções administrativas previstas no art. 6º da lei. Ademais, conforme emerge da exegese do art. 18 da Lei nº 12.846/13, predomina a independência entre as instâncias administrativa e civil de responsabilização da pessoa jurídica pela prática de atos lesivos à Administração Pública. A lógica que desponta da interpretação sistêmica da lei é a existência de um controle externo de sua aplicação na via administrativa, exercido pelo Ministério Público, não bastasse sua habilitação para o assunto à luz do art. 129, III, da Constituição de 1988.

Neste sentido, Fernanda Marinela, Fernando Paiva e Tatiany Ramalho explicam:

> mesmo tendo sido a pessoa jurídica absolvida no processo administrativo, se impõe a comunicação ao Ministério Público já que será possível, a partir das informações contidas no processo, que haja a necessidade que sejam adotadas outras medidas relevantes não apenas em relação à pessoa jurídica mas em relação a outras pessoas, naturais ou jurídicas, que possam estar implicadas nos atos apurados e mencionados no processo. É possível ainda que, diante dos fatos relatados no processo, existam elementos para a interposição de ações de improbidade administrativa contra os agentes públicos envolvidos, cuja legitimidade também fora atribuída ao Ministério Público.[12]

E, como observa José Anacleto Abduch Santos, "compete à autoridade responsável pelo julgamento, e, pois, pelo controle de legalidade do processo administrativo, zelar pelo cumprimento do dever de comunicar o Ministério Público sobre o processo instaurado, sob pena de responsabilidade por omissão própria".[13]

15.4 Comunicação antecipada e imediata

Apesar de o art. 15 da Lei nº 12.846/13 fixar como marco temporal da comunicação ao Ministério Público pela comissão designada para apuração da responsabilidade da pessoa jurídica pela prática de atos lesivos contra a Administração Pública a conclusão do processo administrativo, nada impede – e, aliás, tudo recomenda – a comunicação antecipada e imediata (como dispunha a Medida Provisória nº 703, de 18.12.2015).

Não bastasse a existência de situações de risco (prescrição penal próxima, dilapidação ou ocultação patrimonial etc.), a tônica da boa, transparente e ética condução dos negócios públicos deve ser a comunicação imediata da instauração.

Como já assinalado, trata-se de medida vantajosa, porque facilita o acompanhamento da investigação intestina pelos órgãos de controle externo e incrementa maior celeridade à atuação do *Parquet* que, de sua parte, pode promover investigação paralela

---

[11] DAL POZZO, Antônio Araldo Ferraz *et al*. *Lei Anticorrupção*: apontamentos sobre a Lei nº 12.846/2013. São Paulo: Contracorrente, 2015. p. 131.

[12] MARINELA, Fernanda; PAIVA, Fernando; RAMALHO, Tatiany. *Lei Anticorrupção*: Lei n. 12.846, de 1º de agosto de 2013. São Paulo: Saraiva, 2015. p. 187.

[13] SANTOS, José Anacleto Abduch; BERTONCINI, Mateus; CUSTÓDIO FILHO, Ubirajara. *Comentários à Lei 12.846/2013*: Lei anticorrupção. 2. ed. São Paulo: Revista dos Tribunais, 2015. p. 278.

com a possibilidade de coleta de resultados proveitosos mediante o compartilhamento de provas.

Ela, ademais, tem estribo na interpretação conjunta com a Lei nº 8.429/92, cujo art. 15 determina a comunicação na instauração, sem que nenhum prejuízo concorra à pessoa jurídica cujos atos podem gerar responsabilização.

15.5 Âmbito de aplicação da norma

É salutar perscrutar a competência normativa para a instituição de normas visando à responsabilização administrativa e civil de pessoa jurídica pela prática de atos lesivos contra a Administração Pública nacional ou estrangeira.

Não há dúvida que responsabilidade civil e processo civil são matérias da competência normativa privativa da União *ut* art. 22, I, da Constituição Federal, mas, no tocante à responsabilidade administrativa, o tema é controverso, pois o assunto é da competência normativa de todos os entes federativos por constituir inerência da autonomia estadual, distrital e municipal, de tal sorte que a lei não lhes é aplicável por inconstitucionalidade. O Supremo Tribunal Federal, por exemplo, já assentou que lei instituindo indenização a vítimas de violência praticada por agentes estatais não se insere no âmbito da competência legislativa federal.[14] A exceção corre por conta da responsabilidade administrativa por atos lesivos à Administração Pública decorrentes de licitação e contrato administrativo em que a Lei nº 12.846/13 é considerada respectiva norma geral, inserindo-se naquilo que ostentar esse caráter na competência normativa privativa da União (art. 22, XXVII, Constituição Federal).

Expostas essas premissas, cumpre perquirir se é possível estados e municípios conterem norma diversa à do art. 15 da Lei Anticorrupção Empresarial. Se concebido o preceito como norma de direito processual, a resposta é negativa, porque cabe à União legislar privativamente a respeito do assunto, nos termos do já referido inc. I do art. 22 da Constituição de 1988. Se compreendido como norma geral atinente à organização e às funções do Ministério Público, o resultado é idêntico à luz dos arts. 48, IX, 61, §1º, II, "d", e 128, §5º, da Constituição Federal, até porque a outorga de função ao *Parquet* é tema da competência normativa federal como julgou o Supremo Tribunal Federal.[15]

Todavia, não há empecilho aos estados e municípios para disporem para além do quanto se contém no art. 15 da Lei nº 12.846/13, estabelecendo, por exemplo, a comunicação da instauração com a remessa do material de sua instrução, ou seja, qualquer conteúdo que não viole o dever jurídico implantado.

Trata-se de matéria inerente a processo administrativo e cuja competência normativa é comum a todas as esferas federativas, estando radicada na autonomia consagrada aos estados, ao Distrito Federal e aos municípios.

---

[14] "Ação direta de inconstitucionalidade. 2. Lei estadual nº 5.645/1998, do Espírito Santo. Indenização de vítimas de violências praticadas por agentes estatais. 3. Inexistência de vício formal. Responsabilidade civil do Estado. Regulação de matéria exclusiva de direito administrativo. 4. Não regulação de matéria de competência exclusiva do Presidente da República. Inocorrência de usurpação de competência privativa da União. 5. Ação direta julgada improcedente" (STF, Tribunal Pleno. ADI nº 2.255-ES. Rel. Min. Gilmar Mendes, 19.11.2014, v.u. *DJe*, 2 fev. 2015).

[15] STF, Tribunal Pleno. ADI nº 3.041-RS. Rel. Min. Ricardo Lewandowski, 10.11.2011, v.u. *DJe*, 1º fev. 2012; STF, Tribunal Pleno. ADI nº 2.794-DF. Rel. Min. Sepúlveda Pertence, 14.12.2006, v.u. *DJ*, 30 mar. 2007. p. 68.

15.6 Providências do Ministério Público

Não obstante o art. 15 da Lei nº 12.846/13 cunhe o dever de comunicação da comissão ao Ministério Público da existência do processo administrativo para prossecução de eventuais delitos, a atuação do *Parquet* não se subordina nem se condiciona a essa comunicação e tampouco a ela se limita qualitativa e substancialmente.

Como decidido pelo Superior Tribunal de Justiça em relação ao art. 15 da Lei nº 8.429/92:

> constitui mera irregularidade, incapaz de gerar nulidade, o fato de a comissão processante não ter dado ciência imediata ao Ministério Público e ao Tribunal de Contas da existência do procedimento administrativo disciplinar, para eventual apuração da prática de ato de improbidade.[16]

E "não há falar-se na exigência de prévia instauração de procedimento administrativo à ação civil por improbidade administrativa".[17]

Como já acenado, *lex minus dixit quam voluit*. A comunicação também serve para o Ministério Público ajuizar a competente ação civil pública visando à responsabilização da pessoa jurídica e consequente imposição das sanções do art. 19 da Lei Anticorrupção Empresarial, como argumenta a doutrina.[18] Além disso, a comunicação se prestará para o *Parquet* avaliar se houve a ocorrência de atos de improbidade administrativa a merecerem censura com lastro na Lei nº 8.429/92.

À luz das missões constitucionais do Ministério Público consistentes na exclusividade de ignição do *ius persequendi* e da concorrente tutela de interesses difusos e coletivos e sem prejuízo de prerrogativa qualificada de investigação (tal como põem em acento os incs. I, III e VI do art. 129 da Constituição de 1988), a instituição – que goza de autonomia e seus membros que são aquinhoados de independência – não está sujeita a exercer suas funções por dependência da provocação de outras pessoas ou organismos públicos ou privados.

É lícito ao Ministério Público deflagrar *sponte propria* investigação a respeito dos fatos para viabilizar o ajuizamento de ação penal pública ou ação civil pública ou aviá-las à míngua dela se já possuir elementos que credenciem o exercício responsável do direito de ação, bem como requisitar da autoridade competente a instauração das competentes investigações.

Em outras palavras, se a comunicação pela comissão ao Ministério Público é obrigatória por revelar dever da autoridade administrativa, ela não é (nem o processo administrativo instaurado no controle interno é) pressuposto ou condição de procedibilidade para a investigação ou promoção de ação civil ou penal pelo Ministério Público.

Giza em torno do assunto o poder de investigação autônomo e incondicionado pelo *Parquet*, viabilizado pelo art. 129, III e VI, da Constituição de 1988, e disciplinado pela Lei

---

[16] STJ, 3ª Seção. MS nº 15.021-DF. Rel. Min. Felix Fischer, 25.8.2010, v.u. *DJe*, 24 set. 2010.

[17] STJ, 1ª Turma. REsp nº 956.221-SP. Rel. Min. Francisco Falcão, .4.9.2007, v.u. *DJ*, 8 out. 2007. p. 239.

[18] BITTENCOURT, Sidney. *Comentários à Lei Anticorrupção*: Lei 12.846/2013. 2. ed. São Paulo: Revista dos Tribunais, 2015. p. 136; MARINELA, Fernanda; PAIVA, Fernando; RAMALHO, Tatiany. *Lei anticorrupção*: Lei n. 12.846, de 1º de agosto de 2013. São Paulo: Saraiva, 2015. p. 187.

da Ação Civil Pública (Lei nº 7.347/85) que, como as Leis Orgânicas da instituição (arts. 6º, VII, e 7º, I, Lei Complementar nº 75/93; arts. 25, IV, e 26, I, Lei nº 8.625/93), facultam ao órgão a instauração de inquérito civil (art. 8º, §1º), bem como pela compreensão devotada pelo Supremo Tribunal Federal à admissibilidade da investigação criminal pelo órgão ao enunciar, em repercussão geral (Tema 184), que:

> Os artigos 5º, incisos LIV e LV, 129, incisos III e VIII, e 144, inciso IV, §4º, da Constituição Federal, não tornam a investigação criminal exclusividade da polícia, nem afastam os poderes de investigação do Ministério Público. Fixada, em repercussão geral, tese assim sumulada: "O Ministério Público dispõe de competência para promover, por autoridade própria, e por prazo razoável, investigações de natureza penal, desde que respeitados os direitos e garantias que assistem a qualquer indiciado ou a qualquer pessoa sob investigação do Estado, observadas, sempre, por seus agentes, as hipóteses de reserva constitucional de jurisdição e, também, as prerrogativas profissionais de que se acham investidos, em nosso País, os Advogados (Lei 8.906/94, artigo 7º, notadamente os incisos I, II, III, XI, XIII, XIV e XIX), sem prejuízo da possibilidade – sempre presente no Estado democrático de Direito – do permanente controle jurisdicional dos atos, necessariamente documentados (Súmula Vinculante 14), praticados pelos membros dessa instituição".[19]

A comunicação não colima apenas a apuração de crimes, senão viabilizar ao *Parquet* o exercício de sua função constitucional de proteção de interesses difusos e coletivos, assente que a prática de atos lesivos contra a Administração Pública tem elementar estrutura e inexorável natureza difusa, o que é visível a partir da conceituação de direitos difusos dada pelo concerto doutrinário corroborado pela jurisprudência e, sobretudo, pelo art. 81, I, da Lei nº 8.078/90 (Código de Defesa do Consumidor).

Daí porque essa comunicação também objetiva que o órgão controle a atuação da Administração Pública no tocante à imposição das sanções administrativas do art. 6º da Lei nº 12.846/13 (que poderão ser requeridas judicialmente com lastro no art. 20 da mencionada lei), bem como que ele possa exercer sua legitimidade concorrente para persecução das sanções judiciais próprias dessa legislação (art. 19) ou das demais cabíveis (por exemplo, com base na Lei nº 8.429/92). Por isso, ela não tem o limite qualitativo e substancial cunhado no art. 15 da Lei Anticorrupção Empresarial.

A dimensão das prerrogativas institucionais do Ministério Público, aliás, autoriza-o a manejar sua capacidade de requisição de inquérito policial, diligências investigatórias complementares, informações, perícias, documentos, como habilitam o art. 129, VI e VIII, da Carta Magna, o art. 7º da Lei Complementar nº 75/93, o art. 26 da Lei nº 8.625/93, entre outros diplomas normativos – sem prejuízo da instauração de inquérito civil ou procedimento de investigação criminal. O atendimento dessas ordens instrutórias é vinculado e compulsório.

Destarte, o Ministério Público à vista da comunicação da comissão poderá (a) requisitar a instauração de inquérito policial ou diligências investigatórias complementares; (b) instaurar investigação criminal sob sua direção; (c) ajuizar ação civil ou penal se os elementos disponíveis o habilitarem ao exercício responsável desse *múnus*; (d) instaurar inquérito civil, sem prejuízo de fazê-lo mesmo sem a comunicação estudada.

---

[19] STF, Tribunal Pleno. RE nº 593.727-MG. Rel. Min. Gilmar Mendes, 14.5.2015, m.v. *DJe*, 8 set. 2015.

Se realizada investigação civil ou criminal e o *Parquet* não se convencer da ocorrência de qualquer ilícito, deverá promover seu arquivamento. No caso de inquérito civil, o arquivamento deverá ser submetido à homologação do órgão revisor da própria instituição (Câmara de Coordenação e Revisão, no âmbito do Ministério Público da União; Conselho Superior, na esfera do Ministério Público dos Estados) que poderá aceitá-lo, converter o julgamento em diligência ou recusá-lo designando outro membro para o aforamento da competente ação civil pública.

Pode o Ministério Público celebrar acordo de leniência? A exegese literal da lei conduz à resposta negativa. Com o advento das transformações promovidas pela Medida Provisória nº 703/15, é admitida sua celebração com a participação conjunta da Advocacia Pública e do Ministério Público, e cujo efeito será o impedimento do ajuizamento e do prosseguimento da ação (§12 do art. 16, e parágrafo único do art. 20 da Lei nº 12.846/13, na redação dada pela Medida Provisória nº 703/15). Se pode fazê-lo em conjunto com efeito obstativo integral, isoladamente também o pode. Além disso, a nova redação do art. 30 da Lei Anticorrupção Empresarial dada por essa medida provisória permitia a extensão da eficácia do acordo de leniência às sanções da Lei nº 8.429/92, e o art. 2º da Medida Provisória nº 703, de 18.12.2015, revogou o §1º do art. 17 da Lei nº 8.429/92, de tal modo que o Ministério Público poderia firmar acordo de leniência, compromisso de ajustamento de conduta ou qualquer outra espécie de acordo, composição, conciliação ou transação.

Com a perda de eficácia da medida provisória, o acordo de leniência voltou a ser atribuição privativa da Administração Pública sem necessidade de participação do *Parquet*, tendo eficácia limitada à isenção da sanção administrativa de publicação da decisão (administrativa) condenatória e da sanção (judicial) de proibição de receber incentivos, subsídios, subvenções, doações ou empréstimos de órgãos ou entidades públicas e de instituições financeiras públicas ou controladas pelo Poder Público (pelo prazo mínimo de um e máximo de cinco anos), e à redução da multa (administrativa), conforme o §2º do art. 16 da lei.

Embora a Medida Provisória nº 703 tenha convolado o acordo de leniência em verdadeira indulgência plena e ilimitada, despregada de qualquer utilidade para a descoberta do fato e, portanto, carente de interesse público, vedar-se ao Ministério Público celebrar ou participar de acordo de leniência pode ser improfícuo, pois expõe a pessoa jurídica (e seus dirigentes ou empregados) às demais sanções da Lei nº 12.846 e às decorrentes de outras esferas de responsabilidade (civil e penal, por exemplo). O ideal seria, mediante previsão legal, a extensão ao Ministério Público da competência para celebração do acordo (ou dele participar) na medida em que a instituição tem assento constitucional para atuar na defesa do patrimônio público (art. 129, III, Constituição Federal), e, por isso, é legitimada ao ajuizamento da respectiva ação civil pública concorrentemente com o Poder Público.

Trata-se de argumento *de lege ferenda* radicado em premissa *a fortiori*: se pode o mais, deveria poder o menos, pois o acordo de leniência também será útil para suas investigações que não podem ficar à mercê da vontade da Administração Pública. Além disso, evitaria colusões ou imperfeições na celebração desses acordos e possibilitaria sua irradiação para outras esferas de responsabilidade.

Por sua vez, o compromisso de ajustamento de conduta não é instrumento de transação; é instituto destinado à solução negociada para o responsável assumir o compromisso de ajuste de seu comportamento às exigências legais, mediante cominações e com eficácia de título executivo extrajudicial (art. 5º, §6º, da Lei nº 7.347/85), e não para aceitar ou impor sanções, e cuja eficácia depende, no caso do Ministério Público, de homologação do órgão de controle interno à vista da necessidade de preservação do interesse público e do princípio da obrigatoriedade mitigada da tutela de interesses transindividuais. No quadro normativo vigente, a admissibilidade do uso desse instituto restaria limitada à assunção da obrigação de cessação de envolvimento na infração (art. 16, §1º, II).

Informação bibliográfica deste texto, conforme a NBR 6023:2018 da Associação Brasileira de Normas Técnicas (ABNT):

MARTINS JÚNIOR, Wallace Paiva. Comentários ao art. 15. *In*: DI PIETRO, Maria Sylvia Zanella; MARRARA, Thiago (coord.). *Lei Anticorrupção comentada*. 4. ed. Belo Horizonte: Fórum, 2024. p. 205-217. ISBN 978-65-5518-676-5.

COMENTÁRIOS AO ART. 16

THIAGO MARRARA

Art. 16. A autoridade máxima de cada órgão ou entidade pública poderá celebrar acordo de leniência com as pessoas jurídicas responsáveis pela prática dos atos previstos nesta Lei que colaborem efetivamente com as investigações e o processo administrativo, sendo que dessa colaboração resulte:
I – a identificação dos demais envolvidos na infração, quando couber; e
II – a obtenção célere de informações e documentos que comprovem o ilícito sob apuração.
§1º O acordo de que trata o caput somente poderá ser celebrado se preenchidos, cumulativamente, os seguintes requisitos:
I – a pessoa jurídica seja a primeira a se manifestar sobre seu interesse em cooperar para a apuração do ato ilícito;
II – a pessoa jurídica cesse completamente seu envolvimento na infração investigada a partir da data de propositura do acordo;
III – a pessoa jurídica admita sua participação no ilícito e coopere plena e permanentemente com as investigações e o processo administrativo, comparecendo, sob suas expensas, sempre que solicitada, a todos os atos processuais, até seu encerramento.
§2º A celebração do acordo de leniência isentará a pessoa jurídica das sanções previstas no inciso II do art. 6º e no inciso IV do art. 19 e reduzirá em até 2/3 (dois terços) o valor da multa aplicável.
§3º O acordo de leniência não exime a pessoa jurídica da obrigação de reparar integralmente o dano causado.
§4º O acordo de leniência estipulará as condições necessárias para assegurar a efetividade da colaboração e o resultado útil do processo.
§5º Os efeitos do acordo de leniência serão estendidos às pessoas jurídicas que integram o mesmo grupo econômico, de fato e de direito, desde que firmem o acordo em conjunto, respeitadas as condições nele estabelecidas.
§6º A proposta de acordo de leniência somente se tornará pública após a efetivação do respectivo acordo, salvo no interesse das investigações e do processo administrativo.
§7º Não importará em reconhecimento da prática do ato ilícito investigado a proposta de acordo de leniência rejeitada.
§8º Em caso de descumprimento do acordo de leniência, a pessoa jurídica ficará impedida de celebrar novo acordo pelo prazo de 3 (três) anos contados do conhecimento pela administração pública do referido descumprimento.

§9º A celebração do acordo de leniência interrompe o prazo prescricional dos atos ilícitos previstos nesta Lei.
§10. A Controladoria-Geral da União – CGU é o órgão competente para celebrar os acordos de leniência no âmbito do Poder Executivo federal, bem como no caso de atos lesivos praticados contra a administração pública estrangeira.

16.1 Acordo de leniência: definição e características gerais

A complexidade e a multiplicação das infrações administrativas quotidianas, as dificuldades e os custos relativos à execução dos poderes de fiscalização e de instrução pelo Estado, a necessidade de se concretizar interesses públicos primários (como o combate à corrupção, a proteção da concorrência etc.) e o desejo popular por uma máquina administrativa mais eficiente e por um ordenamento jurídico socialmente efetivo são algumas das razões a justificar a construção de uma cultura utilitarista de cooperação, diálogo ou consensualização no âmbito do poder sancionador estatal. No direito penal, motivos como esses resultaram na proliferação dos acordos de delação premiada. No direito administrativo, eles ocasionaram a adoção dos programas de leniência.

Em poucas palavras, leniência indica brandura, suavidade ou complacência. Daí se extrai a função e a própria definição do acordo em tela. Trata-se de um ajuste que integra o processo administrativo sancionador mediante celebração pelo ente estatal que titulariza, na esfera administrativa, o poder de punir e, de outro lado, por um infrator que se propõe a colaborar com o Estado na execução de suas tarefas instrutórias no intuito de obter, em troca da cooperação e do adimplemento de outras obrigações acessórias, a mitigação ou a imunização das sanções estatais aplicáveis nesse mesmo processo administrativo ou fora dele. No acordo de leniência, portanto, é o Estado que assume o papel de leniente, enquanto o infrator age como delator-colaborador.

Para o Estado, a leniência implica *a obrigação de reduzir ou extinguir sanções* imponíveis ao infrator confesso. Exatamente por isso, ao concluir o processo administrativo acusatório, cabe ao Estado mensurar as sanções para então conceder os benefícios de redução ou extinção esperados pelo infrator colaborador. O cumprimento das obrigações pelo Estado supõe que se julgue positivamente a cooperação prestada pelo particular. Sem que veja satisfeito seu direito à obtenção de provas e à cooperação necessária para que o processo acusatório atinja um resultado útil, o Estado não está obrigado a conceder qualquer benefício.

Isso não significa, contudo, que o infrator colaborador assuma obrigação de resultado, ou seja, de que o processo necessariamente desemboque em uma decisão administrativa condenatória dos coautores da prática ilícita. Sua obrigação é de cooperar com a instrução, com a comprovação da materialidade e da autoria. A cooperação poderá se confirmar ainda que não advenha uma condenação ao final do processo administrativo de responsabilização.

Como colaborador, o infrator que celebra o acordo age por conta e risco. Assume o risco de ser acusado por terceiros e por outras entidades estatais com base em tipos de responsabilização não cobertos pelo programa de leniência a que adere. Ademais, arca com os custos financeiros de praticar os atos de cooperação com o Estado, por exemplo, para participar de diligências, obter e transferir provas documentais etc.

Em troca do adimplemento de suas obrigações, o colaborador pode receber benefícios que ora se restringem às sanções do processo administrativo a que a leniência se integra, ora se estendem, por força de lei, para outras esferas de responsabilização, como a penal – efeito que gera inúmeros questionamentos, sobretudo pelo fato de que a decisão da autoridade administrativa ocasionará efeitos limitativos para o exercício de competências do Ministério Público e do Judiciário. A despeito da abrangência, é importante que a lei defina o benefício mínimo e máximo pelo cumprimento do acordo para conferir ao programa um grau adequado de segurança jurídica. Entretanto, nem sempre isso ocorre no direito positivo brasileiro, como se demonstrará ao longo dos comentários ao acordo previsto na Lei Anticorrupção.

Da definição central apresentada e das obrigações principais assumidas pelos contratantes resulta que a leniência: (i) constitui acordo de direito administrativo, diferentemente da delação premiada, regida pelo direito penal; (ii) integra um processo administrativo punitivo, convivendo com a via unilateral de decisão estatal, ao contrário dos acordos de cessação de prática ou de ajustamento de conduta que, frequentemente, deflagram efeito substitutivo do processo; (iii) pressupõe um comportamento pretensamente ilícito, ainda em curso ou já cessado, e sempre desenvolvido em coautoria e (iv) exige que a Administração Pública não detenha condições de, por si só, desenvolver com sucesso as atividades instrutórias no curso do processo administrativo sancionador.

A partir dessas características principais, extraem-se as seguintes conclusões básicas:

- Em primeiro lugar, não serve a leniência para tratar de infrações penais, embora o legislador possa conferir ao infrator colaborador que age ao lado do Estado no processo administrativo alguns benefícios na esfera criminal – o que, já se adianta, não se vislumbra na Lei Anticorrupção.
- Em segundo lugar, a leniência não serve para afastar ou substituir o processo administrativo, pois sua finalidade é exatamente a de promover a cooperação para torná-lo viável e efetivo. É por isso que se diz que a leniência é integrativa e não exclui a ação unilateral do Estado. Como o acordo serve para que a autoridade pública obtenha provas que facilitem a instrução e a punição, é normal que o acordo conviva com o processo e com um ato administrativo final de natureza punitiva ou absolutória. Essa última observação afigura-se relevante para evitar qualquer impressão de que os modelos de administração consensual e contratual venham a sepultar o estilo de administração unilateral.
- Em terceiro lugar, ela não deve ser celebrada com todos os infratores sob pena de impossibilitar o exercício do poder punitivo e negar sua própria essência. A leniência com todos os infratores significaria um imotivado perdão ou até uma renúncia ao exercício do poder punitivo e desfiguraria o caráter comutativo e utilitarista do programa.
- Em quarto lugar, a leniência só se tornará justificável quando ao menos duas condições básicas se combinarem: (i) o Estado não dispuser de condições de desenvolver a instrução de modo satisfatório por seus próprios meios e

(ii) o infrator, que buscar a leniência, mostrar-se apto para contribuir com a instrução processual de modo significativo. Ausente uma dessas condições, não deverá ser celebrado o acordo, sob pena de se utilizá-lo com o intuito único de beneficiar um dos acusados em detrimento de outros – o que, novamente, representaria desvio da finalidade do programa.

16.2 Fatores extrajurídicos para o bom funcionamento da leniência

Na solução de casos concretos, é natural e compreensível que o jurista se preocupe fundamentalmente com os requisitos de celebração da leniência e seu regime jurídico – aspectos que serão tratados oportunamente quanto à leniência para atos de corrupção. Em termos de política pública, é preciso ir além dessas tecnicalidades. Cabe à Administração Pública, ao Judiciário, à advocacia e à doutrina zelarem por uma série de condições extrajurídicas necessárias a conferir efetividade aos programas de leniência brasileiros em uma perspectiva macroscópica e de longo prazo.

Ao tratar de modo detalhado do regime jurídico da leniência no Sistema Brasileiro de Defesa da Concorrência, sustentei três condições fulcrais para o sucesso de programas de leniência que merecem ser reiteradas no contexto da política de combate à corrupção.[1] Para deflagrar seus efeitos benéficos em termos repressivos e também de prevenção geral, criando uma "cultura de desconfiança" entre os infratores, os programas de leniência necessitam se pautar pela transparência, pela credibilidade e pela efetividade de seus benefícios.[2]

A *transparência* pressupõe que infratores interessados no programa de colaboração premiada possam obter de maneira rápida, simples e inteligível todas as informações sobre a extensão do programa, as obrigações de cada parte do acordo, os procedimentos de diálogo e negociação, os benefícios potenciais, os custos e os riscos, sobretudo no tocante às esferas de responsabilização não cobertas pela leniência firmada em certo processo administrativo. Para garantir a transparência, cabe ao Estado não apenas desenvolver meios de comunicação ativa e de conscientização da sociedade para esclarecer os potenciais interessados e estimular a cooperação, mas igualmente preparar os agentes públicos competentes para auxiliá-los com a elaboração de eventuais propostas.

A *credibilidade* do programa de leniência provém da comprovação histórica da seriedade, do profissionalismo, da boa-fé e da respeitabilidade das entidades, dos órgãos e das autoridades competentes. A credibilidade é construída aos poucos, por longo período, e se mostra fundamental para gerar a confiança dos infratores naquele com quem se dispõem a cooperar. É preciso, nesse sentido, que a Administração demonstre ao interessado em potencial que examina com cuidado as propostas, não celebra leniências sem que o infrator tenha capacidade colaborativa, não se move por interesses financeiros, negocia o acordo com seriedade e a devida horizontalidade, não utiliza sua posição de

---

1 MARRARA, Thiago. *Sistema Brasileiro de Defesa da Concorrência*: organização, processos e acordos administrativos. São Paulo: Atlas, 2015. p. 339-341.

2 Nesse sentido, cf. também STETNER, Renato Parreira. Artigos 35-B e 35-C. *In*: COSTA, Marcos da; MENEZES, Paulo Lucena; MARTINS, Rogério Gandra da Silva (Org.). *Direito concorrencial*: aspectos jurídicos e econômicos: comentários à Lei n. 8.884/94 e estudos doutrinários. Rio de Janeiro: América Jurídica, 2003. p. 313.

autoridade com o objetivo de impor obrigações contratuais impertinentes ou abusivas, toma medidas contra colaboradores inadimplentes, reconhece devidamente a colaboração e entrega os benefícios prometidos aos colaboradores que executam suas obrigações e que não age de modo malicioso, por exemplo, transferindo informações e documentos sigilosos protegidos por lei a outras entidades estatais, nacionais ou estrangeiras.

A *efetividade dos benefícios* consiste na evidenciação de que a adesão ao programa de leniência e a colaboração com o Estado valem mais ao infrator do que a não cooperação. Há pelo menos três fatores essenciais à construção dessa condição de sucesso do programa.

Em primeiro lugar, o Estado necessita demonstrar capacidade de punir os infratores de forma exemplar. A impunidade destrói qualquer estímulo à colaboração, haja vista que o infrator não busca auxiliar a Administração por altruísmo, mas sim pelo desejo de obter um benefício individual. Caso o Estado não logre punir da maneira devida, seja porque conduz mal os processos administrativos, seja porque não desempenha as tarefas probatórias com êxito ou mesmo porque, quando condena, não executa suas sanções, os infratores não verão benefícios em participar de leniência. Afinal, para que cooperar se a chance de não sofrer qualquer sanção é por si só enorme?

Em segundo lugar, ao punir, o Estado deve ser capaz de aplicar uma sanção, pelo menos, maior que o benefício obtido pelo infrator. Não por outra razão, é comum que os ordenamentos jurídicos impeçam o Estado de cominar sanção menor que o benefício gerado pelo comportamento ilícito ao infrator, pois, caso isso fosse possível, infringir a lei valeria a pena. Na medida em que o ordenamento impõe o cálculo da punição no mínimo a partir do benefício do infrator, geram-se alguns estímulos tanto para a redução do cometimento de ilícitos, quanto para a adesão aos programas de cooperação que sejam capazes de mitigar as sanções. Nesse particular, andou bem o Congresso ao prever, no art. 6º, inc. I, da Lei Anticorrupção, que a multa administrativa não será inferior à vantagem auferida, quando for possível sua estimação.

Em terceiro lugar, mostra-se fundamental que se garanta por lei ao infrator colaborador uma sanção obrigatoriamente mais leve que a aplicada a todos os outros infratores que não cooperaram. Em outras palavras, o colaborador deve ter direito ao benefício da menor sanção. Com isso, o programa se manterá atrativo para os infratores sujeitos a sanções potencialmente mais altas que as aplicáveis aos coautores que, por exemplo, retiraram poucos benefícios da prática ilícita ou, por qualquer outro dos critérios gerais de dosimetria, estejam sujeitos à sanção mais branda. Apesar de todas essas vantagens e do exemplo já dado pela legislação concorrencial, a Lei Anticorrupção deixou indevidamente de prever o benefício da menor sanção para o infrator colaborador.

16.3 Classificação dos acordos de leniência no Brasil

Ainda sob uma perspectiva teórica que extrapola a Lei Anticorrupção e trata do acordo de leniência como instituto da teoria geral do direito administrativo sancionador, é possível construir uma classificação que se destina a ilustrar a riqueza do ajuste que, desde 2000, passou a ser empregado em certos processos administrativos punitivos.

Por um *critério subjetivo*, separam-se os acordos de leniência celebrados por pessoas físicas dos acordos celebrados por pessoas jurídicas e acordos dos quais participam ambas. De modo geral, é importante que os critérios de celebração com a pessoa física sejam mais brandos que os estipulados para as pessoas jurídicas, e que os benefícios, para que o acordo seja atrativo, também se estendam à esfera penal. A existência de acordos com pessoas físicas nesses termos é estratégica para atrair a cooperação de administradores atuais e antigos, ainda que a pessoa jurídica relute em contribuir.

Na Lei Anticorrupção, porém, uma das grandes falhas do regime de leniência reside na ausência de menções às pessoas físicas. O art. 16, como já fica evidente em seu *caput*, restringe o acordo às jurídicas. Essa norma restritiva prejudica o programa como um todo, na medida em que pessoas jurídicas são meras ficções movidas, na realidade, por pessoas físicas. Sem a perspectiva de obterem os benefícios de uma leniência, os administradores ou proprietários dificilmente se disporão a impulsionar a pessoa jurídica que gerenciam ou possuem a colaborar com o Estado.

Por um *critério temporal*, o acordo de leniência pode ser prévio ao processo administrativo, concomitante ou secundário. A modalidade *prévia* designa o acordo celebrado antes que o Poder Público tenha conhecimento da infração administrativa. Previamente à abertura do processo ou de seus procedimentos preparatórios, um dos infratores busca a cooperação e celebra a leniência que então dará origem ao processo sancionador. Por gerar elevado benefício ao Estado e representar uma colaboração "mais" espontânea, esse tipo de leniência resulta, em muitos ordenamentos, em maiores benefícios ao colaborador.

Quando a leniência é firmada ao longo do processo, fala-se de um acordo *concomitante*. O infrator já se encontra na posição de acusado e, para mitigar as sanções que lhe podem atingir, recorre à cooperação pela via da leniência. Nesta hipótese, como o Estado dispõe de informações básicas de autoria e materialidade, a leniência "vale menos", gera menores benefícios ao colaborador. Daí se entende que, ao diferenciar os benefícios da leniência concomitante em relação à modalidade prévia, o legislador promove uma "corrida pela leniência", aumenta o clima de desconfiança entre os infratores e desestabiliza as relações entre eles. Apesar dessa vantagem, a Lei Anticorrupção brasileira ignorou a distinção e não registrou a obrigatoriedade de se concederem benefícios diferenciados conforme o momento da leniência. Referida lacuna tenderá a desestimular os acordos prévios, levando o infrator a esperar a abertura do processo administrativo para avaliar a utilidade da colaboração.

Além da leniência prévia e da concomitante, é possível falar de uma *leniência secundária* ou tardia. Trata-se de um acordo igualmente concomitante ao processo, mas que é celebrado após uma primeira leniência no mesmo processo administrativo. Em alguns ordenamentos, a leniência secundária é vedada por força da regra *first come, first serve*, a qual foi igualmente consagrada na Lei Anticorrupção. Por conseguinte, somente o primeiro que se qualificar para colaborar estará autorizado a celebrar o acordo. Em outros modelos, aceita-se a leniência secundária ou tardia, mas se conferem menores vantagens ao colaborador, criando-se um sistema de benefícios em cascata pelo qual a quantidade de vantagens ao colaborador se reduz conforme a quantidade de leniências aumenta.

Existe ainda um terceiro modelo, referente à leniência *plus*, adotado no âmbito do direito concorrencial brasileiro, mas sem previsão na política de combate à corrupção. A leniência secundária utilizada pelo Sistema Brasileiro de Defesa da Concorrência (SBDC) poderá ser celebrada em um processo administrativo que já conta com um colaborador, mas desde que o segundo colaborador apoie as atividades de instrução neste primeiro processo e, adicionalmente, traga informações sobre uma nova infração desconhecida pela Administração Pública. A leniência *plus* pode ser chamada de leniência dúplice, uma vez que congrega uma leniência concomitante no processo em curso e uma leniência prévia para a nova infração confessada.[3]

Por um critério *material*, torna-se possível comparar as leniências à luz do tipo de infração e da esfera de responsabilidade. No Brasil, a leniência foi criada por meio da MP nº 2.055, de 11.8.2000, posteriormente convertida na Lei nº 10.149 de 21.12 do mesmo ano. Com isso, inseriram-se os arts. 35-B e 35-C na Lei de Defesa da Concorrência de 1994 (Lei nº 8.884). Em 2003, com base nos novos dispositivos, o Cade celebrou a primeira leniência brasileira no cartel dos vigilantes, organizado para fraudar processos licitatórios no Rio Grande do Sul, principalmente perante a Superintendência da Receita Federal estadual e a Secretaria de Saúde de Porto Alegre. Até 2013, a leniência concorrencial era, portanto, a única modalidade consagrada no direito positivo brasileiro.

Com a edição da Lei Anticorrupção, duas novas modalidades de acordo surgiram: a leniência para atos de corrupção (do art. 16) e a leniência para infrações licitatórias (do art. 17), ambas direcionadas à pessoa jurídica. Isso revela que cada leniência detém um objeto específico e daí desponta o maior risco ao colaborador. O fato de celebrar uma das leniências não garante direito à celebração de outras, nem benefícios em relação a esferas de responsabilização adicionais. Daí porque, a depender do tipo de infração, será necessário buscar a celebração simultânea de mais de um acordo.

16.4 Art. 16: normas gerais para leniência em infrações de corrupção

A consagração definitiva do acordo de leniência como ajuste de consensualização nos processos administrativos sancionatórios ocorreu com a edição da Lei Anticorrupção no ano de 2013. Até então, o acordo se restringia à esfera de defesa administrativa da concorrência. Naquele ano, porém, surgiram duas modalidades novas de leniência: a relativa às infrações de corrupção (art. 16) e a relativa às infrações licitatórias (art. 17). Esses dispositivos foram posteriormente detalhados no Decreto nº 8.420, de 18.3.2015, revogado pelo Decreto nº 11.129, de 11.07.2022, que atualmente regulamenta a Lei Anticorrupção. Além disso, a matéria foi tratada pela Portaria CGU nº 901, de 7.4.2015, pela revogada Portaria CGU/AGU nº 2.278, de 15.12.2016, substituída pela Portaria Conjunta nº 4, de 9.8.2019. Mais recentemente, a CGU e a AGU aprovaram a Portaria Normativa Interministerial nº 36, de 07.12.2022, com o objetivo de tratar dos critérios para redução, em até dois terços, do valor da multa aplicável ao infrator que participa de programa de leniência.

Para se compreender o papel da leniência contra práticas de corrupção, bem como os avanços, as deficiências e as lacunas do regime legal previsto no art. 16, há que se resgatar o conteúdo geral da lei que os alberga.

---

[3] A respeito dos detalhes e problemas da leniência *plus* no direito brasileiro, cf.: MARRARA, Thiago. *Sistema Brasileiro de Defesa da Concorrência*: organização, processos e acordos administrativos. São Paulo: Atlas, 2015. p. 331 e seguintes.

Em apertada síntese, a Lei Anticorrupção disciplina a esfera de responsabilidade objetiva, civil e administrativa, de pessoas jurídicas que cometem os chamados atos de corrupção (art. 2º), impondo-lhes severas sanções, inclusive multa administrativa pela qual responde em solidariedade o grupo econômico (art. 4º, §2º) e a qual é assumida pelo sucessor da pessoa jurídica condenada em caso de concentração econômica (art. 4º, §1º).

As infrações podem ser igualmente cometidas por pessoas físicas (dirigentes ou administradores), mas, nesta hipótese, a punição se dá de acordo com um modelo de responsabilização subjetiva, dependente de avaliação e comprovação individualizada de culpa ou dolo. Como a Lei Anticorrupção menciona a responsabilidade da pessoa física, mas não esclarece quais são suas infrações, não aponta as sanções aplicáveis e a ignora no regime de leniência, pode-se afirmar que, na prática, a lei pouco modificou o cenário de responsabilização da pessoa física por atos de corrupção. Os indivíduos continuarão sujeitos à Lei de Improbidade, à Lei de Defesa da Concorrência, ao sistema criminal e, excepcionalmente no caso de desconsideração da personalidade jurídica (art. 14), à extensão das sanções da Lei Anticorrupção no que couber.

No âmbito da Administração Pública, para as pessoas jurídicas, portanto, os preceitos constitucionais exigem que as sanções por ato de corrupção venham antecedidas da realização de processo administrativo de responsabilização (PAR) conduzido pela entidade estatal lesada pela prática infrativa. O processo será orientado pelos mandamentos da ampla defesa e do contraditório e sua instauração não impedirá outros processos acusatórios com base na Lei de Defesa da Concorrência, nem bloqueará processos criminais, administrativos ou civis contra as pessoas físicas.

Por força do regime sancionador instituído pela nova Lei de Licitações, se a prática infrativa for tipificada ao mesmo tempo como ato de corrupção e infração administrativa licitatória ou contratual, o processo de responsabilização será unificado, cabendo à entidade responsável pela aplicação da Lei Anticorrupção a sua condução (art. 159, *caput* da Lei nº 14.133/2021).[4] Essa nova regra tem implicações importantes também para o programa de leniência.

Já a conduta da pessoa jurídica que tipifique simultaneamente ato de corrupção e ato de improbidade passou a receber tratamento próprio e diferenciado por conta do art. 3º, §2º da Lei nº 8.429/1992, na atualização e reforma operada pela Lei nº 14.230/2021. De acordo com esse novo parágrafo, as sanções por improbidade não se aplicarão à pessoa jurídica caso o ato de improbidade seja também sancionado como ato lesivo à administração pública nos termos da Lei Anticorrupção.

Respeitadas essas limitações, via de regra, do processo administrativo de responsabilização por corrupção, derivam no máximo duas sanções à pessoa jurídica condenada: (i) a já referida *multa sancionatória*, cuja intensidade variará de 0,1 a 20% de seu faturamento anual (percentual idêntico ao da legislação concorrencial), descontados tributos, e que jamais poderá ser inferior à vantagem auferida quando for possível mensurá-la, nem excluirá a reparação civil e/ou (ii) a *publicação da decisão condenatória* nos meios de comunicação, na entidade e na internet. Essa forma de "sanção por exposição"

---

4 Cf.: MARRARA, Thiago. Infrações, sanções e acordos na nova Lei de Licitações. *In*: DI PIETRO, Maria Sylvia Zanella (Org.). *Manual de licitações e contratos administrativos*: Lei nº 14.133, de 1º de abril de 2021. 3. ed. Rio de Janeiro: Forense, 2023. p. 511.

persegue, de modo evidente, o intuito de expor o infrator ao mercado e à sociedade, de maneira a submetê-lo a eventuais "sanções indiretas" por parte de investidores, consumidores, concorrentes e outros agentes sociais e econômicos.

Na esfera administrativa, como registrado, a Lei Anticorrupção prevê tão somente duas sanções. Já na esfera civil, várias são medidas punitivas, cuja aplicação depende da condução de processo judicial e de prolação de sentença condenatória civil. As sanções referidas em lei abrangem: a reparação do dano; o perdimento de bens e valores; a suspensão de atividades econômicas; a dissolução da pessoa jurídica; a proibição de incentivos, doações, empréstimos públicos etc. Por decorrência da reserva legal para medidas que limitem a liberdade (art. 5º, II da Constituição da República), não poderá o juiz aplicar outras sanções que não as previstas na lei, nem poderá a Administração Pública, por decretos ou outros atos normativos internos, ampliar o rol de punições.

Muitas das sanções civis que a Lei Anticorrupção prevê existem de modo idêntico no âmbito da defesa da concorrência. Isso evidencia, mais uma vez, que o diploma em comento foi abertamente influenciado pela estrutura punitiva do direito administrativo econômico. No entanto, no Cade, referidas sanções assumem caráter administrativo e acessório. Elas são aplicadas por decisão administrativa condenatória, não por sentença judicial. Além disso, elas se somam à sanção principal de multa administrativa.[5] Em contraste, na Lei Anticorrupção, a incidência das sanções apontadas pressupõe o processo judicial, o que mitiga os poderes punitivos da Administração e, em última instância, explica os tímidos benefícios derivados do acordo de leniência celebrado no âmbito do processo punitivo. Além disso, a ausência do processo administrativo não impede a condenação judicial, nem que o juiz imponha às pessoas jurídicas condenadas as sanções administrativas para superar a omissão da Administração.

16.5 Panorama das normas e deficiências do art. 16

A breve reapresentação do modelo sancionatório híbrido previsto na Lei Anticorrupção no item anterior mostra-se extremamente relevante para se entender e se utilizar de maneira adequada o acordo de leniência para atos de corrupção como um meio de cooperação instrutória firmado entre o ente competente para a condução do processo administrativo de responsabilização (que age de modo leniente) e o infrator confesso (que atua como colaborador da Administração Pública).

Em grande parte, são os elementos do modelo sancionatório que explicam a disciplina normativa do acordo de leniência contida no art. 16 da Lei Anticorrupção e que cuida basicamente: (i) da autoridade competente para sua celebração; (ii) dos sujeitos que dele podem se beneficiar; (iii) das obrigações principais dos contratantes; (iv) dos requisitos para celebração; (v) dos benefícios do acordo no processo administrativo em que ele se integra; (vi) da ausência explícita de imunização contra medidas de reparação civil; (vii) da possibilidade de extensão do acordo ao grupo econômico de fato e de direito; (viii) da publicidade do acordo; (ix) de alguns efeitos da negociação

---

5 MARRARA, Thiago. *Sistema Brasileiro de Defesa da Concorrência*: organização, processos e acordos administrativos. São Paulo: Atlas, 2015. p. 253 e seguintes.

frustrada; (x) da vedação de celebração de nova leniência por um triênio em caso de acordo descumprido e (xi) do efeito da celebração em relação a prazos prescricionais.

A compreensão do modelo sancionatório, de outra parte, ainda permite que se identifique um conjunto de deficiências e falhas na disciplina normativa que o legislador inseriu no art. 16 ao tratar da leniência, entre as quais vale destacar: (i) a ausência completa de referências à leniência de pessoas físicas; (ii) o dever de cessar imediatamente a prática a partir da propositura do acordo, norma que pode comprometer, a depender do cenário, a efetividade da cooperação e levar à destruição de provas; (iii) a ausência de diferenciação entre a leniência prévia e a leniência concomitante; (iv) a proibição indireta de leniências secundárias ou dúplices; (v) a falta de garantia de um mínimo de redução na multa administrativa por conta da cooperação do infrator; (vi) os pífios benefícios da leniência em relação às sanções civis por ato de corrupção e (vii) a falta de normas de cooperação institucional que garantam maior previsibilidade em relação aos efeitos do acordo e reduzam a insegurança jurídica do colaborador, sobretudo diante de eventuais investidas do Ministério Público em outras esferas.

Muitas dessas deficiências e lacunas foram superadas por normas regulamentares. No âmbito da União, já foram editados diversos diplomas de natureza administrativa com o objetivo de detalhar os procedimentos do programa de leniência e seu funcionamento. Essas normas se encontravam, a princípio, no Decreto nº 8.420/2015, que regulamentou a Lei Anticorrupção e foi substituído, em 2022, pelo Decreto nº 11.129. A Controladoria Geral da União, a seu turno, editou a Portaria CGU nº 901/2015 e, posteriormente, a Portaria nº 2.278/2016, que acabou por revogar os arts. 27 a 37 da Portaria anterior referentes ao tema em debate. Em 2019, a Portaria Conjunta CGU/AGU nº 4 revogou a Portaria nº 2.278. Mais tarde, também em conjunto com a AGU, a Controladoria editou a Portaria Normativa Interministerial nº 36, de 07.12.2022, para tratar dos critérios de redução em até dois terços do valor da multa aplicável ao infrator que celebra leniência.

Esses vários atos regulamentares serão apontados oportunamente durante a exposição do regime do acordo de leniência da Lei Anticorrupção. Antes disso, porém, cumpre registrar algumas propostas de reforma do próprio texto legal, em especial, a frustrada MP nº 703/2015, que perdeu vigência.

16.6 MP nº 703: tentativa frustrada de modificação do programa de leniência

No intuito de responder a críticas direcionadas ao regime da leniência na Lei Anticorrupção e de aprimorar seu regime jurídico, a Presidência da República editou a Medida Provisória nº 703, de 18.12.2015, a qual alterou vários dispositivos da Lei Anticorrupção, sobretudo o art. 16. Entretanto, o Congresso não converteu a MP que, por conta disso, perdeu vigência, de modo que a redação originária da lei recuperou sua validade e eficácia. Apesar de não ter sido convertida, a MP promoveu alterações interessantes e bem polêmicas. Por registro histórico e para futuras discussões acerca da reforma da Lei Anticorrupção, vale recordar algumas delas no tocante ao regime do programa de leniência.

Em primeiro lugar, a MP tentou extirpar a regra do *first come, first serve* (art. 16, §1º, I). De acordo com esse mandamento, somente uma pessoa jurídica pode celebrar o acordo e, para tanto, ela deve ser a primeira a se qualificar perante a Administração. Ao tentar extinguir a regra, a MP buscava impedir o efeito de bloqueio que uma leniência gerava para outros infratores interessados. Em outras palavras, isso tornaria possível ao Estado celebrar múltiplas leniências com pessoas jurídicas infratoras no mesmo processo administrativo de responsabilização. Contudo, os malefícios desse modelo de leniências ilimitadas para pessoas jurídicas seriam inúmeros. Ele quebraria o estímulo à "corrida pela leniência" e, em última instância, poderia esvaziar o próprio sentido do processo punitivo.

Em segundo lugar, no intuito de possibilitar múltiplas leniências, a MP teve que necessariamente alterar o sistema de benefícios e isso ocorreu pela diferenciação das vantagens dadas ao primeiro infrator colaborador (maiores) e aquelas conferidas aos subsequentes (menores). Essa diferenciação tentava salvar um pouco do efeito da "corrida" pelo acordo, já que a primeira pessoa jurídica a colaborar receberia mais prêmios que os colaboradores tardios.

Em terceiro lugar, também de modo a facilitar a posição do infrator interessado no acordo, a MP retirava da lei a necessidade de confissão do ato de corrupção (art. 16, §1º, II). Isso tornava a situação do colaborador mais confortável e reduzia sua vulnerabilidade, ou melhor, os riscos de punição e de responsabilização em outras esferas – fator que, em última instância, tornava o programa de leniência muito mais atrativo. Na prática, porém, a confissão é essencial e se mostra como requisito lógico da leniência. Afinal, é o fato de o colaborador ser ele mesmo um dos infratores que lhe dá legitimidade para atuar ao lado do Estado como um fornecedor confiável de provas.

Em quarto lugar, a MP ampliou de modo extremamente significativo as vantagens decorrentes do cumprimento do acordo,[6] por exemplo, ao beneficiar o infrator colaborador contra sanções na esfera licitatória, inclusive as de caráter pecuniário, e por permitir que o acordo tratasse da reparação de danos, inclusive mediante técnicas de amortização que levassem em conta a "capacidade econômica do agente".[7]

Em quinto lugar, também no sentido de incrementar os benefícios do acordo, tornando-o mais atrativo e menos arriscado aos colaboradores, a MP ainda previu que sua celebração obstaria ações de improbidade, ações civis em geral e a ação para aplicação

---

6 Para se constatar essa ampliação, basta verificar a redação que o art. 16, §2º havia assumido por conta da MP nº 703: "§2º O acordo de leniência celebrado pela autoridade administrativa: (Redação dada pela Medida provisória nº 703, de 2015): I – isentará a pessoa jurídica das sanções previstas no inciso II do caput do art. 6º e das sanções restritivas ao direito de licitar e contratar previstas na Lei nº 8.666, de 21 de junho de 1993, e em outras normas que tratam de licitações e contratos; (Incluído pela Medida provisória nº 703, de 2015); II – poderá reduzir a multa prevista no inciso I do caput do art. 6º em até dois terços, não sendo aplicável à pessoa jurídica qualquer outra sanção de natureza pecuniária decorrente das infrações especificadas no acordo; e (Incluído pela Medida provisória nº 703, de 2015); III – no caso de a pessoa jurídica ser a primeira a firmar o acordo de leniência sobre os atos e fatos investigados, a redução poderá chegar até a sua completa remissão, não sendo aplicável à pessoa jurídica qualquer outra sanção de natureza pecuniária decorrente das infrações especificadas no acordo. (Incluído pela Medida provisória nº 703, de 2015)".

7 Isso se vislumbrava na redação modificada do art. 16, §4º: "O acordo de leniência estipulará as condições necessárias para assegurar a efetividade da colaboração e o resultado útil do processo administrativo e quando estipular a obrigatoriedade de reparação do dano poderá conter cláusulas sobre a forma de amortização, que considerem a capacidade econômica da pessoa jurídica. (Redação dada pela Medida provisória nº 703, de 2015, mas não convertida)".

das sanções civis por corrupção (art. 19 da lei), desde que o acordo fosse firmado com a participação da Advocacia Pública ou do Ministério Público.

Em sexto lugar, a MP determinou que os documentos fornecidos pelo colaborador ao Estado fossem devolvidos em caso de proposta de leniência frustrada (art. 17-B), suprindo assim uma lacuna da redação originária da lei. Na prática, porém, esse problema foi resolvido pela Portaria Conjunta CGU/AGU nº 4/2019, cujo art. 8º, parágrafo único e, mais recentemente, pelo Decreto nº 11.129/2022.

Em brevíssimo resumo, essas e outras modificações polêmicas intentadas pela MP nº 703 demonstram que a Presidência da República, ao editá-la, desejou ampliar os benefícios que o programa de leniência geraria ao infrator colaborador, reduzir a insegurança jurídica e a vulnerabilidade dos eventuais colaboradores diante de outras esferas de responsabilidade, tornar a leniência muito mais atrativa e suprir algumas deficiências e lacunas normativas da Lei Anticorrupção.

No entanto, em um contexto de intenso combate à corrupção que marca o Estado brasileiro e de descontentamento com os agentes políticos em geral, a MP sofreu duros ataques por parte da doutrina especializada e da sociedade. As inúmeras vantagens adicionadas ao programa de leniência foram lidas (compreensivelmente, diga-se bem) como uma tentativa de facilitar a situação de acusados em grandes operações investigativas que estavam em curso no país naquele momento em que o diploma era modificado.

A MP caminhou bem em certos aspectos, mas realmente parece ter exagerado na ampliação dos benefícios e, pior, sem que se houvesse ainda uma reflexão madura e aprofundada a respeito das deficiências do modelo de leniência da lei. Outro fator que a prejudicou, por natural, foi o momento político e social de sua edição e igualmente o fato de não ter sido capaz de resolver todas as falhas da disciplina jurídica da leniência para atos de corrupção.

Essas críticas e o fato de ter perdido vigência não devem impedir, contudo, que a MP nº 703 de 2015 seja levada em conta no estudo e no debate científico acerca da leniência no direito pátrio, especialmente pela necessidade ainda presente de se proporem modificações legislativas que venham a aprimorar o instituto, a superar lacunas normativas e a tornar mais eficiente e atrativa a sua aplicação no âmbito da política brasileira de combate à corrupção. Como se demonstrará ao longo dos comentários ao art. 16, inúmeras falhas e deficiências na disciplina vigente do acordo de leniência existem e pedem urgente correção.

16.7 Fases da leniência

O *programa* de leniência passa por diversas fases que ultrapassam em grande medida a vida do próprio *acordo* de leniência. É exatamente esse o motivo para que se diferencie *programa*, de um lado, e *acordo*, de outro, como instrumento contratual. O programa absorve tanto a política de leniência, sua estruturação, organização, divulgação, quanto todas as fases de contratação, inclusive as anteriores à celebração do acordo e as posteriores à sua execução.

Dentro do programa, a contratação, propriamente dita, da leniência como processo complexo abrange ao menos as seguintes fases, cada uma com problemas jurídicos distintos:

a) Fase de *propositura e qualificação*: essa é a etapa em que as autoridades públicas recebem propostas de negociação do acordo e verificam alguns requisitos formais antes de iniciar exatamente a negociação. Se a propositura da leniência ocorrer antes da abertura do processo administrativo sancionador, fala-se de *"leniência prévia"*. Se ocorrer ao longo do processo, fala-se de *"leniência concomitante"*. Não existe, porém, leniência posterior à conclusão do processo, pois o acordo serve exatamente para viabilizar a instrução, de nada adiantando sua celebração quando o processo sancionador já tiver atingido a fase decisória ou a superado. Diante de uma ou mais propostas, o Estado realiza a qualificação, ou seja, organiza a lista de infratores interessados e verifica quais cumprem os requisitos que os habilitam a apresentar e negociar uma proposta. Para organizar a demanda pelo acordo, a Administração deverá adotar a distribuição de senhas pela sequência temporal de chegada ou qualquer outro meio que diferencie os infratores interessados pelo momento de manifestação de seu interesse, já que a Lei Anticorrupção impede a celebração de leniência com mais de uma pessoa jurídica em relação a um mesmo processo. Para as pessoas físicas, essa ordem não tem relevância, pois não há limite quantitativo. Especificamente no âmbito federal, o art. 39 do Decreto nº 11.129/2022 prevê que a proposta de celebração de acordo de leniência será submetida ao juízo de admissibilidade e, quando aceita, dará origem a um *memorando de entendimentos*, que definirá os parâmetros da seguinte fase de negociação.
b) Fase de *negociação* e de *celebração*: após a ordenação dos interessados em colaborar com o Estado, o órgão competente deve iniciar o estudo da primeira proposta qualificada e desenvolver as negociações com o interessado, respeitando o memorando de entendimentos. Caso as negociações com o primeiro qualificado se revelem infrutíferas, iniciam-se negociações com o próximo da lista de qualificados até que um acordo venha a ser definitivamente celebrado. É ainda possível que se retome a fase de negociação após uma leniência firmada, mas frustrada ao longo de sua execução, ou seja, descumprida – isso será viável desde que o processo ainda não tenha se encerrado e a fase de instrução se encontre em curso. Afinal, se a instrução tiver sido concluída, não mais haverá interesse da Administração para acordos de cooperação na produção de provas.
c) Fase de *execução do acordo*: uma vez concluída a negociação de modo exitoso, celebra-se o acordo de leniência e inicia-se sua fase de execução, ou seja, o cumprimento das obrigações nele dispostas por conta e risco do infrator colaborador. Ele age por *risco próprio*, uma vez que a leniência não o imuniza contra todas as esferas de responsabilização que decorrem de sua iniciativa de delatar e colaborar com o Estado na apuração de fatos nos quais ele mesmo

está envolvido. Ele age por *conta própria*, pois assume todos os custos da colaboração.

d) Fase de *avaliação do acordo*: a última fase do programa é a de avaliação. Nela se verificam se os objetivos do acordo foram atingidos e, sobretudo, se o colaborador executou as obrigações que assumiu de boa-fé. Essa avaliação ocorre simultaneamente à condenação e nela se definem os benefícios a se conferir ao colaborador de acordo com parâmetros da legislação, das normas regulamentares e das cláusulas pactuadas. Excepcionalmente, em casos de inadimplemento grave ao longo da fase de execução, deve ser possível ao Estado encerrar de modo antecipado o acordo e, como dito, iniciar novas negociações com outro infrator colaborador se a instrução ainda se encontrar em curso.

A seguir, cada uma dessas várias fases serão examinadas a partir da Lei Anticorrupção, do Decreto nº 11.129/2022 e de outros atos regulamentares expedidos no âmbito da União. É preciso ter em mente, porém, que os Estados e Municípios também podem regulamentar a matéria e, em certa medida, adotar soluções próprias, por exemplo, em relação à negociação ou a outras etapas não padronizadas nacionalmente pelos ditames legais.

16.8 Proposta e o modelo de leniência única com pessoas jurídicas

Para que os programas de leniência funcionem bem, a Administração Pública necessita desestabilizar a relação entre os infratores, estimular a corrida pela confissão e pela cooperação. A legislação atinge esses objetivos de duas maneiras: ou prevê a regra do acordo único, vedando que se celebre mais de uma leniência no mesmo processo administrativo, ou permite a celebração de múltiplos acordos, mas dentro de um sistema de benefícios em cascata, de maneira que o primeiro infrator colaborador receba mais vantagens que o segundo e assim por diante. Outro modelo interessante é o que cumula a regra de proibição de múltiplas leniências com a oferta de benefícios distintos, conforme o momento da cooperação, valorizando a leniência prévia em detrimento da leniência concomitante.

Tanto o modelo de leniência única quanto o sistema de redução gradual de benefícios tendem a criar uma corrida pela leniência, pois os infratores sabem que quanto mais demorarem para procurar a Administração e oferecer cooperação, maiores serão os riscos de que não obtenham quaisquer benefícios ou obtenham benefícios diminutos. Por conseguinte, os dois modelos (leniência única ou benefícios em cascata) logram inserir desconfiança entre os infratores e minar a estabilidade de sua relação, o que dissuade o silêncio, estimula a "traição" e a adesão ao programa de leniência, favorecendo o Estado e a sociedade.

Na Lei Anticorrupção brasileira, o tratamento legal da leniência para pessoas jurídicas absorveu o modelo de leniência única que funciona de acordo com a regra do *first come, first serve*. Para cada processo administrativo punitivo de ato de corrupção, no âmbito da União, dos Estados ou dos Municípios, somente uma pessoa jurídica poderá firmar leniência. Assim, na presença de várias pessoas jurídicas interessadas, por expressa disposição legal com pessoas jurídicas, caberá ao órgão público competente selecionar o infrator colaborador por um critério temporal. Para as pessoas físicas, a regra não se aplica, de forma que, em qualquer número, poderão aderir à leniência ao mesmo tempo ou em momentos distintos, desde que sejam infratoras.

Na sistemática do "first come, first serve", adotada pela Lei Anticorrupção e pela Lei de Defesa da Concorrência, a primeira pessoa jurídica infratora a se apresentar à Administração Pública e a se qualificar será a primeiro a negociar. Caso a negociação seja bem-sucedida e se atinja consenso, o acordo será celebrado, barrando-se novos acordos com outras pessoas jurídicas infratoras. Em outras palavras, em consonância com a disposição legal, a celebração ocorrerá desde que "a pessoa jurídica seja a primeira a se manifestar sobre seu interesse em cooperar para a apuração do ato ilícito" (art. 16, §1º, I).

O modelo adotado pela Lei gera para o órgão público competente uma série de deveres, incluindo o de organizar as propostas de leniência apresentadas pelas pessoas jurídicas e o de garantir que as negociações ocorram na ordem de qualificação, ou seja, de acordo com a fila. Ao fazê-lo, a Administração deve preservar os dados sigilosos que, se vazados, poderão comprometer a efetividade do programa de leniência e, em hipótese alguma, poderá alterar a posição das pessoas jurídicas na fila do programa.

Eventuais violações da ordem de chegada e do sistema de senhas configuram conduta gravíssima que, entre outras coisas, pode ocasionar apuração de responsabilidade do agente público na esfera criminal, disciplinar e da improbidade, sem prejuízo da declaração de nulidade do acordo firmado com sujeito não legitimado a tanto e de punição das pessoas jurídicas que eventualmente se beneficiem de modo doloso do desrespeito à fila, ou seja, à regra do primeiro a chegar.

16.9 Sobre a proposta e a mitigação regulamentar do modelo de leniência única

A regra da Lei Anticorrupção que prevê a leniência única com pessoa jurídica infratora não pode ser modificada por norma regulamentar em razão de sua essencialidade dentro do sistema de cooperação, já que gera a chamada "corrida pela leniência", e por força dos limites que incidem sobre poder regulamentar, cujo exercício não está autorizado a desfigurar ou reconfigurar o programa de leniência.[8]

Essa observação é relevante, pois o revogado Decreto nº 8.420/2015 (art. 31, I) buscou relativizar a norma do "first come, first serve" contida no art. 16, §1º, inciso I da Lei Anticorrupção, dando a entender que mais de uma pessoa jurídica poderia celebrar simultaneamente a leniência conforme um juízo de discricionariedade do órgão competente. Idêntica norma regulamentar aparece no atual Decreto nº 11.129/2022, ao se afirmar que a pessoa jurídica interessada em celebrar o acordo deverá ser a primeira a manifestar interesse em cooperar, *"quando tal circunstância for relevante"* (art. 37, inciso I, parte final).

---

[8] A favor da relativização da unicidade do acordo com pessoa jurídica, encontram-se certas manifestações doutrinárias. Nesse sentido, cf.: SALES, Marlon Roberth; BANNWART JÚNIOR, Clodomiro José. O acordo de leniência: uma análise de sua compatibilidade constitucional e legitimidade. *Revista de Direito Público da UEL*, v. 10, n. 3. p. 39-40, 2015.

O trecho final destacado em itálico abre espaço para que, discricionariamente, o órgão competente por examinar propostas negocie vários acordos com pessoas jurídicas. A meu ver, o problema desse comando é de duas ordens. Do ponto de vista formal, ele é claramente violador da Lei Anticorrupção, exorbitante do poder regulamentar, já que essa ressalva não consta do texto legal.

Do ponto de vista material, o exercício dessa discricionariedade arrisca destruir a "corrida pela leniência" e aniquilar o efeito desestabilizante que a vedação de leniências múltiplas gera sobre os infratores. Além disso, a discricionariedade pode ensejar decisões discriminatórias, violadoras da impessoalidade e da moralidade administrativa. Digo isso, pois o Decreto prescinde de parâmetros para indicar quando seria adequado afastar a vedação de leniências múltiplas com pessoas jurídicas, além de não prever como seriam diferenciados os benefícios, por exemplo, em razão do momento de cada acordo e da capacidade de cooperação de cada infrator interessado.

A meu ver, portanto, o poder regulamentar foi exercido de modo a exorbitar o mandamento legal e a distorcer o sistema de leniência única, minando sua atratividade. Seguindo à risca o que manda a lei, no modelo de leniência única, as demais pessoas jurídicas infratoras, ainda que demonstrem interesse, somente poderão negociar o acordo caso as negociações com primeiro qualificado se frustrem ou, em situação excepcionalíssima, diante de um grave descumprimento do acordo já firmado e que leve à sua extinção antes da conclusão do processo administrativo, ainda durante a instrução. No entanto, se a negociação com o primeiro qualificado for exitosa, de sorte a se firmar o acordo, e não houver problemas graves ao longo da sua execução, a cooperação com outras pessoas jurídicas restará bloqueada. Assim, por lei, qualquer acordo de leniência adicional com pessoa jurídica acusada no processo administrativo de combate à corrupção se tornará inviável. Acordos secundários firmados serão nulos, afinal, como visto, a lei não abriu ressalvas, embora o Decreto o tenha feito.

Por registro histórico, muito antes do Decreto nº 11.129, em vigor, a Medida Provisória nº 703 de 2015 tentou substituir o sistema de leniência única com pessoas jurídicas pelo sistema de benefícios em cascata em leniências múltiplas. A MP revogava a regra pela qual a pessoa jurídica deveria ser a primeira a se apresentar à Administração Pública, ou seja, passava a possibilitar várias leniências no mesmo processo administrativo. Ao modificar as características do programa, diferenciava os benefícios do acordo pelo momento em que fosse firmado e previa que:

> no caso de a pessoa jurídica ser a primeira a firmar o acordo de leniência sobre os atos e fatos investigados, a redução poderá chegar até a sua completa remissão, não sendo aplicável à pessoa jurídica qualquer outra sanção de natureza pecuniária decorrente das infrações especificadas no acordo.[9]

Como a MP nº 703 perdeu efeito, voltou a valer o sistema de leniência única com pessoas jurídicas no texto da Lei Anticorrupção. Assim, como dito, tentativas de afastar esse modelo por Decreto sem justificativa plausível configuram abuso no exercício do

---

[9] Inc. III incluído pela MP no art. 16, §2º, mas que perdeu vigência por falta de conversão no prazo constitucional.

poder regulamentar, além de arriscarem reduzir a funcionalidade do modelo, sobretudo na "corrida pela leniência".

16.10 Proposta: forma, momento e sigilo

No âmbito federal, existem alguns aspectos regulamentares que merecem destaque em relação à fase de propositura e de qualificação, especialmente os que dizem respeito à forma da proposta, ao momento de apresentação, ao sigilo de seu conteúdo e ao memorando de entendimentos. Essas normas infralegais são bastante relevantes pelo fato de que suprem lacunas legais a respeito da fase inicial de proposta e qualificação.

Em primeiro lugar, o Decreto nº 11.129/2022 (art. 38) aponta que a proposta deverá ser apresentada por escrito, excluindo a possibilidade de proposta oral. Na proposta, o infrator interessado, por meio de seus representantes estatutários ou de procurador com poderes específicos para tanto, deverá declarar que foi expressamente orientado a respeito de seus direitos, garantias e deveres legais, e de que está consciente de que o não atendimento às determinações e às solicitações durante a negociação importará a "desistência" (sic) da proposta.

A meu ver, essa previsão regulamentar é totalmente inadequada, pois a proposta é ato inicial. Desse modo, seria mais oportuno que a declaração de orientação constasse do memorando de entendimentos, como documento posterior, não da proposta inicial. Ademais, o termo "desistência" está mal colocado no regulamento, pois desistir significa abrir mão, tratando-se de ato voluntário do interessado. O Decreto deveria ter utilizado o termo "inadmissão", já que a não observância dos mandamentos regulamentares tem o efeito obstativo da admissibilidade da proposta, impedindo a abertura da negociação.

Em segundo lugar, o art. 38, §2º do Decreto nº 11.129/2022 cuida do momento da propositura, ou melhor, estipula que a proposta deverá ser feita até a conclusão do relatório a ser elaborado no processo administrativo de responsabilização (PAR). Essa norma cria um limite temporal para propostas que se acopla perfeitamente ao espírito do acordo de cooperação instrutória. Se a instrução já tiver se encerrado, não haverá mais interesse público na celebração do acordo, pois não existirá espaço para colaboração, nem utilidade potencial em termos de produção de provas. Faço, porém, apenas uma ressalva. Se o órgão julgador determinar a reabertura de instrução, há que se entender que o prazo para propostas de leniência igualmente se reabrirá. Afinal, enquanto houver instrução, restará motivo para colaboração.

Em terceiro lugar, o Decreto nº 11.129/2022 exige que a proposta apresentada receba tratamento sigiloso e o acesso ao seu conteúdo fique restrito no âmbito da Controladoria-Geral da União. A norma de sigilo é bastante oportuna por uma razão evidente. A divulgação da negociação de acordo pode levar os demais infratores à aniquilação de provas, de maneira a impossibilitar ou a dificultar a instrução. Ademais, pode ocasionar pressões ou represálias sobre o proponente da leniência, prejudicando sua cooperação. Apesar disso, o Decreto traz certa flexibilidade, uma vez que autoriza a proponente a divulgar ou a compartilhar a existência da proposta ou do conteúdo, desde que obtenha anuência prévia da CGU. Fora dessa situação regulamentar, há que se aplicar a regra constante do art. 16, §6º da Lei Anticorrupção, segundo o qual a proposta somente se tornará pública após a efetivação do respectivo acordo, salvo no interesse das investigações e do processo administrativo.

16.11 Proposta e memorando de entendimentos

A proposta recebida, uma vez registrada, será submetida a juízo de admissibilidade. Nessa análise, o órgão competente verificará a existência dos elementos mínimos para justificar o início da negociação (art. 39, *caput* do Decreto). A norma regulamentar não aponta exatamente o que seriam esses elementos mínimos, mas entendo que aí entra a consideração da condição de infrator, a potencial utilidade da colaboração oferecida, levando-se em conta as provas de que a Administração Pública já dispõe, a capacidade de auxiliar etc. É importante, porém, que o juízo de admissibilidade não entre em questões que serão objeto da fase subsequente de negociação.

Se a proposta for admitida nesse juízo inicial, a Administração então firmará com o proponente o "memorando de entendimentos". Esse documento consensual, formal e escrito conterá os parâmetros da negociação da leniência, devendo ser cumprido de boa-fé pelos envolvidos. Além de trazer esses parâmetros, o memorando firmado ocasionará o início da contagem do prazo de negociação, além de implicar a interrupção da prescrição e sua suspensão durante toda a negociação, mas limitada a 360 dias (art. 39, §3º do Decreto nº 11.129/2022). Essa norma regulamentar, aparentemente, choca-se com a regra do art. 16, §9º da Lei Anticorrupção, segundo o qual a interrupção do prazo não acontecerá antes da negociação, mas tão somente com a celebração do acordo.

Para a CGU, o memorando ainda gera os poderes de: (i) suspender o processo de responsabilização a seu critério (art. 40), conquanto ainda possa dar continuidade a medidas investigativas e adotar medidas processuais cautelares para evitar o perecimento de direitos ou garantir a instrução processual e (ii) de avocar os autos de processos administrativos em curso em outros órgãos da Administração Pública federal, desde que relacionados com os fatos objeto do acordo proposto.

O art. 39, §2º aponta, porém, que o memorando poderá ser resilido a qualquer momento, a pedido da pessoa jurídica proponente ou a critério da Administração Pública federal. É preciso interpretar essa norma regulamentar com cautela. A meu ver, a Administração deve motivar cuidadosamente eventual decisão de extinção unilateral do memorando, preferencialmente com base em fatos novos ou circunstâncias relevantes. Deve, igualmente, cuidar para não extinguir o memorando com o intuito de gerar benefícios indevidos a outros potenciais proponentes, sob pena de incorrer em desvio de finalidade.

16.12 Fase de negociação e funções da comissão

Logo após a fase de propositura, abre-se a fase de negociações, que abrange o período temporal em que a entidade competente e o infrator qualificado (respeitada a fila) interagem oficialmente no intuito de esboçar as obrigações da possível leniência, tendo em vista os objetivos estabelecidos na legislação, quais sejam: "a identificação dos demais envolvidos na infração" e "a obtenção célere de informações e documentos que comprovem o ilícito sob apuração" (art. 16, *caput*, I e II).

Nessa fase, cabe ao infrator demonstrar quais obrigações de cooperação é capaz de assumir, quais provas detém e em que medida possui condições de cumprir o pactuado. Ao Estado, de outro lado, cumpre o esclarecimento acerca das medidas de colaboração esperadas, dos benefícios que o colaborador obterá ao adimplir o acordo, dos efeitos dos diversos tipos de descumprimento, dos riscos que derivarão da cooperação, sobretudo perante outras entidades estatais com competência para punir o mesmo comportamento ilícito, bem como os custos projetados e aproximados que resultarão dessa cooperação.

Durante as negociações, debatem-se obrigações específicas do acordo, algumas já prefixadas pela legislação (como a de admitir a responsabilidade objetiva e cessar o envolvimento na infração investigada), outras deixadas para determinação pelos negociadores em vista das finalidades do programa de cooperação. Isso revela que o acordo detém um conteúdo mínimo obrigatório e um conteúdo aberto e flexível.

A Lei Anticorrupção não traça exatamente quem conduzirá a negociação, nem como isso será feito ou por quem. Caberá aos regulamentos federais, estaduais e municipais detalharem esses aspectos. Ao fazê-lo, a União, os estados e os municípios necessitam atentar para a relevância de se criarem normas que impeçam a negociação por agentes públicos sem a devida capacitação. A negociação necessita ser conduzida por agentes treinados para tanto, tendo em vista que exige técnicas extrajurídicas e envolve assuntos extremamente delicados, cujo manuseio descuidado ocasionará problemas inúmeros. Para tanto, uma solução interessante que se põe aos entes públicos é a de estruturar comissões especializadas em negociação.

No âmbito federal, esses detalhes são estipulados pelo Decreto nº 11.129/2022 e pela Portaria Conjunta CGU/AGU nº 4/2019.

O art. 35 do Decreto nº 11.129/2022 prevê que os Ministros da AGU e da CGU disciplinarão a participação de membros da AGU na negociação de acordos de leniência, bem como em seu acompanhamento. Já o art. 5º da Portaria Conjunta nº 4/2019, de modo a superar uma lacuna da lei, dispõe o seguinte:

> Uma vez assinado o Memorando de Entendimentos, o Secretário de Combate à Corrupção da CGU:
> I – designará, mediante despacho, comissão responsável pela condução da negociação do acordo, composta por, no mínimo:
> a) dois membros da carreira de Finanças e Controle em exercício na CGU; e
> b) um membro da AGU indicado pelo DPP.

Essa norma regulamentar tem caráter autolimitativo, mas não se mostra inconstitucional, pois a lei não estabeleceu regras de composição da Comissão, de modo que se afigura perfeitamente lícito e recomendável que se busque a articulação interadministrativa para se chegar a um acordo mais satisfatório. Da maneira como o assunto foi disciplinado, a participação da AGU se tornou obrigatória.

Na revogada Portaria nº 2.278, os membros da AGU tinham a função específica de "avaliar a vantagem e a procedência da proposta da empresa em face da possibilidade de eventuais ações judiciais" (art. 5º, §4º). Essa norma não aparece mais no texto da

Portaria nº 4/2019. De outra parte, nos termos do art. 5º, §1º, da portaria conjunta: "O Secretário de Combate à Corrupção da CGU poderá solicitar a indicação de servidor ou empregado do órgão ou entidade lesada para prestar informação ou para participar das reuniões da comissão responsável pela condução das negociações" (grifos nossos). A solicitação de participação do agente da entidade lesada é, portanto, discricionária. Caberá ao Secretário de Combate à Corrupção da CGU decidir se o solicita ou não e se o aceita como membro da comissão ou apenas como prestador de informações.

O art. 7º da Portaria Conjunta CGU/AGU nº 4/2019 estabelece as funções da comissão de negociação, incluindo as de esclarecimento do proponente, avaliação dos elementos para o acordo, solicitação de eventual interlocução com outros órgãos públicos, proposição das cláusulas, discussão dos valores envolvidos em perda ou reparação, além da elaboração de relatório final. Vale a transcrição:

> Art. 7º Compete à comissão responsável pela condução da negociação do acordo de leniência:
> I – esclarecer à pessoa jurídica proponente os requisitos legais necessários para a celebração de acordo de leniência;
> II – avaliar se os elementos trazidos pela pessoa jurídica proponente atendem aos seguintes requisitos:
> a) ser a primeira a manifestar interesse em cooperar para a apuração de ato lesivo específico, quando tal circunstância for relevante;
> b) a admissão de sua participação nos atos ilícitos;
> c) o compromisso de ter cessado completamente seu envolvimento nos atos ilícitos;
> d) a efetividade da cooperação ofertada pela proponente às investigações e ao processo administrativo; e
> e) a identificação dos agentes públicos e demais particulares envolvidos nos atos ilícitos.
> III – avaliar o programa de integridade das empresas proponentes de acordos de leniência, caso existente, nos termos de regulamento específico da CGU, podendo contar com o apoio da DPI;
> IV – solicitar, quando necessário, à DAL e ao DPP que façam a interlocução com órgãos, inclusive unidades da CGU e da AGU, entidades e autoridades, nacionais ou internacionais, no que tange às atividades relacionadas aos acordos em negociação;
> V – propor cláusulas e obrigações para o acordo de leniência que, diante das circunstâncias do caso concreto, reputem-se necessárias para assegurar:
> a) a efetividade da colaboração e o resultado útil do processo;
> b) o comprometimento da pessoa jurídica em promover alterações em sua governança que mitiguem o risco de ocorrência de novos atos ilícitos;
> c) a obrigação da pessoa jurídica em adotar, aplicar ou aperfeiçoar programa de integridade;
> d) o monitoramento eficaz dos compromissos firmados no acordo de leniência; e
> e) a reparação do dano identificado ou a subsistência desta obrigação.
> VI – negociar os valores a serem ressarcidos, preservando-se a obrigação da pessoa jurídica de reparar integralmente o dano causado; e
> VII – submeter à DAL relatório conclusivo acerca das negociações, sugerindo, de forma motivada, quando for o caso, a aplicação dos efeitos previstos no art. 40 do Decreto nº 8.420, de 2015, e o valor da multa aplicável.
> §1º A comissão responsável pela condução da negociação poderá solicitar, por intermédio da DAL, manifestação da DPI sobre a avaliação do programa de integridade de que trata

o inciso III e sobre as obrigações de adoção, aplicação ou aperfeiçoamento do programa de integridade previstas no inciso V, alínea "c", do caput.

§2º A avaliação do programa de integridade de que trata o inciso III do caput poderá aproveitar análise previamente iniciada ou concluída em sede de Processo Administrativo de Responsabilização – PAR.

§3º As solicitações de apoio técnico necessárias à condução dos trabalhos das comissões de negociação deverão ser encaminhadas à DAL, que, por sua vez, fará a intermediação para o atendimento de tais demandas junto às demais unidades da CGU ou a outros órgãos, entidades e pessoas jurídicas que precisem ser acionados.

§4º No âmbito da comissão de negociação, compete especificamente aos membros indicados pela AGU avaliar a vantajosidade e a procedência da proposta da empresa em face da possibilidade de propositura de eventuais ações judiciais.

§5º O relatório final conterá capítulo próprio com a análise das questões jurídicas realizada pelos membros indicados pela AGU.

§6º O Secretário de Combate à Corrupção da CGU, depois do recebimento e apreciação, encaminhará o relatório final para manifestação conjunta do Procurador-Geral da União e do Consultor Jurídico da CGU, com posterior submissão ao Ministro de Estado da CGU e ao Advogado-Geral da União.

16.13 Objeto da negociação e cláusulas do acordo

Independentemente da previsão de normas regulamentares como as da Portaria nº 4 – aplicáveis ao âmbito da União –, em qualquer nível federativo, as partes devem atuar com a boa-fé ao negociar, de maneira a não se comprometer com obrigações sabidamente inexequíveis, e de forma a não exigir obrigações que se mostrem ilegais, impertinentes ou irrazoáveis diante de outras soluções disponíveis. Além disso, a negociação se guia constantemente pelas finalidades da leniência presentes na Lei Anticorrupção, basicamente, a de identificar os envolvidos e viabilizar a obtenção célere de provas.

A negociação observará, assim, os princípios da legalidade, do interesse público, da moralidade, da razoabilidade e da boa-fé.

O princípio da legalidade impõe que as cláusulas sejam compatíveis com a legislação e com os princípios do direito administrativo, explícitos ou implícitos, inclusive a moralidade administrativa. Do princípio em questão também resulta que o acordo deverá embutir as obrigações mínimas indicadas na Lei. Nesse sentido, a Lei Anticorrupção trata expressamente tão somente de cláusulas que imponham ao colaborador: identificar os demais envolvidos na infração; fornecer rapidamente informações e documentos que comprovem o ilícito sob apuração; colaborar efetivamente com as investigações; cessar o envolvimento na prática; confessar a participação no ilícito e comparecer às suas expensas, sempre que solicitada, a todos os atos processuais até o seu encerramento.

Ainda a esse respeito, o art. 16, §4º dispõe: "O acordo de leniência estipulará as condições *necessárias* para assegurar a efetividade da colaboração e o resultado útil do processo". O adjetivo "necessárias" reflete uma das regras basilares do princípio da razoabilidade, também chamado, na terminologia alemã, de proporcionalidade em sentido amplo. Por força da regra da necessidade, componente central desse princípio, as obrigações negociadas deverão ser as mais brandas entre as adequadas para atingir as finalidades da cooperação. Na negociação, o Estado não deve empregar sua posição de autoridade para impor obrigações despropositadas ou exageradas. Além disso, a razoabilidade impõe adequação do conteúdo do acordo ao seu fim de promover a cooperação instrutória efetiva. Por conseguinte, proíbe exigir obrigações impertinentes ao infrator colaborador, sobretudo quando sequer estejam previstas na legislação.

Em virtude desses e doutros princípios, mostram-se bastante questionáveis os Decretos Regulamentares ou as exigências da comissão de negociação no sentido de incluir cláusulas totalmente estranhas à finalidade da cooperação instrutória, a exemplo de cláusula de doação de recursos para entes públicos ou de obrigações de fazer descoladas da política de combate à corrupção. Essa advertência é oportuna, pois parece haver uma tendência de ampliar o conteúdo obrigatório de acordos de leniência por meio de normas regulamentares que nem sempre respeitam os objetivos desses instrumentos de cooperação.

Tome-se o exemplo do Decreto nº 11.129/2022. Seu art. 37 embute na leniência obrigações de perda de valores e de reparação de danos. Já o art. 45 prevê, entre outras medidas, a adoção, a aplicação ou o aperfeiçoamento de programa de integridade, quando a Lei Anticorrupção indica esses programas tão somente para fins de consideração dos critérios de dosimetria das sanções (art. 7º, VIII).

De um lado, essas exigências adicionais podem ser defendidas como resultado da autonomia das esferas federativas para pormenorizar suas políticas de corrupção e, inclusive, autolimitar suas comissões de negociação. De outro, porém, é preciso cautela, pois exigir obrigações demasiadas pode tornar o programa menos atrativo e menos efetivo, além de eventualmente ferir normas constitucionais.

16.14 Negociação de reparação de danos e evolução regulamentar

Prosseguindo na discussão anterior sobre a aplicação da regra da necessidade e da adequação na estipulação do conteúdo do acordo e sobre a tendência de normas regulamentares ampliarem esse conteúdo obrigacional de modo questionável, vale apontar algumas rápidas considerações sobre as cláusulas de reparação de danos.

Diz o art. 16, §3º da Lei Anticorrupção que a celebração do acordo de leniência não exime a pessoa jurídica da obrigação de reparar integralmente o dano causado. A lei é clara: a leniência não deve afetar medidas de reparação de dano. O negociador não pode se colocar no lugar dos prejudicados para, sem qualquer legitimidade, negociar em seu nome a reparação.

Essa norma legal é compreensível por muitas razões. A uma, a leniência visa primariamente à cooperação instrutória, não à reparação de dano. A duas, uma prática de corrupção, apurada por certa esfera federativa, pode gerar danos a diferentes entes públicos, entes privados e pessoas físicas, não cabendo ao negociador público se substituir aos que sofreram o dano para negociar reparações em seu lugar sem qualquer legitimidade para tanto. A três, é bastante questionável tratar de danos sem garantir o direito de defesa do que se aponta como responsável. A quatro, em uma fase inicial de apuração de uma prática de corrupção, dificilmente existirão informações suficientes para se tratar com segurança de danos.

Por tudo isso, entendo que acordos de leniência não devem cuidar de responsabilidade civil, nem tratar de qualquer tipo de dano, a não ser aqueles que possam ser fácil e objetivamente identificados e que tenham sido causados ao ente que negocia o próprio acordo ou a outro que ele represente de alguma forma. Mesmo nessas condições, o direito de defesa deverá ser garantido, evitando-se apurações e imposições autoritárias. De outra parte, há que se zelar também para que o proponente não busque usar as cláusulas de reparação de dano como escudo futuro contra a responsabilização que lhe cabe perante terceiros.

Nessa temática, apesar de ainda conter alguns problemas, a regulamentação federal parece ter evoluído bastante com a edição do Decreto nº 11.129/2022.

De acordo com esse diploma regulamentar federal, o infrator que celebrar o acordo de leniência no âmbito da União deverá não apenas cooperar, confessar e cessar a prática, como também reparar integralmente "a parcela incontroversa do dano causado" e "perder, em favor do ente lesado ou da União, conforme o caso, os valores correspondentes ao acréscimo patrimonial indevido ou ao enriquecimento ilícito direta ou indiretamente obtido da infração (...)" (art. 37, incisos VI e VII).

Ao tratar da reparação do dano, o Decreto foi cuidadoso ao se referir apenas à parcela incontroversa. Mais que isso, oportunamente definiu essa parcela como "os valores dos danos admitidos pela pessoa jurídica [colaboradora]" ou aqueles "decorrentes de decisão definitiva no âmbito do devido processo administrativo ou judicial" (art. 37, §2º). Essa norma impede, portanto, que a comissão de negociação trate de reparação de danos que não tenham sido reconhecidos pelo colaborador ou não tenham sido apurados em processo administrativo ou judicial no qual ele tenha podido exercer o seu direito de defesa.

Digo, porém, que a norma avançou, mas ainda encontra problemas, pois a mera concordância do proponente da leniência com a cláusula de danos não deve permitir que ele use o acordo para obstar o direito de terceiros a uma apuração adequada em processo próprio. Assim, a inserção da cláusula de danos incontroversos admitidos pelo proponente, a meu ver, deveria ficar limitada aos danos causados ao próprio ente público que negocia o acordo e aos terceiros que consintam expressamente com o valor arbitrado e a solução negociada.

16.15 Prazo de negociação

Embora não se mostre impositiva pela Lei Anticorrupção, a fixação de prazo máximo de negociação por norma de cada ente federativo também se revela salutar, mormente porque o alongamento indevido dessa fase atrasa a celebração do acordo e prejudica os efeitos da cooperação para a condução da instrução.

Nesse sentido, bastante salutar a limitação prevista na regulamentação dada pela União. Superando a lacuna da Lei, o art. 42 do Decreto nº 11.129/2022, repetindo norma antes prevista no art. 32 do revogado Decreto nº 8.420/2015, prescreve que a negociação da leniência deverá ser concluída no prazo prorrogável de 180 dias, contados não da apresentação da proposta, mas, sim, do memorando de entendimentos. Prorrogações são igualmente previstas, mas peca o Decreto por não apontar qualquer limitação temporal. A prorrogação deve ser apenas motivada com as circunstâncias que a exijam.

É preciso registrar que a Lei Anticorrupção não prevê a suspensão do curso do processo administrativo em razão das negociações. Por isso, caso o processo já esteja em trâmite, quanto mais durarem as negociações, mais a instrução se desenvolverá e potencialmente menores serão os benefícios obtidos pelo Estado com a celebração do acordo. A depender da fase processual, pode ocorrer de a demora das negociações tornar o acordo completamente inútil no processo.

Em razão da lacuna legal e do problema que pode causar, no âmbito federal, o Decreto nº 11.129/2022 oportunamente faculta que a CGU suspenda o processo de responsabilização já a partir da celebração do memorando de entendimentos (art. 40, *caput*).

Voltando-se ao texto legal, vale registrar que a interrupção do prazo prescricional para punição das infrações de corrupção não decorre do início da negociação, mas somente da celebração efetiva do acordo (art. 16, §9º) ou da abertura do processo. A MP nº 703 tentou corrigir essa falha, dando uma nova redação ao §9º, que assim passou a dispor: "a formalização da *proposta de acordo de leniência suspende* o prazo prescricional em relação aos atos e fatos objetos de apuração previstos nesta Lei e *sua celebração o interrompe*" (grifos nossos). Como se sabe, porém, a MP não foi convertida e, por isso, voltou a valer a redação originária do §9º, que não faz qualquer menção aos efeitos da negociação do acordo quanto à prescrição.

Nesse contexto, pela redação em vigor, a lei se resume a impor a *interrupção* da prescrição em caso de celebração, não havendo mais norma explícita que estabeleça a *suspensão* como efeito da propositura. Desse modo, nos casos de leniência prévia, é preciso que os órgãos públicos estejam atentos ao emprego de artifícios para atrasar as negociações com o escopo malicioso de se fazer decair o poder punitivo do Estado antes da instauração do processo administrativo – já que não mais se prevê suspensão.

No âmbito federal, a regulamentação buscou superar esses problemas com normas expressas sobre interrupção e suspensão da prescrição. De acordo com o art. 39, §3º do Decreto nº 11.129, a assinatura do memorando de entendimentos gera a interrupção da prescrição e, ao mesmo tempo, sua suspensão pelo prazo da negociação, limitado a 360 dias. Essa norma regulamentar antecipou o efeito interruptivo da prescrição previsto na Lei e a combinou com uma suspensão durante a negociação. Não bastasse isso, o art. 49 do Decreto nº 11.129 prevê que o prazo de prescrição continuará suspenso até o cumprimento dos compromissos firmados no acordo ou até sua rescisão.

16.16 Negociação fracassada: desistência ou rejeição

A negociação não culmina obrigatoriamente na celebração do acordo de leniência. Conquanto a lei garanta de maneira implícita um direito à *negociação* conforme a fila de qualificação, disso não se extrai um direito subjetivo à *celebração*.[10] Dizendo de

---

[10] Em igual sentido se posicionam: DI PIETRO, Maria Sylvia Zanella. *Direito administrativo*. 29. ed. São Paulo: Atlas, 2016. p. 1014 e HEINEN, Juliano. *Comentários à Lei Anticorrupção*: Lei nº 12.846/2013. Belo Horizonte: Fórum, 2015. p. 233.

outro modo: o Estado não pode se recusar a negociar, mas detém certa margem de discricionariedade para verificar se o infrator qualificado à negociação detém ou não condições de efetivamente assumir e executar as futuras obrigações da leniência e de contribuir com os objetivos do programa. Ademais, cabe ao Estado avaliar a utilidade da leniência, tendo em vista, por exemplo, o momento em que foi proposta e os benefícios que gerará ao processo. Em síntese, a discricionariedade se pauta não apenas pela análise das condições de colaboração do infrator, mas também de elementos processuais e extraprocessuais (contextuais), como a maturidade da instrução e a capacidade de o Estado por si só obter as provas que o infrator tem a oferecer.

Diante da discricionariedade estatal, caberá ao infrator avaliar o melhor momento da proposta e, durante as negociações, convencer as autoridades que detém capacidade de identificar outros coautores do ilícito e de contribuir com a instrução do processo administrativo com elementos probatórios que o Estado não detenha, nem tenha capacidade de obter por si e que sejam imprescindíveis à condenação. Caso não se chegue ao consenso, a negociação restará frustrada e nesse cenário alguns problemas jurídicos despontarão.

Conforme a Lei Anticorrupção, "não importará em reconhecimento da prática do ato ilícito investigado a proposta de acordo de leniência rejeitada" (art. 16, §7º). A norma revela que a mera busca do acordo não equivale à confissão definitiva e que a proposta não pode ser empregada como elemento de incriminação do infrator que intentou cooperar com o Estado, mas não obteve êxito. Apesar de útil, essa determinação da lei a respeito dos efeitos da negociação frustrada é extremamente tímida e não esgota todas as implicações dessa hipótese fática.

Além do efeito não incriminatório, para que o programa de leniência goze de credibilidade perante o mercado e a sociedade e se torne atrativo aos infratores, caso a negociação resulte infrutífera, a Administração Pública necessitará adotar outras medidas, a começar pela devolução de todos os documentos e demais elementos obtidos durante a negociação e que possam, de algum modo, gerar prejuízos ou riscos ao infrator com quem negociou. Também cabe ao órgão negociador destruir qualquer tipo de cópia digital ou física de documentos que tenha obtido do infrator, além de aniquilar gravações de áudio ou vídeo, *e-mails* etc.

Nesse sentido, andou bem a União ao inserir, no revogado Decreto nº 8.420/2015 (art. 35), a determinação de devolução de documentos objetivos sem retenção de cópias. Já a Portaria Conjunta CGU/AGU nº 4 (art. 8º, parágrafo único) foi um pouco mais longe ao estabelecer que a desistência não importará reconhecimento de confissão, implicará a devolução de documentos e impedirá a divulgação do acordo. Vale a transcrição:

> A desistência da proposta de acordo de leniência ou sua rejeição:
>
> I – não importará em reconhecimento da prática do ato lesivo investigado pela pessoa jurídica;
>
> II – implicará a devolução, sem retenção de cópias, dos documentos apresentados, sendo vedado o uso desses ou de outras informações obtidas durante a negociação para fins de responsabilização, exceto quando a administração pública tiver conhecimento deles por outros meios; e
>
> III – não acarretará na sua divulgação, ressalvado o disposto no art. 4º desta Portaria.

A seu turno, o Decreto nº 11.129/2022 tratou do assunto no âmbito da União de forma expressa, prevendo que a desistência por parte do proponente ou a rejeição do acordo pelo Poder Público: (i) não importará em reconhecimento da prática do ato lesivo; (ii) impedirá a divulgação, salvo se o proponente desejar e obtiver anuência prévia da CGU; (iii) obstará a utilização dos documentos recebidos durante a negociação. Três observações são relevantes sobre essa norma regulamentar:

- A uma, ela aponta a regra geral da não divulgação. Assim, o órgão negociador deve se abster de tornar pública a proposta, caso a negociação da leniência se frustre. Isso se harmoniza com a interpretação negativa da própria Lei Anticorrupção, conforme a qual a publicidade só se aplica a situações em que o acordo venha a ser celebrado e, mesmo nessa hipótese, desde que isso não prejudique as investigações e o processo administrativo (art. 16, §6º). Por interpretação negativa e teleológica, na situação em que a negociação for infrutífera, a publicidade não se aplicará, pois, entre outras coisas, poderá expor o infrator, estimular a destruição de provas e afetar o sucesso do processo administrativo.
- A duas, o Decreto nº 11.129 não fala de devolução de documentos, mas sim de não utilização. Isso faz sentido quando se considera a entrega de documentos em formato digital. Porém, seria adequado que se apontasse a necessidade de a CGU destruir toda e qualquer cópia, física ou eletrônica, daquilo que recebeu, dadas as facilidades atuais de vazamento de dados.
- A três, o trecho deixa claro que a vedação diz respeito ao que foi recebido durante a negociação, o que, a meu ver, deve englobar tudo o que a precede igualmente. Por força dessa norma, a regulamentação federal evidencia que a CGU não ficará proibida de utilizar indícios ou provas autônomas que sejam obtidos ou levados ao seu conhecimento por outro meio, ou seja, fora do ambiente de negociação (art. 43, §3º). Com base nesses elementos externos à negociação, poderá então apurar os fatos relacionados com a proposta do acordo de leniência.

A despeito dos detalhes das normas regulamentares, o que importa reiterar é que a existência de um regime jurídico seguro e claro de negociação, incluindo regras sobre os efeitos da desistência ou da rejeição da proposta, são imprescindíveis, quer porque contribuem para a credibilidade geral do programa, quer porque os princípios da moralidade e da boa-fé impedem que o Estado use as negociações de modo malicioso, ou seja, para obter provas sem celebrar o acordo e sem oferecer os devidos benefícios ao infrator. Assim, embora as medidas de devolução e não utilização não constem expressamente da Lei Anticorrupção – que se resume a falar do afastamento da confissão (art. 16, §7º) –, todas as mencionadas implicações da desistência ou da rejeição da proposta negociada decorrem de princípios gerais de direito administrativo. Desse modo, devem ser observadas em todos os níveis federativos, ainda que não constem de qualquer previsão normativa legal ou infralegal.

Para fins de histórico legislativo, cumpre registrar que, para solucionar a lacuna apontada da lei e para imprimir mais segurança jurídica à fase de negociações, a MP nº

703 tentou adicionar ao texto legal o art. 17-B, de acordo com o qual: "os documentos porventura juntados durante o processo para elaboração do acordo de leniência deverão ser devolvidos à pessoa jurídica quando não ocorrer a celebração do acordo, não permanecendo cópias em poder dos órgãos celebrantes". Esse dispositivo constituía um grande avanço, na medida em que passava a cuidar dos efeitos da negociação frustrada de maneira explícita. Entretanto, o dispositivo da MP continha um problema: tratava unicamente da devolução de documentos, deixando de fora outras medidas essenciais à preservação da boa-fé nas negociações. Além disso, como dito e repetido, apesar de seus defeitos, não se converteram em lei os mandamentos da MP.

Isso, porém, em nada muda o cenário. Como sustentado, certos deveres estatais independem de consagração expressa no regime legal da leniência, haja vista que decorrem de princípios e regras gerais de direito administrativo. Seria ideal que a Lei Anticorrupção tratasse da negociação frustrada, mas, como não o fez, vale reiterar que os deveres de devolução de documentos e outros essenciais à garantia da boa-fé das negociações se extraem: (i) do princípio da moralidade administrativa (art. 37, *caput* da CF), que veda à Administração agir de modo malicioso e se valer de expedientes ilegítimos para a produção de provas; (ii) da exigência de que a Administração aja, nos processos administrativos, de acordo com os padrões éticos de probidade, decoro e boa-fé (art. 2º, parágrafo único, IV da LPA federal) e (iii) da vedação de uso de provas ilícitas no processo administrativo (art. 30 da LPA federal e art. 5º, LVI da CF).[11]

A despeito de previsão em norma legal ou infralegal, a Administração Pública, em caso de negociação frustrada, não tem qualquer autorização para utilizar elementos trazidos pelo infrator na fase de instrução, nem para transferir esses elementos a outros órgãos públicos, salvo quando o proponente estiver de acordo com a divulgação. É exatamente para impedir a ocorrência dessas situações (tanto por ação maliciosa do agente público, quanto por uma eventual determinação judicial) que se revelam fundamentais – repita-se – a devolução de todos os documentos e a destruição de todo e qualquer tipo de cópias e de gravações de áudio ou de vídeo.

Para evitar os riscos derivados da negociação frustrada, a depender da política de cada ente federativo, também poderá o órgão negociador se valer de negociações meramente orais, sem a transferência de documentos antes da celebração do acordo. A técnica da leniência oral, embora não prevista em lei, é perfeitamente compatível com as finalidades do programa e com os princípios da Administração Pública. Aliás, de modo bastante oportuno, o revogado Decreto nº 8.420/2015 a havia consagrado expressamente como alternativa à proposta escrita (art. 31, *caput*). Entretanto, como registrado anteriormente, o Decreto nº 11.129 retrocedeu e se resumiu a aceitar a proposta escrita (art. 38, *caput*).

---

11 A respeito da produção de provas ilícitas no processo administrativo, cf.: BACELLAR FILHO, Romeu Felipe; MARTINS, Ricardo Marcondes. *Tratado de direito administrativo*: ato administrativo e procedimento administrativo. São Paulo: Revista dos Tribunais, 2014. p. 539. v. 5; MARRARA, Thiago; NOHARA, Irene Patrícia. *Processo administrativo*: Lei nº 9.784/99 comentada. São Paulo: Atlas, 2009. p. 223; CAMBI, Eduardo. *A prova civil*. São Paulo: Revista dos Tribunais, 2006. p. 63.

16.17 Fase de celebração do acordo: competência

Dispõe o art. 16, *caput* da Lei Anticorrupção que "a *autoridade máxima* de cada órgão ou entidade pública poderá celebrar acordo de leniência com as pessoas jurídicas responsáveis pela prática dos atos previstos nesta lei [...]". Esse texto dá margem a uma série de dúvidas e perplexidades. A uma, sua redação não esclarece a competência de todos os entes federativos. A duas, não define com clareza a quais entes se refere. O texto abrange os entes apenas da Administração direta ou também os da indireta? Empresas estatais ou consórcios estatais, por exemplo, estão autorizados a celebrar o acordo? A três, além de consagrar a competência das entidades públicas, a lei indevidamente se refere a órgãos públicos de modo genérico. De acordo com a Lei de Processo Administrativo Federal, *entidades* são unidades administrativas dotadas de personalidade jurídica, enquanto os órgãos constituem suas subdivisões e não possuem personalidade jurídica autônoma, embora possam deter personalidade judiciária. Exatamente por essa abrangência do conceito de órgão, é possível dizer que a redação peca por se referir a eles de modo indistinto.

A definição da competência para a celebração da leniência, porém, torna-se mais evidente quando se entendem os objetivos da Lei Anticorrupção. Seu intuito é combater os atos infrativos nela tipificados (art. 5º) e praticados contra a Administração brasileira e estrangeira, inclusive as organizações internacionais. Nesse sentido, quanto mais órgãos e entidades forem legitimados a aplicar as disposições da lei, mais forças se unirão no combate à corrupção. E é exatamente essa interpretação teleológica que permite afirmar que o art. 16, *caput*, confere competência de celebração do acordo de leniência a todas as esferas da federação (União, estados, Distrito Federal e municípios). A leniência, portanto, foi criada pela Lei Anticorrupção como um acordo integrativo que pode ser empregado por entes públicos de todos os níveis e vale para atos de corrupção praticados perante qualquer poder (Executivo, Legislativo e Judiciário).

O reconhecimento do acordo de leniência como um instituto nacional não esclarece, contudo, quem efetivamente deve celebrá-lo em cada ente político. Quem deve celebrar a leniência, por exemplo, nos estados, nos municípios, no âmbito do Judiciário Federal e Estadual etc.? A lei não dá respostas a todas essas questões. Na verdade, ela define unicamente dois casos: o do Executivo Federal e o de atos de corrupção contra entidades estrangeiras. Por isso, no intuito de se compreender a competência de celebração do acordo, é preciso diferenciar:

1) A leniência no âmbito do *Executivo Federal*: nessa situação, a competência foi conferida de modo amplo à Controladoria-Geral da União (art. 16, §10). A Controladoria passou por algum tempo a compor o Ministério da Transparência, Fiscalização e Controladoria-Geral da União (MTFC), mais tarde chamado de Ministério da Transparência e Controladoria-Geral da União (CGU). Hoje, voltou a ser denominada simplesmente Controladoria-Geral da União. Note-se que o Advogado-Geral da União também poderá trabalhar em conjunto com o Ministro da CGU na celebração de acordos. Essa opção não consta da Lei, mas foi criada pela União com base em sua autonomia. De acordo com o art. 35, inciso II do Decreto nº 11.129/2022, ato conjunto

do Ministro da CGU e do Advogado Geral da União disciplinarão tanto a participação dos membros da AGU na negociação e acompanhamento da execução dos acordos, quanto sobre a celebração conjunta pelos dirigentes dos dois órgãos.

2) A leniência no âmbito do *Judiciário e do Legislativo da União*: a respeito destes dois poderes, a Lei Anticorrupção é lacunosa, pois se refere apenas aos acordos em processos conduzidos pelo Poder Executivo. Assim, caberá ao Judiciário Federal e Estadual, bem como ao Legislativo nos três níveis federativos, com respaldo em suas competências de auto-organização (arts. 51, IV; 52, XIII e 96, I da Constituição da República), definir o órgão responsável pela celebração do acordo que será acoplado aos seus processos administrativos punitivos de atos de corrupção que os afetem. Esse posicionamento foi reconhecido pelo Decreto nº 11.129/2022, cujo art. 34 atribui à CGU somente a competência para celebrar acordos de leniência no âmbito do Poder Executivo federal e administração estrangeira. Porém, o art. 36 oportunamente autoriza que a CGU atue sob delegação dos outros Poderes da União para negociar, celebrar e monitorar os acordos. Assim, cabe ao Judiciário e ao Legislativo a opção de criar estruturas próprias ou delegar formalmente essas tarefas à CGU, mantendo o poder de revogar a delegação a qualquer tempo.

3) A leniência no âmbito dos *estados e dos municípios*: em relação a esses dois níveis políticos tampouco existe norma na Lei Anticorrupção. Cabe, portanto, aos estados e aos municípios editar norma própria que fixe a competência de celebração de leniência para atos de corrupção praticados tanto diante de seu Poder Executivo, quanto de seus outros poderes. A MP nº 703/2015 tentou modificar essa situação e intervir na realidade dos estados e municípios ao estabelecer que: "na ausência de órgão de controle interno no Estado, no Distrito Federal ou no Município, o acordo de leniência [...] somente será celebrado pelo chefe do respectivo Poder em conjunto com o Ministério Público" (redação do §13, incluído na lei, mas sem efeito por falta de conversão). Esse dispositivo era de constitucionalidade questionável, já que interferia no campo de autonomia federativa dos entes políticos. Como ele perdeu vigência, não há mais nada na lei que limite a autonomia estadual e municipal para fixar e distribuir a competência em suas esferas, respeitando a autonomia de cada poder. Ao fazê-lo, os entes políticos podem optar por um sistema de competência privativa ou utilizar técnicas de competência concorrente ou subsidiária. O arranjo competencial há que ser escolhido à luz de um critério de eficiência que leve em conta a realidade de cada esfera federativa. Uma alternativa a isso é a cooperação interfederativa, pois a União permite, no art. 36 do Decreto nº 11.129/2022, que a CGU opere como delegatária de Estados e Municípios para negociar, celebrar e monitorar acordos de leniência. Assim, entes que prescindam da estrutura necessária para lidar com esses acordos complexos, poderão negociar a delegação e se valer do apoio e da grande expertise da CGU.

4) A leniência para atos lesivos contra *entidade estrangeira e organizações internacionais*: aqui, como dito, a Lei Anticorrupção fixou a competência da

Controladoria-Geral da União (art. 16, §10). O dispositivo se refere unicamente à corrupção contra Administração Pública estrangeira, mas é prudente lembrar que, de acordo com a própria lei (art. 5º, §2º), as organizações internacionais equiparam-se aos órgãos e entidades da Administração estrangeira. Os estados, o Distrito Federal e os municípios não estão autorizados, por conseguinte, a atuar nessa hipótese, salvo quando o ato lesivo contra a Administração estrangeira representar, de modo simultâneo e reflexo, um ato igualmente lesivo a órgãos ou entes estaduais, distritais ou municipais.

16.18 Competência subsidiária do Ministério Público

A Lei Anticorrupção impõe aos condenados por ato de corrupção tanto a responsabilidade administrativa, dependente de decisão condenatória em processo conduzido pela Administração Pública, quanto a civil, dependente de sentença em processo movido pelas advocacias públicas ou pelo Ministério Público federal ou estadual. Para cada uma dessas duas esferas punitivas, existem sanções próprias, distintas, de modo que a responsabilização administrativa não interferirá a princípio na responsabilização judicial.

Sem prejuízo da autonomia das esferas de responsabilização, a Lei Anticorrupção conferiu ao Ministério Público a atribuição de agir judicialmente não somente com o objetivo de aplicar ao infrator as sanções civis, mas também para suprir eventual omissão das entidades administrativas na abertura e condução de um processo administrativo sancionador. Em outras palavras, na ação civil movida pelo Ministério Público por ato de corrupção, pode-se solicitar tanto as sanções civis, quanto a aplicação das sanções administrativas, "desde que constatada a omissão das autoridades competentes para promover a responsabilização administrativa" (art. 20, parte final).

Nessa situação especial, surge a dúvida: de quem será a competência para a celebração do acordo de leniência? A ausência de norma legal significa que, nesse caso especial, o programa de leniência foi suprimido? Parece-nos que não.

O fato de se deslocar a responsabilização administrativa para o processo judicial movido pelo Ministério Público também deve deslocar para esta entidade a competência de negociar e eventualmente celebrar o acordo de leniência, que, nesse contexto excepcional, será acoplado ao processo civil, e não ao processo administrativo. Assim, a lacuna do art. 16 em relação ao acordo por excepcional responsabilização administrativa em processo civil não significa que o acordo tenha deixado de existir. Ele continua possível, nas mesmas condições do art. 16, mas há que ser solicitado, negociado e celebrado perante o Ministério Público estadual ou federal. A participação do Judiciário também se mostra relevante nesse caso, pois é ele quem, ao final do processo civil, terá que aplicar as sanções em caso de condenação.

Entendo, pois, que a transferência da competência de imposição de sanções administrativas ao Judiciário nos casos de omissão administrativa do ente lesado ocasiona de maneira automática a transferência de competência para a celebração da leniência ao MP, sob anuência conjunta do próprio juízo competente. Reitero, porém, que essa solução não se encontra expressa na Lei Anticorrupção, tratando-se de interpretação doutrinária do ordenamento.

16.19 Celebração conjunta ou isolada do acordo

A complexidade dos atos de corrupção gera certas complicações para a divisão de competências na celebração do acordo pelo fato de que um mesmo ato pode lesar diferentes poderes, diversos níveis da Federação ou atingir simultaneamente o Estado brasileiro e Estados estrangeiros. Além disso, é plenamente concebível a situação em que um único comportamento ilícito gera, para o infrator, a sujeição a inúmeras esferas de responsabilização, caso em que a celebração do acordo de leniência no processo administrativo gerará mais riscos que benefícios ao infrator, tornando o programa de cooperação muito pouco atrativo.

Nas duas situações narradas, ganhará relevância a articulação e a coordenação administrativa, sobretudo como técnica necessária a evitar ações contraditórias entre entes estatais, desperdício de recursos e uma situação de extrema insegurança jurídica para o infrator que deseja colaborar com a apuração do ilícito que cometeu ao lado de outros agentes.

A Lei Anticorrupção, contudo, não conferiu grande atenção aos problemas de articulação organizacional e processual, deixando de lado a intricadas discussões acerca de atos infrativos com efeitos lesivos complexos. A legislação não faz uma diferenciação entre a celebração isolada e a celebração conjunta de acordos de leniência, não trata da cooperação entre entes lesados simultaneamente por uma mesma prática infrativa nem cuida da cooperação entre entidades responsáveis por diferentes tipos de responsabilização.

Com o objetivo de responder a alguns desses problemas e superá-los, a MP nº 703/2015 intentou alterar o art. 16, *caput* da Lei Anticorrupção e, na redação então inserida, dispunha que o acordo poderia ser celebrado pela entidade lesada, de modo isolado, ou em conjunto com o Ministério Público ou com a Advocacia Pública. A diferenciação entre celebração isolada e celebração conjunta, na sistemática da MP, surtia efeitos importantes. De acordo com o proposto no §12, então inserido no art. 16, mas ao final não convertido em norma legal pelo Congresso, "o acordo de leniência celebrado com a participação da Advocacia Pública e em conjunto com o Ministério Público imped[iria] o ajuizamento ou o prosseguimento da ação já ajuizada por qualquer dos entes legitimados às ações" civis em geral, incluindo a de improbidade e de aplicação de sanções civis por corrupção. Esse dispositivo buscava, assim, articular as entidades públicas no intuito de evitar a insegurança do colaborador e promover mais eficiência no tratamento do caso concreto pelas várias entidades de controle envolvidas.

Como a MP nº 703/2015 não foi convertida, voltou a valer a redação inicial da Lei Anticorrupção, que não prevê a cooperação entre os entes de apuração, nem os efeitos de acordos de leniência celebrados em conjunto por diversos entes públicos. Resta saber, contudo, se isso implica uma proibição absoluta de atuação conjunta no âmbito dos programas de leniência ou se ainda existe espaço de cooperação. É preciso debater, ademais, que tipo de cooperação seria possível e quais seriam seus efeitos.

Em poucas palavras, como a cooperação e a coordenação das entidades estatais configuram ações essenciais à concretização do princípio da eficiência administrativa e considerando-se que inexiste norma proibitiva a respeito, o trabalho conjunto em programas de leniência, desde a etapa de negociação até a celebração, revela-se plenamente compatível com o ordenamento jurídico. Apesar do silêncio legal, isso significa que o acordo de leniência pode ser celebrado isoladamente ou de modo conjunto.

A celebração conjunta, especificamente, pede alguns esclarecimentos adicionais, pois, além de não prevista explicitamente no texto da lei em vigor, abarca hipóteses variadas.

Em primeiro lugar, o acordo conjunto ganha utilidade nas situações em que o mesmo ato infrativo lese duas ou mais entidades públicas de modo simultâneo. Nesse caso, em conjunto, podem elas celebrar um único acordo de cooperação com o infrator, o qual integrará os diversos processos punitivos que tratem da matéria, evitando a necessidade de multiplicação de negociações e de instrumentos jurídicos. Em outras palavras, a celebração conjunta é possível e não há nada que obste a princípio a integração de um único acordo a mais de um processo administrativo sancionador.

A possibilidade de celebração conjunta foi fortalecida pela Lei nº 14.133/2021, conhecida como nova Lei de Licitações. Conforme seu art. 159, os comportamentos que tipifiquem infrações pela Lei Anticorrupção e, simultaneamente, pela Lei de Licitações deverão ser apurados em um único processo administrativo de responsabilização, conduzido nos termos da Lei Anticorrupção. Ora, embora esse dispositivo não diga nada sobre acordos de leniência, fica evidente que, nesta hipótese, somente haverá um acordo, baseado simultaneamente no art. 16 e no art. 17 da própria Lei Anticorrupção. Tanto é assim que o art. 50 do Decreto nº 11.129/2022 prevê como efeitos possíveis do acordo a isenção ou atenuação das sanções previstas no art. 156 da Lei de Licitações. Com isso, o Decreto revela que não devem ser celebrados dois acordos paralelos quando o comportamento for único, ainda que tipificado nas duas leis aqui apontadas.

Em segundo lugar, é de se imaginar a celebração conjunta entre o ente estatal responsável pela aplicação das sanções administrativas por ato de corrupção com outras entidades responsáveis pela persecução penal e pela persecução civil. A articulação entre diferentes entidades com poder repressivo se mostra muito mais delicada nesse contexto. Aqui, a celebração conjunta desponta como forma de coordenação das esferas de responsabilização e das várias entidades por elas competentes – em contraste com a hipótese tratada anteriormente, na qual se falava de um ato de corrupção que atingia variadas entidades competentes para instaurar e conduzir processos administrativos sancionadores.

Na segunda situação, ora discutida, com a queda da MP nº 703, não há norma a determinar que a colaboração institucional no programa de leniência obstará o exercício da competência de outras instituições para a celebração de termos de ajustamento de condutas ou de delações premiadas com pessoas físicas. A colaboração tampouco impedirá eventuais ações de ressarcimento ou de improbidade contra o infrator colaborador. Na falta de dispositivo legal, nem atos normativos da Administração (como decretos), nem cláusulas do próprio acordo de leniência serão capazes de retirar ou limitar, por força de medidas de cooperação voluntária, as competências legais de entes competentes para adotar medidas de responsabilização civil, penal e administrativa (de outras naturezas) contra o infrator colaborador. Por esses motivos, há que se interpretar com bastante cuidado o art. 50, §1º do Decreto nº 11.129/2022, que prevê como efeito da leniência a resolução de ações judiciais que tenham como objeto os mesmos fatos previstos no acordo. A meu ver, esses efeitos somente poderão ocorrer se as entidades responsáveis pelas medidas judiciais participarem da celebração do acordo ao lado da CGU, não podendo esta controladoria interferir, por suas decisões unilaterais, no funcionamento de outros órgãos.

Ainda no tocante ao Poder Executivo federal, como se demonstrou, tentou-se solucionar o problema da celebração conjunta com a edição da Portaria Conjunta nº 2.278, de 2016, substituída pela Portaria Interministerial nº 4/2019. Esse documento promove a articulação dos órgãos públicos no programa de leniência por duas técnicas: (i) a formação de um órgão de negociação com membros da CGU, da AGU e, eventualmente, do ente lesado e (ii) a celebração conjunta do acordo pela CGU e AGU.

No tocante à composição do órgão de negociação, o art. 5º da Portaria Conjunta nº 4/2019, com o objetivo de resolver o problema decorrente da falta de dispositivo legal, determinou que, após a assinatura do memorando de entendimentos:

> o Secretário de Combate à Corrupção da CGU, designará, mediante despacho, comissão responsável pela condução da negociação do acordo, composta por, no mínimo:
> a) dois membros da carreira de Finanças e Controle em exercício na CGU; e
> b) um membro da AGU indicado pelo DPP.

Essa norma administrativa tem caráter autolimitativo, não se mostrando inconstitucional, nem exorbitante do poder regulamentar, pois a Lei Anticorrupção não ditou regras sobre a composição da comissão. Assim, é perfeitamente lícito que as esferas federativas, em se tratando de um aspecto procedimental, busquem estimular a articulação interadministrativa como forma de obtenção de um acordo mais estável e sólido.

A Portaria Conjunta nº 4 ainda prevê a possibilidade de que membros da comissão de negociação provenham dos entes lesados, a depender de um convite da CGU. Nos termos do art. 5º, §1º da portaria conjunta: "O Secretário de Combate à Corrupção da CGU poderá solicitar a indicação de servidor ou empregado do órgão ou entidade lesada para prestar informações[12] *para participar das reuniões da comissão responsável pela condução das negociações*" (grifos nossos). Nessa situação, a participação do membro externo depende de convite e é discricionária. Ao secretário cabe decidir se ele participará ou não da comissão ou apenas a auxiliará.

A articulação administrativa no âmbito do programa de leniência também foi buscada, para além do espaço de negociação, com a previsão de celebração conjunta do acordo pela CGU e AGU. A Portaria Conjunta nº 4/2019 dispõe no art. 9º que "a decisão sobre a celebração do acordo de leniência caberá ao Ministro de Estado da CGU e ao Advogado Geral da União". Essa norma se acopla ao quanto determina o art. 35 do Decreto nº 11.129/2022. Considerando-se que essas normas infralegais estipulam um meio de autolimitação de um órgão da Administração direta em favor de outro, com o

[12] A prestação de informação por parte do empregado do órgão ou entidade lesada foi inserida na redação da portaria conjunta e não constava na Portaria Interministerial nº 2.278/2016.

escopo de tornar o acordo mais estável e efetivo, a celebração conjunta não representa violação à lei. Trata-se, em verdade, de um aprimoramento procedimental relevante à luz dos princípios constitucionais da Administração Pública.

Sem prejuízo das normas infralegais, *de lege ferenda*, seria oportuno que o legislador brasileiro retomasse as discussões sobre a celebração conjunta do acordo e inserisse normas específicas e mais claras sobre o tema na Lei Anticorrupção e em outros diplomas relacionados (como a Lei de Defesa da Concorrência, a Lei de Licitações e a Lei de Improbidade), sobretudo no intuito de valorizar a articulação organizacional, incrementar a segurança jurídica dos colaboradores e, por conseguinte, tornar o programa de leniência mais atrativo – sem o que dificilmente a política de combate à corrupção atingirá graus mais satisfatórios de sucesso.

De modo bastante simplista, a reconhecer uma prática que se está estabelecendo no país, poderia o legislador simplesmente autorizar de modo expresso as entidades competentes de combate à corrupção, nas mais diversas esferas (judiciais ou administrativas) de qualquer nível federativo, a optar pela celebração de convênios no intuito de integrar suas ações repressivas, inclusive por meio da negociação e assinatura conjunta de leniência. Nesse cenário idealizado e com base na hipotética norma legal autorizativa da cooperação institucional, seria possível, por exemplo, não apenas a celebração conjunta entre CGU e AGU, mas também a celebração conjunta entre Cade (ou qualquer outra agência reguladora) e CGU com um mesmo infrator colaborador, sobre uma mesma conduta e que servisse de modo simultâneo para o processo administrativo punitivo baseado na Lei Anticorrupção e para o processo administrativo sancionador (controle de condutas) lastreado na Lei de Defesa da Concorrência.

16.20 Celebração do acordo: requisitos expressos e implícitos

Em paralelo ao acordo previsto na legislação concorrencial,[13] a celebração da leniência da Lei Anticorrupção requer o cumprimento simultâneo de requisitos de ordem *pessoal, temporal* e *finalística*. O art. 16, §1º da lei traz um rol de requisitos, mas, como se demonstrará a partir de uma interpretação sistemática, não esgota as exigências de celebração. É preciso verificar quais são as exigências explícitas e implícitas da lei, como elas devem ser interpretadas e quais são suas consequências para a utilização e a extensão do programa.

Sob o aspecto *pessoal*, é preciso que o infrator interessado na colaboração: a) seja pessoa jurídica, ou melhor, fundação, associação de entidades ou de pessoas, sociedade empresária ou sociedade simples, personificada ou não, a despeito da forma de organização ou modelo societário adotado, bem como sociedade estrangeira que tenha sede, filial ou representação no território brasileiro (art. 1º, parágrafo único); b) confesse um comportamento infrativo de corrupção (art. 16, §1º, III) punível pelo Estado com base na Lei Anticorrupção e c) tenha cessado completamente seu envolvimento com a prática investigada (art. 16, §1º, II).

[13] Com detalhes a esse respeito, MARRARA, Thiago. *Sistema Brasileiro de Defesa da Concorrência*: organização, processos e acordos administrativos. São Paulo: Atlas, 2015. p. 342.

Disso decorre que a leniência em comento não se destina a pessoas físicas envolvidas em atos de corrupção. Conquanto a Lei Anticorrupção mencione de modo explícito a responsabilização dos dirigentes ou administradores por infração culposa ou dolosa (art. 3º, §2º), em nenhum momento ela prevê infrações e sanções contra pessoas físicas. Ademais, ao tratar especificamente da leniência, deixa explícito que o programa se destina somente às jurídicas (art. 16, *caput*).

Essa omissão da Lei é problemática, pois as pessoas físicas também se sujeitam à responsabilização por corrupção. Seus comportamentos são puníveis no âmbito da Lei de Improbidade (a qual não aceita leniência, mas agora conta com um acordo de não persecução civil),[14] no âmbito penal (em que podem se beneficiar de acordos de delação premiada previstos em inúmeras leis) e no âmbito administrativo, seja com base no poder disciplinar (se agente público ou usuário de serviços público), seja no poder de polícia estatal. Caso o comportamento de corrupção se submeta, por exemplo, ao poder de polícia do Cade na área concorrencial, a pessoa física poderá, aí sim, participar do acordo de leniência juntamente com a pessoa jurídica.

Na legislação anticorrupção, ainda por força dos requisitos pessoais, é essencial que a pessoa jurídica confesse a prática e a cesse completamente, não interessando seu papel de liderança ou não entre os demais infratores.[15] O fato de o infrator que decide colaborar com o Estado ter agido como "chefe do bando", ter desempenhado papel estratégico, atraído outros infratores ou, diferentemente, ter apenas atuado como coadjuvante não deve ser levado em conta pelo órgão competente pelo programa de cooperação.

Basta que o infrator, a despeito de seu papel diante dos coautores e da intensidade de seu comportamento infrativo, confesse a prática ilegal e a cesse (art. 16, §1º, III). A cessação da prática é compreensível na medida em que violaria a moralidade administrativa a cooperação do Estado com uma pessoa jurídica que ainda se beneficia da infração e com ela prossegue. No entanto, a questão que se põe é: em que momento será mais adequada a cessação, tendo em vista a necessidade de se proteger o sucesso do programa?

No art. 16, §1º da Lei Anticorrupção, a cessação da prática surge como requisito de celebração de acordo, mas, na parte final do inc. II, estabelece-se que a cessação da prática ocorrerá "a partir da data de propositura do acordo". A lei contém uma contradição, pois confunde a fase de qualificação e proposta com a fase de celebração da leniência. Se interpretado literalmente, o inc. II causará um problema grave, porque a cessação na

---

14 Originariamente, a Lei nº 8.429/1992 vedava qualquer transação, como demonstrava o art. 17, §1º: "É vedada transação, acordo ou conciliação nas ações de que trata o caput" (grifos nossos). O pacote anticrime afastou essa vedação e a Lei nº 14.230/2021 inseriu na Lei nº 8.429/1992, conforme o qual "o Ministério Público poderá, conforme as circunstâncias do caso concreto, celebrar acordo de não persecução civil, desde que dele advenham, ao menos, os seguintes resultados: I – o integral ressarcimento do dano; II – a reversão à pessoa jurídica lesada da vantagem indevida obtida, ainda que oriunda de agentes privados".

15 Alguns programas de leniência exigem como requisito de celebração que o infrator não tenha agido como líder, o que causa difíceis discussões, sobretudo a respeito do que venha a ser liderança e como ela pode ser identificada. Sobre o assunto, cf. BLANCO, Luis Ortiz; JÖRGENS, Konstantin J. Antitrust rules (art. 81 and 82 EC). *In*: BLANCO, Luis Ortiz (Org.). *EC competition procedure*. 2. ed. Oxford: Oxford University Press, 2006. p. 226; MARRARA, Thiago. *Sistema Brasileiro de Defesa da Concorrência:* organização, processos e acordos administrativos. São Paulo: Atlas, 2015. p. 343 e NEVES, Edmo Colnaghi. Acordos de leniência. *In*: ZANOTTA, Pedro; BRANCHER, Paulo (Org.). *Desafios atuais da regulação econômica e concorrência*. São Paulo: Atlas, 2010. p. 44.

fase de propositura sinalizará aos outros infratores a negociação de leniência que deveria ser sigilosa e que, em realidade, poderá não culminar em um acordo – já que sempre existe a possibilidade de negociação frustrada. Desse modo, defendo que a cessação da prática seja tomada como requisito de celebração e não de apresentação de proposta. Sob esse entendimento, a cessação não será exigível entre a propositura e a celebração, mas somente para a válida celebração. Para se resolver a contradição legal, o art. 16, §1º, *caput*, deve prevalecer sobre a redação da parte final do inc. II. Note-se, porém, que o Decreto nº 11.129/2022 da União não segue esse entendimento, pois aponta que a pessoa interessada no acordo deve ter cessado completamente o seu envolvimento no ato lesivo "a partir da data da propositura do acordo" (art. 37, II).

Nas situações em que a leniência for anterior à abertura do processo sancionador, a situação será ainda mais complexa. Teme-se que a obrigatoriedade de cessação da prática em todos os casos possa sinalizar aos outros infratores uma traição, ocasionando a destruição de provas ou estratégias diversas para dificultar a abertura do processo pelo Estado. Exatamente por esses riscos elevados, com base em uma interpretação teleológica do programa, ou seja, buscando-se fazer prevalecer suas finalidades de viabilizar a efetiva cooperação instrutória, defendo que, exclusivamente na leniência prévia, a cessação da prática possa ser excepcionada conforme um juízo discricionário da Administração e adiada até o momento de abertura do processo sancionador, ou seja, poderá ser posterior à própria celebração.

Em termos *temporais*, para a celebração da leniência, é preciso que: a) a pessoa jurídica "seja a primeira a manifestar seu interesse em cooperar para a apuração do ato ilícito" (art. 16, §1º, I) e b) proponha-se o acordo num momento em que a cooperação com o infrator se comprove útil à execução das tarefas investigatórias e probatórias do Estado – requisito esse que não consta do art. 16, §1º, mas sim da lógica do acordo prevista no art. 16, *caput*.

A necessidade de primariedade temporal, como já se demonstrou, configura em verdade um requisito da própria qualificação da proposta e, por conseguinte, também se transforma em requisito de celebração. O objetivo da regra do *first come, first serve* é estimular a corrida pela leniência. Se fossem possíveis leniências múltiplas, a despeito da ordem de chegada, os infratores tenderiam a procrastinar a busca por colaboração com o objetivo de verificar se o acordo lhe seria útil ou não diante das provas obtidas pelo Estado. Ao impor a regra da leniência única com o primeiro a se qualificar, a lei afasta esse risco, desestabiliza a relação entre os infratores e os induz a correr para o acordo.

Ao contrário do que faz crer uma primeira leitura do texto legal, registre-se que a celebração da leniência não ocorrerá necessariamente com o infrator que primeiro se apresentar, senão com o primeiro a se *qualificar para negociar e superar a fase de negociação de maneira bem-sucedida*. O fato de a pessoa jurídica se qualificar em primeiro lugar na fila de cooperação não lhe garante direito subjetivo ao acordo. Caso a negociação se frustre, a Administração abrirá negociações com os próximos qualificados e poderá celebrar um acordo ainda que o infrator interessado não tenha sido o primeiro a se qualificar em sentido técnico.

Na regulamentação federal da Lei Anticorrupção, como já se apontou anteriormente, o requisito da primariedade ou da unicidade do acordo com pessoas jurídicas foi relativizado indevidamente. Nos termos do art. 37 do Decreto nº 11.129, "a pessoa jurídica que pretenda celebrar acordo de leniência deverá: I – ser a primeira a manifestar interesse em cooperar para a apuração de ato lesivo específico, *quanto tal circunstância for relevante*" (grifos nossos). O trecho em itálico permite que, sob juízo de conveniência e oportunidade da CGU, será lícito celebrar várias leniências em um mesmo PAR. Reitero, pois, a crítica já dirigida a esse dispositivo: da forma como posta, a norma autorizativa viola claramente o texto legal, que permite uma única leniência para pessoas jurídicas em cada processo administrativo de responsabilização. Além de inconstitucional, por exorbitar o poder de regulamentação previsto no art. 84, IV, da Constituição da República, a norma poderá chancelar violações ao princípio da impessoalidade e ao princípio da moralidade, uma vez que não prevê critérios claros para aceitação de leniências adicionais, diferentemente do que se vislumbra na legislação concorrencial a respeito da leniência *plus*.[16]

Afora o requisito temporal explícito, é preciso que o acordo seja proposto em momento oportuno, de sorte a garantir sua efetividade para a identificação dos demais envolvidos e para a obtenção de informações e documentos que comprovem o ilícito (art. 16, *caput*). Diga-se bem: a lei não estabelece um limite temporal para o acordo, mas naturalmente se mostrará temerário celebrar a leniência após a conclusão da instrução ou, ainda durante o seu curso, quando o Estado já dispuser de elementos probatórios numerosos e suficientes para o exercício da sua pretensão punitiva. Exatamente por isso, andou bem o Poder Executivo federal ao estabelecer, no Decreto nº 11.129/2022, que o acordo deverá ser proposto até a conclusão do relatório a ser elaborado no PAR (art. 38, §2º). Em outras palavras, o regulamento vincula o acordo à existência da instrução. Ao se esgotar a instrução, desaparece a possibilidade de acordo. Por extensão desse raciocínio, sempre que a instrução for reaberta, a possibilidade de acordo de cooperação instrutória ressurgirá.

Esse raciocínio alinha-se com os princípios da efetividade e da moralidade aplicados à leniência. São injustificáveis e, por conseguinte, inválidos os acordos que não redundem em benefícios ao Estado e que se destinem unicamente a reduzir as sanções que serão aplicadas a um infrator. A oportunidade do momento da leniência deve ser, pois, analisada pelo órgão de negociação no caso concreto e estar sempre vinculada a uma utilidade instrutória.

Já em termos *finalísticos*, a lei demanda dois requisitos: a) a pessoa jurídica interessada deve se comprometer a cooperar "plena e permanentemente com as investigações e o processo administrativo, comparecendo, sob suas expensas, sempre que solicitada, a todos os atos processuais, até seu encerramento" (art. 16, §1º, III) e b) as provas e a cooperação ofertada devem gerar utilidade ao Estado. Requisitos adicionais, como os relativos à criação e aperfeiçoamento de programas de integridade ou relativos à reparação de danos, não constam da lei e, apesar de previstos em certos decretos regulamentares, a meu ver, não deveriam ser considerados exigências obrigatórias, nem impostos unilateralmente na negociação pelo Estado como condição *sine qua non* para o acordo.

---

[16] A respeito da leniência *plus* no direito concorrencial, cf.: MARRARA, Thiago. *Sistema Brasileiro de Defesa da Concorrência:* organização, processos e acordos administrativos. São Paulo: Atlas, 2015. p. 373.

O primeiro requisito finalístico previsto na Lei Anticorrupção revela que a leniência corre por conta e risco do colaborador. Ele assume os custos da cooperação, limitadas as exigências estatais até a conclusão do processo administrativo, e os riscos de outras punições derivadas da confissão e da cooperação probatória. Assim, na fase de negociação cabe ao Estado esclarecer os riscos ao proponente e examinar se ele dispõe de recursos financeiros para sustentar a execução do acordo e se está ciente de seus riscos. Como tais condições constam de lei, não pode a Administração assumir os custos de cooperação, nem reduzir o risco do programa por meio da oferta, no acordo firmado, de benefícios sancionatórios não previstos na legislação – por exemplo, de que as pessoas físicas envolvidas no ilícito e vinculadas ao infrator colaborador não se tornarão rés em processos criminais.

O segundo requisito finalístico não consta de maneira expressa do art. 16, §1º, porém resulta da necessidade de se garantir a efetividade da leniência. O Estado não está autorizado a mitigar ou extinguir as sanções em benefício de um infrator que conduz ao processo provas repetidas, provas impertinentes ou provas que o Estado possa obter facilmente por suas próprias forças e meios. Assim, na negociação, além de verificar o requisito temporal da oportunidade da leniência diante do momento processual, o órgão competente deverá examinar a potencialidade de cooperação e a utilidade das provas e das informações que o infrator colaborador se dispõe a entregar. A análise preliminar de potencialidade de cooperação não se confunde com o exame da cooperação que se faz ao término do processo administrativo sancionador e no qual se mensuram os benefícios do infrator diante das ações de colaboração que efetivamente executou ao longo da vigência do acordo.

16.21 Celebração do acordo: consequências

Desde que a negociação seja bem-sucedida e cumpram-se os requisitos pessoais, temporais e finalísticos contidos, de modo explícito ou implícito, na Lei Anticorrupção, o acordo de leniência poderá ser celebrado e executado. À celebração propriamente dita, a lei confere dois outros efeitos: o de divulgação do acordo e a interrupção do prazo prescricional. Além disso, a celebração também ocasionará o dever de o colaborador suspender a participação no ilícito.

A obrigatoriedade de se *divulgar ao público a celebração do acordo* consta como regra geral da Lei Anticorrupção (art. 16, §6º), salvo nas situações em que a publicidade possa prejudicar as investigações ou a condução do processo sancionador. De modo geral, a publicidade será adequada para os acordos concomitantes, ou seja, aqueles firmados ao longo do processo administrativo. Acordos prévios, celebrados antes da abertura do processo, não devem ser divulgados para se evitar risco de pressão contra as investigações e se prevenir a extinção de provas. Por esse mesmo motivo, sustentou-se anteriormente que, nos acordos prévios, sequer a cessação do envolvimento com a prática deveria ser exigida antes da abertura do processo. Apesar dessa ponderação, como já se demonstrou, o Decreto nº 11.129 permite a divulgação antes mesmo da celebração e após o memorando, desde que o proponente deseje e a CGU autorize.

Resta também verificar o que deve ser tornado público. A lei fala de divulgação da celebração do acordo. Isso sugere que se torne pública a participação de um infrator no programa de leniência e não, a princípio, o acordo em si, com todas as suas cláusulas e eventuais anexos. A divulgação do acordo não parece ilegal, mas é preciso cuidar para que não sejam jogadas ao público informações sensíveis.

Atente-se ainda para a lacuna do art. 16 da Lei Anticorrupção no tocante ao meio de divulgação. Para solucionar o problema, há que se recorrer ao art. 22 da lei, cujo §3º determina que as autoridades competentes para celebrar a leniência prestem e mantenham atualizadas no CNEP, após a "efetivação" do acordo, informações sobre sua execução (inclusive sobre seu descumprimento), salvo quando a divulgação acarretar prejuízo às investigações. Esse dever de divulgação cessa com o cumprimento integral do acordo (nos termos do art. 22, §5º).

Nada impede, ademais, que cada ente federativo, por seus decretos regulamentares, ou pelo órgão competente, na ausência de norma regulamentar, aponte meios adicionais de promoção da publicidade efetiva. Afinal, a regra geral que guia a Administração Pública é a transparência. O sigilo é excepcional e, no caso em debate, justificar-se-á exclusivamente quando necessário à boa condução das investigações e do processo ou à proteção de outras informações sensíveis.[17]

O segundo efeito da celebração do acordo consiste na *interrupção do prazo prescricional para punição dos atos ilícitos tratados pela Lei Anticorrupção* (art. 16, §9º). A MP nº 703 objetivou alterar esse dispositivo para diferenciar a *suspensão* da prescrição decorrente da formalização da proposta e a *interrupção* da prescrição por força da celebração do acordo. Como a MP não foi convertida, a Lei Anticorrupção continua prevendo apenas a interrupção da prescrição após a celebração do acordo. A mera proposta não afeta a prescrição, não a suspende e tampouco afeta o andamento do processo administrativo.

Para se compreender o alcance do art. 16, §9º é preciso realizar uma interpretação sistemática da lei. O prazo de prescrição para punição de atos de corrupção é de cinco anos contados da data da ciência da infração ou, no caso de infração permanente ou continuada, do dia que tiver cessado (art. 25, *caput*). Na esfera administrativa ou judicial, a prescrição será interrompida com a instauração de processo que tenha por objeto a apuração da infração (art. 25, *parágrafo único*). Este último parágrafo, interpretado em conjunto com o art. 16, §9º, revela que a interrupção do prazo prescricional ocorre ou com a abertura do processo administrativo ou com a celebração da leniência. Daí decorre que a leniência só terá efeito interruptivo caso venha a ser celebrada antes da abertura do processo (leniência prévia). Quando for concomitante ao processo, a leniência não gerará efeito, pois a prescrição já terá sido interrompida.

Ainda sobre o tema, é preciso mais uma vez reiterar que a União tratou o tema de modo levemente distinto, retomando a solução da MP nº 703 em sua regulamentação. De acordo com o art. 39, §3º do Decreto nº 11.129/2022, a assinatura do memorando de entendimentos (e não a celebração do acordo) é o que ocasiona a interrupção da prescrição e, ao mesmo tempo, suspende sua contagem durante a negociação. Com

---

[17] Nesse sentido, bem dispõe o art. 39, parágrafo único, do Decreto Federal nº 8.420/2015 que "a Controladoria-Geral da União manterá restrito o acesso aos documentos e informações comercialmente sensíveis da pessoa jurídica signatária do acordo de leniência".

isso, a União antecipou a interrupção da prescrição em relação ao texto legal. Ademais, o regulamento mantém a prescrição suspensa até o cumprimento dos compromissos firmados ou até a sua rescisão (art. 49).

16.22 Alteração do acordo

Um ponto bastante complexo em relação ao acordo de leniência e a todos os demais acordos celebrados pela Administração Pública no exercício de seus poderes de autoridade diz respeito à presença ou não de cláusulas exorbitantes, como as existentes na Lei de Licitações e que permitiriam alterações unilaterais de conteúdo desses ajustes a despeito da vontade do infrator colaborador. As leis que cuidam dos instrumentos de consensualização do poder de autoridade geralmente não tratam desse assunto, deixando uma lacuna que necessita ser solucionada pela doutrina, pela jurisprudência ou pela regulamentação no âmbito do Executivo.

Ciente dessa problemática e lacuna legal, o Decreto nº 11.129/2022 oportunamente trouxe algumas regras sobre o tema da alteração e, ao fazê-lo, claramente afastou o regime dos poderes exorbitantes contratuais do âmbito do programa de leniência. Em outras palavras, não há poder unilateral da Administração para alterar os acordos. A alteração é claramente reconhecida, mas como uma hipótese excepcional e dependente do consenso entre as partes signatárias.

Nesse sentido, o art. 54 do Decreto nº 11.129 estipula que o colaborador poderá apresentar pedido de alteração ou substituição das obrigações pactuadas. Embora não fale da Administração, naturalmente terá o mesmo direito, já que é parte. Contudo, essas alterações ou substituições de obrigações somente poderão ser aceitas se cumpridos requisitos específicos, a saber:

(i) A manutenção dos resultados e requisitos originais que fundamentaram o acordo de leniência, nos termos do disposto no art. 16 da Lei nº 12.846, de 2013;
(ii) A maior vantagem para a administração, de maneira que sejam alcançadas melhores consequências para o interesse público do que a declaração de descumprimento e a rescisão do acordo;
(iii) A imprevisão da circunstância que dá causa ao pedido de modificação ou à impossibilidade de cumprimento das condições originalmente pactuadas – essa imprevisão, a meu ver, deve ser interpretada de modo amplo para contemplar não apenas eventos novos, mas igualmente fatos antigos, porém desconhecidos das partes;
(iv) A boa-fé da pessoa jurídica colaboradora em comunicar a impossibilidade de cumprimento de uma obrigação antes do vencimento do prazo para seu adimplemento; e
(v) A higidez das garantias apresentas no acordo.

Além disso, o art. 54, parágrafo único, do Decreto nº 11.129 aponta que o exame do pedido de alteração deverá levar em conta "o grau (sic) de adimplência da pessoa jurídica com as demais condições pactuadas, inclusive as de adoção ou aperfeiçoamento do programa de integridade". Esse mandamento final me parece bastante problemático por algumas razões.

Em primeiro lugar, o pedido de alteração pode ocorrer exatamente pelas dificuldades de adimplemento, daí não fazer sentido colocar o adimplemento como condição de admissibilidade do pedido. Em segundo, falar em "grau de adimplemento" é estranho, pois ou uma obrigação é cumprida ou não é. Importante, entendo eu, é que o colaborador demonstre efetivo intuito de cumprir as obrigações principais para atingir a finalidade da cooperação instrutória. A palavra "grau" deveria ser corrigida no texto regulamentar. Em terceiro lugar, vincular o acordo de cooperação instrutória, mais uma vez, a programas de integridade me parece impertinente. A análise de pedidos de alteração deve ser cotejada à luz do interesse público de se manter a cooperação instrutória eficiente e efetiva, não devendo ser condicionada a cumprimento de obrigações acessórias que sequer tem relação direta com a entrega de provas no âmbito do PAR.

16.23 Monitoramento do acordo

A Lei Anticorrupção exige que o acordo estipule as condições necessárias para assegurar a efetividade da colaboração e o resultado útil do processo (art. 16, §4º), mas não aponta regras específicas sobre o monitoramento do acordo. Esse tema, porém, é de elevada importância, pois o monitoramento se destina a verificar constantemente, dentre outras coisas, se são realmente cumpridas as obrigações de cooperação na produção de provas, bem como as relativas à cessação da prática e a não divulgação de informações estratégicas.

Ciente da importância do assunto, o Decreto nº 11.129/2022 dedicou alguns dispositivos ao tema. O art. 51, *caput*, prevê que o monitoramento das obrigações do acordo será realizado, direta ou indiretamente, pela CGU. Essa previsão de monitoramento direto ou indireto mostra que a Controladoria poderá se valer de sua própria equipe ou poderá se valer de terceiros para tanto. O monitoramento indireto por terceiros exige algumas cautelas. Nessa situação, é preciso observar, no que couber, as regras de contratação da lei de licitações, que trata da possibilidade de recrutamento de especialistas externos para fiscalização de contratos públicos. Não deve a Controladoria transferir tarefas de monitoramento a qualquer pessoa, sem uma seleção imparcial e objetiva, sem a devida comprovação de ausência de conflitos de interesses, sem condições técnicas para desempenhar as tarefas de monitoramento.

Além de reconhecer a execução direta ou indireta, o Decreto aponta uma lista exemplificativa de ferramentas de monitoramento, incluindo relatórios, documentos e informações fornecidos pela pessoa jurídica colaboradora. Essas informações e documentos podem ser obtidos por meio de reuniões, entrevistas, testes de sistemas ou visitas técnicas (art. 51, §1º). Exige-se, ainda, que as informações relativas ao monitoramento sejam publicadas em transparência ativa na página eletrônica da CGU, observados os mandamentos de sigilo e o interesse das investigações (art. 51, §2º).

16.24 Descumprimento do acordo: efeitos

A Lei Anticorrupção foi bastante tímida no tratamento do descumprimento do acordo de leniência. O art. 22, §4º determina que o descumprimento da leniência seja anotado no CNEP. Já no art. 16, o único mandamento que se refere explicitamente à questão se encontra no §8º. De acordo com esse parágrafo, o inadimplemento gerará um efeito de bloqueio, ou seja, impedirá a pessoa jurídica que celebrou o acordo, mas o descumpriu, de celebrar nova leniência pelo prazo de três anos contados do conhecimento, pela Administração Pública, do descumprimento. Para que produza efeito, entendo que a vedação deve se estender a todos os entes da federação.[18]

Especificamente no âmbito da União, as normas infralegais foram bem mais agressivas que as disposições gerais da Lei Anticorrupção. O art. 13 da Portaria Conjunta nº 4 e o art. 53 do Decreto nº 11.129/2023 preveem que o descumprimento do acordo gerará os seguintes efeitos:

(i) perda dos beneficiários pactuados;
(ii) impedimento para celebrar novo acordo pelo prazo de três anos contados do momento em que se tornar definitiva a decisão administrativa que tornar rescindido o acordo;[19]
(iii) vencimento antecipado das parcelas não pagas;
(iv) execução do valor integral da multa (ou seja, sem os descontos), descontando-se frações pagas;
(v) execução dos valores pertinentes a danos e ao enriquecimento ilícito, além de outros valores porventura pactuados no acordo;
(vi) registro no CNEP pelo prazo de três anos;
(vii) Aplicação das demais penalidades e consequências previstas nos termos dos acordos de leniência e na legislação aplicável.

Apesar dos avanços das normas administrativas criadas no plano federal – em parte questionáveis –, o texto da Lei Anticorrupção continua bastante lacunoso sobre a matéria. Além disso, mesmo os regulamentos federais não ingressam em vários detalhes relevantes. Nenhum desses atos normativos esclarece, por exemplo, o que se entende por inadimplemento, nem diferencia o descumprimento de obrigações acessórias do descumprimento de obrigações principais, nem trata de sanções contratuais, nem da possibilidade de extinção do ajuste antes da finalização do processo.

Essas lacunas requerem uma reforma da Lei Anticorrupção e, até que isso ocorra, o detalhamento normativo adicional por parte da União, dos estados e dos municípios em seus decretos regulamentares. No intuito de dar previsibilidade ao infrator colaborador, é essencial que a negociação trate exatamente dos efeitos do descumprimento relativos aos diferenciados tipos de obrigação, bem como das consequências aplicáveis em cada caso. Em outras palavras, é preciso deixar claro que tipo de descumprimento é grave,

---

[18] Nesse sentido, cf. também HEINEN, Juliano. *Comentários à Lei Anticorrupção:* Lei nº 12.846/2013. Belo Horizonte: Fórum, 2015. p. 245.

[19] Registre-se que a Portaria Interministerial nº 2.278 afirmava que o prazo de 3 anos seria contado da ciência da Administração Pública do descumprimento do acordo. A Portaria nº 4 deixa a data de início da contagem do prazo mais específica.

de modo a ocasionar a rescisão do acordo e todas as consequências dela resultantes, e os descumprimentos de menor relevância, como os atrasos no cumprimento de obrigações acessórias.

Na falta desses detalhamentos, para que o efeito previsto no art. 16, §8º se imponha e igualmente se neguem os benefícios do acordo, entendo ser imprescindível que se trate de inadimplemento significativo por parte do colaborador. Conforme prescreve a Lei Anticorrupção, "o acordo de leniência estipulará as condições necessárias para assegurar a efetividade da colaboração e o resultado útil do processo" (art. 16, §4º). Entre outras coisas, as estipulações deverão incluir a obrigação de o infrator identificar seus coautores e entregar provas e informações essenciais sobre a prática ilícita, ou seja, cabe a ele colaborar para a configuração da autoria e da materialidade (art. 16, *caput*).

Daí decorre que cada ajuste conterá um rol de obrigações essenciais, cujo descumprimento afetará a efetividade da colaboração, ao lado de um rol de obrigações acessórias, cujo desatendimento não afetará a finalidade da leniência, não exigirá rescisão, não redundará na cassação dos benefícios, nem na vedação trienal de nova leniência, mas ocasionará a aplicação de sanções contratuais (como multas) contra o infrator colaborador.

Não se mostra adequado considerar qualquer tipo de mora ou de inadimplemento de obrigações menores, acessórias, como um motivo de negação, ao infrator colaborador, dos benefícios esperados. O importante para a produção dos efeitos benéficos é que o infrator atue de modo efetivamente cooperativo, cumprindo as normas essenciais do ajuste para a configuração da materialidade e da autoria.

Apesar da lacuna legal, vale ainda discutir se a autoridade pública, diante de um descumprimento de cláusulas essenciais, detém o poder de rescindir de forma unilateral o acordo antes da conclusão do processo sancionador. Referida discussão ganha relevo ao se imaginar a situação em que um infrator busca a leniência não pelo intuito de colaborar efetivamente, mas para evitar a colaboração de outros (já que a Lei Anticorrupção veda múltiplos acordos). Nessa hipótese imaginária, o infrator usaria a leniência de modo malicioso para boicotar a cooperação e dificultar a instrução.

A discussão também é útil para os casos em que o colaborador age de modo desidioso. Nesses cenários, não se afiguraria indevida a rescisão unilateral pela Administração, mas desde que prevista essa possibilidade em suas cláusulas. Nesse sentido, é perfeitamente aceitável ajustar que o não comparecimento do infrator colaborador a referido número de atos processuais ocasionará a extinção antecipada da leniência e a perda dos benefícios, sem prejuízo da imposição de sanções contratuais, obtendo a Administração o poder de celebrar um novo acordo com os demais infratores interessados conforme a fila de qualificação.

16.25 Cumprimento da leniência: benefícios

Os efeitos benéficos de um programa de leniência classificam-se em: (i) administrativos, internos e externos; (ii) civis e (iii) penais. O cumprimento da leniência prevista na legislação de defesa da concorrência gera basicamente efeitos administrativos para pessoas físicas e jurídicas e efeitos penais para pessoas físicas. Em contraste, a leniência tratada no art. 16 da Lei Anticorrupção, se cumprida, acarretará algumas vantagens administrativas e civis para a pessoa jurídica. Em termos formais, o cumprimento também exigirá a exclusão de informações do CNEP (art. 22, §5º), reduzindo a exposição do colaborador. Contudo, não haverá efeitos penais, nem qualquer efeito administrativo ou civil para pessoas físicas.

Conforme prescrição da Lei Anticorrupção, a "celebração" (*sic*) do acordo de leniência isentará a pessoa jurídica das sanções previstas no inc. II do art. 6º e no inc. IV do art. 19 e reduzirá em até 2/3 (dois terços) o valor da multa aplicável (art. 16, §2º). Embora o legislador tenha usado a palavra "celebração, o que pretende dizer é que o reconhecimento do "cumprimento" do acordo de leniência por parte do infrator colaborador ao final do processo administrativo de responsabilização gerará dois efeitos administrativos e um efeito civil, a saber:

- *A imunidade à sanção administrativa de publicação extraordinária da decisão condenatória* (art. 6º, II). Assim, não obstante o infrator colaborador também deva ser condenado, sobretudo porque confessa a infração, ele não se sujeitará aos custos financeiros e não financeiros de divulgação da infração. Além disso, para que o benefício previsto na lei produza efeito prático, é preciso que se o intérprete de modo extensivo. Não basta a isenção em relação à sanção de publicação. É preciso que ele não conste das publicações impostas aos outros condenados. Afinal, se seu nome constar de outras publicações, o benefício que o legislador pretendeu oferecer ao colaborador será aniquilado.
- *A redução em até dois terços da multa administrativa*, a qual, nos termos da Lei Anticorrupção, varia de 0,1% a 20% do faturamento bruto anual, excluídos os tributos, do último exercício anterior ao da instauração do processo ou, quando não for possível identificar o faturamento, de seis mil reais a sessenta milhões de reais (art. 6º, II e §4º). Isso significa que, para conceder o benefício, a Administração terá que condenar o colaborador e fixar sua multa-base, aplicando em seguida o fator percentual redutor. Como se sustentou alhures,[20] da maneira como ficou disciplinado na Lei Anticorrupção, o benefício de redução da multa se mostra bastante problemático. Em primeiro lugar, a lei deixou de fazer uma importante distinção entre a leniência prévia e a leniência concomitante ao processo. Para a leniência prévia, seria ideal que se garantisse um benefício maior que o da concomitante, já que o infrator confessa algo desconhecido pelo Estado. Todavia, o legislador ignorou essa distinção e, ao igualar o benefício, acabou por criar um regime legal que desestimula a cooperação anterior à abertura do processo administrativo. Em segundo lugar, ao tratar da redução da multa, a despeito do momento da leniência, a lei somente prevê um teto de redução (2/3), sem a garantia de qualquer mínimo. Nesse contexto, para que se confira segurança jurídica ao colaborador e se estimule a boa-fé da Administração,[21] é preciso que o acordo contenha cláusula

---

20 MARRARA, Thiago. Acordos de leniência no processo administrativo brasileiro: modalidades, regime jurídico e problemas emergentes. *Revista Digital de Direito Administrativo*, v. 2, n. 2, 2015. p. 521-522.

21 Preleciona Bacellar Filho que "o cidadão, ao dar início às solenidades que antecedem o exercício de uma atividade lícita e ao empenhar-se moral e financeiramente com o projeto dela decorrente, tem, de acordo com o princípio da

que: a) ou preveja exatamente o percentual da redução pelo cumprimento da leniência ou b) estabeleça uma faixa de redução (por exemplo, de 1/3 a 2/3), deixando-se a mensuração final da redução para o momento de condenação conforme o grau de colaboração verificado ao longo da execução do acordo.[22] Em terceiro lugar, é preciso que se garanta ao colaborador o benefício da menor multa. É inaceitável que o infrator que auxilia a Administração se sujeite à sanção pecuniária mais gravosa que a imposta ao infrator que não participa do programa de leniência e não colabora com a comprovação da materialidade e da autoria. Na Lei de Defesa da Concorrência, explicita-se que a "pena sobre a qual incidirá o fator redutor não será superior a menor das penas aplicadas aos demais coautores da infração" (art. 86, §5º).[23] A Lei Anticorrupção, contudo, silencia sobre o assunto. A esse despeito, o benefício da menor pena resulta do princípio da moralidade administrativa, da própria lógica do programa de leniência e da boa-fé. Não houvesse essa garantia, pouca razão sobraria para se cooperar com o Estado. De todo modo, na falta de previsão legal, mais seguro ao colaborador é negociar a inserção do benefício da menor pena em cláusula do acordo.

- E, no tocante às possíveis punições civis, *a imunidade à sanção de "proibição de receber incentivos, subsídios, subvenções, doações ou empréstimos de órgãos ou entidades públicas e de instituições financeiras públicas ou controladas pelo poder público*, pelo prazo mínimo de 1 (um) e máximo de 5 (cinco) anos" (art. 19, IV). Esse benefício, concedido no processo administrativo, só ganhará utilidade diante de uma eventual ação judicial civil promovida pela Advocacia Pública ou pelo Ministério Público contra os infratores. Assim como ocorre em relação ao benefício de redução da multa, a disciplina do benefício civil da leniência da Lei Anticorrupção se mostra igualmente problemática. A razão para a crítica é simples. As sanções civis aplicáveis na ação judicial são quatro e podem incluir a suspensão da atividade empresarial até a dissolução da pessoa

juridicidade, a certeza de um direito. A certeza do direito representa, pois, para o cidadão, uma visão confiante e antecipada do acolhimento de seu desejo ou de sua pretensão, uma vez cumpridos os requisitos exigidos [...]" (BACELLAR FILHO, Romeu Felipe; MARTINS, Ricardo Marcondes. *Tratado de direito administrativo*: ato administrativo e procedimento administrativo. São Paulo: Revista dos Tribunais, 2014. v. 5. p. 537). Em sentido semelhante, ensina Bandeira de Mello que "a essência do Direito é firmar previamente os efeitos que associará aos comportamentos tais ou quais... a ordem jurídica constitui uma prévia rede de segurança para a conduta dos indivíduos, afastando liminarmente qualquer imprevisto ou surpresa que poderia lhes advir se não existisse essa preliminar notícia sobre o alcance de sua atuação futura". E arremata: "a própria possibilidade de o Direito se realizar depende, às completas, de que exista a certeza, a segurança de que um prévio comportamento ocorrerá na hipótese de uma conduta ser tal ou qual" (BANDEIRA DE MELLO, Celso Antônio. Estado de direito e segurança jurídica. *In*: VALIM, Rafael; OLIVEIRA, José Roberto Pimenta; DAL POZZO, Augusto Neves (Org.). *Tratado sobre o princípio da segurança jurídica no direito administrativo*. Belo Horizonte: Fórum, 2013. p. 41).

22 Essa possibilidade de mensuração do benefício no momento de julgamento existe no âmbito do processo concorrencial. Em relação à Lei Anticorrupção, porém, há autores que descartam essa possibilidade e entendem que o percentual de 2/3 de redução da pena previsto na lei é fixo. Nesse sentido, Heinen aduz que "os benefícios à pessoa jurídica, definidos no §2º do art. 16, são vinculados, ou seja, não podem ser sonegados quando entabulado o acordo e cumpridas as suas cláusulas [...] A lei brasileira não deu margem ao Poder Público poder negociar os benefícios em caso de colaboração posta a efeito pelo acusado" (HEINEN, Juliano. *Comentários à Lei Anticorrupção:* Lei n. 12.846/2013. Belo Horizonte: Fórum, 2015. p. 243).

23 Em detalhes sobre o benefício da menor pena no direito concorrencial, cf. MARRARA, Thiago. *Sistema Brasileiro de Defesa da Concorrência:* organização, processos e acordos administrativos. São Paulo: Atlas, 2015. p. 355-356.

jurídica. Nesse contexto, seguindo-se uma interpretação literal da lei, o fato de a leniência ser cumprida não imunizará o colaborador contra um pedido de extinção de sua pessoa jurídica ou de suspensão de suas atividades. Qual será, porém, a vantagem de se celebrar um acordo que impede a aplicação da sanção de proibição de recebimento de incentivos pelo infrator colaborador, mas permite que o Ministério Público solicite sua pena de morte (ou seja, a extinção da pessoa jurídica)? Para que se garanta a utilidade da leniência, para que seus benefícios sejam reais e efetivos, é preciso interpretar referidos mandamentos em sentido lógico e teleológico. Conquanto o art. 16 não o diga, a leniência impõe uma imunidade também contra a medida prevista no art. 19, inc. III.[24] Se não for assim, de nada adiantará o benefício quanto ao inc. IV. O que a leniência não poderá incluir em hipótese alguma como benefício civil será a imunidade em relação à reparação de danos causados ao Estado ou a terceiros. O acordo não se presta ao arbitramento de indenizações civis ao Estado por expressa vedação legal (art. 16, §3º), nem pode conter cláusulas sobre indenizações civis a terceiros, como concorrentes, por faltar legitimidade ao Estado para representar particulares nesse âmbito.

A análise do art. 16, §2º revela que há somente três benefícios explícitos na lei. Os benefícios afetam as sanções administrativas, mas não as excluem por completo, pois ao menos uma multa reduzida será aplicada ao colaborador. Além disso, atingem certas sanções civis. A leniência da Lei Anticorrupção não gera, porém, benefícios no tocante a medidas de reparação civil e não produz qualquer benefício administrativo externo (ou seja, para processos administrativos sancionadores conduzidos por outras entidades da Administração Pública, como o Cade). A única exceção a essa regra é a de acordos que envolvam comportamentos tipificados, ao mesmo tempo, na Lei Anticorrupção e na Lei de Licitações. Afinal, nesses casos, a apuração ocorrerá no mesmo PAR e gerará uma condenação unificada. É exatamente por isso que o Decreto nº 11.129 prevê como benefício eventual do acordo de leniência cumprido a isenção ou atenuação das sanções administrativas do art. 156 da Lei nº 14.133/2021.

Para além da unificação com a Lei de Licitações, tal como já se sugeriu, seria ideal que o legislador inserisse no ordenamento a possibilidade de entidades competentes atuarem em conjunto na celebração de acordos relativos à repressão da corrupção e de seus efeitos reflexos (por exemplo, no âmbito concorrencial). No plano federal, como se demonstrou, foi dado um grande passo nesse sentido ao se prever a celebração conjunta de leniência entre a CGU e a AGU. Além disso, o Decreto nº 11.129/2021 avançou ainda mais ao apontar a possibilidade de que o acordo gere efeitos para ações judiciais em curso que tenham por objeto os mesmos fatos de que trata a leniência. Naturalmente, esse efeito somente poderá ocorrer se houver a cooperação de outras entidades, sobretudo as de advocacia pública, na celebração do acordo.

---

24 MARRARA, Thiago. Acordos de leniência no processo administrativo brasileiro: modalidades, regime jurídico e problemas emergentes. *Revista Digital de Direito Administrativo*, v. 2, n. 2, 2015. p. 522.

Ainda sobre os efeitos, vale reiterar que o acordo no regime da Lei Anticorrupção não beneficia a pessoa física de qualquer maneira. Não há efeito penal,[25] nem civil, nem administrativo a seu favor. De um lado, a ausência desses benefícios é compreensível pelo fato de a Lei Anticorrupção não prever infrações, nem sanções administrativas e civis para pessoas físicas, as quais somente poderão responder, dependendo de seu *status* jurídico, por infração disciplinar, ato de improbidade ou crime (licitatório, contra a Administração Pública, contra a ordem econômica etc.). Isso significa que eventuais acordos deverão ser buscados em outra seara, por exemplo, uma delação premiada no âmbito da Lei das Organizações Criminosas ou um acordo de leniência com base na Lei de Defesa da Concorrência.

De outro lado, porém, é de se questionar se o legislador andou bem ao restringir os benefícios da leniência por ato de corrupção, mormente porque pessoas jurídicas nada mais são que ficções criadas e conduzidas, no seu dia a dia, por pessoas físicas. Sob essa premissa, a dúvida que resta é a seguinte: que pessoa jurídica será estimulada, por seus administradores, a procurar uma leniência que, ao final, possa se reverter contra eles mesmos, inclusive mediante a imposição de gravíssimas sanções criminais?

16.26 Extensão aos membros do grupo econômico

Andou bem o legislador ao se referir aos grupos econômicos no âmbito da Lei Anticorrupção, seguindo o que já faz a legislação trabalhista, tributária, societária e tantos outros diplomas nacionais. Afinal, conforme registram Comparato e Salomão Filho, "todos os sistemas econômicos, qualquer que seja o regime político que os acompanha, tendem a esse mesmo objetivo de agrupamento e coordenação empresarial".[26]

Não há uniformidade, no direito positivo, a respeito da definição e das modalidades de grupo econômico. Na Lei Anticorrupção, dispõe o art. 16, §5º, que "os efeitos do acordo de leniência serão estendidos às pessoas jurídicas que integram o mesmo *grupo econômico, de fato e de direito*, desde que firmem o acordo em conjunto, respeitadas as condições nele estabelecidas". Nesse texto se observa que a lei não utilizou a expressão "grupo societário", mas sim "grupo econômico", e dividiu esses grupos em de direito e de fato.

Na literatura comercialista, grupos econômicos não são tratados como sinônimos de grupos societários. Gustavo Saad Diniz define os grupos *econômicos* como "arranjos entre organizações que coordenam atividades econômicas em cadeias verticais ou horizontais", enquanto os grupos societários teriam sentido mais específico, na medida em que envolvem "organizações *societárias* de coordenação (nos consórcios) e subordinação (nos grupos de direito e de fato)" (grifos nossos).[27] Como a Lei Anticorrupção não cuida

---

[25] Em geral, sobre os efeitos penais da leniência, cf. SALOMI, Maíra Beauchamp. *O acordo de leniência e seus reflexos penais*. Dissertação (Mestrado em Direito Penal) – FD/USP, São Paulo, 2012.

[26] COMPARATO, Fábio Konder; SALOMÃO FILHO, Calixto. *O poder de controle na sociedade anônima*. 4. ed. Rio de Janeiro: Forense, 2005. p. 499.

[27] DINIZ, Gustavo Saad. Falência de grupos societários: critérios de extensão de efeitos de falência. *In*: CEREZETTI, Sheila C. Neder; MAFFIOLETTI, Emanuelle Urbano. *Dez anos da Lei n. 11.101/2005*. São Paulo: Almedina, 2015. p. 529.

apenas de atos praticados por sociedades, a expressão "grupo econômico" parece ter sido utilizada de modo adequado no texto legal.

Ao adjetivar os grupos como de fato ou de direito, a Lei Anticorrupção adotou a classificação tradicional forjada pela doutrina societária. Em todo tipo de grupo, conforme Lígia Sica, o critério de identificação é a unidade de direção, e não de controle (já que este se apresenta apenas nos grupos por subordinação). Apesar desse aspecto comum, as ligações entre as sociedades nos grupos de direito se caracterizam por vinculação determinada por convenção, enquanto a relação entre as sociedades nos grupos de fato "decorre da mera participação de sociedade ou empresa no capital social da outra".[28] Observa Diniz que a identificação desses grupos de fato – os mais comuns na realidade brasileira – exige "específica análise e cruzamento de participações societárias para identificação das situações de coligação e controle".[29]

Referidos embasamentos conceituais permitem compreender o alcance dos dispositivos da Lei Anticorrupção. O objetivo do art. 16, §5º, é viabilizar a inclusão no programa de leniência de membros do grupo, incluindo aqueles baseados em convenções e os estruturados em participações societárias. Esse dispositivo se compreende à luz de uma análise sistemática da Lei Anticorrupção, a qual, ao tratar da responsabilidade pelas sanções por ato de corrupção, torna as sociedades controladoras, controladas, coligadas ou consorciadas solidariamente responsáveis pelo pagamento de multa e de reparação integral do dano causado (art. 4º, §2º). Há solidariedade de controladoras, controladas e coligadas com a pessoa jurídica condenada, bem como solidariedade entre esta e pessoas com ela vinculadas por consórcio, sobretudo os destinados a viabilizar a participação em licitações, a celebração e a execução de contratos administrativos.

Ocorre que essa solidariedade entre os membros do grupo econômico se restringe ao pagamento de multa e à reparação integral do dano causado pelo ato de corrupção. Diante dessas limitações e conhecendo-se os efeitos da leniência da Lei Anticorrupção, resta averiguar qual seria a utilidade real de as controladoras, controladas ou consorciadas aderirem à leniência com o objetivo de obter a extensão dos benefícios gerados pelo programa de cooperação. Para se proceder a esta análise, há que se partir de duas situações distintas.

Considere-se que, na primeira delas, as pessoas do grupo não tenham se envolvido na prática de corrupção, mas, por força da lei, serão de todo modo responsáveis solidárias pela multa e pela indenização do dano. Nesse caso hipotético, se o infrator, membro do grupo econômico, houver celebrado a leniência, o grupo se beneficiará de modo automático da mitigação da multa administrativa. No tocante à indenização civil, o fato de se celebrar ou não a leniência não produzirá qualquer efeito, pois esse acordo não tratará de indenizações – embora o regulamento federal tente caminhar nesse sentido sem o respaldo legal. Disso resulta que a solicitação da participação conjunta na leniência, prevista no art. 16, §5º, a princípio não apresentará qualquer utilidade aos

---

[28] SICA, Lígia Paula P. A disciplina dos grupos empresariais e a Lei de Recuperação de Empresas em crise e falências: um convite a jurisprudência. *In*: CEREZETTI, Sheila C. Neder; MAFFIOLETTI, Emanuelle Urbano. *Dez anos da Lei n. 11.101/2005*. São Paulo: Almedina, 2015. p. 111-112.

[29] DINIZ, Gustavo Saad. Falência de grupos societários: critérios de extensão de efeitos de falência. *In*: CEREZETTI, Sheila C. Neder; MAFFIOLETTI, Emanuelle Urbano. *Dez anos da Lei n. 11.101/2005*. São Paulo: Almedina, 2015. p. 532.

membros do grupo nas situações em que somente uma entidade do grupo econômico figurar como acusada.

Em hipótese diversa, imagine-se que várias pessoas jurídicas do grupo econômico tenham se envolvido na prática do mesmo ato de corrupção. Aqui, a norma do art. 16, §5º pode ser bastante útil. Para pessoas jurídicas autônomas (não participantes de grupo econômico), vale a regra de leniência única, ou seja, celebra-se o acordo somente com a primeira pessoa jurídica a obter sucesso na negociação, a qual será igualmente a única beneficiária do ajuste. No entanto, se vários infratores pertencerem ao mesmo grupo econômico, autoriza a lei que todos eles participem do mesmo acordo de leniência. Isso significa que o art. 16, §5º excepciona a regra de celebração do acordo com um único infrator nessa hipótese específica. Assim, os três benefícios da leniência se estenderão a mais de um infrator (contanto que pertencentes ao mesmo grupo).

É somente nesta última hipótese, por consequência, que a norma em comento terá efeito prático dentro do programa de leniência para atos de corrupção. Como a execução desse acordo de colaboração entre o infrator e a Administração Pública não extingue a reparação civil e, no processo administrativo, pode apenas ocasionar a mitigação da multa, a solidariedade dos membros do grupo de fato ou de direito nos termos determinados pela lei (art. 4º, §2º) perdura em qualquer das duas situações discutidas, ou seja, tanto naquela em que apenas um membro do grupo comete a prática ilícita, quanto naquela em que vários membros se envolvem na prática.

Informação bibliográfica deste texto, conforme a NBR 6023:2018 da Associação Brasileira de Normas Técnicas (ABNT):

MARRARA, Thiago. Comentários ao art. 16. *In*: DI PIETRO, Maria Sylvia Zanella; MARRARA, Thiago (coord.). *Lei Anticorrupção comentada*. 4. ed. Belo Horizonte: Fórum, 2024. p. 219-267. ISBN 978-65-5518-676-5.

COMENTÁRIOS AO ART. 17

CRISTIANA FORTINI

Art. 17. A administração pública poderá também celebrar acordo de leniência com a pessoa jurídica responsável pela prática de ilícitos previstos na Lei nº 8.666, de 21 de junho de 1993, com vistas à isenção ou atenuação das sanções administrativas estabelecidas em seus arts. 86 a 88.

17.1 Introdução

O tema da corrupção é rotineiramente relacionado aos danos pecuniários que dela resultam, considerando os custos adicionais estimados em 25% (vinte e cinco por cento) dos contratos públicos em países em desenvolvimento ou os mais de 1 trilhão de dólares gastos com propina.

Entretanto, os efeitos perversos da corrupção não se reduzem a números. Afeta-se a democracia quando a corrupção permite a eternização do mesmo grupo governante ou de qualquer outra forma interfere no âmbito de disputa eleitoral. Prejudica-se a eficiência da atividade administrativa, desincentivando empresas imaculadas a participarem de certames. Inibe-se a inovação tecnológica, dado que, afetando-se o ambiente concorrencial público, perenizam-se os contratos com empresas que, assim, não identificam razões para promover avanços qualitativos.

As tentativas de conter os tentáculos das práticas corruptas, a partir do que cada país assim cataloga, prestigiam, via de regra, a edição de leis voltadas a reprimir práticas nefastas, responsabilizando-se as pessoas físicas.[1]

Evidente que a pluralidade legislativa não sinaliza, necessariamente, a redução da corrupção, porque leis são incapazes por si só de romper com o substrato cultural que alimenta a desonestidade. A realidade brasileira escancara essa realidade, considerando

[1] Não há evidentemente conceito universal para a corrupção, porque a conduta repudiada em um país pode ser tolerada em outro. Nem mesmo os conceitos das entidades internacionais dedicadas à corrupção convergem. A Organização para a Cooperação e Desenvolvimento Econômico – OCDE conceitua corrupção como o abuso de agentes públicos e privados para obtenção de vantagens pessoais, aludindo não apenas ao recebimento de propina, mas incluindo a menção ao nepotismo, à fraude e à captura estatal. A Transparência Internacional – TI menciona que, em sentido mais amplo, a corrupção relaciona-se ao abuso de poder visando a benefícios pessoais.

que a inflação legislativa a respeito do tema[2] não freou, com a efetividade desejada, as condutas rechaçadas.

A Lei nº 12.846/13 simboliza não apenas o compromisso há anos assumido pelo Brasil com organismos internacionais, mas também uma nova promessa de retrair a prática dos atos por ela tipificados como infrações.

Importante observar que a lei reafirma comportamento típico do legislador brasileiro. Pressionado pela opinião pública, após anos de letargia desde a assunção dos compromissos internacionais, o legislador optou não apenas por estabelecer responsabilidade objetiva cível e administrativa, mas não apresentou nenhuma situação apta a afastá-la.[3]

17.2 Acordo de leniência: origens, paralelos e contornos principais

Os comentários anteriores já se dedicaram, entre outros aspectos, à análise da natureza da responsabilidade fixada na lei, assim como investigaram o seu alcance subjetivo, as penas administrativas e judiciais prescritas.

O propósito das linhas a seguir é distinto. O combate à corrupção faz-se a partir de informações e documentos que possibilitam ao Estado conhecer atores e práticas. O incremento de dados evidentemente permite o alargar do campo investigativo, alcançando pessoas e desvendando fatos até então ignorados.

Aposta-se no acordo de leniência, consoante se detecta ao analisar o conteúdo do art. 16, como instrumento capaz de alavancar as apurações estatais, por meio da cooperação de entidade alcançada pela Lei nº 12.846/13 com as investigações, incrementando-se o saber estatal e favorecendo novas investidas repressivas contra outros atores, nominados pela pessoa jurídica leniente. Compensa-se o auxílio privado com a redução da pena de multa, conforme §2º do art. 16.

Assim, o processo administrativo de responsabilização, objeto dos arts. 8º a 15 a que se submeterão as pessoas jurídicas, alcançadas pela lei, e às quais se atribuir a prática de qualquer dos atos infracionais do art. 5º, poderá ser impactado pela celebração do acordo de leniência, figura já revelada pela Lei nº 12.529, de 30.11.2011, que reestruturou o Sistema Brasileiro de Defesa da Concorrência – SBDC e dispôs sobre a prevenção e a repressão às infrações contra a ordem econômica, orientada pelos ditames constitucionais da liberdade de iniciativa, da livre concorrência, da função social da propriedade, da defesa dos consumidores e da repressão ao abuso do poder econômico.

A Lei nº 12.529/11, nos arts. 86 e 87, disciplina o acordo de leniência de competência do Cade por intermédio da sua superintendência geral a ser ajustado com pessoas físicas e pessoas jurídicas dispostas a colaborarem com a investigação e com o processo administrativo. Em contrapartida, os colaboradores signatários do acordo poderão ser beneficiados com a extinção da ação punitiva da Administração Pública, nas hipóteses em que a proposta de acordo tiver sido apresentada à superintendência-geral sem que

---

2 São diversas leis que, mesmo não se referindo diretamente à corrupção, dedicam-se a coibir comportamentos, ao aperfeiçoamento do controle, à transparência.

3 A lei apresenta apenas circunstâncias atenuantes, mas se silencia sobre possíveis causas excludentes de responsabilidade.

essa tivesse conhecimento prévio da infração noticiada, ou com a redução de 1/3 (um terço) a 2/3 (dois terços) das penas aplicáveis, levando-se em consideração para esta dosimetria fatores como a gravidade da infração, a boa-fé do infrator e o grau de lesão, ou perigo de lesão à livre concorrência, à economia nacional, aos consumidores ou a terceiros, entre outros.

O acordo de leniência se aproxima também da colaboração premiada disciplinada pela Lei nº 12.850, de 2.8.2013. O art. 4º da citada lei prescreve, no *caput*, que o juiz poderá, a requerimento das partes, conceder perdão judicial, reduzir a pena privativa da liberdade em até 2/3 (dois terços) ou substituí-la por restritivas de direitos, desde que dessa colaboração advenha um ou mais dos seguintes resultados: a) identificação dos demais coautores e partícipes da organização criminosa e das infrações penais por eles praticadas; b) revelação da estrutura hierárquica e da divisão de tarefas da organização criminosa; c) prevenção de infrações penais decorrentes das atividades da organização criminosa; d) recuperação total ou parcial do produto ou do proveito das infrações penais praticadas pela organização criminosa; e e) localização de eventual vítima com a sua integridade física preservada. A Lei nº 12.850/13 fixa parâmetros para se reduzir ou afastar a pena, que, todavia, não aniquilam a discricionariedade do julgador.[4] [5]

Importa lembrar que, em 2017, foi editada a Lei nº 13.506, que disciplina o processo administrativo sancionador na esfera da atuação do Banco Central do Brasil e da Comissão de Valores Mobiliários, promovendo uma série de alterações em vários diplomas legais, em especial na Lei nº 6.385/76, responsável por criar a CVM. A Lei nº 13.506/17 reforça a força punitiva da CVM e do Banco Central do Brasil, mas avança na contratualização da atividade sancionatória, preservando o termo de compromisso e admitindo o acordo de supervisão.[6] A essência do ajuste é a mesma, dado que se busca obter informações junto às pessoas jurídicas, no sentido de admitirem sua participação no ilícito, abrindo tal possibilidade a pessoas físicas.

Também interessante mencionar que a Lei nº 13.655/18 chancela a contratualização ao prever no novo art. 26 a possibilidade de se celebrar compromisso, com o intuito de eliminar incerteza, irregularidade ou situação contenciosa que envolva a aplicação do direito público. Trata-se de cláusula geral a ser utilizada em situações as mais variadas porque não destinada a ambiente específico. Assim, não bastassem os diversos exemplos constantes da legislação, que acima apenas exemplificamos, adiciona-se o art. 26, de enorme potencialidade.

---

4 "Art. 4º [...] §1º Em qualquer caso, a concessão do benefício levará em conta a personalidade do colaborador, a natureza, as circunstâncias, a gravidade e a repercussão social do fato criminoso e a eficácia da colaboração".

5 A mesma discricionariedade existe no acordo de leniência. Entretanto, enquanto na colaboração premiada temos um juiz a decidir, ou seja, alguém tecnicamente capaz e, em princípio, menos suscetível a pressões, no acordo de leniência o aplicador é o controlador, cuja real capacidade técnica e independência funcional são, na prática, sobretudo em municípios menores, uma dúvida.

6 O acordo administrativo ali disciplinado exige a presença cumulativa dos seguintes requisitos: "Art. 30. [...] §2º [...] I – a pessoa jurídica for a primeira a se qualificar com respeito à infração noticiada ou sob investigação; II – o envolvimento na infração noticiada ou sob investigação a partir da data de propositura do acordo cessar completamente; III – o Banco Central do Brasil não dispuser de provas suficientes para assegurar a condenação administrativa das pessoas físicas ou jurídicas por ocasião da propositura do acordo; e IV – a pessoa física ou jurídica confessar participação no ilícito, cooperar plena e permanentemente com as investigações e com o processo administrativo e comparecer, sob suas expensas, sempre que solicitada, a todos os atos processuais, até seu encerramento".

Em verdade, o fervilhar de normas que criam ajustes, recebam ou não o nome de acordos de leniência, é o reconhecimento de que medidas que afetam a função sancionatória ora para suavizar a reprimenda ora para afastá-la podem se revelar mais consentâneas ao interesse público.

17.3 Os acordos de leniência na Lei nº 12.846/13

A Lei Anticorrupção refere-se ao acordo de leniência em dois momentos. Dedica-se primeiramente e com muito mais intensidade, ainda que de forma insatisfatória, ao acordo de leniência definido no art. 16. Já tivemos oportunidade de escrever a respeito do acordo de leniência, após o advento da Medida Provisória nº 703/15, não convertida em lei.[7]

Na citada regra, identifica-se o acordo de leniência como ajuste jurídico firmado pela União, estados, Distrito Federal ou municípios, com pessoas jurídicas de direito privado a quem se atribui o cometimento de atos inaceitáveis segundo o mesmo legislador.

A redação original da lei, ressuscitada após o falecimento da Medida Provisória nº 703/15, destaca, tacitamente, as benesses, à luz do interesse público, do acordo de leniência disciplinado pelo art. 16: "a identificação dos demais envolvidos na infração, quando couber; e a obtenção célere de informações e documentos que comprovem o ilícito sob apuração".

---

[7] Em artigo escrito sobre o acordo de leniência disciplinado no art. 16, em coautoria com o Professor Edimur Ferreira de Faria, criticamos a redação da lei, ainda que, à época, aprimorada pela hoje caduca Medida Provisória nº 703/15. Entre vários reparos à redação da lei, criticamos as expressões associadas ao acordo de leniência. Dissemos: "De início, o caput do art. 16, ao introduzir o acordo de leniência, prevê sua celebração com as 'pessoas jurídicas responsáveis pela prática dos atos e pelos fatos investigados e previstos nesta lei'. A palavra 'responsáveis' soa como reconhecimento de culpa. Vale dizer, admitindo a prática dos ilícitos descritos no art. 5º da n. 12.846/13, a entidade encaminha solicitação visando celebrar o acordo de leniência, diante das possibilidades de suavização ou até remissão de pena. A ideia de 'confissão' está reforçada quando se analisam os incisos I e III do *caput* do art. 16 e os incisos II e III do §1º do mesmo artigo. Os incisos I e III (entre outros) do *caput* do art. 16 enumeram o que a colaboração, via acordo de leniência, deve propiciar. Nos termos dos citados incisos, espera-se que a colaboração pela 'pessoa jurídica responsável' resulte na identificação pela entidade celebrante dos 'demais responsáveis envolvidos na infração, quando couber' e na sua cooperação com as investigações, 'em face de sua responsabilidade objetiva'. Identificar os 'demais envolvidos' sinaliza que a entidade se reconhece aprioristicamente como autora das condutas reprováveis descritas no art. 5º. O mesmo ocorre quando a entidade se coloca à disposição para investigações, 'em face de sua responsabilidade objetiva'. A redação dos incisos II e III do §1º do mesmo art. 16 enfatiza a assunção de 'culpa'. O inciso II do §1º prevê que a entidade 'cesse completamente o seu envolvimento na infração investigada a partir da data da propositura do acordo'. O inciso III, por sua vez, novamente menciona o compromisso da pessoa jurídica em cooperar com as investigações, em face de sua 'responsabilidade objetiva'. Todos esses dispositivos parecem contradizer o §7º segundo o qual 'Não importará em reconhecimento da prática do ato ilícito investigado a proposta de acordo de leniência rejeitada'. O §7º visa evitar que, juridicamente, se considere culpada a entidade cuja pretensão de celebrar o acordo de leniência não prosperou. Soa claro que a pretensão é incentivar as entidades a propor o acordo, eliminando receios que possam as afugentar. O manto protetor constante do §7º objetiva impedir eventual punição com base no documento por meio do qual se solicita a celebração do acordo. A questão, entretanto, não é tão simples. Primeiro porque a forma como está redigido o art. 16 e seu §1º é no mínimo inapropriada. A menção a 'responsáveis', à cessão do envolvimento com a infração e à identificação dos demais responsáveis espelha um reconhecimento, pela entidade propositora, de que houve, sim, o cometimento de ato ilícito. Logo, de início, percebe-se uma falta de cuidado com a redação que poderia e deveria ser aprimorada, valendo-se de outras palavras. Muito melhor seria, por exemplo, que o *caput* do artigo em referência previsse 'eventuais responsáveis'. Certamente o acordo de leniência seria visto com menor receio" (FORTINI, Cristiana; FARIA, Edimur Ferreira de. Os contornos do acordo de leniência após a Medida Provisória n. 703/15: promessa de sucesso ou cenário de incertezas. *Revista Due in Altum – Cadernos de Direito*, v. 8, n. 15, jan./abr. 2016).

O §1º do art. 16 estabelece as condições mínimas para a celebração do acordo de leniência. As condições são as seguintes: o compromisso da entidade em cessar o seu envolvimento na conduta infracional, a partir da data da propositura do acordo; reconhecimento de sua participação no ilícito e reconhecimento do seu dever de cooperar plena e permanentemente com as investigações e o processo administrativo, comparecendo, às suas expensas, sempre que solicitada ou convocada.[8]

O §2º do art. 16 em comento dispõe sobre os benefícios concedidos à pessoa jurídica signatária do acordo de leniência, a saber:

a) isenção das sanções previstas no inc. II do *caput* do art. 6º e no inc. IV do art. 19, ambos da lei sob exame;
b) redução da multa prevista no inc. I do *caput* do art. 6º, da lei, em até dois terços.[9]

Observa-se, pois, que as vantagens para a pessoa jurídica que o celebrar estão enumeradas no art. 16. A lista, na literalidade do dispositivo, é pequena e nada diz sobre as punições, algumas severas, contidas nas leis sobre licitações e contratos, capazes de causar graves perturbações para a vida da entidade, senão contribuir para a sua "morte".

Presume-se que seria muito mais interessante para a entidade livrar-se da declaração de inidoneidade, por exemplo, a suportar a multa prevista na Lei nº 12.846/13, ainda que essa possa ser bastante significativa. Ocorre que, ausente a previsão legal, poder-se-ia questionar eventual acordo de leniência cujos benefícios ultrapassassem o elenco legal e contemplassem sanções estranhas às do art. 6º.

Defender que a negociação possa incluir deveres outros a serem suportados pelas pessoas jurídicas que não apenas os enumerados no art. 16, como exemplo, a adoção ou o aperfeiçoamento de programas de integridade, não demanda grande esforço, dado que se está aprimorando a prevenção à corrupção, contribuindo para evitar que fatos iguais ou assemelhados se repitam. Além disso, quem iria questionar a maior sobrecarga das pessoas jurídicas, se elas próprias as aceitaram, ainda que, evidentemente, nem sempre em situação de absoluto conforto?

Em verdade, a lei já deveria impor à instituição o aperfeiçoamento ou, quando não os tiver, a elaboração dos programas de integridade. Nos acordos de leniência com o MPF, entre os quais os que envolvem as empresas Odebrecht e Andrade Gutierrez, tal cláusula se faz constante.[10]

Hipótese mais polêmica ocorreria com a ampliação dos benefícios, afetando a função sancionatória estatal para além do que a lei já reconheceu como possível. O ambiente da contratualização convida a concluir positivamente pela concessão de vantagens para além das expressas na lei, em especial diante do art. 26 introduzido pela Lei nº 13.655/18 ao Decreto-Lei nº 4.657/42. Mas não se ignora intepretação contrária,

---

[8] Morta a MP, não mais se exige, na Lei nº 12.846/13, o compromisso da entidade privada de promover auditoria, incentivar denúncias de irregularidades e aplicar efetivamente o código de ética e de conduta. Morta a MP, volta-se a prever no inc. I do §1º do art. 16 que entidade deve ser a primeira a se manifestar sobre o acordo.

[9] Em tempos de vigência da MP nº 703/15, a primeira entidade a firmar o acordo de leniência poderia ter benefícios mais acentuados, incluindo a sua completa remissão.

[10] Disponível em: http://www.mpf.mp.br/atuacao-tematica/ccr5/coordenacao/colaboracoes-premiadas-e-acordos-de-leniencia/colaboracoes-premiadas-e-acordos-de-leniencia.

refratária à ampliação da contratualização ao fundamento de que, diante de dado "contrato" disciplinado em lei cujos contornos estejam explicitamente delineados, a flexibilização estaria reduzida às possibilidades expressamente contempladas.

A polêmica que tal pretensão acarretaria seria embalada pela disputa por protagonismo entre os órgãos de controle. Vale dizer: a concessão de benefício extra poderia ser questionada, com maior veemência, pelo órgão de controle "marginalizado".[11]

Mas a lacuna do art. 16, se é que se pode assim catalogar, é suprida de certa forma, diante do art. 17.

O art. 17 da Lei nº 12.846/13 também aborda o acordo de leniência. O dispositivo está assim construído:

> Art. 17. A administração pública poderá também celebrar acordo de leniência com a pessoa jurídica responsável pela prática de ilícitos previstos na Lei nº 8.666, de 21 de junho de 1993, com vistas à isenção ou atenuação das sanções administrativas estabelecidas em seus arts. 86 a 88.

Vê-se que os alvos do segundo acordo de leniência são as entidades responsáveis pela prática de atos ilícitos previstos na Lei nº 8.666/93, com o intuito de isentar ou atenuar as sanções administrativas previstas nos arts. 86 a 88 da citada lei geral.

Em primeiro lugar, deve se ter em mente que a Lei nº 12.846/13 não se dedica apenas a conter atos infracionais cometidos no ambiente dos certames e contratos públicos. Possível, pois, a caracterização da ilicitude em atmosfera outra. Basta cogitar do oferecimento de vantagem indevida, nos moldes do inc. I do art. 5º, diante de atividade de fiscalização no âmbito da vigilância sanitária ou para que se acelere a entrega de alvará.

Importa, ainda, considerar que o art. 17 não faz menção expressa a nenhuma das situações descritas nas alíneas do inc. IV do art. 5º da Lei Anticorrupção. Faz-se, ao revés, menção aos arts. 86 a 88 da Lei nº 8.666/93, cujas reprimendas não são necessariamente relacionadas à prática de corrupção.

A insuficiência da redação do art. 17 gera dúvidas sobre o alcance e o ambiente de aplicação do acordo de leniência nele referido.

Poder-se-ia aduzir que o acordo de leniência, objeto do art. 17, teria espaço apenas diante da prática de infração capitulada nas alíneas do inc. IV do art. 5º da Lei nº 12.846/13, comportamento que poderia atrair também o sancionamento pela Lei nº 8.666/93. Estranhamente, o legislador faz referência somente às penas da Lei nº 8.666/93, ignorando o conteúdo do art. 7º do pregão, que aborda a pena do impedimento, não identificada (apesar de alguma semelhança) com a descrita no art. 87, III da lei geral.

Neste sentido, o acordo de leniência do art. 17 seria utilizado quando, diante das situações previstas no art. 5º, inc. IV, se cogitasse da penalização disciplinada na Lei nº 12.846/13 e ainda da incidência das reprimendas próprias da legislação das licitações. Assim, o acordo de leniência a ser celebrado minimizaria ou afastaria a incidência de sanções para além das que são descritas na Lei nº 12.846/13.

[11] Sabe-se que a Lei Anticorrupção não prevê a celebração de acordos de leniência com o Ministério Público. Mas também se sabe que há inúmeros acordos de leniência com a instituição ajustados. Eles estariam embasados, substancialmente, no art. 129, incs. I, III e IX, da Constituição Federal, entre outros dispositivos.

Tal interpretação faria grande sentido especialmente antes da edição da MP nº 703 e após a retomada da redação original da Lei nº 12.846/13 (a mesma que hoje se apresenta). Isso porque, antes como agora, o primeiro acordo de leniência, qual seja, aquele de que cuida o art. 16, não prevê o afastamento das sanções disciplinadas na Lei nº 8.666/93 ou em outra lei que aborde o cenário das licitações e contratações públicas, como já dito. E evidentemente que a sanção da declaração de inidoneidade, estabelecida no inc. IV, e mesmo o impedimento e a suspensão mencionados no inc. III, ambos do art. 87 da Lei nº 8.666/93, afetam ou podem afetar muito mais substancialmente a entidade quando comparados à multa e à exposição vexatória previstas no art. 6º da Lei Anticorrupção.

Nessa linha interpretativa, um único acordo de leniência expandiria seus tentáculos, promovendo vantagem mais expressiva para a entidade signatária.

Com o advento da MP nº 703/15, e enquanto a citada norma produziu seus efeitos, o art. 17 perdera seu objetivo, considerando a linha interpretativa que se está a cogitar, uma vez que o acordo de leniência do art. 16 passara a produzir o efeito que estava, até então, assinalado para o acordo de leniência do art. 17, qual seja, o de eliminar ou minimizar o sancionamento ao sabor da Lei de Licitações.

Nos moldes da MP, o então inc. I do §2º do art. 16 previa que o acordo de leniência também isentaria a entidade das penas restritivas ao direito de participar de licitações e celebrar contratos, disciplinadas na Lei nº 8.666/93 e em outras normas que tratem de licitações e contratos, como é o caso da Lei nº 10.520/02, que prevê a grave pena do impedimento, em seu art. 7º. Os reflexos do acordo de leniência do art. 16 foram, pois, alargados durante a vigência da MP nº 703/15, tornando aquele acordo de leniência muito mais atrativo do que hoje é.[12]

Comentando a respeito, escrevemos:

> A primeira observação está em que o maior benefício que a pessoa jurídica poderá obter, a partir do acordo de leniência, é livrar-se de reprimendas como a declaração de inidoneidade (art. 87 IV da Lei nº 8.666/93), e também da suspensão e impedimento (art. 87, III da Lei nº 8.666/93).
>
> Não se ignora a importância de ter a multa reduzida ou remida, mas para quem está na iminência de ser penalizado ou já o foi com a declaração de inidoneidade, livrar-se desta última penalidade será a maior benesse.
>
> Isso porque a declaração de inidoneidade implicará, quase certamente, a morte das empresas, em especial considerando os efeitos temporais e geográficos da reprimenda. Embora se devam proteger os contratos já assinados, porque a pena não pode retroceder e alcançar ato jurídico perfeito, a sanção impede novos contratos, e torna quase inviável a sobrevivência da empresa, com consequências extremamente danosas à própria sociedade e aos terceiros inocentes (empregados, fornecedores e acionistas, entre outros). O aumento do desemprego e a queda da arrecadação são alguns dos efeitos maléficos e que devem ser contabilizados quando da decisão administrativa. Considerando essas previsões, é preciso meditar sobre as medidas a serem adotadas. Mais do que cogitar das graves penas a que aludem os incisos III e IV do art. 87, da lei atenção maior há de ser conferir ao compromisso de reparar integralmente os prejuízos causados e a adoção efetiva (ou

[12] Em verdade, se com a MP a insegurança pairava, mesmo com a inserção dos §§11 a 14 no art. 16, hoje é difícil compreender qual entidade se sentiria atraída a celebrá-lo.

> aprimoramento) dos mecanismos de integridade devem ser prestigiados. A celebração do acordo de leniência é, assim, mais salutar. A isenção das sanções restritivas do direito de licitar e contratar, bem como da sanção descrita no art. 6º, II da Lei nº 12.846/13, não parece macular o princípio da indisponibilidade do interesse público. Ao revés. Seja para se elucidar o passado, obtendo-se informações via cooperação privada, seja para se acautelar o futuro, com a assunção do dever, pela pessoa jurídica, de criar ou aprimorar os mecanismos de integridade, o acordo de leniência encarna instrumento de salvaguarda do interesse da coletividade.[13]

Na lógica que se está a apresentar, enquanto perdurou a MP nº 703/15, a única função do acordo de leniência do art. 17 seria a de, em troca da cooperação que caracteriza o ajuste, beneficiar entidades que haviam praticado os atos indesejados descritos no art. 5º da Lei Anticorrupção *antes do advento da Lei nº 12.846/13*, e que não seriam alcançadas pelas punições inauguradas pela Lei Anticorrupção, dada a irretroatividade da lei, mas que já poderiam ser repreendidas à luz da Lei de Licitações. Nesse sentido, ambicionando livrar-se das sanções fixadas na Lei de Licitações, as entidades proporiam o acordo de leniência disciplinado no art. 17.

Assim, de acordo com a primeira linha interpretativa, o acordo de leniência do art. 17 não seria exatamente um novo ajuste, diverso do narrado no art. 16. Em verdade, cuidar-se-ia de possibilidade de favorecer a entidade signatária, ampliando, pois, a atratividade do ajuste, para prever benefícios outros que o escopo inicial do ajuste não contemplava.

Assim, infrações ligadas ao inc. IV do art. 5º, que poderiam levar a punições no ambiente da Lei Anticorrupção e também da Lei de Licitações, seriam abordadas e enfrentadas em um só ajuste, com maior proveito para a entidade signatária.

De toda forma, a linha interpretativa acima oferecida não afasta a possibilidade de outra conclusão, diante da péssima redação e linha de construção adotada pelo legislador. Não nos parece a melhor conclusão, pelo que adotamos a linha interpretativa já apresentada, mas ainda assim vale a pena expor.

A segunda possibilidade de interpretação decorre da opção legislativa por dividir, em artigos diversos, a disciplina do acordo de leniência.

A opção por artigo apartado sugere haver dois instrumentos. Haveria o acordo de leniência do art. 16 e o previsto no art. 17.

À opção por dois artigos e não pela introdução do conteúdo do art. 17 como parágrafo do art. 16, a sugerir uma dualidade de ajustes, se soma o fato de o segundo

---

[13] FORTINI, Cristiana; FARIA, Edimur Ferreira de. Os contornos do acordo de leniência após a Medida Provisória nº 703/15: promessa de sucesso ou cenário de incertezas. *Revista Due in Altum – Cadernos de Direito*, v. 8, n. 15, jan./abr. 2016.

(art. 17) referir-se expressamente a ilícitos previstos na Lei nº 8.666/93[14] [15] e não às infrações descritas no art. 5º. Pode haver correspondência entre eles, mas não necessariamente.

Mas, ainda assim, difícil sustentar o total isolamento do acordo de leniência do art. 17, salvo, como já disse, para ações realizadas antes da incidência da Lei nº 12.846/13.

Vejamos.

O art. 86 disciplina a multa por atraso injustificado na execução do contrato, situação que não guarda, ao menos inicialmente, nenhuma relação com as infrações descritas no art. 5º da Lei nº 12.846/13. Aplica-se a citada multa sem que necessariamente se atribua ao destinatário a prática de ilícitos do porte dos abarcados na Lei Anticorrupção. Mas, ainda que se presumisse que o acordo de leniência do art. 17 fosse outro, independente do seu antecessor, como admitir que se possa celebrá-lo por mero descumprimento contratual, quando ele está inserido em lei que aborda comportamentos ilegais? Teria que se admitir que a Lei Anticorrupção previsse acordo de leniência diante de comportamento que não se revela por ela abarcado, o que soa no mínimo estranho.

Também chama atenção o fato de a lei não indicar os pressupostos para a celebração do acordo de leniência do art. 17. Não se oferecem explicitamente os pressupostos, nada se fala sobre cooperação, não se indica o órgão competente a conduzir as negociações e a celebrá-lo. Em verdade, quase nada se diz no art. 17.

Porém, há de se presumir que o acordo de leniência sempre pressupõe cooperação da entidade infratora que, assumindo a condição de parceira, é homenageada com certos benefícios. Assim deve ser também no âmbito do art. 17, a despeito da timidez legislativa. Pode-se até cogitar que o legislador nada disse expressamente no art. 17, porque já havia feito anteriormente, fato que tornava dispensável a repetição do que antes se expôs.

Mas, qual a colaboração possível se o art. 17 pudesse se aplicar diante de infração contratual, que em nada correspondesse aos tipos ilícitos descritos pela Lei Anticorrupção? O que a entidade interessada na suavização da reprimenda estatal poderia ofertar se sua conduta, omissiva ou comissiva, traduzisse descumprimento contratual, mas não guardasse relação com práticas corruptas? Se não há dados a fornecer, envolvidos a delatar, inexiste a atmosfera para o acordo de leniência.

Pontes podem ser construídas e acordos podem ser celebrados no âmbito da relação contratual com as entidades da Administração Pública. Tais acordos ou termos são referenciados no art. 26 da LINDB onde se menciona a possibilidade da celebração

---

[14] No que toca às sanções indicadas nos incisos do art. 87 da Lei nº 8.666/93, há necessidade de promover-se prévio apontamento. O legislador não informou quais condutas poderão ensejar a incidência de cada pena. O *caput* do art. 87 menciona a inexecução total ou parcial do contrato sem adentrar nos critérios condutores da decisão administrativa. Evidente que um simples olhar permite concluir pelo escalonamento das penas, pelo que é indiscutível o agravamento da punição no caminho entre os incs. I a IV. Reservou-se ao administrador a competência para eleger o mecanismo de reprovação, obviamente admitindo que a melhor escolha depende das variáveis do caso concreto. Parece-nos, todavia, que a lei deveria ter sinalizado, ao menos exemplificativamente, o caminho a ser trilhado pelo administrador, indicando os atos omissivos/comissivos a justificar cada uma das sanções, sem asfixiar a autoridade administrativa. A ausência de parâmetros promove insegurança e autoriza, na prática, a convivência de entendimentos distintos, no interior da mesma entidade, embora análogas as circunstâncias.

[15] Importante considerar o advento da Lei nº 14.133/21 e a necessidade de ler o art. 17 à luz da nova lei diante de situações por ela alcançadas. O art. 155 da Lei nº 14.133/21 arrola as infrações enquanto as sanções estão listadas no art. 156.

de compromisso com os interessados, no intuito de "eliminar incerteza, insegurança jurídica ou situação contenciosa na aplicação do direito público". O dispositivo encerra consentimento legal bastante para amparar a celebração de acordos substitutivos, tornando desnecessárias previsões específicas.

Mas há ainda o art. 27 do mesmo diploma legal segundo o qual a decisão em processo administrativo, judicial ou controlador pode ocorrer por meio de "compromisso processual entre os envolvidos". Vê-se um amálgama entre os dispositivos que desaguam igualmente na consideração do acordo/compromisso como um caminho em prol da solução.

Em nível infralegal, o Decreto Federal nº 9.830/19 resgata a celebração de "compromisso" com os interessados, visando "eliminar irregularidade, incerteza jurídica ou situações contenciosas na aplicação do direito público" (art.10). E a mesma lógica perpassa o art. 11 ao cogitar da celebração do termo de ajustamento de gestão entre agentes públicos e órgãos de controle interno cujo intuito é a correção de falhas apontadas em ações de controle, aprimoramento de procedimentos, assegurando a continuidade da execução do objeto, sempre que possível, e a garantia do atendimento do interesse geral.

Voltando os olhos para a Lei geral de Licitações e Contratos, observa-se a preocupação com a segurança jurídica não apenas por alusão direta constante do art. 5º, como também pela referência à LINDB e, logo, aos dispositivos antes aqui explorados. Não bastasse o art. 5 º vê-se que a aposta na via do consenso, como uma das alternativas e em sintonia com o princípio da segurança jurídica, também se traduz no seu art. 151 e sua previsão de soluções alcançáveis pela conciliação, mediação e comitês de disputas.

Portanto, sim, acordos substitutivos a sanções e outras sortes de compromissos podem ter lugar em matéria de licitações e contratos, quando em realce descumprimentos contratuais. Se as situações que configuram atos de corrupção podem ser objeto de ajustes, problemas relacionados à execução do contrato também poderiam ser, especialmente se assim restar protegido o interesse público. Não seriam, porém, acordos de leniência, à luz da Lei Anticorrupção, substancialmente porque não há cooperação para investigações, PAR, nem a caracterização de prática corruptiva.

Esse é o argumento central que nos conduz a rejeitar a individualidade do acordo de leniência do art. 17, entendendo mais lógica a primeira interpretação aqui fornecida.[16]

Deve ser recordado que o Decreto Federal nº 11.129/22 não concebe "dois acordos de leniência", fato que favorece, embora não alicerce isoladamente, as ponderações aqui registradas.

O art. 33 do novo Decreto Federal diz que o acordo será celebrado com as pessoas jurídicas responsáveis pela prática dos atos lesivos previstos na Lei nº 12.846, de 2013, e dos ilícitos administrativos previstos na Lei nº 14.133/21, e em outras normas de licitações e contratos, com vistas à isenção ou à atenuação das respectivas sanções, desde que colaborem com as investigações e com o PAR.

Ou seja, ao tratar genericamente do acordo de leniência, o Decreto Federal reforça que os atos ilícitos objeto do acordo não são apenas os narrados no art. 5º da

---

[16] SIMÃO, Valdir Moysés; VIANNA, Marcelo Pontes. *O acordo de leniência na Lei Anticorrupção*: histórico, desafios e perspectivas. São Paulo: Trevisan, 2017. p. 144-145.

Lei Anticorrupção, mas envolvem violação à Lei nº 14.133/21 e outras que regram as licitações e contratos.

O art. 50, IV, do citado Decreto reforça que o acordo de leniência poderá provocar a isenção ou a atenuação das sanções administrativas previstas no art. 156 da Lei nº 14.133/21 ou de outras normas de licitações e contratos.

A Portaria Interministerial AGU/CGU nº 4, de 9.8.2019, ao prever em seu art. 2º que dos acordos de leniência serão parte pessoas jurídicas que tenham praticado os atos lesivos descritos na Lei Anticorrupção, ilícitos administrativos catalogados na Lei de Improbidade, na Lei nº 8.666/93 e em outras normas que abordem licitações e contratos, e ao mencionar que do ajuste podem decorrer isenção ou redução das respectivas *sanções*, contribui para o raciocínio aqui defendido.

O *site* da Controladoria-Geral da União indica como benefícios possíveis, para além da redução da multa e da isenção da obrigatoriedade de publicar a punição, o afastamento da inidoneidade.[17]

Quer nos parecer que, à luz da Lei nº 12.846/13, é possível contratualizar a atividade sancionatória, para, em contrapartida à cooperação privada, minimizar ou frear o impacto da ação punitiva estatal, admitindo-se, a partir da intepretação sistêmica, que se acresça às vantagens arroladas no art. 16 a retração punitiva própria do ambiente das contratações públicas. Esse é o sentido do art. 17, considerando a redação da lei atual e a interpretação conjunta dos dispositivos.

17.4 Conclusões

As dúvidas poderiam ser evitadas se outra tivesse sido a redação legal. Imperfeições sempre podem ser apontadas especialmente com olhos de retrovisor. Há vários outros aspectos legais que mereceriam ajustes, sobretudo após dez anos.

A sensibilidade política que circunda o tema e o risco de retrocessos explicam os receios de se proporem alterações na Lei. O que se percebe é a tentativa constante de, via mudanças normativas, mas com a preservação do texto original da lei, avançar.

No que toca aos acordos de leniência, o Decreto nº 11.129/22, como em parte já fazia o seu antecessor, "clareia"/"conserta" a Lei.

Para além do que antes já apontamos, o ato normativo federal[18] contorna a ausência de exigência legal, quanto à existência de cláusula no acordo de leniência a impor a adoção, a aplicação ou o aperfeiçoamento de programa de integridade às signatárias, o que se harmoniza com um dos propósitos do citado acordo, qual seja: o de fomentar a cultura de integridade no setor privado.[19] Os artigos 32 e 45 adicionam

---

[17] BRASIL. Controladoria-Geral da União. *Acordo de leniência*. Disponível em: https://www.gov.br/cgu/pt-br/assuntos/responsabilizacao-de-empresas/lei-anticorrupcao/acordo-leniencia.

[18] Art. 45. O acordo de leniência conterá, entre outras disposições, cláusulas que versem sobre: IV – a adoção, a aplicação ou o aperfeiçoamento de programa de integridade, conforme os parâmetros estabelecidos no Capítulo V, bem como o prazo e as condições de monitoramento;

[19] Art. 32. O acordo de leniência é ato administrativo negocial decorrente do exercício do poder sancionador do Estado, que visa à responsabilização de pessoas jurídicas pela prática de atos lesivos contra a administração pública nacional ou estrangeira.
Parágrafo único. O acordo de leniência buscará, nos termos da lei:
I – o incremento da capacidade investigativa da administração pública;

tijolos, que melhor estariam na lei, evitando que em outras esferas de governo os acordos não tragam tais previsões.

O caminho da alteração/adição via Decreto é mesmo mais controlado, porque evitam-se reviravoltas. Mas, dez anos depois, o mundo ideal já ambiciona o aprimoramento legal.

Informação bibliográfica deste texto, conforme a NBR 6023:2018 da Associação Brasileira de Normas Técnicas (ABNT):

FORTINI, Cristiana. Comentários ao art. 17. *In*: DI PIETRO, Maria Sylvia Zanella; MARRARA, Thiago (coord.). *Lei Anticorrupção comentada*. 4. ed. Belo Horizonte: Fórum, 2024. p. 269-280. ISBN 978-65-5518-676-5.

II – a potencialização da capacidade estatal de recuperação de ativos; e
III – o fomento da cultura de integridade no setor privado.

COMENTÁRIOS AO ART. 18

MARIA SYLVIA ZANELLA DI PIETRO

Art. 18. Na esfera administrativa, a responsabilidade da pessoa jurídica não afasta a possibilidade de sua responsabilização na esfera judicial.

18.1 Da responsabilização judicial

O art. 18 da Lei nº 12.846/13 está inserido no Capítulo VI, que trata da responsabilização judicial, definindo as sanções cabíveis, as medidas cautelares, a possibilidade de aplicação das sanções administrativas em caso de omissão da autoridade competente para a respectiva responsabilização, bem como a competência para o ajuizamento das ações e o rito a ser aplicado.

Foi visto, em comentário ao art. 6º (inserido no capítulo III da lei, que trata da *responsabilização administrativa*), que a lei prevê que a pessoa jurídica causadora de dano à Administração Pública responde nas esferas administrativa e judicial.

O art. 6º define as sanções cabíveis na esfera administrativa, a saber, multa e publicação extraordinária da decisão condenatória.

Os arts. 8º a 15 estabelecem normas sobre o processo administrativo de responsabilização, inclusive sobre competência para a instauração e julgamento e sobre as várias fases em que se desenvolve o procedimento.

Nos arts. 18 a 21 são estabelecidas normas sobre responsabilização judicial.

O art. 18, que ora se comenta, é o que consagra a duplicidade de esferas de apuração de responsabilidade da pessoa jurídica que causa dano à Administração Pública: a administrativa e a judicial.

Fundamentalmente, a responsabilização judicial tem por objetivo a aplicação das sanções previstas no art. 19, que diferem das sanções administrativas relacionadas no art. 6º.

No entanto, a responsabilização judicial pode abranger, além das sanções civis previstas no art. 19, também as sanções administrativas mencionadas no art. 6º (multa e publicação extraordinária da decisão condenatória), se houver omissão das autoridades competentes para promover a responsabilização administrativa.

Além disso, também pode ser objeto de ação judicial a responsabilização por perdas e danos, prevista no art. 6º, §4º, da lei. Se não houver reparação na esfera administrativa, não haverá outro recurso, senão a propositura da competente ação judicial.

18.2 Da competência legislativa em matéria de responsabilização judicial

No Capítulo VI, que trata da responsabilidade judicial, a Lei nº 12.846/13, ao contrário do que ocorre no Capítulo IV, que trata do processo administrativo, não deixa dúvidas de que suas normas são de âmbito nacional, ou seja, de aplicação a todas as esferas de governo. Nem poderia ser diferente, já que regula matéria de direito civil e processual, de competência legislativa exclusiva da União, nos termos do art. 22, I, da Constituição.

Assim, enquanto estados, Distrito Federal e municípios podem estabelecer suas próprias regras jurídicas a respeito do processo administrativo destinado à aplicação das sanções previstas no art. 6º, bem como sobre a competência para a respectiva instauração e julgamento, a responsabilização judicial rege-se pelas normas da Lei nº 12.846/13, inclusive quanto à competência para instauração, prevista nos arts. 19 e 20, e ao rito a ser observado, imposto pelo art. 21 (o mesmo da ação civil pública, estabelecido pela Lei nº 7.347, de 24.7.1985).

18.3 Independência na responsabilização administrativa e judicial

A Lei nº 12.846/13 prevê a responsabilização na *esfera administrativa* e na *esfera judicial*.

Constitui preceito assente no ordenamento jurídico brasileiro a independência entre as instâncias judicial e administrativa, o que significa que, enquanto a Administração Pública pode instaurar processos para apuração de ilícitos praticados em sua esfera de atuação, os ilícitos civis e penais ficam a cargo do Poder Judiciário. É o que ocorre, inclusive, em matéria disciplinar, na hipótese em que o servidor público pratica ato que constitui, ao mesmo tempo, ilícito administrativo, improbidade administrativa e crime contra a Administração Pública. Nessa situação, a responsabilidade administrativa é apurada pela própria Administração Pública; a improbidade administrativa é apurada pelo Judiciário, na área cível; e o crime é apurado pelo Judiciário, na área penal. Em cada esfera a sanção é de natureza diversa. Existe norma expressa nesse sentido no art. 125 da Lei nº 8.112, de 11.12.1990, que assim estabelece:

> Art. 125. As sanções civis, penais e administrativas poderão cumular-se, sendo independentes entre si.

Foi praticamente a mesma solução adotada pela Lei nº 12.846/13: pelo mesmo ato (um dos indicados no art. 5º), a pessoa jurídica que causa dano à Administração Pública pode responder na esfera administrativa, com aplicação das sanções previstas no art. 6º, e na esfera judicial, com as sanções estabelecidas no art. 19, sem falar na esfera criminal (para as pessoas físicas envolvidas), se ao ato corresponder crime definido em lei. É o caso das infrações em matéria de licitações: muitas das previstas no art. 5º correspondem a ilícitos sancionados pela Lei nº 14.133, de 1º.4.2021 (Lei de Licitações e Contratos Administrativos) e a atos de improbidade administrativa previstos na Lei nº 8.429, de 2.6.1992. As sanções são independentes, embora, pela nova redação do §2º do artigo 3º dessa Lei, as sanções previstas na Lei Anticorrupção não serão aplicadas à pessoa jurídica, caso o ato de improbidade administrativa seja também sancionado como ato lesivo à administração pública de que trata a Lei nº 12.846, de 1º.8.2013. Em consonância com esse dispositivo, ficou parcialmente revogado o artigo 30, inciso I, da Lei nº 12.846, no que diz respeito às pessoas jurídicas. Ele continua a ter aplicação para as pessoas físicas que pratiquem ato lesivo previsto na Lei de Improbidade Administrativa e na Lei Anticorrupção e para as pessoas jurídicas cujos atos de improbidade não sejam também sancionados pela Lei Anticorrupção.

Na responsabilização administrativa, ficam a cargo da Administração Pública a apuração do ilícito, a aplicação das sanções e a apuração dos danos a serem ressarcidos; se estes não forem satisfeitos, o débito será inscrito em dívida ativa, para fins de execução judicial. Na esfera judicial, são apurados os mesmos ilícitos definidos no art. 5º da lei, na forma prevista no art. 19.

Com efeito, as sanções administrativas são aplicadas pela própria Administração Pública, salvo no caso de omissão da autoridade competente, hipótese em que elas poderão ser aplicadas nas ações judiciais propostas pelo Ministério Público, conforme previsto no art. 20 da Lei nº 12.846/13. As sanções de natureza civil são aplicadas pelo Poder Judiciário, em ações judiciais propostas pela União, estados, Distrito Federal e municípios, por meio das respectivas advocacias públicas ou órgãos de representação judicial, ou equivalentes, ou pelo Ministério Público (art. 19).

As infrações que levam à responsabilização judicial são as mesmas previstas no art. 5º da lei. As sanções são as previstas no art. 19, comentado a seguir.

É importante ressaltar também que, independentemente das sanções de natureza administrativa e civil previstas, respectivamente, nos arts. 6º e 19, a pessoa jurídica (bem como seus dirigentes e administradores) pode responder por atos ilícitos alcançados pela Lei nº 8.666, de 21.6.1993, ou por outras normas de licitações e contratos da Administração Pública, inclusive no que se refere ao Regime Diferenciado de Contratações – RDC, instituído pela Lei nº 12.462/11. É o que determina o art. 30 da Lei Anticorrupção.[1] A referência a essa legislação pertinente a licitações tem que ser substituída pela menção à Lei nº 14.133, de 1º.4.2021, à vista do que estabelece o seu artigo 189:

> Aplica-se esta Lei às hipóteses previstas na legislação que façam referência expressa à Lei nº 8.666, de 21 de junho de 1993, à Lei nº 10.520, de 17 de julho de 2002, e aos arts. 1º a 47-A da Lei nº 12.462, de 4 de agosto de 2011.

---

[1] "Art. 30. A aplicação das sanções previstas nesta Lei não afeta os processos de responsabilização e aplicação de penalidades decorrentes de: I – ato de improbidade administrativa nos termos da Lei n. 8.249, de 2 de junho de 1992; e II – atos ilícitos alcançados pela Lei nº 8.666, de 21 de junho de 1993, ou outras normas de licitações e contratos da administração pública, inclusive no tocante ao Regime Diferenciado de Contratações Públicas – RDC instituído pela Lei nº 12.462, de 4 de agosto de 2011".

O artigo 30 da Lei nº 8.429 tinha sido alterado pela Medida Provisória nº 703, de 18.12.2015, para incluir o inc. III, prevendo as infrações contra a ordem econômica, nos termos da Lei nº 12.529, de 2011. Não tendo sido aprovada a Medida Provisória, essa hipótese ficou excluída do art. 30. Nem por isso se pode concluir que a aplicação das sanções previstas na Lei nº 12.846 exclui as sanções da Lei nº 12.529, pelas infrações contra a ordem econômica. O art. 30 estabelece o óbvio, já que todas as leis nele mencionadas – Lei de Improbidade Administrativa e Lei de Licitações – estabelecem normas especiais sobre determinados ilícitos administrativos e respectivas sanções, não afetados pela Lei Anticorrupção. Ainda que não houvesse a norma do art. 30, essas leis seriam aplicadas de forma independente, até porque nem sempre há coincidência entre os sujeitos ativos e passivos dos ilícitos nelas definidos, além de serem diferentes as sanções cabíveis, salvo algumas poucas exceções. Ressalva tem que ser feita, agora, quanto às sanções previstas pela Lei de Improbidade Administrativa, à vista do disposto no já referido §2º do artigo 3º da Lei nº 8.429, com a redação dada pela Lei nº 14.230/2021, que afasta, com relação às pessoas jurídicas, a possibilidade de punição concomitante com base na Lei de Improbidade e na Lei Anticorrupção, se o ato lesivo for sancionado pelas duas leis.

Há que se lembrar, também, que o art. 29 da Lei nº 12.846/13 assim estabelece:

> Art. 29. O disposto nesta Lei não exclui as competências do Conselho Administrativo de Defesa Econômica, do Ministério da Justiça e do Ministério da Fazenda para processar e julgar fato que constitua infração à ordem econômica.

Também a Lei nº 8.429/92 (Lei de Improbidade Administrativa), no art. 12, ao dar o rol das sanções cabíveis, deixa expresso que elas são aplicáveis "independentemente das sanções penais, civis e administrativas, previstas na legislação específica".

Informação bibliográfica deste texto, conforme a NBR 6023:2018 da Associação Brasileira de Normas Técnicas (ABNT):

DI PIETRO, Maria Sylvia Zanella. Comentários ao art. 18. *In*: DI PIETRO, Maria Sylvia Zanella; MARRARA, Thiago (coord.). *Lei Anticorrupção comentada*. 4. ed. Belo Horizonte: Fórum, 2024. p. 281-284. ISBN 978-65-5518-676-5.

COMENTÁRIOS AO ART. 19

MARIA SYLVIA ZANELLA DI PIETRO

Art. 19. Em razão da prática de atos previstos no art. 5º desta Lei, a União, os Estados, o Distrito Federal e os Municípios, por meio das respectivas Advocacias Públicas ou órgãos de representação judicial, ou equivalentes, e o Ministério Público, poderão ajuizar ação com vistas à aplicação das seguintes sanções às pessoas jurídicas infratoras:
I – perdimento dos bens, direitos ou valores que representem vantagem ou proveito direta ou indiretamente obtidos da infração, ressalvado o direito do lesado ou de terceiro de boa-fé;
II – suspensão ou interdição parcial de suas atividades;
III – dissolução compulsória da pessoa jurídica;
IV – proibição de receber incentivos, subsídios, subvenções, doações ou empréstimos de órgãos ou entidades públicas e de instituições financeiras públicas ou controladas pelo poder público, pelo prazo mínimo de 1 (um) e máximo de 5 (cinco) anos.
§1º A dissolução compulsória da pessoa jurídica será determinada quando comprovado:
I – ter sido a personalidade jurídica utilizada de forma habitual para facilitar ou promover a prática de atos ilícitos; ou
II – ter sido constituída para ocultar ou dissimular interesses ilícitos ou a identidade dos beneficiários dos atos praticados.
§2º (VETADO).
§3º As sanções poderão ser aplicadas de forma isolada ou cumulativa.
§4º O Ministério Público ou a Advocacia Pública ou órgão de representação judicial, ou equivalente, do ente público poderá requerer a indisponibilidade de bens, direitos ou valores necessários à garantia do pagamento da multa ou da reparação integral do dano causado, conforme previsto no art. 7º, ressalvado o direito do terceiro de boa-fé.

19.1 Das sanções de natureza civil

O art. 19, ora comentado, prevê as sanções de natureza civil a serem aplicadas na esfera judicial, mediante propositura da ação cabível prevista no art. 22 da Lei nº 12.846/2013, que segue o mesmo rito da ação civil pública, disciplinada pela Lei nº 7.347, de 24.7.1985.

A primeira sanção – *perdimento de bens, direitos ou valores que representem vantagem ou proveito direta ou indiretamente obtidos da infração* – não constitui novidade no direito brasileiro. O Decreto-Lei nº 3.240, de 8.5.1941, sujeitava a sequestro os bens de pessoas indiciadas por crimes que resultem prejuízo para a Fazenda Pública, podendo atingir bens em poder de terceiros desde que estes os tivessem adquirido dolosamente ou com culpa grave. A perda dos bens, no caso, constituía efeito da condenação criminal.

A Constituição Federal de 1946, no art. 141, §31, previa lei que dispusesse sobre "o sequestro e a perda, em favor da Fazenda Pública, dos bens adquiridos pelo servidor público, por influência ou abuso de cargo ou função pública, ou de emprego em entidade autárquica", sem prejuízo da responsabilidade criminal em que tenha aquele incorrido. Tratava-se de sanção de natureza civil, decretada no juízo cível, aplicada independentemente da responsabilidade criminal e mesmo que ocorresse a extinção da ação penal ou a absolvição do réu.

Dando cumprimento ao dispositivo constitucional, a Lei nº 3.164, de 1º.6.1957 (Lei Pitombo-Godói Ilha), sujeitava também a sequestro e à perda, em favor da Fazenda Pública, dos bens adquiridos pelo servidor público, por influência ou abuso de cargo ou função pública, ou de emprego em entidade autárquica, sem prejuízo da responsabilidade criminal em que tenha aquele incorrido. As medidas eram decretadas no juízo cível, sendo o processo promovido por iniciativa do Ministério Público, ou de qualquer pessoa do povo.

Posteriormente, a Lei nº 3.502, de 21.1.1958, sem revogar a anterior, veio regular o sequestro e o perdimento de bens nos casos de enriquecimento ilícito, por influência ou abuso de cargo ou função.

Com a Lei nº 8.429, de 2.6.1992 (conhecida como Lei da Improbidade Administrativa), foi prevista, entre as sanções cabíveis, *a perda dos bens ou valores acrescidos ilicitamente ao patrimônio*, para a hipótese de ato de improbidade administrativa que causa enriquecimento ilícito. Manteve-se a natureza civil da sanção, que só pode ser aplicada judicialmente, mediante a propositura da ação de improbidade administrativa, independentemente da responsabilização criminal.

A sanção de perda de bens auferidos ilicitamente foi prevista na legislação citada para punir fundamentalmente o servidor público ou o agente público, na redação da Lei nº 8.429, podendo atingir também o particular que, mesmo não sendo agente público, induza ou concorra dolosamente para a prática do ato de improbidade, conforme art. 3º da lei.

Com a Lei nº 12.846/13, o mesmo tipo de sanção é aplicável à *pessoa jurídica que causa dano à Administração Pública, bem como a seus dirigentes ou administradores* (art. 3º, §§1º e 2º). Tanto a pessoa jurídica como seus dirigentes ou administradores que tenham obtido bens, direitos ou valores que representem vantagem ou proveito direta ou indiretamente obtidos da infração estão sujeitos à perda de bens.

O dispositivo (art. 19, I), ao prever a perda de bens, direitos ou valores, faz uma ressalva, na parte final, quanto ao "direito do lesado ou de terceiro de boa-fé". Vale dizer que, além de sofrer a sanção, o infrator ainda está sujeito a enfrentar pretensões indenizatórias por parte do lesado ou de terceiro de boa-fé, eventualmente prejudicado pela prática da infração.

Os incs. II e III da Lei nº 12.846 preveem ainda, como sanções a serem aplicadas na esfera judicial, a "suspensão ou interdição de suas atividades" e a "dissolução compulsória da pessoa jurídica", que são sanções muito severas, porque acarretam a paralisação, total ou parcial, da atividade da empresa.

A *dissolução compulsória* pode parecer pena excessivamente severa, já que põe fim à existência jurídica da pessoa jurídica infratora. Deve-se ter presente, no entanto, que, justamente pela gravidade da consequência, essa penalidade teve a sua aplicação restringida pelo art. 19, §1º, a duas hipóteses: "I – ter sido a personalidade jurídica utilizada de forma habitual para facilitar ou promover a prática de atos ilícitos; II – ter sido constituída para ocultar ou dissimular interesses ilícitos ou a identidade dos beneficiários dos atos praticados". Em ambas, o próprio objeto da pessoa jurídica é ilícito, porque a sua finalidade é a de burlar a lei, para alcançar benefícios indevidos.

Trata-se de hipóteses de abuso de forma jurídica, em que a pessoa jurídica é constituída ou utilizada para obtenção de fins ilícitos, caracterizando-se desvio de finalidade. É o que ocorre, por exemplo, quando, após punição prevista na Lei de Licitações (declaração de inidoneidade para licitar e contratar), a empresa infratora cria outra pessoa jurídica, com os mesmos sócios, o mesmo patrimônio, a mesma sede, para continuar a exercer a mesma atividade. Também é a hipótese em que a pessoa jurídica é fictícia, só existindo no papel, para fins de lavagem de dinheiro ou para fraudar credores. Ainda há a hipótese das falsas microempresas, constituídas à margem das grandes empresas, com o objetivo de obter os benefícios que o ordenamento jurídico confere às microempresas. Na prática, também se verificam exemplos de falsas cooperativas, que são constituídas com o formato desse tipo de entidade, com o objetivo de desfrutar dos respectivos benefícios, mas, na realidade, não possuem as características próprias dessas pessoas jurídicas.

Em situações como essas, cabe, na esfera administrativa, a desconsideração da personalidade jurídica (prevista no art. 14)[1] e, na esfera judicial, a dissolução compulsória (art. 19, III). Os dispositivos afinam-se com as normas dos arts. 50 e 51 do Código Civil.

Pelo primeiro:

> Em caso de abuso da personalidade jurídica, caracterizado pelo desvio de finalidade, ou pela confusão patrimonial, pode o juiz decidir, a requerimento da parte, ou do Ministério Público quando lhe couber intervir no processo, que os efeitos de certas e determinadas relações de obrigações sejam estendidos aos bens particulares dos administradores ou sócios da pessoa jurídica.

O art. 51 admite a dissolução da pessoa jurídica e a cassação de autorização para seu funcionamento.

A pena de *suspensão ou interdição parcial de atividades*, prevista no inc. II do art. 19, também é bastante severa e pode levar à inviabilidade da empresa, provocando a sua extinção. Até porque a lei não estabeleceu um limite de tempo para duração da sanção.

---

1 "Art. 14. A personalidade jurídica poderá ser desconsiderada sempre que utilizada com abuso do direito para facilitar, encobrir ou dissimular a prática dos atos ilícitos previstos nesta Lei ou para provocar confusão patrimonial, sendo estendidos todos os efeitos das sanções aplicadas à pessoa jurídica aos seus administradores e sócios com poderes de administração, observados o contraditório e a ampla defesa".

Para evitar essa possibilidade de levar à morte a empresa, tanto a suspensão como a interdição de atividades têm que ser *parciais*, de modo a não impedir que ela continue a desenvolver as atividades lícitas compreendidas em seu objeto social.

Na realidade, a suspensão ou interdição de atividades pode, indiretamente, provocar a dissolução da empresa, em hipótese que não se enquadra entre as previstas no art. 19, §1º, da lei. Por outras palavras, pode-se, por meio delas, alcançar objetivo não permitido pelo legislador, que é o de levar à dissolução a empresa em situação outra que não a enquadrada no art. 19, §1º. No caso de dissolução da pessoa jurídica, o próprio objeto da empresa é ilícito, porque constituído com abuso de poder. No caso da suspensão ou interdição parcial de atividades, o objeto da pessoa jurídica é lícito e a continuidade das atividades que nele se inserem não pode ser suspensa ou impedida a título de punição.

A aplicação dessa penalidade pode contrariar o princípio da razoabilidade, sob o aspecto da adequação ou desproporção entre meios e fins. O entendimento do Supremo Tribunal Federal, desde longa data, tem sido no sentido de impedir que o poder sancionatório seja exercido de forma irrazoável, ainda que fundado em lei.

Pela Súmula nº 70, ficou consagrado o entendimento de que "é inadmissível a interdição de estabelecimento como meio coercitivo para cobrança de tributo". Pela Súmula nº 323, "é inadmissível a apreensão de mercadorias como meio coercitivo para pagamento de tributos". E, pela Súmula nº 547, "não é lícito à autoridade proibir que o contribuinte em débito adquira estampilhas, despache mercadorias nas alfândegas e exerça suas atividades profissionais".

A ideia é a de vedar sanções que impeçam o exercício de atividades lícitas e afrontem a liberdade de iniciativa e os princípios da ordem econômica. Nesse sentido, manifestou-se Sebastião Botto de Barros Tojal.[2] Para o autor, a referida sanção fere a função social da empresa e os princípios da ordem econômica.

A esse respeito, é importante ressaltar o disposto na Lei de Introdução às Normas do Direito Brasileiro – LINDB (Decreto-Lei nº 4.657, de 25.4.2018), no artigo 21, *caput* e parágrafo único, introduzidos pela Lei nº 13.655, de 25.4.2018. Embora não disponham especificamente sobre a aplicação de sanções, as normas contidas nesses dispositivos têm aplicação na hipótese de que ora se trata, uma vez que envolve importante aplicação do princípio da proporcionalidade, *in verbis*:

> Artigo 21 – A decisão que, nas esferas administrativa, controladora ou judicial, decretar a invalidação de ato, contrato, ajuste, processo ou norma administrativa deverá indicar de modo expresso suas consequências jurídicas e administrativas.
>
> Parágrafo único. A decisão a que se refere o *caput* deste artigo deverá, quando for o caso, indicar as condições para que a regularização ocorra de modo proporcional e equânime e sem prejuízo aos interesses gerais, não se podendo impor aos sujeitos atingidos ônus ou perdas que, em função das peculiaridades do caso, sejam anormais ou excessivos.

---

[2] TOJAL, Sebastião Botto de Barros. Da inconstitucionalidade da pena prevista no inciso II do artigo 19 da Lei Anticorrupção. *Revista do Advogado*, ano XXXIV, n. 125. p. 140-141, dez. 2014.

O inc. IV do art. 19 da Lei nº 12.846 ainda prevê como penalidade a ser aplicada na esfera judicial a "proibição de receber incentivos, subsídios, subvenções, doações ou empréstimos de órgãos ou entidades públicas e de instituições financeiras públicas ou controladas pelo poder público, pelo prazo mínimo de 1 (um) ano e máximo de 5 (cinco) anos".

Essa penalidade também não constitui novidade no direito brasileiro, tendo em vista estar prevista em outras leis, como é o caso do art. 12 da Lei nº 8.429/92 (Lei de Improbidade Administrativa), para as três hipóteses de atos de improbidade, de que tratam os arts. 9º (atos que importam enriquecimento ilícito), 10 (atos que causam prejuízo ao erário) e 11 (atos que atentam contra os princípios da Administração Pública.

Tratando-se de sanção aplicável em diferentes esferas de apuração de responsabilidade, tem que ser levado em consideração o princípio do *non bis in idem*, agasalhado expressamente no artigo 22, §3º, da LINDB, em cujos termos "as sanções aplicadas ao agente serão levadas em conta na dosimetria das demais sanções de mesma natureza e relativas ao mesmo fato" (dispositivo introduzido pela Lei nº 13.655/2018).

Também a Lei de Improbidade Administrativa (Lei nº 8.429/92, alterada pela Lei nº 14.230/2021) veda expressamente o *bis in idem* no artigo 12, §§6º e 7º. Este último manda aplicar o mesmo princípio aos ilícitos previstos na Lei Anticorrupção:

> §7º As sanções aplicadas a pessoas jurídicas com base nesta Lei e na Lei nº 12.846, de 1º de agosto de 2013, deverão observar o princípio constitucional do *non bis in idem*.

Por sua vez, o art. 17-C, inciso V, introduzido pela Lei nº 14.230/2021, inclui entre os requisitos a serem observados na sentença proferida na ação de improbidade, "a dosimetria das sanções relativas ao mesmo fato já aplicadas ao agente".

Seria contrário aos princípios da moralidade administrativa e da razoabilidade admitir que pessoa causadora de dano ao Poder Público ainda fosse beneficiada com benefícios dele recebidos. Essa penalidade pode ser excluída em decorrência de celebração de acordo de leniência, conforme previsto no art. 16, §2º, *in verbis*:

> §2º A celebração do acordo de leniência isentará a pessoa jurídica das sanções previstas no inciso II do artigo 6º e no inciso IV do artigo 19 e reduzirá em 2/3 (dois terços) o valor da multa aplicável.

Vale dizer que todas demais sanções previstas nos arts. 6º e 19 não poderão ser excluídas pelo acordo de leniência de que tratam os arts. 16 e 17.

19.2 A questão da cumulatividade de sanções

Todas as sanções previstas no art. 19 podem ser aplicadas de forma isolada ou cumulativa, conforme previsto no §3º desse dispositivo. Em algumas hipóteses, a natureza da penalidade já exclui as demais: (i) as penas de suspensão ou interdição parcial de atividades e a dissolução compulsória da pessoa jurídica são excludentes entre si; aplica-se uma ou outra; (ii) a dissolução da pessoa jurídica também exclui automaticamente a pena prevista no inc. IV do art. 19: se a empresa deixa de existir, não tem sentido aplicar-lhe a pena de proibição de receber qualquer tipo de benefício do Poder Público; (iii) a penalidade prevista no inc. I (perda de bens, direitos ou valores recebidos em decorrência da infração) é compatível com todas as demais sanções.

A cumulatividade de sanções já é prevista no art. 12 da Lei nº 8.429/1992, com a redação dada pela Lei nº 14.230/2021. Justifica-se porque o ato ilícito afeta ou pode afetar valores de natureza diversa. Afeta o patrimônio público econômico-financeiro, bem como o patrimônio moral; afeta o interesse de toda a coletividade em que a honestidade e a moralidade prevaleçam no trato da coisa pública. Se valores de natureza diversa são atingidos, é perfeitamente aceitável que algumas ou todas as penalidades sejam aplicadas concomitantemente.[3]

Além da cumulatividade das sanções previstas no art. 19, não é demais ressaltar que a mesma cumulatividade existe com relação às penalidades administrativas de que trata o art. 6º da Lei nº 12.846/13: multa e publicação extraordinária da decisão condenatória. Embora as infrações sejam as mesmas, as sanções são de natureza diversa e aplicadas em esferas distintas, ressalvada a possibilidade de aplicação das sanções administrativas na esfera judicial, quando da propositura de ação pelo Ministério Público, desde que tenha havido omissão da Administração Pública para promover a responsabilização administrativa. É o que estabelece o art. 20 da lei.

A lei ainda comporta cumulatividade das sanções previstas na Lei nº 12.846/13 com as da Lei de Improbidade Administrativa e das leis sobre licitações, conforme determina o art. 30. No entanto, o artigo 3º, §2º, da Lei nº 8.429/92, com a redação dada pela Lei nº 14.230/21, veda, em relação às pessoas jurídicas, a aplicação concomitante das sanções previstas na Lei de Improbidade Administrativa e na Lei Anticorrupção, se o ato ímprobo for também sancionado pela Lei Anticorrupção, *in verbis*:

> As sanções desta Lei não se aplicarão à pessoa jurídica, caso o ato de improbidade administrativa seja também sancionado como ato lesivo à administração Pública de que trata a Lei nº 12.846, de 1º de agosto de 2013.

Com essa norma, ficou parcialmente revogado o artigo 30, I, da Lei nº 12.846/13, no que diz respeito às pessoas jurídicas.

O art. 5º da Lei Anticorrupção definiu os atos lesivos à Administração Pública, indicando várias hipóteses em que se caracteriza a infração. Trata-se de ilícitos administrativos e civis ao mesmo tempo, já que geram responsabilidade administrativa e judicial.

Embora a redação do dispositivo possa dar a impressão de que a enumeração dos cinco incisos é taxativa, essa conclusão tem que ser afastada quando se interpreta o *caput* do dispositivo, que abarca hipóteses não especificamente mencionadas nos incisos. Por outras palavras, nem todas as hipóteses previstas nos incisos se enquadram no conceito do *caput*, que abrange "os atos que atentem contra o patrimônio público, nacional ou estrangeiro, contra princípios da administração pública ou contra os compromissos internacionais assumidos pelo Brasil". Por isso, mesmo que determinado ato não se

[3] Cf.: DI PIETRO, Maria Sylvia Zanella. *Direito administrativo*. 36. ed. Rio de Janeiro: Forense, 2023. p. 1018.

enquadre especificamente em um dos incisos, ele caracterizará infração passível de punição pela Lei Anticorrupção se abrangido pelo conceito mais amplo contido no *caput*.

Pelas hipóteses referidas no art. 5º, fácil é concluir que muitas delas ou praticamente todas elas constituem também atos de improbidade administrativa, definidos nos arts. 10, 11 e 12 da Lei nº 8.429, de 2.6.1992. Além disso, muitas delas, especialmente as previstas no inc. IV, correspondem a atos ilícitos praticados em processos de licitação e contratação administrativa.

Daí o art. 30 da lei estabelecer que:

> a aplicação das sanções previstas nesta Lei não afeta os processos de responsabilização e aplicação de penalidades decorrentes de:
> I – ato de improbidade administrativa nos termos da Lei nº 8.429, de 2 de junho de 1992;
> II – atos ilícitos alcançados pela Lei nº 8.666, de 21 de junho de 1993, ou outras normas de licitações e contratos da administração pública, inclusive no tocante ao Regime Diferenciado de Contratações Públicas – RDC instituído pela Lei nº 12.462, de 4 de agosto de 2011.

Apesar da redação do dispositivo, quer-me parecer que a cumulatividade de sanções deve ser recebida com muita cautela, para evitar a afronta ao princípio geral de direito que veda o *bis in idem*, ou seja, a dupla punição pelo mesmo fato. Conforme ressaltado, a aplicação desse princípio tem previsão expressa nos artigos 12, §§6º e 7º, e 17-C, inciso V, da Lei nº 8.429/1992. O §7º do artigo 12 faz expressa referência à Lei nº 12.846.

O meu entendimento é o de que a Lei de Improbidade Administrativa foi concebida para punir a pessoa física, ou seja, o agente público ou o particular que se beneficie ou induza à prática do ilícito. O particular só é punido se induziu ou concorreu dolosamente para a prática do ato de improbidade ou dele se beneficiou sob qualquer forma direta ou indireta (art. 3º da Lei nº 8.429/92, alterado pela Lei nº 14.230/2021). Ocorre que o Ministério Público, no afã de punir também as pessoas jurídicas, na ausência de lei própria para fundamentar essa punição, passou a estender o alcance da lei às pessoas jurídicas, enquadrando-as no conceito de agente do referido dispositivo legal.

No entanto, veio a Lei Anticorrupção prever a responsabilização das pessoas jurídicas, suprindo uma omissão da legislação anterior. Se ela já é punida com fundamento na lei anticorrupção, não há fundamento legal para que, pelos mesmos atos ilícitos, possa ser punida duplamente, até porque muitas das sanções previstas na Lei de Improbidade Administrativa são inaplicáveis a pessoas jurídicas, como a perda da função pública e a suspensão dos direitos políticos; quando muito, poder-se-ia cogitar de aplicar essas penalidades aos administradores e diretores da empresa. Outras penalidades são de idêntica natureza, como a multa, o perdimento de bens, direitos e valores recebidos em decorrência da infração, bem como a proibição de receber incentivos, subsídios, subvenções, doações ou empréstimos dos órgãos ou entidades públicos e de instituições financeiras ou controladas pelo Poder Público. Não teria sentido aplicar a mesma sanção duas vezes.

O art. 30 da Lei nº 12.846 quis deixar claro que são autônomas as instâncias de responsabilização previstas na Lei Anticorrupção, na Lei de Improbidade Administrativa e na legislação de licitações e contratos administrativos. Isso significa que a mesma pessoa jurídica poderia sofrer sanções com base em todas essas leis (isto sem falar nas sanções aplicáveis pelo Tribunal de Contas e na legislação de defesa da concorrência, entre outras). No que diz respeito à concomitância de punições com base na Lei de Improbidade Administrativa e na Lei Anticorrupção, a possibilidade ficou excluída para as pessoas jurídicas, pela norma contida no §2º do artigo 3º da Lei nº 8.429, introduzida pela Lei nº 14.230/21, se o ato de improbidade for também sancionado pela Lei Anticorrupção.

Muitas vezes, a mesma penalidade é prevista em diferentes leis: a pena de multa, por exemplo, é prevista na Lei nº 14.133/2021 (como era prevista na Lei nº 8.666/93), na Lei de Improbidade Administrativa, na Lei Anticorrupção, na Lei de Defesa da Concorrência, na legislação dos tribunais de contas. A pena de declaração de inidoneidade é aplicável com base na Lei de Licitações e também se insere na competência dos tribunais de contas. A proibição de receber incentivos, subsídios ou outros benefícios do Poder Público é prevista na Lei Anticorrupção e na Lei de Improbidade Administrativa. Também a reparação de danos (que não tem caráter sancionatório) é prevista em todas essas leis, além de decorrer da regra geral do art. 927 do Código Civil, em cujos termos "aquele que, por ato ilícito, causar dano a outrem, fica obrigado a repará-lo".

Apesar de a norma do art. 30 da Lei nº 12.846/13 prever a autonomia das esferas de apuração de responsabilidade e apesar de outras leis estabelecerem penalidades da mesma natureza para o mesmo tipo de infração, a razoabilidade (inerente ao princípio do *non bis in idem*) recomenda que não haja aplicação da mesma penalidade, pelo mesmo fato, por instituições diferentes.

A Lei de Introdução às Normas do Direito Brasileiro – LINDB, com o acréscimo de dispositivos pela Lei nº 13.655, de 25.4.2018, veio contribuir para a melhor solução, ao estabelecer, no art. 22, §3º, que "as sanções aplicadas ao agente serão levadas em conta na dosimetria das demais sanções de mesma natureza e relativas ao mesmo fato". Trata-se de norma da maior relevância, dirigida aos órgãos de controle, obrigando-os a levar em consideração outras sanções da mesma natureza, já aplicadas em outra instância de apuração de responsabilidade.

Também já foi ressaltado que o princípio constitucional do *non bis in idem* hoje consta expressamente dos artigos 12, §§6º de 7º, e 17-C, inciso V, da Lei de Improbidade Administrativa, aplicáveis à Lei Anticorrupção.

Do mesmo modo, não é aceitável, com respeito à reparação do dano, que, pelo mesmo fato que causou prejuízo à Administração Pública, a indenização ocorra mais de uma vez. Se o dano é um só, também a sua reparação deve ser única.

É oportuno lembrar acórdãos do STF e do TCU a respeito do efeito expansivo do acordo de leniência a outras instâncias que têm competência para apurar o mesmo tipo de infração, como a ação de improbidade administrativa e os processos de responsabilização que correm perante os tribunais de contas. O STF, em medida cautelar outorgada pelo Ministro Gilmar Mendes, no MS nº 35.435, entendeu que o TCU não pode aplicar sanções que foram levantadas em acordo de leniência. Reconheceu a competência do TCU para fiscalizar a aplicação do dinheiro público em hipóteses já albergadas pelos acordos de leniência, mas sua atuação deve limitar-se a buscar a reparação integral do dano, sem inviabilizar o cumprimento dos citados acordos. A decisão foi no sentido de impedir a aplicação, pelo TCU, da pena de declaração de inidoneidade, que tenha sido levantada em acordo de leniência, "ressalvado eventual descumprimento do acordo de leniência ou o surgimento de fatos novos" (decisão de 13.4.2018).

Também o TCU, no Acórdão nº 1.214/2018, relatado pelo Ministro Benjamin Zymler, na sessão de 30.5.2018, realçou o aspecto da unicidade do sistema de controle. Ele reconheceu que o acordo de leniência (no caso, celebrado com o Cade), tendo natureza contratual, só produz efeitos entre as partes. No entanto, entendeu o ministro:

> as diversas instâncias de controle devem atuar em prol da unidade do sistema de combate aos ilícitos que são instrumentalizados a perseguir e sancionar. Tomando por base a ideia de um microssistema de tutela da moralidade e da probidade públicas, compreendo que o Tribunal de Contas, o Ministério Público, o MTFC e o CADE devem atuar, nos eventuais espaços de sobreposição, no sentido de cooperar entre si com vistas a maximizar a eficiência da defesa dos referidos bens jurídicos, sob a ótica do Estado como um todo.

O TCU decidiu não aplicar a pena de declaração de inidoneidade que havia sido levantada em acordo de leniência.

Embora tais acórdãos tenham sido proferidos a respeito dos efeitos expansivos do acordo de leniência a outras instâncias sancionatórias, não podem ser desprezados os argumentos sobre a unicidade do sistema punitivo do Estado, no que diz respeito à cumulatividade de sanções. Não se trata de impedir a autonomia das várias instâncias de responsabilização, mas de garantir que as sanções aplicadas por um órgão sejam consideradas na fixação das sanções da mesma natureza aplicadas por outro órgão. O objetivo último é impedir o *bis in idem*.

No que diz respeito às infrações às leis de licitações, a Lei Anticorrupção e seu regulamento contêm uma dupla aproximação:

a) No art. 17, a lei prevê o acordo de leniência com vistas à *isenção* ou *atenuação* das sanções estabelecidas nos arts. 86 a 88 da Lei nº 8.666/93; vale dizer que, além do acordo de leniência previsto no art. 16, o art. 17 prevê um acordo de leniência específico para os atos lesivos praticados no âmbito da Lei nº 8.666/93,[4] com efeito até mais amplo, porque, se aceito, permitirá a isenção ou atenuação das sanções administrativas estabelecidas em seus arts. 86 a 88, a saber: advertência, multa, suspensão temporária de participação em licitação e impedimento de contratar com a Administração, por prazo não superior a 2 anos, e declaração de inidoneidade para licitar ou contratar com a Administração Pública, nos termos do art. 87. O dispositivo é mais benéfico do que o art. 16, que apenas permite a redução da pena de multa e a isenção da sanção administrativa de publicação extraordinária da sentença e da sanção civil, consistente na proibição de receber incentivos, subsídios, subvenções, doações ou empréstimos de órgãos ou entidades públicas e de instituições financeiras públicas ou controladas pelo Poder Público, pelo prazo mínimo de 1 (um) ano e máximo de 5 (cinco) anos.

[4] A referência aos dispositivos da Lei nº 8.666/1993 tem que ser entendida como menção aos artigos 156 e 162 da Lei nº 14.113, de 1º.4.2021, por força do disposto em seu artigo 189.

b) O art. 159 da Lei nº 14.133, de 1º.4.2021, determina que "os atos previstos como infrações administrativas nesta Lei ou em outras normas de licitações e contratos da Administração Pública que também sejam tipificados como atos lesivos na Lei nº 12.846, de 1º de agosto de 2013, serão apurados e julgados conjuntamente nos mesmos autos, observados o rito procedimental e a autoridade competente definidos na referida Lei". O artigo 16 do Decreto nº 11.129, de 11.7.22 (que regulamenta a Lei nº 12.846/13) repete essa norma e, no artigo 19, parágrafo único, determina que a pessoa jurídica também estará sujeita a sanções administrativas que tenham como efeito "restrição ao direito de participar em licitações ou de celebrar contratos com a administração pública, a serem aplicadas no PAR". Ao invés da responsabilidade ser apurada no âmbito do processo de contratação, ela será apurada e julgada no âmbito do processo administrativo de responsabilização – PAR.

19.3 Da indisponibilidade de bens

O §4º do art. 19 da Lei nº 12.846 estabelece:

> o Ministério Público ou a Advocacia Pública ou órgão de representação judicial, ou equivalente, do ente público poderá requerer a indisponibilidade de bens, direitos ou valores necessários à garantia do pagamento da multa ou da reparação integral do dano causado, conforme previsto no art. 7º, ressalvado o direito do terceiro de boa-fé.

A indisponibilidade de bens não tem caráter punitivo, constituindo medida de natureza acauteladora que impede a livre disposição dos bens pelo indiciado, vedando qualquer tipo de ato jurídico que implique a transferência de seus bens a terceiros.

O dispositivo está mal colocado, porque, pela sua redação, verifica-se que os valores que se pretende garantir com a indisponibilidade dos bens referem-se ao pagamento da multa (que é sanção administrativa) e à reparação integral do dano causado. Não tem relação com as sanções civis previstas no art. 19.

A expressão "conforme previsto no art. 7º", inserida no dispositivo, é de difícil compreensão. O art. 7º está inserido no capítulo que trata da *responsabilização administrativa* e o art. 19, em que está prevista a indisponibilidade de bens, insere-se no capítulo da *responsabilização judicial*.

O art. 7º indica as circunstâncias que devem ser levadas em consideração na aplicação das sanções administrativas, como gravidade da infração, vantagem auferida ou pretendida pelo infrator, consumação ou não da infração, entre outras já analisadas em comentário ao dispositivo.

Por isso, a menção ao art. 7º, no art. 19, pode significar que a indisponibilidade dos bens deve levar em conta os mesmos critérios previstos para a aplicação das sanções administrativas. Ou seja, a indisponibilidade deve ser requerida ao juiz de modo a atender ao princípio da proporcionalidade: o montante a ser declarado indisponível deve ser *necessário* para acautelar o interesse na recomposição do patrimônio público lesado; deve ser *adequado* para atingir esse objetivo; e deve ser *proporcional* ao dano causado.

Também a expressão "ressalvado o direito do terceiro de boa-fé" é de difícil compreensão no art. 19, §4º. Tem-se que interpretar a ressalva no sentido de que a indisponibilidade de bens requerida pelo Ministério Público não impede que terceiros de boa-fé, afetados pelo ato infrator, requeiram os seus direitos, utilizando as medidas judiciais cabíveis para esse fim.

Informação bibliográfica deste texto, conforme a NBR 6023:2018 da Associação Brasileira de Normas Técnicas (ABNT):

DI PIETRO, Maria Sylvia Zanella. Comentários ao art. 19. *In*: DI PIETRO, Maria Sylvia Zanella; MARRARA, Thiago (coord.). *Lei Anticorrupção comentada*. 4. ed. Belo Horizonte: Fórum, 2024. p. 285-295. ISBN 978-65-5518-676-5.

COMENTÁRIOS AO ART. 20

WALLACE PAIVA MARTINS JÚNIOR

Art. 20. Nas ações ajuizadas pelo Ministério Público, poderão ser aplicadas as sanções previstas no art. 6º, sem prejuízo daquelas previstas neste Capítulo, desde que constatada a omissão das autoridades competentes para promover a responsabilização administrativa.

20.1 Aplicação judicial das sanções administrativas

O art. 20 da Lei nº 12.846/13 trata da cumulativa, subsidiária e condicionada dedução em juízo, exclusivamente pelo Ministério Público, de pretensão visando à aplicação das sanções administrativas previstas no art. 6º de mencionado diploma legal.

O Ministério Público é detentor de legitimidade concorrente e disjuntiva com a União, os estados, o Distrito Federal e os municípios para o ajuizamento de ação civil pública objetivando a imposição das sanções judiciais do art. 19 às pessoas jurídicas pela prática de atos lesivos contra a Administração Pública nacional ou estrangeira.

Essas sanções, delineadas no art. 19 da lei em foco e aplicadas cumulativamente ou não, são: (a) o perdimento dos bens, direitos ou valores (que representem vantagem ou proveito, direta ou indiretamente obtido da infração); (b) a suspensão ou interdição parcial de atividades; (c) a dissolução compulsória da pessoa jurídica; e (d) a proibição de receber incentivos, subsídios, subvenções, doações ou empréstimos de órgãos ou entidades públicas e de instituições financeiras públicas ou controladas pelo Poder Público (pelo prazo mínimo de um e máximo de cinco anos).

A elas o Ministério Público pode adicionar, sem prejuízo do ressarcimento integral do dano, as sanções administrativas de que cuida o art. 6º da Lei Anticorrupção Empresarial, e que consistem em (a) multa,[1] e (b) publicação extraordinária da decisão condenatória a expensas da empresa e na forma do §5º do art. 6º.

---

1 No valor de 0,1% (um décimo por cento) a 20% (vinte por cento) do faturamento bruto do último exercício anterior ao da instauração do processo administrativo, excluídos os tributos, o qual nunca será inferior à vantagem auferida, quando for possível sua estimação.

A *conditio* para o Ministério Público postular extraordinária e excepcionalmente em juízo as sanções administrativas do citado art. 6º radica-se na omissão da autoridade competente para promoção da responsabilização administrativa, devidamente constatada.

Em outras palavras, o Ministério Público, presente a condição do art. 20, formulará pedido de aplicação das sanções judiciais típicas constantes do art. 19 e das sanções administrativas descritas no art. 6º.

A Lei nº 12.846/13 estampa no art. 18 a independência das instâncias administrativa e civil de responsabilidade das pessoas jurídicas pela prática de atos lesivos à Administração Pública. O preceito é tradicional no direito brasileiro e reafirma a independência entre as instâncias repressivas, não obstante emergir sua evidência pela distinção de sanções administrativas e judiciais. Porém, ela inova ao permitir que, em face da omissão da responsabilização administrativa, as sanções correspondentes sejam impostas judicialmente.

A excepcional possibilidade de postulação dessas sanções administrativas em juízo é outorgada exclusivamente ao Ministério Público, embora haja outro colegitimado para agir. A inovação já constava do projeto de lei de iniciativa do Poder Executivo. O Ministério Público poderá requerer a imposição das sanções administrativas tanto na própria ação civil visando à aplicação das sanções judiciais quanto em demanda autônoma, restrita apenas à incidência das sanções administrativas e que tramitará conjuntamente àquela por conexão.

A Lei nº 14.230/31 adicionou o §8º ao art. 12 da Lei nº 8.429/92, determinando a observância do princípio constitucional do *non bis in idem* nas sanções aplicadas a pessoas jurídicas, baseadas na Lei nº 8.429/92 e na Lei nº 12.846/13.

Não há perigo de *bis in idem,* porque o fundamento jurídico das sanções de ambos os diplomas legais é diferenciado. A responsabilidade (civil) por improbidade administrativa é subjetiva e pressupõe ação ou omissão dolosa de agente público enquanto a responsabilidade (civil e administrativa) por ato lesivo à Administração Pública é objetiva; além disso, há a diversidade de bens jurídicos tutelados, o que inspira a distinção entre responsabilidade administrativa e civil. Portanto, a Lei nº 8.429/92 exclui a Lei nº 12.846/13 e vice-versa, não havendo espaço para cogitar *bis in idem*, exatamente por falta de identidade.[2]

Ora, se não há ação ou omissão ímproba imputável a agente público, mas, apenas, lesão ao patrimônio público ou aos princípios jurídico-administrativos, incide a Lei Anticorrupção Empresarial, ao passo que havendo o comportamento ímprobo de agente público em concurso a pessoa jurídica de direito privado, aplica-se a Lei de Improbidade Administrativa.

A Lei nº 12.846/13 se aplica exclusivamente a pessoas jurídicas pela prática de atos lesivos à Administração Pública por particulares (art. 5º), sujeitas a sanções administrativas e judiciais baseadas em responsabilidade objetiva (arts. 2º, 6º e 19), ao passo que a Lei nº 8.429/92 incide em relação a agentes públicos e beneficiários ou partícipes pessoas físicas ou jurídicas (arts. 2º e 3º), sujeitando-as a sanções judiciais, fundada em responsabilidade subjetiva por atos de improbidade administrativa (arts.

---

2 MARTINS JÚNIOR, Wallace Paiva. Comentários ao art. 30. *In*: DI PIETRO, Maria Sylvia Zanella; MARRARA, Thiago (Coord.). *Lei Anticorrupção comentada*. 3. ed. Belo Horizonte: Fórum, 2021. p. 339-345.

9º a 12) baseados em ação ou omissão de agentes públicos em proveito próprio ou de terceiros, inclusive pessoas jurídicas de direito privado. Enquanto a Lei nº 8.429/92 pune ações ou omissões praticadas por agentes públicos em consórcio ou não com particulares, a Lei nº 12.846/13 somente objetiva a punição de ilícitos praticados por particulares contra a Administração Pública. A responsabilidade civil de pessoa jurídica de direito privado fundada na Lei nº 12.846 não pressupõe ação ou omissão de agente público, pois se configura pela prática de comportamento ilícito de particulares sem a participação danosa de agentes públicos em detrimento do poder público.

Os únicos pontos tangentes são, *ad argumentandum tantum*, (a) totalmente, a perda de bens ou valores; (b) parcialmente, a proibição temporária de recebimento de benefícios fiscais ou creditícios (não a de contratação com o poder público) e (c) o ressarcimento do dano (que, repita-se, não é sanção), desde que imodificáveis e definitivos; em verdade, são questões reflexivas de prejudicialidade na execução *lato sensu*. Se, de fato, é logicamente impossível a duplicação da perda de bens ou valores e o ressarcimento do dano, sob pena de locupletamento ilícito do poder público, tratamento apartado se dedica à restrição temporária de recebimento de benefícios fiscais ou creditícios sedimentado sobre natureza e pressupostos diversos.[3]

Converge a esse raciocínio o §6º do art. 12 da Lei nº 8.429/92 ao estatuir que "se ocorrer lesão ao patrimônio público, a reparação do dano a que se refere esta Lei deverá deduzir o ressarcimento ocorrido nas instâncias criminal, civil e administrativa que tiver por objeto os mesmos fatos".

20.2 Caracterização da omissão condicionante

Não é tarefa fácil a verificação da condição jurídica para a admissão excepcional da pretensão judicial de sanções ontologicamente administrativas. Trata-se de questão que em direito processual civil envolve o interesse de agir, revelado pelo binômio consistente em utilidade e adequação.

Omissão é inércia, ausência, falta, desídia; não agir quando legalmente obrigado, ou seja, descumprindo dever jurídico positivo. À míngua de prazo explicitamente previsto para sua verificação, ela se caracterizará pelo inequívoco comportamento demonstrativo do abandono do exercício de função ou da execução de dever.

A omissão, por exemplo, pode ocorrer tanto pela ausência de instauração do processo administrativo a partir do conhecimento do fato – balizado o respectivo prazo pela prescrição quinquenal delineada no art. 25 da Lei nº 12.846/13 –[4] quanto pelo escoamento imotivado dos prazos para sua conclusão e decisão ou pela manifestação inequívoca tendente à impunidade. Neste contexto, o §3º do art. 11 fixa o prazo de 180 (cento e oitenta) dias para conclusão do processo administrativo pela comissão – admitida prorrogação (art. 11, §4º) – e embora não demarque termo para decisão nos termos do

---

3 MAGALHÃES JÚNIOR, Alexandre Alberto de Azevedo; OLIVEIRA, Beatriz Lopes de; MARTINS JUNIOR, Wallace Paiva. *Lei de Improbidade Administrativa Comentada*. São Paulo: Editora JusPodivm, 2023. p. 166-169, n. 66.

4 "Prescrevem em 5 (cinco) anos as infrações previstas nesta Lei, contados da data da ciência da infração ou, no caso de infração permanente ou continuada, do dia em que tiver cessado. Parágrafo único. Na esfera administrativa ou judicial, a prescrição será interrompida com a instauração de processo que tenha por objeto a apuração da infração".

art. 12,[5] deve-se reputar que a autoridade competente tem, no âmbito da União, o prazo de 30 (trinta) dias para tanto por força da aplicação subsidiária do art. 49 da Lei do Processo Administrativo Federal (Lei nº 9.784/99) –[6] porque gravitam em torno do assunto os deveres de decidibilidade e motivação – *ex vi* de seu art. 69.[7]

Além disso, da omissão há consequências nas esferas administrativa, civil e penal relativamente à autoridade competente. O art. 27 da Lei nº 12.846/13[8] prevê sua responsabilização pela omissão, remetendo à legislação específica aplicável, isto é, à lei nº 8.112/90 (arts. 117, XV, e 132, XIII), ao Código Penal (art. 319) e à legislação penal extravagante, só se alforriando pela ocorrência de justo motivo.

20.3 Recusa do Ministério Público

Embora os membros do Ministério Público desfrutem de independência funcional, sua atuação está sujeita a controle interno típico e ordinário, não gozando de discricionariedade absoluta entre agir e não agir, pois predomina no direito brasileiro relativamente ao exercício das atribuições do *Parquet* o princípio da obrigatoriedade.

Com efeito, conquanto a legitimidade ativa da instituição na área da tutela de interesses difusos e coletivos seja concorrente e disjuntiva, inclusive na repressão à improbidade administrativa, a inação do Ministério Público na tomada de providências em decorrência de inquérito civil ou procedimento administrativo de sua competência, instaurados para responsabilização da pessoa jurídica pela prática de atos lesivos à Administração Pública, exige promoção de arquivamento escrita e fundamentada, cuja eficácia depende da homologação de órgão colegiado superior (Câmara de Coordenação e Revisão, no âmbito do Ministério Público da União; Conselho Superior, na esfera do Ministério Público dos Estados), conforme previsto em sua lei orgânica, assim como o indeferimento de representação para instauração daqueles procedimentos.

Não se deve olvidar que a ação civil prevista na Lei nº 12.846/13 é ação civil pública, como explicita seu art. 21, e que à míngua de disposições legais próprias incidem as normas que balizam a atuação do Ministério Público na tutela de interesses difusos e coletivos, como o cabimento do inquérito civil, mormente o complexo de regras acerca de seu controle intestino (arts. 8º e 9º, Lei nº 7.347/85; arts. 25, IV, 26, e 30, Lei nº 8.625/93; arts. 6º, I, 7º, 58, 62, IV, 171, IV, Lei Complementar nº 75/93).

Deste modo, se o membro do Ministério Público dotado de atribuição para o exame de potencial responsabilização de pessoa jurídica pela prática de atos lesivos à Administração Pública se deparar com a omissão da Administração Pública relativamente à imposição das sanções administrativas previstas no art. 6º da Lei nº 12.846/13 (e ainda

---

5 "O processo administrativo, com o relatório da comissão, será remetido à autoridade instauradora, na forma do art. 10, para julgamento".

6 "Concluída a instrução de processo administrativo, a Administração tem o prazo de até trinta dias para decidir, salvo prorrogação por igual período expressamente motivada".

7 "Os processos administrativos específicos continuarão a reger-se por lei própria, aplicando-se-lhes apenas subsidiariamente os preceitos desta Lei".

8 "A autoridade competente que, tendo conhecimento das infrações previstas nesta Lei, não adotar providências para a apuração dos fatos será responsabilizada penal, civil e administrativamente nos termos da legislação específica aplicável".

a reparação integral do dano) deve motivadamente indeferir representação (aviada por qualquer pessoa do povo) ou promover o arquivamento de sua investigação se não desejar manejar a competente ação civil, submetendo sua decisão ao órgão superior que poderá homologá-la, converter o julgamento em diligência ou recusar o arquivamento (e neste caso designar outro membro para tanto).

É importante timbrar, no particular, que não compete ao membro do Ministério Público requerer na petição inicial a imposição isolada ou alternativa das sanções do art. 19 à exceção da dissolução compulsória da pessoa jurídica referida no inc. III, porque, neste caso, ela é subordinada aos requisitos e condições de seu §1º.

A Lei nº 12.846/13, é certo, estabelece no §3º do art. 19 que as sanções do art. 19 poderão ser aplicadas de forma isolada ou cumulativa. Trata-se de comando similar ao do *caput* do art. 12 da Lei nº 8.429/92 na redação dada pelas Leis nº 12.120/09 e nº 14.230/21. Ele é dirigido única e exclusivamente ao juiz, pertencendo a escolha de imposição isolada ou cumulativa de sanções à esfera da discricionariedade judicial. Omissa a petição inicial a respeito ou postulando a aplicação isolada de uma (ou mais) das sanções do art. 19, a situação reflete autêntico arquivamento implícito, controlável pelo órgão colegiado competente na estrutura interna do *Parquet* e que deve ser recusada por se cuidar de pretensão de natureza indisponível (tanto que não se permite composição ou transação no processo judicial respectivo).

Pensamento diverso teria consequências nocivas, pois o juiz poderia reputar necessária a decretação de sanção que não foi pedida. Isso, todavia, não impede a instituição de, no momento processual adequado, após a instrução, requerer a aplicação isolada ou cumulativa das sanções, conforme o caso concreto. O intolerável é o membro do Ministério Público substituir-se ao juiz quando, como visto, não há margem de escolha – o que, *de lege ferenda*, seria admissível ao atribuir ao *Parquet* a celebração de acordo de leniência.

Embora não seja tratado na Lei nº 12.846/13, é o inquérito civil o instrumento que tem o Ministério Público à sua disposição para investigação de ilícitos praticados por pessoa jurídica de direito privado contra a Administração Pública nacional ou estrangeira, conclusão que se infere do inc. III do art. 129 e de leis orgânicas do Ministério Público da União e do Ministério Público dos estados e do Distrito Federal.

A omissão da Administração Pública na imposição das sanções administrativas não significa que automaticamente o Ministério Público deva promover a ação civil pública para condenação da infratora nas reprimendas dos arts. 6º e 19 da Lei nº 12.846/13. Não se trata de omissão vinculante. Ao *Parquet* compete preliminarmente verificar se há indícios da prática de atos lesivos por pessoa jurídica de direito privado à Administração Pública nacional ou estrangeira e da consequente responsabilidade civil e administrativa. Somente se patenteadas condições para o exercício responsável do direito de ação, à vista da liberdade de convicção do membro do Ministério Público, é que se justifica a propositura de ação civil pública inclusive para aplicação das sanções administrativas do art. 6º da lei em comento.

20.4 Acordo de leniência e ação civil pública

Embora outro fosse o sistema de repercussão do acordo de leniência na responsabilização jurisdicional-civil delineada na Lei nº 12.846/13 pela Medida Provisória nº 703/15,[9] que perdeu sua eficácia, convém apreciar a influência da convenção em relação à atuação do Ministério Público nos moldes vigentes de sua estrutura.

---

[9] A Medida Provisória nº 703, de 18.12.2015, acrescentou parágrafo único ao art. 20 da Lei nº 12.846/13 com a seguinte redação: "a proposta do acordo de leniência poderá ser feita mesmo após eventual ajuizamento das ações cabíveis". Como os §§11 e 12 do art. 16 da Lei nº 12.846/13 estabeleciam impedimento ao ajuizamento ou prosseguimento de ações civis (visando à responsabilidade da pessoa jurídica por atos lesivos ao patrimônio público), o parágrafo único do art. 20 completa essa sistemática ao admitir que a proposta seja efetuada inclusive após o aforamento da competente ação. Assim sendo, se ajuizada a ação civil pública pelo Ministério Público ou pela Advocacia Pública, o acordo de leniência dependeria de sua homologação pelo juiz de direito, devendo contar com a aquiescência do Ministério Público, se este não for seu proponente, nos termos do §12 do art. 16 da Lei nº 12.846/13 com a redação dada pela Medida Provisória nº 703/15.
Esse parágrafo único do art. 20 provocava outra consequência. Como visto, o *Parquet* detém a legitimidade exclusiva para requerer em juízo a imposição das sanções administrativas da Lei Anticorrupção Empresarial desde que constatada a omissão da autoridade competente na correlata responsabilização da pessoa jurídica pela prática de atos lesivos à Administração Pública (art. 20). A inovação não alterava esta perspectiva, mas, a celebração superveniente do acordo de leniência poderia refletir na imposição das sanções administrativas do art. 6º na via jurisdicional, como autoriza o *caput* do art. 20. Para que tivesse valia o acordo de leniência seria indispensável a intervenção do Ministério Público no ato, pois a colaboração processual contida no mencionado instrumento serve também para a responsabilização judicial. E, efetivamente, se a instituição pode anuir ao acordo de leniência também poderá resistir se isto for útil ao interesse público. Não obstante, por conter norma processual a regra enfocada era incompatível com o art. 62, §1º, I, "b", da Constituição de 1988 na redação dada pela Emenda nº 32/01, que proíbe a edição de medida provisória sobre direito processual civil, sendo, portanto, inidôneo qualquer efeito, inclusive os previstos nos §§11 e 12 do art. 16 da Lei nº 12.846/13 adicionados pela Medida Provisória nº 703/15.
Convém ressaltar que a engrenagem do acordo de leniência contida na Lei nº 12.846/13 pelos acréscimos decorrentes da Medida Provisória nº 703/15 tinham impactos consideráveis. O acordo de leniência pode ser firmado administrativa ou judicialmente: se fosse celebrado com a participação da Advocacia Pública surgiria o obstáculo ao ajuizamento ou prosseguimento de ação civil aforada pelas entidades da Administração Pública para responsabilização da pessoa jurídica com base na Lei Anticorrupção Empresarial e para quaisquer demandas de natureza civil, inclusive com lastro na Lei nº 8.429/92 (§11 do art. 16 da Lei nº 12.846/13 na redação dada pela Medida Provisória nº 703/15). Entretanto, o óbice daí surgido não se aplicaria a ações promovidas pelo Ministério Público, pois é restrito àquelas de autoria da Advocacia Pública. Se celebrado com a participação conjunta da Advocacia Pública e do Ministério Público, a solução seria diversa. O efeito impeditivo do ajuizamento e do prosseguimento da ação era absoluto porque abrange ambos os colegitimados. Assim dispõe o §12 do art. 16 da Lei nº 12.846/13 na redação dada pela Medida Provisória nº 703/15.
E a nova redação do art. 30 da Lei Anticorrupção Empresarial dada por essa mesma medida provisória merecia interpretação conjunta com esses dois preceitos. Quando ressalva a independência de instâncias no tocante à aplicação das sanções próprias da Lei nº 12.846/13 e os processos destinados à imposição de sanções das leis nº 8.429/92, nº 8.666/93 e nº 12.529/11 pelo acordo de leniência a lei só pode se referir obviamente à situação do §12 do art. 16, isto é, aquela em que o instrumento foi celebrado com a participação do Ministério Público. Nos casos do §11 do citado art. 16, não há transmissão do efeito impeditivo porque o *Parquet* não participou da convenção. No caso de não haver órgão próprio de controle interno da Administração Pública, é compulsório o aceite do *Parquet*. É o que se contém no §13 do art. 16 da lei que determina celebração conjunta entre o Chefe de Poder e o Ministério Público. Além disso, havia desde o advento da Medida Provisória nº 703, de 18.12.2015, remoção à possibilidade de acordo, composição ou transação na Lei da Improbidade Administrativa porque o inc. I de seu art. 2º revogou expressamente o §1º do art. 17 da Lei nº 8.429/92. Com efeito, essa norma prescrevia a vedação de transação, acordo ou conciliação nas ações destinadas à imposição de suas sanções. A partir daí, o Ministério Público poderia utilizar-se de instrumentos de colaboração processual também para repressão de atos de improbidade administrativa pelas sanções previstas na Lei nº 8.429/92, de tal sorte que será possível, por exemplo, o emprego de compromisso de ajustamento de conduta (art. 5º, §6º, da Lei nº 7.347/85), cuja eficácia deve ser submetida à homologação do órgão de controle interno (ou da autoridade judiciária se existente ação civil) à vista da necessidade de preservação do interesse público e do princípio da obrigatoriedade agora mitigada. De qualquer maneira, a Lei nº 14.230/21, dando nova redação à Lei nº 8.429/92, expressamente faculta ao Ministério Público a celebração de acordo de não persecução civil (art. 17-B), adotando a linha de responsabilização consensual de pura reprimenda ou de colaboração.

O acordo de leniência é instrumento de colaboração processual. Por ele, a pessoa jurídica responsável pelos atos lesivos à Administração Pública celebra pacto para colaboração efetiva com a investigação e o processo administrativo com a oferta de resultados úteis para o interesse público, amealhando em contrapartida isenção, redução ou remissão de penas.

Conforme o §2º do art. 16 da Lei nº 12.846/13, a celebração do acordo de leniência isentará a pessoa jurídica das sanções de publicação extraordinária da decisão administrativa condenatória e da proibição de receber incentivos, subsídios, subvenções, doações ou empréstimos de órgãos ou entidades públicas e de instituições financeiras públicas ou controladas pelo Poder Público, pelo prazo mínimo de 1 (um) e máximo de 5 (cinco) anos, e reduzirá, em até 2/3 (dois terços) o valor da multa (administrativa) aplicável.

Sua eficácia, portanto, alcança uma das sanções jurisdicionais-civis (art. 19, IV) além das sanções administrativas (art. 6º). Não é possível arquitetar omissão para fornecer legitimidade subsidiária ao Ministério Público a fim de ajuizar a competente ação civil pública buscando a responsabilidade e a imposição das sanções administrativas do art. 6º para além das contidas no art. 19. Certa ou errada, a Administração Pública, ao firmar acordo de leniência, não incorreu em omissão, fato que justifica o aforamento da ação civil pelo Ministério Público para aplicação judicial das sanções administrativas do art. 6º.

Por outro lado, como o acordo de leniência envolve a isenção da sanção restritiva de direitos de fomentos públicos (art. 19, IV), ele tem eficácia para impedir o *Parquet* de perseguir em juízo essa penalidade? Trata-se de prospecção assaz interessante e nada acadêmica. O Ministério Público é legitimado ativo concorrente para a promoção de ação civil pública visando à imposição das sanções do art. 19, conforme preceitua seu *caput*, de maneira autônoma e incondicionada, diferentemente do que ocorre no art. 20.

A celebração do acordo de leniência constitui prerrogativa exclusiva da Administração Pública. Pela sistemática estruturada na lei tal como vigora, infere-se, *prima facie*, efeito obstativo parcial: o Ministério Público não poderá requerer em juízo a sanção prevista no inc. IV do art. 19, objeto do acordo de leniência. A conclusão, entretanto, tem o aspecto positivo de convergir à segurança jurídica e à vantajosidade do acordo de leniência, e o negativo de cercear a autonomia institucional do órgão e sua legitimidade ativa concorrente e disjuntiva. E não parece bem ambientada com o art. 5º, XXXV, da Constituição de 1988, pois, subordina a via judicial à instância administrativa. Além disso, milita em sentido adverso o art. 18 da Lei nº 12.846/13 ao enunciar que "na esfera administrativa, a responsabilidade da pessoa jurídica não afasta a possibilidade de sua responsabilização na esfera judicial".

Se há autonomia entre as instâncias, e o acordo de leniência é celebrado na via administrativa, é possível ao Ministério Público tanto motivadamente – considerando ilegal o acordo de leniência (porque não observados os requisitos legais) – requerer judicialmente, além da aplicação das sanções do art. 19, sua anulação e consequentemente a imposição das sanções objeto de redução ou isenção na convenção, quanto mostrar indiferença à convenção no tocante à isenção de aplicação do inc. IV do art. 19, que não poderia ser objeto de solução na via administrativa, e requerer sua incidência em cúmulo com as demais previstas nesse mesmo art. 19, em razão da independência das instâncias e da prevalência da via jurisdicional.

Informação bibliográfica deste texto, conforme a NBR 6023:2018 da Associação Brasileira de Normas Técnicas (ABNT):

MARTINS JÚNIOR, Wallace Paiva. Comentários ao art. 20. Comentários ao art. 19. *In*: DI PIETRO, Maria Sylvia Zanella; MARRARA, Thiago (coord.). *Lei Anticorrupção comentada*. 4. ed. Belo Horizonte: Fórum, 2024. p. 297-304. ISBN 978-65-5518-676-5.

COMENTÁRIOS AO ART. 21

WALLACE PAIVA MARTINS JÚNIOR

Art. 21. Nas ações de responsabilização judicial, será adotado o rito previsto na Lei nº 7.347, de 24 de julho de 1985.
Parágrafo único. A condenação torna certa a obrigação de reparar, integralmente, o dano causado pelo ilícito, cujo valor será apurado em posterior liquidação, se não constar expressamente da sentença.

21.1 Ação civil pública

O art. 21 da Lei nº 12.846/13 não constava da mensagem da Presidência da República que iniciou seu processo legislativo. Durante seu trâmite na Câmara dos Deputados, o Deputado Duarte Nogueira apresentou emenda para dispor que nas ações de responsabilização judicial seria adotado o rito da Lei de Improbidade Administrativa. O parecer do relator, Deputado Ricardo Zarattini, destacou a participação do Instituto Brasileiro de Direito Empresarial – Ibrademp:

> que contribuiu com análise e sugestões tão válidas que foram incorporadas ao projeto de lei. Entre as sugestões do IBRADEMP acolhidas pela Comissão Especial, vale ressaltar a inclusão de capítulo sobre acordo de leniência e o estabelecimento de um rito processual, que passa a ser o rito da Lei da Ação Civil Pública.

Destarte, as ações destinadas à responsabilidade judicial das pessoas jurídicas por atos lesivos contra a Administração Pública, previstas nos arts. 19 e 20 da Lei Anticorrupção Empresarial, são ações civis públicas e, como tais, subordinadas ao rito delineado na Lei da Ação Civil Pública (Lei nº 7.347/85), integrado às demais normas que disciplinam a tutela jurisdicional de direitos e interesses difusos e coletivos, como consta do art. 21 desta.

Com efeito, gravita em torno do tema a existência de um microssistema processual civil de proteção de valores republicanos ligados à gestão dos negócios públicos, entre os quais se destaca, para além da Lei da Ação Civil Pública, a Lei da Improbidade

Administrativa (Lei nº 8.429/92) e as disposições do Título III da Lei nº 8.078/90 (Código de Defesa do Consumidor). A jurisprudência destaca que o microssistema processual de tutela coletiva é dotado de normas próprias, específicas e singulares.[1]

Ação civil pública está indissociavelmente ligada aos direitos de natureza transindividual, sendo espécie do gênero ação coletiva[2] e que abrange outras como o mandado de segurança coletivo e a ação popular, constituindo instrumentos processuais que concretizam a ideia de demanda molecular.

No caso da Lei nº 12.846/13, seus preceitos valem como normas especiais que interagem com as disposições da Lei nº 7.347/85 e que constituem regras gerais. Assim sendo, serão aplicadas as normas da Lei nº 12.846/13 por conta do princípio da especialidade e havendo lacuna haverá a incidência de regras processuais das leis nº 7.347/85 e nº 8.249/92. Em virtude do apontado microssistema, é absolutamente natural que haja maior proximidade nas relações entre as Leis nº 8.429 e nº 12.846, porque ambas têm como singular característica o tom punitivo ou repressivo, de tal sorte que suas disposições se inteiram com maior extensão.

A título de exemplo, prevalecem os arts. 19, 24 e 25 da Lei nº 12.846/13 que tratam da legitimação ativa, da destinação da multa e da perda de bens e da prescrição, mas são aplicáveis disposições da Lei da Ação Civil Pública relativas à competência jurisdicional, intervenção *custos iuris* do Ministério Público na ação ajuizada por colegitimado, cabimento do inquérito civil, excepcionalidade do efeito suspensivo do recurso, possibilidade de aforamento de nova ação se a anterior foi julgada improcedente por insuficiência de provas, isenção de condenação do autor nos ônus da sucumbência etc. (arts. 2º, 5º, §1º, 8º, 9º, 14, 16, 19).

A opção legislativa foi apropriada. A punição dos atos lesivos praticados por pessoas jurídicas contra a Administração Pública é direito de natureza difusa, revelada a sua estrutura pelas características da transindividualidade em razão da indeterminação subjetiva de seus titulares e da indivisibilidade de seu objeto. Encarta-se na compreensão do direito subjetivo público a um governo honesto que é pautado pela gestão da *res publica* que preserve a integridade do patrimônio público e de valores como moralidade, impessoalidade, eficiência, economicidade etc.

Trata-se, sem dúvida, de ação civil pública, porque, como bem o afirma Teori Albino Zavascki, "a ação civil pública é o protótipo dos instrumentos destinados a tutelar direitos transindividuais".[3]

---

[1] Segundo enuncia o Superior Tribunal de Justiça, "os arts. 21 da Lei da Ação Civil Pública e 90 do CDC, como normas de envio, possibilitaram o surgimento do denominado Microssistema ou Minissistema de proteção dos interesses ou direitos coletivos amplo senso, no qual se comunicam outras normas, como o Estatuto do Idoso e o da Criança e do Adolescente, a Lei da Ação Popular, a Lei de Improbidade Administrativa e outras que visam tutelar direitos dessa natureza, de forma que os instrumentos e institutos podem ser utilizados para 'propiciar sua adequada e efetiva tutela' (art. 83 do CDC)" (*RSTJ*, 222/189).

[2] SOUZA, Motauri Ciocchetti de. *Ação civil pública e inquérito civil*. 4. ed. São Paulo: Saraiva, 2011. p. 39.

[3] ZAVASCKI, Teori Albino. *Processo coletivo*: tutela de direitos coletivos e tutela coletiva de direitos. 6. ed. São Paulo: Revista dos Tribunais, 2014. p. 256.

Destaca a propósito Mateus Bertoncini que a ação civil da Lei nº 12.846/13 "é um tipo de ação civil pública, na medida em que ela se destina, em última análise, à proteção do patrimônio público e do interesse público primário afetados por atos de corrupção".[4]

21.2 Inquérito civil

Como o art. 21 da Lei nº 12.846/13 promove a interação do processo judicial à Lei da Ação Civil Pública, sua incorporação a esse diploma legal se faz em nível integral, absorvendo a disciplina do inquérito civil nesta previsto. Além disso, incidentes também as regras que disciplinam a organização do Ministério Federal no âmbito federal e estadual, e que complementam esse acervo. Trata-se da elementar extensão do complexo normativo que parametriza a atuação do Ministério Público na tutela de interesses difusos e coletivos, delineada nas leis nº 7.347/85 e nº 8.625/93 e na Lei Complementar nº 75/93.

Estas premissas subordinam a condução da investigação preliminar sob a direção exclusiva do Ministério Público, desde a instauração até sua conclusão, impondo, se não ajuizada a competente ação civil pública, promoção de arquivamento escrita e fundamentada, cuja eficácia depende da homologação de órgão colegiado superior (Câmara de Coordenação e Revisão, no âmbito do Ministério Público da União; Conselho Superior, na esfera do Ministério Público dos Estados), conforme previsto em sua lei orgânica. Assim sendo, o órgão superior de controle interno da própria instituição poderá homologar a promoção de arquivamento, converter o julgamento em diligência, ou recusar o arquivamento (e neste caso designar outro membro para tanto).

Por identidade de razões, todos os atos de controle interno da própria instituição são igualmente disciplinados pelo feixe dessas normativas, como as regras relativas à distribuição intestina e as que ventilam o indeferimento de representação para instauração desse procedimento, a solução de conflitos positivos ou negativos de atribuição, a celebração de compromisso de ajustamento de conduta etc.

21.3 Provimentos típicos e atípicos

A subordinação da tutela jurisdicional anticorrupção, tal como prevista no art. 20 da Lei nº 12.846/13, opera considerável abertura protetiva ao bem jurídico tutelado que não se exaure na postulação de suas sanções judiciais típicas constantes do art. 19 nem na excepcional pretensão de imposição judicial das sanções administrativas delineadas no art. 6º.

Em verdade, e por obra da interação entre as leis nº 7.347/85 e nº 8.078/90, proporcionada pela norma de encerramento constante do art. 21 daquela, são admissíveis provimentos de qualquer natureza (condenatória, declaratória, constitutiva, mandamental etc.), desde que úteis e adequados à efetiva tutela do interesse em jogo, como alvitra o art. 83 da Lei nº 8.078/90, de tal maneira a incorporar, por exemplo, os concernentes à prestação de atividade devida, cessação de atividade nociva e reparação integral do

---

[4] SANTOS, José Anacleto Abduch; BERTONCINI, Mateus; CUSTÓDIO FILHO, Ubirajara. *Comentários à Lei 12.846/2013*: Lei anticorrupção. 2. ed. São Paulo: Revista dos Tribunais, 2015. p. 319.

dano, descritos no art. 3º da Lei da Ação Civil Pública, classificados como provimentos atípicos ou impróprios.

Ou seja, tal e qual a ação civil pública de responsabilidade por ato de improbidade administrativa, a análoga ação civil pública de responsabilidade por atos lesivos à Administração Pública não alija a dedução de outras medidas judiciais cabíveis (anulação de atos ou contratos, prestação de atividade devida, cessação de atividade nociva etc.), porque ambas se destinam, *grosso modo*, à tutela do patrimônio público. Neste sentido, a fecunda jurisprudência formada sobre a Lei da Improbidade Administrativa estampa que "o fato da Lei nº 8.429/92 não determinar, de forma expressa, que o ato ímprobo deva ser anulado, não inibe tal possibilidade, com a menção expressa na inicial, até mesmo porque isso é uma consequência natural da procedência do pedido".[5] Assim sendo, é possível a dedução de quaisquer provimentos declaratórios, constitutivos (positivos ou negativos), condenatórios, mandamentais, enfim, o que for adequado para a completa tutela à natureza difusa do interesse em jogo.[6]

Por iguais razões, incidem as medidas acauteladoras de urgência, evidência ou segurança (inclusive as disciplinadas na Lei nº 8.429/92) para além das catalogadas nos arts. 10, §1º,[7] e 19, §4º,[8] da Lei nº 12.846/13 (busca e apreensão, indisponibilidade de bens etc.) como suspensão de atos, contratos ou processos, sequestro de bens etc.

21.4 Ressarcimento do dano

Os atos lesivos descritos taxativamente no art. 5º da lei em estudo albergam situações de lesividade material ou moral, mas, havendo repercussão patrimonial-financeira negativa no Erário, o consequente ressarcimento se impõe.

A Lei Anticorrupção Empresarial se refere ao ressarcimento integral do dano ao tratar da esfera administrativa de responsabilidade no §3º de seu art. 6º. A norma em foco enuncia que: "A aplicação das sanções previstas neste artigo não exclui, em qualquer hipótese, a obrigação da reparação integral do dano causado".

As sanções mencionadas nesse preceito são as administrativas catalogadas no art. 6º, I e II. Antes, a lei versou apenas sobre a transmissibilidade da obrigação de reparação do dano (art. 4º, §§1º e 2º). Adiante, ela menciona processo administrativo específico para reparação integral do dano, determinando que sua instauração não prejudica a aplicação imediata das sanções administrativas (art. 13),[9] e que o acordo

---

[5] STJ, 1ª Turma. REsp nº 895.594-SP. Rel. Min. Francisco Falcão, 12.12.2006, v.u. *DJ*, 8 mar. 2007. p. 182.

[6] STJ, 2ª Turma. REsp nº 507.142-MA. Rel. Min. João Otávio de Noronha, 15.12.2005, v.u. *DJ*, 13 mar. 2006. p. 253; STJ, 2ª Turma. REsp nº 547.780-SC. Rel. Min. Castro Meira, 2.02.2006, v.u. *DJ*, 20 fev. 2006. p. 271.

[7] "O ente público, por meio do seu órgão de representação judicial, ou equivalente, a pedido da comissão a que se refere o caput, poderá requerer as medidas judiciais necessárias para a investigação e o processamento das infrações, inclusive de busca e apreensão".

[8] "O Ministério Público ou a Advocacia Pública ou órgão de representação judicial, ou equivalente, do ente público poderá requerer a indisponibilidade de bens, direitos ou valores necessários à garantia do pagamento da multa ou da reparação integral do dano causado, conforme previsto no art. 7º, ressalvado o direito do terceiro de boa-fé".

[9] "Art. 13. A instauração de processo administrativo específico de reparação integral do dano não prejudica a aplicação imediata das sanções estabelecidas nesta Lei. Parágrafo único. Concluído o processo e não havendo pagamento, o crédito apurado será inscrito em dívida ativa da fazenda pública".

de leniência não exime a pessoa jurídica da obrigação de reparar integralmente o dano causado (art. 16, §4º).

Ou seja, se o dano não for reparado na instância administrativa, será inscrito na dívida ativa, possibilitando a execução.

Como a leniência é relativa às sanções, tem inteira pertinência a ressalva dos §§3º e 4º do art. 16, muito embora a obrigação de reparar o dano possa constituir uma das obrigações assumidas pela pessoa jurídica se compreendida como medida para garantia do resultado útil do processo, tanto que viabiliza a indisponibilidade de bens como providência cautelar para esse escopo (art. 20, §4º). Deve-se interpretar, portanto, que se inclui na expressão "resultado útil do processo" do §4º do art. 16 a reparação do dano.[10]

O parágrafo único do art. 20 da Lei nº 12.846/13 complementa essas disposições estabelecendo que "a condenação torna certa a obrigação de reparar, integralmente, o dano causado pelo ilícito, cujo valor será apurado em posterior liquidação, se não constar expressamente da sentença". Cuida o preceito de provimento na decisão judicial e que implica o dever de ressarcimento do dano decorrente do ato lesivo praticado contra a Administração Pública.

Em verdade, a reparação do dano não é tecnicamente sanção, senão consequência reagente à prática de ilícito com resultado material negativo. É sólida a jurisprudência do Superior Tribunal de Justiça a respeito dela na Lei nº 8.429/92 (Lei da Improbidade Administrativa), resumindo "que, caracterizado o prejuízo ao Erário, o ressarcimento não pode ser considerado propriamente uma sanção, mas apenas consequência imediata e necessária de reparação do ato ímprobo, razão pela qual não pode figurar isoladamente como penalidade".[11]

Idêntica construção hermenêutica deve ser dispensada por absoluta similitude à Lei nº 12.846/13 e, desta maneira, conclui-se que a condenação ao ressarcimento do dano não exclui a imposição de uma ou mais sanções típicas previstas na Lei Anticorrupção Empresarial.

Ou seja, caracterizado ato lesivo descrito no art. 5º, a reparação do dano deve ser acompanhada de uma ou demais sanções previstas no art. 19, tal e qual se interpreta em relação à Lei nº 8.429/92, em que a jurisprudência salienta que:

> caracterizado o prejuízo ao erário, o ressarcimento não pode ser considerado propriamente sanção, mas apenas consequência imediata e necessária de reparação do ato ímprobo, razão pela qual não pode figurar isoladamente como penalidade. Dessa forma, não prospera a alegação dos agravantes de que houve violação aos princípios da razoabilidade e da proporcionalidade na aplicação cumulativa das penas de ressarcimento de danos e de multa civil.[12]

---

[10] Neste sentido, o §4º do art. 16 da lei na redação dada pela Medida Provisória nº 703/15 admitia a inclusão do ressarcimento do dano ao prever que o acordo de leniência estipulará as condições necessárias para assegurar a efetividade da colaboração e o resultado útil do processo (administrativo) e "quando estipular a obrigatoriedade de reparação do dano poderá conter cláusulas sobre a forma de amortização".

[11] STJ, 2ª Turma. REsp nº 1.376.481-RN. Rel. Min. Mauro Campbell Marques, 15.10.2015, v.u. *DJE*, 22 out. 2015.

[12] STJ, 2ª Turma. AgRg-AREsp nº 173.860-MT. Rel. Min. Herman Benjamin, 4.2.2016, v.u. *DJE*, 18 maio 2016.

Bem como que:

> o ressarcimento não constitui sanção propriamente dita, mas sim consequência necessária do prejuízo causado. Caracterizada a improbidade administrativa por dano ao Erário, a devolução dos valores é imperiosa e deve vir acompanhada de pelo menos uma das sanções legais que, efetivamente, visam a reprimir a conduta ímproba e a evitar o cometimento de novas infrações.[13]

A reparação do dano pode ser determinada administrativa ou judicialmente e concorre com o perdimento de bens que, em face de lesão ao Erário, não é suficiente para a *restitutio in integrum* do patrimônio público, devendo abarcar ambos se também ocorrido este.

Por outro lado, ela não se sujeita à prescrição quinquenal cunhada no art. 25 da lei em comento. Com efeito, da prescrição deve ser ressalvada a obrigação de ressarcimento de dano ao patrimônio público à vista de sua imprescritibilidade timbrada no §5º do art. 37 da Constituição Federal. Não obstante o entendimento que se consolidara nos Tribunais Superiores enunciando a imprescritibilidade das ações de ressarcimento ao erário,[14] o Supremo Tribunal Federal sedimentou em repercussão geral que é "prescritível a ação de reparação de danos à Fazenda Pública decorrente de ilícito civil" (Tema 666) e que "é prescritível a pretensão de ressarcimento ao erário fundada em decisão de Tribunal de Contas" (Tema 899), ressalvando que "são imprescritíveis as ações de ressarcimento ao erário fundadas na prática de ato doloso tipificado na Lei de Improbidade Administrativa" (Tema 897). Esses precedentes não cogitaram a responsabilidade objetiva e dispensaram colorido especial ao dolo na conduta.

A condenação pode ser líquida ou não. Ocorrendo esta última hipótese, a norma prevê a apuração do valor necessário em posterior liquidação.

Informação bibliográfica deste texto, conforme a NBR 6023:2018 da Associação Brasileira de Normas Técnicas (ABNT):

MARTINS JÚNIOR, Wallace Paiva. Comentários ao art. 21. Comentários ao art. 19. *In*: DI PIETRO, Maria Sylvia Zanella; MARRARA, Thiago (coord.). *Lei Anticorrupção comentada*. 4. ed. Belo Horizonte: Fórum, 2024. p. 305-310. ISBN 978-65-5518-676-5.

[13] STJ, 2ª Turma. REsp nº 1.184.897-PE. Rel. Min. Herman Benjamin, 15.6.2010, v.u. *DJE*, 27 nov. 2011.

[14] STJ, 2ª Turma, AgRg no REsp nº 1443872/CE, Rel. Min. Herman Benjamin, *DJe* 20.03.2015; STF, 1ª Turma, AI 819135 Agr, Rel. Min. Luiz Fux, *DJe* 19.08.2013.

COMENTÁRIOS AO ART. 22

WALLACE PAIVA MARTINS JÚNIOR

Art. 22. Fica criado no âmbito do Poder Executivo federal o Cadastro Nacional de Empresas Punidas – CNEP, que reunirá e dará publicidade às sanções aplicadas pelos órgãos ou entidades dos Poderes Executivo, Legislativo e Judiciário de todas as esferas de governo com base nesta Lei.
§1º Os órgãos e entidades referidos no caput deverão informar e manter atualizados, no Cnep, os dados relativos às sanções por eles aplicadas.
§2º O Cnep conterá, entre outras, as seguintes informações acerca das sanções aplicadas:
I – razão social e número de inscrição da pessoa jurídica ou entidade no Cadastro Nacional da Pessoa Jurídica – CNPJ;
II – tipo de sanção; e
III – data de aplicação e data final da vigência do efeito limitador ou impeditivo da sanção, quando for o caso.
§3º As autoridades competentes, para celebrarem acordos de leniência previstos nesta Lei, também deverão prestar e manter atualizadas no Cnep, após a efetivação do respectivo acordo, as informações acerca do acordo de leniência celebrado, salvo se esse procedimento vier a causar prejuízo às investigações e ao processo administrativo.
§4º Caso a pessoa jurídica não cumpra os termos do acordo de leniência, além das informações previstas no §3º, deverá ser incluída no Cnep referência ao respectivo descumprimento.
§5º Os registros das sanções e acordos de leniência serão excluídos depois de decorrido o prazo previamente estabelecido no ato sancionador ou do cumprimento integral do acordo de leniência e da reparação do eventual dano causado, mediante solicitação do órgão ou entidade sancionadora.

22.1 Cadastro Nacional de Empresas Punidas

Uma das boas inovações que a Lei Anticorrupção Empresarial trouxe foi o Cadastro Nacional de Empresas Punidas, disciplinado em seu art. 22. A medida fornece transparência às punições impostas de maneira a divulgar condenações e facilitar o acesso e a consulta pelos interessados, mormente pelos órgãos da Administração Pública à vista de atuais e futuros vínculos contratuais.

Realmente, o cadastro supre considerável vácuo, pois as decisões proferidas eventualmente não poderiam ser do conhecimento de outras esferas de governo ou de outros organismos públicos ainda que integrantes do mesmo nível de administração. Por isso, desempenha o cadastro versado a função de mecanismo de centralização de dados.

Não obstante constitua providência útil, a lei poderia atingir maior grau de eficiência. Um dos maiores entraves à efetividade das sanções restritivas de direitos dos arts. 87, III e IV, e 88 da Lei nº 8.666/93[1] e do art. 12 da Lei nº 8.429/92[2] – consistentes no impedimento temporário de participação em licitações e de celebração de contratos públicos – é a ausência de centralidade da sua imposição à vista da elementar difusão de esferas administrativas ou jurisdicionais competentes na organização estatal brasileira.

O Superior Tribunal de Justiça – tribunal superior encarregado da uniformização do direito federal – decidiu que "a penalidade prevista no art. 87, III, da Lei 8.666/93, suspendendo temporariamente os direitos da empresa em participar de licitações e

---

[1] "Art. 87. Pela inexecução total ou parcial do contrato a Administração poderá, garantida a prévia defesa, aplicar ao contratado as seguintes sanções:
I – advertência;
II – multa, na forma prevista no instrumento convocatório ou no contrato;
III – suspensão temporária de participação em licitação e impedimento de contratar com a Administração, por prazo não superior a 2 (dois) anos;
IV – declaração de inidoneidade para licitar ou contratar com a Administração Pública enquanto perdurarem os motivos determinantes da punição ou até que seja promovida a reabilitação perante a própria autoridade que aplicou a penalidade, que será concedida sempre que o contratado ressarcir a Administração pelos prejuízos resultantes e após decorrido o prazo da sanção aplicada com base no inciso anterior.
§1º Se a multa aplicada for superior ao valor da garantia prestada, além da perda desta, responderá o contratado pela sua diferença, que será descontada dos pagamentos eventualmente devidos pela Administração ou cobrada judicialmente.
§2º As sanções previstas nos incisos I, III e IV deste artigo poderão ser aplicadas juntamente com a do inciso II, facultada a defesa prévia do interessado, no respectivo processo, no prazo de 5 (cinco) dias úteis.
§3º A sanção estabelecida no inciso IV deste artigo é de competência exclusiva do Ministro de Estado, do Secretário Estadual ou Municipal, conforme o caso, facultada a defesa do interessado no respectivo processo, no prazo de 10 (dez) dias da abertura de vista, podendo a reabilitação ser requerida após 2 (dois) anos de sua aplicação.
Art. 88. As sanções previstas nos incisos III e IV do artigo anterior poderão também ser aplicadas às empresas ou aos profissionais que, em razão dos contratos regidos por esta Lei:
I – tenham sofrido condenação definitiva por praticarem, por meios dolosos, fraude fiscal no recolhimento de quaisquer tributos;
II – tenham praticado atos ilícitos visando a frustrar os objetivos da licitação;
III – demonstrem não possuir idoneidade para contratar com a Administração em virtude de atos ilícitos praticados".

[2] "Art. 12. Independentemente das sanções penais, civis e administrativas previstas na legislação específica, está o responsável pelo ato de improbidade sujeito às seguintes cominações, que podem ser aplicadas isolada ou cumulativamente, de acordo com a gravidade do fato:
I – na hipótese do art. 9º, perda dos bens ou valores acrescidos ilicitamente ao patrimônio, ressarcimento integral do dano, quando houver, perda da função pública, suspensão dos direitos políticos de oito a dez anos, pagamento de multa civil de até três vezes o valor do acréscimo patrimonial e proibição de contratar com o Poder Público ou receber benefícios ou incentivos fiscais ou creditícios, direta ou indiretamente, ainda que por intermédio de pessoa jurídica da qual seja sócio majoritário, pelo prazo de dez anos;
II – na hipótese do art. 10, ressarcimento integral do dano, perda dos bens ou valores acrescidos ilicitamente ao patrimônio, se concorrer esta circunstância, perda da função pública, suspensão dos direitos políticos de cinco a oito anos, pagamento de multa civil de até duas vezes o valor do dano e proibição de contratar com o Poder Público ou receber benefícios ou incentivos fiscais ou creditícios, direta ou indiretamente, ainda que por intermédio de pessoa jurídica da qual seja sócio majoritário, pelo prazo de cinco anos;
III – na hipótese do art. 11, ressarcimento integral do dano, se houver, perda da função pública, suspensão dos direitos políticos de três a cinco anos, pagamento de multa civil de até cem vezes o valor da remuneração percebida pelo agente e proibição de contratar com o Poder Público ou receber benefícios ou incentivos fiscais ou creditícios, direta ou indiretamente, ainda que por intermédio de pessoa jurídica da qual seja sócio majoritário, pelo prazo de três anos".

contratar com a administração é de âmbito nacional",[3] asseverando que "é irrelevante a distinção entre os termos Administração Pública e Administração, por isso que ambas as figuras (suspensão temporária de participar em licitação (inc. III) e declaração de inidoneidade (inc. IV) acarretam ao licitante não-participação em licitações e contratações futuras", pois "a Administração Pública é una, sendo descentralizadas as suas funções, para melhor atender ao bem comum" e "a limitação dos efeitos da 'suspensão de participação de licitação' não pode ficar restrita a um órgão do poder público, pois os efeitos do desvio de conduta que inabilita o sujeito para contratar com a Administração se estendem a qualquer órgão da Administração Pública".[4]

Ademais, como enuncia o Superior Tribunal de Justiça:

> a punição prevista no inc. III do art. 87 da Lei nº 8.666/93 não produz efeitos somente em relação ao órgão ou ente federado que determinou a punição, mas a toda a Administração Pública, pois, caso contrário, permitir-se-ia que empresa suspensa contratasse novamente durante o período de suspensão, tirando desta a eficácia necessária.[5]

Sem prejuízo do cadastro instituído pela Lei Anticorrupção Empresarial, seria de bom grado a adoção de providências mais simples e com indiscutível potência: a *compliance* como requisito nas grandes licitações, o que agora está previsto na Lei nº 14.133/21 (art. 25, §4º), e o registro da condenação de proibição de contratação com o Poder Público nas juntas comerciais e nos registros das pessoas jurídicas, bem como exibição de certidão negativa para concorrer em licitação.

Quanto a esse registro, a junta comercial e os registros das pessoas jurídicas deveriam averbar as condenações administrativas ou judiciais da proibição de contratação com o Poder Público para que os órgãos ou entidades licitantes da Administração Pública centralizada ou descentralizada da União, dos estados, do Distrito Federal e dos municípios evitassem contratá-las ou conceder-lhes benefícios ou incentivos fiscais ou creditícios. Para tanto seria conveniente a alteração, entre outras, das leis nº 8.429/92, nº 8.666/93 e nº 12.846/13, assim como das leis nº 8.443/92, nº 8.212/91, nº 12.462/11, nº 10.520/11, nº 9.504/97, nº 9.605/98, nº 12.527/11 e nº 13.019/14.[6]

---

3 STJ, 1ª Seção. MS nº 19.657-DF. Rel. Min. Eliana Calmon, 14.8.2013, v.u. *DJE*, 23 ago. 2013.

4 *RSTJ*, 170/167.

5 *RSTJ*, 187/205.

6 "Art. 18-A. A condenação à proibição de contratar com o Poder Público ou receber benefícios ou incentivos fiscais ou creditícios, direta ou indiretamente, ainda que por intermédio de pessoa jurídica da qual seja sócio majoritário, será comunicada à Junta Comercial ou ao Registro das Pessoas Jurídicas que deverá averbá-la" (Lei nº 8.429/92).
"Art. 87. [...]
§4º A condenação nos termos dos incisos III e IV deste artigo será comunicada à Junta Comercial ou ao Registro das Pessoas Jurídicas que deverá averbá-la" (Lei nº 8.666/93).
"Art. 19. [...]
§5º A condenação a que alude os incisos II e IV deste artigo será comunicada à Junta Comercial ou ao Registro das Pessoas Jurídicas que deverá averbá-la" (Lei nº 12.846/13).
"Art. 46. [...]
Parágrafo único. A declaração a que se refere o caput deste artigo será comunicada à Junta Comercial ou ao Registro das Pessoas Jurídicas que deverá averbá-la" (Lei nº 8.443/92).
"Art. 95. [...]
§3º A decisão a que se refere a alínea c do §2º deste artigo será comunicada à Junta Comercial ou ao Registro das Pessoas Jurídicas que deverá averbá-la" (Lei nº 8.212/91).
"Art. 47. [...]

22.2 Âmbito de abrangência

No nível subjetivo, o cadastro é serviço federal, embora seja alimentado por decisões de todos os órgãos e entidades dos poderes Executivo, Legislativo e Judiciário de todas as esferas de governo, constituindo seu dever o fornecimento e a atualização dos dados respectivos, como demonstra o §1º do art. 22.

Trata-se de cadastro de sanções e, como a lei não faz distinção, abrange tanto as sanções administrativas quanto as judiciais previstas na Lei nº 12.846/13.

Com efeito, embora a lei se refira a sanções aplicadas por órgãos do Poder Judiciário, dando a impressão de menção às punições como atos de Administração praticados pelos tribunais em sua atividade administrativa atípica, ela não exclui as sanções judiciais que são impostas pelo Poder Judiciário no exercício de sua atividade institucional típica.

Não se concorda com a necessidade de ciência prévia da inscrição à pessoa jurídica, como sugere Ubirajara Custódio Filho.[7] Trata-se da execução de decisão já imposta, e eventuais equívocos podem ser sanados por quem detenha interesse a partir da própria publicidade que o cadastro possui.

A discussão que se deve travar é outra: o momento de inclusão no cadastro. A exequibilidade da sanção é o marco temporal adequado e, à míngua de disposições processuais específicas, ele será encontrado a partir da compreensão do efeito dos recursos. Deste modo, à vista do art. 21 da Lei nº 12.846/13, aplica-se o art. 14 da Lei nº 7.347/85, cuja regra enuncia que o recurso tem efeito apenas devolutivo. Mas também norteia o debate a extensão de normas oriundas da Lei nº 8.429/92 (arts. 12, §9º e 20). Destarte, sanções restritivas de direitos só adquirem exequibilidade a partir da irrecorribilidade da condenação, como se concebe em relação às previstas na Lei da

---

§3º A decisão a que se refere o caput deste artigo será comunicada à Junta Comercial ou ao Registro das Pessoas Jurídicas que deverá averbá-la" (Lei nº 12.462/11).
"Art. 7º [...]
Parágrafo único. A decisão a que se refere o caput deste artigo será comunicada à Junta Comercial ou ao Registro das Pessoas Jurídicas que deverá averbá-la" (Lei nº 10.520/11).
"Art. 81. [...]
§5º A decisão a que se refere o §3º deste artigo será comunicada à Junta Comercial ou ao Registro das Pessoas Jurídicas que deverá averbá-la" (Lei nº 9.504/97).
"Art. 72. [...]
§9º A decisão a que se refere o §8º deste artigo será comunicada à Junta Comercial ou ao Registro das Pessoas Jurídicas que deverá averbá-la" (Lei nº 9.605/98).
"Art. 33. [...]
§4º As decisões a que se referem os incisos IV e V deste artigo serão comunicadas à Junta Comercial ou ao Registro das Pessoas Jurídicas que deverão averbá-las" (Lei nº 12.527/11).
"Art. 73-A. As decisões a que se referem os incisos II e III deste artigo serão comunicadas à Junta Comercial ou ao Registro das Pessoas Jurídicas que deverão averbá-las" (Lei nº 13.019/14).
E também deveria ser obrigação do participante provar sua idoneidade jurídica para esse fim, acrescentando parágrafo único ao art. 28 da Lei nº 8.666/93: "O participante da licitação deve apresentar certidão negativa da Junta Comercial ou do Registro das Pessoas Jurídicas que comprove a inexistência de condenação que lhe impeça de ser contratado ou de receber benefícios, incentivos, subsídios, subvenções, doações ou empréstimos, nos termos da legislação".

7 SANTOS, José Anacleto Abduch; BERTONCINI, Mateus; CUSTÓDIO FILHO, Ubirajara. *Comentários à Lei 12.846/2013*: Lei anticorrupção. 2. ed. São Paulo: Revista dos Tribunais, 2015. p. 324.

Improbidade Administrativa conforme o alvitre doutrinário[8] e pretoriano[9] que foi adotado pela alteração nela promovida pela Lei nº 14.230/21.

No tocante à dissolução compulsória da pessoa jurídica, ela demanda trânsito em julgado da respectiva decisão à luz do art. 5º, XIX, da Carta Magna, parâmetro constitucional que permite (excepcionalmente) a dissolução ou a suspensão de atividades de associações por decisão judicial, requerendo (para a dissolução) trânsito em julgado.

A dissolução de pessoa jurídica não é novidade no direito nacional: o Código de Processo Civil de 1973 manteve expressamente no art. 1.218, VII, os arts. 655 a 674 do Código de Processo Civil de 1939 que preveem a dissolução de sociedades, inclusive o art. 670[10] que trata da dissolução de sociedade civil que promover atividade ilícita ou imoral. Esse preceito foi conservado pelo Código de Processo Civil de 2015 (Lei nº 13.105/15), pois o §3º de seu art. 1.046 proclama que "os processos mencionados no art. 1.218 da Lei nº 5.869, de 11 de janeiro de 1973, cujo procedimento ainda não tenha sido incorporado por lei submetem-se ao procedimento comum previsto neste Código".

Na Lei nº 12.846/13, sua aplicação não é generalizada, devendo render obséquio à justa medida, sendo condicionada à observância alternativa de um dos seguintes pressupostos: o uso habitual da personalidade jurídica para facilitar ou promover a prática de atos ilícitos ou a sua constituição para ocultar ou dissimular interesses ilícitos ou a identidade dos beneficiários dos atos praticados (art. 19, §1º).

22.3 Conteúdo

O conteúdo do cadastro está indicado nos §§2º a 5º do art. 22 da Lei nº 12.846/13. Ele armazena informações a respeito das sanções impostas com base na Lei nº 12.846/13.

Trata-se de rol exemplificativo e mínimo do que deve conter como revela o §2º em foco, a saber: (a) razão social e número de inscrição da pessoa jurídica ou entidade no Cadastro Nacional da Pessoa Jurídica (CNPJ); (b) tipo de sanção; (c) data de aplicação e data final da vigência do efeito limitador ou impeditivo da sanção, quando for o caso. O Decreto nº 8.420/15 que adicionava outros elementos obrigatórios (art. 46) foi revogado, mas o Decreto nº 11.129/22 trata do assunto na mesma senda (arts. 58 a 63).

Além de incluir a celebração de acordos de leniência, a Lei Anticorrupção Empresarial ainda determina a divulgação de dados relacionados a seu descumprimento, se este ocorrer (art. 22, §§3º e 4º).

Ponto essencial de prospecção é a publicidade do cadastro. Segundo opina corretamente Ubirajara Custódio Filho, "os dados constantes desse cadastro deverão ser disponibilizados a qualquer interessado, sem proteção de sigilo, pois é fora de dúvida que as punições aplicadas e os acordos de leniência celebrados representam assunto de interesse público".[11]

---

8 MARTINS JÚNIOR, Wallace Paiva. *Probidade administrativa*. 4. ed. São Paulo: Saraiva, 2009. p. 330-331.

9 STJ. MC nº 9.014-SP. Rel. Min. José Delgado, 5.10.2004. *DJ*, 8 out. 2004.

10 "A sociedade civil com personalidade jurídica, que promover atividade ilícita ou imoral, será dissolvida por ação direta, mediante denúncia de qualquer do povo, ou do órgão do Ministério Público".

11 SANTOS, José Anacleto Abduch; BERTONCINI, Mateus; CUSTÓDIO FILHO, Ubirajara. *Comentários à Lei 12.846/2013*: Lei anticorrupção. 2. ed. São Paulo: Revista dos Tribunais, 2015. p. 326.

O ordenamento jurídico brasileiro se radica sobre a transparência estatal, como emerge do *caput* do art. 37 da Constituição de 1988 ao mencionar o princípio da publicidade entre os que guiam a Administração Pública.

A regra é a publicidade, o sigilo, a exceção; para não subverter essa premissa, as ressalvas à diafaneidade devem estar previamente demarcadas em norma específica que, ademais, exige compatibilidade com as hipóteses de sigilo constantes da Carta Magna: a proteção da privacidade e da intimidade, do interesse público e da segurança do Estado e da sociedade. Nenhuma delas se faz presente.

A única exceção, aliás, encontra-se no §3º do art. 22 da lei, referente à restrição da publicidade de informações de acordo de leniência celebrado para evitar prejuízo às investigações e ao processo administrativo – o que não impede o intercâmbio reservado de informações com obrigação de preservação do sigilo. Tal se afina ao interesse público, mas é parcial e limitada, pois, quando cessarem seus motivos, caduca a sigilosidade.

22.4 Cadastramento de acordos de leniência

O §3º do art. 22 equipara a celebração do acordo de leniência à imposição de sanções, de maneira a exigir que do cadastro também conste aquele.

Há, entretanto, ressalva à sua inclusão na parte final desse preceito legal. Veda-se o cadastramento do acordo de leniência se a sua ostensividade tiver a potencialidade de causar prejuízo às investigações e ao respectivo processo administrativo. A ressalva não deve ser ampliada. A proibição é restrita ao cadastramento, não impedindo a difusão reservada de informações – justificada pela necessidade de preservação do interesse público, consistente na garantia da utilidade para as investigações – entre órgãos públicos ou entre estes, a Advocacia Pública e o Ministério Público para fiel aplicação dos propósitos da lei.

22.5 Exclusão e temporariedade

O registro da imposição da sanção ou do acordo de leniência são sujeitos à impermanência. A regra que a estampa é a do §5º do art. 22 da Lei nº 12.846/13 estabelecendo a exclusão dos registros das sanções e dos acordos de leniência após o decurso do prazo previamente estabelecido no ato sancionador ou do cumprimento integral do acordo de leniência e da reparação do eventual dano causado.

A reparação do dano resulta de conjunção aditiva. Assim sendo, mesmo que esgotado o prazo fixado no ato sancionador ou cumprido integralmente o acordo de leniência, o registro no cadastro permanecerá até a efetivação do ressarcimento do dano.

A exclusão não é automática, dependendo de solicitação do órgão ou entidade sancionadora. Se ultimado o prazo e a Administração Pública competente não a solicitar ao CNEP, caberá ao interessado requerer àquela e, se omissa, manejar a competente ação.

O art. 62 do Decreto nº 11.129/22 estabeleceu que essa exclusão se dará com o fim do prazo do efeito limitador ou impeditivo da sanção ou depois de decorrido o prazo previamente estabelecido no ato sancionador ou mediante requerimento da pessoa jurídica interessada, após cumpridos os requisitos, quando aplicáveis, de publicação da decisão de reabilitação da pessoa jurídica sancionada, cumprimento integral do acordo de leniência, reparação do dano causado, quitação da multa aplicada e cumprimento da pena de publicação extraordinária da decisão administrativa sancionadora.

Convém observar, todavia, que as sanções administrativas do art. 6º da lei em estudo são de eficácia instantânea, assim como há sanções judiciais descritas no art. 19 da lei que têm eficácia temporária – em especial, a proibição de recebimento de incentivos, subsídios, subvenções, doações ou empréstimos de órgãos ou entidades públicas e de instituições financeiras públicas ou controladas pelo Poder Público, pelo prazo mínimo de 1 (um) e máximo de 5 (cinco) anos.

Ora, a leitura do dispositivo indica que a decisão administrativa ou judicial deve especificar o prazo pelo qual será mantido o registro da punição no cadastro, e que, *a priori*, não se confunde com a dimensão da eficácia temporal de determinada sanção. Neste sentido, o Decreto nº 11.129/22 corrobora tal assertiva ao estabelecer como dados obrigatórios do CNEP a data de início de vigência do efeito limitador ou impeditivo da sanção ou data de aplicação da sanção, e a data final do efeito limitador ou impeditivo da sanção, quando couber (art. 60, VI e VII).

Informação bibliográfica deste texto, conforme a NBR 6023:2018 da Associação Brasileira de Normas Técnicas (ABNT):

MARTINS JÚNIOR, Wallace Paiva. Comentários ao art. 22. Comentários ao art. 19. *In*: DI PIETRO, Maria Sylvia Zanella; MARRARA, Thiago (coord.). *Lei Anticorrupção comentada*. 4. ed. Belo Horizonte: Fórum, 2024. p. 311-317. ISBN 978-65-5518-676-5.

COMENTÁRIOS AO ART. 23

WALLACE PAIVA MARTINS JÚNIOR

Art. 23. Os órgãos ou entidades dos Poderes Executivo, Legislativo e Judiciário de todas as esferas de governo deverão informar e manter atualizados, para fins de publicidade, no Cadastro Nacional de Empresas Inidôneas e Suspensas – CEIS, de caráter público, instituído no âmbito do Poder Executivo federal, os dados relativos às sanções por eles aplicadas, nos termos do disposto nos arts. 87 e 88 da Lei nº 8.666, de 21 de junho de 1993.

23.1 Cadastro Nacional de Empresas Inidôneas e Suspensas

O art. 23 da Lei nº 12.846/13 cuida de outro cadastro também gerido pelo Poder Executivo da União: o Cadastro Nacional de Empresas Inidôneas e Suspensas – CEIS. Ele é similar ao Cadastro Nacional de Empresas Punidas – CNEP, mas a diferença fundamental é que este mecanismo tem como objeto dados referentes às sanções administrativas aplicadas com base nos arts. 87 e 88 da Lei nº 8.666/93 e no art. 156 da Lei nº 14.133/21, que têm natureza jurídica de normas restritivas de direitos, consistentes nas penalidades de suspensão temporária de participação em licitação e impedimento de contratação com o poder público e de declaração de inidoneidade para participação em licitação ou contratação com a Administração Pública.

Trata-se de norma que complementa a Lei de Licitações e Contratos Administrativos, e cujo escopo é a concentração de dados de penalidades administrativas impostas para os fins desse diploma legal, de maneira a difundi-los nacionalmente. Domina o assunto, portanto, o princípio da publicidade.

Órgãos e entidades dos poderes Executivo, Legislativo e Judiciário da União, dos estados, do Distrito Federal e dos municípios têm a obrigação de informar e atualizar informações relativas às sanções administrativas aplicadas com base na Lei nº 8.666/93 e na Lei nº 14.133/21.

Por outro lado, o §7º do art. 12 da Lei nº 8.429/92, acrescentado pela Lei nº 14.230/21, estabeleceu que a sanção de proibição de contratação com o poder público, prevista na Lei de Improbidade Administrativa, deverá constar do cadastro referido no art. 22 da Lei nº 12.846/13, incluindo, além de decisão administrativa restritiva de direitos, decisão judicial com idêntica finalidade.

23.2 Norma regulamentar

O assunto era regulamentado pelo Decreto nº 8.420, de 18.3.2015, que foi revogado pelo art. 70 do Decreto nº 11.129, de 11.7. 2022. Esse decreto enumera o objeto do cadastro (art. 58), seus elementos (art. 59) e as causas de exclusão (art. 62). Ele se constitui das decisões impostas a pessoas físicas ou jurídicas que impliquem restrição ao direito de participar de licitações ou de celebrar contratos com a Administração Pública de qualquer esfera federativa, cujo rol é exemplificativo – como aflora do *caput* do art. 58 – e indica as penalidades previstas nos incisos III e IV do *caput* do art. 87 da Lei nº 8.666, de 21 de junho de 1993, nos incisos III e IV do *caput* do art. 156 da Lei nº 14.133, de 2021, no art. 7º da Lei nº 10.520, de 17 de julho de 2002, no art. 47 da Lei nº 12.462, de 4 de agosto de 2011, nos incisos IV e V do *caput* do art. 33 da Lei nº 12.527, de 18 de novembro de 2011, no art. 46 da Lei nº 8.443, de 16 de julho de 1992, no art. 12 da Lei nº 8.429, de 2 de junho de 1992, no art. 10 da Lei nº 9.605, de 12 de fevereiro de 1998, e no inciso V do *caput* do art. 78-A combinado com o art. 78-I da Lei nº 10.233, de 5 de junho de 2001.

Além disso, há norma residual no parágrafo único do art. 58 do referido decreto, admitindo o registro no CEIS de outras sanções que impliquem restrição ao direito de participar em licitações ou de celebrar contratos com a Administração Pública, ainda que não sejam de natureza administrativa – como a do art. 12 da Lei nº 8.429/92.

Informação bibliográfica deste texto, conforme a NBR 6023:2018 da Associação Brasileira de Normas Técnicas (ABNT):

MARTINS JÚNIOR, Wallace Paiva. Comentários ao art. 23. Comentários ao art. 19. *In*: DI PIETRO, Maria Sylvia Zanella; MARRARA, Thiago (coord.). *Lei Anticorrupção comentada*. 4. ed. Belo Horizonte: Fórum, 2024. p. 319-320. ISBN 978-65-5518-676-5.

COMENTÁRIOS AO ART. 24

MARIA SYLVIA ZANELLA DI PIETRO

Art. 24. A multa e o perdimento de bens, direitos ou valores aplicados com fundamento nesta Lei serão destinados preferencialmente aos órgãos ou entidades públicas lesadas.

24.1 Destino da multa e dos bens

A Lei nº 12.846/2013, ao dispor sobre responsabilização administrativa e civil de pessoas jurídicas pela prática de atos contra a Administração Pública nacional ou estrangeira, prevê algumas medidas a serem impostas ao infrator com o objetivo, não só de puni-lo, mas também de recompor o patrimônio público que tenha sido afetado pela prática dos atos ilícitos previstos na lei.

Entre as medidas sancionatórias, algumas têm natureza pecuniária. É o caso da *multa*, prevista no art. 6º, I, como forma de responsabilização administrativa, a cargo da própria Administração Pública. E também é o caso do *perdimento de bens, direitos ou valores que representem vantagem ou proveito direta ou indiretamente obtidos da infração*, prevista no art. 19, I, como uma das sanções civis a serem impostas pela via judicial.

Trata-se de sanções que, uma vez cumpridas pelo infrator, acarretam a entrada de recursos para os cofres da pessoa jurídica que tenha sido lesada pela prática de um dos atos ilícitos definidos pelo art. 5º da lei.

Havendo a aplicação das referidas sanções, os recursos serão destinados, *preferencialmente*, aos órgãos ou entidades públicas lesadas.

A solução não constitui novidade no direito brasileiro, tendo em vista que é prevista também na Lei nº 7.347, de 24.7.1985, que disciplina a ação civil pública. No art. 13, a lei estabelece:

> havendo condenação em dinheiro, a indenização pelo dano causado reverterá a um fundo gerido por um Conselho Federal ou por Conselhos Estaduais de que participarão necessariamente o Ministério Público e representantes da comunidade, sendo seus recursos destinados à reconstituição dos bens lesados.

Só que na Lei da Ação Civil Pública, a norma aplica-se com relação aos recursos provenientes da indenização por perdas e danos e não da aplicação de sanções de natureza pecuniária. No art. 24 da Lei nº 12.846, ao contrário, a norma aplica-se apenas com relação às duas sanções de natureza pecuniária, já referidas, e não com relação aos valores recolhidos a título de reparação dos danos. Essa reparação é prevista no art. 6º, §3º, da mesma lei.[1]

A expressão "preferencialmente", constante do art. 24, ora comentado, aparentemente, deixa certa margem de discricionariedade para a Administração Pública decidir sobre o destino dos recursos provenientes da aplicação das sanções de natureza pecuniária. No entanto, o vocábulo é meio inócuo, porque não há fundamento legal para destinar os recursos arrecadados a outro ente que não a pessoa jurídica que sofreu o dano. Embora a lei fale em "atos contra a administração pública", na realidade, os danos afetam a pessoa jurídica em nome de quem atua a Administração Pública, já que esta não tem personalidade jurídica própria.

No caso da ação civil pública, os recursos ficam destinados a uma finalidade específica, já que serão recolhidos a um *fundo*, para utilização na recuperação de bens lesados. Ou seja, criou-se hipótese de receita vinculada a determinado fim definido na lei.

No caso do art. 24 da Lei nº 12.846/2013, não existe limitação da mesma natureza quanto à utilização dos recursos mencionados no dispositivo. Os recursos só podem ser destinados aos cofres da *pessoa jurídica lesada*, já que a Administração Pública não tem personalidade jurídica própria. Como não há vinculação de receita, os recursos entrarão para o caixa único, devendo ser utilizados, *preferencialmente*, em benefício do órgão ou entidade que sofreu diretamente a lesão.

O advérbio "preferencialmente" deixa certa margem de discricionariedade para a Administração Pública. Mas é uma discricionariedade bastante limitada, porque "preferência" designa "anteposição, precedência, primazia".[2] Vale dizer que o legislador já optou por uma destinação a ser dada aos recursos referidos no art. 24. Para dar destinação diversa, a autoridade tem que motivar adequadamente a sua decisão.

O dispositivo também se equivoca ao falar em órgãos ou *entidades* lesadas. Conforme ressaltado, os recursos entram para os cofres da *pessoa jurídica* lesada e esta é que irá destiná-los aos órgãos afetados pelos atos ilícitos. Falando em *entidades*, a lei alcança as que integram a Administração indireta, que são *entes* com personalidade jurídica própria. É evidente que, se lesadas, a elas são destinados os recursos provenientes da aplicação das sanções referidas no art. 24. Cada entidade é que deve destinar referidos recursos aos órgãos que a integram e que tenham sido lesados pela prática de atos ilícitos previstos na Lei nº 12.846/13.

---

1 §3º do art. 6º: "A aplicação das sanções previstas neste artigo não exclui, em qualquer hipótese, a obrigação da reparação integral do dano causado".

2 Cf.: FERREIRA, Aurelio Buarque de Holanda. *Novo Dicionário Aurélio da Língua Portuguesa*. 2. ed. Rio de Janeiro: Nova Fronteira, [s.d.].

Informação bibliográfica deste texto, conforme a NBR 6023:2018 da Associação Brasileira de Normas Técnicas (ABNT):

DI PIETRO, Maria Sylvia Zanella. Comentários ao art. 24. *In*: DI PIETRO, Maria Sylvia Zanella; MARRARA, Thiago (coord.). *Lei Anticorrupção comentada*. 4. ed. Belo Horizonte: Fórum, 2024. p. 321-323. ISBN 978-65-5518-676-5.

COMENTÁRIOS AO ART. 25

FABRÍCIO MOTTA
SPIRIDON NICOFOTIS ANYFANTIS

Art. 25. Prescrevem em 5 (cinco) anos as infrações previstas nesta Lei, contados da data da ciência da infração ou, no caso de infração permanente ou continuada, do dia em que tiver cessado. Parágrafo único. Na esfera administrativa ou judicial, a prescrição será interrompida com a instauração de processo que tenha por objeto a apuração da infração.

25.1 Introdução

A certeza do direito e de seu exercício é incompatível com a manutenção indefinida de litígios no tempo. Justifica-se a existência de prazos prescricionais pela necessidade de preservação da paz social e, notadamente, da segurança jurídica, estipulando-se um termo extintivo para as pretensões de natureza jurisdicional.

Via de regra, a prescrição não inutiliza o direito material, mas inviabiliza a pretensão a este, uma vez que atinge sua própria exigibilidade. Pontes de Miranda, em lição basilar, ensinou que a prescrição concerne às pretensões ou às ações, e não ao direito, sendo que a justificativa para sua adoção repousa na conveniência social de que os litígios, ou mesmo sua possibilidade, não perdurem por períodos demasiadamente longos.[1]

Seja como for, o decurso do tempo gera efeitos irremediáveis nas relações jurídicas existentes entre sujeitos de direitos. O objeto primordial do instituto da prescrição é o de repelir a indefinição duradoura de situações jurídicas específicas, atuando como regra estabilizadora de conflitos. Caio Mário da Silva Pereira lembra que o direito exige do devedor o cumprimento de suas obrigações legais e autoriza o sujeito ativo a valer-se deste direito contra quem quer que o vulnere. E conclui: "Mas se ele se mantém inerte, por longo tempo, deixando que se constitua uma situação contrária a seu direito, permitir que mais tarde se reviva o passado é deixar em perpétua incerteza a vida social". Ao

[1] PONTES DE MIRANDA. *Tratado de direito privado.* Parte geral. 4. ed. São Paulo: Revista dos Tribunais, 1983. p. 107. t. VI.

final, conclui afirmando a existência de inquestionável interesse de ordem pública no afastamento das incertezas em torno da eficácia dos direitos, sendo este o interesse a justificar o instituto da prescrição.[2]

25.2 Conceito de prescrição

Consiste na perda do direito à pretensão, ou simplesmente perda da pretensão, em virtude do transcurso do prazo previsto em lei para seu ajuizamento. Este conceito atende ao disposto no art. 189 do Código Civil, o qual define a prescrição como *perda da pretensão*. Neste mesmo sentido é a definição do instituto cunhada por Pontes de Miranda, que o definia, à sua época, como "a exceção, que alguém tem, contra o que não exerceu, durante certo tempo, que alguma regra jurídica fixa, a sua pretensão ou ação".

O instituto da prescrição possui natureza jurídica de renúncia a direito, sendo, que, em seu sentido original, regra típica do direito privado. Porém Hely Lopes Meirelles já asseverava que as regras civis sobre a prescrição se aplicam também ao direito público, notadamente o direito administrativo, ao afirmar que a prescrição das ações a favor ou contra a Fazenda Pública rege-se pelos princípios do Código Civil, salvo as peculiaridades estabelecidas em leis especiais.[3]

Há clara distinção entre prescrição e *decadência*. Registre-se que ambos os institutos são caracterizados pelo marco comum da passagem deletéria que o tempo exerce sobre os direitos, em conjunto com a inércia de seu titular. A doutrina menciona que o direito atingido pela decadência simplesmente desaparece, enquanto aquele atingido pela prescrição ainda teria possibilidade de ser exercido pelo titular contra o obrigado, porém sem o amparo judicial. Por isto se diz que a prescrição extingue a tutelabilidade judicial do direito, enquanto a decadência fulmina o próprio direito.[4]

25.3 A prescrição em processos administrativos

Explica Diogo de Figueiredo Moreira Neto que a prescrição administrativa possui por objeto estabilizar as relações extroversas da Administração Pública para com os administrados e os servidores públicos, impedindo a prática de abusos de autoridade, devassas e revisões administrativas com cunho político ou por perseguição pessoal.[5]

O direito público, em obediência à Constituição da República, bem como a regras próprias do direito privado, consagrou o instituto da prescrição como preceito básico em processos administrativos, em especial aqueles de propósito punitivo. Via de regra, a prescrição é quinquenal.

Vale observar o disposto no art. 54 e seu parágrafo primeiro, da Lei nº 9.784/99 – em que pese se tratar de prazo decadencial e não prescricional – quando estabelece o prazo

---

[2] PEREIRA. Caio Mário da Silva. *Instituições de direito civil*. 20. ed. Rio de Janeiro: Forense, 2004. p. 684. v. 1.

[3] MEIRELLES, Hely Lopes. *Direito administrativo brasileiro*. 16. ed. 2. tir. São Paulo: Revista dos Tribunais, 1991. p. 620.

[4] ASSIS NETO, Sebastião de; JESUS, Marcelo de; MELO, Maria Izabel. *Manual de direito civil*. Salvador: JusPodivm, 2013. p. 488.

[5] MOREIRA NETO, Diogo de Figueiredo. *Curso de direito administrativo*. Rio de Janeiro: Forense, 2006. p. 218.

de cinco anos a partir do qual decai o direito de a Administração Pública anular os atos administrativos dos quais decorram efeitos favoráveis a terceiros, contados da data em que foram praticados, salvo se eivados de comprovada má fé.

Em ações por prática de improbidade administrativa, a estipulação do prazo prescricional sofreu modificações, por meio da Lei nº 14.230/2021, sendo a principal delas aquela que alterou a redação do artigo 23 da Lei nº 8.429/1992, passando a estabelecer o limite de 8 (oito) anos para a propositura da ação, contados a partir da ocorrência do fato ou, no caso de infrações permanentes, do dia em que houver cessado a permanência. Neste caso, vale anotar que a instauração de inquérito civil, pelo Ministério Público, suspende o prazo prescricional para propositura da ação de improbidade administrativa por até 180 dias (art. 23, §1º da Lei nº 8.429/1992 com as alterações produzidas pela Lei nº 14.230/2021).

Por fim, fala-se, ainda, em prazo quinquenal na ação popular, regulamentada pela Lei nº 4.717, de 29.6.1965, cujo objeto consiste em anular ou declarar nula a prática de atos lesivos ao patrimônio da União, estados, Distrito Federal e municípios e de suas entidades da Administração indireta. Tal prazo começa seu curso a partir da data em que ocorreu o fato ou ato lesivo ao patrimônio público.

Não há que se olvidar a existência de outras normas de direito administrativo que tratam do prazo prescricional para o exercício de direitos, tanto da Administração para com particulares como destes para com aquela, fixando, via de regra, o mesmo prazo quinquenal.[6] Doravante, no entanto, tratar-se-á da prescrição primordialmente sob seu aspecto extintivo de punibilidade, administrativa ou judicial.

Em que pese a repetição, importa relembrar que a prescrição atinge o *jus puniendi* da Administração Pública – e do próprio Judiciário – impedindo-a de aplicar sanções contra seus servidores, administrados e todos aqueles que com ela contratam.

25.4 A prescrição na Lei nº 12.846/13

O art. 25 da Lei nº 12.846, de 1º.8.2013, estipula o prazo de cinco anos para que sejam consideradas prescritas as sanções cominadas às infrações administrativas tipificadas em seu texto. A prescrição extingue a pretensão punitiva estatal impedindo tanto a aplicação das sanções administrativas previstas no art. 6º (multa e publicação da decisão condenatória), quanto judicial, estipuladas nos arts. 18 e 19 da norma anticorrupção.[7]

---

6 São inúmeras as normas que estipulam o prazo quinquenal para fins de prescrição no âmbito da Administração Pública. Entre elas, pode-se citar as seguintes: o Código Tributário Nacional, em seu art. 173, que fixa o prazo de cinco anos para constituição de crédito tributário; art. 174, que fixa o mesmo prazo prescricional para cobrança de crédito tributário. Decreto-Lei nº 3.365/41, que dispõe sobre desapropriação por utilidade pública, em seu art. 10 fixa o prazo de cinco anos para a desapropriação por utilidade pública, após a expedição do ato declaratório de expropriação. Lei nº 8.906/94, Estatuto da OAB, fixa o prazo máximo de cinco anos para punição, entre outros diplomas que repetem o mesmo prazo.

7 Conferir conteúdo dos arts. 18 e 19 da Lei nº 12.846/13: "Art. 18. Na esfera administrativa, a responsabilidade da pessoa jurídica não afasta a possibilidade de sua responsabilização na esfera judicial, exceto quando expressamente previsto na celebração de acordo de leniência, observado o disposto no §11, no §12 e no §13 do art. 16. (Redação dada pela Medida provisória nº 703, de 2015); Art. 19. Em razão da prática de atos previstos no art. 5º desta Lei, a União, os Estados, o Distrito Federal e os Municípios, por meio das respectivas Advocacias Públicas ou órgãos de representação judicial, ou equivalentes, e o Ministério Público, poderão ajuizar ação com vistas à aplicação das seguintes sanções às pessoas jurídicas infratoras: I – perdimento dos bens, direitos ou valores que representem

O advento da prescrição deve ser declarado nos próprios autos administrativos, em decisão proferida pela autoridade competente por sua instauração e julgamento, ou pelo controlador-geral da União, caso o procedimento tenha sido instaurado ou avocado por este órgão de controle, no âmbito da Administração Pública Federal, conforme art. 8º, §2º da Lei nº 12.846/2013.[8] Justifica-se a providência face a natureza de ordem pública, própria do instituto da prescrição, obrigando a autoridade administrativa competente a declarar sua ocorrência de ofício.[9]

Parece haver evidente impropriedade na forma como o art. 8º, *caput*, lida com a indicação das autoridades responsáveis pelo julgamento do processo administrativo no âmbito das entidades da Administração Federal, pois, ao determinar que o julgamento do processo administrativo para apuração da responsabilidade seja efetivado pela autoridade máxima de cada órgão ou entidade dos poderes da República,[10] impede o exercício do direito à recorribilidade das decisões administrativas quando declaratórias da prescrição, previsto no art. 57, combinado com art. 69 da Lei nº 9.784, de 29.1.1999.[11]

Afinal, a possibilidade de delegação de competência, à autoridade hierarquicamente inferior, para instauração e julgamento de processo administrativo de apuração de responsabilidade, previsto no art. 8º, §1º da Lei Anticorrupção não transforma a autoridade delegante em instância recursal das decisões adotadas pelo delegatário.[12]

Caso ocorra a prescrição em meio a processo administrativo investigatório instaurado pelo Ministério Público, compete à própria instituição declarar a extinção da

---

vantagem ou proveito direta ou indiretamente obtidos da infração, ressalvado o direito do lesado ou de terceiro de boa-fé; II – suspensão ou interdição parcial de suas atividades; III – dissolução compulsória da pessoa jurídica; IV – proibição de receber incentivos, subsídios, subvenções, doações ou empréstimos de órgãos ou entidades públicas e de instituições financeiras públicas ou controladas pelo poder público, pelo prazo mínimo de 1 (um) e máximo de 5 (cinco) anos. §1º A dissolução compulsória da pessoa jurídica será determinada quando comprovado: I – ter sido a personalidade jurídica utilizada de forma habitual para facilitar ou promover a prática de atos ilícitos; ou II – ter sido constituída para ocultar ou dissimular interesses ilícitos ou a identidade dos beneficiários dos atos praticados. §2º (VETADO). §3º As sanções poderão ser aplicadas de forma isolada ou cumulativa. §4º O Ministério Público ou a Advocacia Pública ou órgão de representação judicial, ou equivalente, do ente público poderá requerer a indisponibilidade de bens, direitos ou valores necessários à garantia do pagamento da multa ou da reparação integral do dano causado, conforme previsto no art. 7º, ressalvado o direito do terceiro de boa-fé".

8 "Art. 8º A instauração e o julgamento de processo administrativo para apuração da responsabilidade de pessoa jurídica cabem à autoridade máxima de cada órgão ou entidade dos Poderes Executivo, Legislativo e Judiciário, que agirá de ofício ou mediante provocação, observados o contraditório e a ampla defesa [...] §2º No âmbito do Poder Executivo federal, a Controladoria-Geral da União – CGU terá competência concorrente para instaurar processos administrativos de responsabilização de pessoas jurídicas ou para avocar os processos instaurados com fundamento nesta Lei, para exame de sua regularidade ou para corrigir-lhes o andamento".

9 Modesto Carvalhosa pensa de forma diversa. Segundo explica, "[...] a prescrição deve ser declarada em sentença prolatada no devido processo penal-administrativo, autuado e instaurado, como medida prejudicial no tocante à extinção da punibilidade". Conclui afirmando que "Não se pode imaginar que o fato prescricional se dê fora do devido processo penal-administrativo ou antes dele, como, *v.g.*, no inquérito que o precede e muito menos numa decisão isolada da autoridade administrativa processante" (CARVALHOSA, Modesto. *Considerações sobre a Lei Anticorrupção das Pessoas Jurídicas*. São Paulo: RT, 2015. p. 422).

10 Vale a mesma regra para os órgãos de Estado com autonomia financeira e administrativa, como é o caso do Ministério Público e do Tribunal de Contas da União.

11 É o seguinte o conteúdo dos arts. 57 e 69 da Lei nº 9.784/99: "Art. 57. O recurso administrativo tramitará no máximo por três instâncias administrativas, salvo disposição legal diversa. [...] Art. 69. Os processos administrativos específicos continuarão a reger-se por lei própria, aplicando-se-lhes apenas subsidiariamente os preceitos desta Lei".

12 TJRJ, Órgão Especial. MS nº 0057390-40.2011.819.0000. Rel. desig. para acórdão Des. Bernardo Moreira Garcez Neto.

punibilidade, justificadamente, nos próprios autos, ficando a decisão sujeita a posterior apreciação pelos órgãos revisionais internos.

Em hipótese de já instaurado processo judicial, não restam dúvidas, por óbvio, que a prescrição deve ser reconhecida no bojo dos autos, pela autoridade judicial. Neste caso, a declaração da prescrição extingue o processo, com julgamento de mérito, conforme determina o art. 487, inc. II do Código de Processo Civil vigente.[13]

25.5 Termo inicial da prescrição

O art. 25 da Lei nº 12.846/13, em seu *caput*, estipula que o prazo prescricional será contado a partir "da data da ciência da infração ou, no caso de infração permanente ou continuada, da data em que tiver cessado". Cria, deste modo, duplo critério para início da contagem do prazo: data da ciência ou momento do conhecimento do fato, e data da cessação ou tempo do fato.

Sobre o primeiro critério – data da ciência do fato – não há necessidade de que a autoridade tenha conhecimento de quem tenha sido o autor do fato (autoria). Basta que tome ciência deste, ou seja, *do fato* para o prazo prescricional iniciar seu fluxo.[14]

Ao utilizar o termo "ciência da infração", o legislador cria alguma complexidade para a exata fixação do *dies a quo* da prescrição. Neste caso, parece ser a interpretação mais adequada da exata intenção do legislador aquela que considera não a ciência do fato diretamente pela autoridade competente para a instauração do procedimento investigatório, mas o conhecimento pelo órgão responsável pelas providências persecutórias, inclusive o Ministério Público. Esta ciência inequívoca pode se manifestar por documentos como *termos de recebimento de representação* ou, apenas, sua protocolização no órgão administrativo próprio.

Não é imprescindível que a autoridade a conhecer em primeiro momento da infração seja a competente para instauração do procedimento. Deve, porém, ter mínimos poderes decisórios ou, ao menos, *atribuições legais* para encaminhar ao conhecimento da autoridade competente os fatos, para que esta possa fazer a apreciação adequada e decidir pela instauração de processo administrativo.

Mostra a doutrina que, em período de fluxo incessante de informações como a atual, notícias publicadas em caráter ostensivo pela imprensa ou portais de internet possuem verdadeiro potencial para serem reconhecidas como fatos notórios, não sendo razoável presumir-se que tais possam ser abstraídas do conhecimento da autoridade administrativa competente para instauração de processo administrativo de responsabilização. Nestas hipóteses, havendo verossimilhança e identificação clara e objetiva do fato, a data da publicação deve ser fixada como termo inicial da prescrição, afinal, em se tratando de norma de ordem pública, não parece atender ao princípio da legalidade, moralidade, ou, ainda, impessoalidade, deixar à discrição da autoridade a

---

[13] Eis o conteúdo do art. 48, inc. II do Código de Processo Civil vigente: "Art. 487. Haverá resolução de mérito quando o juiz: [...] II – decidir, de ofício ou a requerimento, sobre a ocorrência de decadência ou prescrição; [...]".

[14] CALABRICH, Bruno. Disposições finais da Lei Anticorrupção: prescrição, cadastros, responsabilização de autoridades omissas e outras questões relevantes. *In*: SOUZA, Jorge Munhos; QUEIRÓZ, Ronaldo Pinheiro de (Orgs.). *Lei Anticorrupção*. Salvador: JusPodivm, 2015. p. 342.

escolha do melhor momento para se considerar informada acerca da existência de fato ilícito, o qual, a esta altura, já deveria ser considerado como notório.[15]

A regra adotada pela primeira parte do art. 25 da Lei nº 12.846/13 ("ciência da infração") é similar àquela adotada na Lei nº 8.112/90, na parte que trata do regime disciplinar do servidor público da União, em seu art. 142, §1º.[16] Este dispositivo também determina que o prazo prescricional[17] começará a correr da data em que o fato se tornou conhecido.

De qualquer modo, ao se recusar interpretação mais flexível ao texto do art. 25 da norma em comento, poderia o intérprete incorrer em violação ao princípio da segurança jurídica. Faz-se esta afirmação porque, uma vez que se opte pela data da ciência da infração como termo inicial para o curso da prescrição, abre-se a possibilidade, em hipóteses previsíveis, de perpetuação de situações indefinidas ao longo do tempo, até que se demonstre legitimamente sua ciência por parte da autoridade competente para instauração de procedimento administrativo de responsabilização.[18]

A segunda parte do art. 25 da Lei Anticorrupção cria fator alternativo ao início do prazo prescricional, determinando que este terá seu início, em caso de infração permanente ou continuada, da data em que tiver cessado a prática da conduta.

Para a conceituação dos termos *infração permanente ou continuada* é necessário que se proceda à investigação de seus conceitos originais no âmbito do direito penal. Com efeito, o art. 71 do Código Penal explica o conceito de crime continuado nos seguintes termos: "Quando o agente, mediante mais de uma ação ou omissão, pratica dois ou mais crimes da mesma espécie e, pelas condições de tempo, lugar, maneira de execução e outras semelhantes, devem os subsequentes ser havidos como continuação do primeiro [...]". Por sua vez, o conceito de infração permanente deve ser buscado na doutrina, consistindo naquela cuja consumação se prolonga indefinidamente no tempo, sempre dependendo, para que cesse, de ação própria do sujeito ativo.

Deste modo, a partir da definição emprestada do direito penal, para que se reconheça a existência de infração continuada há a necessidade de coexistência de três requisitos, sejam eles: a) *pluralidade de condutas*; b) *pluralidade de infrações da mesma espécie*; e, finalmente, c) *similaridade de circunstâncias objetivas de tempo, lugar e maneira de execução*, além da *homogeneidade* das demais circunstâncias detectadas na conduta do infrator. O Supremo Tribunal Federal inclui, ainda, a necessidade de demonstração de *unidade de desígnios*, neste caso como elemento subjetivo.[19]

---

[15] CALABRICH, Bruno. Disposições finais da Lei Anticorrupção: prescrição, cadastros, responsabilização de autoridades omissas e outras questões relevantes. In: SOUZA, Jorge Munhos; QUEIRÓZ, Ronaldo Pinheiro de (Orgs.). *Lei Anticorrupção*. Salvador: JusPodivm, 2015. p. 344.

[16] "Art. 142. A ação disciplinar prescreverá: I – em 5 (cinco) anos, quanto às infrações puníveis com demissão, cassação de aposentadoria ou disponibilidade e destituição de cargo em comissão; II – em 2 (dois) anos, quanto à suspensão; III – em 180 (cento e oitenta) dias, quanto à advertência. §1º O prazo de prescrição começa a correr da data em que o fato se tornou conhecido. [...]".

[17] Não se discute, neste espaço, sobre a natureza deste prazo, se decadencial ou prescricional, mas apenas o que diz respeito ao momento em que ele se considera iniciado.

[18] A este respeito convém registrar a existência de Projeto de Lei nº 8.685/17, em trâmite na Câmara dos Deputados, o qual altera a redação do art. 25 da Lei nº 12.846/13 e propõe o seguinte texto: "Art. 25. Prescrevem em 5 (cinco) anos as infrações previstas nesta Lei, contadas da data da ocorrência da infração".

[19] STF, 2ª Turma. HC nº 98.681. Rel. Min. Joaquim Barbosa, 5.4.2011.

Juliano Heinen explica que infrações continuadas são aquelas repetidas sistematicamente,[20] o que não se confunde com infração habitual. Nesta última hipótese ocorre apenas uma conduta, composta por vários atos, inócuas isoladamente, mas que, quando reunidas, consolidam a infração.

Como exemplo hipotético pode ser citado o caso de vários licitantes reunirem-se, em propósito delitivo, com o intuito de acertar acordos obscuros para determinar a vitória de um deles em procedimento licitatório, propiciando a exclusão dos demais. Se tal conduta é realizada por quatro vezes, mas de maneira isolada, em períodos de tempo distantes um do outro e em lugares e contextos diversos, não há que se falar em continuidade delitiva. Neste caso, não havendo ligação direta entre os delitos, a prescrição deverá incidir isoladamente a partir da ciência de cada um deles, não sendo o caso de infração continuada.

De outro lado, caso a pessoa jurídica obtenha, sistematicamente, vantagem ou benefício indevido, de modo fraudulento, de modificações ou prorrogações de contratos celebrados com a Administração Pública,[21] é possível falar em delito continuado, o que determina o transcurso da prescrição a partir do momento em que cessar a continuidade delitiva, ou seja, a partir do momento em que a empresa fraudadora houver obtido a última *vantagem ou benefício* ilícito decorrente da vigência do contrato administrativo.

Passando, doravante, à análise das *infrações permanentes*, é de se observar que a regra adotada na Lei nº 12.846/13, quanto à prescrição, não configura novidade, posto que o Código Penal, em seu art. 111, inc. III,[22] prevê que, nos crimes permanentes, a prescrição, antes do trânsito em julgado da sentença, inicie seu curso na data em que cessar a permanência. Ao procurar subsídios, novamente, na doutrina penal, tem-se que crime permanente consiste naquele cuja consumação se prolonga no tempo, razão pela qual é usual a doutrina citar o exemplo do art. 148 do Código Penal, que trata do sequestro ou cárcere privado.[23]

Na Lei Anticorrupção, a infração prevista no art. 5º, inc. V, ou seja, "dificultar atividade de investigação ou fiscalização de órgãos, entidades ou agentes públicos" configura crime cuja consumação permanece ou se prolonga no tempo. Enquanto o sujeito ativo continuar exercendo atividades que dificultem a investigação ou fiscalização dos órgãos públicos, a infração continua em fase de consumação, impedindo-se o início do prazo prescricional.

---

[20] HEINEN, Juliano. *Comentários à Lei Anticorrupção*. Belo Horizonte: Fórum, 2015. p. 291.

[21] Juliano Heinen cita novo e elucidativo exemplo, conforme se observa, a seguir: "Imagine, também, que uma empresa que preste serviços continuados consiga obter a prorrogação do ajuste, por meio de aditivos manipulados, ou seja, de maneira fraudulenta, durante o prazo total dos sessenta meses admitidos pelo artigo 57, inciso II, da Lei nº 8.666/93. Haverá vários atos contínuos e interligados para a perpetração do ilícito, beneficiando indevidamente a dita empresa. Logo, a prescrição começaria a correr a partir da última prorrogação, ou seja, quando a continuidade cessou" (HEINEN, Juliano. *Comentários à Lei Anticorrupção*. Belo Horizonte: Fórum, 2015. p. 191).

[22] Cf. art. 11, inc. III, do Código Penal brasileiro: "Art. 111. A prescrição, antes de transitar em julgado a sentença final, começa a correr: [...] III – nos crimes permanentes, do dia em que cessou a permanência; [...]".

[23] "Art. 148. Privar alguém de sua liberdade, mediante sequestro ou cárcere privado. Pena – reclusão, de um a três anos [...]".

25.6 Interrupção da prescrição

O art. 25, parágrafo único, da Lei nº 12.846/2013 determina que o prazo prescricional será interrompido, na esfera administrativa ou judicial, com a instauração de processo que tenha por objeto a apuração da infração.

O disposto neste parágrafo suscita poucas dúvidas, posto que, objetivamente, determina a interrupção da prescrição quando houver a instauração de processo que tenha por objeto a apuração da infração. Esta interrupção, por óbvio, abrange tanto processos administrativos quanto judiciais, baseados na Lei Anticorrupção.

Uma das características da prescrição consiste exatamente em sua capacidade de, em determinadas situações, sofrer suspensão ou interrupção.[24] A suspensão consiste na quebra da fluência do prazo prescricional em virtude de circunstância legal ou judicial que lhe dê causa. Suspenso o prazo prescricional, ele volta a correr, pelo período que lhe resta, tão logo desapareça a causa que justificou sua aplicação.

Diferente é a interrupção do prazo. Quando ocorre o advento de causa interruptiva, o processo – judicial ou administrativo – recomeça seu curso, desprezando-se o período anteriormente computado, ou seja, abstrai-se o tempo anterior, havendo o reinício integral da contagem do prazo prescricional a partir da data em que houve a sua interrupção.

Note-se que o art. 202, *caput*, do Código Civil determina que a interrupção da prescrição somente poderá ocorrer uma única vez,[25] dando-se nos casos que o diploma privado especifica, entre eles, despacho do juiz, mesmo quando incompetente, que ordenar a citação, desde que não exista qualquer nulidade processual. Por sua vez, o Código Penal brasileiro prevê hipóteses de interrupção da prescrição da pretensão punitiva em seu art. 117, sendo a primeira causa o recebimento da denúncia (inc. I), e outra hipótese a existência de sentença condenatória recorrível (inc. IV).[26]

A Lei nº 12.846/13 limita-se a afirmar, em seu art. 25, parágrafo único, que, tanto na esfera administrativa como na judicial, a prescrição será interrompida com a instauração de processo que tenha por objeto a apuração da infração. Não explica, porém, quantas vezes pode ser interrompido o curso do prazo prescricional nem o momento exato em que esta ocorre. Por exemplo: se houver instauração de processo administrativo preparatório para propositura de ação civil pública, pode ocorrer a dupla interrupção? A mera instauração do processo judicial basta para o advento da interrupção? Mas em qual momento pode ser considerado instaurado o processo judicial? Na propositura da

---

[24] COSTA, José Armando da. *Prescrição disciplinar*. Belo Horizonte: Fórum, 2006. p. 96.

[25] É o seguinte o texto do art. 202 do Código Civil brasileiro: "Art. 202. A interrupção da prescrição, que somente poderá ocorrer uma vez, dar-se-á: I – por despacho do juiz, mesmo incompetente, que ordenar a citação, se o interessado a promover no prazo e na forma da lei processual; II – por protesto, nas condições do inciso antecedente; III – por protesto cambial; IV – pela apresentação do título de crédito em juízo de inventário ou em concurso de credores; V – por qualquer ato judicial que constitua em mora o devedor; VI – por qualquer ato inequívoco, ainda que extrajudicial, que importe reconhecimento do direito pelo devedor. Parágrafo único. A prescrição interrompida recomeça a correr da data do ato que a interrompeu, ou do último ato do processo para a interromper".

[26] É o seguinte o conteúdo integral do art. 117 do Código Penal: "Art. 117. O curso da prescrição interrompe-se: I – pelo recebimento da denúncia ou da queixa; II – pela pronúncia; III – pela decisão confirmatória da pronúncia; IV – pela publicação da sentença ou acórdão condenatórios recorríveis; V – pelo início ou continuação do cumprimento da pena; VI – pela reincidência. §1º Excetuados os casos dos incisos V e VI deste artigo, a interrupção da prescrição produz efeitos relativamente a todos os autores do crime. Nos crimes conexos, que sejam objeto do mesmo processo, estende-se aos demais a interrupção relativa a qualquer deles. §2º Interrompida a prescrição, salvo a hipótese do inciso V deste artigo, todo o prazo começa a correr, novamente, do dia da interrupção".

ação civil pública ou quando houver o despacho judicial confirmando seu recebimento e determinando a citação das empresas rés para apresentação de defesa? As indagações são relevantes, especialmente se se levar em consideração aspectos como a notória morosidade caracterizadora do Judiciário brasileiro.

Sobre a possibilidade de haver mais de uma interrupção no curso dos processos, administrativo e judicial, referentes à Lei Anticorrupção, vale observar que, enquanto o processo penal admite inúmeras possibilidades, conforme se observa no já mencionado art. 117 do Código Penal, o direito civil admite apenas uma única hipótese de interrupção da prescrição (art. 202 do Código Civil). A Lei nº 12.846/13, no entanto, não menciona quantas vezes pode ocorrer a interrupção da prescrição no curso da persecução, o que faz necessário proceder sua integração com o posicionamento doutrinário a respeito do tema.

Quanto à primeira indagação, parece ser a posição mais adequada aquela que autoriza a interrupção do curso prescricional em dois momentos. O da instauração do processo administrativo de apuração de responsabilidade, de caráter administrativo, e o momento da instauração do processo judicial, se for o caso, sob o rito próprio da Lei nº 7.347/1995, conforme determina o art. 21 da Lei Anticorrupção.[27] Como a Lei nº 12.846/2013 menciona genericamente a expressão "processo que tenha por objeto a apuração da infração" (art. 25, §1º), deve-se compreender que tanto o processo administrativo como o judicial possuem, como objetivo primordial, por óbvio, *a apuração da infração.*

Este é, inclusive, o entendimento de Bruno Calabrich, em obra coletiva sobre a Lei Anticorrupção, o qual explica:

> na esfera administrativa ou judicial, a prescrição será interrompida com a instauração do processo (administrativo ou judicial) que tenha por objeto a apuração da infração (art. 25, parágrafo único). Note-se que, para um mesmo fato, podem incidir, sucessivamente esses dois marcos interruptivos: como a lei não excepciona, a prescrição será interrompida tanto com a instauração de um processo administrativo quanto com a instauração de um processo judicial sobre uma mesma infração.[28]

Sobre o momento em que pode ser considerado instaurado o processo judicial para fins de delimitação da interrupção, observe-se que o Código de Processo Civil de 1973[29] considerava proposta a ação no momento em que a petição inicial fosse distribuída, onde houvesse mais de uma vara, ou quando despachada a petição inicial, em caso de juízo ou vara única (art. 263 do CPC/1973). Para efeitos de interrupção da prescrição, o Código de Processo Civil anterior determinava que esta ocorreria quando houvesse a efetivação da citação válida (art. 219 do CPC/1973).

---

[27] Cf. Lei nº 12.846/13: "Art. 21. Nas ações de responsabilização judicial, será adotado o rito previsto na Lei nº 7.347, de 24 de julho de 1985".

[28] CALABRICH, Bruno. Disposições finais da Lei Anticorrupção: prescrição, cadastros, responsabilização de autoridades omissas e outras questões relevantes. *In*: SOUZA, Jorge Munhos; QUEIRÓZ, Ronaldo Pinheiro de (Orgs.). *Lei Anticorrupção*. Salvador: JusPodivm, 2015. p. 345.

[29] Cuja vigência expirou-se em 17.3.2016.

Quanto ao atual Código de Processo Civil, cuja entrada em vigor se deu em 17.3.2016, é considerada proposta a ação judicial pela mera protocolização da petição inicial, conforme determina o art. 312 do Novo Código de Processo Civil,[30] porém a interrupção da prescrição, em relação ao réu ou réus, se dará com o despacho judicial que ordenar sua citação, mesmo quando proferido por juiz incompetente, retroagindo tal interrupção à data da propositura da ação (art. 240 do Código de Processo Civil).[31]

Feitas estas considerações e tendo em vista que o processo judicial para apuração de responsabilidade deverá seguir o rito próprio da Lei nº 7.347/85, que regulamenta a ação civil pública (como determina o art. 21 da Lei nº 12.846/13), e que esta, em seu art. 19, determina a aplicação do Código de Processo Civil em casos omissos,[32] é possível concluir que a interrupção da prescrição deve dar-se no momento em que a petição inicial for protocolizada pelo sujeito ativo, seja ele a União, estados-membros, Distrito Federal ou municípios, por suas respectivas advocacias públicas, ou mesmo o Ministério Público (art. 19 da Lei nº 12.846/13). Este será o momento, em se tratando de processo judicial, no qual haverá a demarcação da interrupção prescricional, com o recomeço de sua contagem.

Outra forma de *interrupção* da prescrição se dá com a celebração do acordo de leniência, conforme previsto no art. 16, §9º da Lei nº 12.846/13.[33] Este dispositivo ainda prevê a possibilidade de *suspensão* do prazo prescricional caso haja mera formalização da proposta de acordo de leniência.

Quanto à previsão de *suspensão* do prazo prescricional em decorrência da apresentação formal de proposta para acordo de leniência, a medida é adequada e atende ao interesse público, uma vez que evita a possibilidade de negociações espúrias e tendenciosas, levadas adiante com o único propósito de deixar transcorrer deliberadamente o prazo prescricional, em benefício da pessoa jurídica. Assim que cessada a causa da *suspensão*, seja com a formalização definitiva do acordo de leniência ou mesmo sua rejeição, apenas então volta a fluir o prazo da suspensão, pelo restante de tempo que sobejar.

Quanto à *interrupção* do prazo prescricional, o §9º do art. 16 da Lei nº 12.846/13 mostra, igualmente, a intenção do legislador em atender ao princípio da moralidade administrativa ao determinar que a celebração do acordo, ainda que efetivada no transcorrer do processo administrativo de responsabilização, *interrompe* o prazo

---

[30] "Art. 312. Considera-se proposta a ação quando a petição inicial for protocolada, todavia, a propositura da ação só produz quanto ao réu os efeitos mencionados no art. 240 depois que for validamente citado".

[31] "Art. 240. A citação válida, ainda quando ordenada por juízo incompetente, induz litispendência, torna litigiosa a coisa e constitui em mora o devedor, ressalvado o disposto nos arts. 397 e 398 da Lei no 10.406, de 10 de janeiro de 2002 (Código Civil). §1º A interrupção da prescrição, operada pelo despacho que ordena a citação, ainda que proferido por juízo incompetente, retroagirá à data de propositura da ação [...]".

[32] Cf.: art. 19 da Lei nº 7.347/85: "Art. 19. Aplica-se à ação civil pública, prevista nesta Lei, o Código de Processo Civil, aprovado pela Lei nº 5.869, de 11 de janeiro de 1973, naquilo em que não contrarie suas disposições".

[33] "Art. 16. A União, os Estados, o Distrito Federal e os Municípios poderão, no âmbito de suas competências, por meio de seus órgãos de controle interno, de forma isolada ou em conjunto com o Ministério Público ou com a Advocacia Pública, celebrar acordo de leniência com as pessoas jurídicas responsáveis pela prática dos atos e pelos fatos investigados e previstos nesta Lei que colaborem efetivamente com as investigações e com o processo administrativo, de forma que dessa colaboração resulte: [...] §9º A formalização da proposta de acordo de leniência suspende o prazo prescricional em relação aos atos e fatos objetos de apuração previstos nesta Lei e sua celebração o interrompe".

prescricional, a partir da data de sua celebração com a pessoa jurídica colaboradora, assim como para as demais pessoas jurídicas envolvidas nos atos ilícitos previstos no art. 5º da denominada Lei Anticorrupção. Havendo a interrupção do prazo, este apenas voltará a ser computado, com o reinício de sua contagem, em caso de descumprimento do acordo de leniência.[34]

25.7 Prescrição intercorrente

Fala-se em prescrição intercorrente sempre que houver paralisação em processo, judicial ou administrativo, decorrente de inércia de seu autor, por prazo que ultrapasse o da prescrição a incidir na relação processual. Em outras palavras, pendente um processo, caso o órgão persecutório deixe de praticar atos processuais por período superior ao do prazo prescricional, poderá incidir a prescrição intercorrente.

A indagação que se faz é se este instituto, previsto tanto na legislação penal[35] como na civil,[36] aplica-se às normas da Lei Anticorrupção.

Observe-se que tanto o Código Penal como o Civil deixam claro a previsão da existência do instituto da prescrição intercorrente, conforme mencionado anteriormente. No entanto, o mesmo não ocorre com a Lei nº 12.846/13, a qual não traz previsão alguma neste sentido.

No que respeita à Lei de Improbidade Administrativa, não havia previsão original de aplicação da prescrição intercorrente na redação da Lei nº 8429/1992, tendo o instituto sido inserido na norma apenas a partir da promulgação da lei modificadora, ou seja, Lei nº 14.230/2021, a qual alterou o artigo 23, §8º da LIA, nos seguintes termos:

> Art. 23 [...]
> §8º O juiz ou tribunal, depois de ouvido o Ministério Público, deverá, de ofício ou a requerimento da parte interessada, reconhecer a prescrição intercorrente da pretensão sancionadora e decretá-la de imediato, caso, entre os marcos interruptivos referidos no §4º, transcorra o prazo previsto no §5º deste artigo

Os marcos interruptivos da prescrição são: I – ajuizamento da ação de improbidade; II – publicação de sentença condenatória; III – publicação de decisão ou acórdão que confirme sentença condenatória ou que modifique acórdão de improcedência de ação de improbidade (artigo 23, §4º).

Observação válida é a de que sempre que o legislador deseja a aplicação da prescrição intercorrente em processos judiciais ou administrativos, a autoriza expressamente em lei, como é o caso da nova redação da Lei de Improbidade administrativa,

---

[34] Em posição contrária, CALABRICH, Bruno. Disposições finais da Lei Anticorrupção: prescrição, cadastros, responsabilização de autoridades omissas e outras questões relevantes. In: SOUZA, Jorge Munhos; QUEIRÓZ, Ronaldo Pinheiro de (Orgs.). *Lei Anticorrupção*. Salvador: JusPodivm, 2015. p. 346.

[35] A prescrição intercorrente (ou superveniente) é prevista no art. 110, §1º do Código Penal.

[36] Na legislação civil, a prescrição intercorrente é prevista no art. 202, parágrafo único, do Código Civil, nos seguintes termos: "Art. 202. A interrupção da prescrição, que somente poderá ocorrer uma vez, dar-se-á: [...] Parágrafo único. A prescrição interrompida recomeça a correr da data do ato que a interrompeu, ou do último ato do processo para a interromper".

anteriormente citada, além de outros diplomas legais, dentre eles: a Lei de Execução Fiscal (Lei nº 6.830/1980, em seu artigo 40, §4º); o Código de Processo Civil, em seu artigo 921, inciso III e §§; a lei que regulamenta o exercício do poder de polícia pela administração pública federal (Lei nº 9.873/1999, art. 1º §1º); e, finalmente, no Código Penal, em seu artigo 110, §1º.

Feitas estas considerações, vale indagar: é possível aplicar as regras da prescrição intercorrente em ações civis públicas decorrentes da Lei nº 12.846/13? A resposta mais adequada parece ser a que não admite esta possibilidade de prescrição no âmbito da Lei Anticorrupção, com base na ausência de previsão legal, afinal, o dispositivo previsto no artigo 25 da LAC apenas se refere à prescrição quinquenal para propositura da ação, contados da ciência da infração, ou, se for permanente ou continuada, da data em que houver cessado, nada mencionando a respeito de prescrição intercorrente. Deste modo, à falta de previsão legal, não parece apropriada a aplicação do instituto no âmbito da Lei Anticorrupção.[37]

25.8 Imprescritibilidade das ações de ressarcimento

O art. 25 da Lei nº 12.846/13 traz determinação no sentido de que ocorrerá a prescrição das infrações previstas nos arts. 6º[38] e 18[39] em cinco anos, contados da data

---

[37] Juliano Heinen também endossa a impossibilidade de aplicação da prescrição intercorrente no âmbito da Lei nº 12.846/2013, ao explicar: "A lei não faz previsão da existência de prescrição intercorrente, que é aquela que se consuma dentro de um processo já existente, ou seja, opera quando a pretensão já tenha sido deduzida em juízo, e a demanda fica parada por cinco anos sem receber qualquer impulso. Explicando: violado o direito, nasce a pretensão, a qual deve ser deduzida em juízo dentro de um prazo prescricional. No momento em que os legitimados a propor a demanda punitiva formulam a pretensão em questão, interrompem-na pela distribuição da ação judicial. Nesse caso, em tese, não há mais que se falar em prescrição, porque não se perde mais um direito, que já foi exercido. Afinal, como visto, tal instituto nada mais é do que a perda do direito de instaurar um processo em juízo. E esta providência, no exemplo dado, foi cumprida. Sendo assim, permanece a dúvida: no caso de o processo ficar parado por mais de cinco anos, seria possível que a prescrição fosse declarada? Em outros termos, a partir da dicção da Lei nº 12.846/13, poderia o acusado alegar a prescrição ocorrida no limiar da demanda já proposta? Entendemos que não é possível, porque a pretensão já foi exercida" (HEINEN, Juliano. *Comentários à Lei Anticorrupção*. Belo Horizonte: Fórum, 2015. p. 293-294).

[38] Cf.: art. 6º da Lei nº 12.846/13: "Art. 6º Na esfera administrativa, serão aplicadas às pessoas jurídicas consideradas responsáveis pelos atos lesivos previstos nesta Lei as seguintes sanções: I – multa, no valor de 0,1% (um décimo por cento) a 20% (vinte por cento) do faturamento bruto do último exercício anterior ao da instauração do processo administrativo, excluídos os tributos, a qual nunca será inferior à vantagem auferida, quando for possível sua estimação; e II – publicação extraordinária da decisão condenatória. §1º As sanções serão aplicadas fundamentadamente, isolada ou cumulativamente, de acordo com as peculiaridades do caso concreto e com a gravidade e natureza das infrações. §2º A aplicação das sanções previstas neste artigo será precedida da manifestação jurídica elaborada pela Advocacia Pública ou pelo órgão de assistência jurídica, ou equivalente, do ente público. §3º A aplicação das sanções previstas neste artigo não exclui, em qualquer hipótese, a obrigação da reparação integral do dano causado. §4º Na hipótese do inciso I do caput, caso não seja possível utilizar o critério do valor do faturamento bruto da pessoa jurídica, a multa será de R$6.000,00 (seis mil reais) a R$60.000.000,00 (sessenta milhões de reais). §5º A publicação extraordinária da decisão condenatória ocorrerá na forma de extrato de sentença, a expensas da pessoa jurídica, em meios de comunicação de grande circulação na área da prática da infração e de atuação da pessoa jurídica ou, na sua falta, em publicação de circulação nacional, bem como por meio de afixação de edital, pelo prazo mínimo de 30 (trinta) dias, no próprio estabelecimento ou no local de exercício da atividade, de modo visível ao público, e no sítio eletrônico na rede mundial de computadores. §6º (VETADO)".

[39] Cf. art. 18 da Lei nº 12.846/13: "Art. 18. Na esfera administrativa, a responsabilidade da pessoa jurídica não afasta a possibilidade de sua responsabilização na esfera judicial, exceto quando expressamente previsto na celebração de acordo de leniência, observado o disposto no §11, no §12 e no §13 do art. 16. (Redação dada pela Medida provisória nº 703, de 2015)".

da ciência da infração ou, no caso de infração permanente ou continuada, do dia em que houver cessado. No entanto, havendo pretensão de ressarcimento ao Erário esta será imprescritível, conforme determina o art. 37, §5º, da Constituição da República:

> Art. 37. A administração pública direta e indireta de qualquer dos Poderes da União, dos Estados, do Distrito Federal e dos Municípios obedecerá aos princípios de legalidade, impessoalidade, moralidade, publicidade e eficiência e, também, ao seguinte: [...]
>
> §5º A lei estabelecerá os prazos de prescrição para ilícitos praticados por qualquer agente, servidor ou não, que causem prejuízos ao erário, ressalvadas as respectivas ações de ressarcimento.

A imprescritibilidade das ações de ressarcimento ao Erário, cuja constitucionalidade é defendida por parcela da doutrina,[40] ainda é objeto de polêmicas, havendo tantos outros estudiosos que consideram a exceção da imprescritibilidade inconstitucional.

Não há qualquer dúvida de que, em todos os ramos do direito, a prescritibilidade das obrigações é regra. Só se admite a imprescritibilidade nas hipóteses mencionadas pela própria Carta da República, como é o caso do art. 5º, inc. XLII,[41] que trata da inafiançabilidade e imprescritibilidade do crime de racismo; e inc. XLIV,[42] que, por sua vez, refere-se à ação de grupos armados, civis ou militares, contra a ordem constitucional e o Estado Democrático. E, também, o já mencionado §5º do art. 37 da Constituição Federal.

José Afonso da Silva faz uma sutil crítica à imprescritibilidade prevista no §5º do art. 37 da Constituição ao afirmar, com sua habitual elegância didática, que a imprescritibilidade consiste em ressalva constitucional, sendo, portanto, inafastável. Mas alerta que esta ressalva é destoante dos princípios jurídicos que não socorrem aqueles que ficam inertes. Conclui afirmando que "o constituinte deu à Administração inerte o prêmio da imprescritibilidade na hipótese de ressarcimento ao erário".[43] Por sua vez, sobre o tema, Elody Nassar externa que o entendimento de que as ações de ressarcimento seriam imprescritíveis, ainda que em defesa do princípio da indisponibilidade do patrimônio público, estaria a merecer maior sustentação da doutrina e jurisprudência.[44] Portanto, mesmo diante da falta de maior ênfase na defesa da prescritibilidade do ressarcimento ao Erário, os autores deixam claro que haveria a necessidade de se reconhecer a extinção dos débitos ao Erário, mesmo nas hipóteses do art. 37º, §5º, da Constituição da República.

O professor Celso Antônio Bandeira de Mello, nas últimas edições de sua primorosa obra *Curso de direito administrativo*, houve por bem alterar seu posicionamento anterior, passando a entender que mesmo as ações de ressarcimento ao Erário não estariam

[40] Entre eles, vale citar Maria Sylvia Zanella Di Pietro (*Direito administrativo*. 29. ed. São Paulo: Atlas, 2016. p. 789-90), para quem: "São, contudo, imprescritíveis, as ações de ressarcimento por danos causados por agente público, seja ele servidor público ou não, conforme estabelece o artigo 37, §5º da Constituição. Assim, ainda que para outros fins a ação de improbidade esteja prescrita, o mesmo não ocorrerá quanto ao ressarcimento dos danos".

[41] Cf. "Art. 5º [...] XLII – a prática do racismo constitui crime inafiançável e imprescritível, sujeito à pena de reclusão, nos termos da lei; [...]".

[42] Cf.: "Art. 5º [...] XLIV – constitui crime inafiançável e imprescritível a ação de grupos armados, civis ou militares, contra a ordem constitucional e o Estado Democrático; [...]".

[43] SILVA, José Afonso da. *Curso de direito constitucional positivo*. 18. ed. São Paulo: Malheiros, 2000. p. 657.

[44] NASSAR, Elody. *Prescrição na Administração Pública*. São Paulo: Saraiva, 2004. p. 353.

imunes à aplicação da regra da prescrição. Para o mestre, as ações de ressarcimento ao Erário devem ter prazos autônomos em relação àqueles que a lei estabelecer para as responsabilidades penal e administrativa. São suas as palavras:

> Pensamos que os prazos prescricionais serão os mesmos acima apontados para a decretação de invalidade dos atos viciados. Cinco anos, quando não houver má fé e dez anos, no caso de má fé – sempre contados a partir do término do mandato do governante em cujo período foi praticado o ato danoso.[45]

Ressalvadas estas opiniões e passando para o plano jurisprudencial, é de se destacar que o Superior Tribunal de Justiça possui entendimento consolidado no sentido de que as condenações que impõem o ressarcimento ao Erário, em casos de ilícito penal e improbidade administrativa, são imprescritíveis.[46] Para o Tribunal de Contas da União, a matéria é igualmente pacífica, no sentido da imprescritibilidade, tendo esta Corte de Contas expedido súmula neste mesmo sentido, a de nº 282, segundo a qual "as ações de ressarcimento movidas pelo Estado contra os agentes causadores de danos ao erário são imprescritíveis".

A jurisprudência do Supremo Tribunal Federal também perfilha nesta mesma linha, pela imprescritibilidade das ações de ressarcimento ao Erário, em casos de ilícito penal e improbidade administrativa.[47] Há três teses que resumem adequadamente a questão enfrentada da imprescritibilidade do ressarcimento de danos ao Erário, sejam elas: (i) caberia interpretação literal ao art. 37, §5º da Constituição da República, com o reconhecimento da imprescritibilidade em qualquer hipótese em que houver danos ao Erário; (ii) haveria imprescritibilidade apenas nos casos em que os danos ao Erário fossem decorrentes de atos de improbidade administrativa e ilícitos penais, não nos demais casos, ou seja, sobre lesão ao Erário, decorrente de ilícitos civis, incidiria a prescrição; e, finalmente, (iii) nenhum dano ao Erário seria imprescritível, em evidente prestígio ao princípio da segurança jurídica e estabilidade das relações. No RE nº 669.069/MG,[48] a Corte firmou tese em repercussão geral no sentido de que "é prescritível a ação de reparação de danos à Fazenda Pública decorrente de ilícito civil". Esta tese, entretanto, não alcança prejuízos que decorram de ato de improbidade administrativa, vez que o tema não foi objeto de discussão no recurso extraordinário mencionado, o que faz com que prevaleça a jurisprudência já consolidada na Corte, no sentido da imprescritibilidade de danos ao Erário decorrentes de atos de improbidade administrativa.

---

[45] BANDEIRA DE MELLO, Celso Antônio. *Curso de direito administrativo*. 27. ed. São Paulo: Malheiros, 2010. p. 1065.

[46] O Superior Tribunal de Justiça possui jurisprudência consolidada no sentido da imprescritibilidade do ressarcimento ao erário em casos de improbidade administrativa e prática de crime contra a Administração Pública, conforme pode ser conferido através dos seguintes julgados: REsp nº 1.303.030/AL. Rel. Min. Herman Benjamin. *DJE*, 30 jun. 2015; AgRg no AREsp nº 663.951/MG. Rel. Min. Humberto Martins. *DJE*, 20 abr. 2015; AgRg no AREsp nº 488.608/RN. Rel. Min. Marga Tessler (Juíza Fed. Conv. do TRF 4ª Região), *DJE*, 19 dez. 2014; AgRg no REsp nº 1.427.640/SP. Rel. Min. Og Fernandes, *DJE*, 27 jun. 2014; REsp nº 1.289.609/DF. Rel. Min. Benedito Gonçalves, *DJE*, 2 fev. 2015; REsp nº 1.405.346/SP. Rel. Min. Napoleão Nunes Maia Filho. Rel. p/ Acórdão Min. Sérgio Kukina, *DJE*, 19 ago. 2014; e AgRg no AREsp nº 513.006/RS. Rel. Min. Humberto Martins, *DJE*, 29 set. 2014.

[47] Por todos, citam-se os seguintes julgados: ARE nº 772.852 AgR/DF. Rel. Min. Cármen Lúcia. Julg. 11.3.2014; e AI nº 819.135 AgR/SP. Rel. Min. Luiz Fux. Julg. 28.5.2013.

[48] Julgado em 3.2.2016, em Sessão Plenário do Supremo Tribunal Federal, porém, até 25.4.2016 encontrava-se pendente de publicação.

25.9 A Medida Provisória nº 703/2015

A Medida Provisória nº 703, de 18.12.2015, trouxera substanciais alterações à Lei nº 12.846/2013, além de ter afetado outras normas jurídicas correlatas, entre elas a Lei de Improbidade Administrativa (Lei nº 8.429/92) e a Lei de Licitações e Contratos Administrativos (Lei nº 8.666/93). Entre as alterações provocadas, há de se mencionar o art. 25 da norma anticorrupção. Deste modo, a medida provisória acarretou a renumeração do parágrafo único, do art. 25, em §1º, e a criação de um segundo parágrafo, cuja redação determinava: "§2º Aplica-se o disposto no caput e no §1º aos ilícitos previstos em normas de licitações e contratos administrativos".

Porém, em 31.5.2016 foi publicado no *Diário Oficial da União* o Ato Declaratório nº 27, de 30.5.2016, emanado da Presidência da Mesa do Congresso Nacional, de 30.5.2016, o qual declarou encerrado, em 29 de maio, o prazo de vigência da mencionada medida provisória, por não ter sido apreciada pelo Senado Federal em tempo oportuno.

A Medida Provisória nº 703, enquanto vigente, alterou a redação da Lei nº 12.846/13, especialmente no que diz respeito aos acordos de leniência celebrados entre as pessoas jurídicas envolvidas em atos de corrupção e o governo. Doravante, com a perda de sua eficácia, deverá o Congresso Nacional apresentar decreto legislativo que regulamente os efeitos gerados no decorrer de sua vigência.

Portanto, no que respeita ao art. 25, seu §1º volta a ser renumerado como parágrafo único, não mais se aplicando suas disposições aos ilícitos administrativos previstos em normas de licitações e contratos administrativos.

Informação bibliográfica deste texto, conforme a NBR 6023:2018 da Associação Brasileira de Normas Técnicas (ABNT):

MOTTA, Fabrício; ANYFANTIS, Spiridon Nicofotis. Comentários ao art. 25. *In*: DI PIETRO, Maria Sylvia Zanella; MARRARA, Thiago (coord.). *Lei Anticorrupção comentada*. 4. ed. Belo Horizonte: Fórum, 2024. p. 325-339. ISBN 978-65-5518-676-5.

COMENTÁRIOS AO ART. 26

JOSÉ ROBERTO PIMENTA OLIVEIRA

Art. 26. A pessoa jurídica será representada no processo administrativo na forma do seu estatuto ou contrato social.
§1º As sociedades sem personalidade jurídica serão representadas pela pessoa a quem couber a administração de seus bens.
§2º A pessoa jurídica estrangeira será representada pelo gerente, representante ou administrador de sua filial, agência ou sucursal aberta ou instalada no Brasil.

26.1 Devido processo legal sancionatório e representação da pessoa jurídica acusada

Em suas disposições legais, a Lei nº 12.846 tratou de tema essencial ao devido processo legal formal a ser observado no âmbito do processo administrativo sancionador, disciplinado no art. 8º (PAR), e do qual poderá resultar a efetivação da "responsabilização administrativa" com a aplicação de multa à pessoa jurídica e publicação extraordinária da decisão condenatória (art. 6º, incs. I e II). O cumprimento da regra também se aplica ao processo administrativo específico de reparação de danos (PERD), referido no art. 13, e ao processo administrativo de acordo de leniência (PCAL), tratado no art. 16.

Trata-se da representação válida da pessoa jurídica, que assume a condição de acusada da prática de atos lesivos (ou de responsável legal). Sem a regular ou válida representação processual, o processo administrativo padecerá de nulidade absoluta, pois implicará instauração, processamento e julgamento de pretensão sancionatória sem a devida constituição da relação processual, elemento essencial para plena efetividade das garantias fundamentais da ampla defesa e do contraditório. Será, pois, uma nulidade processual insanável, nos termos do art. 53 da Lei nº 9.784/1999, não havendo espaço legítimo para sanar tal defeito, pois a observância do devido processo legal é matéria de interesse público, constituindo barreira à convalidação, nos termos do art. 54 da Lei nº 9.784. Eis a razão para dedicar item específico ao tema da representação no processo administrativo, no artigo ora comentado.

O devido processo legal formal está contemplado no catálogo de garantias fundamentais na Constituição Federal (art. 5º, inc. LIV). Como desdobramento normativo, a Lei nº 12.846 assegura o direito das pessoas jurídicas de apresentarem-se regularmente no processo administrativo, conforme as normas em vigor.

Observando o inteiro teor do dispositivo da Lei nº 12.846, tem-se que está adequado à legislação processual civil, que se aplica igualmente em caráter subsidiário aos processos administrativos, nos termos do art. 15 do CPC, pelo qual, na ausência de normas que regulem processos eleitorais, trabalhistas ou administrativos, as disposições do CPC lhes serão aplicadas supletiva e subsidiariamente. Registre-se que, na Lei Geral de Processo Administrativo (Lei nº 9.784), não há regramento específico da matéria.

No Código de Processo Civil, serão, respectivamente, representadas em juízo, ativa e passivamente, nos termos do art. 75: (i) a pessoa jurídica, por quem os respectivos atos constitutivos designarem ou, não havendo essa designação, por seus diretores (inc. VIII); (ii) a sociedade e a associação irregulares e outros entes organizados sem personalidade jurídica, pela pessoa a quem couber a administração de seus bens (inc. IX); e (iii) a pessoa jurídica estrangeira, pelo gerente, representante ou administrador de sua filial, agência ou sucursal aberta ou instalada no Brasil (inc. X).

Relativamente às sociedades não personificadas, o CPC estabelece que a sociedade ou a associação sem personalidade jurídica não poderá opor a irregularidade de sua constituição quando demandada (art. 75, 2º). Relativamente às pessoas jurídicas estrangeiras, o CPC preceitua que o gerente de filial ou agência presume-se autorizado pela pessoa jurídica estrangeira a receber citação para qualquer processo (art. 75, §3º).

É importante relacionar o art. 26 com o parágrafo único do art. 1º, que elenca os sujeitos ativos das infrações tipificadas na Lei nº 12.846, que são os seguintes: (i) sociedades empresárias e sociedades simples, personificadas ou não, independentemente da forma de organização ou do modelo societário adotado; (ii) quaisquer fundações, associações de entidades ou pessoas; e (iii) sociedades estrangeiras, que tenham sede, filial ou representação no território brasileiro, constituídas de fato ou de direito, ainda que temporariamente. O art. 26, *caput*, utiliza-se da expressão "pessoa jurídica" para abranger todo o universo de sujeitos ativos acolhidos no âmbito pessoal de aplicação do sistema de responsabilização de improbidade instituído.

26.2 Representação de entes privados personificados no processo administrativo de responsabilização (PAR)

A Lei nº 12.846/2013 estabelece que os entes privados personificados deverão ser representados no processo administrativo na forma do seu estatuto ou contrato social (art. 26, *caput*). Assim, temos a seguinte representação:

- das associações, pelos seus órgãos deliberativos, previstos nos respectivos estatutos, conforme art. 54, inc. V, do Código Civil;
- das fundações, pelos seus representantes, previstos nos respectivos estatutos, conforme arts. 63 e 67, inc. I, do Código Civil;

- das sociedades simples, pelas pessoas naturais incumbidas de sua administração, segundo o respectivo contrato social, nos termos do art. 997, inc. VI, e art. 1.022 do Código Civil;
- das sociedades em nome coletivo, pelos sócios exercentes da administração, nos termos do art. 1.042 do Código Civil;
- das sociedades em comandita simples, pelos sócios comanditados indicados no contrato social, nos termos do art. 1.047 do Código Civil;
- das sociedades limitadas, pelas pessoas designadas no contrato social ou ato separado como administradores, nos termos do art. 1.060 do Código Civil;
- das sociedades anônimas, pela forma disciplinada em lei especial, nos termos do art. 1.089, do Código Civil; o art. 144 da Lei nº 6.404/1976 especifica que, no silêncio do estatuto social, cabe ao conselho de administração dispor sobre a representação; caso este não venha a dispor, a representação caberá a qualquer diretor;
- das sociedades em comandita por ações, pelos diretores acionistas indicados no ato constitutivo da sociedade, nos termos do art. 1.091 do Código Civil;
- das cooperativas, pelos sócios que compõem a administração, nos termos do art. 1.094, inc. II; o art. 47 da Lei nº 5.764/1971 refere-se aos associados que compõem a Diretoria ou Conselho de Administração, conforme o respectivo Estatuto.

26.3 Representação de sociedades não personificadas no processo administrativo de responsabilização (PAR)

As sociedades sem personalidade jurídica serão representadas pela pessoa a quem couber a administração de seus bens, como preconiza o art. 26, §1º da Lei nº 12.846. Este preceito não resolve adequadamente o problema da representação nestas situações, pois não haverá ato constitutivo formal ou ato separado que venha a outorgar a administração dos bens, traço característico de sociedades não personificadas.

Verificando o Código Civil, este trata de duas modalidades de sociedades não personificadas: (i) as sociedades em comum (não personificadas), representadas por todos os sócios, na forma disposta no art. 989 do Código Civil; por conseguinte, não se adotou o critério de administração de bens na representação legal; (ii) as sociedades em conta de participação, representadas pelo sócio ostensivo, nos termos do art. 991 do Código Civil; diferentemente da modalidade anterior, adotou-se o critério da administração, porque somente o sócio ostensivo pode exercer a atividade constitutiva do objeto social e obrigar-se perante terceiros.

Assim, interpretada a Lei nº 12.846 em face do regime das sociedades não personificadas do Código Civil em vigor, a indefinição restará quanto à situação das denominadas "sociedades em comum".

Entende-se que, pelo princípio da legalidade, a autoridade administrativa no PAR deverá reconhecer o poder de representação na "sociedade em comum" em face do sócio, sobre o qual detenha elementos de prova da prática de quaisquer atos de administração ou de gestão da sociedade. Não há como este sócio se desalojar do poder de representação da PJ (não personificada) no âmbito administrativo (PAR), já que as normas de direito civil legitimam quaisquer dos sócios no papel de representante da sociedade.

O art. 987 do Código Civil preconiza que terceiros podem provar a existência da sociedade não personificada de qualquer modo. Logo, isto corrobora a prerrogativa assegurada à Administração Pública, por força do art. 26, §1º, para verificação do sócio administrador dos bens, e, nesta condição, identificar, de forma idônea e válida, quem receberá todas as notificações e intimações de atos processuais no curso do PAR, em observância ao devido processo legal formal.

Relativamente à "sociedade em conta de participação", caberá a representação da PJ não personificada ao sócio ostensivo. A constituição da sociedade em conta de participação independe de qualquer formalidade e pode provar-se por todos os meios de direito (art. 992). Perceba-se que, mesmo dispondo em contrato eventual ato constitutivo da sociedade, inclusive registrado, este ato não outorgará "personalidade jurídica" à sociedade, e, por conseguinte, não terá o condão de afastar a representação da mesma legalmente atribuída, a título exclusivo, ao sócio ostensivo.

Por fim, registre-se a possibilidade lógica de responsabilização de sociedades estrangeiras não personificadas, à luz da literalidade do art. 1º, parágrafo único da Lei nº 12.846/2016. Nesta hipótese, deve-se aplicar as regras de representação perfilhadas para as sociedades brasileiras não personificadas.

26.4 Representação de sociedades estrangeiras que tenham filial, agência ou sucursal no território nacional, no processo administrativo de responsabilização (PAR)

Foi visto que o CPC atribui a representação, ativa ou passiva, da pessoa jurídica estrangeira ao gerente, representante ou administrador de sua filial, agência ou sucursal aberta ou instalada no Brasil. Em idêntico sentido, encontra-se a Lei nº 12.846, relativamente ao processo administrativo de responsabilização, tratamento que se estende ao PERD e, se proposto, ao PAL.

No Código Civil, há tratamento sistemático para o funcionamento regular de sociedades estrangeiras no território nacional. Qualquer que seja o seu objeto, não podem, sem autorização do Poder Executivo, funcionar no país (art. 1.134). Esta autorização será concedida ao longo de processo administrativo específico, instaurado a pedido, contendo a documentação arrolada no §1º:

> I – prova de se achar a sociedade constituída conforme a lei de seu país;
>
> II – inteiro teor do contrato ou do estatuto;
>
> III – relação dos membros de todos os órgãos da administração da sociedade, com nome, nacionalidade, profissão, domicílio e, salvo quanto a ações ao portador, o valor da participação de cada um no capital da sociedade;
>
> IV – cópia do ato que autorizou o funcionamento no Brasil e fixou o capital destinado às operações no território nacional;

V – prova de nomeação do representante no Brasil, com poderes expressos para aceitar as condições exigidas para a autorização;
VI – último balanço.

É importante distinguir a pessoa nomeada representante no Brasil, com poderes expressos para aceitar as condições exigidas para a autorização, de que trata o art. 1.134 do Código Civil, do representante por força de lei, referido no art. 26 da Lei nº 12.846. Dificilmente, isto envolverá a mesma pessoa física.

O funcionamento regular da sociedade estrangeira depende de decreto de autorização do Poder Executivo, que poderá impor condicionamentos em razão da defesa de interesses nacionais (art. 1.135). Mesmo que autorizada, só poderá iniciar as atividades após o "registro próprio do lugar em que se deva estabelecer" (art. 1.136).

O Código Civil estabelece que a sociedade estrangeira autorizada a funcionar ficará sujeita às leis e aos tribunais brasileiros, quanto aos atos ou operações praticados no Brasil (art. 1.137). Está obrigada a ter, permanentemente, representante no Brasil, com poderes para resolver quaisquer questões e receber citação judicial pela sociedade (art. 1.138). Atente-se para a obrigação permanente da sociedade na efetiva constituição de representante legal no território brasileiro.

A princípio, esta pessoa designada como representante (art. 1.138, CC) deverá funcionar nos autos do processo administrativo de responsabilização da Lei nº 12.846, e processos conexos. Mas, entrevendo possíveis dificuldades de localização e acesso a tal representante, por infinitas razões ou circunstâncias de fato, optou-se pela mesma solução do Código de Processo Civil, que admite representação por gerente, representante ou administrador de filial, agência ou sucursal aberta ou instalada no Brasil.

Vale lembrar que o Código Civil disciplina a figura do gerente (arts. 1.172 a 1.176) em capítulo dedicado aos prepostos das sociedades e normatiza a representação (arts. 115 a 120) no título dedicado aos negócios jurídicos. Considera-se gerente o preposto permanente no exercício da empresa, na sede desta, ou em sucursal, filial ou agência (art. 1.172).

26.5 Representação de sociedades estrangeiras que não tenham filial, agência ou sucursal no território nacional, no processo administrativo de responsabilização (PAR)

A Lei nº 12.846 não traz a solução para a representação adequada na hipótese de sociedades estrangeiras, que devem ser responsabilizadas pela prática de atos lesivos ocorridos no território nacional, mas que não tenham filial, agência ou sucursal no Brasil. Também não a encontramos no Decreto nº 8.420/2015. Esta situação não exime a sociedade estrangeira de responsabilização, mas dificulta o acompanhamento regular do PAR na órbita administrativa.

Deverá ser assegurada a oportunidade regular de cientificação da instauração do PAR em qualquer situação, por derivação do princípio constitucional do devido processo legal. Neste caso, a Administração Pública deve buscar a notificação ou intimação dos atos processuais por quaisquer meios que assegurem a certeza da ciência da PJ estrangeira, de modo a preservar a validade da relação processual, sob o império do contraditório e da ampla defesa.

Deverá ser buscada a devida notificação ou intimação da sociedade estrangeira, no âmbito do PAR, por meio dos mecanismos de cooperação internacional, aprovados no âmbito das Convenções Internacionais contra a Corrupção. Encontra-se amparo no art. 9º, item 1, da Convenção da OCDE, no art. XIV, item 1, da Convenção da OEA, e art. 38 da Convenção da ONU.

Em nível infrarregulamentar, a Instrução Normativa CGU nº 13, de 08.08.2019, que regulamenta o processo administrativo de responsabilização (PAR), estabelece que as intimações serão feitas por meio físico ou eletrônico, que assegure a certeza da ciência da pessoa jurídica acusada (art. 18, *caput*). Ao tratar da intimação para defesa, estabelece o art. 16, §2º:

> Caso não tenha êxito a intimação de que trata o caput, será feita nova intimação por meio de edital publicado na imprensa oficial, em jornal de grande circulação no Estado da federação em que a pessoa jurídica tenha sede e no sítio eletrônico do órgão ou entidade pública responsável pela condução do PAR, contando-se o prazo a partir da última data de publicação do edital.

Esta última solução resulta de aplicação analógica do art. 26, §4º da Lei nº 9.784, pela qual, no caso de interessados indeterminados, desconhecidos ou com domicílio indefinido, a intimação deve ser efetuada por meio de publicação oficial. De fato, a Administração Pública tem conhecimento da pessoa jurídica estrangeira, o que ela não possui é a identificação de quem seja o seu representante legal, porque se trata de sociedade estrangeira sem funcionamento autorizado no Brasil, não sendo possível aplicar a solução do art. 26, §2º, da Lei nº 12.846. Válida a aplicação analógica que conduz, como medida extrema, à comunicação do ato processual através de publicação oficial.

Fica assegurada a regularidade da comunicação do ato de instauração do PAR na hipótese destacada, mesmo porque, por publicação oficial, entende-se que será ônus da pessoa jurídica estrangeira promover o regular acompanhamento do PAR, em que comparece como pessoa jurídica investigada e acusada da prática de ilícito tipificado na Lei nº 12.846.

Informação bibliográfica deste texto, conforme a NBR 6023:2018 da Associação Brasileira de Normas Técnicas (ABNT):

OLIVEIRA, José Roberto Pimenta. Comentários ao art. 26. *In*: DI PIETRO, Maria Sylvia Zanella; MARRARA, Thiago (coord.). *Lei Anticorrupção comentada*. 4. ed. Belo Horizonte: Fórum, 2024. p. 341-346. ISBN 978-65-5518-676-5.

COMENTÁRIOS AO ART. 27

JOSÉ ROBERTO PIMENTA OLIVEIRA

Art. 27. A autoridade competente que, tendo conhecimento das infrações previstas nesta Lei, não adotar providências para a apuração dos fatos será responsabilizada penal, civil e administrativamente nos termos da legislação específica aplicável.

27.1 Sistema constitucional geral de responsabilidade de agentes públicos no direito brasileiro: a superação da trilogia que não mais corresponde às estruturas de responsabilização previstas no ordenamento

O art. 27 da Lei nº 12.846/2013 qualifica, acertadamente, a não adoção de providência para a apuração dos fatos, tendo a ciência prévia das infrações previstas na lei, como atuação funcional ilícita dos agentes públicos competentes. Todavia, já está totalmente defasado quando indica os sistemas de responsabilização passíveis de movimentação, considerando o sistema constitucional de responsabilidade de agentes públicos no direito brasileiro em vigor.

A história da evolução do Estado de Direito no Brasil é a história da sucessiva reformulação, consolidação e inovação de sistemas normativos concebidos para tornar efetiva a submissão do exercício de todas as funções públicas ao ordenamento constitucional vigente. Todas as constituições brasileiras inovaram, em seu contexto histórico, no tema da responsabilidade dos agentes públicos.

Não foi diferente em 1988. A Constituição da República mudou substancialmente o regime de responsabilização dos agentes públicos, refundando sistemas já conhecidos e estipulando novos mecanismos de punição.

A consolidação do Estado Democrático de Direito no Brasil exige a plena efetividade e operatividade dos sistemas de responsabilização dos agentes públicos, cujas bases normativas estão instituídas na Constituição da República. A ciência do direito administrativo buscar explicar de forma adequada e congruente a realidade jurídica, plasmada a partir da ordem constitucional inaugurada em 1988.

A Constituição não mais fornece sustentação para afirmação doutrinária tão difundida da existência de apenas três instâncias de responsabilidade dos agentes públicos: penal, civil e administrativa (nesta expressão possível e equivocadamente incluída a denominada "responsabilidade político-administrativa").

O ordenamento brasileiro, nos sucessivos momentos constitucionais, reordenou a forma jurídica de prevenção e repressão de ilícitos funcionais praticados por agentes públicos. Em todas as constituições, sistemas de responsabilidade foram sendo criados e outros reconfigurados, com ou sem aperfeiçoamentos. Esta movimentação das estruturas do direito positivo responde ao fenômeno da atualização axiológico-normativa, própria do direito como sistema de regulação de condutas intersubjetivas, em determinado tempo e espaço. No caso brasileiro, os vícios seculares da prática administrativa é o ingrediente a dosar a recorrente necessidade de reformulação e aperfeiçoamento institucional na promoção e efetivação da responsabilidade dos agentes públicos.

O atual marco constitucional revela a existência de um sistema constitucional geral, dotado de unidade e coerência, que agasalha no seu interior os sistemas institucionais específicos de responsabilização de agentes públicos, ao incidirem na pratica de ilícitos – um sistema constitucional geral que ordena variados sistemas constitucionais específicos de responsabilidade, criados ou amparados pela Constituição, merecedores de regulamentação legal para sua plena aplicabilidade, igualmente dotados de unidade e coerência, com o escopo de prevenção e punição de ilícitos funcionais.

Para entender como operam estas estruturas sistemáticas criadas pelo direito público, a fim de assegurar o império do Estado de Direito, da República, da legalidade e toda a normatividade regente das ações dos agentes públicos, é preciso lançar mão do processo de abstração, e compreender como se alicerça um sistema de responsabilidade, aqui considerado o conceito mais importante, a partir do qual a realidade constitucional atual pode ser explicada.

Sistema de responsabilidade, enquanto conceito jurídico-dogmático, é o conjunto normativo logicamente estruturado ou concatenado sobre quatro elementos (bem jurídico, ilícito, sanção e processo), os quais resultam na aplicação de sanções no caso da prática de ilegalidade na função pública, elementos que mantêm relações de implicação lógico-jurídica, como produto do processo de positivação de instrumentos institucionais de prevenção e punição de determinadas condutas antijurídicas. Aqui temos o conceito categorial, que servirá de base para dissecar o fenômeno normativo em apreço.

Quais são os sistemas de responsabilidade admitidos em certo ordenamento positivo é uma questão de análise do direito em vigor. Aqui o conceito ganha um significado jurídico-positivo, porque, partindo do conceito científico, exige compreensão a partir de dados do sistema de direito positivo objeto de investigação. Trata-se de conceito normativo. Defende-se que, sob o aspecto normativo, identificam-se na atual ordem constitucional brasileira 9 (nove) sistemas de responsabilidade de agentes públicos, em razão da prática de ilícitos funcionais.

Enquanto exercentes de competências, os agentes públicos devem observar a Constituição e as leis. Escapando desta ordenação e dos deveres e obrigações criados por atos complementares de produção jurídica, praticam ato ilícito, a olhos vistos ou às ocultas, ensejando o dever de aplicação ao responsável das correlatas consequências jurídico-sancionatórias estabelecidas. O objetivo desta modelagem é a necessária proteção dos bens jurídico-constitucionais, afetos à atividade pública ferida pelo comportamento censurável.

A fim de prevenir e reprimir as infrações cometidas, a ordem jurídica estabelece a responsabilidade dos agentes que as praticam e daqueles que respondem pelas suas consequências. O ordenamento jurídico, como plano normativo próprio de controle da vida social, pressupõe a institucionalização de sanções.[1] A imposição de sanções torna efetiva a responsabilidade, em razão do descumprimento das normas jurídicas.

Em razão da verificação de certo ilícito punível, segue-se determinada sanção jurídica, imponível mediante determinado processo estatal, na tutela de determinado bem jurídico. Sanção externa e institucionalizada. A sanção, como conceito de teoria geral do direito, define-se pela consequência normativamente imposta em face da ocorrência de ilícito cometido contra a ordem jurídica.[2]

Aqui a noção é entendida no sentido amplo de imposição de gravames decorrentes da violação de certa norma jurídica. Teleologicamente, constitui-se um elo deôntico secundário com a finalidade de reforçar o cumprimento de deveres jurídicos. Elo construído pelo direito através do processo de tipificação legal. Na inobservância da legalidade, reage o sistema normativo com a imposição de situação jurídica passiva, restritiva de certo(s) direito(s) fundamental(ais), direcionada contra o infrator e contra a pessoa qualificada a responder pelos seus efeitos.

Não poderia deixar o ordenamento jurídico de catalogar os remédios para manter a dignidade do império da ordem jurídica, para controlar comportamentos patológicos contra suas estruturas. A imposição de sanções e sua efetiva aplicação são imperativos do ajustamento da conduta às normas jurídicas.

Quanto mais aperfeiçoada a técnica de sancionamento, desenhada pela Constituição e desdobrada no curso da produção jurídica a ela complementar, maior o grau de proteção dos valores materiais nela acolhidos. O grau de institucionalização dos sistemas sancionatórios nos indica o perfil de responsabilidade exigida no Estado de Direito, no desenvolvimento de seu projeto de limitação da conduta dos agentes públicos que atuam em nome do Estado.

Assim, mirando o fenômeno normativo específico da responsabilidade dos agentes públicos, é possível afirmar que o direito edifica sistemas de responsabilização, quando estabelece conjuntos normativos sancionatórios, de forma unitária e coerente, a partir do regramento dos elementos que os definem (bem jurídico, ilícito, sanção e processo).

Com os olhos centrados nos quatro elementos reputados estruturais para a construção dogmática de sistemas de responsabilidade, pode-se cientificamente classificá-los sob diversos critérios.

O primeiro pode considerar uma especificação quanto ao âmbito pessoal de validade do sistema sancionatório. Nesta linha, existem sistemas gerais de responsabilidade, que visam disciplinar, sob o seu prisma normativo, a conduta de qualquer agente público; e sistemas especiais de responsabilidade, que buscam, sob os respectivos regimes, a limitação da conduta funcional de determinados agentes públicos ou categorias de agentes públicos.

---

1 BOBBIO, Norberto. *Teoria geral do direito*. Tradução de Denise Agostinetti. São Paulo: Martins Fontes, 2007. p. 141.

2 NINO, Carlos Santiago. *Introducción al análisis del derecho*. 2. ed. Buenos Aires: Astrea, 2007. p. 168-173.

Outro critério fundamental diz respeito à estrutura do sistema de responsabilidade, no tocante ao âmbito material da norma sancionatória. Há sistemas autônomos de responsabilidade, porquanto a incidência da norma tipificadora e das sanções fixadas acontece independentemente da deflagração da responsabilidade apurável em outros sistemas. E sistemas não autônomos de responsabilidade, já que, mesmo constituindo uma estrutura normativa à luz dos quatro critérios acima apontados (ilícito, sanções, bens jurídicos e processo), o direito não os tornou, seja no todo ou em parte, independentes.

A autonomia de sistemas sancionatórios não significa perda de racionalidade, exigida no exercício de qualquer competência estatal no Estado de Direito, que abomina o irracional e o arbitrário. Apenas exigirá normas de segundo grau a delimitar o funcionamento coordenado dos sistemas em face da verificação dos mesmos fatos, ou seja, da mesma conduta ilícita, como exigência de proporcionalidade ou razoabilidade.

Tendo por centro de referência as espécies normativas sancionatórias, visualizados no prisma da divisão dicotômica da teoria geral do direito, pode-se cogitar de sanções de cunho reparatório – consistentes na imposição do dever de indenização de prejuízos materiais e/ou morais causados pelo ato ilícito, e sanções de cunho repressivo – consistentes na imposição de gravames ou penalidades. A imposição punitiva de pagamento de certo valor pecuniário não outorga à sanção natureza reparatória. A ocorrência de dano é que era o elemento essencial para a esta espécie.

Neste último aspecto, podem ser então visualizadas esferas de responsabilidade com exclusiva finalidade reparatória, esferas de responsabilidade com exclusiva finalidade sancionatória em sentido estrito, e esferas de responsabilidades com finalidades reparatórias e sancionatórias em sentido estrito.

Estas classificações dogmáticas aplicadas à análise do direito administrativo brasileiro, edificado sob pilares sedimentados na Constituição, conduz à afirmação de que, no atual direito positivo, há uma pluralidade de sistemas de responsabilidade, não abordada comumente pela doutrina como tais. Uma realidade jurídica mais complexa e rica, do que a suposta no art. 26 da Lei Anticorrupção, quando se remete à "responsabilidade penal, civil e administrativa".

A Constituição em vigor autoriza o reconhecimento científico dos seguintes sistemas autônomos, aplicáveis a quaisquer agentes públicos, donde o rótulo de sistemas gerais e autônomos de responsabilidade dos agentes públicos: (i) a responsabilidade civil; (ii) a responsabilidade penal comum; (iii) a responsabilidade por ato de improbidade administrativa; (iv) a responsabilidade por irregularidade formal e material de contas; e (v) a responsabilidade eleitoral.

Por ter sido constitucionalmente restringida a determinados agentes, ou categorias de agentes públicos, ou detentores de determinados cargos, empregos ou funções públicos, afirma-se a existência dos seguintes sistemas especiais e autônomos de responsabilidade dos agentes públicos, quais sejam: (vi) a responsabilidade político-constitucional, cristalizada na punição de "crimes de responsabilidade"; (vii) a responsabilidade político-legislativa; e (viii) a responsabilidade administrativa clássica.

Por fim, cabe enfatizar a existência do nono sistema geral de responsabilidade, previsto no Texto Maior, a exigir inclusive urgente reconfiguração legal. Trata-se da (ix) responsabilidade pela prática de discriminação atentatória dos direitos e liberdades fundamentais. Revogando a Lei nº 4.898/1965, a Lei nº 13.869/2019 está na órbita do referido sistema no âmbito do Estado Democrático de Direito.

São nove estruturas sancionatórias e sistemáticas que compõem, a seu turno, um sistema maior, o sistema constitucional geral de responsabilidade dos agentes públicos. Reprimir condutas funcionais de agentes públicos não é uma operação aleatoriamente disciplinada pelo direito; ao contrário, está sistematizadamente normatizada pela Constituição Federal. Óbvio que não há esta revelação expressa em capítulo ou dispositivo do Texto Maior, mas para demonstrar o produto normativo-constitucional na matéria é que se justifica o trabalho científico-dogmático.[3]

Os nove sistemas acima identificados são as engrenagens do sistema constitucional de responsabilização de agentes públicos no Brasil, formado por todas as estruturas normativas constitucionais que sustentam cada qual, e pelo conjunto de princípios e regras aptos a regular o modo de funcionamento e de interconexão normativa, com o propósito de firmar a racionalidade do direito público nesta tarefa de prevenir e punir ilícitos funcionais, por meio de normas jurídicas sancionatórias.

A referida classificação inova na análise dogmática do fenômeno jurídico, porque reconhece a perda total de funcionalidade da classificação tricotômica ainda em voga, inadvertidamente reproduzida no art. 27 da Lei Anticorrupção. Redimensiona o fenômeno da responsabilidade a partir dos seus fundamentos constitucionais.

Afirma a existência de três esferas gerais de responsabilidade dos agentes públicos amplamente não reconhecidas com este *status* na doutrina do direito público, quais sejam, a responsabilidade por irregularidade formal e material de contas, a responsabilidade eleitoral e a responsabilidade por improbidade administrativa.

Localiza adequadamente a responsabilidade político-constitucional e político-legislativa no sistema constitucional geral. Projeta a relevância do sistema de punição de atos atentatórios dos direitos e liberdades fundamentais, hoje tratado de forma não autônoma como "abuso de autoridade", e aguardando reformulação digna da sua estrutura por lei. Não deixa, enfim, de promover o reconhecimento da responsabilidade civil, penal comum e administrativa, com os traços jurídicos próprios da constitucionalização das bases destes sistemas de responsabilidade, operada pela Lei Fundamental.

Assim, condutas funcionais ilícitas de agentes públicos podem ser qualificadas pela ordem jurídica, sob nove prismas, isto é, sob a filtragem de nove sistemas normativos incidentes sobre o exercício da função pública, resultando, conforme a tipificação formal e material do comportamento, na produção de correlatos atos sancionatórios, atingindo a situação jurídica do agente público e terceiros responsáveis, mediante o devido processo legal (judicial ou administrativo), na razão adequada, necessária e proporcional a tutela de bens jurídicos que presidem a respectiva positividade.

A tipificação deve ser perseguida a partir das normas de cada sistema. Normas genéricas de recondução de ilícitos à responsabilização em sistemas – como a prevista no art. 27 da Lei Anticorrupção – haja ou não identificação deles, não implicam exclusão de outros não referidos no comando normativo. Tais normas não apresentam conteúdo tipificador, mas exclusivamente servem de exigência de apuração dos fatos em cada

---

[3] Cf.: OLIVEIRA, José Roberto Pimenta. *Improbidade administrativa e sua autonomia constitucional*. Belo Horizonte: Fórum, 2009.

órbita de responsabilidade, isto é, possuem a natureza de regra de estrutura a exigir investigação, apuração e promoção das medidas cabíveis, em cada via sancionatória que incide nos fatos.

É fundamental observar que o critério de análise é a prática de ilícito na condição de exercente de função pública (agente público), porque haverá outras situações de ilicitude em que a pessoa do agente público poderá incorrer em responsabilidade jurídica, mas perfilhada em outros sistemas sancionatórios, a título de censura jurídica do descumprimento de deveres jurídicos decorrentes de *status* jurídico diverso. É o caso da responsabilidade administrativa profissional e da responsabilidade administrativa fiscal, em que o agente público poderá ser sancionado como sujeito infrator exercente de determinada profissão ou como sujeito infrator contribuinte.

A admissão da pluralidade de sistemas sancionatórios conduz à necessidade de sistematicidade da forma de convívio jurídico dos sistemas no ordenamento constitucional. Com efeito, a leitura da Constituição permite concluir pela configuração de sistema constitucional geral de responsabilidade dos agentes públicos, que fornece coerência no exercício das competências estatais punitivas. É uma decorrência da racionalidade imposta pelo Estado do Direito no momento de deflagrar o poder punitivo estatal. É uma construção normativa que se levanta como efeito do princípio da proporcionalidade, pela consequência de determinar a punição adequada, necessária e proporcional dos agentes públicos, para fins de responsabilização.

O estudo da conformação atual dos nove sistemas de responsabilização dos agentes públicos demonstra, em última análise, que cada qual cumpre uma missão constitucional singular, visando em última instância impor a efetividade da observância da ordem jurídica, no contexto do Estado Material de Direito, em sua atual configuração.

O tratamento geral dos sistemas de responsabilidade, ao nível da ciência do direito, confirma que a inefetividade da submissão dos agentes públicos às normas jurídicas, recorrente no Brasil, muito pouco se deve à ausência de modelos normativos institucionalizados para atingir este resultado necessário e urgente para a consolidação do Estado de Direito, nos termos insculpidos na Constituição Federal. É inegável que são necessárias reformas visando o aprimoramento de todos os sistemas. Todavia, é irrefragável que a inoperância persistente da sua aplicação resulta da ausência de "vontade constitucional" de vê-los em funcionamento na forma preconizada pelo interesse público e pelo direito.

A partir dessas premissas, é possível vislumbrar o conteúdo e alcance do dever jurídico estabelecido no art. 27 da Lei Anticorrupção.

27.2 Hipótese normativa com ampla abrangência material: a conduta funcional ilícita censurada na norma a ensejar responsabilização individual de agentes públicos

O art. 27 da Lei nº 12.846 refere-se à "não adoção de providências para a apuração dos fatos por autoridade competente", tendo esta conhecimento das infrações previstas nesta lei. No regime desta, os atos ilícitos lesivos (art. 5º) ensejam a concretização de "responsabilidade administrativa" (art. 6º) e "responsabilidade judicial" (art. 19), com a necessidade de observância do devido processo legal administrativo (art. 8º) e devido processo legal judicial (art. 18), visando à tutela plena dos bens jurídicos tutelados pela lei (art. 1º).

Já nos posicionamos no sentido de que a Lei nº 12.846/2013 e a Lei nº 8.429/1992 estão no mesmo domínio punitivo, fundado na repressão aos atos de improbidade administrativa, com fulcro no art. 37, §4º da CF, conforme os comentários ao artigo 3º.

Não se trata de responsabilidade penal de PJ por atos de corrupção, pois o ordenamento brasileiro somente admite esta forma de sancionamento em hipóteses indicadas no Texto Constitucional. Descabe ao Poder Legislativo criar outras hipóteses.

Não se trata de responsabilidade administrativa *stricto sensu*, porque a lei expressamente sequencializou o exercício da potestade, atribuindo não só ao Poder Judiciário a aplicação de determinadas sanções de forma exclusiva (artigo 19), como também autorizando o controle pleno da aplicação antecedente das sanções de multa e condenação de publicação extraordinária, que são processadas em prévio processo administrativo. Referidos atos punitivos constituem sanções administrativas, com regime diferenciado, em razão da avaliação administrativa pré-judicial estabelecida. Demais disso, o Ministério Público e ente estatal lesado têm legitimidade plena para postular em juízo todas as sanções (artigo 6º e 19), reconhecendo a lei a competência jurisdicional sancionatória cível.

Não se trata de sanções aplicáveis a título de "responsabilidade civil", porque esta matéria tem exclusiva relação com as consequências indenizatórias derivadas de atos ilícitos. Ao lado de normas sobre responsabilidade patrimonial extracontratual, a lei consigna regime de direito público punitivo.

Trata-se, com o devido amparo constitucional (artigo 37, parágrafo 4º), de desdobramento do sistema de responsabilização por atos de improbidade administrativa, por meio de lei nacional que estabeleceu novas regras para imputação de condutas ímprobas às pessoas jurídicas, tutelando a administração pública nacional e estrangeira. Com tal fisionomia, deve aplicar a Lei nº 12.846 mediante necessária interpretação sistemática, tendo em vista o regramento geral de improbidade administrativa (Lei nº 8.429/1992) e regramentos especiais deste domínio punitivo, que não foram afastados, suscitando o dever de averiguação cuidadosa da vedação ao *bis in idem* na aplicação do regime reformulado de improbidade.

Será extremamente grave qualquer conduta funcional ilícita de agente público que tiver como objetivo o enfraquecimento da responsabilização pretendida na Lei Anticorrupção. O interesse público no cumprimento da lei exige proteção contra quaisquer atuações funcionais ilícitas, de quem quer que exerça função pública.

A "não adoção de providência para a apuração" dos ilícitos tipificados na Lei nº 12.846 pode materializar-se por diversas condutas ilícitas no plano da função administrativa: não instauração do processo administrativo de responsabilização (art. 8º); instauração do PAR seguida da ausência de designação da comissão administrativa competente (art. 10); não processamento regular, incluindo paralisação indevida do PAR após a designação da comissão processante (art. 10); não elaboração do relatório no momento final da instrução probatória (art. 10); não remessa do PAR para o órgão de assessoria jurídica (art. 10); não elaboração do parecer jurídico obrigatório para subsidiar a decisão final (art. 10); não remessa do PAR para autoridade competente (art.

12); não deliberação da autoridade competente do PAR (art. 12); não comunicação da instauração do PAR ao Ministério Público (art. 15).

Tendo ciência das infrações previstas na Lei nº 12.846, não adotar as providências para a apuração dos fatos também agasalha a circunstância fática de promoção e celebração de acordo de leniência, com inobservância do regime legal estabelecido no art. 16. Com efeito, o processo administrativo de celebração de acordo de leniência (PCAL), antecedente ou concomitante ao processo administrativo de responsabilização (PAR), deverá observar rigorosamente os requisitos legais. Do acordo de leniência deve, obrigatoriamente, resultar a identificação das pessoas físicas e jurídicas envolvidas na infração (art. 16, inc. I), bem como a obtenção de informações e documentos que comprovem a infração investigada (art. 16, inc. II).

Descumprir tais requisitos legais é não adotar providências legais para apuração dos fatos ilícitos. A celebração ilegal de leniência (art. 16) configura ilícito funcional, porque significará movimentação do aparelho administrativo desviada do fim precípuo de interesse público, que se categoriza na elucidação plena da infração revelada pelos fatos. Ao conhecimento da infração deve suceder a atividade sancionatória; a leniência ilegal compromete a adoção das providências cabíveis.

Ter conhecimento dos fatos ilícitos sob a égide da Lei nº 12.846 e não adotar as providências para a apuração dos fatos igualmente compreende a não instauração do processo administrativo específico de reparação de danos (PERD), de que trata o art. 13 da Lei nº 12.846, presentes indícios razoáveis de produção de dano ao Erário. Verificar a ocorrência de danos materiais e morais corresponde a apurar os fatos ilícitos. Toda e qualquer conduta funcional ilícita na instauração, instrução, deliberação, revisibilidade da decisão e, por fim, na execução da decisão no PERD estará sujeita à responsabilização, conforme os sistemas de responsabilização incidentes na prática ilícita funcional. Esta conclusão também é válida para as ações judiciais com fulcro na LEF e/ou CPC, que serão intentadas visando a dar efetividade ao dever de reparação de danos, conforme a legislação em vigor.

Da forma como está redigido o art. 27, refere-se também a uma série de condutas ilícitas atribuídas a membros da Advocacia Pública (ou órgãos de representação judicial do ente público ou governamental lesado), membros do Ministério Público e membros do Poder Judiciário, que devem atuar no plano da "responsabilização judicial" da pessoa jurídica, vez que não há como interpretar restritivamente a lei e, assim, ingressam tais agentes no conceito genérico de "autoridade".

Serão passíveis de responsabilização os agentes públicos que têm atribuição funcional para a promoção ou realização dos atos funcionais devidos, relacionados com a "responsabilização judicial", após terem "conhecimento das infrações previstas nesta Lei".

A "não adoção para as providências para a apuração dos fatos" como comportamento funcional imputável aos membros das carreiras públicas acima elencadas pode materializar-se por uma diversidade de condutas funcionais ilícitas, todas envolvidas com a atividade necessária para a propositura da ação civil pública cabível (arts. 19 e 20) e seu regular acompanhamento ou instrução (art. 21), o julgamento imparcial da demanda (art. 19 a 21), abrangendo os atos relacionados com a fase recursal, até o trânsito em julgado. Considera-se que a "apuração dos fatos", a que se refere o art. 27, somente é definitivamente realizada com o trânsito em julgado da sentença condenatória.

Registre-se que, mesmo não acolhida na expressão semântica do art. 27, quaisquer ilícitos funcionais praticados no curso da execução da sentença também ensejarão a devida responsabilidade de agentes públicos envolvidos, conforme as normas dos sistemas de responsabilização incidentes nestas situações.

Com este alcance, o art. 27 da Lei nº 12.846 determina o acionamento da responsabilidade de agentes públicos envolvidos com PAR, PCAL, PERD e processos judiciais, todos relacionados com a "apuração dos fatos" representativos da infração.

27.3 Pluralidade de categorias de agentes públicos envolvidos nos ilícitos referidos no art. 27

O âmbito material da ilicitude referenciada no art. 27 é extremamente amplo. Como consequência desta pluralidade de atos ilícitos, tem-se a correlata abrangência múltipla da responsabilidade no âmbito pessoal. Há, pois, uma diversidade de categoria de agentes públicos que podem ter sua atuação averiguada em razão do exercício funcional.

A prática de ilícitos funcionais no âmbito do PAR, PERD, PCAL e processos judiciais atinentes à "apuração dos fatos" poderá ensejar o cometimento de ilícitos por agentes políticos e servidores estatais, utilizando-se a classificação geral de Celso Antônio Bandeira de Mello sobre os agentes públicos.[4] Esta compreensão ampla do âmbito pessoal da regra já se difunde em doutrina.[5]

Os ilícitos podem ocorrer no âmbito do Poder Executivo, do Poder Legislativo, do Poder Judiciário, do Ministério Público, da Defensoria Pública, e dos Tribunais de Contas, nos diversos entes da Federação, conforme o caso (União, estados, Distrito Federal e municípios), bem como podem ser concretizados no âmbito de entidades da Administração Pública indireta, seja em pessoas jurídicas de direito público (autarquias, fundações públicas e consórcios públicos), seja em pessoas jurídicas de direito privado (fundações privadas, consórcios públicos sob forma de associação civil, empresas públicas e sociedades de economia mista, e respectivas subsidiárias).

Recorde-se que a instauração do PAR é de atribuição da "autoridade máxima de cada órgão ou entidade dos Poderes Executivo, Legislativo e Judiciário, que agirá de ofício ou mediante provocação", relação na qual devem ser incluídos Ministério Público, Defensoria Pública e Tribunais de Contas. Nenhum destes poderes ou instituições constitucionais autônomas está livre e desembaraçada da ocorrência de práticas lesivas, conforme a tipologia do art. 5º da Lei nº 12.846/2013. Caberá à autoridade máxima de cada instituição as providências legais.

A não apuração de atos de improbidade e adoção das providências cabíveis na forma da Lei nº 12.846 pode ocorrer exatamente pela prática nefasta do que a lei pretende prevenir e reprimir: a prática de corrupção, que pode irromper no processo

---

4 BANDEIRA DE MELLO, Celso Antônio. Curso de Direito Administrativo. 36. ed. Com participação de Carolina Zancaner Zockun, Maurício Zockun e Weida Zancaner. Belo Horizonte: Fórum, 2023.

5 CAMBI, Eduardo; GUARAGNI, Fábio André (Coord.). *Lei Anticorrupção – comentários à Lei nº 12.846/2013*. São Paulo: Almedina, 2014. p. 261.

de inércia ou deficiência das respostas que devem ser dadas por todos os poderes e instituições envolvidos, mediante a atuação ímproba de qualquer categoria de agentes políticos e servidores estatais.

Para assegurar a plenitude do exercício funcional lícito de agentes públicos, envolvidos na aplicação da Lei Anticorrupção, a disposição final do art. 27 é o sinal de alerta que emite a mensagem de que o Poder Público não deverá ser conivente com quaisquer desvios funcionais que comprometam o enfrentamento das práticas de improbidade elencadas na lei. E condutas funcionais ilícitas nesta matéria devem ser rigorosamente apuradas em todos os sistemas de responsabilização que as tipifiquem, imputando consequências punitivas aos seus autores e demais responsáveis.

27.4 Sistemas de responsabilização que poderão ser acionados em razão das práticas ilícitas referenciadas no art. 27

Tendo como base a classificação exposta no item I *supra*, é possível abstratamente cogitar de responsabilização de agentes públicos, pelas condutas ilícitas referenciadas no art. 27 da Lei nº 12.846/2013, nas seguintes vertentes:

(i) sistema de responsabilidade civil *stricto sensu*;
(ii) sistema de responsabilidade penal comum;
(iii) sistema de responsabilidade por ato de improbidade administrativa;
(iv) sistema de responsabilidade por irregularidade formal e material de contas;
(v) sistema de responsabilidade político-constitucional, cristalizada na punição de "crimes de responsabilidade";
(vi) sistema de responsabilidade político-legislativa; e
(vii) sistema de responsabilidade administrativa *stricto sensu*.

Registre-se que, do ponto de vista abstrato, em princípio, os ilícitos não se revelam passíveis de enquadramento no sistema de responsabilidade por atos atentatórios a direitos e garantias fundamentais e no sistema de responsabilidade eleitoral.

Cada sistema de responsabilidade deverá fazer o enquadramento dos fatos conforme os seus próprios elementos estruturais identificadores: ilícitos previstos em lei, sanções legais previstas em lei, processo administrativo, parlamentar ou judicial cabível, e bens jurídicos que servem de marco jurídico-axiológico que sustentam cada domínio sancionatório.

Merece destaque a possibilidade de enquadramento da conduta ilícita no bojo da Lei nº 8.429, mesmo após a reforma empreendida pela Lei nº 14.230/2021. Com efeito, não adotar providências para a apuração dos fatos pode constituir ato de improbidade administrativa, passível de tipificação no artigo 9º (improbidade que importa em enriquecimento ilícito), artigo 10 (improbidade que gera prejuízo ao Erário) e artigo 11 (improbidade que atenta contra os princípios da Administração), ensejando as correlatas sanções previstas no artigo 12, incisos I, II e III.

Práticas de corrupção não podem ser ocultadas por outras práticas de corrupção. Mesmo sem implicar dano material ou enriquecimento ilícito de agentes públicos, esta conduta funcional ilícita pode ser tipificada no artigo 11, caput, em sendo configurada a relevância material da ofensa aos princípios da legalidade, impessoalidade e imparcialidade.

A Convenção de Mérida exige de Estados signatários a qualificação, como delito, quando cometido intencionalmente, do abuso de funções ou do cargo, "ou seja, a realização ou omissão de um ato, em violação à lei, por parte de um funcionário público no exercício de suas funções, com o fim de obter um benefício indevido para si mesmo ou para outra pessoa ou entidade" (art. 19). Para os fins desta Convenção Internacional, "não será necessário que os delitos enunciados nela produzam dano ou prejuízo patrimonial ao Estado" (art. 3º, item 2).

Tratando de "códigos de conduta para funcionários públicos", com o objetivo de combater a corrupção, Mérida exige que cada Estado Parte "promova, entre outras coisas, a integridade, a honestidade e a responsabilidade entre seus funcionários públicos" (art. 8º).

A omissão de autoridades competentes em aplicar, de forma adequada, a legislação de improbidade administrativa, de que a Lei nº 12.846 é parte integrante, é gravíssima conduta funcional ilícita e ímproba. Compromete, de forma cabal, a funcionalidade perseguida no contexto do Sistema Brasileiro Anticorrupção.

A omissão, tratada no artigo 27 da Lei nº 12.846, prejudica diretamente outro relevante dever estatal na matéria, o de "fomentar a participação ativa de pessoas e grupos que não pertençam ao setor público, como a sociedade civil, as organizações não governamentais e as organizações com base na comunidade, na prevenção e na luta contra a corrupção", e de "sensibilizar a opinião pública a respeito da existência, causas e gravidade da corrupção, assim como a ameaça que esta representa", também explicitamente acolhida em Mérida (art. 13).

Informação bibliográfica deste texto, conforme a NBR 6023:2018 da Associação Brasileira de Normas Técnicas (ABNT):

OLIVEIRA, José Roberto Pimenta. Comentários ao art. 27. *In*: DI PIETRO, Maria Sylvia Zanella; MARRARA, Thiago (coord.). *Lei Anticorrupção comentada*. 4. ed. Belo Horizonte: Fórum, 2024. p. 347-357. ISBN 978-65-5518-676-5.

COMENTÁRIOS AO ART. 28

FABRÍCIO MOTTA,
SPIRIDON NICOFOTIS ANYFANTIS

Art. 28. Esta Lei aplica-se aos atos lesivos praticados por pessoa jurídica brasileira contra a administração pública estrangeira, ainda que cometidos no exterior.

28.1 Noções sobre a aplicação da lei no espaço

É possível que a prática da infração atinja interesses protegidos por dois ou mais Estados soberanos, o que poderá acarretar um conflito transnacional de jurisdição, além de alguma controvérsia a respeito dos limites territoriais de aplicação da norma de caráter punitivo.

Emprestando noções próprias do direito penal, é possível afirmar a existência de, pelo menos, cinco princípios que procuram ordenar a aplicação das normas de um Estado soberano no espaço. O primeiro deles se refere ao *princípio da territorialidade*, que consagra o direito que todo Estado soberano possui de aplicar sua lei e de punir aqueles que cometem crimes em seu território. Todos os demais princípios se referem a hipóteses em que, embora o fato ilícito ou danoso sequer se aproxime do território nacional – em qualquer de suas fases –, atinge, em menor ou maior grau, interesses pátrios. Nestes casos, o Código Penal brasileiro especifica, em seu art. 7º, que haverá a *aplicação extraterritorial da lei brasileira*, isto é, haverá a aplicação da lei nacional ainda que os fatos ilícitos tenham se iniciado e consumado em território estrangeiro. Fala-se aqui em *princípio da extraterritorialidade*, o qual se subdivide em vários outros, conforme se verá abaixo.

Embora não se conheça Estado que adote exclusivamente um desses princípios, mas uma combinação de dois ou mais deles, vale conhecê-los pelo que representam a este estudo. São eles:

a) *Princípio da territorialidade*, segundo o qual a norma de caráter punitivo possui aplicação apenas no âmbito territorial do Estado soberano que a gerou, uma vez que apenas este possui jurisdição sobre as pessoas que nele se encontrem.[1]
b) *Princípio da personalidade* (ou da *nacionalidade*), que se fundamenta na nacionalidade do agente. A doutrina menciona o princípio da personalidade *ativa*, para cuja aplicabilidade o que interessa é a nacionalidade do agente causador do ato, independentemente do local onde ele teria sido cometido; e nacionalidade *passiva*, segundo a qual aplica-se a lei do país de nascimento da vítima, não importando a nacionalidade do agente causador do dano. Parte do fundamento de que a lei nacional é aplicada a seus cidadãos, não importando o local onde se encontrem.[2]
c) *Princípio da justiça penal universal*, o qual sustenta que todo Estado tem o direito e o dever de punir qualquer crime, independentemente do local onde ele ocorra, e da nacionalidade do agente ou vítima, desde que o sujeito causador esteja dentro de seu território.[3]
d) *Princípio da defesa ou da proteção*, o qual é justificado pela nacionalidade do bem jurídico atingido pelo ato, não importando o local onde ele tenha ocorrido ou a nacionalidade do agente causador. Aplica-se a lei do país ao fato que atinja bem jurídico nacional. Visa defender interesses e bens jurídicos considerados fundamentais para o Estado atingido.[4]
e) *Princípio da subsidiariedade (ou da representação, ou do pavilhão)*, que admite a aplicação da norma penal do país a fatos ilícitos cometidos a bordo de aeronaves e embarcações privadas, quando praticados no estrangeiro e aí não venham a ser julgados. Deve ser ressaltado que se a embarcação, ou aeronave, for pública, ou estiver a serviço do governo, não incide o princípio da subsidiariedade, mas, sim, o da territorialidade, uma vez que, neste caso,

---

1 A título ilustrativo, parece importante lembrar que o direito penal brasileiro adotou, como regra, o princípio da territorialidade, conforme se observa em seu art. 5º e parágrafos. Os demais princípios, mesmo que previstos no Código Penal, são admitidos como exceção. Observe-se o conteúdo do mencionado dispositivo: "Art. 5º Aplica-se a lei brasileira, sem prejuízo de convenções, tratados e regras de direito internacional, ao crime cometido no território nacional. §1º Para os efeitos penais, consideram-se como extensão do território nacional as embarcações e aeronaves brasileiras, de natureza pública ou a serviço do governo brasileiro onde quer que se encontrem, bem como as aeronaves e as embarcações brasileiras, mercantes ou de propriedade privada, que se achem, respectivamente, no espaço aéreo correspondente ou em alto-mar. §2º É também aplicável a lei brasileira aos crimes praticados a bordo de aeronaves ou embarcações estrangeiras de propriedade privada, achando-se aquelas em pouso no território nacional ou em voo no espaço aéreo correspondente, e estas em porto ou mar territorial do Brasil".

2 O direito brasileiro adota o princípio da personalidade (ou nacionalidade), como exceção, em seu art. 7º, inc. II, alínea "b", conforme se observa: "Art. 7º Ficam sujeitos à lei brasileira, embora cometidos no estrangeiro: [...] II – os crimes: [...] b) praticados por brasileiro; [...]".

3 Também como exceção, o direito brasileiro adota o princípio da justiça universal em seu art. 7º, inc. II, alínea "a". A seguir, a transcrição do dispositivo: "Art. 7º Ficam sujeitos à lei brasileira, embora cometidos no estrangeiro: [...] II – os crimes: [...] a) que, por tratado ou convenção, o Brasil se obrigou a reprimir; [...]".

4 O direito penal brasileiro adota, mais uma vez como exceção, o princípio da defesa ou da proteção no art. 7º, inc. I e §3º, a seguir: "Art. 7º Ficam sujeitos à lei brasileira, embora cometidos no estrangeiro: I – os crimes: a) contra a vida ou a liberdade do Presidente da República; b) contra o patrimônio ou a fé pública da União, do Distrito Federal, de Estado, de Território, de Município, de empresa pública, sociedade de economia mista, autarquia ou fundação instituída pelo Poder Público; c) contra a administração pública, por quem está a seu serviço; d) de genocídio, quando o agente for brasileiro ou domiciliado no Brasil; [...] §3º A lei brasileira aplica-se também ao crime cometido por estrangeiro contra brasileiro fora do Brasil, se, reunidas as condições previstas no parágrafo anterior: a) não foi pedida ou foi negada a extradição; b) houve requisição do Ministro da Justiça".

a embarcação é considerada extensão do território de sua bandeira, conforme prevê o art. 5º, §1º do Código Penal.[5]

Parece ser pertinente ressalvar, após a especificação dos princípios acima, que o *princípio da extraterritorialidade* se subdivide em *extraterritorialidade condicionada* e *extraterritorialidade incondicionada*. Esta última, novamente tomando emprestado conceitos do direito penal, para melhor compreensão do tema, é expressa no art. 7º, inc. I do Código Penal, tendo por característica o fato de não se subordinar a qualquer condição para atingir o crime cometido no estrangeiro. A simples prática do delito, cometido fora do território nacional, é suficiente para a incidência da norma penal brasileira, a ponto de Damásio Evangelista de Jesus explicar o incondicionalismo em virtude de "[...] esses crimes ofenderem bens jurídicos de capital importância, afetando interesses relevantes do Estado".[6]

Por sua vez, a *extraterritorialidade condicionada* submete a aplicação da lei brasileira à observação de certos requisitos previamente estipulados na norma, *in casu* no art. 7º, inc. II do Código Penal brasileiro, ou seja, para a aplicação da lei nacional para fatos ilícitos ocorridos no estrangeiro é necessário que se preencha, cumulativamente, as seguintes condições, previstas no §2º do já mencionado art. 7º. São as seguintes: (i) que o agente entre no território nacional; (ii) que o fato seja também punível no país em que praticado; (iii) estar o crime incluído entre aqueles que a lei brasileira autoriza a extradição; (iv) não ter sido o agente absolvido no estrangeiro ou não ter cumprido a pena; e, finalmente, (v) não ter sido o agente perdoado no estrangeiro ou, por outro motivo, não estar extinta a punibilidade, segundo a lei mais favorável.

28.2 A extraterritorialidade na Lei nº 12.846/2013

É possível afirmar que o legislador, no que respeita à aplicação da norma no âmbito externo, tenha optado pela adoção do princípio da *extraterritorialidade incondicionada*, visto que em seu art. 28 não se impôs qualquer requisito ou condição para aplicação da lei brasileira a atos praticados por pessoa jurídica brasileira contra órgãos da Administração Pública estrangeira, mesmo que cometidos no exterior.[7] Carvalhosa, no entanto, contesta esta afirmação ao explicar que, para a incidência da *Lei Anticorrupção* fora do território nacional, há a necessidade de que a conduta corruptiva seja punível também no país em que praticada, não sendo adequado imaginar que possa ser aplicada qualquer punição a estas pessoas jurídicas, incondicionalmente.[8]

O disposto no art. 28 da Lei Anticorrupção atende, segundo lição de Bruno Calabrich, a compromissos firmados pelo Brasil perante a comunidade internacional,

---

5 O princípio da subsidiariedade ou representação (ou do pavilhão) é previsto no direito brasileiro no art. 7º, inc. II, alínea "c", conforme se observa: "Art. 7º Ficam sujeitos à lei brasileira, embora cometidos no estrangeiro: [...] II – os crimes: [...] c) praticados em aeronaves ou embarcações brasileiras, mercantes ou de propriedade privada, quando em território estrangeiro e aí não sejam julgados. [...]".

6 JESUS, Damásio E. *Direito penal*. Parte geral. 31. ed. São Paulo: Saraiva, 2010. p. 172. v. 1.

7 HEINEN, Juliano. *Comentários à Lei Anticorrupção*. Belo Horizonte: Fórum, 2015. p. 305.

8 CARVALHOSA, Modesto. *Considerações sobre a Lei Anticorrupção das Pessoas Jurídicas*: Lei 12.846/2013. São Paulo: Revista dos Tribunais, 2015. p. 132.

sendo signatário da Convenção das Nações Unidas Contra a Corrupção (ratificada no Brasil pelo Decreto nº 5.687, 31.1.2006), e Convenção da OCDE contra o Suborno Transnacional[9] (Convenção sobre o Combate da Corrupção de Funcionários Públicos Estrangeiros em Transações Comerciais Internacionais), promulgada em território nacional por meio do Decreto nº 3.678, de 30.11.2000. Esta convenção se justifica, segundo a OCDE, pelo fato de os delitos de corrupção ultrapassarem a esfera individual dos agentes corruptor e corrompido e gerar graves reflexos impeditivos do desenvolvimento dos países, especialmente os mais pobres e aqueles considerados emergentes, como é o caso do Brasil.

Esta é precisamente a razão pela qual foram inseridos, por meio da Lei nº 10.467/2002, três novos artigos no Código Penal brasileiro, sendo que dois deles tipificam a prática de crimes cometidos por particulares contra a Administração Pública estrangeira, ou seja, a prática do denominado suborno ou corrupção transnacional. São os arts. 337-B, que prevê pena de um a oito anos de reclusão, e multa, em caso de corrupção ativa em transação comercial internacional; e 337-C, que tipifica o crime de tráfico de influência em transação comercial internacional, estipulando pena de reclusão de dois a cinco anos, e multa.[10]

Juliano Heinen, ao analisar o conteúdo do art. 28 da Lei Anticorrupção, defende que a extraterritorialidade adotada é compatível com o ordenamento constitucional brasileiro e com as normas do direito internacional. Ampara seu posicionamento em três pilares, a saber: (a) o legislador brasileiro adotou, legitimamente, o critério da "nacionalidade", abrangendo, para fins de punição, pessoas jurídicas nacionais ou estrangeiras, mas desde que tenham sede no território nacional. Ressalta, o autor, que este critério, plenamente aceito no cenário mundial, permite que um Estado adote sua jurisdição sobre seus nacionais, não importando o local onde o ato tenha sido praticado; (b) afirma que o objeto da Lei nº 12.846/13 consiste em proteger o patrimônio público, sendo que, inserido em seu conteúdo, encontra-se o conceito de mercado interno, protegido pelo art. 219 da Constituição Federal.[11] Conclui ao afirmar que "a punição

---

[9] CALABRICH, Bruno. Disposições finais da Lei Anticorrupção: prescrição, cadastros, responsabilização de autoridades omissas e outras questões relevantes. In: SOUZA, Jorge Munhos; QUEIRÓZ, Ronaldo Pinheiro de (Orgs.). *Lei Anticorrupção*. Salvador: JusPodivm, 2015. p. 348.

[10] Confira os dispositivos: "DOS CRIMES PRATICADOS POR PARTICULAR CONTRA A ADMINISTRAÇÃO PÚBLICA ESTRANGEIRA. Corrupção ativa em transação comercial internacional. Art. 337-B. Prometer, oferecer ou dar, direta ou indiretamente, vantagem indevida a funcionário público estrangeiro, ou a terceira pessoa, para determiná-lo a praticar, omitir ou retardar ato de ofício relacionado à transação comercial internacional: Pena – reclusão, de 1 (um) a 8 (oito) anos, e multa. Parágrafo único. A pena é aumentada de 1/3 (um terço), se, em razão da vantagem ou promessa, o funcionário público estrangeiro retarda ou omite o ato de ofício, ou o pratica infringindo dever funcional. Tráfico de influência em transação comercial internacional. Art. 337-C. Solicitar, exigir, cobrar ou obter, para si ou para outrem, direta ou indiretamente, vantagem ou promessa de vantagem a pretexto de influir em ato praticado por funcionário público estrangeiro no exercício de suas funções, relacionado a transação comercial internacional: Pena – reclusão, de 2 (dois) a 5 (cinco) anos, e multa. Parágrafo único. A pena é aumentada da metade, se o agente alega ou insinua que a vantagem é também destinada a funcionário estrangeiro. Funcionário público estrangeiro. Art. 337-D. Considera-se funcionário público estrangeiro, para os efeitos penais, quem, ainda que transitoriamente ou sem remuneração, exerce cargo, emprego ou função pública em entidades estatais ou em representações diplomáticas de país estrangeiro. Parágrafo único. Equipara-se a funcionário público estrangeiro quem exerce cargo, emprego ou função em empresas controladas, diretamente ou indiretamente, pelo Poder Público de país estrangeiro ou em organizações públicas internacionais".

[11] "Art. 219. O mercado interno integra o patrimônio nacional e será incentivado de modo a viabilizar o desenvolvimento cultural e sócio-econômico, o bem-estar da população e a autonomia tecnológica do País, nos termos de lei federal. Parágrafo único. O Estado estimulará a formação e o fortalecimento da inovação nas empresas, bem como nos

de atos de corrupção praticados por empresa nacional, ainda que em detrimento de outro País, se traduz em evento de interesse nacional, porque se resume em uma questão de soberania";[12] e, finalmente, (c) justifica a aplicação extraterritorial da lei em função da "teoria dos efeitos territoriais", segundo a qual a conduta pode ser punida desde que provoque efeitos no território de determinado Estado, mesmo que praticada fora do país.[13]

28.3 Hipóteses de aplicação da Lei nº 12.846/2013 por fato ocorrido no estrangeiro

O art. 1º, em conjunto com o art. 28 da Lei Anticorrupção, dispõe sobre a responsabilização, administrativa e civil, de pessoas jurídicas brasileiras, pela prática de atos contra a Administração Pública, nacional ou estrangeira, ainda que cometidos no exterior. No entanto, a norma omite possíveis requisitos indispensáveis para a aplicação extraterritorial da Lei nº 12.846/13, por exemplo, o requisito de punibilidade do ato no país onde praticado, assim como o respeito à igualdade de soberania de nações estrangeiras, previsto no art. 4º da Convenção das Nações Unidas contra a corrupção,[14] de 2003, ratificada pelo Brasil, como já afirmado, por meio do Decreto nº 5.687, de 31.1.2006.

O art. 28 da Lei Anticorrupção adere ao princípio da personalidade ou nacionalidade *ativa*,[15] segundo o qual, para fins de punibilidade, interessa apenas a nacionalidade da pessoa jurídica infratora, independentemente do local onde tenha sido praticada a infração. No entanto, é de se observar que a lei é omissa quanto a especificar qual providência deveria ser tomada se o fato não for punível no exterior ou se, por algum motivo, a punibilidade houver sido extinta ou a empresa infratora houver sido perdoada, absolvida ou, se condenada, cumprido integralmente a pena no país onde praticado o ato.

A Lei nº 12.846/13 foi regulamentada pelo Decreto nº 8.420/15 que, também, mostra-se omisso quanto aos requisitos sob os quais admite-se a aplicação na norma nacional a atos produzidos por pessoa jurídica brasileira no exterior. De qualquer modo, parece mais adequado que se considere prejudicada a aplicação da lei nacional, nestas hipóteses, sempre que houver o advento de um destes requisitos: (a) o fato não ser punível no país em que praticado, conforme sua legislação própria; (b) no caso de ser punível, ter ocorrido a absolvição da pessoa jurídica, ou ter esta cumprido a pena

---

demais entes, públicos ou privados, a constituição e a manutenção de parques e polos tecnológicos e de demais ambientes promotores da inovação, a atuação dos inventores independentes e a criação, absorção, difusão e transferência de tecnologia. (Incluído pela Emenda Constitucional nº 85, de 2015)".

12 HEINEN, Juliano. *Comentários à Lei Anticorrupção*. Belo Horizonte: Fórum, 2015. p. 306.

13 HEINEN, Juliano. *Comentários à Lei Anticorrupção*. Belo Horizonte: Fórum, 2015. p. 306.

14 A este respeito é esclarecedor o disposto no art. 4º da Convenção da ONU contra a corrupção, de 2003, ratificada pelo Brasil, segundo a qual: "Os Estados Partes cumprirão suas obrigações de acordo com a presente Convenção em consonância com os princípios de igualdade soberana e integridade territorial dos Estados, assim como de não intervenção nos assuntos internos de outros Estados".

15 Este é, também, o posicionamento de Modesto Carvalhosa ao afirmar: "O artigo 28 serve apenas para esclarecer que o regime previsto na presente Lei aplica-se, também, aos atos praticados pelas empresas brasileiras contra a Administração Pública estrangeira, seja no Brasil ou em território estrangeiro. Trata-se de uma afirmação da regra da nacionalidade, com o objetivo de evitar a impunidade de atos praticados no exterior por pessoas jurídicas com sede no Brasil" (CARVALHOSA, Modesto. *Considerações sobre a Lei Anticorrupção das Pessoas Jurídicas*: Lei 12.846/2013. São Paulo: Revista dos Tribunais, 2015. p. 137).

aplicada; (c) não ter havido o perdão da Administração Pública local ao ato; e, finalmente, (d) não estar extinta, por qualquer razão, a punibilidade, segundo as normas do país em que praticado o ato.

28.4 Quanto ao órgão responsável pelo julgamento

Em se tratando de infração cometida no estrangeiro, a competência para apuração, processo e julgamento dos atos ilícitos pertence, segundo consta do art. 9º da Lei nº 12.836/13, à Controladoria-Geral da União.[16] É de se observar, no entanto, ser esta lei omissa quanto à responsabilização judicial da empresa brasileira acusada da prática de infração contra a Administração Pública estrangeira.

De qualquer modo, sempre que a necessidade de atuação da Controladoria-Geral da União exceder as suas atribuições legais, deverá acionar o Ministério Público Federal ou a Advocacia Geral da União para a propositura da medida judicial pertinente, através da providência da cooperação jurídica internacional, meio formal, através do qual determinado país solicita a outro a prática de ato de colaboração, no sentido da propositura, no país solicitado, de medida judicial, investigativa ou administrativa necessária para viabilização de caso concreto em trâmite no país solicitante.

Informação bibliográfica deste texto, conforme a NBR 6023:2018 da Associação Brasileira de Normas Técnicas (ABNT):

MOTTA, Fabrício; ANYFANTIS, Spiridon Nicofotis. Comentários ao art. 28. *In*: DI PIETRO, Maria Sylvia Zanella; MARRARA, Thiago (coord.). *Lei Anticorrupção comentada*. 4. ed. Belo Horizonte: Fórum, 2024. p. 359-364. ISBN 978-65-5518-676-5.

[16] "Art. 9º Compete à Controladoria-Geral da União – CGU a apuração, o processo e o julgamento dos atos ilícitos previstos nesta Lei, praticados contra a administração pública estrangeira, observado o disposto no Artigo 4 da Convenção sobre o Combate da Corrupção de Funcionários Públicos Estrangeiros em Transações Comerciais Internacionais, promulgada pelo Decreto nº 3.678, de 30 de novembro de 2000".

COMENTÁRIOS AO ART. 29

THIAGO MARRARA

Art. 29. O disposto nesta Lei não exclui as competências do Conselho Administrativo de Defesa Econômica, do Ministério da Justiça e do Ministério da Fazenda para processar e julgar fato que constitua infração à ordem econômica.

29.1 Aspectos gerais do art. 29

Inúmeros dos comportamentos privados que configuram ato de corrupção caracterizam infração à ordem econômica punível pelo Conselho Administrativo de Defesa Econômica (Cade) no âmbito do Sistema Brasileiro de Defesa da Concorrência (SBDC). Assim ocorre, por exemplo, com o cartel entre empresas que atuam no campo das licitações. Ao mesmo tempo em que viola a licitude e a competitividade no certame, em ferimento à Lei Anticorrupção (art. 5º, I) e à Lei de Licitações (art. 155, IX), o cartel atingirá os valores tutelados pela Lei de Defesa da Concorrência (Lei nº 12.529/2011, doravante LDC), caso se mostre capaz de distorcer a concorrência, de prejudicar ou de aniquilar as boas condições de funcionamento do mercado,

O art. 29 desejou explicitar que é plenamente aceitável a dupla punição dos agentes de mercado por um mesmo comportamento que simultaneamente fira a Lei Anticorrupção e a LDC. A duplicidade de punição administrativa não configurará uma violação da vedação do *bis in idem*, porque cada lei busca tutelar valores distintos, que não se confundem. Enquanto a Lei Anticorrupção tutela a moralidade e a probidade na relação dos particulares com o Estado, a LDC visa a proteger as bases para o bom curso da concorrência. Assim, é possível que um mesmo comportamento implique dupla responsabilidade administrativa, uma por corrupção e outra por violação da ordem econômica. Em hipótese como essa, será preciso respeitar o art. 22, §3º da LINDB. Não incide, porém, a proibição do *bis in idem*, que desautoriza apenas a multiplicação de processos punitivos baseados numa mesma lei.

Andou mal o legislador, ao redigir o art. 29 da Lei Anticorrupção, pelo fato de ter se referido de modo explícito ao Cade, ao Ministério da Justiça e ao Ministério da Fazenda. No modelo adotado pela Lei nº 8.884/1994, é verdade que o SBDC era composto pelo

Cade (como autarquia vinculada ao Ministério da Justiça), a SDE (como órgão interno do Ministério da Justiça) e a Seae (como órgão interno do Ministério da Fazenda). No entanto, após as enormes modificações organizacionais trazidas pela Lei de Defesa da Concorrência de 2011, o SBDC se transformou. A SDE foi extinta e o Ministério da Justiça deixou de fazer parte do sistema – a não ser por seu poder de supervisão sobre o Conselho como ente da Administração indireta. As importantes funções da SDE foram transferidas a um órgão interno do Cade que antes inexistia: a Superintendência-Geral (SG). Com isso, a autarquia concorrencial se fortaleceu, ganhou amplos poderes de fiscalização e de instrução.

A Seae, a seu turno, mantinha-se como órgão do extinto Ministério da Fazenda e continuava prevista como membro do SBDC na LDC de 2011, mas teve suas funções limitadas primordialmente à chamada "advocacia concorrencial", ou seja, às atividades administrativas de prevenção geral de infrações contra a ordem econômica e que abrangem tarefas participativas, científicas e corretivas.[1] Em 2018, ainda dentro do Ministério da Fazenda, a Seae foi cindida em duas outras secretarias: a Sefel (Secretaria de Acompanhamento Fiscal, Energia e Loteria) e a Seprac (Secretaria de Promoção da Produtividade e Advocacia da Concorrência), a última herdando as funções da advocacia concorrencial. Em 2019, houve nova modificação orgânica e o "Superministério" da Economia absorveu o Ministério da Fazenda. Os papéis da Seae foram transferidos à Secretaria de Advocacia da Concorrência e Competitividade, que é parte da Secretaria Especial de Produtividade, Emprego e Competitividade do Ministério da Economia. Com a extinção desse superministério, em 2022, a Seprac passou a integrar o recriado Ministério da Fazenda.

Ao se observar o art. 29 da Lei Anticorrupção, tem-se a impressão de que o texto nasceu desatualizado, pois faz menção a órgãos e entidades que combatiam as infrações à ordem econômica no Sistema Brasileiro de Defesa da Concorrência modelado em 1994, e não no SBDC de 2011. De todo modo, conquanto o Ministério da Justiça não mais participe diretamente do SBDC e muitos elementos organizacionais do sistema tenham sido alterados, é possível entender que a norma prevista no art. 29 simplesmente visa a não excluir da apreciação do SBDC o comportamento, imputável a uma ou mais pessoas jurídicas, que se enquadre no art. 5º da Lei Anticorrupção, desde que ele também se mostre nocivo, de modo atual ou potencial, à concorrência. O fato de certa entidade aplicar sanções por comportamento de corrupção não impede o Cade de aplicar suas sanções caso esse mesmo comportamento configure infração contra a ordem econômica nos termos do art. 36 da LDC.

Assim, a relação da Lei Anticorrupção com a Lei de Defesa da Concorrência difere da relação que mantém com a Lei de Licitações e com a Lei de Improbidade. Afinal, se o comportamento for punível igualmente pela Lei de Licitações, haverá um PAR unificado. Diferentemente, se for tipificado ao mesmo tempo pela Lei de Improbidade, essa não mais se aplicará por vedação expressa do art. 3º, 2º, inserido pela Lei nº 14.230.

---

[1] MARRARA, Thiago. *Sistema Brasileiro de Defesa da Concorrência:* organização, processos e acordos administrativos. São Paulo: Atlas, 2015. p. 56.

29.2 Configuração de corrupção como infração concorrencial[2]

Para se compreender em que situações um ilícito de corrupção também configurará infração administrativa à ordem econômica, urge resgatar os elementos dos tipos contidos na Lei Anticorrupção e na LDC, bem como aspectos referentes ao exercício da competência estatal para o exercício repressivo do poder de polícia.

O ato de corrupção, punível pela Lei nº 12.846, está incluído em um rol de condutas exaustivas previstas na lei (art. 5º). Embora a descrição das infrações se revele bastante aberta e capaz de abarcar incontáveis comportamentos, o foco da Lei Anticorrupção é reprimir condutas lesivas à Administração Pública, nacional ou estrangeira, explicitamente apontadas no texto legal, contanto que "atentem contra o patrimônio público nacional ou estrangeiro, contra princípios da administração pública ou contra os compromissos internacionais assumidos pelo Brasil" (art. 5º, *caput*).

Já a Lei de Defesa da Concorrência abarca um tipo infrativo muito mais aberto e flexível. No controle de condutas anticompetitivas, busca-se reprimir "atos sob qualquer forma manifestados". Como já se esclareceu alhures,[3] a infração concorrencial não tem forma nem conteúdo predeterminados, de sorte a envolver ações ou omissões, empresariais ou não, de efeito excludente, abusivo ou colusivo, praticadas por um agente, pessoa jurídica ou física, de modo isolado ou em conjunto com outros.

Apesar de a Lei de Defesa da Concorrência trazer um rol descritivo de condutas em seu corpo (art. 36, §3º), ele não detém grande serventia interpretativa, acabando mais por confundir que por auxiliar aqueles que lidam com o direito administrativo concorrencial. Explica Salomão Filho que o rol legal exemplificativo surgiu em 1994 (e foi mantido em 2011) para "encontrar uma via intermediária entre a regra da razão, considerada flexível, mas pouco adaptável ao 'formalismo civilista', e a regra *per se*, considerada exageradamente rígida".[4] Sem prejuízo do esclarecimento histórico, fato é que a lista de condutas mais confunde que esclarece. Afinal, determinado comportamento poderá ser considerado infrativo à LDC mesmo que não exemplificado no rol das condutas e, de outra parte, é possível que uma conduta exatamente idêntica à descrição legal não se revele ilícita, simplesmente por não violar o bem jurídico tutelado pelo SBDC.

O fato marcante para a configuração da infração administrativa contra a ordem econômica não reside, pois, no conteúdo nem na forma do comportamento, mas sim no seu efeito, atual ou potencial, contra o funcionamento da concorrência – e não contra um ou outro concorrente, registre-se. Há alguns elementos importantes nessa afirmação.

a) É preciso que o comportamento ocorra no Brasil ou, ao menos, que gere impacto negativo, atual ou futuro, para a concorrência no mercado brasileiro. Dispõe a LDC, nesse sentido, que "aplica-se esta lei, sem prejuízo de convenções e tratados de que seja signatário o Brasil, *às práticas cometidas no todo ou em parte*

---

2 Em detalhes sobre a infração concorrencial, cf. MARRARA, Thiago. Infração contra a ordem econômica: parâmetros para a superação da insegurança jurídica no âmbito do direito da concorrência. *Revista de Direito Público da Economia*, n. 59, 2017, em geral.

3 MARRARA, Thiago. *Sistema Brasileiro de Defesa da Concorrência:* organização, processos e acordos administrativos. São Paulo: Atlas, 2015. p. 205 e seguintes.

4 SALOMÃO FILHO, Calixto. *Direito concorrencial:* as condutas. São Paulo: Malheiros, 2007. p. 101-102.

no território nacional ou que nele produzam ou possam produzir efeitos" (art. 2º, *caput*, da Lei nº 12.529/2011). Diferentemente da Lei Anticorrupção, em que são consideradas puníveis as ações cometidas por pessoas jurídicas brasileiras fora do país contra a Administração estrangeira (art. 28), sem que se constate qualquer efeito danoso em território nacional, a LDC exige uma relação da prática com o território nacional, quer por aqui ser cometida, quer por gerar efeitos nocivos à concorrência em um segmento interno de mercado (*effects doctrine*).

b) O efeito essencial que caracteriza a infração contra a ordem econômica consiste em "exercer de forma abusiva posição dominante",[5] "dominar mercado relevante de bens ou serviços"[6] ou "limitar, falsear ou de qualquer forma prejudicar a livre concorrência ou a livre iniciativa" (art. 36, IV, III e I, respectivamente).[7] Veja-se, portanto, que o objeto tutelado pela LDC é a concorrência como bem difuso, e não um concorrente, fornecedor ou consumidor específico. O dispositivo legal ainda trata como infrativa a conduta que ocasione "aumento arbitrário de lucros". Contudo, somente configurará infração o aumento arbitrário que decorrer do abuso de posição dominante. Na lição aqui adotada de Calixto Salomão Filho,

> o aumento arbitrário dos lucros só pode ser considerado arbitrário – e, portanto, só pode constituir ilícito independente – quando decorrente da exploração de uma situação de monopólio. Só ali é que ele constitui a demonstração da utilização do poder no mercado para imposição de preços excessivos.[8]

c) A infração contra a ordem econômica se configurará quer como consequência de um comportamento que deflagre algum dos três efeitos nocivos apontados de modo real ou atual, quer por comportamento que tenha aptidão para gerar um daqueles efeitos no futuro. Nesse sentido, a LDC dispõe que serão consideradas infrativas as condutas que "tenham por objeto" (efeito atual) ou "possam produzir" efeitos nocivos, "ainda que não alcançados" (art. 36, *caput*, da Lei nº 12.529/2011). Assim, certa prática pode ainda não

---

5 De acordo com o art. 36, §2º da LDC, "presume-se posição dominante sempre que uma empresa ou grupo de empresas for capaz de alterar unilateral ou coordenadamente as condições de mercado ou quando controlar 20% (vinte por cento) ou mais do mercado relevante, podendo este percentual ser alterado pelo Cade para setores específicos da economia".

6 No entanto, "a conquista de mercado resultante de processo natural fundado na maior eficiência de [*sic*] agente econômico em relação a seus competidores não caracteriza o ilícito previsto no inciso II do *caput* deste artigo" (art. 36, §1º).

7 Alguns autores, porém, consideram que, além dos efeitos nocivos, o comportamento somente será infrativo caso eles não sejam compensados por efeitos benéficos. Nesse sentido, Ticiana Lima considera ser necessário "ponderar se os efeitos de determinada prática resultam em prejuízos ao mercado ou se dela também advém benefícios capazes de compensar tais prejuízos" (LIMA, Ticiana Nogueira da Cruz. *O processo administrativo no Cade e os problemas da regulação concorrencial*. Dissertação (Mestrado) – FDUSP, São Paulo, 2009. p. 36).

8 E prossegue o autor a explicar que: "Em ausência de monopólio o aumento dos lucros não chega a ser sequer arbitrário. Em situação de concorrência (ainda que não perfeita) o aumento dos lucros decorre necessariamente ou do aumento da eficiência produtiva (com diminuição de custos) ou, então, de alguma causa natural, temporária, não imputável ao produtor (por exemplo, a escassez temporária de um produto, que faz aumentar fortemente a demanda por seu substituto imediato)" (SALOMÃO FILHO, Calixto. *Direito concorrencial*. São Paulo: Malheiros, 2013. p. 404, nota de rodapé n. 43).

ter lesado a concorrência, porém será reputada infrativa caso se comprove sua probabilidade de fazê-lo. Daí ser possível afirmar que a LDC autoriza a punição de: (i) ato passado com efeito danoso passado ou presente; (ii) ato presente com efeito danoso presente e (iii) ato passado ou presente com efeito danoso provável no futuro. Não se permite, contudo, a punição de ato futuro com efeito futuro. O SBDC não pode punir administrativamente uma pessoa física ou jurídica, estatal ou não, por presumir que ela adotará uma conduta e que, caso o faça, ocasionará efeitos nocivos à concorrência. Diversamente, a Lei Anticorrupção, ora comentada, pune atos previamente definidos, desde que efetivamente atentem ou tenham atentado contra o patrimônio público nacional ou estrangeiro, contra princípios da Administração Pública ou contra os compromissos internacionais assumidos pelo Brasil (art. 5º, *caput*). Não há ato de corrupção por prática atual com efeito futuro, nem por prática futura com efeito futuro, senão, exclusivamente, por comportamento praticado ou em curso com resultado danoso já ocorrido ou em curso.

d) A infração concorrencial ocasiona a aplicação de sanções contra o infrator principal – que pode ser pessoa jurídica, com ou sem atividade empresarial, ou pessoa física, sempre de acordo com um modelo de responsabilidade objetiva no campo administrativo – e os administradores, direta ou indiretamente responsáveis pela infração cometida pela pessoa jurídica (aqui, porém, sob um modelo de responsabilidade subjetiva). Já a Lei Anticorrupção direciona suas infrações e sanções à pessoa jurídica somente conforme um modelo objetivo. Embora fale da responsabilização (subjetiva) dos dirigentes e administradores da pessoa jurídica, a lei em nenhum momento apresenta as sanções e infrações dessas pessoas, nem mesmo as menciona no tratamento da leniência. Assim, no tocante às pessoas físicas, a corrupção será basicamente reprimida por meio das sanções da Lei de Improbidade e, quando muito, em caso de desconsideração da personalidade jurídica (art. 14), das sanções da Lei Anticorrupção que puderem ser estendidas a elas. Exatamente por isso, a disposição do art. 29 da Lei Anticorrupção tem utilidade central para a compreensão dos limites de responsabilização das pessoas jurídicas.

29.3 Sanções por infração concorrencial

Contanto que um comportamento enquadrado como ato de corrupção também preencha os requisitos legais para a configuração da infração contra a ordem econômica, seu autor estará sujeito ao poder punitivo do Cade no âmbito do controle de condutas, salvo diante de prescrição (quinquenal ou, caso intercorrente, trienal). Como dito, em contraste com a Lei Anticorrupção, que tratou unicamente da responsabilidade objetiva, civil e administrativa, das pessoas jurídicas (deixando as pessoas físicas em segundo plano, já que as ignora na descrição das infrações e na indicação das sanções), na Lei de Defesa da Concorrência, o infrator pode ser tanto a pessoa jurídica, estatal ou privada, brasileira ou estrangeira, com ou sem atuação empresarial, quanto a pessoa física. Também como adiantado, as pessoas físicas responderão ora como autoras principais (responsabilidade objetiva), ora na qualidade de administradoras, direta ou indiretamente responsáveis pelo cometimento da infração (responsabilidade subjetiva).

Todos esses sujeitos, quando condenados por infração concorrencial após a condução de um processo administrativo no Cade, sujeitar-se-ão a sanções de natureza puramente administrativa. Algumas delas se identificam com as punições constantes da Lei Anticorrupção, mas com a diferença de que, nesta lei, somente a multa e a publicação extraordinária da decisão condenatória assumem caráter administrativo, enquanto a aplicação das outras punições depende da condução de uma ação judicial e de sentença transitada em julgado. Ademais, pela Lei Anticorrupção, o condenado, no processo administrativo ou no judicial, será em regra uma pessoa jurídica (salvo quando houver desconsideração da personalidade jurídica nos termos do art. 14).

Na LDC, portanto, as sanções atingem pessoas jurídicas e físicas, mas sempre no âmbito do processo administrativo. Em comparação com o que se vislumbra na Lei Anticorrupção, as sanções concorrenciais são muito mais numerosas e incluem:

a) A *multa* aplicada em percentual do faturamento ou em valores absolutos a depender da figura do condenado e da possibilidade de se mensurar suas receitas. Quando aplicada em percentual, porém, não há previsão de desconto de tributo, ao contrário do que se vislumbra na Lei Anticorrupção. O quadro a seguir esclarece as várias multas da LDC e seus respectivos critérios de mensuração:

Pessoa	Mensuração da multa
Pessoa jurídica (em atividade empresarial)	0,1% a 20% do faturamento da empresa, grupo ou conglomerado, no último exercício anterior à instauração do processo administrativo, no ramo da atividade empresarial em que ocorreu a infração, a qual nunca será inferior à vantagem auferida, quando possível sua estimação.
Pessoa jurídica (fora de atividade empresarial, como associações)	De 50 mil a 2 bilhões de reais
Pessoa física (como autora do ilícito)	De 50 mil a 2 bilhões de reais
Pessoa física (como administradora direta ou indiretamente responsável pela conduta da pessoa jurídica condenada)	De 1% a 20% da multa aplicada à pessoa jurídica

Fonte: Elaboração própria.

b) A *publicação do extrato da decisão condenatória* em meia página de jornal indicado na decisão e às expensas do condenado por dois dias seguidos, de uma a três semanas consecutivas. Sanção análoga existe na Lei Anticorrupção, mas nela não se menciona o prazo, e os critérios de escolha do veículo se diferenciam. Além disso, a Lei Anticorrupção exige publicação de edital, pelo prazo mínimo de 30 dias, no próprio estabelecimento ou no local de exercício da atividade, de modo visível ao público, e no sítio eletrônico na rede mundial de computadores. A publicação de edital não consta, entretanto, da Lei de Defesa da Concorrência.

c) A *proibição de contratar* com instituições financeiras oficiais e de participar de licitação, tendo por objeto aquisições, alienações, realização de obras e serviços, concessão de serviços públicos, na Administração Pública federal, estadual, municipal e do Distrito Federal, bem como em entidades da administração indireta por prazo não inferior a cinco anos. Eis aqui a conhecida sanção administrativa de inidoneidade em modalidade imposta pelo Cade. Para ela, inexiste equivalente na Lei Anticorrupção.

d) A *inscrição do infrator no Cadastro Nacional de Defesa do Consumidor*, medida que tampouco consta da Lei Anticorrupção, a qual se refere à inserção das sanções e das respectivas entidades condenadas no Cadastro Nacional de Empresas Punidas (CNEP).

e) A *recomendação* aos órgãos públicos competentes para que: (i) seja concedida licença compulsória de direito de propriedade intelectual de titularidade do infrator, quando a infração estiver relacionada ao uso desse direito; (ii) não seja concedido ao infrator parcelamento de tributos federais por ele devidos ou para que sejam cancelados, no todo ou em parte, incentivos fiscais ou subsídios públicos. A Lei Anticorrupção não prevê nenhuma dessas sanções.

f) A *cisão da sociedade, transferência de controle societário, venda de ativos* etc. Na Lei Anticorrupção, não há sanção equivalente, mas prevê-se a possibilidade de, na sentença civil condenatória, punir-se a pessoa jurídica com sua dissolução compulsória, desde que a personalidade tenha sido "utilizada de forma habitual para facilitar ou promover a prática de ilícitos" ou a entidade tenha sido "constituída para ocultar ou dissimular interesses ilícitos ou a identidade dos beneficiários dos atos praticados" (art. 19, §1º). A LDC, porém, não permite ao Cade impor a "pena de morte" da pessoa jurídica condenada, mas simplesmente modificações societárias, embora bastante interventivas, como a cisão.

g) A *cessação parcial de atividades*, a qual encontra paralelo no rol de sanções civis da Lei Anticorrupção. Contudo, na LDC, esta sanção tem natureza administrativa, enquanto, na Lei Anticorrupção, é judicial. A despeito da natureza distinta, o problema que a suspensão de atividades da condenada ocasiona é o mesmo: ao reduzir a concorrência no mercado privado ou em mercados públicos, ela pode contradizer o objetivo estatal de promover e tutelar a concorrência ou os interesses do Estado em ter o maior número de licitantes em seus certames como requisito à efetivação do princípio da vantajosidade, ou seja, à busca da proposta de contrato mais vantajosa em termos técnicos e/ou econômicos. Exatamente por isso, nas duas leis, há que se ponderar de maneira muito cuidadosa a aplicação da cessação de atividades do condenado para que a punição não se revele demasiadamente nociva, não ao condenado, mas aos interesses públicos primários – hipótese em que deverá ser substituída por outra punição. A reforçar esse argumento, art. 20 da Lei de Introdução às Normas do Direito Brasileiro, aponta para a necessidade de se tomar qualquer decisão sem menosprezar as consequências práticas dela decorrentes. Uma sanção de cessação parcial de atividade, apesar de prevista em lei, pode ter um efeito destrutivo e prejudicial ao mercado. Essa ponderação e exame de impacto devem perpassar ato sancionador da autoridade concorrencial.

h) A *proibição de exercer o comércio em nome próprio ou como representante de pessoa jurídica*, pelo prazo de até 5 anos, sanção que tampouco encontra equivalente na Lei Anticorrupção.

i) E "*qualquer outro ato ou providência* necessários para a eliminação dos efeitos nocivos à ordem econômica" (grifos nossos). Aqui, de maneira irrefragável, o legislador violou o princípio da legalidade sancionatória (*lex certa*), pois conferiu ao Cade o poder de inventar sanções administrativas sem previsão legal, ou seja, sem a mínima legitimação democrática que as ações interventivas do Estado pressupõem. Trata-se, naturalmente, de dispositivo inconstitucional (por violação ao art. 5º, II da CF), o qual, por felicidade, não foi transplantado pelo legislador ao texto da Lei Anticorrupção.

Sob a premissa normativa do art. 29 da Lei Anticorrupção, o cotejo do sistema punitivo da Lei de Defesa da Concorrência revela, em última instância, que se determinado ato de corrupção for igualmente considerado infração contra a ordem econômica, as punições que poderão recair sobre a pessoa jurídica se intensificarão de modo extremo. Além de submissão a uma dupla multa, a pessoa jurídica poderá se sujeitar a inúmeras sanções acessórias, todas elas aplicadas no processo administrativo conduzido pelo Cade, sem prejuízo de outras aplicáveis na ação civil condenatória movida pelo Ministério Público ou pela Advocacia Pública com base na Lei Anticorrupção (art. 29). Fora isso, o Cade ainda poderá punir pessoas físicas, seja como coautoras da infração, seja como administradoras direta ou indiretamente responsáveis pelo ato infrativo da pessoa jurídica. Aí reside mais um fator, portanto, a revelar a gravidade de atos de corrupção com efeitos anticoncorrenciais, como o cartel licitatório.

É preciso ter em mente, porém, que a duplicidade de punição administrativa por um mesmo comportamento faz incidir mandamentos de ponderação, como os previstos no art. 22, §3º da LINDB, que assim prevê: "as sanções aplicadas ao agente serão levadas em conta na dosimetria das demais sanções de mesma natureza e relativas ao mesmo fato". Esse dispositivo exige visão articulada no sancionamento de condutas que infrinjam simultaneamente tanto a Lei Anticorrupção como a Lei de Defesa da Concorrência. O potencial sancionador de uma sanção preexistente (aplicada, por exemplo, no processo concorrencial pelo Cade) necessita ser levado em conta no segundo processo administrativo (conduzido com base na Lei Anticorrupção), de maneira a evitar uma punição demasiadamente exagerada em sentido global.

29.4 Leniências na Lei Anticorrupção e na LDC

Considerando-se que alguns atos de corrupção simultaneamente configuram infrações contra a ordem econômica, há que se averiguar em que medida os programas de leniência poderão evitar as consequências trágicas que derivarão da somatória de punições baseadas na Lei Anticorrupção e na Lei de Defesa da Concorrência. A problemática não é simples, pois, como se viu ao longo dos comentários ao art. 16 da Lei Anticorrupção, o acordo de leniência para atos de corrupção não produz efeitos administrativos externos, ou seja, não impede a aplicação de outras sanções administrativas com base na Lei de Licitações, na Lei de Defesa da Concorrência e em outros diplomas administrativos. Isso significa que a leniência para atos de corrupção não gera qualquer proteção diante de sanções impostas pelo Cade contra pessoas físicas e jurídicas.

Para que essas pessoas gozem dos benefícios resultantes da confissão do ilícito e da cooperação com os órgãos instrutórios, é preciso que celebrem um acordo de leniência com o Cade. Para tanto, não interessa o fato de o infrator já ter celebrado um acordo anterior com o órgão competente para conduzir o processo administrativo de responsabilização previsto na Lei Anticorrupção. Em outras palavras, o fato de o acusado ser parte da leniência no processo de corrupção não resulta em preferência ou direito subjetivo a um acordo de leniência no processo concorrencial. É possível que o mesmo infrator logre celebrar ambos os acordos, mas também é aceitável que cada acordo beneficie diferentes infratores.

Levando em conta essa hipótese, torna-se fundamental entender os aspectos fulcrais de funcionamento do programa de leniência do Cade. Quem pode celebrar o acordo? Quais são seus requisitos? Quais são as consequências da negociação frustrada e do inadimplemento? Quais são os benefícios gerados em termos administrativos, civis, penais? Como os benefícios variam de acordo com o tipo de leniência?

Os dois quadros a seguir comparam os programas de leniência da LDC e da Lei Anticorrupção no intuito de solucionar boa parte dessas dúvidas. No primeiro deles, concentram-se aspectos relativos à competência, à negociação e aos requisitos de celebração e se vislumbra grande identidade entre os dois programas, o que permite afirmar que o legislador usou grande parte das normas de direito concorrencial ao estruturar a leniência para atos de corrupção.

No segundo quadro, apontam-se as modalidades de leniência e os benefícios do programa. Em relação a estes aspectos, porém, as dissonâncias entre a Lei Anticorrupção e a Lei de Defesa da Concorrência se tornam mais acentuadas, sobretudo porque o primeiro diploma não diferencia a leniência prévia, a leniência concomitante e a leniência *plus*,[9] além de não tratar da pessoa física, razão pela qual não há previsão de efeitos penais. Muitas das informações do Quadro 2 revelam que o legislador, ao elaborar a Lei Anticorrupção, deixou de aproveitar a experiência adquirida pelo SBDC, desde 2000, na construção de programas de leniências mais atrativos e efetivos.

---

[9] A leniência *plus* ou secundária está assim prevista na Lei nº 12.529/2011, art. 86: "§7º A empresa ou pessoa física que não obtiver, no curso de inquérito ou processo administrativo, habilitação para a celebração do acordo de que trata este artigo, *poderá celebrar com a Superintendência-Geral, até a remessa do processo para julgamento, acordo de leniência relacionado a uma outra infração, da qual o CADE não tenha qualquer conhecimento prévio.* §8º Na hipótese do §7º deste artigo, o infrator se beneficiária da redução de 1/3 (um terço) da pena que lhe for aplicável naquele processo, sem prejuízo da obtenção dos benefícios de que trata o inciso I do §4º deste artigo em relação à nova infração denunciada" (grifos nossos).

Quadro 1 – Comparativo das leniências

Características	Lei nº 12.846/2013 (Anticorrupção)	Lei nº 12.529/2011 (Concorrência)
A quem compete celebrar o acordo?	CGU (para o Executivo Federal e corrupção de Administração estrangeira) e entidades administrativas estaduais e municipais.	Somente ao Cade, autarquia federal vinculada ao Ministério da Justiça. Estados e municípios não detêm competência.
Há possibilidade de leniência oral?	Lei não prevê – possibilidade de previsão regimental.	Lei não prevê – possibilidade de previsão regimental.
A proposta é sigilosa?	Sim	Sim
Prevê-se a regra do *first come, first serve*, ou seja, de negociação conforme ordem de chegada dos infratores?	Sim	Sim, apenas para as pessoas jurídicas.
Exige-se a confissão da prática?	Sim	Sim
Qual é o efeito da negociação frustrada?	Afastamento da confissão	Afastamento da confissão
Exige-se que o infrator cesse o envolvimento com a prática?	Sim	Sim
Exige-se que colabore com a identificação dos demais envolvidos?	Sim	Sim
Exige-se que entregue informações e documentos que comprovem a materialidade da infração?	Sim	Sim
A colaboração corre por conta e risco do infrator colaborador?	Sim	Sim

Fonte: Elaboração própria.

Quadro 2 – Comparativo das leniências

(continua)

Características	Lei nº 12.846/2013 (Anticorrupção)	Lei nº 12.529/2011 (Concorrência)
Há diferenciação entre leniência prévia (anterior ao processo administrativo) e concomitante?	Não	Sim. A diferenciação do momento da leniência é empregada para diferenciar o benefício que será oferecido ao infrator colaborador, estimulando a corrida pela cooperação.

(conclusão)

Características	Lei nº 12.846/2013 (Anticorrupção)	Lei nº 12.529/2011 (Concorrência)
Prevê-se a leniência *plus* (ou leniência secundária com outra pessoa jurídica acusada no mesmo processo administrativo)?	Não	Sim. Com isso, permite-se que uma segunda leniência seja firmada com outra pessoa jurídica, desde que ela auxilie no processo em curso e confesse uma nova infração. No primeiro processo, o benefício é menor. No segundo, o acordo equivale à leniência prévia.
A leniência cumprida gera efeitos administrativos internos? Quais?	Sim. Redução da multa em até 2/3. Não há garantia legal de redução mínima, nem garantia da menor multa. Também afasta a sanção de publicação extraordinária.	Sim. Se a leniência for prévia, extinção da multa. Se concomitante, redução de 1/3 a 2/3 do valor. Para a leniência *plus*, o benefício no primeiro processo é de redução fixa da multa em 1/3. Não há extinção da sanção de publicação extraordinária.
A leniência gera efeitos administrativos externos (sobre outros processos administrativos sancionadores)?	Não	Não
Prevê-se em favor do colaborador o benefício da menor multa?	Não	Sim
Há efeitos civis?	Apenas em relação a uma das sanções civis (art. 19, IV), mas não exclui reparações nem a possibilidade de extinção judicial da pessoa jurídica condenada.	Não. A LDC não prevê sanções civis.
Há efeitos penais?	Não. A Lei Anticorrupção não trata das pessoas físicas.	Sim. Amplos para os casos de cartel em benefício das pessoas físicas que celebram o acordo.
É possível a extensão de efeitos aos membros do grupo econômico de fato ou de direito?	Sim, desde que firmem em conjunto.	Sim, incluindo as pessoas jurídicas, bem como os dirigentes, administradores e empregados, desde que firmem em conjunto.

Fonte: Elaboração própria.

29.5 Compromisso de cessação de infração concorrencial

O processo administrativo concorrencial, conduzido de modo exclusivo pelo Cade no controle de condutas infrativas à ordem econômica, é mais rico em instrumentos de consensualização que o processo de responsabilização da Lei Anticorrupção (PAR). No âmbito do Cade, além da leniência, modalidade de acordo integrativo entre um infrator confesso e o Estado, é possível que qualquer pessoa, antes mesmo de figurar como acusada e a despeito de confessar qualquer ilícito, firme um termo de compromisso de cessação de prática (TCC), cujos efeitos chegam a ser mais benéficos e amplos que os da leniência. Por reflexo, um acusado ou condenado por ato de corrupção, que configure igualmente uma infração contra a ordem econômica, poderá se beneficiar do compromisso a despeito de ter ou não logrado celebrar a leniência concorrencial.

Com o TCC, diversamente da leniência, a Administração Pública não visa a reduzir ou extinguir as sanções que serão impostas a um infrator confesso em troca de provas sobre materialidade da conduta e autoria. Seu escopo reside em obter a cooperação do autor de um comportamento questionado para solucionar o problema fático, dispensando-se o inquérito ou o processo administrativo.[10] Ao firmar-se o TCC, o processo (ou o inquérito) é suspenso; ao executar-se o TCC, o processo (ou o inquérito) é arquivado, tornando-se dispensada a decisão final em relação à pessoa do compromissário. O inquérito ou o processo seguem seu curso somente em relação àqueles que não celebraram o compromisso.

Justamente por sua capacidade de solucionar o problema de modo célere e com baixo o custo, em geral se associa o TCC à concretização do princípio da eficiência (em suas várias facetas, ou seja, como racionalidade procedimental, celeridade, eficácia decisória e economicidade) e ao aumento da legitimidade do Estado.[11]

A grande vantagem do compromisso para o Cade reside na possibilidade de se solucionar um problema sem a necessidade de se levar adiante um inquérito ou um processo administrativo. Isso permite ao Conselho concentrar tempo, esforços e escassos recursos humanos e financeiros em casos mais estratégicos ou relevantes. Em outras palavras, com o ajustamento consensual, afastam-se os comportamentos que poderiam prejudicar a concorrência, mas sem os custos, os riscos e a lentidão do processo, o qual – vale lembrar –, caso fosse mantido, não necessariamente culminaria em uma condenação e, ainda que isso ocorresse, jamais restaria imune à judicialização.

Para o representado ou o acusado, a vantagem do compromisso é semelhante e consiste em afastar os diversos custos da acusação em termos de imagem, reputação, estabilidade econômica etc. Ademais, o TCC afasta o risco de condenação administrativa, que se elevará de modo significativo naquelas situações em que um coautor da prática já tiver firmado a leniência com o Cade. Alguns especialistas, contudo, questionam

---

10 Conquanto a LDC, no art. 85, *caput*, reconheça a possibilidade de TCC também para o procedimento preparatório, entende-se que ele só pode ser firmado ao longo do inquérito e do processo administrativo acusatório propriamente dito. Isso porque o chamado "procedimento administrativo", na legislação concorrencial, destina-se exclusivamente a esclarecer se o Cade detém ou não competência para reprimir certa prática. Se o Cade não está seguro acerca de sua competência, naturalmente não pode firmar qualquer acordo, pois a competência para tanto deriva exatamente da competência para a execução do controle de condutas. Esse entendimento foi detalhado em MARRARA, Thiago. *Sistema Brasileiro de Defesa da Concorrência:* organização, processos e acordos administrativos. São Paulo: Atlas, 2015. p. 397.

11 Em detalhes sobre as utilidades e os desafios do TCC, cf. MARRARA, Thiago. *Sistema Brasileiro de Defesa da Concorrência:* organização, processos e acordos administrativos. São Paulo: Atlas, 2015. p. 379-388; PALMA, Juliana Bonacorsi de. *Sanção e acordo na Administração Pública.* São Paulo: Malheiros, 2015. p. 204; GRINOVER, Ada Pellegrini. O termo de ajustamento de conduta no âmbito da defesa da concorrência. *Revista do IBRAC*, v. 16, 2009. p. 194 e LOBÃO, Carla. Compromisso de cessação de prática: uma abordagem crítica do instituto. *Revista do IBRAC*, v. 8, 2001. p. 91.

algumas dessas vantagens. Afinal, a assinatura do termo poderia ser recebida pelo mercado e pela imprensa como uma confissão de conduta ilícita. Indagam os críticos: se o agente de mercado considera seu comportamento lícito, qual seria seu receio em receber o processo?[12]

Esse risco existe, é verdade, mas certamente se mostra bem menor que os riscos e danos gerados pelo prosseguimento do processo e a constante exposição do acusado à mídia. Ademais, a LDC não trabalha com uma tipicidade clara e sólida, mas com uma descrição infrativa extremamente aberta e fluida, baseada em resultados reais ou virtuais. Por isso, não é nada incomum que um comportamento tomado como adequado pelo mercado – e até mesmo por agências reguladoras – seja visto pelo Cade como ilícito ainda que sequer tenha gerado dano atual à concorrência. Eis aqui mais um motivo para se preferir a via consensual.

As nuances e o regime jurídico do compromisso de cessação podem ser apresentados, de modo panorâmico, a partir de suas cinco fases, quais sejam:

a) *Propositura*, na qual um agente de mercado ou o próprio Cade sugerem a negociação do acordo. A LDC não impede que o TCC seja proposto por mais de um dos indiciados ou acusados, na medida em que a celebração de um não obsta a de outros – não incide aqui o *first come, first serve*, regra que restringe a celebração de múltiplas leniências com pessoas jurídicas. No entanto, cada interessado somente poderá realizar uma única proposta de compromisso por conduta investigada (art. 85, §4º). Anote-se, ainda, que a proposta poderá ter caráter sigiloso e jamais suspenderá o curso do inquérito ou do processo (art. 85, §§5º e 6º). Quanto mais tardar a proposta, mais se reduzirão as chances de negociação tempestiva e de celebração do acordo. O avanço do estágio processual, além disso, tende a diminuir gradualmente o interesse do Estado pela cessação da prática. De todo modo, não consta da lei qualquer limite temporal à propositura. Na redação da LDC aprovada pelo Congresso, havia uma limitação à fase de instrução, mas referido dispositivo foi vetado pela Presidência da República.[13]
b) *Negociação*, a qual deve ser realizada sempre que solicitada pelo interessado sujeito ao poder punitivo do Cade – não há, pois, discricionariedade de ação nesse particular. Na negociação, o Cade pode aceitar a participação de: (i) terceiros titulares de direitos ou interesses que possam ser afetados pela decisão a ser adotada; (ii) entidades e órgãos da Administração Pública, direta ou indireta, especificamente destinados à defesa dos interesses e direitos protegidos no Código de Defesa do Consumidor; e (iii) associações legalmente constituídas há pelo menos um ano e que incluam entre seus fins institucionais a defesa dos interesses e direitos protegidos pelo Código de

[12] Nesse sentido crítico sobre os efeitos do TCC, cf. MATTOS, César. O compromisso de cessação de prática anticompetitiva ao Cade: uma abordagem da teoria dos jogos. *Revista do IBRAC*, v. 4, 1997. p. 45.

[13] Dispunha o art. 85, §3º que "a celebração do termo de compromisso poderá ser proposta até o encerramento da instrução do processo administrativo relativo à prática investigada". De acordo com a Presidência, o dispositivo restringia a "possibilidade de celebração de acordos à etapa de instrução dos processos, limitando indevidamente um instrumento relevante para atuação do Tribunal na prevenção e na repressão às infrações contra a ordem econômica".

Defesa do Consumidor (art. 85, §15 e art. 50 da LDC cominado com o art. 82, III e IV do CDC). Caso os negociadores não atinjam consenso, a proposta de celebração do TCC será indeferida (art. 85, §13). É também concebível que a negociação se frustre pelo indeferimento da minuta pelo Tribunal do Cade, bem como por extinção do processo antes de aprovação do termo de compromisso, já que seu curso não se suspende por força das negociações (art. 85, §6º).

c) *Celebração*, que é discricionária, ou seja, dependente da avaliação de uma série de variantes pela Administração Pública, como o momento processual, o estágio da instrução, os benefícios de se arquivar o processo em questão e os interesses públicos primários de que cuida o SBDC. Nesse sentido, dispõe a lei que a decisão de aprovação da minuta envolverá um "juízo de conveniência e oportunidade, devidamente fundamentado" (art. 85, *caput*).[14] Esse mandamento, como dito, não deve ser lido, porém, como uma provisão de discricionariedade de abertura da fase anterior de negociação. Caso aprovado e celebrado, o termo de compromisso será publicado no sítio eletrônico do Cade, passará a constituir título executivo extrajudicial e ocasionará a suspensão do processo administrativo somente em relação ao compromissário, seguindo seu curso regular em relação aos demais (art. 85, §§7º, 8º e 9º).

d) *Execução*, ao longo da qual o compromissário, conforme o pactuado, deverá adimplir as obrigações principais e acessórias assumidas, algumas previamente definidas pelo legislador, outras estipuladas livremente durante a negociação. Nos termos da LDC (art. 85, §1º), devem constar do compromisso cláusulas que: (i) determinem ao compromissário não praticar a conduta investigada ou alterá-la de modo a suspender seus efeitos nocivos; (ii) imponham multa em razão do descumprimento parcial ou total do acordo; (iii) fixem a contribuição pecuniária para o Fundo de Direitos Difusos (FDD), se cabível, *i.e.*, quando o comportamento constituir uma forma de cartel (art. 85, §2º combinado com o art. 36, §3º, I e II). As demais cláusulas serão negociadas entre a Administração e o interessado e gozarão de validade desde que respeitem os princípios da moralidade, da razoabilidade, da finalidade pública e da legalidade. Em outras palavras, as obrigações devem se prestar a promover interesses públicos primários, guardar pertinência com o objeto do inquérito ou do processo sancionador e mostrar-se adequadas para a consecução dos objetivos do TCC, impondo ao compromissário as restrições mais brandas

[14] É preciso registrar que a doutrina não é unânime a respeito da discricionariedade de celebração apesar da clareza do texto legal. A favor da discricionariedade, posicionam-se, por exemplo, PALMA, Juliana Bonacorsi de. *Sanção e acordo na Administração Pública*. São Paulo: Malheiros, 2015. p. 205 e MARRARA, Thiago. *Sistema Brasileiro de Defesa da Concorrência:* organização, processos e acordos administrativos. São Paulo: Atlas, 2015. p. 433. Contrariamente à discricionariedade, manifestam-se TURRA, Leonardo Canabrava. Do compromisso de cessação de prática no Sistema Brasileiro de Defesa da Concorrência. *Revista do IBRAC*, v. 13, 2006. p. 187 e MESQUITA JÚNIOR, Sídio Roda de. Do compromisso de cessação e suspensão do processo. *Revista de Direito Econômico*, n. 24, 1996. p. 4. Em posição intermediária, colocam-se CORDOVIL, Leonor *et al. Nova Lei de Defesa da Concorrência comentada* – Lei 12.529, de 30 de novembro de 2011. São Paulo: Revista dos Tribunais, 2011. p. 186 e MARQUES NETO, Floriano de Azevedo; CYMBALISTA, Tatiana Matiello. Os acordos substitutivos do procedimento sancionatório e da sanção. *REDAE*, n. 27, 2011. p. 16.

para esse fim. Em vista desses princípios, a LDC em boa hora estipulou que as obrigações do compromisso poderão ser alteradas ao longo de sua execução caso se revelem excessivamente onerosas ao representado, contanto que a alteração não acarrete prejuízo para terceiros ou para a coletividade (art. 85, §12).

e) *Avaliação*, na qual o Cade reconhecerá o cumprimento e determinará o arquivamento do inquérito ou do processo administrativo, ou apontará o descumprimento, parcial ou total, do acordo. Convém que o próprio termo traga em detalhes quais são as consequências dos mais diferentes tipos de inadimplemento (parcial, total, de obrigações acessórias ou de obrigações principais). Apenas os descumprimentos mais graves, que atinjam as obrigações principais e impossibilitem as finalidades do compromisso, deverão ocasionar a retomada e a continuidade do inquérito ou do processo. Em casos de inadimplementos mais simples, nos quais a manutenção do acordo ainda seja possível e útil, como o de descumprimento de entrega de relatórios de execução, o Cade deverá aplicar sanções administrativas, sem prejuízo de recorrer ao Judiciário para exigir do compromissário a execução das obrigações pactuadas.

Informação bibliográfica deste texto, conforme a NBR 6023:2018 da Associação Brasileira de Normas Técnicas (ABNT):

MARRARA, Thiago. Comentários ao art. 29. *In*: DI PIETRO, Maria Sylvia Zanella; MARRARA, Thiago (coord.). *Lei Anticorrupção comentada*. 4. ed. Belo Horizonte: Fórum, 2024. p. 365-379. ISBN 978-65-5518-676-5.

COMENTÁRIOS AO ART. 30

WALLACE PAIVA MARTINS JÚNIOR

Art. 30. A aplicação das sanções previstas nesta Lei não afeta os processos de responsabilização e aplicação de penalidades decorrentes de:
I – ato de improbidade administrativa nos termos da Lei nº 8.429, de 2 de junho de 1992; e
II – atos ilícitos alcançados pela Lei nº 8.666, de 21 de junho de 1993, ou outras normas de licitações e contratos da administração pública, inclusive no tocante ao Regime Diferenciado de Contratações Públicas – RDC instituído pela Lei nº 12.462, de 4 de agosto de 2011.

30.1 Concorrência de esferas distintas de responsabilidades

A regra em foco ressalta que as sanções administrativas ou judiciais da Lei nº 12.846/13 não excluem outras incidentes resultantes da legislação repressiva dos atos de improbidade administrativa (Lei nº 8.429/92) ou das normas de licitações e contratos administrativos (Leis nº 8.666/93 e nº 14.133/21, *v.g.*). Há, portanto, diversidade de esferas de responsabilidade.

O art. 30 resulta do substitutivo oferecido pelo relator na Câmara dos Deputados, que asseverou a utilidade da norma para "assegurar que não haja incompatibilidade entre a ação administrativa baseada em seus preceitos e aquelas já possíveis com base na legislação vigente acerca de improbidade administrativa e licitações e contratos administrativos".

A Lei Anticorrupção Empresarial pune administrativa e judicialmente (arts. 6º e 19) ilícitos classificados como atos lesivos à Administração Pública praticados por pessoas jurídicas (art. 5º), atribuindo-lhes responsabilidade objetiva (art. 2º).

Para os fins da Lei nº 8.429/92, improbidade administrativa é gênero que compreende atos que importam enriquecimento ilícito (art. 9º), causam prejuízo ao erário (art. 10) ou atentam contra os princípios da Administração Pública (art. 11). Tais atos sujeitam agentes públicos e particulares (beneficiários ou partícipes; pessoas físicas ou jurídicas) à perda de bens e da função pública, ao pagamento de multa civil, à suspensão temporária dos direitos políticos e à proibição transitória de contratação com o Poder Público ou recebimento de benefícios ou incentivos fiscais ou creditícios, direta ou indiretamente, ainda que por intermédio de pessoa jurídica da qual seja sócio majoritário, sem prejuízo do ressarcimento do dano (art. 12).

Tais penalidades são aplicadas de maneira isolada ou cumulativamente por decisão judicial em ação civil pública, que independe das demais sanções administrativas, civis ou penais, da efetiva ocorrência de dano ao patrimônio público, salvo quanto à pena de ressarcimento, e da aprovação ou rejeição das contas pelo órgão de controle interno ou pelo Tribunal ou Conselho de Contas.

A Lei da Improbidade Administrativa sanciona a violação do dever de probidade decorrente de ação ou omissão de agente público que vise ao seu proveito pessoal ou de terceiros, causando dano patrimonial ou não. Seu esteio é a responsabilidade subjetiva, pois os atos de improbidade administrativa são puníveis a título de dolo (e culpa, na espécie de atos lesivos ao erário). As sanções respectivas são aplicadas por decisão judicial, alcançando agentes públicos e particulares, pessoas físicas ou jurídicas.

Por sua vez, não bastasse tipificar crimes especiais, a Lei nº 8.666/93 – assim como as demais que regulam licitações e contratações públicas (art. 7º, Lei nº 10.520/02; art. 47, Lei nº 12.462/11) – prescreve sanções administrativas nos arts. 87 e 88 (advertência; multa, suspensão temporária de participação em licitação e impedimento de contratar com a Administração, por prazo não superior a dois anos; declaração de inidoneidade para licitar ou contratar com a Administração Pública) em razão da ocorrência de infrações contratuais e comportamentos inidôneos em licitações e contratos administrativos, cuja incidência demanda decisão proferida em processo administrativo, assegurada ampla defesa. No mesmo sentido, a Lei nº 14.133/21 arrola sanções administrativas idênticas (art. 156) e, para além, prevê que os atos nela previstos como infrações administrativas (art. 155) ou em outras leis de licitações e contratos da Administração Pública que também sejam tipificados como atos lesivos na Lei nº 12.846/13 serão apurados e julgados conjuntamente, nos mesmos autos, observados o rito procedimental e a autoridade competente definidos na referida Lei (art. 159). O escopo é a unicidade processual na instância administrativa para responsabilização lastreada na diversidade de natureza, bens jurídicos tutelados e sanções, e só vale para as sanções administrativas.

A legislação de licitações e contratos administrativos reprime infrações administrativas ocorridas nesse âmbito. Porém, seu pressuposto é a culpa *lato sensu*, sendo a responsabilidade subjetiva.

Disserta Ubirajara Costódio Filho que:

> Levando-se em conta o correto sentido do princípio do *non bis in idem*, à luz das explicações que se vem de consignar, parece evidente que não haverá violação desse princípio no caso de uma empresa sofrer várias sanções por uma mesma conduta, enquadrada nos diferentes tipos infracionais daquelas diversas leis, a que se referem os arts. 29 e 30 da Lei Anticorrupção.

A rigor, estar-se-á diante de verdadeiro concurso formal de infrações administrativas, à semelhança do concurso formal de que trata o art. 70 do CP, assim explicado por Guilherme de Souza Nucci:

93. Conceito de concurso formal: quando o agente, mediante uma única ação ou omissão, provoca dois ou mais resultados típicos, deve ser punido pela pena mais grave, ou uma delas, se idênticas, aumentada de um sexto até a metade, através do sistema de exasperação. Dá-se o concurso formal homogêneo, quando os crimes forem idênticos, e o heterogêneo, quando os delitos não forem idênticos.

57. Como não há regra expressa a respeito, no regime de direito administrativo sancionador, equivalente àquelas do direito penal, resta prejudicada a adoção do instituto do concurso formal para tais infrações, razão pela qual serão integralmente cumuladas as eventuais sanções administrativas impostas a uma empresa com fundamento naquelas distintas leis.[1]

O concurso entre as leis Anticorrupção Empresarial, de Improbidade Administrativa e de Licitações e Contratos Administrativos merece análise a partir da natureza, da estrutura e da finalidade da responsabilidade erigida em cada uma delas.[2]

30.2 Improbidade administrativa e atos lesivos à Administração Pública

Se parece evidente que há uma zona de coincidência entre os objetos tutelados pelas leis nº 8.429/92 e nº 12.846/13, a estrutura e a funcionalidade dessas esferas de responsabilidade são distintas.

A Lei nº 12.846/13 inova no trato da responsabilidade objetiva, porque não se estadeia na concepção de risco da atividade, e para sua aplicação se torna irrelevante perscrutar se o ato lesivo contra a Administração Pública decorreu de política institucional da pessoa jurídica ou de localizado excesso ou desvio de poder de seus dirigentes ou empregados, pois mesmo a adoção de mecanismos de *compliance* somente adquire potência para suavidade na imposição das sanções e para a celebração de acordo de leniência (arts. 7º, VIII e 16, IV).

Igor Sant'Anna Tamasauskas e Pierpaolo Cruz Bottini demonstram, entre outros aspectos, que o novo diploma legal desloca o foco da persecução para o corruptor, "trazendo objetivamente à atividade empresarial a necessidade de portar-se de modo ético, sob pena de responder por desvios de conduta de seus colaboradores, funcionários e dirigentes", salientando que a responsabilidade objetiva "introjeta no seio empresarial uma cultura de moralidade na relação com o Estado", e, além disso, atendendo ao conceito de função social da atividade empresarial,

---

1 SANTOS, José Anacleto Abduch; BERTONCINI, Mateus; CUSTÓDIO FILHO, Ubirajara. *Comentários à Lei 12.846/2013*: Lei anticorrupção. 2. ed. São Paulo: Revista dos Tribunais, 2015. p. 360-361.

2 A Medida Provisória nº 703/15, que perdeu eficácia, inovava na matéria ao dar nova redação ao art. 30 da Lei nº 12.846/13: "Art. 30. Ressalvada a hipótese de acordo de leniência que expressamente as inclua, a aplicação das sanções previstas nesta Lei não afeta os processos de responsabilização e aplicação de penalidades decorrentes de: I – ato de improbidade administrativa nos termos da Lei nº 8.429, de 1992; II – atos ilícitos alcançados pela Lei nº 8.666, de 1993, ou por outras normas de licitações e contratos da administração pública, inclusive no que se refere ao Regime Diferenciado de Contratações Públicas – RDC, instituído pela Lei nº 12.462, de 2011; e III – infrações contra a ordem econômica nos termos da Lei nº 12.529, de 2011". Sua constitucionalidade era bem duvidosa ao tratar de processo, assunto de trato vedado por medida provisória (art. 62, §1º, I, *b*, Constituição de 1988), falha de que também padecia o inciso I do art. 2º da medida provisória que revogou o §1º do art. 17 da Lei nº 8.429/92, superando a proibição de transação, acordo ou conciliação em ação civil pública de responsabilidade por improbidade administrativa.

avançou no contexto da responsabilidade objetiva – construída inicialmente como reparatória dos danos verificados por determinada atividade – para agregar um conteúdo dissuasório e retributivo, consubstanciado na ameaça de outras penas, desde pecuniárias, até as restritivas de direitos e, na mais grave hipótese, a dissolução da pessoa jurídica.[3]

Apontando a convergência do bem tutelado entre a Lei Anticorrupção Empresarial e a Lei de Improbidade Administrativa, Sebastião Botto de Barros Tojal disserta sobre a ocorrência da

> nítida derrogação da aplicação das disposições da Lei 8.429/1992 às pessoas jurídicas, as quais passaram agora a ter um regime objetivo de responsabilização sob um rol taxativo de condutas e penalidades previstas na Lei 12.846/2013. Por outro giro semântico: pode-se afirmar agora que a Lei de Improbidade aplica-se somente às pessoas naturais, agentes públicos ou não.

E conclui que "a partir do advento da Lei 12.846/2013, as pessoas jurídicas não respondem mais por ato de improbidade, mas somente pelos atos previstos na Lei 12.846/2013", nem mesmo subsidiariamente.[4]

Improbidade administrativa é gênero que não se esgota na figura da corrupção, pois suas espécies abrangem o enriquecimento ilícito no exercício de função pública (na qual se insere a corrupção como uma de suas figuras), o prejuízo ao patrimônio público e o atentado aos princípios da Administração Pública. Enquanto a Lei nº 8.429/92 pune ações ou omissões praticadas por agentes públicos em consórcio ou não com particulares, a Lei nº 12.846/13 objetiva a punição de ilícitos praticados por particulares contra a Administração Pública.

Em outras palavras, a responsabilidade civil pela prática de improbidade administrativa (Lei nº 8.429/92) é subjetiva e se sedimenta em ação ou omissão de agente público que implique enriquecimento ilícito no exercício de função pública, prejuízo ao patrimônio público (em que ocorre enriquecimento ilícito de particular), ou atentado aos princípios da Administração Pública, ao passo que a responsabilidade civil de pessoa jurídica de direito privado pela prática de atos lesivos à Administração Pública (Lei nº 12.846/13) é objetiva, e não pressupõe necessariamente ação ou omissão de agente público, pois se configura pela prática de comportamento ilícito de particulares sem a participação danosa de agentes públicos em detrimento do Poder Público.

Corroborando o exposto, assim decidiu o Superior Tribunal de Justiça ao enunciar:

> a conduta dos agentes públicos, que constitui o foco da LIA, pauta-se especificamente pelos seus deveres funcionais e independe da responsabilização da empresa que se beneficiou com a improbidade [e que] convém registrar que a recíproca não é verdadeira, tendo em vista que os particulares não podem ser responsabilizados com base na LIA sem que figure no polo passivo um agente público responsável pelo ato questionado, o que não

---

3 TAMASAUSKAS, Igor Sant'Anna; BOTTINI, Pierpaolo Cruz. A interpretação constitucional possível da responsabilidade objetiva na Lei Anticorrupção. *Revista dos Tribunais*, v. 947, ano 103, p. 131-155, set. 2014.

4 TOJAL, Sebastião Botto de Barros. Interpretação do artigo 30 da Lei 12.846/2013. *Revista dos Tribunais*, v. 947, ano 103, p. 281-292, set. 2014.

impede, contudo, o eventual ajuizamento de Ação Civil Pública comum para obter o ressarcimento do Erário.[5]

Logo, se não há ação ou omissão ímproba imputável a agente público, mas somente lesão ao patrimônio público ou aos princípios jurídico-administrativos, a hipótese será de incidência da Lei Anticorrupção Empresarial, ao passo que, havendo o comportamento ímprobo de agente público ainda que em benefício de pessoa jurídica de direito privado, a situação é de aplicação da Lei da Improbidade Administrativa.

Neste sentido, Mateus Bertoncini discorre que:

> Nota-se que os ilícitos da Lei 12.846 são cometidos isoladamente pela pessoa jurídica em face da administração pública, ao passo que os atos de improbidade administrativa são praticados pelo agente público contra a administração estatal, direta ou indireta, possuindo o terceiro, dentre os quais a pessoa jurídica, papel coadjuvante em relação à pessoa física do agente público, induzindo, concorrendo ou se beneficiando do ato de improbidade administrativa. Em outras palavras, não há ato de improbidade administrativa sem a figura do agente público, diversamente dos atos lesivos da Lei sob comento, praticados exclusivamente pela pessoa jurídica. A participação de pessoas físicas nesses casos, servidor ou não, importará noutras formas de responsabilização pessoal, na medida da sua culpabilidade, como se demonstrará adiante.

Disso se pode concluir que os atos lesivos da Lei nº 12.846/2013 não possuem natureza de ato de improbidade administrativa.[6]

Essa opinião é comungada por Antonio Araldo Ferraz Dal Pozzo *et alii* ao precisarem que:

> Como não estamos diante de uma lei que cuida de ato de improbidade administrativa, para cuja prática se exige um servidor público, mas diante de atos lesivos à Administração Pública, que são praticados por particulares, a lei cuida da matéria como sendo, praticamente, o reverso da medalha em relação à Lei de Improbidade Administrativa: enquanto nesta, para ser alcançado, o particular necessita que o agente público pratique um ato de improbidade para o qual, no entanto, ele induz ou concorre (art. 3º da Lei de Improbidade Administrativa), em caso de atos lesivos à Administração Pública deve haver unicamente o comportamento do particular. A atuação conjunta do servidor público sem dúvida desloca o fato para a Lei de Improbidade Administrativa.[7]

No trâmite do projeto de lei no Senado, sintetizou o Relator Senador Ricardo Ferraço:

> É certo que os mecanismos de ressarcimento e recomposição do patrimônio público encontram-se bem disciplinados, tendo aplicação também a esses casos, como o demonstram a Lei da Ação Popular (Lei nº 4.716, de 29 de junho de 1965) e a Lei da Ação Civil Pública

5 STJ, 2ª Turma. REsp nº 896.044-PA. Rel. Min. Herman Benjamin, 16.9.2010, v.u. *DJE*, 19 abr. 2011.

6 SANTOS, José Anacleto Abduch; BERTONCINI, Mateus; CUSTÓDIO FILHO, Ubirajara. *Comentários à Lei 12.846/2013*: Lei anticorrupção. 2. ed. São Paulo: Revista dos Tribunais, 2015. p. 155.

7 DAL POZZO, Antonio Araldo Ferraz *et al. Lei Anticorrupção*: apontamentos sobre a Lei nº 12.846/2013. 2. ed. São Paulo: Contracorrente, 2015. p. 52-53.

(Lei nº 7.347, de 24 de julho de 1985). Falta, no entanto, prever medidas punitivas de natureza penal, civil ou administrativa para as pessoas jurídicas, quando a lesão é provocada independentemente de participação de servidor público.

Malgrado possa parecer sedutora a ideia de incidência fracionada de um e outro diploma legal, ela resulta de concepção antagônica: ou há improbidade administrativa decorrente de conduta ilícita de agente público ou há prática de ato lesivo à Administração Pública resultante de comportamento ilícito de pessoa jurídica de direito privado.

Não se afigura escorreito predicar o mesmo fato com duas consequências jurídicas distintas e incompossíveis: responsabilizar subjetivamente o agente público com base na Lei nº 8.429/92 e objetivamente a empresa beneficiária do mesmo ato com fulcro na Lei nº 12.846/13, porque a incidência desta exclui aquela e vice-versa, já que os fundamentos de ambas são inconciliáveis. Logo, nem é admissível cumular na mesma demanda duplicidade de fundamentos que são antagônicos.

Da mesma maneira tampouco se afigura aceitável supor que a responsabilização da pessoa jurídica com lastro na Lei Anticorrupção Empresarial constitua fase ou etapa preliminar à responsabilização de pessoas físicas que a presentam e agentes públicos pela prática de ato lesivo à Administração Pública.

Por fim, não é decisiva a assertiva de predisposição da Lei Anticorrupção Empresarial para punição de pessoa jurídica. A Lei nº 8.429/92 não contém qualquer ressalva ou distinção no aspecto subjetivo. A responsabilidade civil subjetiva de pessoa jurídica de direito privado por improbidade administrativa não constitui novidade.

Antes do advento da Lei nº 12.846/13, ela poderia ser responsabilizada civil e subjetivamente por improbidade administrativa na qualidade de beneficiária ou partícipe (art. 3º da Lei nº 8.429/92, em sua redação originária), em conjunto ou não com sócios, administradores e empregados, sujeitando-se à imposição, para além do ressarcimento do dano ao erário, das sanções de perda de bens, multa civil e proibição de contratação com o Poder Público ou de recebimento de benefícios ou incentivos fiscais ou creditícios, conjuntamente ou não com seus administradores e empregados.

Como resumiu a jurisprudência, "o sujeito particular submetido à lei que tutela a probidade administrativa, por sua vez, pode ser pessoa física ou jurídica. Com relação a esta última somente se afiguram incompatíveis as sanções de perda da função pública e suspensão dos direitos políticos".[8]

De fato, a responsabilidade de pessoa jurídica beneficiária, coautora ou partícipe de improbidade administrativa não implica automaticamente a de seus sócios, conquanto possam existir se há evidência palmar do concurso destes para além da pertinência subjetiva da pessoa moral. Assim, em linha de princípio, é a pessoa jurídica responsável por improbidade administrativa, sujeita às sanções da Lei nº 8.429/92.

Neste sentido, já se decidiu que "considerando que as pessoas jurídicas podem ser beneficiadas e condenadas por atos ímprobos, é de se concluir que, de forma correlata, podem figurar no polo passivo de uma demanda de improbidade, ainda que desacompanhada de seus sócios".[9] Isso, todavia, não impede suscitar outras variáveis,

---

8 STJ, 2ª Turma. REsp nº 1.038.762-RJ. Rel. Min. Herman Benjamin, 18.8.2009, v.u. *DJE*, 31 ago. 2009.

9 STJ, 1ª Turma. REsp nº 970.393-CE. Rel. Min. Benedito Gonçalves, 21.6.2012, v.u. *DJE*, 29 jun. 2012.

como a desconsideração da personalidade jurídica, para as suas sanções também alcançarem seus sócios.

Portanto, o cotejo entre as leis nº 8.429/92 e 12.846/13 demonstra tratar-se de instâncias distintas de responsabilidade que se excluem, porque havendo ação ou omissão lesiva praticada por agente público – que implique enriquecimento ilícito no exercício de função pública, prejuízo ao patrimônio público (em que ocorre enriquecimento ilícito de particular), ou atentado aos princípios da Administração Pública – a hipótese caracteriza improbidade administrativa, subordinada à Lei nº 8.429/92, cuja responsabilidade do agente público e de particulares beneficiários, coautores ou partícipes é subjetiva. Diferentemente, a responsabilidade civil objetiva de pessoa jurídica de direito privado não pressupõe ação ou omissão de agente público, mas, comportamento lesivo exclusivamente imputável à pessoa jurídica de direito privado. Ou seja, aquela exclui esta.

Assim se resolve, por exemplo, a aparente cumulação entre a proibição temporária de recebimento de incentivos, subsídios, subvenções, doações ou empréstimos de órgãos ou entidades públicas e de instituições financeiras públicas ou controladas pelo Poder Público (art. 19, IV, Lei nº 12.846/13), e a proibição temporária de contratação com o Poder Público ou de recebimento de benefícios ou incentivos fiscais ou creditícios, direta ou indiretamente, ainda que por intermédio de pessoa jurídica da qual seja sócio majoritário (art. 12, Lei nº 8.429/92). Ou da perda de bens e das multas previstas nas leis nº 8.429/92 e nº 12.846/13 – cujas bases de cálculo, aliás, são diferenciadas.

Em resumo, a diversidade de título jurídico importa exclusão de um regime sobre outro de responsabilidade, não havendo lugar para *bis in idem*.

Com efeito, se pessoa jurídica fornece a agente público vantagem econômica indevida, ela é coautora ou partícipe de ato de improbidade administrativa (art. 9º, Lei nº 8.429/92), estando o agente público e essa pessoa jurídica sujeitos às sanções do art. 12, I, da Lei de Improbidade Administrativa. Para aplicar-se a Lei nº 12.846/13, é preciso que se afaste a responsabilidade do agente público e, portanto, a caracterização de ato de improbidade administrativa.

A emergência da Lei nº 14.230/21 corrobora esta tese ao modificar a Lei de Improbidade Administrativa.[10]

O §1º do art. 3º da Lei nº 8.429/92 por ela acrescido esclareceu que sócios, cotistas, diretores e colaboradores de pessoa jurídica de direito privado não respondem pelo ato de improbidade que venha a ser imputado à pessoa jurídica, salvo se, comprovadamente, houver participação e benefícios diretos, caso em que responderão nos limites da sua participação.

E o §2º desse mesmo art. 3º também por ela adicionado tem maior contundência ao reforçar a sistemática de exclusão entre as Leis nº 8.429/92 e nº 12.846/13 ao timbrar que as sanções da Lei nº 8.429/92 não se aplicarão à pessoa jurídica se o ato de improbidade administrativa for também sancionado como ato lesivo à administração pública de que trata a Lei nº 12.846/13.

Nem se alegue que o §7º do art. 12 da Lei de Improbidade Administrativa, inserido pela Lei nº 14.230/21, altera essa conclusão ao determinar a observância do princípio

---

[10] MAGALHÃES JÚNIOR, Alexandre Alberto de Azevedo; OLIVEIRA, Beatriz Lopes de; MARTINS JUNIOR, Wallace Paiva. *Lei de Improbidade Administrativa Comentada*. São Paulo: Editora JusPodivm, 2023. p. 74-77, n. 17.

constitucional do *non bis in idem* nas sanções aplicadas a pessoas jurídicas baseadas na Lei nº 8.429/92 e na Lei nº 12.846/13. Tendo natureza, bens jurídicos tutelados e sanções diferenciados, essas vias de responsabilidade se excluem, como dito.

Os únicos pontos tangentes são, *ad argumentandum tantum*, (a) totalmente, a perda de bens ou valores; (b) parcialmente, a proibição temporária de recebimento de benefícios fiscais ou creditícios (não a de contratação com o poder público) e (c) o ressarcimento do dano (que, repita-se, não é sanção), desde que imodificáveis e definitivos; em verdade, são questões reflexivas de prejudicialidade na execução *lato sensu*. Se, realmente, é logicamente impossível a duplicação da perda de bens ou valores e o ressarcimento do dano, sob pena de locupletamento ilícito do poder público, tratamento apartado se dedica à restrição temporária de recebimento de benefícios fiscais ou creditícios sedimentado sobre natureza e pressupostos diversos.[11]

Converge a esse raciocínio o §6º do art. 12 da Lei nº 8.429/92 ao estatuir que "se ocorrer lesão ao patrimônio público, a reparação do dano a que se refere esta Lei deverá deduzir o ressarcimento ocorrido nas instâncias criminal, civil e administrativa que tiver por objeto os mesmos fatos".

30.3 Responsabilidade subjetiva de dirigentes e administradores da pessoa jurídica

Como explicado, a raiz da responsabilidade da pessoa jurídica por atos lesivos praticados em detrimento da Administração Pública repousa no dano, sendo, portanto, objetiva (arts. 1º e 2º, Lei nº 12.846/13). A Lei Anticorrupção Empresarial, todavia, enuncia a possibilidade de responsabilidade individual dos dirigentes ou administradores da pessoa jurídica de direito privado e de terceiros. Assim expressa seu art. 3º: "A responsabilização da pessoa jurídica não exclui a responsabilidade individual de seus dirigentes ou administradores ou de qualquer pessoa natural, autora, coautora ou partícipe do ato ilícito".

O preceito é complementado pelas regras da independência de esferas de responsabilidade da pessoa jurídica e das pessoas físicas referidas (art. 3º, §1º) e da responsabilidade subjetiva destas (art. 3º, §2º).[12]

Segundo Humberto Barrionuevo Fabretti, a Lei nº 12.846/13, ao consagrar a responsabilidade objetiva da pessoa jurídica, não isenta a responsabilidade subjetiva das pessoas físicas que concorram ao ilícito, razão pela qual vislumbra no diploma legal critério de responsabilização dupla, observando, no entanto, que a responsabilização

---

[11] MAGALHÃES JÚNIOR, Alexandre Alberto de Azevedo; OLIVEIRA, Beatriz Lopes de; MARTINS JUNIOR, Wallace Paiva. *Lei de Improbidade Administrativa Comentada*, São Paulo: Editora JusPodivm, 2023. p. 166-169, n. 66.

[12] "Art. 3º A responsabilização da pessoa jurídica não exclui a responsabilidade individual de seus dirigentes ou administradores ou de qualquer pessoa natural, autora, coautora ou partícipe do ato ilícito. §1º. A pessoa jurídica será responsabilizada independentemente da responsabilização individual das pessoas naturais referidas no caput. §2º. Os dirigentes ou administradores somente serão responsabilizados por atos ilícitos na medida da sua culpabilidade".

destas depende de outros atos normativos, como o Código Penal, a Lei de Improbidade Administrativa etc.[13]

A previsão da responsabilidade subjetiva de dirigentes ou administradores da pessoa jurídica e de terceiros ("qualquer pessoa natural, autora, coautora ou partícipe do ato ilícito") não subverte a lógica acima traçada da exclusão das vias de repressão de atos lesivos à Administração Pública, consistentes nos sistemas das leis nº 8.429/92 e nº 12.846/13.

Persistente o entendimento de que, sendo agente público a pessoa natural aí referida, na qualidade de autora, coautora ou partícipe do ato ilícito, o caso é de improbidade administrativa e subordinação à Lei nº 8.429/92 em virtude do princípio da especialidade.

No tocante aos administradores ou dirigentes da pessoa jurídica de direito privado, sua responsabilidade subjetiva se desenvolve em face da legislação vigente.

Ubirajara Custódio Filho, ao glosar o art. 3º da Lei Anticorrupção Empresarial, pontua:

> ganha sentido correto se for lido como indicando que as pessoas naturais envolvidas com os ilícitos da Lei nº 12.846/2013, a qualquer título (dirigentes, administradores, autores, coautores ou partícipes), serão devidamente responsabilizadas, na medida de sua culpa/dolo e na conformidade da legislação pertinente, a qual poderá ser o Código Civil (para fins de reparação de danos), a lei de improbidade administrativa (para agentes públicos), o Código Penal, a lei de licitações, entre outras, mas não a Lei Anticorrupção.[14]

A afirmação merece ser parcialmente acolhida.

O art. 3º da Lei nº 12.846/13 se harmoniza com o ordenamento vigente que não é infenso à responsabilização da pessoa jurídica, como exemplificam o §5º do art. 173 da Constituição de 1988[15] e o art. 32 da Lei nº 12.529/11,[16] solidariamente ou não à pessoa singular. Todavia, a responsabilidade de dirigentes ou administradores é subjetiva, como informa o §2º do art. 3º da lei, ao condicioná-la à culpabilidade,[17] de tal sorte que na Lei nº 12.846/13 percebe-se claramente a instituição de duas ordens distintas de responsabilidade em função do critério da pessoa: a objetiva, das pessoas jurídicas; e a subjetiva, de seus dirigentes ou administradores. Porém, a lei não indica as sanções das pessoas físicas, dirigentes, sócios, administradores ou empregados.

Esse vácuo autoriza a incidência da Lei nº 8.429/92? Em linha de princípio, a resposta é negativa por se tratar de diploma legal de natureza diversa que pune agentes públicos e pessoas físicas ou jurídicas por atos de improbidade administrativa,

---

13 FABRETTI, Humberto Barrionuevo. Panorama crítico da Lei Anticorrupção (Lei 12.846/2013). *Revista dos Tribunais*, v. 947, ano 103, p. 25-35, set. 2014.

14 SANTOS, José Anacleto Abduch; BERTONCINI, Mateus; CUSTÓDIO FILHO, Ubirajara. *Comentários à Lei 12.846/2013*: Lei anticorrupção. 2. ed. São Paulo: Revista dos Tribunais, 2015. p. 88.

15 "A lei, sem prejuízo da responsabilidade individual dos dirigentes da pessoa jurídica, estabelecerá a responsabilidade desta, sujeitando-a às punições compatíveis com sua natureza, nos atos praticados contra a ordem econômica e financeira e contra a economia popular".

16 "As diversas formas de infração da ordem econômica implicam a responsabilidade da empresa e a responsabilidade individual de seus dirigentes ou administradores, solidariamente".

17 "Os dirigentes ou administradores somente serão responsabilizados por atos ilícitos na medida da sua culpabilidade".

cujo esteio é ação ou omissão de agente público em proveito próprio ou alheio. A responsabilidade aí deve ser apurada de acordo com outras normas civis, comerciais, criminais, administrativas etc.

De qualquer forma, a lacuna demonstra a imperfeição da Lei nº 12.846/13, pois, *a latere* das sanções (administrativas e civis) cominadas à pessoa jurídica, alcançaria os objetivos por ela perseguidos o delineamento de reprimendas a pessoas físicas que fossem dirigentes, sócios, administradores ou empregados. Serve a tanto o recurso, a título de amostragem, à responsabilidade dos diretores, membros de conselhos administrativos, fiscais e semelhantes, e gerentes de instituições financeiras (Leis nº 4.595/64[18]

[18] "Art. 42. O art. 2º, da Lei nº 1808, de 07 de janeiro de 1953, terá a seguinte redação:
'Art. 2º Os diretores e gerentes das instituições financeiras respondem solidariamente pelas obrigações assumidas pelas mesmas durante sua gestão, até que elas se cumpram.
Parágrafo único. Havendo prejuízos, a responsabilidade solidária se circunscreverá ao respectivo montante'.
Art. 43. O responsável ela instituição financeira que autorizar a concessão de empréstimo ou adiantamento vedado nesta lei, se o fato não constituir crime, ficará sujeito, sem prejuízo das sanções administrativas ou civis cabíveis, à multa igual ao dobro do valor do empréstimo ou adiantamento concedido, cujo processamento obedecerá, no que couber, ao disposto no art. 44, desta lei.
Art. 44. As infrações aos dispositivos desta lei sujeitam as instituições financeiras, seus diretores, membros de conselhos administrativos, fiscais e semelhantes, e gerentes, às seguintes penalidades, sem prejuízo de outras estabelecidas na legislação vigente:
I – Advertência.
II – Multa pecuniária variável.
III – Suspensão do exercício de cargos.
IV – Inabilitação temporária ou permanente para o exercício de cargos de direção na administração ou gerência em instituições financeiras.
V – Cassação da autorização de funcionamento das instituições financeiras públicas, exceto as federais, ou privadas.
VI – Detenção, nos termos do §7º, deste artigo.
VII – Reclusão, nos termos dos artigos 34 e 38, desta lei.
§1ºA pena de advertência será aplicada pela inobservância das disposições constantes da legislação em vigor, ressalvadas as sanções nela previstas, sendo cabível também nos casos de fornecimento de informações inexatas, de escrituração mantida em atraso ou processada em desacordo com as normas expedidas de conformidade com o art. 4º, inciso XII, desta lei.
§2º As multas serão aplicadas até 200 (duzentas) vezes o maior salário-mínimo vigente no País, sempre que as instituições financeiras, por negligência ou dolo:
a) advertidas por irregularidades que tenham sido praticadas, deixarem de saná-las no prazo que lhes for assinalado pelo Banco Central da República do Brasil;
b) infringirem as disposições desta lei relativas ao capital, fundos de reserva, encaixe, recolhimentos compulsórios, taxa de fiscalização, serviços e operações, não atendimento ao disposto nos arts. 27 e 33, inclusive as vedadas nos arts. 34 (incisos II a V), 35 a 40 desta lei, e abusos de concorrência (art. 18, §2º);
c) opuserem embaraço à fiscalização do Banco Central da República do Brasil.
§3º As multas cominadas neste artigo serão pagas mediante recolhimento ao Banco Central da República do Brasil, dentro do prazo de 15 (quinze) dias, contados do recebimento da respectiva notificação, ressalvado o disposto no §5º deste artigo e serão cobradas judicialmente, com o acréscimo da mora de 1% (um por cento) ao mês, contada da data da aplicação da multa, quando não forem liquidadas naquele prazo;
§4º As penas referidas nos incisos III e IV, deste artigo, serão aplicadas quando forem verificadas infrações graves na condução dos interesses da instituição financeira ou quando dá reincidência específica, devidamente caracterizada em transgressões anteriormente punidas com multa.
§5º As penas referidas nos incisos II, III e IV deste artigo serão aplicadas pelo Banco Central da República do Brasil admitido recurso, com efeito suspensivo, ao Conselho Monetário Nacional, interposto dentro de 15 dias, contados do recebimento da notificação.
§6º É vedada qualquer participação em multas, as quais serão recolhidas integralmente ao Banco Central da República do Brasil.
§7º Quaisquer pessoas físicas ou jurídicas que atuem como instituição financeira, sem estar devidamente autorizadas pelo Banco Central da Republica do Brasil, ficam sujeitas à multa referida neste artigo e detenção de 1 a 2 anos, ficando a esta sujeitos, quando pessoa jurídica, seus diretores e administradores.
§8º No exercício da fiscalização prevista no art. 10, inciso VIII, desta lei, o Banco Central da República do Brasil poderá exigir das instituições financeiras ou das pessoas físicas ou jurídicas, inclusive as referidas no parágrafo anterior, a exibição a funcionários seus, expressamente credenciados, de documentos, papéis e livros de escritu-

e nº 6.024/74)[19] ou a Lei de Defesa da Concorrência (Lei nº 12.529/11), que estatui responsabilidade solidária entre pessoas jurídicas e seus administradores.[20]

30.4 Atos lesivos à Administração Pública e ilícitos contratuais

Diferente equacionamento se dedica à concorrência de esferas de responsabilidade administrativa resultante da incidência das leis nº 12.846/93 e da legislação de licitações e contratos públicos. Há concurso de responsabilidade por ilícitos contratuais e comportamentos inidôneos em licitações e contratos administrativos. Entre os atos

---

ração, considerando-se a negativa de atendimento como embaraço à fiscalização sujeito à pena de multa, prevista no §2º deste artigo, sem prejuízo de outras medidas e sanções cabíveis.
§9º A pena de cassação, referida no inciso V, deste artigo, será aplicada pelo Conselho Monetário Nacional, por proposta do Banco Central da República do Brasil, nos casos de reincidência específica de infrações anteriormente punidas com as penas previstas nos incisos III e IV deste artigo".

19 Arts. 15 a 19, 39 a 49.

20 "Art. 31. Esta Lei aplica-se às pessoas físicas ou jurídicas de direito público ou privado, bem como a quaisquer associações de entidades ou pessoas, constituídas de fato ou de direito, ainda que temporariamente, com ou sem personalidade jurídica, mesmo que exerçam atividade sob regime de monopólio legal.
Art. 32. As diversas formas de infração da ordem econômica implicam a responsabilidade da empresa e a responsabilidade individual de seus dirigentes ou administradores, solidariamente.
Art. 33. Serão solidariamente responsáveis as empresas ou entidades integrantes de grupo econômico, de fato ou de direito, quando pelo menos uma delas praticar infração à ordem econômica. [...]
Art. 37. A prática de infração da ordem econômica sujeita os responsáveis às seguintes penas:
I – no caso de empresa, multa de 0,1% (um décimo por cento) a 20% (vinte por cento) do valor do faturamento bruto da empresa, grupo ou conglomerado obtido, no último exercício anterior à instauração do processo administrativo, no ramo de atividade empresarial em que ocorreu a infração, a qual nunca será inferior à vantagem auferida, quando for possível sua estimação;
II – no caso das demais pessoas físicas ou jurídicas de direito público ou privado, bem como quaisquer associações de entidades ou pessoas constituídas de fato ou de direito, ainda que temporariamente, com ou sem personalidade jurídica, que não exerçam atividade empresarial, não sendo possível utilizar-se o critério do valor do faturamento bruto, a multa será entre R$50.000,00 (cinquenta mil reais) e R$2.000.000.000,00 (dois bilhões de reais);
III – no caso de administrador, direta ou indiretamente responsável pela infração cometida, quando comprovada a sua culpa ou dolo, multa de 1% (um por cento) a 20% (vinte por cento) daquela aplicada à empresa, no caso previsto no inciso I do caput deste artigo, ou às pessoas jurídicas ou entidades, nos casos previstos no inciso II do caput deste artigo.
§1º Em caso de reincidência, as multas cominadas serão aplicadas em dobro.
§2º No cálculo do valor da multa de que trata o inciso I do caput deste artigo, o Cade poderá considerar o faturamento total da empresa ou grupo de empresas, quando não dispuser do valor do faturamento no ramo de atividade empresarial em que ocorreu a infração, definido pelo Cade, ou quando este for apresentado de forma incompleta e/ou não demonstrado de forma inequívoca e idônea.
Art. 38. Sem prejuízo das penas cominadas no art. 37 desta Lei, quando assim exigir a gravidade dos fatos ou o interesse público geral, poderão ser impostas as seguintes penas, isolada ou cumulativamente:
I – a publicação, em meia página e a expensas do infrator, em jornal indicado na decisão, de extrato da decisão condenatória, por 2 (dois) dias seguidos, de 1 (uma) a 3 (três) semanas consecutivas;
II – a proibição de contratar com instituições financeiras oficiais e participar de licitação tendo por objeto aquisições, alienações, realização de obras e serviços, concessão de serviços públicos, na administração pública federal, estadual, municipal e do Distrito Federal, bem como em entidades da administração indireta, por prazo não inferior a 5 (cinco) anos;
III – a inscrição do infrator no Cadastro Nacional de Defesa do Consumidor;
IV – a recomendação aos órgãos públicos competentes para que:
a) seja concedida licença compulsória de direito de propriedade intelectual de titularidade do infrator, quando a infração estiver relacionada ao uso desse direito;
b) não seja concedido ao infrator parcelamento de tributos federais por ele devidos ou para que sejam cancelados, no todo ou em parte, incentivos fiscais ou subsídios públicos;
V – a cisão de sociedade, transferência de controle societário, venda de ativos ou cessação parcial de atividade;
VI – a proibição de exercer o comércio em nome próprio ou como representante de pessoa jurídica, pelo prazo de até 5 (cinco) anos; e
VII – qualquer outro ato ou providência necessários para a eliminação dos efeitos nocivos à ordem econômica".

lesivos descritos no art. 5º da Lei nº 12.846/13, existem alguns que são referentes a comportamentos inidôneos em licitações, denotando a parcial existência de pontos comuns entre ambos os diplomas legais. A afinidade é parcial: se os atos descritos no inc. IV do art. 5º da Lei nº 12.846/13 se referem a licitações e contratos administrativos, o do inc. I do mesmo dispositivo legal incide sobre qualquer ação administrativa, como exemplo, a emissão de licença ou autorização lastreada no *police power*. Outro ponto de contato reside no inc. XII do art. 155 da Lei nº 14.133/21 que cataloga expressamente como ilícito ao regime de licitações e contratos administrativos a prática de ato lesivo previsto no art. 5º da Lei nº 12.846/13.

Em primeiro lugar, não há como prevalecer eventual suposição de conflito entre as sanções administrativas da legislação de licitações e contratos administrativos e as judiciais da Lei nº 12.846/13. Se em comum elas constituem sanções restritivas de direitos (o que aponta preliminar e genérica identidade objetiva), suas finalidades são bem distintas: enquanto aquela temporariamente suspende participação em licitação e impede contratação, a Lei nº 12.846/13 susta a concessão de benefícios decorrentes de políticas públicas de fomento. Há, portanto, diversidade objetiva específica.

Além disso, no aspecto formal, as penalidades restritivas de direitos da legislação de licitações e contratações administrativas têm sede na instância administrativa, enquanto as do art. 19, IV, na instância jurisdicional.

Sob o prisma material, constituem instâncias autônomas e concorrentes de responsabilidade, não absorvíveis entre si – e seus fundamentos se estadeiam, respectivamente, em responsabilidade subjetiva e objetiva. Tal aspecto é deveras relevante: a legislação de licitações e contratos administrativos pune infrações contratuais e comportamentos inidôneos em licitações e contratos administrativos.

Poder-se-ia argumentar que a sanção (judicial) do art. 19, II, da Lei nº 12.846/13 (suspensão ou interdição parcial de atividades) teria identidade prática de seus efeitos se cotejada com os arts. 87, III e IV, e 88, da Lei nº 8.666/93, e o art. 156, III e IV, da Lei nº 14.133/21 no tocante à contratação de pessoa jurídica pelo Poder Público. Entretanto, sem prejuízo de todas as considerações acima expendidas, deve se considerar que os efeitos práticos das condenações são isoladamente executados, sem que haja comunicação de uma instância sobre outra, até porque não se perquire culpa *lato sensu* na Lei nº 12.846/13 e a penalidade do art. 19, II, é judicialmente aplicada.

Em segundo lugar, as sanções administrativas tanto dos arts. 87 e 88 da Lei nº 8.666/93 e do art. 156 da Lei nº 14.133/21 quanto do art. 6º da Lei nº 12.846/13 são absolutamente diversas. A multa prevista na legislação de licitações e contratos públicos é punitiva pela ocorrência de infração contratual, distinta da que se contém na Lei nº 12.846/13 (art. 6º, I), que não pressupõe o inadimplemento das obrigações assumidas no ajuste. Ademais, a legislação relativa a contratos e licitações não prevê o ressarcimento do dano.

Se, em relação à Lei da Improbidade Administrativa, há a exclusão da Lei Anticorrupção Empresarial, no tocante a esta em seu cotejo à legislação de licitações e contratações públicas existe concorrência de esferas de responsabilidade. Corrobora esta argumentação o art. 159 da Lei nº 14.133/21, ao estatuir que os atos nela previstos como infrações administrativas (art. 155) ou em outras leis de licitações e contratos da Administração Pública que também sejam tipificados como atos lesivos na Lei nº

12.846/13 serão apurados e julgados conjuntamente, nos mesmos autos, observados o rito procedimental e a autoridade competente definidos na referida Lei (art. 159). A finalidade é, como já acentuado, a unicidade processual na instância administrativa para responsabilização lastreada na diversidade de natureza, bens jurídicos tutelados e sanções, e se restringe às sanções administrativas, excluindo as dependentes de decisão jurisdicional.

Informação bibliográfica deste texto, conforme a NBR 6023:2018 da Associação Brasileira de Normas Técnicas (ABNT):

MARTINS JÚNIOR, Wallace Paiva. Comentários ao art. 30. *In*: DI PIETRO, Maria Sylvia Zanella; MARRARA, Thiago (coord.). *Lei Anticorrupção comentada*. 4. ed. Belo Horizonte: Fórum, 2024. p. 381-393. ISBN 978-65-5518-676-5.

COMENTÁRIOS AO ART. 31

MAURÍCIO ZOCKUN

Art. 31. Esta Lei entra em vigor 180 (cento e oitenta) dias após a data de sua publicação.

31.1 Vigência

A partir de 30.1.2014, a Lei Anticorrupção entrou em vigor. Em vista disto, os ilícitos praticados anteriormente não são puníveis com base nesta lei, salvo se houver continuidade delitiva após o momento da sua entrada em vigor.

Admite-se, todavia, a celebração de acordos de leniência em relação aos ilícitos descritos na Lei de Licitações,[1] ainda que estes ilícitos tenham sido praticados antes do advento da Lei Anticorrupção. Explica-se.

Previu-se na Lei Anticorrupção a figura jurídica do acordo de leniência, espécie do gênero ato jurídico convencional.

Trata-se de ato convencional, pois, por meio dele e preenchidos certos pressupostos, Administração e administrado estipulam a mitigação ou a supressão de um plexo de penalidades passíveis de imposição à pessoa jurídica pelo cometimento doloso de atos ilícitos que proporcionem à entidade privada o desfrute de ilegítimo benefício patrimonial ou extrapatrimonial.

É certo que são inúmeras as hipóteses de ato convencional formado sob o regime jurídico de direito administrativo, como se dá, por exemplo, na transação em matéria tributária. Nestes casos, a obrigação tributária e o litígio que lhe tem por objeto podem ser extintos em razão de mútuas concessões, nos termos da lei (arts. 156, III e 171 do Código Tributário Nacional). Reconheça-se, todavia, que o ato negocial mais conhecido no campo do direito administrativo é, sem sombra de dúvida, o termo de ajustamento de conduta, previsto no art. 5º, §6º, da Lei de Ação Civil Pública.

Assim, o acordo de leniência é um dos meios concebidos pela ordem jurídica para tutela do interesse público, permitindo não só a identificação do ilícito ou do seu agente, mas a recondução das práticas da entidade faltosa aos trilhos da legitimidade,

---

1 Nos termos autorizados pelo art. 17 da Lei Anticorrupção.

sem prejuízo da recomposição do dano causado. Desse modo, por meio dele não apenas se evita a perpetuação de situação de ilicitude como, adicionalmente, premia-se a solução pacífica de um conflito, sem prejuízo da integral preservação do patrimônio público.

O acordo de leniência é, pois, um ato convencional restritivo de direito, no qual a entidade faltosa reconhece o cometimento de ato ilícito em seu proveito.

Logo, se a Administração Pública ainda não encerrou o processo administrativo instaurado para a imposição de penalidade prevista na Lei de Licitação, a atuação da empresa com ela desconforme poderá ser recomposta por meio de um acordo de leniência.

Com isto, não se pretende atribuir efeito retroativo à Lei Anticorrupção. Diversamente, reconhece-se a viabilidade de sua pronta aplicação aos casos em que o processo administrativo instaurado para apuração do suposto ilícito e imposição da correspondente penalidade ainda não foi definitivamente concluído.

Afinal, no transcurso do processo administrativo instaurado pela Administração pública para este propósito, não restará definitivamente constituído o ato administrativo sancionatório. E, na pendência da definitiva constituição deste ato jurídico (ou ato jurídico perfeito, segundo a dicção do art. 6º da Lei de Introdução às Normas do Direito Brasileiro), a Lei Anticorrupção irradia prontamente os seus efeitos, viabilizando a celebração do acordo de leniência.

Informação bibliográfica deste texto, conforme a NBR 6023:2018 da Associação Brasileira de Normas Técnicas (ABNT):

ZOCKUN, Maurício. Comentários ao art. 31. *In*: DI PIETRO, Maria Sylvia Zanella; MARRARA, Thiago (coord.). *Lei Anticorrupção comentada*. 4. ed. Belo Horizonte: Fórum, 2024. p. 395-396. ISBN 978-65-5518-676-5.

Cristiana Fortini
Presidente do IBDA. Diretora Jurídica da CEMIG. Professora da UFMG.

Fabrício Motta
Conselheiro do TCM-GO. Professor permanente dos Programas de Pós-Graduação em Direito e Políticas Públicas (UFG). Doutor em Direito do Estado (USP) e Mestre em Direito Administrativo (UFMG). Membro das Diretorias da ATRICON e IRB.

Irene Patrícia Nohara
Livre-Docente e Doutora em Direito do Estado pela USP, por onde se graduou. Professora-Pesquisadora do Mestrado e Doutorado em Direito Político e Econômico da Universidade Presbiteriana Mackenzie. Professora de Direito Administrativo (Relações Jurídicas, Bens e Intervenção) na Graduação do Mackenzie. Coordenadora das Pós-Graduações *Lato Sensu* em Direito Público e Direito Administrativo do CERS. Advogada Parecerista e Árbitra. Gestora do site direitoadm.com.br.

José Roberto Pimenta Oliveira
Mestre e Doutor em Direito do Estado pela PUC-SP. Professor de Direito Administrativo da PUCSP, dos Cursos de Graduação e Pós-graduação em Direito da PUC-SP. Líder do Grupo de Pesquisa Direito e Corrupção (PUC-SP-CNPQ). Presidente do Instituto de Direito Administrativo Sancionador Brasileiro (IDASAN). Procurador Regional da República na 3ª Região. Membro titular do 20º Ofício do Núcleo Criminal da PRR da 3ª Região (MPF).

Maria Sylvia Zanella Di Pietro
Professora titular aposentada de Direito Administrativo da Universidade de São Paulo (USP). Mestre, doutora e livre-docente pela mesma Universidade. Doutora *honoris causa* pela Universidade Federal de Goiás. Membro da Academia Brasileira de Letras Jurídicas.

Maurício Zockun
Professor de Direito Administrativo da PUC-SP. Livre-Docente em Direito Administrativo pela PUC-SP. Mestre em Direito Tributário pela PUC-SP e especialista em Direito Tributário pelo IBET-SP. Advogado.

Spiridon Nicofotis Anyfantis
Promotor de Justiça (MP-GO). Mestre em Direito pela Universidade Federal de Goiás (UFG). Membro do Instituto de Direito Administrativo de Goiás (IDAG).

Thiago Marrara
Professor de Direito Administrativo da Universidade de São Paulo (USP) na Faculdade de Direito de Ribeirão Preto (FDRP). Livre-Docente pela USP. Doutor pela Universidade de Munique (LMU), com estágios pós-doutorais na Universidade Autônoma de Madri (UAM), no Instituto Max Planck de Inovação e Concorrência e na Universidade de Munique (LMU). Editor da *Revista Digital de Direito Administrativo da USP (RDDA)*. Advogado, parecerista e árbitro.

Wallace Paiva Martins Júnior
Procurador de Justiça do Ministério Público de São Paulo. Doutor em Direito do Estado pela Universidade de São Paulo (USP). Professor de Direito Administrativo e Ambiental no curso de Graduação e no Programa de Pós-Graduação *Stricto Sensu* da Universidade Católica de Santos (Unisantos).

ANEXOS

LEI Nº 12.846, DE 1º DE AGOSTO DE 2013

Dispõe sobre a responsabilização administrativa e civil de pessoas jurídicas pela prática de atos contra a administração pública, nacional ou estrangeira, e dá outras providências.

A PRESIDENTA DA REPÚBLICA
Faço saber que o Congresso Nacional decreta e eu sanciono a seguinte Lei:

CAPÍTULO I
DISPOSIÇÕES GERAIS

Art. 1º Esta Lei dispõe sobre a responsabilização objetiva administrativa e civil de pessoas jurídicas pela prática de atos contra a administração pública, nacional ou estrangeira.
Parágrafo único. Aplica-se o disposto nesta Lei às sociedades empresárias e às sociedades simples, personificadas ou não, independentemente da forma de organização ou modelo societário adotado, bem como a quaisquer fundações, associações de entidades ou pessoas, ou sociedades estrangeiras, que tenham sede, filial ou representação no território brasileiro, constituídas de fato ou de direito, ainda que temporariamente.
Art. 2º As pessoas jurídicas serão responsabilizadas objetivamente, nos âmbitos administrativo e civil, pelos atos lesivos previstos nesta Lei praticados em seu interesse ou benefício, exclusivo ou não.
Art. 3º A responsabilização da pessoa jurídica não exclui a responsabilidade individual de seus dirigentes ou administradores ou de qualquer pessoa natural, autora, coautora ou partícipe do ato ilícito.
§1º A pessoa jurídica será responsabilizada independentemente da responsabilização individual das pessoas naturais referidas no *caput*.
§2º Os dirigentes ou administradores somente serão responsabilizados por atos ilícitos na medida da sua culpabilidade.
Art. 4º Subsiste a responsabilidade da pessoa jurídica na hipótese de alteração contratual, transformação, incorporação, fusão ou cisão societária.
§1º Nas hipóteses de fusão e incorporação, a responsabilidade da sucessora será restrita à obrigação de pagamento de multa e reparação integral do dano causado, até o limite do patrimônio transferido, não lhe sendo aplicáveis as demais sanções previstas nesta Lei decorrentes de atos e fatos ocorridos antes da data da fusão ou incorporação, exceto no caso de simulação ou evidente intuito de fraude, devidamente comprovados.
§2º As sociedades controladoras, controladas, coligadas ou, no âmbito do respectivo contrato, as consorciadas serão solidariamente responsáveis pela prática dos atos previstos nesta Lei, restringindo- se tal responsabilidade à obrigação de pagamento de multa e reparação integral do dano causado.

CAPÍTULO II
DOS ATOS LESIVOS À ADMINISTRAÇÃO PÚBLICA NACIONAL OU ESTRANGEIRA

Art. 5º Constituem atos lesivos à administração pública, nacional ou estrangeira, para os fins desta Lei, todos aqueles praticados pelas pessoas jurídicas mencionadas no parágrafo único do art. 1º, que atentem contra o patrimônio público nacional ou estrangeiro, contra princípios da administração pública ou contra os compromissos internacionais assumidos pelo Brasil, assim definidos:
I – prometer, oferecer ou dar, direta ou indiretamente, vantagem indevida a agente público, ou a terceira pessoa a ele relacionada;
II – comprovadamente, financiar, custear, patrocinar ou de qualquer modo subvencionar a prática dos atos ilícitos previstos nesta Lei;
III – comprovadamente, utilizar-se de interposta pessoa física ou jurídica para ocultar ou dissimular seus reais interesses ou a identidade dos beneficiários dos atos praticados;
IV – no tocante a licitações e contratos:
a) frustrar ou fraudar, mediante ajuste, combinação ou qualquer outro expediente, o caráter competitivo de procedimento licitatório público;
b) impedir, perturbar ou fraudar a realização de qualquer ato de procedimento licitatório público;
c) afastar ou procurar afastar licitante, por meio de fraude ou oferecimento de vantagem de qualquer tipo;
d) fraudar licitação pública ou contrato dela decorrente;

e) criar, de modo fraudulento ou irregular, pessoa jurídica para participar de licitação pública ou celebrar contrato administrativo;
f) obter vantagem ou benefício indevido, de modo fraudulento, de modificações ou prorrogações de contratos celebrados com a administração pública, sem autorização em lei, no ato convocatório da licitação pública ou nos respectivos instrumentos contratuais; ou
g) manipular ou fraudar o equilíbrio econômico-financeiro dos contratos celebrados com a administração pública;
V – dificultar atividade de investigação ou fiscalização de órgãos, entidades ou agentes públicos, ou intervir em sua atuação, inclusive no âmbito das agências reguladoras e dos órgãos de fiscalização do sistema financeiro nacional.
§1º Considera-se administração pública estrangeira os órgãos e entidades estatais ou representações diplomáticas de país estrangeiro, de qualquer nível ou esfera de governo, bem como as pessoas jurídicas controladas, direta ou indiretamente, pelo poder público de país estrangeiro.
§2º Para os efeitos desta Lei, equiparam-se à administração pública estrangeira as organizações públicas internacionais.
§3º Considera-se agente público estrangeiro, para os fins desta Lei, quem, ainda que transitoriamente ou sem remuneração, exerça cargo, emprego ou função pública em órgãos, entidades estatais ou em representações diplomáticas de país estrangeiro, assim como em pessoas jurídicas controladas, direta ou indiretamente, pelo poder público de país estrangeiro ou em organizações públicas internacionais.

CAPÍTULO III
DA RESPONSABILIZAÇÃO ADMINISTRATIVA

Art. 6º Na esfera administrativa, serão aplicadas às pessoas jurídicas consideradas responsáveis pelos atos lesivos previstos nesta Lei as seguintes sanções:
I – multa, no valor de 0,1% (um décimo por cento) a 20% (vinte por cento) do faturamento bruto do último exercício anterior ao da instauração do processo administrativo, excluídos os tributos, a qual nunca será inferior à vantagem auferida, quando for possível sua estimação; e
II – publicação extraordinária da decisão condenatória.
§1º As sanções serão aplicadas fundamentadamente, isolada ou cumulativamente, de acordo com as peculiaridades do caso concreto e com a gravidade e natureza das infrações.
§2º A aplicação das sanções previstas neste artigo será precedida da manifestação jurídica elaborada pela Advocacia Pública ou pelo órgão de assistência jurídica, ou equivalente, do ente público.
§3º A aplicação das sanções previstas neste artigo não exclui, em qualquer hipótese, a obrigação da reparação integral do dano causado.
§4º Na hipótese do inciso I do *caput*, caso não seja possível utilizar o critério do valor do faturamento bruto da pessoa jurídica, a multa será de R$6.000,00 (seis mil reais) a R$60.000.000,00 (sessenta milhões de reais).
§5º A publicação extraordinária da decisão condenatória ocorrerá na forma de extrato de sentença, a expensas da pessoa jurídica, em meios de comunicação de grande circulação na área da prática da infração e de atuação da pessoa jurídica ou, na sua falta, em publicação de circulação nacional, bem como por meio de afixação de edital, pelo prazo mínimo de 30 (trinta) dias, no próprio estabelecimento ou no local de exercício da atividade, de modo visível ao público, e no sítio eletrônico na rede mundial de computadores.
§6º (VETADO).
Art. 7º Serão levados em consideração na aplicação das sanções:
I – a gravidade da infração;
II – a vantagem auferida ou pretendida pelo infrator;
III – a consumação ou não da infração;
IV – o grau de lesão ou perigo de lesão;
V – o efeito negativo produzido pela infração;
VI – a situação econômica do infrator;
VII – a cooperação da pessoa jurídica para a apuração das infrações;
VIII – a existência de mecanismos e procedimentos internos de integridade, auditoria e incentivo à denúncia de irregularidades e a aplicação efetiva de códigos de ética e de conduta no âmbito da pessoa jurídica;
IX – o valor dos contratos mantidos pela pessoa jurídica com o órgão ou entidade pública lesados; e
X – (VETADO).
Parágrafo único. Os parâmetros de avaliação de mecanismos e procedimentos previstos no inciso VIII do *caput* serão estabelecidos em regulamento do Poder Executivo federal.

CAPÍTULO IV
DO PROCESSO ADMINISTRATIVO DE RESPONSABILIZAÇÃO

Art. 8º A instauração e o julgamento de processo administrativo para apuração da responsabilidade de pessoa jurídica cabem à autoridade máxima de cada órgão ou entidade dos Poderes Executivo, Legislativo e Judiciário, que agirá de ofício ou mediante provocação, observados o contraditório e a ampla defesa.

§1º A competência para a instauração e o julgamento do processo administrativo de apuração de responsabilidade da pessoa jurídica poderá ser delegada, vedada a subdelegação.

§2º No âmbito do Poder Executivo federal, a Controladoria- Geral da União – CGU terá competência concorrente para instaurar processos administrativos de responsabilização de pessoas jurídicas ou para avocar os processos instaurados com fundamento nesta Lei, para exame de sua regularidade ou para corrigir-lhes o andamento.

Art. 9º Competem à Controladoria-Geral da União – CGU a apuração, o processo e o julgamento dos atos ilícitos previstos nesta Lei, praticados contra a administração pública estrangeira, observado o disposto no Artigo 4 da Convenção sobre o Combate da Corrupção de Funcionários Públicos Estrangeiros em Transações Comerciais Internacionais, promulgada pelo Decreto nº 3.678, de 30 de novembro de 2000.

Art. 10. O processo administrativo para apuração da responsabilidade de pessoa jurídica será conduzido por comissão designada pela autoridade instauradora e composta por 2 (dois) ou mais servidores estáveis.

§1º O ente público, por meio do seu órgão de representação judicial, ou equivalente, a pedido da comissão a que se refere o *caput*, poderá requerer as medidas judiciais necessárias para a investigação e o processamento das infrações, inclusive de busca e apreensão.

§2º A comissão poderá, cautelarmente, propor à autoridade instauradora que suspenda os efeitos do ato ou processo objeto da investigação.

§3º A comissão deverá concluir o processo no prazo de 180 (cento e oitenta) dias contados da data da publicação do ato que a instituir e, ao final, apresentar relatórios sobre os fatos apurados e eventual responsabilidade da pessoa jurídica, sugerindo de forma motivada as sanções a serem aplicadas.

§4º O prazo previsto no §3º poderá ser prorrogado, mediante ato fundamentado da autoridade instauradora.

Art. 11. No processo administrativo para apuração de responsabilidade, será concedido à pessoa jurídica prazo de 30 (trinta) dias para defesa, contados a partir da intimação.

Art. 12. O processo administrativo, com o relatório da comissão, será remetido à autoridade instauradora, na forma do art. 10, para julgamento.

Art. 13. A instauração de processo administrativo específico de reparação integral do dano não prejudica a aplicação imediata das sanções estabelecidas nesta Lei.

Parágrafo único. Concluído o processo e não havendo pagamento, o crédito apurado será inscrito em dívida ativa da fazenda pública.

Art. 14. A personalidade jurídica poderá ser desconsiderada sempre que utilizada com abuso do direito para facilitar, encobrir ou dissimular a prática dos atos ilícitos previstos nesta Lei ou para provocar confusão patrimonial, sendo estendidos todos os efeitos das sanções aplicadas à pessoa jurídica aos seus administradores e sócios com poderes de administração, observados o contraditório e a ampla defesa.

Art. 15. A comissão designada para apuração da responsabilidade de pessoa jurídica, após a conclusão do procedimento administrativo, dará conhecimento ao Ministério Público de sua existência, para apuração de eventuais delitos.

CAPÍTULO V
DO ACORDO DE LENIÊNCIA

Art. 16. A autoridade máxima de cada órgão ou entidade pública poderá celebrar acordo de leniência com as pessoas jurídicas responsáveis pela prática dos atos previstos nesta Lei que colaborem efetivamente com as investigações e o processo administrativo, sendo que dessa colaboração resulte:

I – a identificação dos demais envolvidos na infração, quando couber; e

II – a obtenção célere de informações e documentos que comprovem o ilícito sob apuração.

§1º O acordo de que trata o *caput* somente poderá ser celebrado se preenchidos, cumulativamente, os seguintes requisitos:

I – a pessoa jurídica seja a primeira a se manifestar sobre seu interesse em cooperar para a apuração do ato ilícito;

II – a pessoa jurídica cesse completamente seu envolvimento na infração investigada a partir da data de propositura do acordo;

III – a pessoa jurídica admita sua participação no ilícito e coopere plena e permanentemente com as investigações e o processo administrativo, comparecendo, sob suas expensas, sempre que solicitada, a todos os atos processuais, até seu encerramento.

§2º A celebração do acordo de leniência isentará a pessoa jurídica das sanções previstas no inciso II do art. 6º e no inciso IV do art. 19 e reduzirá em até 2/3 (dois terços) o valor da multa aplicável.

§3º O acordo de leniência não exime a pessoa jurídica da obrigação de reparar integralmente o dano causado.

§4º O acordo de leniência estipulará as condições necessárias para assegurar a efetividade da colaboração e o resultado útil do processo.

§5º Os efeitos do acordo de leniência serão estendidos às pessoas jurídicas que integram o mesmo grupo econômico, de fato e de direito, desde que firmem o acordo em conjunto, respeitadas as condições nele estabelecidas.

§6º A proposta de acordo de leniência somente se tornará pública após a efetivação do respectivo acordo, salvo no interesse das investigações e do processo administrativo.

§7º Não importará em reconhecimento da prática do ato ilícito investigado a proposta de acordo de leniência rejeitada.

§8º Em caso de descumprimento do acordo de leniência, a pessoa jurídica ficará impedida de celebrar novo acordo pelo prazo de 3 (três) anos contados do conhecimento pela administração pública do referido descumprimento.

§9º A celebração do acordo de leniência interrompe o prazo prescricional dos atos ilícitos previstos nesta Lei.

§10. A Controladoria-Geral da União – CGU é o órgão competente para celebrar os acordos de leniência no âmbito do Poder Executivo federal, bem como no caso de atos lesivos praticados contra a administração pública estrangeira.

Art. 17. A administração pública poderá também celebrar acordo de leniência com a pessoa jurídica responsável pela prática de ilícitos previstos na Lei nº 8.666, de 21 de junho de 1993, com vistas à isenção ou atenuação das sanções administrativas estabelecidas em seus arts. 86 a 88.

CAPÍTULO VI
DA RESPONSABILIZAÇÃO JUDICIAL

Art. 18. Na esfera administrativa, a responsabilidade da pessoa jurídica não afasta a possibilidade de sua responsabilização na esfera judicial.

Art. 19. Em razão da prática de atos previstos no art. 5º desta Lei, a União, os Estados, o Distrito Federal e os Municípios, por meio das respectivas Advocacias Públicas ou órgãos de representação judicial, ou equivalentes, e o Ministério Público, poderão ajuizar ação com vistas à aplicação das seguintes sanções às pessoas jurídicas infratoras:

I – perdimento dos bens, direitos ou valores que representem vantagem ou proveito direta ou indiretamente obtidos da infração, ressalvado o direito do lesado ou de terceiro de boa-fé;

II – suspensão ou interdição parcial de suas atividades;

III – dissolução compulsória da pessoa jurídica;

IV – proibição de receber incentivos, subsídios, subvenções, doações ou empréstimos de órgãos ou entidades públicas e de instituições financeiras públicas ou controladas pelo poder público, pelo prazo mínimo de 1 (um) e máximo de 5 (cinco) anos.

§1º A dissolução compulsória da pessoa jurídica será determinada quando comprovado:

I – ter sido a personalidade jurídica utilizada de forma habitual para facilitar ou promover a prática de atos ilícitos; ou

II – ter sido constituída para ocultar ou dissimular interesses ilícitos ou a identidade dos beneficiários dos atos praticados.

§2º (VETADO).

§3º As sanções poderão ser aplicadas de forma isolada ou cumulativa.

§4º O Ministério Público ou a Advocacia Pública ou órgão de representação judicial, ou equivalente, do ente público poderá requerer a indisponibilidade de bens, direitos ou valores necessários à garantia do pagamento da multa ou da reparação integral do dano causado, conforme previsto no art. 7º, ressalvado o direito do terceiro de boa-fé.

Art. 20. Nas ações ajuizadas pelo Ministério Público, poderão ser aplicadas as sanções previstas no art. 6o, sem prejuízo daquelas previstas neste Capítulo, desde que constatada a omissão das autoridades competentes para promover a responsabilização administrativa.

Art. 21. Nas ações de responsabilização judicial, será adotado o rito previsto na Lei nº 7.347, de 24 de julho de 1985.

Parágrafo único. A condenação torna certa a obrigação de reparar, integralmente, o dano causado pelo ilícito, cujo valor será apurado em posterior liquidação, se não constar expressamente da sentença.

CAPÍTULO VII
DISPOSIÇÕES FINAIS

Art. 22. Fica criado no âmbito do Poder Executivo federal o Cadastro Nacional de Empresas Punidas – CNEP, que reunirá e dará publicidade às sanções aplicadas pelos órgãos ou entidades dos Poderes Executivo, Legislativo e Judiciário de todas as esferas de governo com base nesta Lei.

§1º Os órgãos e entidades referidos no *caput* deverão informar e manter atualizados, no Cnep, os dados relativos às sanções por eles aplicadas.

§2º O Cnep conterá, entre outras, as seguintes informações acerca das sanções aplicadas:

I – razão social e número de inscrição da pessoa jurídica ou entidade no Cadastro Nacional da Pessoa Jurídica – CNPJ;

II – tipo de sanção; e

III – data de aplicação e data final da vigência do efeito limitador ou impeditivo da sanção, quando for o caso.

§3º As autoridades competentes, para celebrarem acordos de leniência previstos nesta Lei, também deverão prestar e manter atualizadas no Cnep, após a efetivação do respectivo acordo, as informações acerca do acordo de leniência celebrado, salvo se esse procedimento vier a causar prejuízo às investigações e ao processo administrativo.

§4º Caso a pessoa jurídica não cumpra os termos do acordo de leniência, além das informações previstas no §3º, deverá ser incluída no Cnep referência ao respectivo descumprimento.

§5º Os registros das sanções e acordos de leniência serão excluídos depois de decorrido o prazo previamente estabelecido no ato sancionador ou do cumprimento integral do acordo de leniência e da reparação do eventual dano causado, mediante solicitação do órgão ou entidade sancionadora.

Art. 23. Os órgãos ou entidades dos Poderes Executivo, Legislativo e Judiciário de todas as esferas de governo deverão informar e manter atualizados, para fins de publicidade, no Cadastro Nacional de Empresas Inidôneas e Suspensas – CEIS, de caráter público, instituído no âmbito do Poder Executivo federal, os dados relativos às sanções por eles aplicadas, nos termos do disposto nos arts. 87 e 88 da Lei nº 8.666, de 21 de junho de 1993.

Art. 24. A multa e o perdimento de bens, direitos ou valores aplicados com fundamento nesta Lei serão destinados preferencialmente aos órgãos ou entidades públicas lesadas.

Art. 25. Prescrevem em 5 (cinco) anos as infrações previstas nesta Lei, contados da data da ciência da infração ou, no caso de infração permanente ou continuada, do dia em que tiver cessado.

Parágrafo único. Na esfera administrativa ou judicial, a prescrição será interrompida com a instauração de processo que tenha por objeto a apuração da infração.

Art. 26. A pessoa jurídica será representada no processo administrativo na forma do seu estatuto ou contrato social.

§1º As sociedades sem personalidade jurídica serão representadas pela pessoa a quem couber a administração de seus bens.

§2º A pessoa jurídica estrangeira será representada pelo gerente, representante ou administrador de sua filial, agência ou sucursal aberta ou instalada no Brasil.

Art. 27. A autoridade competente que, tendo conhecimento das infrações previstas nesta Lei, não adotar providências para a apuração dos fatos será responsabilizada penal, civil e administrativamente nos termos da legislação específica aplicável.

Art. 28. Esta Lei aplica-se aos atos lesivos praticados por pessoa jurídica brasileira contra a administração pública estrangeira, ainda que cometidos no exterior.

Art. 29. O disposto nesta Lei não exclui as competências do Conselho Administrativo de Defesa Econômica, do Ministério da Justiça e do Ministério da Fazenda para processar e julgar fato que constitua infração à ordem econômica.

Art. 30. A aplicação das sanções previstas nesta Lei não afeta os processos de responsabilização e aplicação de penalidades decorrentes de:

I – ato de improbidade administrativa nos termos da Lei nº 8.429, de 2 de junho de 1992; e

II – atos ilícitos alcançados pela Lei nº 8.666, de 21 de junho de 1993, ou outras normas de licitações e contratos da administração pública, inclusive no tocante ao Regime Diferenciado de Contratações Públicas – RDC instituído pela Lei nº 12.462, de 4 de agosto de 2011.

Art. 31. Esta Lei entra em vigor 180 (cento e oitenta) dias após a data de sua publicação.

Brasília, 1º de agosto de 2013; 192º da Independência e 125º da República.

DILMA ROUSSEFF
José Eduardo Cardozo
Luís Inácio Lucena Adams
Jorge Hage Sobrinho

MENSAGEM Nº 314, DE 1º DE AGOSTO DE 2013

Senhor Presidente do Senado Federal,

Comunico a Vossa Excelência que, nos termos do §1º do art. 66 da Constituição, decidi vetar parcialmente, por contrariedade ao interesse público, o Projeto de Lei nº 39, de 2013 (nº 6.826/10 na Câmara dos Deputados), que "Dispõe sobre a responsabilização administrativa e civil de pessoas jurídicas pela prática de atos contra a administração pública, nacional ou estrangeira, e dá outras providências".

Ouvidos, o Ministério da Justiça e a Controladoria-Geral da União manifestaram -se pelo veto aos seguintes dispositivos:

§6º do art. 6º

"§6º O valor da multa estabelecida no inciso I do *caput* não poderá exceder o valor total do bem ou serviço contratado ou previsto".

Razões do veto

"O dispositivo limita ao valor do contrato a responsabilidade da pessoa jurídica que pratica atos ilícitos lesivos contra a administração pública. Contudo, os efeitos danosos do ilícito podem ser muito superiores a esse valor, devendo ser consideradas outras vantagens econômicas dele decorrentes, além de eventuais danos a concorrentes e prejuízo aos usuários. A limitação da penalidade pode torná-la insuficiente para punir efetivamente os infratores e desestimular futuras infrações, colocando em risco a efetividade da lei".

§2º do art. 19

"§2º Dependerá da comprovação de culpa ou dolo a aplicação das sanções previstas nos incisos II a IV do *caput* deste artigo".

Razão do veto

"Tal como previsto, o dispositivo contraria a lógica norteadora do projeto de lei, centrado na responsabilidade objetiva de pessoas jurídicas que cometam atos contra a administração pública. A introdução da responsabilidade subjetiva anularia todos os avanços apresentados pela nova lei, uma vez que não há que se falar na mensuração da culpabilidade de uma pessoa jurídica".

A Controladoria-Geral da União opinou ainda pelo veto ao dispositivo abaixo transcrito:

Inciso X do art. 7º

"X – o grau de eventual contribuição da conduta de servidor público para a ocorrência do ato lesivo".

Razão do veto

"Tal como proposto, o dispositivo iguala indevidamente a participação do servidor público no ato praticado contra a administração à influência da vítima, para os fins de dosimetria de penalidade. Não há sentido em valorar a penalidade que será aplicada à pessoa jurídica infratora em razão do comportamento do servidor público que colaborou para a execução do ato lesivo à administração pública".

Essas, Senhor Presidente, as razões que me levaram a vetar os dispositivos acima mencionados do projeto em causa, as quais ora submeto à elevada apreciação dos Senhores Membros do Congresso Nacional.

DECRETO Nº 11.129, DE 11 DE JULHO DE 2022

Regulamenta a Lei nº 12.846, de 1º de agosto de 2013, que dispõe sobre a responsabilização administrativa e civil de pessoas jurídicas pela prática de atos contra a administração pública, nacional ou estrangeira.

O **PRESIDENTE DA REPÚBLICA**, no uso da atribuição que lhe confere o art. 84, *caput*, inciso IV, da Constituição, e tendo em vista o disposto na Lei nº 12.846, de 1º de agosto de 2013,
DECRETA:

CAPÍTULO I
DISPOSIÇÕES PRELIMINARES

Art. 1º Este Decreto regulamenta a responsabilização objetiva administrativa e civil de pessoas jurídicas pela prática de atos contra a administração pública, nacional ou estrangeira, de que trata a Lei nº 12.846, de 1º de agosto de 2013.
§1º A Lei nº 12.846, de 2013, aplica-se aos atos lesivos praticados:
I – por pessoa jurídica brasileira contra administração pública estrangeira, ainda que cometidos no exterior;
II – no todo ou em parte no território nacional ou que nele produzam ou possam produzir efeitos; ou
III – no exterior, quando praticados contra a administração pública nacional.
§2º São passíveis de responsabilização nos termos do disposto na Lei nº 12.846, de 2013, as pessoas jurídicas que tenham sede, filial ou representação no território brasileiro, constituídas de fato ou de direito.
Art. 2º A apuração da responsabilidade administrativa de pessoa jurídica, decorrente do exercício do poder sancionador da administração pública, será efetuada por meio de Processo Administrativo de Responsabilização – PAR ou de acordo de leniência.

CAPÍTULO II
DA RESPONSABILIZAÇÃO ADMINISTRATIVA

Seção I
Da investigação preliminar

Art. 3º O titular da corregedoria da entidade ou da unidade competente, ao tomar ciência da possível ocorrência de ato lesivo à administração pública federal, em sede de juízo de admissibilidade e mediante despacho fundamentado, decidirá:
I – pela abertura de investigação preliminar;
II – pela recomendação de instauração de PAR; ou
III – pela recomendação de arquivamento da matéria.
§1º A investigação de que trata o inciso I do *caput* terá caráter sigiloso e não punitivo e será destinada à apuração de indícios de autoria e materialidade de atos lesivos à administração pública federal.
§2º A investigação preliminar será conduzida diretamente pela corregedoria da entidade ou unidade competente, na forma estabelecida em regulamento, ou por comissão composta por dois ou mais membros, designados entre servidores efetivos ou empregados públicos.
§3º Na investigação preliminar, serão praticados os atos necessários à elucidação dos fatos sob apuração, compreendidas todas as diligências admitidas em lei, notadamente:
I – proposição à autoridade instauradora da suspensão cautelar dos efeitos do ato ou do processo objeto da investigação;
II – solicitação de atuação de especialistas com conhecimentos técnicos ou operacionais, de órgãos e entidades públicos ou de outras organizações, para auxiliar na análise da matéria sob exame;
III – solicitação de informações bancárias sobre movimentação de recursos públicos, ainda que sigilosas, nesta hipótese, em sede de compartilhamento do sigilo com órgãos de controle;
IV – requisição, por meio da autoridade competente, do compartilhamento de informações tributárias da pessoa jurídica investigada, conforme previsto no inciso II do §1º do art. 198 da Lei nº 5.172, de 25 de outubro de 1966 – Código Tributário Nacional;
V – solicitação, ao órgão de representação judicial ou equivalente dos órgãos ou das entidades lesadas, das medidas judiciais necessárias para a investigação e para o processamento dos atos lesivos, inclusive de busca e apreensão, no Brasil ou no exterior; ou
VI – solicitação de documentos ou informações a pessoas físicas ou jurídicas, de direito público ou

privado, nacionais ou estrangeiras, ou a organizações públicas internacionais.

§4º O prazo para a conclusão da investigação preliminar não excederá cento e oitenta dias, admitida a prorrogação, mediante ato da autoridade a que se refere o *caput*.

§5º Ao final da investigação preliminar, serão enviadas à autoridade competente as peças de informação obtidas, acompanhadas de relatório conclusivo acerca da existência de indícios de autoria e materialidade de atos lesivos à administração pública federal, para decisão sobre a instauração do PAR.

Seção II
Do Processo Administrativo de Responsabilização

Art. 4º A competência para a instauração e para o julgamento do PAR é da autoridade máxima da entidade em face da qual foi praticado o ato lesivo ou, em caso de órgão da administração pública federal direta, do respectivo Ministro de Estado.

Parágrafo único. A competência de que trata o *caput* será exercida de ofício ou mediante provocação e poderá ser delegada, vedada a subdelegação.

Art. 5º No ato de instauração do PAR, a autoridade designará comissão, composta por dois ou mais servidores estáveis.

§1º Em entidades da administração pública federal cujos quadros funcionais não sejam formados por servidores estatutários, a comissão a que se refere o *caput* será composta por dois ou mais empregados permanentes, preferencialmente com, no mínimo, três anos de tempo de serviço na entidade.

§2º A comissão a que se refere o *caput* exercerá suas atividades com imparcialidade e observará a legislação, os regulamentos e as orientações técnicas vigentes.

§3º Será assegurado o sigilo do PAR, sempre que necessário à elucidação do fato ou quando exigido pelo interesse da administração pública, garantido à pessoa jurídica processada o direito à ampla defesa e ao contraditório.

§4º O prazo para a conclusão dos trabalhos da comissão de PAR não excederá cento e oitenta dias, admitida a prorrogação, mediante solicitação justificada do presidente da comissão à autoridade instauradora, que decidirá de maneira fundamentada.

Art. 6º Instaurado o PAR, a comissão avaliará os fatos e as circunstâncias conhecidas e indiciará e intimará a pessoa jurídica processada para, no prazo de trinta dias, apresentar defesa escrita e especificar eventuais provas que pretenda produzir.

§1º A intimação prevista no *caput*:

I – facultará expressamente à pessoa jurídica a possibilidade de apresentar informações e provas que subsidiem a análise da comissão de PAR no que se refere aos elementos que atenuam o valor da multa, previstos no art. 23; e

II – solicitará a apresentação de informações e documentos, nos termos estabelecidos pela Controladoria-Geral da União, que permitam a análise do programa de integridade da pessoa jurídica.

§2º O ato de indiciação conterá, no mínimo:

I – a descrição clara e objetiva do ato lesivo imputado à pessoa jurídica, com a descrição das circunstâncias relevantes;

II – o apontamento das provas que sustentam o entendimento da comissão pela ocorrência do ato lesivo imputado; e

III – o enquadramento legal do ato lesivo imputado à pessoa jurídica processada.

§3º Caso a intimação prevista no *caput* não tenha êxito, será feita nova intimação por meio de edital publicado na imprensa oficial e no sítio eletrônico do órgão ou da entidade pública responsável pela condução do PAR, hipótese em que o prazo para apresentação de defesa escrita será contado a partir da última data de publicação do edital.

§4º Caso a pessoa jurídica processada não apresente sua defesa escrita no prazo estabelecido no *caput*, contra ela correrão os demais prazos, independentemente de notificação ou intimação, podendo intervir em qualquer fase do processo, sem direito à repetição de qualquer ato processual já praticado.

Art. 7º As intimações serão feitas por qualquer meio físico ou eletrônico que assegure a certeza de ciência da pessoa jurídica processada.

§1º Os prazos começam a correr a partir da data da cientificação oficial, excluindo-se da contagem o dia do começo e incluindo-se o dia do vencimento, observado o disposto no Capítulo XVI da Lei nº 9.784, de 29 de janeiro de 1999.

§2º Na hipótese prevista no §4º do art. 6º, dispensam-se as demais intimações processuais, até que a pessoa jurídica interessada se manifeste nos autos.

§3º A pessoa jurídica estrangeira poderá ser notificada e intimada de todos os atos processuais, independentemente de procuração ou de disposição contratual ou estatutária, na pessoa do gerente, representante ou administrador de sua filial, agência, sucursal, estabelecimento ou escritório instalado no Brasil.

Art. 8º Recebida a defesa escrita, a comissão avaliará a pertinência de produzir as provas eventualmente requeridas pela pessoa jurídica processada, podendo indeferir de forma motivada os pedidos de produção de provas que sejam ilícitas, impertinentes, desnecessárias, protelatórias ou intempestivas.

§1º Caso sejam produzidas provas após a nota de indiciação, a comissão poderá:

I – intimar a pessoa jurídica para se manifestar, no prazo de dez dias, sobre as novas provas juntadas aos autos, caso tais provas não justifiquem a alteração da nota de indiciação; ou

II – lavrar nova indiciação ou indiciação complementar, caso as novas provas juntadas aos autos justifiquem alterações na nota de indiciação inicial, devendo ser observado o disposto no *caput* do art. 6º.

§2º Caso a pessoa jurídica apresente em sua defesa informações e documentos referentes à existência e ao funcionamento de programa de integridade, a comissão processante deverá examiná-lo segundo os parâmetros indicados no Capítulo V, para a dosimetria das sanções a serem aplicadas.

Art. 9º A pessoa jurídica poderá acompanhar o PAR por meio de seus representantes legais ou procuradores, sendo-lhes assegurado amplo acesso aos autos.

Parágrafo único. É vedada a retirada de autos físicos da repartição pública, sendo autorizada a obtenção de cópias, preferencialmente em meio digital, mediante requerimento.

Art. 10. A comissão, para o devido e regular exercício de suas funções, poderá praticar os atos necessários à elucidação dos fatos sob apuração, compreendidos todos os meios probatórios admitidos em lei, inclusive os previstos no §3º do art. 3º.

Art. 11. Concluídos os trabalhos de apuração e análise, a comissão elaborará relatório a respeito dos fatos apurados e da eventual responsabilidade administrativa da pessoa jurídica, no qual sugerirá, de forma motivada:

I – as sanções a serem aplicadas, com a respectiva indicação da dosimetria, ou o arquivamento do processo;

II – o encaminhamento do relatório final à autoridade competente para instrução de processo administrativo específico para reparação de danos, quando houver indícios de que do ato lesivo tenha resultado dano ao erário;

III – o encaminhamento do relatório final à Advocacia-Geral da União, para ajuizamento da ação de que trata o art. 19 da Lei nº 12.846, de 2013, com sugestão, de acordo com o caso concreto, da aplicação das sanções previstas naquele artigo, como retribuição complementar às do PAR ou para a prevenção de novos ilícitos;

IV – o encaminhamento do processo ao Ministério Público, nos termos do disposto no art. 15 da Lei nº 12.846, de 2013; e

V – as condições necessárias para a concessão da reabilitação, quando cabível.

Art. 12. Concluído o relatório final, a comissão lavrará ata de encerramento dos seus trabalhos, que formalizará sua desconstituição, e encaminhará o PAR à autoridade instauradora, que determinará a intimação da pessoa jurídica processada do relatório final para, querendo, manifestar-se no prazo máximo de dez dias.

Parágrafo único. Transcorrido o prazo previsto no *caput*, a autoridade instauradora determinará à corregedoria da entidade ou à unidade competente que analise a regularidade e o mérito do PAR.

Art. 13. Após a análise de regularidade e mérito, o PAR será encaminhado à autoridade competente para julgamento, o qual será precedido de manifestação jurídica, elaborada pelo órgão de assistência jurídica competente.

Parágrafo único. Na hipótese de decisão contrária ao relatório da comissão, esta deverá ser fundamentada com base nas provas produzidas no PAR.

Art. 14. A decisão administrativa proferida pela autoridade julgadora ao final do PAR será publicada no Diário Oficial da União e no sítio eletrônico do órgão ou da entidade pública responsável pelo julgamento do PAR.

Art. 15. Da decisão administrativa sancionadora cabe pedido de reconsideração com efeito suspensivo, no prazo de dez dias, contado da data de publicação da decisão.

§1º A pessoa jurídica contra a qual foram impostas sanções no PAR e que não apresentar pedido de reconsideração deverá cumpri-las no prazo de trinta dias, contado do fim do prazo para interposição do pedido de reconsideração.

§2º A autoridade julgadora terá o prazo de trinta dias para decidir sobre a matéria alegada no pedido de reconsideração e publicar nova decisão.

§3º Mantida a decisão administrativa sancionadora, será concedido à pessoa jurídica novo prazo de trinta dias para o cumprimento das sanções que lhe foram impostas, contado da data de publicação da nova decisão.

Art. 16. Os atos previstos como infrações administrativas à Lei nº 14.133, de 1º de abril de 2021, ou a outras normas de licitações e contratos da administração pública que também sejam tipificados como atos lesivos na Lei nº 12.846, de 2013, serão apurados e julgados conjuntamente, nos mesmos autos, aplicando-se o rito procedimental previsto neste Capítulo.

§1º Concluída a apuração de que trata o *caput* e havendo autoridades distintas competentes para o julgamento, o processo será encaminhado primeiramente àquela de nível mais elevado, para que julgue no âmbito de sua competência, tendo precedência o julgamento pelo Ministro de Estado competente.

§2º Para fins do disposto no *caput*, o chefe da unidade responsável no órgão ou na entidade pela gestão de licitações e contratos deve comunicar à autoridade a que se refere o *caput* do art. 3º eventuais fatos que configurem atos lesivos previstos no art. 5º da Lei nº 12.846, de 2013.

Art. 17. A Controladoria-Geral da União possui, no âmbito do Poder Executivo federal, competência:
I – concorrente para instaurar e julgar PAR; e
II – exclusiva para avocar os processos instaurados para exame de sua regularidade ou para lhes corrigir o andamento, inclusive promovendo a aplicação da penalidade administrativa cabível.
§1º A Controladoria-Geral da União poderá exercer, a qualquer tempo, a competência prevista no *caput*, se presentes quaisquer das seguintes circunstâncias:
I – caracterização de omissão da autoridade originariamente competente;
II – inexistência de condições objetivas para sua realização no órgão ou na entidade de origem;
III – complexidade, repercussão e relevância da matéria;
IV – valor dos contratos mantidos pela pessoa jurídica com o órgão ou com a entidade atingida; ou
V – apuração que envolva atos e fatos relacionados com mais de um órgão ou entidade da administração pública federal.
§2º Ficam os órgãos e as entidades da administração pública obrigados a encaminhar à Controladoria-Geral da União todos os documentos e informações que lhes forem solicitados, incluídos os autos originais dos processos que eventualmente estejam em curso.
Art. 18. Compete à Controladoria-Geral da União instaurar, apurar e julgar PAR pela prática de atos lesivos a administração pública estrangeira, o qual seguirá, no que couber, o rito procedimental previsto neste Capítulo.
Parágrafo único. Os órgãos e as entidades da administração pública federal direta e indireta deverão comunicar à Controladoria-Geral da União os indícios da ocorrência de atos lesivos a administração pública estrangeira, identificados no exercício de suas atribuições, juntando à comunicação os documentos já disponíveis e necessários à apuração ou à comprovação dos fatos, sem prejuízo do envio de documentação complementar, na hipótese de novas provas ou informações relevantes, sob pena de responsabilização.

CAPÍTULO III
DAS SANÇÕES ADMINISTRATIVAS E DOS ENCAMINHAMENTOS JUDICIAIS

Seção I
Disposições gerais

Art. 19. As pessoas jurídicas estão sujeitas às seguintes sanções administrativas, nos termos do disposto no art. 6º da Lei nº 12.846, de 2013:
I – multa; e
II – publicação extraordinária da decisão administrativa sancionadora.
Parágrafo único. Caso os atos lesivos apurados envolvam infrações administrativas à Lei nº 14.133, de 2021, ou a outras normas de licitações e contratos da administração pública e tenha ocorrido a apuração conjunta prevista no art. 16, a pessoa jurídica também estará sujeita a sanções administrativas que tenham como efeito a restrição ao direito de participar em licitações ou de celebrar contratos com a administração pública, a serem aplicadas no PAR.

Seção II
Da multa

Art. 20. A multa prevista no inciso I do *caput* do art. 6º da Lei nº 12.846, de 2013, terá como base de cálculo o faturamento bruto da pessoa jurídica no último exercício anterior ao da instauração do PAR, excluídos os tributos.
§1º Os valores que constituirão a base de cálculo de que trata o *caput* poderão ser apurados, entre outras formas, por meio de:
I – compartilhamento de informações tributárias, na forma do disposto no inciso II do §1º do art. 198 da Lei nº 5.172, de 1966 – Código Tributário Nacional;
II – registros contábeis produzidos ou publicados pela pessoa jurídica acusada, no Brasil ou no exterior;
III – estimativa, levando em consideração quaisquer informações sobre a sua situação econômica ou o estado de seus negócios, tais como patrimônio, capital social, número de empregados, contratos, entre outras; e
IV – identificação do montante total de recursos recebidos pela pessoa jurídica sem fins lucrativos no ano anterior ao da instauração do PAR, excluídos os tributos incidentes sobre vendas.
§2º Os fatores previstos nos art. 22 e art. 23 deste Decreto serão avaliados em conjunto para os atos lesivos apurados no mesmo PAR, devendo-se considerar, para o cálculo da multa, a consolidação dos faturamentos brutos de todas as pessoas jurídicas pertencentes de fato ou de direito ao mesmo grupo econômico que tenham praticado os ilícitos previstos no art. 5º da Lei nº 12.846, de 2013, ou concorrido para a sua prática.
Art. 21. Caso a pessoa jurídica comprovadamente não tenha tido faturamento no último exercício anterior ao da instauração do PAR, deve-se considerar como base de cálculo da multa o valor do último faturamento bruto apurado pela pessoa jurídica, excluídos os tributos incidentes sobre vendas, que terá seu valor atualizado até o último dia do exercício anterior ao da instauração do PAR.
Parágrafo único. Na hipótese prevista no *caput*, o valor da multa será estipulado observando-se o intervalo de R$6.000,00 (seis mil reais) a R$60.000.000,00 (sessenta

milhões de reais) e o limite mínimo da vantagem auferida, quando for possível sua estimação.

Art. 22. O cálculo da multa se inicia com a soma dos valores correspondentes aos seguintes percentuais da base de cálculo:

I – até quatro por cento, havendo concurso dos atos lesivos;

II – até três por cento para tolerância ou ciência de pessoas do corpo diretivo ou gerencial da pessoa jurídica;

III – até quatro por cento no caso de interrupção no fornecimento de serviço público, na execução de obra contratada ou na entrega de bens ou serviços essenciais à prestação de serviços públicos ou no caso de descumprimento de requisitos regulatórios;

IV – um por cento para a situação econômica do infrator que apresente índices de solvência geral e de liquidez geral superiores a um e lucro líquido no último exercício anterior ao da instauração do PAR;

V – três por cento no caso de reincidência, assim definida a ocorrência de nova infração, idêntica ou não à anterior, tipificada como ato lesivo pelo art. 5º da Lei nº 12.846, de 2013, em menos de cinco anos, contados da publicação do julgamento da infração anterior; e

VI – no caso de contratos, convênios, acordos, ajustes e outros instrumentos congêneres mantidos ou pretendidos com o órgão ou com as entidades lesadas, nos anos da prática do ato lesivo, serão considerados os seguintes percentuais:

a) um por cento, no caso de o somatório dos instrumentos totalizar valor superior a R$500.000,00 (quinhentos mil reais);

b) dois por cento, no caso de o somatório dos instrumentos totalizar valor superior a R$1.500.000,00 (um milhão e quinhentos mil reais);

c) três por cento, no caso de o somatório dos instrumentos totalizar valor superior a R$10.000.000,00 (dez milhões de reais);

d) quatro por cento, no caso de o somatório dos instrumentos totalizar valor superior a R$50.000.000,00 (cinquenta milhões de reais); ou

e) cinco por cento, no caso de o somatório dos instrumentos totalizar valor superior a R$250.000.000,00 (duzentos e cinquenta milhões de reais).

Parágrafo único. No caso de acordo de leniência, o prazo constante do inciso V do *caput* será contado a partir da data de celebração até cinco anos após a declaração de seu cumprimento.

Art. 23. Do resultado da soma dos fatores previstos no art. 22 serão subtraídos os valores correspondentes aos seguintes percentuais da base de cálculo:

I – até meio por cento no caso de não consumação da infração;

II – até um por cento no caso de:

a) comprovação da devolução espontânea pela pessoa jurídica da vantagem auferida e do ressarcimento dos danos resultantes do ato lesivo; ou

b) inexistência ou falta de comprovação de vantagem auferida e de danos resultantes do ato lesivo;

III – até um e meio por cento para o grau de colaboração da pessoa jurídica com a investigação ou a apuração do ato lesivo, independentemente do acordo de leniência;

IV – até dois por cento no caso de admissão voluntária pela pessoa jurídica da responsabilidade objetiva pelo ato lesivo; e

V – até cinco por cento no caso de comprovação de a pessoa jurídica possuir e aplicar um programa de integridade, conforme os parâmetros estabelecidos no Capítulo V.

Parágrafo único. Somente poderão ser atribuídos os percentuais máximos, quando observadas as seguintes condições:

I – na hipótese prevista na alínea "a" do inciso II do *caput*, quando ocorrer a devolução integral dos valores ali referidos;

II – na hipótese prevista no inciso IV do *caput*, quando a admissão ocorrer antes da instauração do PAR; e

III – na hipótese prevista no inciso V do *caput*, quando o plano de integridade for anterior à prática do ato lesivo.

Art. 24. A existência e quantificação dos fatores previstos nos art. 22 e art. 23 deverá ser apurada no PAR e evidenciada no relatório final da comissão, o qual também conterá a estimativa, sempre que possível, dos valores da vantagem auferida e da pretendida.

Art. 25. Em qualquer hipótese, o valor final da multa terá como limite:

I – mínimo, o maior valor entre o da vantagem auferida, quando for possível sua estimativa, e:

a) um décimo por cento da base de cálculo; ou

b) R$6.000,00 (seis mil reais), na hipótese prevista no art. 21; e

II – máximo, o menor valor entre:

a) três vezes o valor da vantagem pretendida ou auferida, o que for maior entre os dois valores;

b) vinte por cento do faturamento bruto do último exercício anterior ao da instauração do PAR, excluídos os tributos incidentes sobre vendas; ou

c) R$60.000.000,00 (sessenta milhões de reais), na hipótese prevista no art. 21, desde que não seja possível estimar o valor da vantagem auferida.

§1º O limite máximo não será observado, caso o valor resultante do cálculo desse parâmetro seja inferior ao resultado calculado para o limite mínimo.

§2º Na ausência de todos os fatores previstos nos art. 22 e art. 23 ou quando o resultado das operações de soma e subtração for igual ou menor que zero, o valor da multa corresponderá ao limite mínimo estabelecido no *caput*.

Art. 26. O valor da vantagem auferida ou pretendida corresponde ao equivalente monetário do produto do ilícito, assim entendido como os ganhos ou os proveitos obtidos ou pretendidos pela pessoa jurídica em decorrência direta ou indireta da prática do ato lesivo.

§1º O valor da vantagem auferida ou pretendida poderá ser estimado mediante a aplicação, conforme o caso, das seguintes metodologias:

I – pelo valor total da receita auferida em contrato administrativo e seus aditivos, deduzidos os custos lícitos que a pessoa jurídica comprove serem efetivamente atribuíveis ao objeto contratado, na hipótese de atos lesivos praticados para fins de obtenção e execução dos respectivos contratos;

II – pelo valor total de despesas ou custos evitados, inclusive os de natureza tributária ou regulatória, e que seriam imputáveis à pessoa jurídica caso não houvesse sido praticado o ato lesivo pela pessoa jurídica infratora; ou

III – pelo valor do lucro adicional auferido pela pessoa jurídica decorrente de ação ou omissão na prática de ato do Poder Público que não ocorreria sem a prática do ato lesivo pela pessoa jurídica infratora.

§2º Os valores correspondentes às vantagens indevidas prometidas ou pagas a agente público ou a terceiros a ele relacionados não poderão ser deduzidos do cálculo estimativo de que trata o §1º.

Art. 27. Com a assinatura do acordo de leniência, a multa aplicável será reduzida conforme a fração nele pactuada, observado o limite previsto no §2º do art. 16 da Lei nº 12.846, de 2013.

§1º O valor da multa prevista no *caput* poderá ser inferior ao limite mínimo previsto no art. 6º da Lei nº 12.846, de 2013.

§2º No caso de a autoridade signatária declarar o descumprimento do acordo de leniência por falta imputável à pessoa jurídica colaboradora, o valor integral encontrado antes da redução de que trata o *caput* será cobrado na forma do disposto na Seção IV, descontando-se as frações da multa eventualmente já pagas.

Seção III
Da publicação extraordinária da decisão administrativa sancionadora

Art. 28. A pessoa jurídica sancionada administrativamente pela prática de atos lesivos contra a administração pública, nos termos da Lei nº 12.846, de 2013, publicará a decisão administrativa sancionadora na forma de extrato de sentença, cumulativamente:

I – em meio de comunicação de grande circulação, física ou eletrônica, na área da prática da infração e de atuação da pessoa jurídica ou, na sua falta, em publicação de circulação nacional;

II – em edital afixado no próprio estabelecimento ou no local de exercício da atividade, em localidade que permita a visibilidade pelo público, pelo prazo mínimo de trinta dias; e

III – em seu sítio eletrônico, pelo prazo mínimo de trinta dias e em destaque na página principal do referido sítio.

Parágrafo único. A publicação a que se refere o *caput* será feita a expensas da pessoa jurídica sancionada.

Seção IV
Da cobrança da multa aplicada

Art. 29. A multa aplicada será integralmente recolhida pela pessoa jurídica sancionada no prazo de trinta dias, observado o disposto no art. 15.

§1º Feito o recolhimento, a pessoa jurídica sancionada apresentará ao órgão ou à entidade que aplicou a sanção documento que ateste o pagamento integral do valor da multa imposta.

§2º Decorrido o prazo previsto no *caput* sem que a multa tenha sido recolhida ou não tendo ocorrido a comprovação de seu pagamento integral, o órgão ou a entidade que a aplicou encaminhará o débito para inscrição em Dívida Ativa da União ou das autarquias e fundações públicas federais.

§3º Caso a entidade que aplicou a multa não possua Dívida Ativa, o valor será cobrado independentemente de prévia inscrição.

§4º A multa aplicada pela Controladoria-Geral da União em acordos de leniência ou nas hipóteses previstas nos art.17 e art. 18 será destinada à União e recolhida à conta única do Tesouro Nacional.

§5º Os acordos de leniência poderão pactuar prazo distinto do previsto no *caput* para recolhimento da multa aplicada ou de qualquer outra obrigação financeira imputada à pessoa jurídica.

Seção V
Dos encaminhamentos judiciais

Art. 30. As medidas judiciais, no Brasil ou no exterior, como a cobrança da multa administrativa aplicada no PAR, a promoção da publicação extraordinária, a persecução das sanções previstas no *caput* do art. 19 da Lei nº 12.846, de 2013, a reparação integral dos danos e prejuízos, além de eventual atuação judicial para a finalidade de instrução ou garantia do processo judicial ou preservação do acordo de leniência, serão solicitadas ao órgão de representação judicial ou equivalente dos órgãos ou das entidades lesadas.

Art. 31. No âmbito da administração pública federal direta, inclusive nas hipóteses de que tratam os art. 17 e art. 18, a atuação judicial será exercida

pela Procuradoria-Geral da União, observadas as atribuições da Procuradoria-Geral da Fazenda Nacional para inscrição e cobrança de créditos da União inscritos em Dívida Ativa.
Parágrafo único. No âmbito das autarquias e das fundações públicas federais, a atuação judicial será exercida pela Procuradoria-Geral Federal, inclusive no que se refere à cobrança da multa administrativa aplicada no PAR, respeitadas as competências da Procuradoria-Geral do Banco Central.

CAPÍTULO IV
DO ACORDO DE LENIÊNCIA

Art. 32. O acordo de leniência é ato administrativo negocial decorrente do exercício do poder sancionador do Estado, que visa à responsabilização de pessoas jurídicas pela prática de atos lesivos contra a administração pública nacional ou estrangeira.
Parágrafo único. O acordo de leniência buscará, nos termos da lei:
I – o incremento da capacidade investigativa da administração pública;
II – a potencialização da capacidade estatal de recuperação de ativos; e
III – o fomento da cultura de integridade no setor privado.
Art. 33. O acordo de leniência será celebrado com as pessoas jurídicas responsáveis pela prática dos atos lesivos previstos na Lei nº 12.846, de 2013, e dos ilícitos administrativos previstos na Lei nº 14.133, de 2021, e em outras normas de licitações e contratos, com vistas à isenção ou à atenuação das respectivas sanções, desde que colaborem efetivamente com as investigações e o PAR, devendo resultar dessa colaboração:
I – a identificação dos demais envolvidos nos ilícitos, quando couber; e
II – a obtenção célere de informações e documentos que comprovem a infração sob apuração.
Art. 34. Compete à Controladoria-Geral da União celebrar acordos de leniência no âmbito do Poder Executivo federal e nos casos de atos lesivos contra a administração pública estrangeira.
Art. 35. Ato conjunto do Ministro de Estado da Controladoria-Geral da União e do Advogado-Geral da União:
I – disciplinará a participação de membros da Advocacia-Geral da União nos processos de negociação e de acompanhamento do cumprimento dos acordos de leniência; e
II – disporá sobre a celebração de acordos de leniência pelo Ministro de Estado da Controladoria-Geral da União conjuntamente com o Advogado-Geral da União.
Parágrafo único. A participação da Advocacia-Geral da União nos acordos de leniência, consideradas as condições neles estabelecidas e observados os termos da Lei Complementar nº 73, de 10 de fevereiro de 1993, e da Lei nº 13.140, de 26 de junho de 2015, poderá ensejar a resolução consensual das penalidades previstas no art. 19 da Lei nº 12.846, de 2013.
Art. 36. A Controladoria-Geral da União poderá aceitar delegação para negociar, celebrar e monitorar o cumprimento de acordos de leniência relativos a atos lesivos contra outros Poderes e entes federativos.
Art. 37. A pessoa jurídica que pretenda celebrar acordo de leniência deverá:
I – ser a primeira a manifestar interesse em cooperar para a apuração de ato lesivo específico, quando tal circunstância for relevante;
II – ter cessado completamente seu envolvimento no ato lesivo a partir da data da propositura do acordo;
III – admitir sua responsabilidade objetiva quanto aos atos lesivos;
IV – cooperar plena e permanentemente com as investigações e o processo administrativo e comparecer, sob suas expensas e sempre que solicitada, aos atos processuais, até o seu encerramento;
V – fornecer informações, documentos e elementos que comprovem o ato ilícito;
VI – reparar integralmente a parcela incontroversa do dano causado; e
VII – perder, em favor do ente lesado ou da União, conforme o caso, os valores correspondentes ao acréscimo patrimonial indevido ou ao enriquecimento ilícito direta ou indiretamente obtido da infração, nos termos e nos montantes definidos na negociação.
§1º Os requisitos de que tratam os incisos III e IV do *caput* serão avaliados em face da boa-fé da pessoa jurídica proponente em reportar à administração a descrição e a comprovação da integralidade dos atos ilícitos de que tenha ou venha a ter ciência, desde o momento da propositura do acordo até o seu total cumprimento.
§2º A parcela incontroversa do dano de que trata o inciso VI do *caput* corresponde aos valores dos danos admitidos pela pessoa jurídica ou àqueles decorrentes de decisão definitiva no âmbito do devido processo administrativo ou judicial.
§3º Nas hipóteses em que de determinado ato ilícito decorra, simultaneamente, dano ao ente lesado e acréscimo patrimonial indevido à pessoa jurídica responsável pela prática do ato, e haja identidade entre ambos, os valores a eles correspondentes serão:
I – computados uma única vez para fins de quantificação do valor a ser adimplido a partir do acordo de leniência; e

II – classificados como ressarcimento de danos para fins contábeis, orçamentários e de sua destinação para o ente lesado.

Art. 38. A proposta de celebração de acordo de leniência deverá ser feita de forma escrita, oportunidade em que a pessoa jurídica proponente declarará expressamente que foi orientada a respeito de seus direitos, garantias e deveres legais e de que o não atendimento às determinações e às solicitações durante a etapa de negociação importará a desistência da proposta.

§1º A proposta deverá ser apresentada pelos representantes da pessoa jurídica, na forma de seu estatuto ou contrato social, ou por meio de procurador com poderes específicos para tal ato, observado o disposto no art. 26 da Lei nº 12.846, de 2013.

§2º A proposta poderá ser feita até a conclusão do relatório a ser elaborado no PAR.

§3º A proposta apresentada receberá tratamento sigiloso e o acesso ao seu conteúdo será restrito no âmbito da Controladoria-Geral da União.

§4º A proponente poderá divulgar ou compartilhar a existência da proposta ou de seu conteúdo, desde que haja prévia anuência da Controladoria-Geral da União.

§5º A análise da proposta de acordo de leniência será instruída em processo administrativo específico, que conterá o registro dos atos praticados na negociação.

Art. 39. A proposta de celebração de acordo de leniência será submetida à análise de juízo de admissibilidade, para verificação da existência dos elementos mínimos que justifiquem o início da negociação.

§1º Admitida a proposta, será firmado memorando de entendimentos com a pessoa jurídica proponente, definindo os parâmetros da negociação do acordo de leniência.

§2º O memorando de entendimentos poderá ser resilido a qualquer momento, a pedido da pessoa jurídica proponente ou a critério da administração pública federal.

§3º A assinatura do memorando de entendimentos:

I – interrompe a prescrição; e

II – suspende a prescrição pelo prazo da negociação, limitado, em qualquer hipótese, a trezentos e sessenta dias.

Art. 40. A critério da Controladoria-Geral da União, o PAR instaurado em face de pessoa jurídica que esteja negociando a celebração de acordo de leniência poderá ser suspenso.

Parágrafo único. A suspensão ocorrerá sem prejuízo:

I – da continuidade de medidas investigativas necessárias para o esclarecimento dos fatos; e

II – da adoção de medidas processuais cautelares e assecuratórias indispensáveis para se evitar perecimento de direito ou garantir a instrução processual.

Art. 41. A Controladoria-Geral da União poderá avocar os autos de processos administrativos em curso em outros órgãos ou entidades da administração pública federal relacionados com os fatos objeto do acordo em negociação.

Art. 42. A negociação a respeito da proposta do acordo de leniência deverá ser concluída no prazo de cento e oitenta dias, contado da data da assinatura do memorando de entendimentos.

Parágrafo único. O prazo de que trata o *caput* poderá ser prorrogado, caso presentes circunstâncias que o exijam.

Art. 43. A desistência da proposta de acordo de leniência ou a sua rejeição não importará em reconhecimento da prática do ato lesivo.

§1º Não se fará divulgação da desistência ou da rejeição da proposta do acordo de leniência, ressalvado o disposto no §4º do art. 38.

§2º Na hipótese prevista no *caput*, a administração pública federal não poderá utilizar os documentos recebidos durante o processo de negociação de acordo de leniência.

§3º O disposto no §2º não impedirá a apuração dos fatos relacionados com a proposta de acordo de leniência, quando decorrer de indícios ou provas autônomas que sejam obtidos ou levados ao conhecimento da autoridade por qualquer outro meio.

Art. 44. O acordo de leniência estipulará as condições para assegurar a efetividade da colaboração e o resultado útil do processo e conterá as cláusulas e obrigações que, diante das circunstâncias do caso concreto, reputem-se necessárias.

Art. 45. O acordo de leniência conterá, entre outras disposições, cláusulas que versem sobre:

I – o compromisso de cumprimento dos requisitos previstos nos incisos II a VII do *caput* do art. 37;

II – a perda dos benefícios pactuados, em caso de descumprimento do acordo;

III – a natureza de título executivo extrajudicial do instrumento do acordo, nos termos do disposto no inciso II do *caput* do art. 784 da Lei nº 13.105, de 16 de março de 2015 – Código de Processo Civil;

IV – a adoção, a aplicação ou o aperfeiçoamento de programa de integridade, conforme os parâmetros estabelecidos no Capítulo V, bem como o prazo e as condições de monitoramento;

V – o pagamento das multas aplicáveis e da parcela a que se refere o inciso VI do *caput* do art. 37; e

VI – a possibilidade de utilização da parcela a que se refere o inciso VI do *caput* do art. 37 para compensação com outros valores porventura apurados em outros processos sancionatórios ou de prestação de contas, quando relativos aos mesmos fatos que compõem o escopo do acordo.

Art. 46. A Controladoria-Geral da União poderá conduzir e julgar os processos administrativos que apurem infrações administrativas previstas na Lei nº 12.846, de 2013, na Lei nº 14.133, de 2021, e em outras normas de licitações e contratos, cujos fatos tenham sido noticiados por meio do acordo de leniência.

Art. 47. O percentual de redução do valor da multa aplicável de que trata o §2º do art. 16 da Lei nº 12.846, de 2013, levará em consideração os seguintes critérios:

I – a tempestividade da autodenúncia e o ineditismo dos atos lesivos;

II – a efetividade da colaboração da pessoa jurídica; e

III – o compromisso de assumir condições relevantes para o cumprimento do acordo.

Parágrafo único. Os critérios previstos no *caput* serão objeto de ato normativo a ser editado pelo Ministro de Estado da Controladoria-Geral da União.

Art. 48. O acesso aos documentos e às informações comercialmente sensíveis da pessoa jurídica será mantido restrito durante a negociação e após a celebração do acordo de leniência.

§1º Até a celebração do acordo de leniência, a identidade da pessoa jurídica signatária do acordo não será divulgada ao público, ressalvado o disposto no §4º do art. 38.

§2º As informações e os documentos obtidos em decorrência da celebração de acordos de leniência poderão ser compartilhados com outras autoridades, mediante compromisso de sua não utilização para sancionar a própria pessoa jurídica em relação aos mesmos fatos objeto do acordo de leniência, ou com concordância da própria pessoa jurídica.

Art. 49. A celebração do acordo de leniência interrompe o prazo prescricional da pretensão punitiva em relação aos atos ilícitos objeto do acordo, nos termos do disposto no §9º do art. 16 da Lei nº 12.846, de 2013, que permanecerá suspenso até o cumprimento dos compromissos firmados no acordo ou até a sua rescisão, nos termos do disposto no art. 34 da Lei nº 13.140, de 2015.

Art. 50. Com a celebração do acordo de leniência, serão concedidos em favor da pessoa jurídica signatária, nos termos previamente firmados no acordo, um ou mais dos seguintes efeitos:

I – isenção da publicação extraordinária da decisão administrativa sancionadora;

II – isenção da proibição de receber incentivos, subsídios, subvenções, doações ou empréstimos de órgãos ou entidades públicos e de instituições financeiras públicas ou controladas pelo Poder Público;

III – redução do valor final da multa aplicável, observado o disposto no art. 27; ou

IV – isenção ou atenuação das sanções administrativas previstas no art. 156 da Lei nº 14.133, de 2021, ou em outras normas de licitações e contratos.

§1º No acordo de leniência poderá ser pactuada a resolução de ações judiciais que tenham por objeto os fatos que componham o escopo do acordo.

§2º Os efeitos do acordo de leniência serão estendidos às pessoas jurídicas que integrarem o mesmo grupo econômico, de fato ou de direito, desde que tenham firmado o acordo em conjunto, respeitadas as condições nele estabelecidas.

Art. 51. O monitoramento das obrigações de adoção, implementação e aperfeiçoamento do programa de integridade de que trata o inciso IV do *caput* do art. 45 será realizado, direta ou indiretamente, pela Controladoria-Geral da União, podendo ser dispensado, a depender das características do ato lesivo, das medidas de remediação adotadas pela pessoa jurídica e do interesse público.

§1º O monitoramento a que se refere o *caput* será realizado, dentre outras formas, pela análise de relatórios, documentos e informações fornecidos pela pessoa jurídica, obtidos de forma independente ou por meio de reuniões, entrevistas, testes de sistemas e de conformidade com as políticas e visitas técnicas.

§2º As informações relativas às etapas do processo de monitoramento serão publicadas em transparência ativa no sítio eletrônico da Controladoria-Geral da União, respeitados os sigilos legais e o interesse das investigações.

Art. 52. Cumprido o acordo de leniência pela pessoa jurídica colaboradora, a autoridade competente declarará:

I – o cumprimento das obrigações nele constantes;

II – a isenção das sanções previstas no inciso II do *caput* do art. 6º e no inciso IV do *caput* do art. 19 da Lei nº 12.846, de 2013, bem como das demais sanções aplicáveis ao caso;

III – o cumprimento da sanção prevista no inciso I do *caput* do art. 6º da Lei nº 12.846, de 2013; e

IV – o atendimento dos compromissos assumidos de que tratam os incisos II a VII do *caput* do art. 37 deste Decreto.

Art. 53. Declarada a rescisão do acordo de leniência pela autoridade competente, decorrente do seu injustificado descumprimento:

I – a pessoa jurídica perderá os benefícios pactuados e ficará impedida de celebrar novo acordo pelo prazo de três anos, contado da data em que se tornar definitiva a decisão administrativa que julgar rescindido o acordo;

II – haverá o vencimento antecipado das parcelas não pagas e serão executados:

a) o valor integral da multa, descontando-se as frações eventualmente já pagas; e

b) os valores integrais referentes aos danos, ao enriquecimento indevido e a outros valores porventura pactuados no acordo, descontando-se as frações eventualmente já pagas; e

III – serão aplicadas as demais sanções e as consequências previstas nos termos dos acordos de leniência e na legislação aplicável.
Parágrafo único. O descumprimento do acordo de leniência será registrado pela Controladoria-Geral da União, pelo prazo de três anos, no Cadastro Nacional de Empresas Punidas – CNEP.
Art. 54. Excepcionalmente, as autoridades signatárias poderão deferir pedido de alteração ou de substituição de obrigações pactuadas no acordo de leniência, desde que presentes os seguintes requisitos:
I – manutenção dos resultados e requisitos originais que fundamentaram o acordo de leniência, nos termos do disposto no art. 16 da Lei nº 12.846, de 2013;
II – maior vantagem para a administração, de maneira que sejam alcançadas melhores consequências para o interesse público do que a declaração de descumprimento e a rescisão do acordo;
III – imprevisão da circunstância que dá causa ao pedido de modificação ou à impossibilidade de cumprimento das condições originalmente pactuadas;
IV – boa-fé da pessoa jurídica colaboradora em comunicar a impossibilidade do cumprimento de uma obrigação antes do vencimento do prazo para seu adimplemento; e
V – higidez das garantias apresentadas no acordo.
Parágrafo único. A análise do pedido de que trata o *caput* considerará o grau de adimplência da pessoa jurídica com as demais condições pactuadas, inclusive as de adoção ou de aperfeiçoamento do programa de integridade.
Art. 55. Os acordos de leniência celebrados serão publicados em transparência ativa no sítio eletrônico da Controladoria-Geral da União, respeitados os sigilos legais e o interesse das investigações.

CAPÍTULO V
DO PROGRAMA DE INTEGRIDADE

Art. 56. Para fins do disposto neste Decreto, programa de integridade consiste, no âmbito de uma pessoa jurídica, no conjunto de mecanismos e procedimentos internos de integridade, auditoria e incentivo à denúncia de irregularidades e na aplicação efetiva de códigos de ética e de conduta, políticas e diretrizes, com objetivo de:
I – prevenir, detectar e sanar desvios, fraudes, irregularidades e atos ilícitos praticados contra a administração pública, nacional ou estrangeira; e
II – fomentar e manter uma cultura de integridade no ambiente organizacional.
Parágrafo único. O programa de integridade deve ser estruturado, aplicado e atualizado de acordo com as características e os riscos atuais das atividades de cada pessoa jurídica, a qual, por sua vez, deve garantir o constante aprimoramento e a adaptação do referido programa, visando garantir sua efetividade.
Art. 57. Para fins do disposto no inciso VIII do *caput* do art. 7º da Lei nº 12.846, de 2013, o programa de integridade será avaliado, quanto a sua existência e aplicação, de acordo com os seguintes parâmetros:
I – comprometimento da alta direção da pessoa jurídica, incluídos os conselhos, evidenciado pelo apoio visível e inequívoco ao programa, bem como pela destinação de recursos adequados;
II – padrões de conduta, código de ética, políticas e procedimentos de integridade, aplicáveis a todos os empregados e administradores, independentemente do cargo ou da função exercida;
III – padrões de conduta, código de ética e políticas de integridade estendidas, quando necessário, a terceiros, tais como fornecedores, prestadores de serviço, agentes intermediários e associados;
IV – treinamentos e ações de comunicação periódicos sobre o programa de integridade;
V – gestão adequada de riscos, incluindo sua análise e reavaliação periódica, para a realização de adaptações necessárias ao programa de integridade e a alocação eficiente de recursos;
VI – registros contábeis que reflitam de forma completa e precisa as transações da pessoa jurídica;
VII – controles internos que assegurem a pronta elaboração e a confiabilidade de relatórios e demonstrações financeiras da pessoa jurídica;
VIII – procedimentos específicos para prevenir fraudes e ilícitos no âmbito de processos licitatórios, na execução de contratos administrativos ou em qualquer interação com o setor público, ainda que intermediada por terceiros, como pagamento de tributos, sujeição a fiscalizações ou obtenção de autorizações, licenças, permissões e certidões;
IX – independência, estrutura e autoridade da instância interna responsável pela aplicação do programa de integridade e pela fiscalização de seu cumprimento;
X – canais de denúncia de irregularidades, abertos e amplamente divulgados a funcionários e terceiros, e mecanismos destinados ao tratamento das denúncias e à proteção de denunciantes de boa-fé;
XI – medidas disciplinares em caso de violação do programa de integridade;
XII – procedimentos que assegurem a pronta interrupção de irregularidades ou infrações detectadas e a tempestiva remediação dos danos gerados;
XIII – diligências apropriadas, baseadas em risco, para:
a) contratação e, conforme o caso, supervisão de terceiros, tais como fornecedores, prestadores de serviço, agentes intermediários, despachantes, consultores, representantes comerciais e associados;

b) contratação e, conforme o caso, supervisão de pessoas expostas politicamente, bem como de seus familiares, estreitos colaboradores e pessoas jurídicas de que participem; e
c) realização e supervisão de patrocínios e doações;
XIV – verificação, durante os processos de fusões, aquisições e reestruturações societárias, do cometimento de irregularidades ou ilícitos ou da existência de vulnerabilidades nas pessoas jurídicas envolvidas; e
XV – monitoramento contínuo do programa de integridade visando ao seu aperfeiçoamento na prevenção, na detecção e no combate à ocorrência dos atos lesivos previstos no art. 5º da Lei nº 12.846, de 2013.
§1º Na avaliação dos parâmetros de que trata o *caput*, serão considerados o porte e as especificidades da pessoa jurídica, por meio de aspectos como:
I – a quantidade de funcionários, empregados e colaboradores;
II – o faturamento, levando ainda em consideração o fato de ser qualificada como microempresa ou empresa de pequeno porte;
III – a estrutura de governança corporativa e a complexidade de unidades internas, tais como departamentos, diretorias ou setores, ou da estruturação de grupo econômico;
IV – a utilização de agentes intermediários, como consultores ou representantes comerciais;
V – o setor do mercado em que atua;
VI – os países em que atua, direta ou indiretamente;
VII – o grau de interação com o setor público e a importância de contratações, investimentos e subsídios públicos, autorizações, licenças e permissões governamentais em suas operações; e
VIII – a quantidade e a localização das pessoas jurídicas que integram o grupo econômico.
§2º A efetividade do programa de integridade em relação ao ato lesivo objeto de apuração será considerada para fins da avaliação de que trata o *caput*.

CAPÍTULO VI
DO CADASTRO NACIONAL DE EMPRESAS INIDÔNEAS E SUSPENSAS E DO CADASTRO NACIONAL DE EMPRESAS PUNIDAS

Art. 58. O Cadastro Nacional de Empresas Inidôneas e Suspensas – CEIS conterá informações referentes às sanções administrativas impostas a pessoas físicas ou jurídicas que impliquem restrição ao direito de participar de licitações ou de celebrar contratos com a administração pública de qualquer esfera federativa, entre as quais:
I – suspensão temporária de participação em licitação e impedimento de contratar com a administração pública, conforme disposto no inciso III do *caput* do art. 87 da Lei nº 8.666, de 21 de junho de 1993;
II – declaração de inidoneidade para licitar ou contratar com a administração pública, conforme disposto no inciso IV do *caput* do art. 87 da Lei nº 8.666, de 1993, e no inciso IV do *caput* do art. 156 da Lei nº 14.133, de 2021;
III – impedimento de licitar e contratar com a União, os Estados, o Distrito Federal ou os Municípios, conforme disposto no art. 7º da Lei nº 10.520, de 17 de julho de 2002, no art. 47 da Lei nº 12.462, de 4 de agosto de 2011, e no inciso III do *caput* do art. 156 da Lei nº 14.133, de 2021;
IV – suspensão temporária de participação em licitação e impedimento de contratar com a administração pública, conforme disposto no inciso IV do *caput* do art. 33 da Lei nº 12.527, de 18 de novembro de 2011;
V – declaração de inidoneidade para licitar ou contratar com a administração pública, conforme disposto no inciso V do *caput* do art. 33 da Lei nº 12.527, de 2011;
VI – declaração de inidoneidade para participar de licitação com a administração pública federal, conforme disposto no art. 46 da Lei nº 8.443, de 16 de julho de 1992;
VII – proibição de contratar com o Poder Público, conforme disposto no art. 12 da Lei nº 8.429, de 2 de junho de 1992;
VIII – proibição de contratar e participar de licitações com o Poder Público, conforme disposto no art. 10 da Lei nº 9.605, de 12 de fevereiro de 1998; e
IX – declaração de inidoneidade, conforme disposto no inciso V do *caput* do art. 78-A combinado com o art. 78-I da Lei nº 10.233, de 5 de junho de 2001.
Parágrafo único. Poderão ser registradas no CEIS outras sanções que impliquem restrição ao direito de participar em licitações ou de celebrar contratos com a administração pública, ainda que não sejam de natureza administrativa.
Art. 59. O CNEP conterá informações referentes:
I – às sanções impostas com fundamento na Lei nº 12.846, de 2013; e
II – ao descumprimento de acordo de leniência celebrado com fundamento na Lei nº 12.846, de 2013.
Parágrafo único. As informações sobre os acordos de leniência celebrados com fundamento na Lei nº 12.846, de 2013, serão registradas em relação específica no CNEP, após a celebração do acordo, exceto se sua divulgação causar prejuízos às investigações ou ao processo administrativo.
Art. 60. Constarão do CEIS e do CNEP, sem prejuízo de outros a serem estabelecidos pela Controladoria-Geral da União, dados e informações referentes a:
I – nome ou razão social da pessoa física ou jurídica sancionada;

II – número de inscrição da pessoa jurídica no Cadastro Nacional da Pessoa Jurídica – CNPJ ou da pessoa física no Cadastro de Pessoas Físicas – CPF;
III – tipo de sanção;
IV – fundamentação legal da sanção;
V – número do processo no qual foi fundamentada a sanção;
VI – data de início de vigência do efeito limitador ou impeditivo da sanção ou data de aplicação da sanção;
VII – data final do efeito limitador ou impeditivo da sanção, quando couber;
VIII – nome do órgão ou da entidade sancionadora;
IX – valor da multa, quando couber; e
X – escopo de abrangência da sanção, quando couber.
Art. 61. Os registros no CEIS e no CNEP deverão ser realizados imediatamente após o transcurso do prazo para apresentação do pedido de reconsideração ou recurso cabível ou da publicação de sua decisão final, quando lhe for atribuído efeito suspensivo pela autoridade competente.
Art. 62. A exclusão dos dados e das informações constantes do CEIS ou do CNEP se dará:
I – com o fim do prazo do efeito limitador ou impeditivo da sanção ou depois de decorrido o prazo previamente estabelecido no ato sancionador; ou
II – mediante requerimento da pessoa jurídica interessada, após cumpridos os seguintes requisitos, quando aplicáveis:
a) publicação da decisão de reabilitação da pessoa jurídica sancionada;
b) cumprimento integral do acordo de leniência;
c) reparação do dano causado;
d) quitação da multa aplicada; e
e) cumprimento da pena de publicação extraordinária da decisão administrativa sancionadora.
Art. 63. O fornecimento dos dados e das informações de que trata este Capítulo pelos órgãos e pelas entidades dos Poderes Executivo, Legislativo e Judiciário de cada uma das esferas de governo será disciplinado pela Controladoria-Geral da União.
Parágrafo único. O registro e a exclusão dos registros no CEIS e no CNEP são de competência e responsabilidade do órgão ou da entidade sancionadora.

CAPÍTULO VII
DISPOSIÇÕES FINAIS

Art. 64. As informações referentes ao PAR instaurado no âmbito dos órgãos e das entidades do Poder Executivo federal serão registradas no sistema de gerenciamento eletrônico de processos administrativos sancionadores mantido pela Controladoria-Geral da União, conforme ato do Ministro de Estado da Controladoria-Geral da União.
Art. 65. Os órgãos e as entidades da administração pública, no exercício de suas competências regulatórias, disporão sobre os efeitos da Lei nº 12.846, de 2013, no âmbito das atividades reguladas, inclusive no caso de proposta e celebração de acordo de leniência.
Art. 66. O processamento do PAR ou a negociação de acordo de leniência não interfere no seguimento regular dos processos administrativos específicos para apuração da ocorrência de danos e prejuízos à administração pública federal resultantes de ato lesivo cometido por pessoa jurídica, com ou sem a participação de agente público.
Art. 67. Compete ao Ministro de Estado da Controladoria-Geral da União editar orientações, normas e procedimentos complementares para a execução deste Decreto, notadamente no que diz respeito a:
I – fixação da metodologia para a apuração do faturamento bruto e dos tributos a serem excluídos para fins de cálculo da multa a que se refere o art. 6º da Lei nº 12.846, de 2013;
II – forma e regras para o cumprimento da publicação extraordinária da decisão administrativa sancionadora;
III – avaliação do programa de integridade, inclusive sobre a forma de avaliação simplificada no caso de microempresas e empresas de pequeno porte; e
IV – gestão e registro dos procedimentos e sanções aplicadas em face de pessoas jurídicas e entes privados.
Art. 68. O Ministério da Justiça e Segurança Pública, a Advocacia-Geral da União e a Controladoria-Geral da União:
I – estabelecerão canais de comunicação institucional:
a) para o encaminhamento de informações referentes à prática de atos lesivos contra a administração pública nacional ou estrangeira ou derivadas de acordos de colaboração premiada e acordos de leniência; e
b) para a cooperação jurídica internacional e recuperação de ativos; e
II – poderão, por meio de acordos de colaboração técnica, articular medidas para o enfrentamento da corrupção e de delitos conexos.
Art. 69. As disposições deste Decreto se aplicam imediatamente aos processos em curso, resguardados os atos praticados antes de sua vigência.
Art. 70. Fica revogado o Decreto nº 8.420, de 18 de março de 2015.
Art. 71. Este Decreto entra em vigor em 18 de julho de 2022.
Brasília, 11 de julho de 2022; 201º da Independência e 134º da República.

JAIR MESSIAS BOLSONARO
Anderson Gustavo Torres
José Marcelo Castro de Carvalho
Bruno Bianco Leal
Este texto não substitui o publicado no DOU de 12.7.2022 e retificado em 13.7.2022

MEDIDA PROVISÓRIA Nº 703, DE 18 DE DEZEMBRO DE 2015

(*VIGÊNCIA ENCERRADA POR FALTA DE CONVERSÃO)

Altera a Lei nº 12.846, de 1º de agosto de 2013, para dispor sobre acordos de leniência.

A PRESIDENTA DA REPÚBLICA, no uso da atribuição que lhe confere o art. 62 da Constituição, adota a seguinte Medida Provisória, com força de lei:

Art. 1º A Lei nº 12.846, de 1º de agosto de 2013, passa a vigorar com as seguintes alterações:

"Art. 15. A comissão designada para apuração da responsabilidade de pessoa jurídica, após a instauração do processo administrativo, dará conhecimento ao Ministério Público de sua existência, para apuração de eventuais delitos". (NR)

"Art. 16. A União, os Estados, o Distrito Federal e os Municípios poderão, no âmbito de suas competências, por meio de seus órgãos de controle interno, de forma isolada ou em conjunto com o Ministério Público ou com a Advocacia Pública, celebrar acordo de leniência com as pessoas jurídicas responsáveis pela prática dos atos e pelos fatos investigados e previstos nesta Lei que colaborem efetivamente com as investigações e com o processo administrativo, de forma que dessa colaboração resulte:

I – a identificação dos demais envolvidos na infração, quando couber;

II – a obtenção de informações e documentos que comprovem a infração noticiada ou sob investigação;

III – a cooperação da pessoa jurídica com as investigações, em face de sua responsabilidade objetiva; e

IV – o comprometimento da pessoa jurídica na implementação ou na melhoria de mecanismos internos de integridade.

§1º ....

....

III – a pessoa jurídica, em face de sua responsabilidade objetiva, coopere com as investigações e com o processo administrativo, comparecendo, sob suas expensas, sempre que solicitada, a todos os atos processuais, até seu encerramento; e

IV – a pessoa jurídica se comprometa a implementar ou a melhorar os mecanismos internos de integridade, auditoria, incentivo às denúncias de irregularidades e à aplicação efetiva de código de ética e de conduta.

§2º O acordo de leniência celebrado pela autoridade administrativa:

I – isentará a pessoa jurídica das sanções previstas no inciso II do *caput* do art. 6º e das sanções restritivas ao direito de licitar e contratar previstas na Lei nº 8.666, de 21 de junho de 1993, e em outras normas que tratam de licitações e contratos;

II – poderá reduzir a multa prevista no inciso I do *caput* do art. 6º em até dois terços, não sendo aplicável à pessoa jurídica qualquer outra sanção de natureza pecuniária decorrente das infrações especificadas no acordo; e

III – no caso de a pessoa jurídica ser a primeira a firmar o acordo de leniência sobre os atos e fatos investigados, a redução poderá chegar até a sua completa remissão, não sendo aplicável à pessoa jurídica qualquer outra sanção de natureza pecuniária decorrente das infrações especificadas no acordo.

....

§4º O acordo de leniência estipulará as condições necessárias para assegurar a efetividade da colaboração e o resultado útil do processo administrativo e quando estipular a obrigatoriedade de reparação do dano poderá conter cláusulas sobre a forma de amortização, que considerem a capacidade econômica da pessoa jurídica.

....

§9º A formalização da proposta de acordo de leniência suspende o prazo prescricional em relação aos atos e fatos objetos de apuração previstos nesta Lei e sua celebração o interrompe.

....

§11. O acordo de leniência celebrado com a participação das respectivas Advocacias Públicas impede que os entes celebrantes ajuizem ou prossigam com as ações de que tratam o art. 19 desta Lei e o art. 17 da Lei nº 8.429, de 2 de junho de 1992, ou de ações de natureza civil.

§12. O acordo de leniência celebrado com a participação da Advocacia Pública e em conjunto com o Ministério Público impede o ajuizamento ou o prosseguimento da ação já ajuizada por qualquer dos legitimados às ações mencionadas no §11.

§13. Na ausência de órgão de controle interno no Estado, no Distrito Federal ou no Município, o acordo de leniência previsto no *caput* somente será celebrado pelo chefe do respectivo Poder em conjunto com o Ministério Público.

§14. O acordo de leniência depois de assinado será encaminhado ao respectivo Tribunal de Contas, que poderá, nos termos do inciso II do art. 71 da Constituição Federal, instaurar procedimento administrativo contra a pessoa jurídica celebrante, para apurar prejuízo ao erário, quando entender que o valor constante do acordo não atende o disposto no §3º". (NR)

"Art. 17. A administração pública poderá também celebrar acordo de leniência com a pessoa jurídica responsável por atos e fatos investigados previstos em normas de licitações e contratos administrativos com vistas à isenção ou à atenuação das sanções restritivas ou impeditivas ao direito de licitar e contratar". (NR)

"Art. 17-A. Os processos administrativos referentes a licitações e contratos em curso em outros órgãos ou entidades que versem sobre o mesmo objeto do acordo de leniência deverão, com a celebração deste, ser sobrestados e, posteriormente, arquivados, em caso de cumprimento integral do acordo pela pessoa jurídica". (NR)

"Art. 17-B. Os documentos porventura juntados durante o processo para elaboração do acordo de leniência deverão ser devolvidos à pessoa jurídica quando não ocorrer a celebração do acordo, não permanecendo cópias em poder dos órgãos celebrantes". (NR)

"Art. 18. Na esfera administrativa, a responsabilidade da pessoa jurídica não afasta a possibilidade de sua responsabilização na esfera judicial, exceto quando expressamente previsto na celebração de acordo de leniência, observado o disposto no §11, no §12 e no §13 do art. 16". (NR)

"Art. 20. ....

Parágrafo único. A proposta do acordo de leniência poderá ser feita mesmo após eventual ajuizamento das ações cabíveis". (NR)

"Art. 25 ....

§1º Na esfera administrativa ou judicial, a prescrição será interrompida com a instauração de processo que tenha por objeto a apuração da infração.

§2º Aplica-se o disposto no *caput* e no §1º aos ilícitos previstos em normas de licitações e contratos administrativos". (NR)

"Art. 29. ....

§1º Os acordos de leniência celebrados pelos órgãos de controle interno da União, dos Estados, do Distrito Federal e dos Municípios contarão com a colaboração dos órgãos a que se refere o *caput* quando os atos e fatos apurados acarretarem simultaneamente a infração ali prevista.

§2º Se não houver concurso material entre a infração prevista no *caput* e os ilícitos contemplados nesta Lei, a competência e o procedimento para celebração de acordos de leniência observarão o previsto na Lei nº 12.529, de 30 de novembro de 2011, e a referida celebração contará com a participação do Ministério Público". (NR)

"Art. 30. Ressalvada a hipótese de acordo de leniência que expressamente as inclua, a aplicação das sanções previstas nesta Lei não afeta os processos de responsabilização e aplicação de penalidades decorrentes de:

I – ato de improbidade administrativa nos termos da Lei nº 8.429, de 1992;

II – atos ilícitos alcançados pela Lei nº 8.666, de 1993, ou por outras normas de licitações e contratos da administração pública, inclusive no que se refere ao Regime Diferenciado de Contratações Públicas – RDC, instituído pela Lei nº 12.462, de 2011; e

III – infrações contra a ordem econômica nos termos da Lei nº 12.529, de 2011". (NR)

Art. 2º Ficam revogados:

I – o §1º do art. 17 da Lei nº 8.429, de 2 de junho de 1992; e

II – o inciso I do §1º do art. 16 da Lei nº 12.846, de 1º de agosto de 2013.

Art. 3º Esta Medida Provisória entra em vigor na data de sua publicação.

Brasília, 18 de dezembro de 2015; 194º da Independência e 127º da República.

DILMA ROUSSEFF
José Eduardo Cardozo
Nelson Barbosa
Luís Inácio Lucena Adams
Valdir Moysés Simão

PORTARIA CONJUNTA Nº 4, DE 9 DE AGOSTO DE 2019

Define os procedimentos para negociação, celebração e acompanhamento dos acordos de leniência de que trata a Lei nº 12.846, de 1º de agosto de 2013, no âmbito da Controladoria-Geral da União e dispõe sobre a participação da Advocacia-Geral da União.

O MINISTRO DE ESTADO DA CONTROLADORIA-GERAL DA UNIÃO e o ADVOGADO-GERAL DA UNIÃO, no uso das atribuições que lhe conferem o inciso II do parágrafo único do art. 87 da Constituição, os artigos 16 e 52 da Lei nº 13.844, de 18 de junho de 2019, e os incisos I e XIII do art. 4º da Lei Complementar nº 73, de 10 de fevereiro de 1993, e tendo em vista o disposto no §4º do art. 36 da Lei nº 13.140, de 26 de junho de 2015, no §2º do art. 8º, no caput do art. 9º e no §10 do art. 16 da Lei nº 12.846, de 1º de agosto de 2013, e no art. 52 do Decreto nº 8.420, de 18 de março de 2015, resolvem:

Art. 1º As negociações, a celebração e o acompanhamento do cumprimento dos acordos de leniência de que trata a Lei nº 12.846, de 1º de agosto de 2013, regulamentada por meio do Decreto nº 8.420, de 18 de março de 2015, observarão o disposto nesta Portaria.

Parágrafo único: A atuação da Advocacia-Geral da União – AGU nos processos de negociação, na celebração e no acompanhamento do cumprimento dos acordos de leniência referidos nesta Portaria será realizada pelo Departamento de Patrimônio Público e Probidade da Procuradoria-Geral da União – DPP.

Art. 2º O acordo de leniência será celebrado com as pessoas jurídicas responsáveis pela prática dos atos ilícitos previstos na Lei nº 12.846, de 2013, na Lei nº 8.429, de 2 de junho de 1992, na Lei nº 8.666, 21 de junho de 1993, e em outras normas de licitações e contratos, com vistas à isenção ou à atenuação das respectivas sanções, desde que colaborem efetivamente com as investigações e o processo administrativo, devendo resultar dessa colaboração:

I – a identificação dos demais envolvidos nos atos ilícitos, quando couber; e

II – a obtenção célere de informações e documentos que comprovem os ilícitos sob apuração.

Art. 3º A proposta de acordo de leniência, apresentada nos termos do art. 31 do Decreto nº 8.420, de 2015, será dirigida à Secretaria de Combate à Corrupção – SCC da Controladoria-Geral da União – CGU.

§1º A pessoa jurídica proponente declarará expressamente que foi orientada a respeito de seus direitos, garantias e deveres legais, e de que o não atendimento às determinações e solicitações da CGU e da AGU durante a etapa de negociação importará a desistência da proposta.

§2º Após a análise, pela CGU e pela AGU, sobre a viabilidade da negociação, será firmado, pelo Secretário de Combate à Corrupção da CGU e pelo Procurador-Geral da União, Memorando de Entendimentos com a pessoa jurídica, com a finalidade de formalizar a proposta e definir os parâmetros mínimos para negociação do acordo de leniência.

§3º Após a assinatura do Memorando de Entendimentos, o DPP indicará um ou mais membros da AGU para comporem a comissão de negociação de eventual acordo de leniência, a ser designada nos termos do inciso I do art. 5º desta Portaria.

Art. 4º A proposta apresentada receberá tratamento sigiloso e o acesso ao seu conteúdo será restrito aos membros da comissão de negociação designados pelo Secretário de Combate à Corrupção da CGU e aos servidores designados como assistentes técnicos, ressalvada a possibilidade de a proponente autorizar a divulgação ou o compartilhamento da existência da proposta ou de seu conteúdo, desde que haja anuência das partes, bem como em observância ao disposto no §6º do art. 16 da Lei nº 12.846, de 2013.

§1º A obrigação de sigilo prevista no §1º do art. 31 do Decreto nº 8.420, de 2015, deve ser observada pelos membros e servidores indicados para compor comissões de negociação de leniência nos termos desta Portaria, e alcança aqueles que integravam comissões de negociação de leniência e foram substituídos.

§2º O acordo de leniência, após sua celebração, será público, ressalvadas as hipóteses legais de sigilo, as quais inclusive devem ser observadas por todos aqueles que tenham acesso aos elementos de prova por força das atividades de alavancagem investigativa ou outra atuação decorrente dos acordos de leniência.

Art. 5º Uma vez assinado o Memorando de Entendimentos, o Secretário de Combate à Corrupção da CGU:

I – designará, mediante despacho, comissão responsável pela condução da negociação do acordo, composta por, no mínimo:
a) dois membros da carreira de Finanças e Controle em exercício na CGU; e
b) um membro da AGU indicado pelo DPP;
II – supervisionará os trabalhos relativos à negociação do acordo de leniência, podendo participar das reuniões relacionadas à atividade de negociação ou designar servidor para essa função; e
III – poderá solicitar, por intermédio da autoridade competente, os autos de processos administrativos de responsabilização em curso na CGU ou em outros órgãos ou entidades da administração pública federal, relacionados aos fatos objeto da negociação.
§1º O Secretário de Combate à Corrupção da CGU poderá solicitar a indicação de servidor ou empregado do órgão ou entidade lesada para prestar informações ou participar das reuniões da comissão responsável pela condução das negociações.
§2º O Secretário de Combate à Corrupção da CGU poderá designar servidor público estável ou empregado público em exercício na CGU, assim como, a partir de indicação do DPP, membro ou servidor da AGU em exercício em qualquer de seus órgãos, para atuar como assistente técnico da comissão responsável pela condução das negociações.
§3º As comissões mencionadas no inciso I do caput serão coordenadas por um Auditor Federal de Finanças e Controle indicado com base na sua alínea "a".
§4º O disposto no inciso I do caput não afeta a composição das comissões de leniência já constituídas, devendo-se observar tal dispositivo somente no caso de eventual substituição de membros.
Art. 6º Compete à Diretoria de Acordos de Leniência – DAL da SCC da CGU:
I – realizar, juntamente com o DPP, juízo de admissibilidade quanto às propostas de novas negociações de acordos de leniência;
II – supervisionar e coordenar, juntamente com o DPP, os trabalhos das comissões de negociação dos acordos de leniência podendo, inclusive, participar das reuniões internas da comissão e com as empresas em negociação;
III – realizar, com auxílio do DPP, a interlocução com órgãos, entidades e autoridades, nacionais ou internacionais, no que tange às atividades relacionadas aos acordos em negociação;
IV – fazer a interlocução com a Diretoria de Promoção da Integridade – DPI da Secretaria de Transparência e Prevenção da Corrupção – DPI/STPC da CGU para avaliação dos programas de integridade das empresas em negociação;
IV – realizar análises econômicas, contábeis e financeiras em suporte às atividades relacionadas aos acordos de leniência;
V – encaminhar o relatório final da comissão de negociação para apreciação do Secretário de Combate à Corrupção da CGU; e,
VI – realizar, juntamente com o DPP, o acompanhamento do efetivo cumprimento dos acordos de leniência celebrados, propondo às autoridades competentes a sua rescisão nos casos de descumprimento das cláusulas estabelecidas, bem como a quitação das obrigações fixadas quando os acordos forem integralmente cumpridos.
Parágrafo único. As interlocuções no âmbito das unidades da AGU deverão ser solicitadas ao DPP.
Art. 7º Compete à comissão responsável pela condução da negociação do acordo de leniência:
I – esclarecer à pessoa jurídica proponente os requisitos legais necessários para a celebração de acordo de leniência;
II – avaliar se os elementos trazidos pela pessoa jurídica proponente atendem aos seguintes requisitos:
a) ser a primeira a manifestar interesse em cooperar para a apuração de ato lesivo específico, quando tal circunstância for relevante;
b) a admissão de sua participação nos atos ilícitos;
c) o compromisso de ter cessado completamente seu envolvimento nos atos ilícitos;
d) a efetividade da cooperação ofertada pela proponente às investigações e ao processo administrativo; e
e) a identificação dos agentes públicos e demais particulares envolvidos nos atos ilícitos.
III – avaliar o programa de integridade das empresas proponentes de acordos de leniência, caso existente, nos termos de regulamento específico da CGU, podendo contar com o apoio da DPI;
IV – solicitar, quando necessário, à DAL e ao DPP que façam a interlocução com órgãos, inclusive unidades da CGU e da AGU, entidades e autoridades, nacionais ou internacionais, no que tange às atividades relacionadas aos acordos em negociação;
V – propor cláusulas e obrigações para o acordo de leniência que, diante das circunstâncias do caso concreto, reputem-se necessárias para assegurar:
a) a efetividade da colaboração e o resultado útil do processo;
b) o comprometimento da pessoa jurídica em promover alterações em sua governança que mitiguem o risco de ocorrência de novos atos ilícitos;
c) a obrigação da pessoa jurídica em adotar, aplicar ou aperfeiçoar programa de integridade;
d) o monitoramento eficaz dos compromissos firmados no acordo de leniência; e
e) a reparação do dano identificado ou a subsistência desta obrigação.

VI – negociar os valores a serem ressarcidos, preservando-se a obrigação da pessoa jurídica de reparar integralmente o dano causado; e

VII – submeter à DAL relatório conclusivo acerca das negociações, sugerindo, de forma motivada, quando for o caso, a aplicação dos efeitos previstos no art. 40 do Decreto nº 8.420, de 2015, e o valor da multa aplicável.

§1º A comissão responsável pela condução da negociação poderá solicitar, por intermédio da DAL, manifestação da DPI sobre a avaliação do programa de integridade de que trata o inciso III e sobre as obrigações de adoção, aplicação ou aperfeiçoamento do programa de integridade previstas no inciso V, alínea "c", do caput.

§2º A avaliação do programa de integridade de que trata o inciso III do caput poderá aproveitar análise previamente iniciada ou concluída em sede de Processo Administrativo de Responsabilização – PAR.

§3º As solicitações de apoio técnico necessárias à condução dos trabalhos das comissões de negociação deverão ser encaminhadas à DAL, que, por sua vez, fará a intermediação para o atendimento de tais demandas junto às demais unidades da CGU ou a outros órgãos, entidades e pessoas jurídicas que precisem ser acionados.

§4º No âmbito da comissão de negociação, compete especificamente aos membros indicados pela AGU avaliar a vantajosidade e a procedência da proposta da empresa em face da possibilidade de propositura de eventuais ações judiciais.

§5º O relatório final conterá capítulo próprio com a análise das questões jurídicas realizada pelos membros indicados pela AGU.

§6º O Secretário de Combate à Corrupção da CGU, depois do recebimento e apreciação, encaminhará o relatório final para manifestação conjunta do Procurador-Geral da União e do Consultor Jurídico da CGU, com posterior submissão ao Ministro de Estado da CGU e ao Advogado-Geral da União.

Art. 8º A qualquer momento que anteceda à celebração do acordo de leniência, a proposta de acordo poderá:

I – ser objeto de desistência por parte da pessoa jurídica proponente; ou

II – ser rejeitada pela CGU ou pela AGU.

Parágrafo único. A desistência da proposta de acordo de leniência ou sua rejeição:

I – não importará em reconhecimento da prática do ato lesivo investigado pela pessoa jurídica;

II – implicará a devolução, sem retenção de cópias, dos documentos apresentados, sendo vedado o seu uso ou de outras informações obtidas durante a negociação para fins de responsabilização, exceto quando a Administração Pública tiver conhecimento deles por outros meios; e

III – não acarretará na sua divulgação, ressalvado o disposto no art. 4º desta Portaria.

Art. 9º A decisão sobre a celebração do acordo de leniência caberá ao Ministro de Estado da CGU e ao Advogado-Geral da União.

Art. 10. O acordo de leniência conterá, entre outras disposições, cláusulas que versem sobre:

I – a delimitação dos fatos e atos abrangidos;

II – o compromisso de cumprimento dos requisitos previstos nos incisos II a V do caput do art. 30 do Decreto nº 8.420, de 18 de março de 2015;

III – a perda dos benefícios pactuados e a aplicação de penalidades, em caso de descumprimento do acordo;

IV – a natureza de título executivo extrajudicial do instrumento do acordo, nos termos do Código de Processo Civil;

V – a adoção, aplicação ou aperfeiçoamento de programa de integridade; e

VI – o prazo e a forma de acompanhamento do cumprimento das condições e obrigações nele estabelecidas.

Art. 11. A CGU deverá manter atualizadas no Cadastro Nacional de Empresas Punidas – CNEP as informações acerca dos acordos de leniência celebrados, salvo se esse procedimento vier a causar prejuízo às investigações e ao processo administrativo.

Art. 12. A celebração do acordo de leniência poderá:

I – isentar a pessoa jurídica das sanções previstas no inciso II do art. 6º e no inciso IV do art. 19 da Lei nº 12.846, de 2013;

II – reduzir em até dois terços, nos termos do acordo, o valor da multa aplicável, prevista no inciso I do art. 6º da Lei nº 12.846, de 2013; e

III – isentar ou atenuar, nos termos do acordo, as sanções administrativas ou cíveis aplicáveis ao caso.

Parágrafo único: Os benefícios e obrigações do acordo de leniência serão estendidos às pessoas jurídicas que integrarem o mesmo grupo econômico, de fato e de direito, desde que tenham firmado o acordo em conjunto, respeitadas as condições nele estabelecidas.

Art. 13. No caso de descumprimento do acordo de leniência:

I – a pessoa jurídica perderá os benefícios pactuados e ficará impedida de celebrar novo acordo pelo prazo de três anos, contados da data em que se tornar definitiva a decisão administrativa que julgar rescindido o acordo;

II – haverá o vencimento antecipado das parcelas não pagas e serão executados:

a) o valor integral da multa, descontando-se as frações eventualmente já pagas; e

b) os valores pertinentes aos danos e ao enriquecimento ilícito; e

III – serão aplicadas as demais penalidades e consequências previstas nos termos dos acordos de leniência e na legislação aplicável.

Parágrafo único. O descumprimento do acordo de leniência será registrado no Cadastro Nacional de Empresas Punidas – CNEP, pela CGU.

Art. 14. Concluído o acompanhamento de que trata o §1º do art. 12 desta Portaria, o acordo de leniência será considerado definitivamente cumprido mediante ato conjunto do Ministro de Estado da CGU e do Advogado-Geral da União, que farão registrar:

I – o cumprimento das obrigações pactuadas;

II – a isenção das sanções previstas no inciso II do art. 6º e no inciso IV do art. 19 da Lei nº 12.846, de 2013, bem como demais sanções aplicáveis ao caso;

III – o cumprimento da sanção prevista no inciso I do art. 6º da Lei nº 12.846, de 2013; e

IV – o atendimento, de forma plena e satisfatória, dos compromissos assumidos de que tratam os incisos I e IV do art. 37 do Decreto nº 8.420, de 2015.

Art. 15. Os incidentes surgidos no curso do prazo de cumprimento dos acordos de leniência e que implicarem modificação substancial do pactuado, com ou sem aditivação do acordo, após o seu exame em conjunto pela DAL e pelo DPP e observado o procedimento do §6º do art. 7º, serão decididos pelo Ministro de Estado da CGU e pelo Advogado-Geral da União.

Parágrafo único. Ouvidos a DAL, o DPP e, conforme o caso, a DPI no tocante a questões de integridade, serão decididas pelo Secretário de Combate à Corrupção da CGU as demais questões incidentais verificadas no curso do prazo de cumprimento dos acordos de leniência, tais como:

I – prorrogação do prazo de cumprimento de obrigações isoladas, por uma única vez, e no máximo por até seis meses;

II – substituição de garantias;

III – cálculo da correção e remuneração das parcelas segundo índice previsto no acordo;

IV – alteração de local ou conta de pagamento; e

V – alteração nas obrigações de adoção, aplicação ou aperfeiçoamento de programa de integridade, que não implique em modificação do seu prazo de monitoramento.

Art. 16. O disposto nesta Portaria aplica-se aos procedimentos em curso, instaurados com fundamento nos artigos 27 a 37 da Portaria CGU nº 910, de 7 de abril de 2015.

Parágrafo único. A AGU poderá assinar termo de adesão aos Memorandos de Entendimento celebrados com as pessoas jurídicas antes da entrada em vigor desta Portaria ou da Portaria Interministerial CGU/AGU nº 2.278, de 15 de setembro de 2016.

Art. 17. Fica revogada a Portaria Interministerial CGU/AGU nº 2.278, de 15 de dezembro de 2016.

Art. 18. Esta Portaria entra em vigor na data de sua publicação.

PORTARIA INTERMINISTERIAL CGU/AGU Nº 2.278, DE 15 DE DEZEMBRO DE 2016

(*REVOGADA PELA PORTARIA CONJUNTA N. 4)

Define os procedimentos para celebração do acordo de leniência de que trata a Lei nº 12.846, de 1º de agosto de 2013, no âmbito do Ministério da Transparência, Fiscalização e Controladoria-Geral da União – CGU e dispõe sobre a participação da Advocacia-Geral da União.

O **MINISTRO DE ESTADO DA TRANSPARÊNCIA, FISCALIZAÇÃO E CONTROLADORIA-GERAL DA UNIÃO – CGU** e a **ADVOGADA-GERAL DA UNIÃO**, no uso das atribuições que lhe conferem, respectivamente, o inciso II do parágrafo único do art. 87 da Constituição, o art. 18 da Lei nº 10.683, de 28 de maio de 2003, e o art. 4º, incisos I e XIII, da Lei Complementar nº 73, de 10 de fevereiro de 1993, o §4º do art. 36 da Lei nº 13.140, de 26 de junho de 2015, e tendo em vista o disposto no §2º do art. 8º, no caput do art. 9º e no §10 do art. 16 da Lei nº 12.846, de 1º de agosto de 2013, e no art. 52 do Decreto nº 8.420, de 18 de março de 2015,

RESOLVEM:

Art. 1º As negociações para a celebração do acordo de leniência de que trata a Lei nº 12.846, de 1º de agosto de 2013, regulamentada por meio do Decreto nº 8.420, de 18 de março de 2015, seguirão o disposto nesta Portaria.

Art. 2º O acordo de leniência será celebrado com as pessoas jurídicas responsáveis pela prática dos atos lesivos previstos na Lei nº 12.846, de 1º de agosto de 2013, e dos ilícitos administrativos previstos na Lei nº 8.429, de 2 de junho de 1992, na Lei nº 8.666, 21 de junho de 1993, e em outras normas de licitações e contratos, com vistas à isenção ou à atenuação das respectivas sanções, desde que colaborem efetivamente com as investigações e o processo administrativo, devendo resultar dessa colaboração:

I – a identificação dos demais envolvidos no ato ilícito, quando couber; e

II – a obtenção célere de informações e documentos que comprovem o ilícito sob apuração.

Art. 3º A proposta de acordo de leniência apresentada nos termos do art. 31 do Decreto nº 8.420, de 2015, será dirigida à Secretaria-Executiva do Ministério da Transparência, Fiscalização e Controladoria-Geral da União – CGU.

§1º A pessoa jurídica proponente declarará expressamente que foi orientada a respeito de seus direitos, garantias e deveres legais e de que o não atendimento às determinações e solicitações do Ministério da Transparência, Fiscalização e Controladoria-Geral da União – CGU durante a etapa de negociação importará a desistência da proposta.

§2º O Secretário-Executivo do Ministério da Transparência, Fiscalização e Controladoria-Geral da União – CGU, após recebida a proposta de acordo de leniência, comunicará à Advocacia-Geral da União, que indicará um ou mais advogados públicos para comporem a comissão de negociação de eventual acordo de leniência, a ser designada nos termos do inciso I do art. 4º desta Portaria.

§3º A proposta apresentada receberá tratamento sigiloso e o acesso ao seu conteúdo será restrito aos membros da comissão designados pelo Secretário-Executivo do Ministério da Transparência, Fiscalização e Controladoria-Geral da União – CGU e aos servidores designados como assistentes técnicos, ressalvada a possibilidade de a proponente autorizar a divulgação ou o compartilhamento da existência da proposta ou de seu conteúdo, desde que haja anuência das partes, bem como em observância ao disposto no art. 16, §6º, da Lei nº 12.846, de 1º de agosto de 2013.

§4º O Secretário-Executivo do Ministério da Transparência, Fiscalização e Controladoria-Geral da União – CGU, ou pessoa por ele designada, encaminhará minuta de Memorando de Entendimentos à pessoa jurídica, com a finalidade de formalizar a proposta e definir os parâmetros do acordo de leniência.

Art. 4º Uma vez assinado o Memorando de Entendimentos, o Secretário-Executivo do Ministério da Transparência, Fiscalização e Controladoria-Geral da União – CGU:

I – designará, mediante despacho, comissão responsável pela condução da negociação do acordo, composta por, no mínimo, dois servidores públicos efetivos e estáveis do Ministério da Transparência, Fiscalização e Controladoria-Geral da União – CGU, bem como por membros indicados pela Advocacia-Geral da União;

II – supervisionará os trabalhos relativos à negociação do acordo de leniência, podendo participar das reuniões relacionadas à atividade de negociação ou designar servidor para essa função; e,

III – poderá solicitar os autos de processos administrativos de responsabilização em curso no Ministério da Transparência, Fiscalização e Controladoria-Geral da União – CGU ou em outros órgãos ou entidades da administração pública federal, relacionados aos fatos objeto do acordo.

Parágrafo único. O Secretário-Executivo do Ministério da Transparência, Fiscalização e Controladoria-Geral da União – CGU poderá solicitar a indicação de servidor ou empregado do órgão ou entidade lesado para participar das reuniões da comissão responsável pela condução das negociações.

Art. 5º Compete à comissão responsável pela condução da negociação do acordo de leniência:

I – esclarecer à pessoa jurídica proponente os requisitos legais necessários para a celebração de acordo de leniência;

II – avaliar se os elementos trazidos pela pessoa jurídica proponente atendem aos seguintes requisitos:

a) ser a primeira a manifestar interesse em cooperar para a apuração de ato lesivo específico, quando tal circunstância for relevante;

b) a admissão de sua participação na infração administrativa;

c) o compromisso de ter cessado completamente seu envolvimento no ato lesivo;

d) a efetividade da cooperação ofertada pela proponente às investigações e ao processo administrativo; e

e) a identificação dos servidores e particulares envolvidos na infração administrativa.

III – proceder à avaliação do programa de integridade, caso existente, nos termos de regulamento específico do Ministério da Transparência, Fiscalização e Controladoria-Geral da União – CGU;

IV – propor cláusulas e obrigações para o acordo de leniência que, diante das circunstâncias do caso concreto, reputem-se necessárias para assegurar:

a) a efetividade da colaboração e o resultado útil do processo;

b) o comprometimento da pessoa jurídica em promover alterações em sua governança que mitiguem o risco de ocorrência de novos atos lesivos;

c) a obrigação da pessoa jurídica em adotar, aplicar ou aperfeiçoar programa de integridade;

d) o monitoramento eficaz dos compromissos firmados no acordo de leniência; e

e) a reparação do dano identificado ou a subsistência desta obrigação.

V – negociar os valores a serem ressarcidos, com base em critérios de eficiência, preservando-se a obrigação da pessoa jurídica de reparar integralmente o dano causado;

VI – submeter ao Secretário-Executivo do Ministério da Transparência, Fiscalização e Controladoria-Geral da União – CGU e ao Secretário-Geral de Consultoria da Advocacia-Geral da União relatório conclusivo acerca das negociações, sugerindo, de forma motivada, quando for o caso, a aplicação dos efeitos previstos pelo art. 40 do Decreto nº 8.420, de 2015, e o valor da multa aplicável.

§1º A comissão responsável pela condução da negociação poderá solicitar:

I – manifestação sobre a adoção, aplicação ou aperfeiçoamento e a avaliação do programa de integridade de que tratam os incisos III e IV, alínea c, do *caput* deste artigo, à Secretaria de Transparência e Prevenção da Corrupção – STPC do Ministério da Transparência, Fiscalização e Controladoria-Geral da União – CGU; e

II – apoio técnico do Ministério da Transparência, Fiscalização e Controladoria-Geral da União – CGU ou do órgão ou entidade lesada pelo ilícito, inclusive para auxiliar na identificação e quantificação dos valores a serem negociados;

§2º A avaliação do programa de integridade de que trata o inciso III do *caput* deste artigo poderá aproveitar análise previamente iniciada ou concluída em sede de Processo Administrativo de Responsabilização – PAR.

§3º A cooperação da pessoa jurídica em outros processos ou instâncias de responsabilidade poderá ser considerada para efeitos de atendimento do requisito previsto na alínea "d", II, do *caput* deste artigo.

§4º No âmbito da comissão de negociação, compete especificamente aos membros indicados pela Advocacia-Geral da União avaliar a vantagem e procedência da proposta da empresa em face da possibilidade de propositura de eventuais ações judiciais.

§5º O relatório final conterá capítulo próprio com a análise das questões jurídicas realizada pelos membros indicados da Advocacia-Geral da União.

§6º O relatório final será remetido, pelo Secretário-Executivo do Ministério da Transparência, Fiscalização e Controladoria-Geral da União – CGU e pelo Secretário-Geral de Consultoria da Advocacia-Geral da União, para manifestação do Consultor-Geral da União, do Procurador-Geral da União e do Chefe da Consultoria Jurídica do Ministério da Transparência, Fiscalização e Controladoria-Geral da União – CGU e posterior submissão ao Ministro de Estado da Transparência, Fiscalização e Controladoria-Geral da União e ao Advogado-Geral da União.

Art. 6º A qualquer momento que anteceda à celebração do acordo de leniência, a pessoa jurídica proponente poderá desistir da proposta ou o Ministério da Transparência, Fiscalização e Controladoria-Geral da União – CGU ou a Advocacia-Geral da União poderá rejeitá-la.
Parágrafo único. A desistência da proposta de acordo de leniência ou sua rejeição:
I – não importará em reconhecimento da prática do ato lesivo investigado pela pessoa jurídica;
II – implicará a devolução, sem retenção de cópias, dos documentos apresentados, sendo vedado o uso desses ou de outras informações obtidas durante a negociação para fins de responsabilização, exceto quando a administração pública tiver conhecimento deles por outros meios; e
III – não acarretará na sua divulgação, ressalvado o disposto no §3º do art. 3º desta Portaria.
Art. 7º O relatório a que se refere o inciso VI do *caput* do art. 5º desta Portaria será enviado concomitantemente ao Ministro da Transparência, Fiscalização e Controladoria-Geral da União – CGU e ao Advogado-Geral da União com informações sobre a admissão do ilícito, a colaboração efetiva da pessoa jurídica, o compromisso de compliance e, se for o caso, também, a quantificação da multa e a reparação do dano.
Parágrafo único. A decisão sobre a celebração do acordo de leniência caberá ao Ministro da Transparência, Fiscalização e Controladoria-Geral da União – CGU e ao Advogado-Geral da União.
Art. 8º O acordo de leniência conterá, entre outras disposições, cláusulas que versem sobre:
I – a delimitação dos fatos e atos abrangidos;
II – o compromisso de cumprimento dos requisitos previstos nos incisos II a V do *caput* do art. 30 do Decreto nº 8.420, de 18 de março de 2015;
III – a perda dos benefícios pactuados, em caso de descumprimento do acordo;
IV – a natureza de título executivo extrajudicial do instrumento do acordo, nos termos do Código de Processo Civil;
V – a adoção, aplicação ou aperfeiçoamento de programa de integridade; e,
VI – o prazo e a forma de acompanhamento do cumprimento das condições nele estabelecidas.
Art. 9º O Ministério da Transparência, Fiscalização e Controladoria-Geral da União – CGU deverá manter atualizadas no Cadastro Nacional de Empresas Punidas – CNEP as informações acerca do acordo de leniência celebrado, salvo se esse procedimento vier a causar prejuízo às investigações e ao processo administrativo.
Art. 10. A celebração do acordo de leniência poderá:
I – isentar a pessoa jurídica das sanções previstas no inciso II do art. 6º e no inciso IV do art. 19 da Lei nº 12.846, de 1º de agosto de 2013;
II – reduzir em até 2/3 (dois terços), nos termos do acordo, o valor da multa aplicável, prevista no inciso I do art. 6º da Lei nº 12.846, de 1º de agosto de 2013; e
III – isentar ou atenuar, nos termos do acordo, as sanções administrativas ou cíveis aplicáveis ao caso.
§1º Os benefícios previstos no *caput* deste artigo ficam condicionados ao cumprimento do acordo, que será atestado por equipe de apoio e acompanhamento designada pelo Secretário-Executivo do Ministério da Transparência, Fiscalização e Controladoria-Geral da União – CGU.
§2º Os benefícios do acordo de leniência serão estendidos às pessoas jurídicas que integrarem o mesmo grupo econômico, de fato e de direito, desde que tenham firmado o acordo em conjunto, respeitadas as condições nele estabelecidas.
Art. 11. No caso de descumprimento do acordo de leniência:
I – a pessoa jurídica perderá os benefícios pactuados e ficará impedida de celebrar novo acordo pelo prazo de 3 (três) anos, contados do conhecimento pela administração pública do referido descumprimento;
II – haverá o vencimento antecipado das parcelas não pagas e serão executados:
a) o valor integral da multa, descontando-se as frações eventualmente já pagas; e
b) os valores pertinentes aos danos e ao enriquecimento ilícito;
III – será instaurado ou retomado o PAR referente aos atos e fatos incluídos no acordo, conforme o caso.
Parágrafo único. O descumprimento do acordo de leniência será registrado no CNEP pelo Ministério da Transparência, Fiscalização e Controladoria-Geral da União – CGU.
Art. 12. Concluído o acompanhamento de que trata o §1º do art. 10 desta Portaria, o acordo de leniência será considerado definitivamente cumprido mediante ato do Ministro de Estado da Transparência, Fiscalização e Controladoria-Geral da União e do Advogado-Geral da União que farão registrar:
I – a isenção ou cumprimento das sanções previstas no inciso II do art. 6º e no inciso IV do art. 19 da Lei nº 12.846, de 1º de agosto de 2013, bem como demais sanções aplicáveis ao caso;
II – o cumprimento da sanção prevista no inciso I do art. 6º da Lei nº 12.846, de 1º de agosto de 2013; e
III – o atendimento, de forma plena e satisfatória, dos compromissos assumidos de que tratam os incisos I e IV do art. 37 do Decreto nº 8.420, de 18 de março de 2015.
Art. 13. Revogam-se os arts. 27 a 37 da Portaria CGU nº 910, de 7 de abril de 2015.
Art. 14. O disposto nesta Portaria aplica-se aos procedimentos em curso instaurados com fundamento nos arts. 27 a 37 da Portaria CGU nº 910, de 7 de abril de 2015.

Parágrafo único. A Advocacia-Geral da União poderá assinar termo de adesão aos Memorandos de Entendimento celebrados com as pessoas jurídicas antes da entrada em vigor desta Portaria.

Art. 15. Esta portaria entra em vigor na data de sua publicação.

TORQUATO JARDIM
Ministro de Estado da Transparência, Fiscalização e Controladoria-Geral da União – CGU
GRACE MARIA FERNANDES MENDONÇA
Advogada-Geral da União – AGU

Esta obra foi composta em fonte Palatino Linotype, corpo 10
e impressa em papel Offset 75g (miolo) e Supremo 250g (capa)
pela Gráfica Forma Certa.